国家哲学社会科学成果文库

NATIONAL ACHIEVEMENTS LIBRARY
OF PHILOSOPHY AND SOCIAL SCIENCES

加快推进中国对外经济发展方式转变研究

李 翀 等著

北京师范大学出版集团
BEIJING NORMAL UNIVERSITY PUBLISHING GROUP
北京师范大学出版社

作者简介

李翀 1955年生，北京师范大学经济学教授，博士生导师。中华外国经济学说研究会副会长兼秘书长，中国世界经济学会副会长，国家社会科学基金评审组成员。1978年毕业于中山大学经济学系，获经济学学士学位；1981年毕业于北京大学经济学系，获经济学硕士学位；1988年毕业于北京师范大学经济学系，获经济学博士学位。1992—1993年在美国密执安州立大学进修。1995年担任博士生导师。2000年1月到北京师范大学经济与工商管理学院任教。2000—2008年担任北京师范大学经济与工商管理学院院长。个人出版各类著作20部，发表论文200余篇，主持国家级科研项目8项，省部级科研项目4项。获得省部级以上教学和科研奖励9项，先后获评为全国优秀教师、国家级中青年专家、首批教育部跨世纪优秀人才。

《国家哲学社会科学成果文库》

出版说明

为充分发挥哲学社会科学研究优秀成果和优秀人才的示范带动作用，促进我国哲学社会科学繁荣发展，全国哲学社会科学规划领导小组决定自2010年始，设立《国家哲学社会科学成果文库》，每年评审一次。入选成果经过了同行专家严格评审，代表当前相关领域学术研究的前沿水平，体现我国哲学社会科学界的学术创造力，按照“统一标识、统一封面、统一版式、统一标准”的总体要求组织出版。

全国哲学社会科学规划办公室

2011年3月

目　　录

CONTENTS

导 论

一、研究的意义、目的与方法

改革开放以来，我国经济迅速发展，创造了人类社会经济史上经济增长的奇迹。但是，我国经济发展方式难以为继的问题也逐渐显露出来。

在经济全球化的今天，一个国家的经济由对内经济和对外经济两部分组成，这两部分密切联系，既相互促进也相互制约。因此，一个国家的经济发展方式也包括对内经济发展方式和对外经济发展方式，这两种发展方式同样也存在相互促进与相互制约的关系。

我国对内经济发展方式主要存在两个问题：第一，我国对内经济发展方式是粗放型的增长方式，即依靠大规模地投入劳动、资本和自然资源来实现大规模的产值增长。第二，我国产值的增长在需求结构上过于依赖投资需求和出口需求的增长，而最稳定和最可持续的消费需求没有发挥应有的作用。

相应地，我国对外经济发展方式主要存在三个问题：第一，我国还处于国际分工价值链的低端，出口贸易主要是加工贸易，出口商品缺乏自主品牌商品和核心竞争力。第二，我国引进的外商直接投资主要是高能源消耗、高原料消耗、高劳动消耗的产业，外商直接投资质量不高。另外，我国企业对外直接投资迅速发展，希望借此获取自然资源，接近市场，学习技术，但是成功的案例并不多。第三，我国人民币的地位不高，不得不在国际金融领域被动地接受美元的主宰地位，对我国对外开放的效益产生不利影响。

我国对内和对外经济发展方式存在的问题相互交错和相互强化，已经严重影响我国经济增长的质量，影响我国经济增长的持续性和稳定性。显然，我国的劳动、资本和自然资源不是取之不尽用之不竭的，我国不能以牺牲赖以生存的自然环境为代价去创造物质财富。因此，能否加快转变经济发展方式，已经成为决定我国经济发展命运的严峻问题。

正因为如此，2010 年《中国共产党第十七届中央委员会第五次全体会议公报》指出："加快转变经济发展方式是我国经济社会领域的一场深刻变革。"这场变革能否成功将决定我国经济能否实现持续发展，决定中华民族能否真正走向繁荣昌盛。

正如前面所指出的，经济发展方式转变包括对内经济发展方式转变和对外经济发展方式转变。在这样的背景下，本课题组申报了 2010 年国家社会科学基金重大项目"加快推进中国经济发展方式转变研究"(10zd&017)，李翀教授为该重大项目的首席专家，在国家社会科学基金的资助下开展了对如何加快推进中国对外经济发展方式转变的研究，形成了本专著。

在我国以现行经济发展方式实现经济增长的潜力已经趋向耗竭，能否成功实现经济发展方式的转变已经成为能否实现我国经济长期稳定发展的关键问题的情况下，转变经济发展方式已经成为我国经济发展的一次重大变革，这场变革的意义不亚于 1978 年的改革开放，而本专著正是对这次重大变革的理论和实践问题进行的研究，因而具有重要意义。

本专著的目的是：第一，以第二次世界大战之后各国对外经济发展的实践为依据，对现行国际经济理论进行深入的剖析，以补充和发展现行的国际经济理论。第二，系统地提出加快推进中国对外经济发展方式转变的国家战略以及实施这些国家战略的政策和措施，以实现我国对外经济健康和持续发展。

本专著采用的研究方法有：第一，定性分析与定量分析相结合。本专著在充分利用国内外现有国际经济理论研究成果的基础上，以科学严密的逻辑推理分析为基础，将定性分析与定量分析相结合，去分析相关经济问题。第二，规范研究与实证研究相结合。本专著的规范研究以实证分析为基础，使价值判断建立在事实根据的基础上；同时，实证研究在规范研究的指导下进行，在实证研究中发展和完善规范研究。本专著既有经验分析，又有理论创新和发展。第三，调查研究的方法。本专著是以各种方式对我国企业和行业进行调查研究所得到的研究成果。尽量收集第一手的资料和数据，并对我国企业和行业对外经济活动的成功经验和失败教训进行深入的研究和总结，提出切合我国实际的经济发展战略和应对策略。

二、研究文献回顾

我国经济学界对经济发展方式转变的研究是从20世纪90年代开始的，研究的重点是经济增长方式的转变，即如何从粗放型的增长方式转变为集约型的增长方式，并且形成了一系列的研究成果。但是，在20世纪90年代，经济学界关注的是比较狭义的经济增长方式，而且主要是对内经济增长方式。另外，在20世纪90年代，粗放型的增长方式还有较大的运行空间和较强的生命力，人们还没有感觉到经济发展方式转变的迫切性。①

我国经济学界对转变对外经济发展方式的研究主要是从2006年前后开始的，特别是在2006年3月第十届全国人民代表大会第四次会议上通过了《中华人民共和国国民经济和社会发展第十一个五年规划纲要》，并在第三十五章明确提出要加快转变对外增长方式以后，关于对外经济发展方式转变的研究才广泛展开，但研究的重点主要在对外贸易增长方式转变上。

关于对外贸易增长方式转变的目标，学者们将对外贸易增长方式划分为粗放型和集约型、内涵型和外延型、规模速度型和质量效益型等，提出对外贸易增长方式的转变是从前者到后者的转变。例如，隆国强(2007)认为，对外贸易增长方式转变是从数量型增长方式转变为质量型增长方式，从粗放型增长方式转变为效益型增长方式。转变对外贸易增长方式主要是提升我国在全球产业价值链的地位。又如，霍建国(2006)提出，转变对外贸易增长方式要从单纯依靠数量扩张转向规模、质量与效益同步增长。再如，江小涓(2006)提出，我国对外贸易增长方式将发生出口商品结构更加优化的"拐点性"变化。

关于对外贸易增长方式与对内经济增长方式的关系，学者们强调了它们存在相互作用的关系。例如，闻潜(2005)提出，对外贸易增长方式寓于经济增长方式之中，经济增长方式的转变自然也包括对外贸易增长方式的转变，

① 在导论部分主要回顾关于经济发展方式转变以及对外经济发展方式转变的研究文献，关于对外经济某个方面的发展方式转变的研究文献，将在以下各章中进行回顾。

两者紧密相连、相互促进。又如，王冉冉(2009)指出，对外贸易结构转型通过技术进步效应、产业结构动态调整效应、规模经济效应、经济波动风险减缓效应等内在机制促进经济增长及增长方式的转变。积极利用对外贸易结构转型促进经济增长及增长方式转变的实现机理，对于以对外贸易结构转型推动经济增长方式转变目标的实现具有重要的现实意义。

关于对外贸易增长方式转变的必要性，学者们普遍认为已经迫在眉睫。例如，杨正位(2005)指出，我国对外贸易存在着“四个不够协调”和“四个不可持续”，即速度与效益、货物贸易与服务贸易、贸易与产业、东部与中西部对外贸易不够协调，对外贸易因为摩擦增多、低成本、高资源消耗、缺乏核心竞争力而不可持续。因此，必须要推进对外贸易增长方式的转变。

关于对外贸易增长方式转变的方式，学者们普遍注意到技术创新和产品升级的问题。例如，高虎城(2006)认为，转变对外贸易增长方式关键在于鼓励技术创新和产品升级，大力发展服务业。又如，陈文玲(2007)提出，转变对外贸易增长方式应该从支持具有自主品牌和高附加值的产品出口，控制高能耗、高污染和资源性产品出口，增加能源、原材料以及先进技术设备、关键零部件进口，努力扩大服务贸易，促进加工贸易转型升级五个方面着手。再如，张楠(2008)指出，转变对外贸易增长方式应该与经济增长方式转变步伐相一致，通过多方位、多角度综合运用政策组合手段，协调进出口商品结构平衡，改变过度外向型贸易战略导致资源配置扭曲和经济效率降低的状况，实施某些关键产品进口替代。这些政策组合手段包括出口退税政策、加工贸易政策、外商投资政策、人民币汇率政策等，进一步引导产业结构的调整，限制高污染、高能耗、资源型产品的出口，使出口商品结构更趋合理；进一步引导加工贸易向一般贸易转换，与加工贸易限制类、禁止类目录相配合，提高一般贸易方式在出口商品中的比重；进一步引导贸易体制的转型，减少贸易国内流通环节，推广外贸代理制；进一步引导外资增长，优化外资出口结构，降低中低技术机械电子类产品出口比重。

在此期间，也有学者使用了经济发展方式转变的概念，甚至提到了对外经济发展方式转变，但并不普遍。例如，张远(2007)指出，改变对外经济发展方式的粗放型是我国改革开放后长期面临的一个难题。从经济环境和制度环境看，这种粗放型对外经济发展方式的成因是多方面的。要推进对外经济发展方式的转变，就要从宏观经济和微观经济的制度环境中寻找思路和对策。

2007年10月，中国共产党第十七次全国代表大会明确提出要加快转变经济发展方式，经济学界的研究开始从比较狭义的经济增长方式扩展到比较广义的经济发展方式。由于经济包括对内经济和对外经济，加快转变对外经济发展方式才开始进入经济学界的视野。例如，程恩富(2009)认为，加快转变对外经济发展方式，必须做到“五个适当控制和提升”：一是适当控制外贸依存度，提升消费拉动增长的作用；二是适当控制外资依存度，提升中外资协调利用的效益；三是适当控制“外技”依存度，提升自主创新的能力；四是适当控制“外源”依存度，提升能源配置的效率；五是适当控制外汇储备规模，提升外汇使用的收益。

再如，贾根良(2012)指出，从“进口高端产品并出口低端产品”转变为“进口低端产品并出口高端产品”是转变对外经济发展方式的实质。我国现行对外经济发展方式是以“进口高端产品并出口低端产品”为特征的，深陷低级对外经济发展方式的陷阱。正确的对外经济发展方式应该是有利于提高人民群众生活水平，提升该国经济的国际竞争力，推动国民经济结构的升级。

又如，宋宪萍(2011)提出，基于我国贸易环境的恶化，以比较优势为理论依据的技术引进策略由于具有理论缺陷和诸多现实困境而失效。我国不应该再采取以比较优势为基础的粗放外延型对外经济发展方式，而应转向以竞争优势为基础的节约内涵型对外经济发展方式，也就是由以技术引进为主转向以技术创新为主的发展方式。但是，我国现在做到自主创新的条件并不充分，自主创新能力严重不足，因而迫切需要采取有效措施促进自主创新。

还有，戴翔(2013)指出，伴随着国内外经济环境的深刻变化，我国简单参与国际分工体系以扩大出口的机遇正在弱化，对外经济发展方式亟待转变。国内国际环境变化倒逼我们扩大内需、提高创新能力、促进经济发展方式转变，这将为加快转变对外经济发展方式提供新的战略机遇。为此，我国新一轮的开放需要牢牢把握扩大内需这一战略基点，将需求市场规模优势真正转化为对外经济合作的新优势；实施创新驱动的经济发展战略，加快外向型产业结构调整和转型升级。

我国经济学界关于转变对外经济发展方式的研究成果为本专著提供了基础和借鉴，给予本专著很多启示。但是，关于转变对外经济发展方式的研究，还需要进一步深化。

第一，目前经济学界对对外经济发展方式转变的研究往往涉及对外经济某个方面发展方式转变的研究。但是，对外经济主要包括对外贸易、对外金融和对外直接投资三个组成部分，而这三个组成部分是密切联系的。因此，转变对外经济发展方式的研究应该从如何转变对外贸易发展方式、对外金融发展方式和对外直接投资发展方式三个方面全面展开。

第二，一个国家的经济是由对内经济和对外经济组成的，对内经济和对外经济是相互依赖、相互制约的。转变对外经济发展方式还需要在与转变对内经济发展方式的相互联系中来考虑。目前我国经济学界已经注意到这种联系，但是如何通过推动我国对内经济发展方式的转变来促进我国对外经济发展方式的转变，又如何通过推动我国对外经济发展方式的转变来强化对内经济发展方式的转变，还有许多需要深入探讨的问题。

第三，一个国家对外经济发展方式是由该国对外经济发展水平决定的。在研究如何加快转变我国对外经济发展方式的时候，不能脱离我国对外经济发展的现实而主张应该这样或应该那样。要充分考虑到我国国情，从现实的市场经济体制和目前的经济发展水平出发，去研究在短期内我们可以做什么，在中期内我们可以做什么，在长期里我们又可以做什么。另外，除了需要研究我们可以做什么以外，更重要的是需要研究我们如何具体地去做。

本专著正是本着这样的考虑来开展工作的。

三、研究的基本思路

我国对外经济发展方式主要包括三个层次：

第一个层次是按照对外经济来划分的发展方式：对外贸易发展方式、对外直接投资发展方式、对外金融发展方式。

第二个层次是按照对外经济每个组成部分来划分的发展方式：对外货物贸易发展方式、对外服务贸易发展方式、对外直接投资发展方式、引进外商直接投资发展方式、货币国际化发展方式、金融国际化发展方式。

第三个层次是在第二个层次上的再划分，如将对外货物贸易发展方式再划分为货物出口发展方式、货物进口发展方式等。

本专著根据我国对外经济发展的现实情况，在第二个层次中选择了六个方面来研究如何加快推进中国对外经济发展方式转变的问题。

本专著的基本思路如图 0-1 所示。

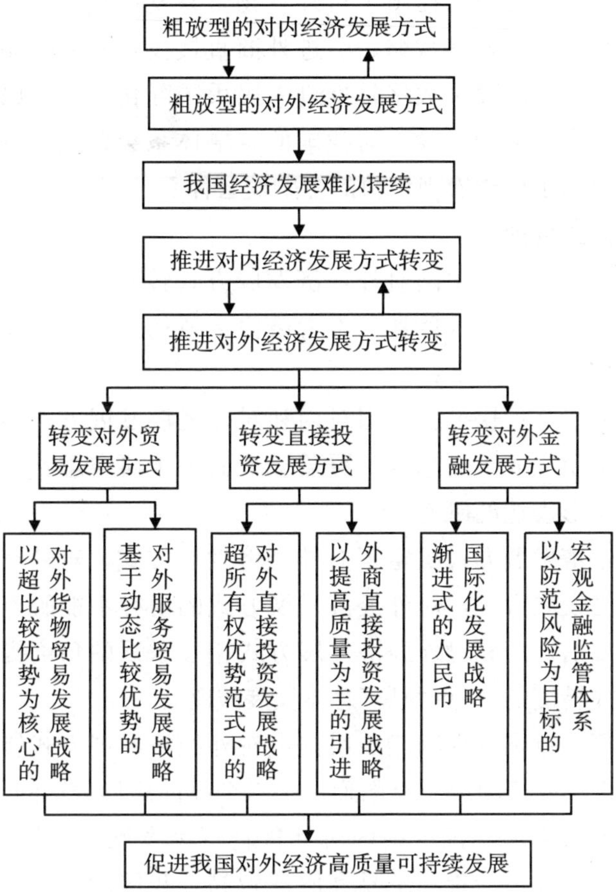

图 0-1　研究思路

首先，我国粗放型的对内经济发展方式与粗放型的对外经济发展方式的相互作用，使我国的经济发展难以持续。因此，必须推进经济发展方式的转变。图 0-1 中的双向箭头表示相互作用。

其次，由于对内和对外经济发展方式是相互联系的，不可能脱离对内经济发展方式转变去研究对外经济发展方式转变。因此，必须在对内和对外经济发展方式的相互联系中研究对外经济发展方式的转变。图 0-1 中的双向箭头表示相互联系。

最后，本专著的重点是研究对外经济发展方式的转变，因而按照前面提出的第二个层次的划分分别提出了对外货物贸易发展战略、对外服务贸易发展战略、对外直接投资发展战略、引进外商直接投资发展战略、对外金融发展战略。由于对外金融发展战略是推进人民币国际化，而人民币国际化的过程将产生国际资本流动的风险，对我国的金融体系会造成不利影响，因而本专著与之配合提出了构建宏观审慎的金融监管体系的问题。

四、研究的主要内容

本专著围绕加快推进中国对外经济发展方式转变这个核心内容，主要回答“为什么”和“怎么办”两大问题。本专著由七章构成，各章在整个研究成果中的地位以及相互关系如下：

第一章主要研究加快推进中国对内和对外经济发展方式转变的总体发展战略，它是整个研究成果的基础，覆盖了上面关于研究思路的图形中从上到下前四个横向矩形表达的研究内容。

由于对内经济发展方式决定了对外经济发展方式，对外经济发展方式反作用于对内经济发展方式，对外经济发展方式的研究不能脱离对内经济发展方式，本章主要从对内和对外经济发展方式相互联系的角度提出加快推进中国经济发展方式转变的“一点两翼”总体发展战略。

第二章到第七章则分别阐述加快推进对外经济发展方式转变的六个发展战略，也就是上面关于研究思路图形下端六个纵向矩形表达的研究内容。

第二章主要研究加快推进中国对外货物贸易发展方式转变的发展战略。一个国家的对外贸易包括货物贸易和服务贸易，我国的对外货物贸易在我国对外贸易中所占的比例接近90%。这一章提出了以超比较优势为核心的对外货物贸易发展战略。

第三章主要研究加快推进中国对外服务贸易发展方式转变的发展战略。虽然我国对外服务贸易在我国对外贸易中所占的比例不大，但它在近年来迅速发展，并且在未来的对外贸易中将发挥越来越重要的作用。这一章提出了以创建动态比较优势为内容的对外服务贸易发展战略。

第四章主要研究加快推进中国对外直接投资发展方式转变的发展战略。一个国家的直接投资包括对外直接投资和引进外商直接投资。近年来，我国对外直接投资迅速发展，并将在我国经济发展中发挥越来越大的作用。这一章提出了以"超所有权"为基础的对外直接投资发展战略。

第五章主要研究加快推进中国引进外商直接投资发展方式转变的发展战略。我国一直是引进外商直接投资最多的发展中国家，外商直接投资对我国经济发展做出了贡献，但也存在质量低的问题。这一章提出了以提高质量为重点的引进外商直接投资发展战略。

第六章主要研究加快推进中国对外金融发展方式转变的发展战略。虽然我国的国际经济活动的规模在世界国际经济活动的规模中占据了很大的比例，但仍然不得不被动接受美元主宰的地位，影响了我国对外经济活动的效益。这一章提出了渐进的人民币国际化发展战略。

第七章主要研究防范中国外部金融风险的发展战略。在人民币国际化的进程中以及我国对外经济和对外金融开放的过程中，存在着严重的金融风险。这一章提出了建立以防范风险为目的的宏观审慎金融监管体系。

所有七章的研究都归结为一个目的，就是上面关于研究思路图形最下端横向矩形表达的促进我国对外经济高质量可持续发展。

五、研究的基础

承担这项研究工作的团队是北京师范大学经济与工商管理学院从事国际贸易、国际金融和直接投资领域研究的专业人员，全部为副教授以上教师职务，他们在各自研究领域都发表过大量的著述。

作为本专著核心思想的超比较优势学说就是由李翀教授提出的。李嘉图(David Ricardo)的比较优势理论是国际贸易理论中的核心理论。但实际上，比较优势有静态比较优势和动态比较优势之分。静态比较优势是由要素禀赋所决定的现行的比较优势，各个国家只能按照这种比较优势格局参与国际分工。但是，即使在短期内，静态比较优势也不是一成不变的。一个国家还可以通过将具有比较优势的产品与不具有比较优势的产品组合起来，形成一种组合的静态比较优势产品。

动态比较优势是指从目前来看某个国家在某个产业不存在比较优势，但是这个产业具有发展潜力，经过一段时间的培育可能会形成比较优势。如果发展中国家不去主动培育具有动态比较优势的产业，那么它们只能永远地跟随着发达国家，等着去发展那些被发达国家淘汰的产业。

另外，在国际贸易中，不仅存在静态或者动态的比较优势，而且存在超比较优势。超比较优势是指一个国家与另一个国家进行对方没有的商品的贸易时所具有的优势。假定存在 A、B 两个国家，某种商品只有 A 国能够生产而 B 国不能生产，那么在这两个国家这种商品的贸易中 A 国具有不可比拟的优势，这种优势就是超比较优势。超比较优势产生的主要源泉是科学技术的创新。

从短期和静态来看，我国应该按照静态比较优势的原则参与国际分工；从长期和动态来看，我国应该按照动态比较优势的原则参与国际分工，也就是我国政府应该培育某些目前没有比较优势但未来对我国经济具有主导意义的产业，以使这些产业在未来形成比较优势；从培养核心竞争力、可持续发展的角度来看，我国还应该按照超比较优势的原则参与国际分工，推动科学技术的自主创新，支持某些与发达国家同时起步的产业的发展，使之成为具有超比较优势的产业。

通过对现实经济中的静态比较优势、组合静态比较优势、动态比较优势、超比较优势的深入分析，可以丰富和增进人们对比较优势国际贸易理论的认识。

六、研究成员

本研究工作主要由北京师范大学经济与工商管理学院研究团队承担，研究工作的分工情况如下：导论和第一章由李翀教授负责，第二章由魏浩教授负责，第三章由蔡宏波副教授负责，第四章由郑飞虎副教授负责，第五章由仲鑫教授和博士研究生陈相森负责，第六章由胡海峰教授和博士研究生、河南牧业经济学院副教授贾宪军负责，第七章由徐建炜副教授负责。首席专家李翀教授对各章提出具体的修改意见，统一各章的写作格式、文字风格并审定最终研究成果。另外，李翀教授对第二章第四节的第二部分、第三章第四节的第二和第三部分、第五章第四节第三部分的第四子部分、第六章第六节的第二和第三部分、第七章第一、二、三节进行了较大篇幅的补充或修改。

研究团队对本专著绝大多数观点看法一致，个别看法不一致的观点均按照李翀教授的意见进行了修改。因此，李翀教授对本专著的观点负责。

本专著各章内容均五易其稿，但肯定仍存在不足之处，诚恳希望读者提出批评。

第　一　章

加快推进中国经济发展方式转变的总体发展战略

第一节　中国对内和对外经济发展方式的形成

一、我国经济的崛起

一个国家的经济可以划分为对内经济和对外经济。对内经济又称为内部经济(national economy)，它是指国内的生产、交换、分配、消费等国内经济活动所形成的经济体系。对外经济又称为外部经济(international economy)，它是指主要由国际贸易、国际金融和直接投资等国际经济活动组成的经济体系。

改革开放以来，我国对内和对外经济迅速发展，国内生产总值迅速增长，创造了经济增长的奇迹。表 1-1 说明了我国自 2001 年以来国内生产总值(GDP)的增长情况。

表 1-1　我国国内生产总值的增长情况　　单位：亿元人民币

年份	2001	2002	2003	2004	2005	2006	2007
GDP	109 655	120 333	135 823	159 878	182 321	211 808	246 600
年份	2008	2009	2010	2011	2012	2013	2014
GDP	300 670	335 353	397 983	472 882	519 322	568 845	636 139

资料来源：国家统计局，统计数据，http://www.stats.gov.cn。

1955—1970 年，日本的 GDP 以每年平均超过 9%的增长率持续增长 16

年，创造了战后经济增长的奇迹。1962—1979 年，韩国的 GDP 以每年平均超过 9%的增长率增长了 18 年，刷新了日本创造的经济增长的纪录。但是在 1979—2013 年，我国的 GDP 以每年平均超过 9%的增长率持续增长 35 年，远远地将日本和韩国创造的经济增长纪录甩在后面。

2000 年，我国的 GDP 在美国、日本、德国、英国、法国、意大利之后，居世界第 7 位。在 2005 年以后，我国经济开始迅速超越主要的发达国家。2005 年，我国的 GDP 超越了法国和意大利，居世界第 5 位。2007 年，我国的 GDP 超越了英国，居世界第 4 位。2008 年，我国的 GDP 超越了德国，居世界第 3 位。2010 年，我国的 GDP 终于超越了日本，成为仅次于美国的世界第二大经济体。

根据国际货币基金组织的统计资料，如果用汇率的方法计算，2014 年美国的 GDP 是 174 189.31 亿美元，我国的 GDP 是 103 803.80 亿美元，日本的 GDP 是 46 163.35 亿美元。这三个国家的 GDP 占世界 GDP 的比重分别是 22.53%、13.43%、5.97%。但是，如果用购买力平价的方法计算，2014 年美国的 GDP 是 174 189.30 亿美元，我国的 GDP 是 176 173.21 亿美元，日本的 GDP 是 47 507.71 亿美元。这三个国家的 GDP 占世界 GDP 的比重分别为 16.14%、16.32%、4.40%。①

正因为如此，世界各国的经济学界都关注这样一个问题：中国经济发展的模式是什么？回顾和总结改革开放以来我国经济发展的历程，可以发现和分析我国 30 多年经济迅速发展的原因，进而可以发现和分析我国经济发展的模式和特点。

我国经济迅速崛起的原因如下：

第一，改革开放以后，我国从计划经济体制向市场经济体制转变，使我国企业从被动地完成指令的经济活动方式转向主动地创造性的经济活动方式。我国国有企业的股份制改革和民营企业的发展使我国经济的微观经济架构得到改进，这样作为经济主体的企业在经营管理方面更有效率并且能够更迅速地对市场的变化做出反应。市场经济体制改革的推进激发了我国经济强大的活力和动力，政府对经济发展的总体正确的引导和干预又在一定程度上克服

① IMF，World Economic Outlook databases，April 14，2015，http://www.imf.org.

了市场调节所具有的自发和盲目的弱点，将社会资源有效地集中在对我国经济发展具有重要影响的经济部门，从而保证了我国经济稳定和高速的发展。

另外，我国在社会资源配置的方式上实行的是政府主导的市场经济体制。市场对社会资源的配置发挥基础性作用，但政府在经济发展中发挥了重要的作用。我国政府通过经济发展规划、宏观财政政策、宏观货币政策、产业政策等手段来对市场的作用进行引导和干预，以加快经济的发展。我国的这种经济体制属于“追赶型”的经济体制，它的优点在于有可能实现经济高速发展。显然，如果仅仅依靠市场的调节来推动工业化进程，依靠价格机制来调节产业结构的调整，经济发展要缓慢得多。如果政府能够正确地引导和推动工业化的进程，将社会资源有效地集中在经济发展的关键领域，可以强有力地推动经济的发展。但是，任何一种经济体制选择都是有利有弊的。这种经济体制也存在一定的缺点。由于政府官员直接和深度参与社会资源的配置，更容易滋长社会腐败的现象。另外，如果各级政府在经济决策中受到政治等非经济因素的影响，社会资源的效率将下降。一旦政府的经济决策发生错误，将对经济发展造成更为不利的影响。

第二，我国是世界第一人口大国，拥有丰富的劳动力资源。但是，劳动必须与资本结合才能形成生产能力。新中国成立以后，由于我国受到以美国为代表的发达国家的经济封锁，我国只能依赖高储蓄率即储蓄对产值的高比率来加快资本的形成。尽管我国的工业化进程还比较迅速，但由于我国主要依靠自己积累的资金来发展经济，资本的形成受到了制约，经济的发展速度还是受到了不利影响。

随着20世纪70年代我国与美国等西方发达国家关系趋向正常化，我国经济的对外开放成为可能。如果说改革是我国经济起飞的一翼，那么开放就是我国经济起飞的另一翼。我国很好地把握住了经济开放这个机会，通过引进外商直接投资和借入外国债务的方式，提供了与高强度劳动投入相匹配的高强度的资本投入，使我国的工业化进程得以提速，使我国经济得以持续发展。

第三，20世纪80年代，发达国家正处于产业结构调整的升级时期。由于发达国家经济发展水平较高，劳动者的工资收入较高，势必造成在劳动密集型产品的生产中工资成本较高。在市场的调节下，国际分工将发生变化，发达国家逐渐放弃了劳动密集型产品的生产，转向资本密集型或者技术密集型产品的生产。

当时我国正处在改革开放的初期，我国成功地把握住了发达国家产业结构调整和升级的机会，充分利用本国的劳动力数量和劳动力成本的优势，在劳动密集型产业的发展中取得了巨大的进步，使我国成为劳动密集型产品的“世界工厂”，从而实现了我国经济高速和持续的发展。如果说我国经济对外开放一方面使我国在比较短的时间里形成强大的生产能力成为可能，那么我国经济对外开放另一方面又为这种强大生产能力的发挥提供了巨大的国际市场。

由此可见，我国经济的迅速崛起并且创造了经济增长的奇迹并不是偶然的，它是天时、地利、人和各种因素相互作用的共同结果。另外，也正是在促进我国经济发展的各种因素的影响下，形成了我国对内和对外经济发展方式。

二、我国对内经济发展方式的特点

经济发展模式和经济发展方式是比较接近的两个经济范畴。按照笔者的理解，经济发展模式(economic development model)是指一个国家经济发展的道路，经济发展方式(economic development fashion)是指一个国家经济发展的方法。从定义上看，经济发展模式与经济发展方式是相似的；但从内涵来看，经济发展模式要比经济发展方式更加宏观和广泛。经济发展模式主要表示经济发展道路的选择，它说明如何通过经济体制的选择、产业发展的选择、生产方式的选择和分配方式的选择等来实现经济的发展。经济发展方式则主要表示经济发展方法的选择，它说明如何通过对各种具体方法的选择来实现经济的发展。另外，经济发展模式带有范式的意味，它往往具有一种特征相似的规范形式。经济发展方式没有范式的意味，它是在一定的经济发展水平下形成的具体的经济发展方法。但是，经济发展模式和经济发展方式不是截然不同的。如果具体分析经济发展模式，就会涉及经济发展方式；如果分析带有规律性的经济发展方式，就会涉及经济发展模式。

由于经济发展模式指的是经济发展道路的选择，它并不必然受到经济发展水平的制约，具有不同经济发展水平的国家可能选择相似的经济发展模式。例如，尽管中国、韩国、日本的经济发展水平不同，但是这三个国家从经济体制的角度看都具有相似的经济发展模式，即政府在经济发展中发挥重要作用的所谓“东亚模式”。

由于经济发展方式指的是经济发展方法的选择，它主要受到经济发展水平的制约。具有相似经济发展水平的国家可以选择不同的经济发展模式，但是它们的基本发展方式是相似的。由于发展中国家的科学技术水平和经济发展水平较低，它们只能主要生产低端的劳动密集型产品。例如，我国和大多数发展中国家处于相似的经济发展水平，它们选择的经济发展模式不同，但是它们基本的经济发展方式是相似的。

前面关于我国经济迅速崛起原因的分析也体现了经济发展模式和经济发展方式的区别。我国选择了政府主导的市场经济体制而不是计划经济体制，采用开放的经济发展道路而不是封闭的经济发展道路等，都属于经济发展模式。我国通过高储蓄率、借入外国债务和引进外商直接投资来加快资本的形成，利用自己劳动力资源的优势发展劳动密集型产业等，都属于经济发展方式。

经济发展方式包括对内经济发展方式和对外经济发展方式两个方面。对内经济发展方式是指一个国家内部经济的发展方式，主要表现为如何通过体制的改革和生产能力的提高来实现经济的发展。对外经济发展方式是指一个国家外部经济的发展方式，主要表现为如何通过对外贸易、对外金融和对外直接投资的发展来实现经济的发展。对内和对外经济发展方式相互依存、相互影响、相互制约，形成了一个国家的经济发展方式。

在我国经济的发展过程中，我国对内经济发展方式呈现出下述特点：

第一，我国是一个发展中国家，科学技术水平和经济发展水平不高，但是我国劳动力资源十分充裕，经济开放又为我国加快资本形成提供了可能，我国主要通过大规模地投入劳动、资本和自然资源来实现产值的高速发展。这种对内经济发展方式属于一种粗放型的经济发展方式。

在劳动力的投入方面，在改革开放以来我国工业化过程中，投入到第一产业的劳动力从 20 世纪 90 年代以来持续减少，投入到第二和第三产业的劳动力则从 20 世纪 80 年代以来不断增加，具体情况如表 1-2 所示。

表 1-2 1980 年以来我国劳动力投入情况 单位：万人

年份	1980	1990	2000	2010	2012	2014
第一产业	29 122	38 914	36 043	27 931	25 773	22 790
第二产业	7 707	13 856	16 219	21 842	23 241	23 099
第三产业	5 532	11 979	19 823	26 332	27 690	31 364

资料来源：国家统计局，《中国统计年鉴》，2013 年；年度数据，2015 年，http://www.stats.gov.cn。

1980 年，我国投入到第二和第三产业的劳动力分别是 7 707 万人和 5 532 万人。但是到了 2014 年，我国投入到第二和第三产业的劳动力已达到 23 099 万人和 31 364 万人。这意味着在我国每年人口自然增长率不到 1%的情况下投入到第二和第三产业的劳动力 34 年来以每年 3.3%和 5.2%的速度增加。

在资本的投入方面，改革开放以来，我国的固定资产投资基本上都以远高于国内生产总值的速度增长。由于缺乏 20 世纪 80 年代固定资产投资的数据，表 1-3 反映的是 1995 年以来固定资产投资的增长率。从表 1-3 中可以看出，长期以来，我国固定资产的增长率远高于国内生产总值的增长率。

表 1-3 1995 年以来我国固定资产投资情况 单位：%

年份	1995	2000	2001	2002	2003	2004	2005
增长率	17.5	10.3	13.0	16.9	27.7	26.6	26.0
年份	2006	2007	2008	2009	2010	2012	2014
增长率	23.9	24.8	25.9	30.0	23.8	23.3	15.3

资料来源：国家统计局，《中国统计年鉴》，1996—2013 年；《2014 年国民经济和社会发展统计公报》，2015 年 2 月 26 日，http://www.stats.gov.cn。

在自然资源投入方面，以能源的投入为例，1980 年我国能源消耗量是 60 275 万吨标准煤。但是到了 2014 年，我国能源消耗量是 426 000 万吨标准煤。这意味着在过去的 34 年中，我国能源的消耗量以每年 5.9%的速度增长。具体情况如表 1-4 所示。

表 1-4 1980 年以来我国能源投入情况 单位：万吨标准煤

年份	1980	1990	2000	2010	2012	2014
标准煤	60 275	98 703	145 531	324 939	361 732	426 000

资料来源：国家统计局，《中国统计年鉴》，2013 年；年度数据，2015 年，http://www.stats.gov.cn。

正是这种大规模的劳动、资本和自然资源投入的经济发展方式，推动着我国 30 多年来国内生产总值的高速发展。

第二，我国在劳动力资源方面具有优势，而在制造业中很多的产业都是劳动密集型产业，我国劳动力资源的优势在制造业中得到最充分的体现。因此，改革开放以来，我国主要通过制造业的发展推动其他产业的发展，从而推动经济的发展。这种发展方式属于以制造业为主导产业的经济发展方式。

按照我国的产业分类，第一产业包括农业、林业、牧业、渔业；第二产业包括工业、建筑业，其中工业包括制造业、采矿业、公用事业；第三产业包括交通运输业和各种服务业。1980 年以来，我国产业增加值的增长情况如表 1-5 所示。由于缺少 1980—2014 年制造业增加值的数据，表中的数据是根据 2010 年制造业增加值占工业增加值的比例估算的。

表 1-5　1980 年以来我国产业增加值的增长情况　　单位：亿元

年份	1980	1990	2000	2010	2014
第一产业	1 359.4	5 017.0	14 212.6	40 533.6	58 524.8
第二产业	2 192.0	7 717.4	45 487.8	187 383.2	271 631.2
其中：制造业	1 524.5	5 367.5	31 636.8	130 325.0	158 659.5
第三产业	955.4	5 813.5	29 703.8	173 596.0	305 982.7

资料来源：国家统计局，《中国统计年鉴》，1996—2013 年；年度数据，2015 年，http://www.stats.gov.cn。

从表 1-5 可以看出，按照当年价格计算，我国制造业 34 年来每年以 14.64%的速度增长，与国内生产总值 16.13%的增长速度相当，高于第一产业 11.70%的增长速度，低于第三产业 18.49%的增长速度。在第三产业中，最大的产业依次是批发与零售业、房地产业、金融业。而这三个服务业的发展都与制造业的发展带来的城镇化以及经济发展有关。因此，制造业在改革开放以来我国的经济发展中发挥了主导产业的作用，我国沿海地区经济通过制造业迅速发展起来，我国成为名副其实的劳动密集型产品生产的“世界工厂”。

三、我国对外经济发展方式的特点

对外经济主要包括对外贸易、直接投资和对外金融三个组成部分。在我国对外经济发展的过程中，我国的对外经济发展方式也形成了自己的特点。

首先来考察对外贸易。改革开放以后，我国充分利用发达国家产业结构调整的机会，充分发挥本国劳动力资源充裕的特点，在发展方式上呈现出如下特点：

第一，改革开放以来，我国对外贸易规模扩张迅速，长期出现贸易顺差，出口贸易对产值增长的贡献显著。从表1-6可以看出，1980—2014年，以当年价格计算，我国货物出口贸易每年以15.38%的速度迅速增长，与同期国内生产总值16.16%的增长速度相当。2009年，我国的货物出口贸易为12 020亿美元，超过了德国11 260亿美元的货物出口贸易额，成为世界第一大货物出口国。2012年，我国的进出口货物贸易为38 700亿美元，超过了美国38 200亿美元的货物进出口贸易额，成为世界第一大货物贸易国。

表1-6 1980年以来我国对外货物贸易的情况 单位：亿美元

年份	1980	1985	1990	1995	2000
出口	181.2	273.5	620.9	1 487.7	2 492.0
进口	200.2	422.5	533.5	1 320.8	2 250.9
差额	−19.0	−149.0	87.4	166.9	241.1
年份	2005	2010	2011	2012	2014
出口	7 619.5	15 777.5	18 983.8	20 487.1	23 427.5
进口	6 599.5	13 962.4	17 434.8	18 184.1	19 602.9
差额	1 020.0	1 815.1	1 549.0	2 303.1	3 824.6

资料来源：国家统计局，《中国统计年鉴》，1996—2013年；年度数据，2015年，http://www.stats.gov.cn。

进入20世纪90年代以后，我国对外贸易持续出现顺差。除了1993年发生贸易逆差以外，别的年份都保持顺差。我国的出口贸易对我国国内生产总值的增长发挥了重要的作用。在2005年、2006年、2007年，我国净出口对国内生产总值的贡献分别达到了25.8%、19.5%、21.5%的峰值。

第二，改革开放以来，尽管我国出口贸易的结构不断改善，但是我国出口的产品主要是加工贸易产品和劳动密集型产品。加工贸易是以加工为特征的再出口业务，它是指一个国家通过进口原料、材料或零部件，加工成制成品后再出口，从而获得外汇形式的附加价值。加工贸易的形式包括进料加工、来料加工、装配业务和协作生产等。据我国商务部的统计，我国对美国贸易的60%是加工贸易。① 从统计资料来看，我国出口产品的技术含量在增加，但其中相当一部分技术产品是我国进口零部件以后经过加工再出口的。

第三，改革开放以来，我国一直努力使用出口产品获取的外汇来引进我国尚未掌握的先进技术，以提高我国的技术水平。技术贸易包括技术许可证贸易、成套设备贸易等，我国长期以来主要以进口成套设备的形式来引进外国先进技术。1995年，我国技术进口额一度达到我国总进口额的10%。据中国商务部发布的信息，2006—2011年，中国技术进出口总额已从226.1亿美元上升到535.6亿美元，但每年我国在技术贸易中约有100亿美元的技术贸易逆差。②

第四，改革开放以来，外商投资企业的出口在我国出口中所占的比例不断提高。由于我国拥有丰富的劳动力资源，土地租金低廉，政策优惠，外商投资企业纷纷以直接投资的方式在我国设立企业，将环境污染比较严重、劳动资源耗费比较大的产品或工序转移到我国，生产出产品以后销往国际市场。自从有数据可查的20世纪90年代中期以来，外商投资企业的出口在我国出口中所占的比例如表1-7所示。从表1-7可以看出，2000年以来，我国出口贸易的50%以上都是外商投资企业的出口贸易。

表1-7　1995年以来外商投资企业的货物出口在我国货物出口中所占的比例 单位：%

年份	1995	2000	2005	2010	2012	2014
所占比例	31.51	47.93	58.30	54.65	52.43	54.82

资料来源：国家统计局，《中国统计年鉴》，1996—2013年，http://www.stats.gov.cn。

从上面的分析可以看到，我国的对外贸易发展方式是一种规模扩张型的发展方式，我国出口产品主要是低端的劳动密集型产品，我国出口贸易的收益主要是加工费的收益，我国在国际产品价值增加中只得到了较低比例的收益。

其次来考察直接投资。改革开放以后，由于我国大陆缺少资金，急需利

① 中国商务部、美国商务部：《中美货物贸易统计差异研究报告》，2010年3月4日，http://www.mofcom.gov.cn。

② 中国商务部：《中国技术贸易的发展空间和潜力巨大》，2012年12月8日，http://www.mofcom.gov.cn。

用外商直接投资来加快资本的形成，因而我国大陆采取了各种优惠政策引进外商直接投资。在这里，所谓外商是指海关关境以外的企业，包括我国港澳台地区的企业。

我国引进外商直接投资的发展方式表现出下述特点：

第一，新中国成立以后，我国大陆长期受到以美国为首的西方发达国家的经济封锁，直到20世纪80年代以后才开始引进外商直接投资，这种后发展的特点使我国政府能够总结发展中国家的经济命脉被外国资本控制的教训，在很长的时间范围内限制外商直接投资进入我国大陆的重要产业。但是，由于我国是最大的发展中国家，具有广阔的市场，对外商来说具有其他发展中国家难以比拟的吸引力。即使我国政府对外商投资的产业有所限制，但外商仍然大规模地对我国大陆进行直接投资。

第二，在我国改革开放后相当长的一段时期里，我国各级政府表现出极大的热情，竞相对外国公司提供各种优惠措施以引进外商直接投资。外商对我国的直接投资迅速发展，使之成为补充我国大陆经济发展资本缺口的一个主要来源。表1-8说明了我国大陆引进外商直接投资的情况。由此可见，长期以来，我国一直是引进外商直接投资最多的发展中国家，在若干年份还超越了美国成为当年引进外商直接投资最多的国家。

表1-8 1980年以来我国大陆实际引进外商直接投资的情况 单位：亿美元

年份	1980	1985	1990	1995	2000
外商直接投资	6.00	16.61	34.87	375.21	407.15
年份	2010	2011	2012	2013	2014
外商直接投资	603.25	1 057.4	1 117.2	1 176.0	1 197.1

资料来源：国家统计局，《中国统计年鉴》，1996—2013年；年度数据，http://www.stats.gov.cn。

第三，外商对我国大陆的直接投资主要是对制造业的直接投资。由于缺少20世纪90年代中期外商对我国大陆制造业直接投资的数据，表1-9中1995年的数据是外商对我国大陆工业直接投资的数据。按照我国大陆的产业分类，工业包括制造业、采掘业和公用事业，由于当年外商很少对我国大陆采掘业和公用事业直接投资，表中的数据基本上都是对制造业的直接投资。

表 1-9　1995 年以来外商对我国大陆制造业直接投资所占比例　　单位：%

年份	1995	2000	2005	2010	2012	2014
比例	67.54	63.48	70.37	46.90	43.74	33.41

资料来源：国家统计局，《中国统计年鉴》，1996—2013 年；《2014 年国民经济和社会发展统计公报》，2015 年 2 月 26 日，http://www.stats.gov.cn。

从表 1-9 可以看出，长期以来，外商对我国大陆的直接投资基本上都是对制造业的投资。近年来，由于我国大陆对外国开放了更多的产业，外商对我国大陆制造业投资的比例持续下降，但在 2014 年仍然占 33%左右。

另外，我国是一个发展中国家，长期以来我国大陆主要是引进外商直接投资，却很少对境外直接投资。在这里，所谓的境外仍然是指海关关境以外的国家和地区，包括我国港澳台地区。我国大陆自 20 世纪 90 年代以后才开始对境外直接投资，国家统计局自 2005 年才开始公布我国大陆对境外直接投资的数据，直到 2011 年我国大陆对境外直接投资的存量才有 4 247.81 亿美元。但是，近几年来，我国对境外直接投资出现加速增长的趋势。

我国大陆 2007 年以来的境外直接投资情况如表 1-10 所示。表 1-10 显示了我国境外直接投资最多的 1 个地区和 3 个产业。从表中可以看到，我国对境外直接投资主要是对我国香港地区的直接投资，直接投资最多的产业是为对外贸易服务的产业和获取自然资源的采矿业。

表 1-10　我国大陆 2007 年以来对境外直接投资的情况　　单位：亿美元

地区与产业	2008 年	地区与产业	2009 年	地区与产业	2010 年
境外投资	559.07	境外投资	565.29	境外投资	688.11
香港	386.40	香港	404.08	香港	448.90
批发零售	217.17	商务服务	204.73	商务服务	302.81
商务服务	65.14	批发零售	133.43	采矿	67.29
采矿	58.25	采矿	61.36	批发零售	57.15
地区与产业	2011 年	地区与产业	2012 年	地区与产业	2013 年
境外投资	746.54	境外投资	365.65	境外投资	1 078.44
香港	454.94	香港	512.38	香港	628.24
商务服务	255.97	商务服务	267.41	商务服务	270.56

续表

地区与产业	2011 年	地区与产业	2012 年	地区与产业	2013 年
批发零售	144.46	采矿	135.44	采矿	248.08
采矿	70.41	制造业	130.49	批发零售	146.47

资料来源：国家统计局，年度数据，2015 年，http://www.stats.gov.cn。

从上面的分析可以看到，我国大陆引进外商直接投资的发展方式是以加快资本形成为目的的寻求尽可能多的外商直接投资的发展方式，而我国境外直接投资的发展方式是以我国香港地区为重点的服务于对外贸易和获取自然资源的发展方式。

最后来考察对外金融。改革开放以后，由于我国经济发展资金的缺口很大，我国不仅需要引进外商直接投资，而且需要借入外国债务来加快资本的形成。但是，借入外国债务需要还本付息，以这种方式推动经济发展存在着借入外国债务进行投资是否有效益以及外汇储备是否充足等因素的制约。因此，与引进外商直接投资不同，我国政府对借入外国债务持谨慎态度，利用外汇管制的手段控制着对外债务的规模，将借入外国债务作为加快我国资本形成的辅助方式。

表 1-11 显示了我国借入外国债务的情况，其中外债流量表示当年借入外债的数量，外债余额表示仍未偿还的外债数量。

表 1-11　我国实际借入外国债务的情况　　单位：亿美元

年份	1980	1985	1990	1995
外债流量	50.21	25.06	65.34	103.27
外债余额	—	158.30	525.50	1 065.90
年份	2000	2005	2010	2014
外债流量	100.00	246.69	421.75	322.90
外债余额	1 457.30	2 965.40	5 489.38	8 954.60

资料来源：国家统计局，统计数据，http://www.stats.gov.cn；国家外汇管理局，中国外债数据，http://www.safe.gov.cn。

在表 1-11 中，外债的债务人包括在我国大陆的外商投资企业和外资金融机构。例如，在 2010 年的外债余额中，外商投资企业债务余额为 1 095.76 亿美元，占 32.44%；外资金融机构债务余额为 481.44 亿美元，占 14.26%。

两者之和共占 46.70%。近年来我国对外债务迅速增加，与人民币流到境外有关。当外国机构或居民以债权的方式持有人民币的时候，便形成了我国的对外债务。

另外，境外对境内证券投资和境内对境外证券投资近十年来才开始不断增加。表 1-12 说明了境外对境内以及境内对境外证券投资余额的情况。

表 1-12　境外对境内以及境内对境外证券投资余额的情况　单位：亿美元

年份	2005	2010	2011	2012	2013	2014
境外对境内证券投资	766	2 239	2 485	3 361	3 865	5 143
境内对境外证券投资	1 167	2 571	2 044	2 406	2 585	2 625

资料来源：国家外汇管理局，中国国际投资头寸表，2015 年，http://www.safe.gov.cn。

从表 1-12 可以看出，由于我国放宽了合格的境外机构投资者(QFII)对境内证券投资以及合格的境内机构投资者(QDII)对境外证券的投资，跨越关境的证券投资不断发展。

尽管我国是一个发展中国家，但由于我国的经济地位不断上升，我国对外经济规模越来越大，周边国家和地区使用人民币的数量在增加。人民币走向境外是一个市场推动的过程，但是政府可以抑制它，可以促进它，也可以顺其自然。自 2005 年以来，我国政府对人民币走向境外开始采取积极的态度，首先建立了人民币的回流机制，接着不断采取措施促进在国家贸易、国际金融和直接投资中使用人民币。根据中国人民银行的统计数据，2015 年上半年，以人民币进行结算的跨境货物贸易、服务贸易及其他经常项目、对外直接投资、外商直接投资分别发生30 000 亿元、3 711 亿元、1 670 亿元、4 866亿元。

从上面的分析可以看到，我国采取了以引进外商直接投资为主、借入外国债务为辅的发展方式来加快资本的形成。另外，我国正在通过使人民币逐渐走向国际化的发展方式来减少在对外经济活动中对美元的依赖程度。

第二节 中国对内和对外经济发展方式的联系

一、对内经济发展方式决定了对外经济发展方式

一个国家对外经济是对内经济的延伸，我国的对内经济发展方式决定了我国的对外经济发展方式。

应该指出，我国对内经济发展方式是由我国的社会生产力水平即经济发展水平决定的，它是适合于我国改革开放以后的现实经济情况的，我们不能超越客观经济现实而空谈理想的经济发展方式。

首先，我国是世界上人口最多的国家。1980 年第三次全国人口普查的数据表明，我国人口为 1 008 175 288 人，城镇人口仅占总人口的 20.6%。在当时，不但城镇劳动力存在巨大的就业压力，大量的农村劳动力实际上处于失业状态。人口众多对经济发展来说是巨大优势，对于社会就业来说又是巨大负担。因此，不论是政府引导还是市场调节，我国经济发展必然采取大量投入劳动力的方式。

其次，我国是一个发展中国家，科学技术水平不高，要提供与高劳动力投入相适应的物质资本，如何加快资本的积累就成为我国经济发展的关键问题。改革开放以前，我国依靠高储蓄率积累资本；改革开放以后，我国通过高储蓄率、引进外商直接投资和借入外国债务等多种途径来积累资本。由于我国尚未具备大规模使用先进技术进行生产的能力，也尚未具备大量生产高端的资本密集型或技术密集型产品的能力，我国只能通过大量投入劳动和资本来生产劳动密集型产品及中低端资本和技术密集型产品。

最后，我国是一个发展中国家，劳动者的总体素质不高。根据我国 1980 年第三次全国人口普查的数据，我国接受高等教育的人口只占总人口的 0.44%。然而，在制造业中，许多劳动密集型产业需要投入很多劳动力，但对劳动者的素质要求并不高。另外，各国产业的发展规律是从第一产业，到第二产业，再到第三产业依次发展的。没有第一和第二产业的发展，就不会产生大量服务的需求，就不可能有第三产业的发展。发展中国家的经济发展过程就是工业化的过程，而工业的核心产业就是制造业，我国对内经济的发展以制造业为主导也就成为必然的选择。

我国对内经济的这种发展方式决定了我国对外经济的发展方式。

首先，从对外贸易的角度分析，任何国家的对外贸易在一定的时期都要受到比较优势原则的制约，它们只能出口具有比较优势的商品，进口比较劣势的商品。在我国改革开放的初期，发达国家的产业结构正在进行调整和升级。随着劳动力成本的上升，发达国家逐渐放弃了低附加值高劳动密集型产业，转向高附加值高资本和技术密集型产业。在这样的情况下，我国与西方发达国家相比表现出十分明显的比较优势的差异：我国在劳动密集型产品方面具有较大的比较优势，西方发达国家在资本和技术密集型产品方面具有较大的比较优势。正因为具有如此坚实的贸易基础，改革开放以来，我国与发达国家的贸易迅速扩大。虽然排列次序不断发生变化，但是美国、欧盟、日本等发达国家和地区一直都是我国最重要的贸易伙伴。

如果说如此明显的比较优势差异说明了我国对外贸易的基础和贸易产品的流向，那么下面两个因素可以解释为什么我国对外贸易能够如此大规模地扩张。第一个因素是我国与其他发展中国家相比在劳动密集型产品生产上更有竞争优势。虽然不少发展中国家也像我国一样向发达国家出口劳动密集型产品，但是我国与同等发展水平的发展中国家相比在劳动力数量方面更多，在劳动力质量方面更高，在劳动操作方面更有效率，从而显示了我国工资成本较低和生产效率较高的优势。这样，我国逐渐成为劳动密集型产品的“世界工厂”。第二个因素是发达国家的企业到我国生产产品然后从我国出口。由于我国在改革开放以后很长的一段时间里在劳动密集型产品生产上表现出很强的比较优势，发达国家纷纷以直接投资的方式在我国设立工厂，将劳动密集型产业迁移到我国，或者将资本或技术密集型产品耗费劳动较多的工序迁移到我国，生产或加工成产品以后再销往本国或国际市场，从而造成了我国一方面大规模进口原材料和零部件，另一方面又大规模出口制成品的现象。

由此可见，我国对内经济发展方式决定了我国对外贸易发展方式。我国以制造业为主导的粗放型的对内经济发展方式决定了我国对外贸易只能走规模扩张的道路，我国主要的出口产品只能是劳动密集型产品，我国出口贸易的重要形式只能是加工贸易，我国的对外贸易只能处在国际产品增值链的低端。同时，随着我国经济发展水平的提高，我国的对内经济发展方式逐渐发生变化，我国对外贸易的发展方式也在发生变化。

其次，从直接投资的角度分析，我国长期以来拥有丰富的劳动力资源而缺少物质资本资源，因而对投资具有巨大并且急迫的需求。改革开放以后，正是这种对投资巨大并且急迫的需求促使我国政府采取十分优惠的政策来引进外商直接投资。另外，我国拥有别的发展中国家难以比拟的国内市场，我国在劳动密集型产品的生产上又具有比较优势，发达国家的企业有着强烈的意愿以直接投资的方式在我国设立工厂，生产我国国内需要的又受到贸易限制的产品以投放我国的国内市场，或者生产劳动密集型产品以投放国际市场，或者生产能源消耗较大环境污染较严重的产品以投放我国国内市场或国际市场。

另外，随着我国生产规模越来越大，对原材料和能源的需求也越来越大；随着我国对外贸易规模越来越大，对国际贸易服务的需求也越来越大。因此，我国也开始出现对外直接投资，而对外直接投资的主要领域是采掘业和商业。

由此可见，我国对内经济发展方式决定了我国直接投资的发展方式。我国粗放型的对内经济发展方式决定了我国大规模引进外商直接投资，而外商直接投资的主要产业是制造业，由此也决定了我国对外直接投资的主要产业是采掘业和商业。

最后，从对外金融的角度分析，如前所述，我国国内对投资具有巨大并且急迫的需求，但出于还本付息压力的担心，我国只能实行以引进外商直接投资为主、以借入外国债务为辅的引进外国资本的发展方式。另外，我国是一个发展中国家，经济发展水平不高，只能被动地接受以美元作为国际储备货币的主导地位。

由此可见，我国对内经济发展方式决定了我国对外金融的发展方式。我国在国际金融市场上融通外汇资金都是为我国国内经济发展服务的。

二、对外经济发展方式反作用于对内经济发展方式

虽然我国对内经济发展方式决定了我国对外经济发展方式，但是我国对外经济发展方式不是被动地从属于对内经济发展方式，它可以反过来对我国的对内经济发展方式产生重要影响。

我国的对外贸易发展方式对我国的对内经济发展方式产生了两个方面的影响：一方面，强化了我国对内经济发展方式；另一方面，改善了我国对内经济发展方式。

我国的对外贸易为我国的产品开拓了广阔的国际市场，使我国企业不仅为庞大的国内市场而生产，而且为广阔的国际市场而生产。我国以同样的发展方式为两个市场提供产品，从而强化了我国粗放型的对内经济发展方式。另外，我国的比较优势产业主要是劳动密集型产业，我国劳动密集型产品的大量出口推动了生产劳动密集型产品的制造业的发展，从而强化了我国以制造业为主导的对内经济发展方式。

同时，由于我国缺乏高技术的生产手段，长期以来主要以进口成套设备的形式来引进外国的先进技术。虽然我国为了获得先进技术付出了很高的代价，但是我国通过模仿、消化、创新，逐渐掌握了部分先进的技术，从而使我国的科学技术水平不断提高，促进了对内经济发展方式的改善。我国宝钢集团公司的发展就是一个例子。1978 年，我国以高昂的代价进口了日本的钢铁生产成套设备，建立起宝钢集团公司。经过 30 多年的消化和创新，宝钢集团公司掌握了先进的钢铁生产技术，成为我国最现代化的钢铁生产企业，并产生了良好的“外溢”效应。

我国的直接投资发展方式对我国的对内经济发展方式同样产生两个方面的影响：一方面，强化了我国对内经济发展方式；另一方面，改善了我国对内经济发展方式。

我国引进外商直接投资加快了我国资本的形成，而外商为了获得利润十分注重对我国具有比较优势的劳动密集型制造业进行投资，使我国大规模的劳动投入得到了来自境内和境外的大规模资本投入的支持，从而强化了我国粗放型的对内经济发展方式。

同时，外商为了绕过贸易的限制而进入我国市场，也以直接投资的方式在我国生产我国尚未能大规模生产的产品。虽然我国通过引进外商直接投资无法获得外商的核心技术，但是仍然可以获得以前未能掌握的许多普通技术，从而也会促进我国对内经济发展方式的改善。我国汽车制造业的发展就是一个例子。在改革开放初期，我国的汽车制造业十分落后。我国引进外商直接投资以后，世界著名的汽车制造商都进入我国，从而带动了我国汽车制造业的发展。虽然我国不能通过引进外商直接投资得到汽车制造的核心技术如发动机技术，但是我国得到了多方面的汽车制造技术，并在这个过程中推动了我国民族汽车工业的发展。

我国对外金融发展方式对我国的对内经济发展方式的影响与直接投资发展方式的影响相似。一方面，我国借入外国债务加快资本的形成，从而强化了我国对内经济发展方式；另一方面，我国借入外国债务往往是为某些建设项目筹集资金，而这些项目往往又是对我国经济发展具有重要作用的项目，从而也促进了我国对内经济发展方式的改善。

三、对内和对外经济发展方式相互联系的启示

以上分析表明，对内经济发展方式决定了对外经济发展方式，对外经济发展方式又反作用于对内经济发展方式，对内和对外经济发展方式是互相联系、互相推动和互相制约的。因此，当我们探讨如何转变对内经济发展方式的时候，不能忽略对外经济发展方式的转变；当我们探讨如何转变对外经济发展方式的时候，更不能忽略对内经济发展方式的转变。我们在研究加快我国经济发展方式转变的发展战略的时候必须充分考虑和利用对内和对外经济发展方式的相互影响。具体地说，要更有效地加快转变我国的经济发展方式，我国发展战略的选择应该同时对对内和对外经济发展方式形成影响，通过对内经济发展方式的转变对对外经济发展方式形成影响，通过对外经济发展方式的转变对对内经济发展方式形成影响。

正因为这样，虽然本专著的研究重点是对外经济发展方式的转变，但是仍然有必要分析清楚对内和对外经济发展方式的关系，提出对转变对内和对外经济发展方式都具有根本性影响的总体发展战略。

第三节　中国对内和对外经济发展方式存在的问题

一、我国对内和对外经济发展方式的历史作用

我国对内和对外经济发展方式是由我国的经济发展水平决定的。根据我国改革开放以后客观的经济现实，我国不可能选择别的更好的对内和对外经济发展方式。

应该指出，我国对内经济发展方式对于促进我国经济的发展发挥了巨大的作用。

第一，有效地缓和了我国的就业问题。由于新中国成立以后我国没有有效地控制人口的增长，到了 20 世纪 60 年代，城镇的就业问题已经变得很严峻。虽然“知识青年上山下乡”暂时地缓和了就业问题，但是随着 20 世纪 70 年代知识青年返城，城镇的就业问题迅速恶化。1978 年改革开放以后，大规模投入劳动并且以制造业为主导的经济发展方式不但缓和了城镇的就业问题，而且还解决了部分农村劳动力的就业问题。就业的增加使我国社会保持稳定，没有发生对经济发展产生破坏性影响的社会动荡，而且还增加了人民群众的收入，提高了人民群众的生活水平。

第二，有力地促进了经济的高速增长。我国大规模地投入劳动和资本以实现大规模产出的发展方式迅速地提高了我国的社会生产能力，创造了世界为之瞩目的经济增长奇迹。虽然由于科学技术水平的限制，我国不能在世界高技术产品的生产上占据重要地位，但是到了 2010 年在世界 500 种重要的工业产品中，我国已经有 260 种工业产品的产量居世界第 1 位，我国的工业增加值使用汇率的方法折算已经超过了世界上最发达的国家美国。在我国经济增长过程中，人民群众的生活水平在总体上发生了巨大的变化，我国已经从一个极为贫穷的国家发展为一个接近中等生活水平的国家。

同样，我国对外经济发展方式对于促进我国经济的发展也发挥了巨大的作用。

第一，虽然我国的对外贸易发展方式是数量扩张型的，从对外贸易本身得到的利益从比例上说不大，但是它却为我国的产品开拓了广阔的国际市场，从而有力地促进了我国社会生产能力的提高和经济的增长。可以预料，如果我国的对外贸易没有如此高速度的增长，我国的国内生产总值也不可能有如此高速度的增长。一个国家的经济增长依赖于出口的增长对于这个国家来说是一种不稳定的增长状态，但是在一段时期里通过对外贸易的发展来加快经济的发展对于一个发展中国家来说则是重要的机遇。

第二，我国以引进外商直接投资为主、以借入外国债务为辅的发展方式加快了我国资本的形成，促使我国社会生产能力迅速提高。另外，虽然我国没有能够通过外商的直接投资得到它们的核心技术，但是也学习了普通技术和掌握了生产技能，促进了我国产业的发展。尽管外商直接投资具有不少副作用，但是改革开放以来在我国经济的迅速发展中，外商直接投资功不可没。

二、我国对内和对外经济发展方式的弱点

虽然我国对内和对外经济发展方式是由我国的经济发展水平决定的，它对于促进我国经济迅速发展发挥了重大的作用，但是随着我国经济的进一步发展，这种对内和对外经济发展方式的弱点就会越来越明显地表现出来。显然，我国已经依靠这种对内和对外经济发展方式增长了30多年，不可能依靠这种对内和对外经济发展方式再增长30多年。

我国对内经济发展方式主要存在下面的问题：

第一，我国对内经济发展方式基本上是粗放型的经济发展方式，即依靠大规模地投入劳动、资本和自然资源实现产值增长。这种粗放型的经济发展方式导致两个后果：首先，经济发展的质量不高。在粗放型的经济发展方式下，科学技术创新不多，劳动生产率提高不快。然而，真正决定一个国家经济发展水平的是科学技术水平，是劳动生产率，而不是总产值。因此，这种经济发展方式只是脱贫之路，而不是富强之路。其次，社会资源耗费过大。尽管我国有着丰富的劳动力资源和自然资源，但是我国社会资源不是取之不竭、无限供给的。假如按照现行的经济发展方式再发展30年，那么按照过去30年我国劳动投入和能源投入的增长率计算，到2039年我国需要投入到第二和第三产业的劳动力分别是6.32亿人和13.50亿人，年消耗标准煤是165亿吨，这显然是不可能的。因此，这种粗放型的经济发展方式最大的问题是不可持续。

第二，我国产值的增长在需求结构上过于依赖投资需求和出口需求的增长。改革开放以来，人民群众的生活水平有了很大的提高，但由于收入分配出现分化现象、社会福利制度还不够完善以及我国传统储蓄观念的影响，我国有效的消费需求不能随着国内生产总值的增长而增长，国内生产总值的增长只能依赖于投资需求和净出口的增长。表1-13显示了1980年以来我国消费需求、投资需求和净出口对国内生产总值的贡献率。2000年以来，我国投资需求对国内生产总值的贡献率平均在50%左右。2005—2007年，我国净出口对国内生产总值的贡献率高达20%左右。

表 1-13　1980 年以来我国三种需求对国内生产总值的贡献率　单位：%

年份	1980	1985	1990	1995
消费需求	71.8	85.5	47.8	44.7
投资需求	26.4	80.9	1.8	55.0
净出口	1.8	−66.4	50.4	0.3
年份	2000	2005	2010	2014
消费需求	65.1	38.7	43.1	50.2
投资需求	22.4	38.5	52.9	48.5
净出口	12.5	22.8	4.0	1.3

资料来源：国家统计局，年度数据，2015 年，http://www.stats.gov.cn。

这种经济发展方式存在两个问题：首先是缺乏稳定性。由于消费需求是最稳定的需求，投资需求的波动性较大，出口的波动性更大，一旦宏观经济的变化导致投资需求减少，一旦外国减少对我国商品的需求，我国的国内生产总值将大幅度减少，失业将会迅速恶化。其次是难以持续。我国的投资需求有很大的一部分是政府对基础设施的投资，我国在不到 30 年的时间里建起了总里程数世界上第一长的高速公路网络和第一长的高速铁路网络等。显然，这种基础设施的建设速度不可能长期持续。一旦对基础设施的投资减少，我国国内生产总值的增长速度就会大幅下降。

与此同时，我国对外经济发展方式主要存在下面的问题：

第一，虽然我国规模扩张型的对外贸易发展方式对于我国经济的发展发挥过重要的作用，但是它的效益较低的弱点随着时间的推移越来越明显地表现出来。我国实际上还处于国际分工和国际产业价值链的低端。我国出口商品贸易主要还是加工贸易，我国出口商品具有自主品牌的不多。由于外商控制了我国出口产品生产过程中附加值最高的设计、研发、品牌等环节，我国企业得到的只是少量的加工费。因此，我国成为典型的“制造大国、品牌小国”，陷入了以外商为主导、加工贸易占主要地位的具有很大风险的对外贸易格局。这种对外贸易发展方式支撑过我国过去 30 多年的经济发展，但它不可能再继续支撑我国未来 30 多年的经济发展。

第二，虽然我国规模扩张型的引进外商投资发展方式对于我国经济的发展也发挥过重要的作用，但是它的消极影响随着时间的推移也越来越明显地表现出来。不少地方政府为了吸引外商直接投资，在土地和赋税方面给予过多的优惠，造成土地资源流失和利益的减少。另外，为了利用我国廉价的劳动力，外商直接投资主要集中在制造业。我国从外商直接投资得到的相对利益本来就不大，而外商对制造业的直接投资带来的出口增加又导致更多的贸易摩擦和人民币汇率升值压力。另外，在我国采取各种优惠措施吸引外商直接投资的情况下，不少外商将高能源消耗、高污染产品的生产转移到我国，不仅耗费了我国大量的自然资源，而且对我国的环境造成了污染。由于我国的碳排放量迅速增加，又使我国在倡导低碳经济的国际环境中处于不利地位。

第三，虽然我国已经成为第二大经济大国和第一贸易大国，但是我国还是发展中国家，我国在对外贸易方面还处在国际分工的低端，人民币在相当长的时间里还很难成为国际储备货币。另外，由于人民币地位不高，我国企业在对外贸易中不得不以美元计价和结算，从而经受着汇率变化的风险，并经常为此遭受损失。我国对外贸易的利益本来就不大，但是当我国政府将对外贸易积累起来的美元作为外汇储备时，又将遭受美元汇率贬值和美国价格水平上升的损失。

三、加快推进我国对内和对外经济发展方式转变的迫切性

从上面的分析可以看到，我国现行的经济发展方式是不可持续的，我国现行的经济发展方式必须要转变。由于我国经济发展面临着下面两个重大挑战，我国现行的经济发展方式的转变就变得更加迫切了。

第一个挑战是“刘易斯拐点”。“刘易斯拐点”是由美国经济学家阿瑟·刘易斯(W. Arthur Lewis)提出来的概念。他认为，发展中国家经济发展过程就是农业部门劳动力向工业部门转移的问题，当劳动力由无限供给变为相对短缺时，经济发展的拐点就会出现。“刘易斯拐点”意味着“人口红利”消失。所谓“人口红利”是指青年劳动力数量众多和劳动力价格低廉为经济发展提供了充足的和低成本的劳动力资源所带来的好处。改革开放以来，我国一直在享受这种“人口红利”。目前，我国长江三角洲和珠江三角洲地区出现“用工荒”，被认为是出现“刘易斯拐点”和“人口红利”消失的表现。

实际上，我国长江三角洲和珠江三角洲地区的“用工荒”是多种因素造成的，不能由此得出我国劳动力已经供不应求的结论。但是也不能不注意到，我国的“刘易斯拐点”正开始显现，我国的“人口红利”正在减少。据国家统计局统计，2010 年，我国 60 岁及以上人口已经占全国总人口的 13.26%，比 2000 年上升 2.93 个百分点。这意味着我国的劳动力资源已经变得不那么充裕了。

由此可见，如果我国摆脱不了粗放型的经济发展方式，仍然主要依靠大规模投入劳动力来实现产值的增长，“刘易斯拐点”将会很快出现。

第二个挑战是“中等收入陷阱”。“中等收入陷阱”(middle income trap)是世界银行在《东亚经济发展报告(2007)》中提出的概念。最初这个概念并不严谨，后来经过经济学者们不断诠释，形成了下述含义：在发展中国家的经济发展过程中，当人均收入达到中等水平以后，由于在工资成本方面无法与低收入国家竞争，在科学技术方面无法与高收入国家竞争，国际市场相对萎缩。又由于收入分配差距过大造成国内消费需求不足，国内市场也相对萎缩。因此，经济处于长期停滞状态。例如，巴西、阿根廷、墨西哥、智利、马来西亚等国家在 20 世纪 70 年代已经进入了中等收入国家行列，但直到现在这些国家人均国内生产总值仍然维持在 10 000 美元左右的中等水平。我国 2014 年的人均国内生产总值也已经达到了 7 588 美元的中等水平，我国是否会陷入“中等收入陷阱”就成为人们关注的问题。目前，在我国长江三角洲和珠江三角洲地区已经出现由于工资成本上升导致劳动密集型产品竞争力下降的现象，我国部分劳动密集型产业已经开始向西部地区或东南亚国家转移，被认为是我国陷入“中等收入陷阱”的征兆。

由此可见，如果我国摆脱不了粗放型的经济发展方式，仍然主要在劳动密集型产品上参与国际竞争，我国经济有可能陷入“中等收入陷阱”。

目前，我国面临的问题已经不是简单的如何推进经济发展方式转变的问题，而是如何加快经济发展方式转变的问题。正因为这样，2010 年，胡锦涛同志在省部级主要领导干部深入贯彻落实科学发展观加快经济发展方式转变专题研讨班上，专门发表了关于加快经济发展方式转变的讲话。2010 年《中国共产党第十七届中央委员会第五次全体会议公报》强调指出：“加快转变经济发展方式是我国经济社会领域的一场深刻变革。”2012 年《中国共产党第十八次全国代表大会报告》再次强调要加快推进经济发展方式的转变。

显然，这场变革成功与否关系到我国经济能否实现均衡地和可持续地发展，关系到我国能否从经济大国转变为经济强国，关系到中华民族能否真正走向繁荣昌盛。

第四节 推进中国经济发展方式转变“一点两翼”的发展战略

一、推进我国对内和对外经济发展方式转变的突破点

(一)推进我国对内和对外经济发展方式转变的基础和主体

前面的分析表明，我国对内和对外经济发展方式在我国改革开放以后相当长的时期内是适应于我国的经济现实的，我国不可能采取别的经济发展方式。这意味着，我国原有的对内和对外经济发展方式的某些特征在以后相当长的时期里仍然是存在的，我们不能脱离实际追求理想中的经济发展方式。但与此同时，我们也应该认识到，经过改革开放以来30多年的经济发展，我国的经济现实有了很大的变化，我国已经具备了经济发展方式转变的基础和可能。

首先，根据第六次全国人口普查数据，我国受过高等教育的人口在总人口中的比例已经从1980年的0.44%提高到2010年的8.93%，人力资本正在迅速积累。这意味着我国已经开始从低素质的劳动力资源向中、高等素质的劳动力资源转变，可以适应对内和对外经济发展方式转变对劳动者素质提出的要求。

其次，经过改革开放以来30多年的经济发展，我国人民群众的收入状况已经有了很大的变化，企业的经济实力已经有了很大的提高，社会储蓄的规模不断扩大。到2013年6月，我国居民的储蓄已经达到450 000亿元。① 我国已经从一个资金短缺的国家转变为一个资金比较充裕的国家，我国有能力在资本密集型产品生产上参与国际市场的竞争。

最后，经过改革开放以来30多年的经济发展，我国的科学技术水平有了很大的提高，与世界先进科学技术水平的差距迅速缩小。根据经济合作与发展组织的统计数据，如果用购买力平价方法计算，在2011年，我国研究和开发经费(R&D)支出达到3 446.78亿美元，总经费支出位居世界第2位。美国

① 中国人民银行：《2013年金融统计数据报告》，http://www.pbc.gov.cn。

以 4 325.83 亿美元位居第 1 位，日本以 1 545.15 亿美元位居第 3 位。①

另外，根据世界知识产权组织(WIPO)的统计资料，2014 年我国申请国际专利(The Patent Cooperation Treaty)25 539 件，在世界居第 3 位。居前 2 位的国家分别是美国(61 492 件)、日本(42 459 件)。② 这意味着我国与陷入“中等收入陷阱”的国家不同，我国有能力在部分技术密集型产品生产上参与国际市场的竞争。

所有这一切都表明，我国实现对内和对外经济发展方式的转变是可能的。但与此同时，还需要进一步明确，谁是推进我国对内和对外经济发展方式转变的主体。

推进我国对内和对外经济发展方式转变的主体之一是市场。实际上，改革开放以来，市场对我国对内和对外经济发展方式转变的推动作用没有停止过。随着我国经济的发展，在市场的调节下，我国的企业一直在相对减少低端的或者是传统产业的产品的生产，相对增加中端或高端的或者是新兴产业的产品的生产。另外，随着我国劳动力成本的上升，在市场的调节下，我国劳动密集型产业正在向西部或者向东南亚国家转移。

我国改革开放以来 30 多年的历程表明，我国选择了市场经济体制是正确的，经济体制改革是推动我国经济高速发展的重要原因。因此，我国在转变对内和对外经济发展方式的过程中，必须坚持发挥市场在社会资源配置中的调节作用，不能违背市场经济的发展规律，将政府凌驾于市场之上。

推进我国对内和对外经济发展方式转变的主体之二是政府。市场的调节是有效率的，但市场的调节不是万能的，它本身具有自发和盲目的特点。拉丁美洲国家和东南亚国家陷入“中等收入陷阱”，本身就说明了市场调节的局限性。因此，仅仅依靠市场这只“看不见的手”是不够的，还需要政府这只“看得见的手”。特别是对于我国这样一个“赶超型”的发展中国家来说，政府在经济发展中扮演着重要的角色。政府在利用宏观财政政策和宏观货币政策稳定经济的同时，还应该利用产业政策、对外贸易政策、直接投资政策、对外金

① 美国的数据是 2013 年的数据。OECD，Main Science and Technology Indicators，2015，http://stats.oecd.org.

② WIPO，Intellectual Property Statistics，2015，http://ipstatsdb.wipo.org.

融政策来加快对内和对外经济发展方式的转变。这就是说，政府要制定相关的国家发展战略，然后利用经济手段来加快对内和对外经济发展方式的转变。笔者正是从政府的角度，来研究如何加快对内和对外经济发展方式转变的国家战略。

(二)“一点两翼”发展战略的突破点：核心技术自主创新

加快推进我国对内和对外经济发展方式转变的“一点两翼”的发展战略中的“一点”是指突破点，而突破点无疑是核心技术的自主创新。实际上，通过核心技术的自主创新来加快我国经济发展方式转变是党、政府和经济学界的共识。

2012 年 11 月 8 日，胡锦涛同志在《中国共产党第十八次全国代表大会报告》中明确提出了创新驱动的发展战略。报告指出：“科技创新是提高社会生产力和综合国力的战略支撑，必须摆在国家发展全局的核心位置。要坚持走中国特色自主创新道路，以全球视野谋划和推动创新，提高原始创新、集成创新和引进消化吸收再创新能力，更加注重协同创新。深化科技体制改革，推动科技和经济紧密结合，加快建设国家创新体系，着力构建以企业为主体、市场为导向、产学研相结合的技术创新体系。完善知识创新体系，强化基础研究、前沿技术研究、社会公益技术研究，提高科学研究水平和成果转化能力，抢占科技发展战略制高点。”

党的十八大已经明确指出了创新驱动发展战略的内涵，笔者试图就推动自主创新的是何种技术以及如何推动技术自主创新发表见解。

决定一个国家对内和对外经济发展方式的关键因素是社会生产力，即经济发展水平，而决定一个国家经济发展水平的关键因素是科学技术水平。目前，我国与发达国家的差距主要是经济发展水平的差距，而经济发展水平的差距主要是来自科学技术水平的差距。没有科学技术持续的进步，我国就不能摆脱粗放型的经济发展方式，我国经济就有可能出现“刘易斯拐点”以及陷入“中等收入陷阱”。

从能否从外部获得的角度分析，技术可以分为两种：一种是核心技术，这种技术不可能通过国际贸易和直接投资的方法获得；另一种是非核心技术，这种技术可以通过国际贸易或直接投资的方法获得。在改革开放之初，我国一直期望通过对外贸易和直接投资引入外国的先进技术。但是，36 年的实践表明，我国用金钱买来的主要是非核心技术或者是过时的技术。因为核心技术体现相关国家的竞争力，是相关企业生存的商业秘密是用金钱难以买到的。

我国是一个发展中国家，本来后发展的优势是可以学习发达国家积累的科学技术，但由于当今世界上各国经济竞争的实质是科学技术的竞争，发达国家对于核心技术的转移实行严格限制，我国只能依靠自主创新来掌握这种不可从外部获得的核心技术。显然，要加快我国对内和对外经济发展方式的转变，我国政府必须实行核心技术自主创新的发展战略，通过技术的进步来改变生产的方式和生产的产品，发展新的产业和改造原有产业，不断提高劳动生产率，才有可能将数量型的经济发展方式转变为质量型的经济发展方式。

技术是一个宽泛的概念，核心技术自主创新的发展战略应该关注什么类型的技术呢？美国经济学者赖纳特(Erik S. Reinert)的分析值得参考。赖纳特将可以应用于各个产业的技术称为通用技术，如产业革命时期的蒸汽机技术、信息革命时期的计算机技术等，并将按照通用技术进行生产的体系称为技术经济范式。他指出，通用技术的变革将导致技术经济范式的转变，从而改变整个生产体系，并且带来生产率的“爆炸”。按照这种思想，赖纳特将技术经济范式的转变归纳为五个时期，如表 1-14 所示。

表 1-14　技术经济范式的转变(赖纳特划分方法)

时期	时期名称	重要产业	廉价资源
1770—1840	机械化早期	纺织业、羊毛	水动力、棉花
1830—1890	蒸汽机动力和铁路时期	炼铁、运输业	蒸汽、煤炭
1880—1940	电气和重工业时期	电力机械、化学工业	电、钢铁
1930—1990	大规模生产时期	汽车、合成材料	石油
1990—	信息和通信时代	数据、软件、生物技术	微电子

资料来源：[美]埃里克·S. 赖纳特，《富国为什么富 穷国为什么穷》，杨虎涛等译，中国人民大学出版社 2010 年版，第 100—101 页。

赖纳特对技术经济范式的划分具有启发意义，但是赖纳特在“时期名称”栏目中将通用技术、关键产业与生产方式混为一谈了，因而不能清晰地揭示出通用技术的变化所导致的技术经济范式的转变。

按照笔者的看法，从产业革命开始，通用技术的突破和技术经济范式的转变有以下六种：第一，蒸汽机技术，它以蒸汽机的发明和应用为标志，它带来的重要产业有蒸汽机、纺织、铁路、船运等。第二，化工技术，它以纯碱和硫酸的制成为标志，它带来的重要工业有石油、塑料、橡胶、合成纤维、药剂、核能等。第三，电气技术，它以电的发现和应用为标志，它带来的重要产业有发电、输电、电线电缆、电器、通信等。第四，燃油机技术，它以燃油机的发明和应用为标志，它带来的重要产业有柴油发动机、汽油发动机、汽车、飞机等。第五，计算机技术，它以计算机的发明和应用为标志，它带来的重要产业有计算机设备、计算机软件、信息服务等。第六，生物技术，它以生物技术的发明和应用为标志，它带来的重要产业有生物医药、生物农业、生物能源、环境保护等。具体情况如表 1-15 所示。

表 1-15　技术经济范式的转变(笔者划分方法)

时期/年	技术经济范式	通用技术	主要产业
1712—	蒸汽机时代	蒸汽机技术	蒸汽机、纺织、铁路、船运等
1790—	化工时代	化工技术	石油、塑料、橡胶、合成纤维、药剂、核能等
1866—	电气时代	电气技术	发电、输电、电线电缆、电器、通信等
1892—	燃油机时代	燃油机技术	柴油发动机、汽油发动机、汽车、飞机等
1946—	计算机时代	计算机技术	计算机设备、计算机软件、信息服务等
1972—	生物时代	生物技术	生物医药、生物农业、生物能源、环境保护等

按技术经济范式的时期划分，通用技术的突破是相互重叠的。一种通用技术的产生对产业的影响还在延续，另一种通用技术可能已经发生了。例如，计算机技术对产业的影响还具有广阔的前景，现代生物技术的突破就发生了。另外，一种通用技术的突破，不仅可以带来一系列新的产业的产生，而且还会带来原有产业的变革，从而促使生产率大幅提高。例如，蒸汽机技术带来了公路、铁路、船运业的发展，但燃油机技术导致公路、铁路、船运业的巨大变革。从目前的情况看，以蒸汽机技术为标志的经济时代已经完全结束，电气技术、化工技术、燃油机技术对产业影响的高潮时期也已经过去，而计算机技术和生物技术，特别是生物技术对产业的影响还在展开。

如果将可以对各个产业都造成影响的技术称为通用技术，将通用技术具体运用到某个产业的技术称为具体技术，那么核心技术自主创新发展战略指的是通用技术和具体技术中的核心技术的自主创新发展战略。在这里，自主创新是指掌握具有自主知识产权的技术并以此为基础实现新产品的创造的过程。自主创新包括原始创新、集成创新和引进技术再创新。原始创新是指前所未有的科学发现、技术发明等创新成果；集成创新是指通过对各种现有技术的有效集成，形成新产品或新产业；引进技术再创新是指在引进国内外先进技术的基础上，通过消化和改进进行再创新，形成具有自主知识产权的新技术。

核心技术自主创新发展战略的基本思想是指在政府的支持下，依靠本国研究机构、高等学校、企业的力量掌握具有自主知识产权的核心技术，并利用核心技术来推动经济的发展。应该指出，核心技术自主创新发展战略并不是忽视非核心技术的发展，我国还需要通过各种途径和各种方法从外国获得非核心技术。正由于核心技术不可从外国获得，我国政府才需要从国家战略的高度推进核心技术的自主创新。核心技术自主创新发展战略主要包括两项内容：一是发展什么样的技术以及如何支持这些技术的发展；二是如何将这些技术转变为产品或者产业。

在新中国成立之初，我国政府就意识到科学技术进步的重要作用。从1956年开始，我国政府就不断地制订科学技术发展规划，推动我国科学技术的发展，具体情况如表1-16所示。特别值得注意的是，从2006年开始，我国政府更加注重从经济发展角度来制订我国的科学技术发展规划。

表1-16　我国政府制订的科学技术发展规划

发布时间	规划名称
1956	《1956—1967年十二年科学技术发展远景规划》
1963	《1963—1972年科学技术发展规划》
1878	《1978—1985年全国科学技术发展规划纲要》
1986	《1986—2000年全国科学技术发展规划纲要》
1991	《1991—2000年科学技术发展十年规划和“八五”计划纲要》
1996	《全国科学技术发展“九五”计划和2010年长期规划纲要》(未公开发布)
2001	《国家“十五”科学技术发展规划》
2006	《国家中长期科学和技术发展规划纲要(2006—2020年)》
2006	《国家“十一五”科学技术发展规划》
2011	《国家“十二五”科学和技术发展规划》

资料来源：国家科技部，科技规划，http://www.most.gov.cn。

2006年，我国政府颁布了《国家中长期科学和技术发展规划纲要(2006—2020年)》，明确提出："面对国际新形势，我们必须增强责任感和紧迫感，更加自觉、更加坚定地把科技进步作为经济社会发展的首要推动力量，把提高自主创新能力作为调整经济结构、转变增长方式、提高国家竞争力的中心环节，把建设创新型国家作为面向未来的重大战略选择。"同年，为了落实《国家中长期科学和技术发展规划纲要(2006—2020年)》，我国政府又颁布了《国家"十一五"科学技术发展规划》，同样明确地提出："把增强自主创新能力作为国家战略，加快经济增长方式转变，推进产业结构优化升级。"由此可见，《国家中长期科学和技术发展规划纲要(2006—2020年)》比以前更加强调自主创新，比以前更加强调科学技术对经济的影响，比以前更加强调科学技术对转变发展方式的影响。

《国家中长期科学和技术发展规划纲要(2006—2020年)》还具体提出了促进自主创新的支持政策，其中主要包括：实施激励企业技术创新的财税政策，实施促进自主创新的政府采购，实施知识产权战略和技术标准战略，实施促进创新创业的金融政策。按照这个规划纲要，我国重点发展的前沿技术是生物技术、信息技术、新材料技术、先进制造技术、先进能源技术、海洋技术、激光技术和空天技术。2008年，国务院转发了《关于促进自主创新成果产业化的若干政策》，明确提出采用税收优惠、无偿资助、贷款贴息、资金补助和保费补贴等措施推进自主创新成果的产业化。

这就是说，我国政府已经明确了需要发展什么技术，如何支持这些技术的发展，以及如何支持将这些技术转变为产业等问题。

(三)核心技术自主创新发展战略的实施方法

应该指出，笔者提出的核心技术自主创新发展战略与国家科学技术发展规划既存在联系又存在区别。我国科学技术发展规划十分关注对经济具有重要影响的技术，核心技术自主创新发展战略同样强调通过核心技术创新推动经济发展方式的转变，两者是密切联系的。但是，我国国家科学技术发展规划还将从政治、军事等角度来考虑技术的发展，核心技术自主创新发展战略则主要关注能够导致技术经济范式转变的通用技术，两者又存在一定的区别。例如，航空航天技术无疑对我国的政治、经济、军事具有重要影响，政府无疑要对航空航天技术的研究和开发给予支持，但它并不是核心技术自主创新发展战略所关注的通用技术。

要实施核心技术自主创新发展战略，建议按照下述步骤进行：

第一，确定未来 5 年、10 年或更长时间重点支持的科学技术领域。在众多的科学技术领域中，首先需要关注的是将会导致技术经济范式转变的通用技术。如果以 1946 年第一台计算机的诞生作为计算机技术产生的标志，那么到现在已经近 70 年了；如果以 1972 年第一批重组的脱氧核糖核酸(DNA)分子作为现代生物技术产生的标志，那么到现在也有 40 年了。计算机技术和生物技术具有怎样的发展前景？未来将要发生的通用技术突破将是什么研究领域？它们对产业会形成什么样的影响？这是需要不断地探索和研究的。我国政府需要组织自然科学家和经济学家进行论证，以确定重点支持的通用技术的研究和开发。

重点发展什么通用技术仅凭经济学家的论证是难以确定的，还需要自然科学家以及工程技术人员的论证。但是，从经济学的角度分析，在我国经济发展的现阶段，作为通用技术的计算机技术还有很大的发展空间，而作为通用技术的生物技术的影响则远没有展现出来，它是我国应该高度关注的通用技术。

计算机技术(computer technology)内容广泛，包括计算机硬件、计算机软件、信息存储、信息处理、信息传送等技术，它对现代经济中几乎所有产业都可以产生影响。计算机技术正在朝着更强大的运算能力、更复杂的软件系统、更大的信息储存容量、更强的信息处理能力和更快的信息传送速度发展，它将对各个产业都带来革命性的影响。

生物技术(biotechnology)是在分子生物学基础上建立起来的新应用技术，是现代生物科学和工程技术相结合的产物。具体来说，生物技术包括转基因动植物生物技术、农作物的分子育种技术、生物治疗技术等。生物技术作为 21 世纪高新技术中的核心技术，对人类解决面临的食物、健康、环境、资源等重大问题将发挥重要作用，将对多个产业产生重要影响。

第二，对确定的通用技术研究和开发给予支持。在这个方面，我国政府已经积累了丰富的经验，形成了完整的政策体系。但是，政府在支持的过程中应该注意三个问题。首先，核心技术自主创新发展战略所资助的通用技术应该是具有明确应用前景的技术，而不是以发表论文为结果的技术。因此，要鼓励研究机构和企业的合作，共同完成从研究到开发不同阶段的工作，使核心技术能够真正产生对经济发展方式转变的影响。其次，我国政府的资源是有限的，但如何将有限的资源合理有效地配置在不同核心技术的研究和开发中是一个十分困难的问题。在重点发展的通用技术领域确定以后，还需要依靠专家充分的论证，根据轻重缓急对不同的具体技术给予不同程度的支持。最后，在对技术项目进行选择的过程中注意提高资源的效率。多年来，我国政府在促进核心技术的自主创新方面投入了大量的资金，现在急需解决的问题是如何提高资金的效率。研究和开发是允许失败的，但为了“政绩”或利益而只重视过程不重视结果的现象则应该杜绝。不能否认，我国现行的部分“工程”或“计划”效益并不高，如果这些问题得不到很好的解决，将严重影响核心技术自主创新发展战略的实施效果。

第三，建立以企业为主的企业、研究机构和高等学校合作的技术创新机制。企业、研究机构和高等学校是技术创新的基地。根据世界知识产权组织(WIPO)的统计资料，申请国际专利的机构主要是企业、高等学校和研究机构，而企业在这三种机构中又占据主要地位。

在 2014 年申请国际专利最多的 3 家公司中，中国华为公司以 3 442 件居第 1 位，美国高通公司以 2 409 件居第 2 位，中国中兴公司以 2 179 件居第 3 位。但是，在申请国际专利最多的 50 家公司中，中国只有 6 家，日本有 19 家，美国有 15 家。日本的公司在企业的技术创新中表现突出。

在 2014 年申请国际专利最多的 10 所大学中，居第 1 到第 9 位的是美国的大学，居第 10 位的是韩国的大学。在申请国际专利最多的 50 所大学中，中国只有北京大学、清华大学和中国矿业大学 3 所大学，美国有 28 所大学，韩国有 7 所大学，日本有 5 所大学。美国的大学在高等学校的技术创新中表现优异。

在 2014 年申请国际专利最多的 5 所研究机构中，中国有 2 所机构分别位居第 3 位和第 4 位，法国的机构位居第 1 位，德国的机构位居第 2 位，新加坡的机构位居第 5 位。在申请国际专利最多的 30 所研究机构中，中国有 2 所机构，韩国有 7 所机构，法国、日本各有 3 所机构。韩国机构在研究机构的技术创新中表现突出。①

从上面的分析可以看到，从事基础科学研究的基地无疑是高等学校和研究机构，但进行应用技术创新的主体是企业。从转变我国经济发展方式的自主技术创新来看，企业才是自主技术创新最重要的基地。因此，我国政府应该落实胡锦涛同志在《中国共产党第十八次全国代表大会报告》中提出的"构建以企业为主体、市场为导向、产学研相结合的技术创新体系"。

首先，我国政府在对应用技术创新给予资助或支持方面应该主要面向企业，并在资助条件中要求企业与高等学校和研究机构合作，以技术创新项目为纽带促进企业、高等学校和研究机构的合作。其次，我国目前最重要的企业类型仍然是国有企业，我国政府在选拔国有企业负责人的时候应该注重其自主技术创新的意识，在对国有企业下达企业发展指标中应该强调研究和开发的经费比例以及实际的自主技术创新的成果。各级政府作为牵线人应促进本地区企业与高等学校和研究机构的合作。

只有实现自主技术创新的突破，我国经济发展方式的转变才有希望和可能。

二、推进我国对内和对外经济发展方式转变的两翼

(一)"一点两翼"发展战略的一翼：人力资本积累

核心技术自主创新以及将创新技术应用于产业都是通过人来实现的。这里说的人不是普通的劳动者，而是高素质的专业人员。在经济学中，将对物进行投资所形成的生产能力称为物质资本，将对人进行投资所形成的生产能力称为人力资本。就以最新的两次通用技术的突破即计算机技术和生物技术的突破为例，不仅计算机技术和生物技术的研究和开发依靠的是高素质的科学技术人员，而且利用计算机技术和生物技术建立起来的产业也不是物质资本密集型产业而是人力资本密集型产业。因此，要实施核心技术自主创新发展战略，就要促进人力资本的有效积累。

从实施核心技术自主创新发展战略的角度分析，人力资本的积累需要解决下面两个问题：

第一，人才的培养和引进。人力资本形成的主要渠道是高等教育。改革

---

① WIPO，PCT Yearly Review，2015，http://ipstatsdb.wipo.org.

开放以后，我国的高等学校和研究机构有了很大的发展，培养和训练了大批优秀的人才。根据 2015 年《中国统计年鉴》的数据，1980 年，我国在校本科生是 114 万人，研究生是 2 万人。到 2011 年，我国在校本科生是 2 547.70 万人，研究生是 184.77 万人。虽然我国的高等教育已经从精英教育逐渐转变为大众教育，但是我国高等教育的普及程度与发达国家相比还有很大的差距。在表 1-17 中，发达国家的数据来自经济合作与发展组织，中国的数据来自中国国家统计局。从表 1-17 可以看出，我国高等教育的普及程度远低于发达国家，特别是远低于美国和日本。因此，我国高等学校的学生不是太多，而是太少了。

表 1-17　美、日、德、中 2010 年受过高等教育的人口所占的比例　　单位：%

国家	25—64 岁	25—34 岁
美国	41.7	42.3
日本	44.8	56.7
德国	26.6	26.1
中国	9.7	18.0

资料来源：OECD，Fact book，2013，http://stats.oecd.org；国家统计局，第六次全国人口普查数据，http://www.stats.gov.cn。

我国接受高等教育的比例低于主要发达国家还不是关键问题，结构和质量问题才是我国高等教育更重要的问题。

所谓高等教育的结构问题是指理论人才和应用人才的培养结构以及非操作性人才和操作人才的培养结构问题。根据笔者对一些生产高技术产品的部门的调查，我国现阶段在高技术产品的开发过程中遇到的问题往往不是理论或设计问题，而是工艺的问题。这就要求我国政府要重视高等职业技术教育的发展，以培养出大批具有理论修养和熟练技术的技师和高级技师。2012 年，财政部和教育部等部门决定扩大中等职业技术教育免除学费的学生的范围，这是正确的决定。除此以外，还要考虑资助高等职业技术教育中学习工程技术的学生。

当然，我国政府的资源不是无限的。因此，建议我国政府考虑削减免费师范生的资助范围和力度，只资助到边远地区和落后地区工作的师范类学生，将资源转移到资助高等职业技术教育学院的工程类学生。之所以如此，是因为在我国大多数地区教师职业已经是工作稳定和收入较高的职业，不需要大范围对师范类学生提供免费教育。

另外，从高等教育的培养质量来看，我国高等教育也存在不少问题。首先，我国教育主管部门对高等教育管得过多过死，全国高等学校都按照统一的模式培养学生，抑制了各个高等学校在培养人才方面的创造性。其次，在高等学校内部，行政化的管理、注重官位而不是学术的倾向，都抑制了创造性的教学和科研活动。最后，高等学校的学科体系和课程体系还不能做到根据学科的发展和市场的需要不断进行调整，影响了人才培养的适用性。因此，需要不断推进高等学校的体制改革和学科改革，以促进我国人力资本的有效积累。

2012 年 8 月，教育部、中国科学院联合启动实施了“科教结合协同育人行动计划”。该计划力图实现高等学校人才培养体系和齐全的学科门类与科学研究机构丰富的科学研究资源和高水平科研队伍的优势相互补充，以改革我国人才培养体制和创新我国人才培养模式。笔者认为，这项计划的实施是正确的，这是我国高等教育改革的一项新的尝试。但是，这项计划主要目的是培养我国从事科学研究的拔尖人才，因此，还需要联合企业，以产学研相结合的方式培养技术研究和开发人才。

首先，政府应在某些重点高等学校建立核心技术人才培养基地，通过采用先进的教材、改善教学条件和提高师资水平的方法培养一批具有坚实理论基础的掌握核心技术的本科学生。其次，政府应以资助研究基金和风险资本作为手段，促进生产企业、高等学校和研究机构的结合。高等学校的教师和研究机构的研究人员带领硕士、博士研究生根据核心技术的发展和企业生产的需要开展研究，并通过企业迅速将研究成果转化为产品。毕业后的硕士、博士研究生将根据双向选择的方法留在核心技术开发企业工作。这样既能够加快核心技术研究成果到实际产品的转化，也可以培养出既有较高的学术水平又有丰富的实践经验的科学技术人员。

另外，近十余年来，我国政府实行各种计划，吸引大批外国专家和留学归来人才为我国经济发展服务；同时将人才的使用放在较高的高度来认识，发挥各个领域的人才的作用。不可否认，我国每年都有大批学生到发达国家留学并在毕业以后滞留在发达国家，这对于我国这样一个发展中国家是难免的。据统计，我国科学和技术领域留学人员滞留率达到 87%。① 但是，这些留学人员形成了我国科学、技术和经济的发展的人才储备库。我国政府以及各个机构需要继续做好引进有所成就的专业人员的工作，以抵销人才流失对我国人力资本形成的不利影响。

第二，企业家阶层的培育。技术对经济的影响是通过技术的研究、技术的开发以及技术产业化等阶段实现的。在这个过程中，技术的产业化完全是依靠企业完成的。同时，企业还对技术的研究和技术的开发产生重要影响。正是企业敏锐地感觉到某项技术可能具有市场前景，它才对该项技术的研究和开发进行投资，才能推动技术和经济的发展。而企业家作为企业的领导者，在这个过程中将发挥至关重要的作用。正因为这样，美国经济学家熊彼特(J. A. Schumpeter)将企业家看作是创新活动的倡导者和实行者，将创新看作是企业家将生产要素进行新的结合，包括引进一种新的产品、采用一种新的生产方法、开辟一个新的市场、获得一种新的原料供给、实行一种新的组织形式。②

当然，创新者并不是只有企业家，但如果没有企业家根据市场的需要来推动技术的研究、开发和应用，技术的创新活动会大量减少。我国有不少优秀的企业家，但我国还缺少具有国际眼光、训练有素和经验丰富的职业企业家阶层。不可否认，我国部分国有企业的管理者主要考虑的是如何做官，部分民营企业的管理者主要考虑的是如何迅速赚钱。因此，国有企业如何去"行政化"，民营企业行为如何长期化，如何在我国培育优秀的职业企业家阶层，还有待我们去努力。

(二)"一点两翼"发展战略的另一翼：产业结构调整

核心技术自主创新发展战略的目的是核心技术产业化，而核心技术产业化必然导致产业结构的调整。如果说核心技术自主创新发展战略主要解决核心技术的研究和开发问题，那么产业结构的调整就是要解决核心技术的产业

① 人民网：《专家称顶尖人才滞留海外因国外条件更易出成果》，2013 年 6 月 6 日，http://www.people.com.cn。

② Schumpeter，J. A.，*The Theory of Economic Development*，Mass，Harvard University Press，1934，p. 66.

化问题。

核心技术的自主创新必然导致产业结构的调整，但产业结构的调整未必都来自核心技术的自主创新。从内容上看，产业结构调整发展战略比核心技术自主创新发展战略广泛，它除了涉及如何将自主创新的核心技术转变为产业以促进产业结构的调整，还涉及如何通过其他方式获得新产业的生产技术以促进产业结构的调整，以及如何适当地抑制落后的产业以促进产业结构的调整。

从核心技术自主创新发展战略的角度来看，产业结构调整发展战略主要包括下述两项内容：一是我国应该重点发展什么产业以及通过什么手段来发展这些产业；二是我国应该适当抑制什么产业以及通过什么手段来抑制这些产业。

应该指出，一个国家产业结构是由这个国家的科学技术水平和经济发展水平决定的，而不是由政府的意志决定的。但是，这并不意味政府在推动产业结构调整方面无所作为。在产业结构调整方面，“看不见的手”和“看得见的手”都具有重要作用。例如，如果政府脱离经济现实去限制甚至打击某些落后产业以加快产业结构的调整，我国很有可能出现部分原有产业破产但新的产业却没能出现的局面，从而造成我国经济总量的收缩和失业状况的恶化。相反，如果政府不去积极扶持新兴产业，仅仅按照市场调节的方式自发发展，我国的产业只能跟在发达国家后面来获取它们淘汰产业的发展机会。因此，我国政府应该在遵循和适应市场经济发展的基础上，通过产业政策等措施，积极引导新兴产业的发展和适当限制落后产业发展，以推动产业结构的调整。

虽然我国政府很早就制定了产业政策，并通过产业政策来推动我国工业化的进程，但是我国政府有意识地论证要发展什么产业、抑制什么产业，并利用产业政策来推动产业结构的调整，还是近十年的事情。另外，我国政府有意识地论证我国需要发展什么新兴产业，然后通过产业政策来推动这些新兴产业的建立，也还是近五年的事情。

2005—2010年，我国政府对产业结构的调整主要是推动第一、第二、第三产业的协调发展。2005年，我国政府发布了《促进产业结构调整暂行规定》，该规定指出：产业结构调整的目标是推进产业结构优化升级，促进第一、第二、第三产业健康协调发展，逐步形成以农业为基础、高新技术产业为先导、基础产业和制造业为支撑、服务业全面发展的产业格局，坚持节约发展、清洁发展、安全发展，实现可持续发展。

为了落实国务院《促进产业结构调整暂行规定》的精神，国家发展和改革委员会同年发布了《产业结构调整指导目录》，作为政府引导投资方向，管理投资项目，制定和实施财税、金融、土地、进出口等政策的重要依据。该目录每两年修改一次，国家发展和改革委员会已分别于 2007 年、2009 年、2011 年和 2013 年修订和发布了新的目录。《产业结构调整指导目录》根据我国经济的变化调整重点支持的产业以及需要适当抑制的产业，对于推动我国产业结构的调整发挥了重要的作用。

从 2010 年开始，我国政府产业结构调整政策发生了重大变化，将重点放在了如何发展战略性新兴产业上。2010 年，国务院颁布了《关于加快培育和发展战略性新兴产业的决定》，明确了战略性新兴产业的概念、目标和内容以及培育和发展战略性新兴产业的手段和方法。

根据《关于加快培育和发展战略性新兴产业的决定》的内容，战略性新兴产业的定义是：以重大技术突破和重大发展需求为基础，对经济社会全局和长远发展具有重大引领带动作用，知识技术密集、物质资源消耗少、成长潜力大和综合效益好的产业。

我国政府发展战略性新兴产业的目标是：战略性新兴产业以创新为主要驱动力，辐射带动力强，加快培育和发展战略性新兴产业，有利于加快经济发展方式转变，有利于提升产业层次、推动传统产业升级和高起点建设现代产业体系，体现了调整优化产业结构的根本要求。在现阶段，战略性新兴产业主要是指：节能环保产业、新一代信息技术产业、生物产业、高端装备制造业、新能源产业、新材料产业和新能源汽车产业等战略性新兴产业。

我国培育和发展战略性新兴产业的手段和方法是：第一，强化科技创新，即完善以企业为主体、市场为导向、产学研相结合的技术创新体系，发挥国家科技重大专项的核心引领作用，结合实施产业发展规划，突破关键核心技术，加强创新成果产业化，提升产业核心竞争力。第二，积极培育市场，即充分调动企业积极性，加强基础设施建设，积极培育市场，规范市场秩序，为各类企业健康发展创造公平、良好的环境。第三，深化国际合作，即尽快掌握关键核心技术，提升我国自主发展能力与核心竞争力。把握经济全球化的新特点，深度开展国际合作与交流，积极探索合作新模式，在更高层次上参与国际合作。第四，加大财政税收金融政策扶持力度，即利用各种财政支出、财政收入、信贷支持等手段扶持战略性新兴产业。第五，推进体制机制创新，即建立健全创新药物、新能源、资源性产品价格形成机制和税费调节机制，实施新能源配额制，落实新能源发电保障性的全额收购制度，加快建立生产者责任延伸制度，建立和完善主要污染物和碳排放的交易制度，建立促进三网融合高效有序开展的政策和机制，深化电力体制改革，加快推进空域管理体制改革等。

2011 年，我国政府制定了《中华人民共和国国民经济和社会发展第十二个五年规划纲要》，重申了前一个阶段重点发展的战略性新兴产业，包括节能环保产业、新一代信息技术产业、生物产业、高端装备制造业、新能源产业、新材料产业和新能源汽车产业。政府准备设立战略性新兴产业发展专项资金和产业投资基金，同时发挥多层次资本市场融资功能，带动社会资金投向处于创业早期和中期阶段的创新型企业。政府还利用财政优惠政策和税收支持政策来扶持这些产业的发展。

为了更好地实施产业结构调整发展战略，我国政府于 2010 年成立了战略性新兴产业发展思路研究部际协调小组，由国家发展和改革委员会、科技部、工业和信息化部、财政部等 20 个部门和单位组成。2012 年，战略性新兴产业发展思路研究部际协调小组正式更名为战略性新兴产业发展部际联席会议。

2012 年 11 月 8 日，胡锦涛同志在《中国共产党第十八次全国代表大会报告》中又明确提出推进经济结构战略性调整。报告指出：“推动战略性新兴产业和先进制造业健康发展，加快传统产业转型升级，推动服务业特别是现代服务业发展壮大，合理布局建设基础设施和基础产业。”

由此可见，不论从制度和规划，还是从政策和措施等方面来看，我国政府关于产业结构调整的政策和措施完全适应核心技术自主创新发展战略的需要。笔者认为，要更好地实施核心技术自主创新的发展战略，还要关注以下三个问题：

第一，需要对我国的产业做进一步分类。我国政府的资源是有限的，我国政府应该根据自身的财政力量，对不同的产业采取不同的政策和措施。第一类产业是代表着我国经济发展未来方向的产业。政府不但要通过产业政策扶持这些产业，而且要通过财政支出支持这些产业。这类产业属于为数很少的在发达国家也只是刚刚建立的产业。第二类产业是新兴产业，政府主要通过产业政策扶持这些产业。这类产业不宜过多，它们属于近三四十年发展起来但在我国基础还不是很稳固的产业。按照笔者的看法，《中华人民共和国国民经济和社会发展第十二个五年规划纲要》提出的新兴产业就是指这类产业。第三类产业是普通的传统产业，这类产业属于与我国的发展水平相适应的具有一定优势的产业，它们主要通过市场来进行调节，政府不必加以过多的干预。第四类产业是高污染和高能耗或者投资规模较大而又出现生产能力过剩的产业，政府需要采取政策予以抑制。这类产业属于与我国经济发展水平相适应但具有较大的负面影响的产业，或者继续扩张将导致更加严重的生产过剩的产业。

第二，处理好政府调节与市场调节的关系。建立和实施产业结构调整战略，无疑要借助政府的力量来加快产业结构的调整。但是，市场不是万能的，政府也不是万能的。我国政府还需要明确，在产业结构调整的过程中，政府应该做什么以及不应该做什么。我国的产业结构是由我国的经济发展水平决定的，高科技产业不是想建立就可以建立的。笔者认为，在实施产业结构调整发展战略的过程中，我国政府应该做两件事情：一件事情是扶持新兴产业；另一件事情是抑制高污染、高能耗和生产能力过剩的产业。其他产业的调整应该主要由市场去做。近年来，地方政府纷纷建立高新技术开发区，人为地抑制劳动密集型产业，努力引进技术密集型产业，但是效果并不明显。过度地抑制适合我国现阶段发展水平的一些中低端产业，不但不能加快我国经济的发展，反而会影响我国经济的发展。

第三，始终将农业置于基础地位。应该指出，虽然农业不是战略性的新兴产业，但农业是天然弱势产业，必须通过政府的力量来加以扶持。政府对农业的支持不但可以巩固农业作为各种产业基础的作用，而且可以改善我国产值增长结构以及我国收入分配差距过大的现象。我国农村人口占总人口的49%，收入水平远低于城镇人口，因而蕴藏着巨大的消费需求。随着农民收入的提高，将会持续地和大规模地产生消费需求，从而可以提高消费支出在国内生产总值中的比例，使我国的产值增长结构变得更加稳定。另外，我国收入分配差距形成的重要原因是城乡收入差别，我国政府还需要通过发展农业来缓和我国收入分配差距过大的情况。

产业结构调整是实施核心技术自主创新发展战略的主要途径。产业结构调整依赖核心技术自主创新，只有在核心技术上取得突破，新兴产业才能形成和发展。但是，产业结构调整可以促进核心技术自主创新，并迅速地将核心自主创新的成果转变为现实的社会生产力。

(三)"一点两翼"发展战略的总结性表述

加快推进我国对内和对外经济发展方式转变的"一点两翼"发展战略可以用图 1-1 说明。

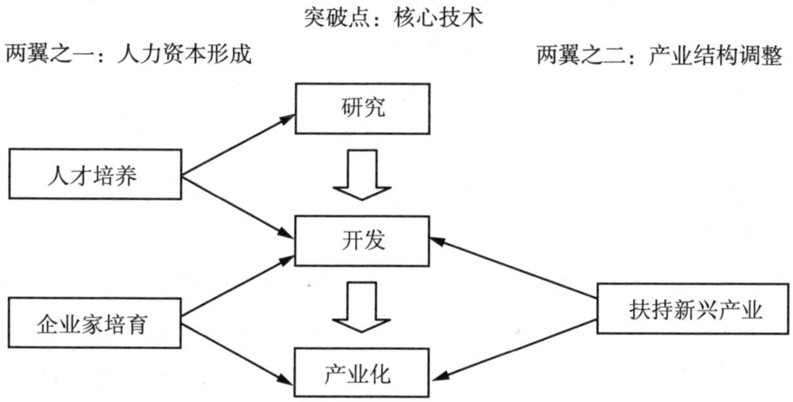

图 1-1　"一点两翼"的发展战略

图 1-1 说明，所谓"一点两翼"的发展战略，就是突破点选择在核心技术自主创新上，同时在人力资本形成和产业结构调整两翼同时推进。这就是说，我国政府要实现自主技术创新的突破，仅仅制订科学技术发展规划并且给予政策支持是不够的，还必须在人力资本形成和产业结构调整两翼同时推进。政府还需要通过加快人才培养来促进核心技术的研究和开发，通过企业家培育来促进核心技术的开发和产业化，通过产业结构调整的政策来扶持新兴产业与促进核心技术的开发，从而加快核心技术的产业化。

显然，核心技术的研究和开发是依靠高素质的劳动者进行的，核心技术的开发和产业化是依靠企业家来推进的，高素质的劳动者和优秀的企业家是核心技术自主创新不可缺少的两支基本力量。与此同时，再通过产业结构调整的手段对核心技术的开发和产业化给予支持，将能够促进新兴产业的形成和发展。因此，实施“一点两翼”的发展战略，将能够为我国的经济发展源源不断地注入科学技术的动力，将能够不断提高我国经济发展的质量，从而实现我国对内和对外经济发展方式的转变。

为了有效地实施“一点两翼”的发展战略，我国政府已经建立了战略性新兴产业发展部际联席会议。该组织机构的任务是从我国科学技术发展规划中筛选出对我国产业发展具有重要影响的科学技术，并以更重视产业化的方式来推进核心技术的自主创新。

三、加快我国对内和对外经济发展方式转变的辅助措施

(一)通过对外贸易获取外国先进技术

通过实施“一点两翼”发展战略来实现核心技术自主创新的突破是我国转变对内和对外经济发展方式的核心战略，也是我国经济摆脱“刘易斯拐点”和避免陷入“中等收入陷阱”的根本出路。只有坚持不懈地推进核心技术的自主创新，才能使我国经济走上稳定和持续的发展之路，才能真正实现中华民族的复兴之梦。

但是，核心技术自主创新是一个长期的过程，而加快转变我国对内和对外经济发展方式已经是刻不容缓的任务。因此，我国政府还需要考虑在中、短期能够加快我国对内和对外经济发展方式转变的辅助性措施，而这些措施的重点仍然应该放在技术的进步上。

在前面对“一点两翼”发展战略分析的过程中，曾经从技术是否能够从外国获得的角度将技术划分为核心技术和非核心技术。实际上，核心技术和非核心技术没有截然的界限。从某个特定的时期来说，技术确实可以分为核心技术和非核心技术。但是从不同时期来说，以前的核心技术可能演变为现在的非核心技术。由于我国在科学技术水平上与发达国家还存在比较大的差距，对于发达国家来说已经不是最先进的技术对于我国来说仍然是先进的技术，我国企业就要努力获得这样的先进技术。

实现国外技术向国内转让称为技术引进。技术引进是指引进外国的技术知识和经验，以及所附带的设备、仪器和器材，以推动技术进步的做法。技术分为软件技术和硬件技术。软件技术是指技术知识、经验和技艺等，硬件技术是指机器设备之类的物化技术。如果只从国外买进机器设备而不买进软件技术，属于设备进口。如果从国外买进软件技术或同时买进一些附带设备，

才能称为技术引进。

应该指出，简单地进口外国的先进机器设备，只有助于提高我国的生产能力，而无助于提高我国的技术水平。如果进口外国先进机器设备以后加以模仿、消化和创新，才能提高我国的技术水平。另外，不仅引进硬件技术，而且引进软件技术，才能提高我国的技术水平。因此，我国政府对技术引进和设备进口应该实行不同的关税待遇。对设备进口实行正常的关税税率，对技术引进应该实行零关税。

长期以来，我国企业存在着重视设备进口、忽视技术引进的倾向，这从微观经济结构来看是很难避免的。对于生产最终产品的企业来说，它们关心的是机器设备的性能和价格，不关心机器设备的产地。外国机器设备的性价比高，它们就会进口外国的机器设备，这是无可非议的。但是，对于生产机器设备的企业，就要着眼于技术的引进，以为国内和国际市场提供更高技术含量的机器设备。从长远发展的角度看，进口设备只能解决短期生产能力提高的问题，技术引进才能解决我国经济长期发展动力的问题。如果仅仅依靠市场的调节，重视设备进口忽视技术引进的倾向将长期存在，这就要依靠政府的导向和国有企业的行动来改变这种现状。

自 2000 年以来，我国的技术引进也有了很大的进展。根据中国商务部的统计资料，2002—2011 年，我国技术引进合同总金额由 173.9 亿美元增长到 321.6 亿美元，年均增速为 9.4%。2012 年 1—10 月，我国技术引进合同金额为 327.16 亿美元，同比增长 31.14%。技术引进以专有技术的许可或转让、技术咨询和技术服务等方式为主。① 但是，要加快对内和对外经济发展方式的转变，还需要加强技术的引进。

日本引进先进技术，然后消化吸收，最后自主创新，这样的科学技术发展道路值得我国借鉴。在第二次世界大战结束以后，日本就十分重视通过技术引进来促进科学技术进步。从 20 世纪 40 年代下半期到 50 年代下半期，日本有选择地引进成套设备和相应的制造技术，以实现规模化生产。从 20 世纪 50 年代下半期到 70 年代下半期，日本在技术引进的基础上进行消化、吸收和

① 中国商务部：《服务贸易十年增长近四倍》，2012 年 11 月 2 日；《2012 年商务工作年终述评之七》，2012 年 12 月 27 日，http://www.mofcom.gov.cn。

模仿，从机器设备的操作技术回溯到制造技术和设计技术，制造出先进的机器设备。从20世纪70年代下半期开始，日本关注自主技术创新，在重要的科学技术上赶上或超过部分西方发达国家。在整个过程中，政府发挥了重要的作用。日本政府不仅在行政上进行指导，在经济上给予支持，甚至直接参加重要的技术引进的谈判。①

当然，我国现在面临的国际环境与日本当年面临的国际环境是不同的。作为科学技术最先进的国家美国一直对我国进行技术封锁。第二次世界大战以后，美国一直以单边或多边的方式对出口技术进行管制。美国在1949年就通过了《出口管制法案》，并在之后不断地加以修订。在具体操作上美国将世界各国按照从严格到宽松的次序分为Z、S、Y、W、Q、T、V组。在美国对中国技术或技术产品出口管制过程中，1950年将中国列入Z组；1972年将中国列入Y组；1980年将中国列入专门为中国而设立的P组，即将中国视为非敌对国，但仍然进行比较严格的限制；1983年将中国列入V组，但仍然实行一定程度的限制。1989年，美国以"违反人权"为由在技术出口方面对中国进行制裁，1991年和1993年又以"导弹技术扩散"为由强化了对中国的技术出口管制，2000年再以"窃取技术"为由继续加强对中国的技术出口管制。2011年，美国政府修改《出口管理条例》，放宽对44个国家和地区的技术出口管制，但中国被排除在名单之外。2013年，美国政府放宽了对有关国家出口卫星等相关产品的管制，中国再次被排除在名单之外。这就需要我国政府通过政治上的、外交上的努力，减少美国对我国技术贸易的限制。

我国在技术引进中也积累了许多成功的经验。中国三峡总公司引进外国企业巨型水电发电机组制造先进技术就是一个经典的案例。

我国三峡水电工程是世界上最大的水电工程，该工程需要32台70万千瓦水轮发电机组，而我国企业只能提供30万千瓦的水轮发电机组，如此巨大的订单对世界著名水电生产企业具有极大的吸引力。

中国三峡总公司凭借着这样的吸引力，将技术转让确定为外国企业中标的前提条件。招标文件规定：外国企业必须与中国企业一起投标并且中国企

---

① 陈海华、谢富纪：《日本技术创新模式的演进及其发展战略》，《科技进步与对策》2008年第1期，第15—18页。

业的份额不低于 25%；外国企业必须转让技术和培训中国企业技术人员，中国企业在外国企业的指导下完整制造一台水轮发电机组；最后两台水轮发电机组必须主要由中国企业制造；外国企业要在中国企业认为已经掌握技术以及人员培训已经到位后才能收到货款。

通过技术引进，我国首台国产化 70 万千瓦水电机组于 2007 年 7 月 10 日投产发电，国产化率达到 100%。我国水电设备制造企业从只能设计制造 30 万千瓦水轮发电机组到跃进到能够设计制造 70 万千瓦特大型水轮发电机组，只用 7 年时间就跨越了与国外 30 年的技术差距。现在，我国企业水轮发电机组有的关键技术已经达到国际水平。一个可以由我国企业自主设计、制造、安装巨型水轮发电机组的时代已经开始。

认真分析这个案例，可以发现它具有一定的特殊性，如果没有如此巨大的市场需求的诱惑，外国企业难以愿意转让技术。但是，这个案例之所以经典，是因为它显示了中国三峡总公司强烈的技术进步意识。显然，中国三峡总公司以巨大的市场需求为条件压低价格全部进口外国水轮发电机组也是一种选择。但是，该公司却选择了引进技术，从而对我国水轮发电机制造技术的进步产生了极为深远的影响。前一种选择获得的是设备，后一种选择获得的是技术；前一种选择属于短期的生意上的考虑，后一种选择属于长期的国家经济发展能力上的考虑。

(二)通过引进外商直接投资获取外国先进技术

直接投资分为引进外商直接投资和对外直接投资，通过这两种形式的直接投资都可以在一定程度上获得外国的先进技术。

关于通过引进外商直接投资的方式获得外国先进的技术，往往是发展中国家的期望。但是，实践表明，发展中国家从发达国家的直接投资可以得到非核心技术，但难以得到核心技术。大量事实表明，即使发达国家跨国公司对发展中国家直接投资，核心技术的研究与开发部门往往设在母国。在核心技术产品化以后，再通过跨国公司的内部贸易转让给发展中东道国的子公司，发展中东道国是无法掌握这些核心技术的。

当然，发达国家跨国公司也会在发展中东道国设立研究与开发部门，并雇佣发展中国家的研究与开发人员。但这些部门研究与开发的并不是核心技术，而是根据东道国的实际情况对产品的式样、性能等进行改良。在这种情况下，发展中东道国可以获得非核心技术。

另外，核心技术是可以保密的，但是管理方法和操作方法是难以保密的。尽管外国母公司可以在子公司的关键部门派驻管理人员，或者在关键的岗位派驻操作人员，即使东道国的管理人员或操作人员学不到最重要的管理方法或操作方法，但东道国仍然可以学到普通的管理方法和操作方法。因此，外国公司对资本和技术密集型产业的直接投资有助于东道国管理技能和操作技能的提高。当然，如果外国公司投资的是低端的劳动密集型产业，将无助于东道国管理技能和操作技能的提高。

一个显而易见的例子是：在发达国家大规模地对中国的轿车行业进行直接投资以后，不但使中国形成了庞大的生产汽车的劳动力大军，而且还造就了一支掌握现代轿车经营理念和方法的管理人员队伍。但是，另一个例子也显而易见：在外商投资企业集中的中国珠江三角洲和长江三角洲地区，数以千万计的工人所从事的是简单的操作，他们并没有获得多少管理技术和操作技能。

在前面的分析中，曾将技术分为核心技术和非核心技术，实际上生产技术本身从高到低还可以划分为不同的类型。以轿车的生产为例，它包含了许多技术，如模具制造技术、底盘悬挂技术、车身喷漆技术和车体焊接技术等，但核心的技术是发动机和变速器制造技术。由于高端技术是关系到企业竞争力的商业秘密，跨国公司是不会以对外直接投资的方式来培育自己的竞争者的。越是高端的生产技术，就越是保密。

从现实情况来看，发达国家的母公司向发展中国家的子公司转移生产技术主要有两种方式：一种方式是采用收取特许费和许可证费的方式；另一种方式是规定子公司必须购买母公司昂贵的机器设备、中间产品和技术服务等。对于掌握生产技术的发达国家企业来说，出售生产技术的边际成本接近于零，但是对于没有生产技术的发展中国家企业来说，获得生产技术的边际成本很大。因此，生产技术的转移价格是垄断价格，它的高低取决于母公司如何从子公司的产品销售中获得最大利润。

虽然不论设在发展中国家的子公司是合资公司还是独资公司，都是主要由东道国的技术人员、管理人员和生产工人进行生产，但是母公司仍然可以采取严格保密的方式来防止东道国技术人员掌握核心的技术。对于低端的生产技术，母公司可以采用收取特许费和许可证费的方式转让，对于中高端的生产技术，母公司可以通过提供关键零部件或中间产品的方式转让。这样，发达国家直接投资有可能使东道国学到低端的生产技术，但不可能使东道国学到高端的甚至是中端的生产技术。

我国的汽车产业引进外商直接投资是一个很值得思考的例子。从 20 世纪 70 年代末开始，我国引进了几乎囊括世界上所有最著名的外国汽车制造商的直接投资，按照我国政府合资的规定形成了大规模的合资汽车企业，如上海通用、上海大众、一汽大众、一汽丰田、东风日产、北京现代和广州本田等。2010 年，我国汽车产量为 1 379 万辆，超过美国跃居世界第 1 位。2015 年，我国汽车产量为 2 500 万辆，连续 6 年居世界第 1 位。毫无疑问，我国的合资汽车企业为我国汽车产量的世界第 1 位做出了主要贡献。但是，我国的合资汽车企业掌握生产汽车的核心技术了吗？掌握先进发动机和变速器的设计和制造技术了吗？

我国从发达国家汽车生产企业引进的汽车的国产化率一般都可以达到 80％以上，但是由于我国的合资汽车企业没有自主技术创新能力，关键的汽车零部件仍然依赖从外国汽车公司进口。引进的一个外国车型生产十几年以后落后了，不得不再引进一个新的外国车型，陷入了“引进—落后—再引进”的恶性循环。

实际上，我国合资汽车企业的现状是由外商直接投资的性质和合资的制度安排决定的。在中外汽车生产企业各占 50％股份的情况下，由于核心技术掌握在外国企业手里，合资汽车企业的关键决策权就掌握在外国企业手里。对于合资的外国企业来说，它们怎么可能认真地推动合资汽车企业自主的研究和开发工作，来与自己国家的企业竞争呢？

当然，不能否认外商直接投资对我国汽车工业发展的巨大作用。这种作用表现在它使合资的中方企业获得了利润，使我国政府得到了税收，使我国获得了大量的就业机会，还使我国大批汽车零部件生产企业得以发展，等等。但是，令人感到遗憾的是，我国没有通过外商直接投资获得核心技术或者先进技术。倒是我国的民族汽车生产企业，如奇瑞、吉利等，利用与外国公司联合开发方式，获得了具有完全知识产权的发动机的设计和制造技术。

在我国建立合资汽车企业 33 年后的 2013 年，一汽集团终于推出了具有完全知识产权的“红旗 H7”。据称“红旗 H7”实现了深度的自主研究与开发，整车技术水平国内领先，部分技术水平达到世界水平，搭载了自主生产的高端发动机，让国人看到了某种希望。

从事后来看，如果我国政府凭借着我国巨大的汽车市场的诱惑，从提高我国汽车生产企业的自主研究和开发能力考虑，规定合资的外国汽车生产企业必须将某个车型以及相应的技术转让给合资企业，规定合资企业一定比例的经费用于研究和开发工作，规定研究和开发工作必须由中方经理负责，如此等等，我国汽车生产企业的技术水平是否会提高得更快呢？当然，事后决策没有意义，但事后总结是有意义的。我国政府在规划未来的引进外商直接投资的政策时，有必要努力解决一个问题：如何借助引进外商直接投资使我国企业能够掌握先进技术。

在我国经济学界曾经出现过这样的争辩：在经济全球化的条件下，各国按照各自的比较优势进行国际分工，我国企业没有必要一定要掌握核心技术。如果仍然以汽车产业为例，我国企业为什么不能从外国进口发动机和变速器，然后加工成汽车呢？

从国家利益的角度考虑，这种看法是一种目光短浅的幼稚看法。首先，从经济的角度来看，国际贸易并不是人们所想象的那样童叟无欺和公平合理，如果我国企业不掌握核心技术，那么在国际市场的竞争中将处于不利地位，在产品价值增殖链条中只能获得很小比例利益。其次，从政治的角度看，如果我国企业不掌握核心技术，一旦发生冲突和战争等非常事件，我国将处于被动挨打的地位。再次，从经济发展的角度看，如果我国企业不掌握核心技术，一旦度过了“人口红利”导致的劳动密集型产业的发展期，我国将出现“刘易斯拐点”并陷入“中等收入陷阱”，经济将出现长期停滞。最后，从民族的命运来看，如果我国企业不掌握核心技术，我国将成为发达国家的经济附庸，等待发达国家淘汰落后产业所带来的发展机会。在人类社会近代经济史上，没有哪个国家没有拥有重要产业的核心技术却成为经济强国的。

(三)通过对外直接投资获取外国先进技术

关于通过对外直接投资的方式获得外国先进技术，经济学界很早就给予了关注。美国经济学者科格特(B. Kogut)和赞德(U. Zander)在 1993 年就注意到技术落后的企业到技术先进的国家进行直接投资的情况。他们的调查和研究表明，当日本的企业与美国和欧洲的企业相比技术处于相对落后的地位时，它们就通过购买美国和欧洲的企业进入这些国家，来获取和分享这些国家的先进技术，并且取得了明显的效果。①

美国经济学者弗斯福瑞(A. Fosfuri)和莫塔(M. Motta)在1999年提出了无优势跨国经营的看法。他们认为，技术落后的企业对某个国家直接投资的目的不是发挥自己的优势，而是在地理上接近该国技术先进的企业以获得技术外溢和扩散的好处。技术不仅仅是由跨国公司向东道国扩散，也可以是某国企业向外国设在本国的跨国公司扩散。这样，弗斯福瑞和莫塔提出了不同于传统理论的思想。按照传统的理论，企业先具有竞争优势，后对外直接投资。按照弗斯福瑞和莫塔的思想，企业先对外直接投资，后试图获得竞争优势。②

发展中国家为了获得先进技术而对外直接投资称为学习型的对外直接投资，这种直接投资一般采用两种方法：一种方法是兼并和收购发达国家的企业，通过对该企业的控制来掌握该企业的核心技术；另一种方法是在发达国家建立研究和开发机构，将本企业的研究和开发阶段转移到发达国家，雇佣当地的工程技术人员进行研究与开发，以掌握先进的技术。

仍然以我国的汽车公司为例，从获得先进技术的角度分析，如果说我国引进外商直接投资没有获得先进的技术，那么我国的对外直接投资则更有作为。南京汽车公司收购英国罗孚汽车公司是一个例子。南京汽车公司建立于1947年。改革开放以后，该公司与意大利企业合作生产“依维柯”商用车和“菲亚特”轿车，但没有取得很大的成功。2005年4月，英国罗孚汽车公司因经营管理不善而宣布破产。这家汽车公司有着百年的历史，制造技术和汽车品质都很先进。2005年7月，南京汽车公司以5 300万英镑的价格收购了该公司，获得了下述设备和技术：1套完整的研究与开发的设备，共有4 507台套，包括焊装、总装生产线、研发设施、整车排放试验系统、发动机试验系统及加工中心；4个整车生产平台，包括高档轿车、中档轿车、经济型轿车

① Kogut, B. and Zander, U., “Knowledge of the Firm and the Evolutionary Theory of the Multinational Corporation”, *Journal of International Business Studies*, 1993, 24(4).

② Fosfuri, A. and Motta, M., “Foreign Direct Investment and Spillovers through Workers' Mobility”, CEPR Discussion Paper Series No. 2194, 1999.

和跑车；3个系列发动机，从1.1升到1.8升直列四缸汽油发动机，2.0升、2.5升V6汽油发动机和2.0升轿车柴油发动机；1个变速箱产品，低压铸造铝合金壳体，重量轻，速比范围大；1套百年积淀的无形资产，拥有历史悠久的品牌和自主知识产权，包括名爵(MG)和奥斯汀(Austin)等著名品牌，名爵的知识产权包括相关专利、网络域名等。

南京汽车公司收购了英国罗孚汽车公司以后，将设备拆卸后运回国内，在南京建立汽车生产基地。但是，按照南京汽车公司的承诺，它还将在英国伯明翰长桥建立另一个汽车生产基地。从上述分析可以看到，中国的轿车制造技术比英国落后，而南京汽车公司的轿车制造技术在中国又比别的汽车公司落后。但是，它通过收购发达国家汽车公司的方式迅速获得先进的轿车制造技术。2007年，南京汽车公司成为上海汽车集团的全资子公司。

从短期和中期来看，利用国际技术贸易、引进外商直接投资和对外直接投资引进外国的先进技术，可以加快我国科学技术的发展，从而加快我国对内和对外经济发展方式的转变。因此，通过对外经济活动来引进外国的先进技术是“一点两翼”发展战略的组成部分。

四、实现向低成本和高素质劳动力资源优势的转变

改革开放以来，我国借助丰富的劳动力资源和对内、对外多种途径积累的资本，迅速形成了强大的生产能力，对内形成了粗放型的经济发展方式，对外相应地形成了依赖于劳动密集型产品的出口以及依赖于外商对我国劳动密集型产业直接投资的发展方式。

这种低成本和低素质的劳动力资源优势支撑着我国30多年的经济发展。显然，随着我国劳动力资源变得相对短缺，劳动力成本上升，我国低成本和低素质的劳动力资源优势正在逐渐消失，我国正面临“刘易斯拐点”和“中等收入陷阱”两大挑战，我国经济存在陷入停滞的可能。但是，如果我国能够成功地实施“一点两翼”的发展战略，既在核心技术自主创新方面有所突破，又利用国际贸易和直接投资引进外国先进技术，不但可以拓展国内市场，还可以拓展国际市场，则我国低成本和低素质的劳动力资源优势将有可能转变为低成本和高素质的劳动力资源优势，从而可以支持我国经济未来10年、20年的发展。

新中国成立以后，我国的工程技术人员和高素质的劳动者不断增加，我国的人力资本在迅速积累。但是，我国人均国内生产总值只有发达国家的1/7，我国工程技术人员的工资收入远低于发达国家。这样，一旦我国掌握了重要产业的核心技术或者关键技术，我国在这些产业上将形成低成本和高素质的劳动力资源优势。

美国劳工部统计局公布了许多细分行业从业人员的工资数据，但是我国国家统计局没有公布相应的细分行业从业人员的工资数据，难以进行全面的比较。但是，计算机和信息产业从业人员的工资和薪金则具有较好的可比性。据美国劳工部统计局的统计资料，美国计算机和信息产业平均工资在2012年为80 020美元。① 据我国国家统计局的统计资料，中国计算机和信息产业平均工资在2011年为70 918元人民币。如果按照汇率折算，该行业美国平均工资是中国的6.9倍。如果按照购买力平价计算，该行业美国工资是中国的4.5倍。

当然，工资高，工资成本未必高，决定工资成本的还有劳动生产率因素。但是，如果我国通过核心技术自主创新获得先进技术，在某个企业或某个行业实现了与美国相近的劳动生产率，我国就会具有低成本和高素质的劳动力资源优势。

实际上，我国已经逐渐在若干产业形成了这种低成本和高素质的劳动力资源优势。例如，我国卫星发射的成本不到西方发达国家的3/4，我国高速铁路的成本不到日本的2/3，我国核电站的建造成本也只有西方发达国家的2/3，等等。

应该指出，我国政府注重增加内部需求，将我国经济的发展建立在内部需求这个稳定和坚实的基础上是正确的。但是，我国政府在任何时候都不能忽视开拓国际市场。在经济全球化的时代里，各个国家都在努力地开拓我国的市场。如果我国不努力开拓外国市场，我国经济发展的空间就会减小，我国的经济同样会走向停滞。如果我国能够实现低素质劳动力资源优势向低成本和高素质劳动力资源优势的转变，我国将获得广阔的国际市场，从而为长期的经济发展提供巨大的空间。

---

① Bureau of Labor Statistics, Overview of BLS Wage Data by Area and Occupation, http://www.bls.gov/bls/blswage.

我国的华为技术有限公司的发展是通过掌握核心技术拓展国内和国际市场的典型案例。华为公司是建立于1987年的一家民营企业，是生产通信设备和提供通信服务的企业。长期以来，华为公司坚持自主技术创新，将不少于销售收入10%的经费用于研究和开发，将研究和开发经费的10%用于技术的预先研究。近十年来，华为公司投入的研究和开发经费超过1 000亿元人民币，仅2011年就达到237亿元人民币。2008年，华为公司申请的国际专利数超过日本松下公司，跃居公司申请国际专利数的世界第1位。华为公司拥有员工15万名，其中研究和开发人员就占了总员工人数的45.36%。尽管华为公司员工的工资收入不低，但是华为生产通信设备的成本仍然只有发达国家公司的2/3。这种在高技术领域的低成本优势使华为公司具有强大的竞争力，业务迅速扩展。现在，华为公司已经成为全球第二大通信设备供应商、全球第三大智能手机生产商和全球领先的信息与通信解决方案供应商。

华为公司成功的经验在于具有远大的志向，它不是追求企业的短期利益，而是追求企业的长期发展，将掌握核心技术视为企业的生命。以华为公司“特定用途集成芯片”(A-SIC)的研究和开发为例。早在1999年，华为公司就意识到要开发宽带码分多址产品（Wideband Code Division Multiple Access，WCDMA)，ASIC技术是核心技术。当时通信设备制造行业还没有成熟的ASIC，某西方发达国家的公司公开宣布将于2002年推出ASIC。对于很多国内企业来说，一般的选择是等待着直接购买西方发达国家公司的ASIC，而不愿意承担开发ASIC的巨大风险。但是华为公司认为，要提高本公司WCDMA产品的国际竞争力，就必须掌握核心技术。因此，华为公司毅然启动了ASIC研究和开发项目。在华为公司实现了ASIC技术的突破以后，这家西方发达国家的公司一再宣布延迟推出ASIC，最后不得不放弃了ASIC的开发。

华为公司的发展经历对我国企业的启示是深刻的。企业是经济之本，如果我国的企业都注重短期利润，将难以长期生存，我国的经济更难以长期发展。我们不能寄希望于我国的大批中小型民营企业能够掌握本产业的核心技术，但是我们有理由要求我国的国有大中型企业能够掌握本行业的核心技术。国有企业的出资者是国家，国有企业又位居关键产业，它们在自主技术创新方面应该更有所作为。

从上面的分析可以看到，核心技术自主创新和科学技术的进步对于转变我国对内和对外经济发展方式发挥着关键性的作用。另外，从上面的分析可以看到，对内和对外经济发展方式的转变是密切联系的。如果我国不通过对外经济活动获得外国的先进技术，我国科学技术的发展将受到不利影响。但是，如果我国不能利用科学技术的进步改造原有产业和建立新的产业，不能实现对内经济发展方式的转变，我国对外经济的发展就成为无本之木，我国对外经济也难以发展。相反，如果我国能够利用科学技术的进步改造原有产业和建立新的产业，实现对内经济发展方式的转变，将极大地开拓国际市场，从而推动对外经济发展方式的转变，促进我国对外经济的发展。

以下各章将以本章的总体发展战略作为基础，具体地研究如何加快我国对外贸易、对外金融、直接投资发展方式的转变，以与对内经济发展方式的转变相互促进，推动我国经济长期和稳定地发展。

第二章

构建以超比较优势为核心的对外货物贸易发展战略

第一节 中国对外货物贸易发展的现状

一、我国对外货物贸易规模迅速扩大

改革开放以来，我国凭借廉价劳动力优势，通过大力发展加工贸易，对外货物贸易取得了快速发展。尤其是加入世界贸易组织之后，我国对外货物贸易获得了突飞猛进的发展。2011年，我国货物贸易进出口总额跃居世界第1位。2014年，我国货物贸易进出口总额达到43 030.4亿美元，占世界货物进出口总额的比重为11.3%，我国作为世界第一货物贸易大国的地位进一步巩固。

在出口方面，2014年，我国货物出口总额为23 427.5亿美元，与2002年3 256亿美元的出口总额相比增长6.2倍，与1978年98亿美元的出口总额相比增长238倍。1990—2011年，我国货物出口年均增长18.4%，其中2003—2011年年均增长21.6%。到2014年，我国货物出口总额占世界货物出口总额的比重上升到12.7%左右，比2013年提高0.6个百分点。

在进口方面，2014年，我国货物进口总额为19 602.9亿美元，与2002年2 952亿美元的进口总额相比增长5.6倍，与1978年109亿美元进口总额相比增长179倍。1990—2011年，我国货物出口年均增长18.8%，其中2003—2011年年均增长21.8%。到2014年，我国货物进口总额占世界货物进口总额的比重上升到10.3%。

表 2-1　2002—2014 年我国货物贸易进出口情况　　单位：亿美元

年份	进出口总额	出口总额	进口总额
2002	6 207.7	3 256.0	2 951.7
2003	8 509.9	4 382.3	4 127.6
2004	11 545.5	5 933.3	5 612.3
2005	14 219.1	7 619.5	6 599.5
2006	17 604.4	9 689.8	7 914.6
2007	21 765.7	12 204.6	9 561.2
2008	25 632.6	14 306.9	11 325.7
2009	22 075.4	12 016.1	10 059.2
2010	29 740.0	15 777.5	13 962.4
2011	36 418.6	18 983.8	17 434.8
2012	38 670.0	20 488.0	18 182.0
2013	41 589.9	22 090.0	19 499.9
2014	43 030.4	23 427.5	19 602.9

资料来源：国家统计局，《中国统计年鉴》，2015 年，http://www.stats.gov.cn；联合国，UN Comtrade，http://comtrade.un.org。

二、我国对外货物贸易结构不断改善

(一)进出口贸易逐步趋向平衡

加入世界贸易组织以来，我国努力促进进出口贸易基本平衡，切实提升对外贸易发展质量和效益。在努力保持出口稳定增长的同时，实施扩大进口的战略，认真履行开放国内市场的承诺，进口关税总水平下降到 9.8%，同时进一步简化进口管理，完善进口促进体系，提高贸易便利化程度，基本取消了进口配额管理，并分批取消了 800 多个税目商品的自动进口许可证管理。近年来，我国进出口贸易格局更趋平衡，对外贸易顺差在 2008 年达到 2 981 亿美元的最高值后开始逐年回落，2009 年下降到 1 957 亿美元，2010 年减少到 1 815 亿美元，2011 年进一步减少到 1 551 亿美元。自 2007 年以来，贸易差额占进出口总额的比重呈下降趋势，从 2007 年的 12.1%下降到 2012 年的 6.0%。而近两年又呈现逐步上升的态势，到 2014 年为止，贸易差额占进出口总额的比重已经上升至 8.89%。

表 2-2 2002—2014 年我国贸易差额变化情况 单位：亿美元、%

年份	贸易差额	占进出口总额比重
2002	304.3	4.90
2003	254.7	2.99
2004	320.9	2.78
2005	1 020.0	7.17
2006	1 775.2	10.08
2007	2 643.4	12.14
2008	2 981.2	11.63
2009	1 956.9	8.86
2010	1 815.1	6.10
2011	1 549.0	4.25
2012	2 306.0	5.96
2013	2 590.0	6.22
2014	3 825.0	8.89

资料来源：国家统计局，《中国统计年鉴》，2015 年，http://www.stats.gov.cn；联合国，UN Comtrade，http://comtrade.un.org。

(二)进出口贸易方式发生积极变化

加入世界贸易组织以来，我国进出口贸易方式发生积极变化。2003—2011 年，一般贸易进出口年均增速达到 24.2%，大大超过加工贸易 17.7%的年均增速。至 2014 年，我国一般贸易进出口总额达到 23 132 亿美元，比 2002 年增长 7.72 倍，占进出口总额的比重从 2002 年的 42.7%提高到 53.8%；加工贸易进出口总额为 14 087 亿美元，比 2002 年增长 3.66 倍，占进出口总额的比重从 2002 年的 48.7%下降到 32.7%。

表 2-3 2002—2014 年我国一般贸易与加工贸易进出口额 单位：亿美元

年份	一般贸易		加工贸易	
	出口	进口	出口	进口
2002	1 361.87	1 291.11	1 799.27	1 222.00
2003	1 820.34	1 877.00	2 418.49	1 629.35
2004	2 436.06	2 481.45	3 279.70	2 216.95

续表

年份	一般贸易		加工贸易	
	出口	进口	出口	进口
2005	3 150.63	2 796.33	4 164.67	2 740.12
2006	4 162.33	3 330.74	5 103.55	3 214.72
2007	5 393.55	4 286.64	6 175.60	3 684.74
2008	6 628.62	5 720.93	6 751.14	3 783.77
2009	5 298.12	5 344.70	5 868.62	3 222.91
2010	7 206.12	7 692.76	7 402.79	4 174.82
2011	9 170.34	10 076.21	8 352.84	4 697.56
2012	9 878.99	10 233.86	8 626.77	4 812.75
2013	10 875.30	11 097.20	8 608.20	4 969.90
2014	12 036.80	11 095.10	8 843.60	5 243.80

资料来源：国家统计局贸易外经统计司，《中国贸易外经统计年鉴 2013》，中国统计出版社；国家统计局商务部综合司，《中国对外贸易形势报告(2013 年春季)》《中国对外贸易形势报告(2014 年春季)》。

表 2-4　2002—2014 年我国一般贸易与加工贸易进出口增长速度(上年＝100)

年份	一般贸易		加工贸易	
	出口	进口	出口	进口
2002	21.7	13.8	22.0	30.0
2003	33.7	45.4	34.4	33.3
2004	33.8	32.2	35.6	36.1
2005	29.3	12.7	27.0	23.6
2006	32.1	19.1	22.5	17.3
2007	29.6	28.7	21.0	14.6
2008	23.1	33.5	9.3	2.7
2009	−20.1	−6.6	−13.1	−14.8
2010	36.0	43.9	26.1	29.5
2011	27.3	31.0	12.8	12.5
2012	7.7	1.5	3.3	2.5

续表

年份	一般贸易		加工贸易	
	出口	进口	出口	进口
2013	10.1	8.5	−0.2	3.3
2014	10.7	0.0	2.7	5.5

资料来源：国家统计局贸易外经统计司，《中国贸易外经统计年鉴 2013》，中国统计出版社；国家统计局商务部综合司，《中国对外贸易形势报告(2013 年春季)》《中国对外贸易形势报告(2014 年春季)》。

(三)进出口商品结构进一步优化

我国出口商品结构在 20 世纪 80 年代实现了由初级产品为主向工业制成品为主的转变，到 90 年代实现了由轻纺产品为主向机电产品为主的转变。近年来，以电子和信息技术为代表的高新技术产品出口比重不断扩大。2014 年，工业制成品出口占出口总额的比重由 2002 年的 91.2%提高到 95.2%。2014 年，机电产品出口占出口总额的比重由 2002 年的 48.2%提高到 56%；装备制造业依靠突出的性价比优势开拓国际市场，电力、通信、机车车辆等大型成套设备出口增长 10%以上；纺织品、服装等七大类劳动密集型产品出口 4 851 亿美元，增长 5%。

从进口方面看，2014 年先进技术设备进口快速增长，生物技术产品、航空航天技术产品、计算机集成制造技术产品等高新技术产品进口增速均在 15%以上，为国内产业结构调整提供了支撑。消费品进口 1 524 亿美元，增长 15.3%，占进口总额的 7.8%，较 2013 年提高 1 个百分点，对满足多层次、多样化消费需求发挥了重要作用。

表 2-5　2002—2014 年我国初级产品与工业制成品占进出口总额比重　单位：%

年份	初级产品		工业制成品	
	出口	进口	出口	进口
2002	8.77	16.69	91.23	83.31
2003	7.94	17.63	92.06	82.37
2004	6.83	20.89	93.17	79.11
2005	6.44	22.38	93.56	77.62
2006	5.46	23.64	94.53	76.36

续表

年份	初级产品		工业制成品	
	出口	进口	出口	进口
2007	5.04	25.42	94.74	74.56
2008	5.45	32.00	94.55	68.00
2009	5.25	28.81	94.75	71.19
2010	5.18	31.07	94.82	68.93
2011	5.30	34.66	94.70	65.34
2012	4.91	34.92	95.09	65.09
2013	4.86	33.75	95.14	66.25
2014	4.81	33.03	95.19	66.97

资料来源：国家统计局贸易外经统计司，《中国贸易外经统计年鉴 2013》，中国统计出版社；国家统计局，年度数据，http://www.stats.gov.cn。

(四)进出口市场格局日益多元化

改革开放以后，我国全方位发展对外贸易，与世界上绝大多数国家和地区建立了贸易关系。贸易伙伴已经由 1978 年的几十个国家和地区发展到目前的 231 个国家和地区。欧盟、美国、东盟、日本、金砖国家等成为我国主要贸易伙伴。同时，我国与新兴市场和发展中国家的贸易持续较快增长。2003—2012 年，我国与东盟货物贸易总额占我国货物贸易总额的比重从 8.8%提高到 10.3%，与其他 4 个金砖国家货物贸易所占比重从 3.9%提高到 7.8%，与拉丁美洲和非洲货物贸易所占比重分别从 2.9%和 2.0%提高到 6.8%和 5.1%。①

表 2-6　2014 年我国前十大出口目的地及进口来源地贸易额占进出口总额比重　单位：%

排序	出口目的地		进口来源地	
1	美国	16.95	韩国	9.71
2	中国香港	15.50	日本	8.32
3	日本	6.38	美国	8.16

① 国家统计局贸易外经统计司：《中国贸易外经统计年鉴 2013》，中国统计出版社；联合国，UN Comtrade，http://comtrade.un.org。

续表

排序	出口目的地		进口来源地	
4	韩国	4.28	德国	5.36
5	德国	3.10	澳大利亚	4.99
6	荷兰	2.77	马来西亚	2.84
7	越南	2.72	巴西	2.64
8	英国	2.44	沙特阿拉伯	2.48
9	印度	2.31	南非	2.28
10	俄罗斯	2.29	俄罗斯	2.13

资料来源：联合国，UN Comtrade，http://comtrade.un.org。

第二节　中国对外货物贸易对经济发展的贡献与问题

一、进出口贸易促进经济发展的机制

(一)出口贸易推动经济发展的机制

出口贸易通过下述途径对经济发展产生重要影响：

第一，促进产业结构的调整。出口是外汇收入的主要来源，它为进口提供了外汇支持。中国人民银行2015年1月发布的数据显示，截至2014年12月末，我国外汇储备余额为38 400亿美元，创出历史新高。我国通过进口获得所需的先进技术，促进了技术进步，为长期的经济增长提供了动力。在我国，通常通过从国外引进技术或设备，然后经过消化、吸收和创新，从而有利于产业结构的优化，进而促进经济增长。

根据国际市场的需求建立生产体系，不断改善出口商品结构，有助于促进产业结构调整和经济结构优化。出口部门为应对国际市场的压力和挑战，不断提升自己的生产水平，同时也会通过新技术的外溢效应，在其他非出口部门产生连锁反应，最后使整个国民经济实现数量和质量的提高。从可持续发展的角度看，只有以促进技术进步来推动经济增长才是唯一有效的长期战略，靠本国的闲置资源或利用国外市场获得规模经济效益来促进经济增长都是有限的。一旦本国的闲置资源被充分利用或不可再生资源被耗尽，出口的继续扩大就会反过来阻碍本国工业的发展。

第二，形成企业的规模经济。以规模经济为理论基础的新贸易理论指出，大量的市场需求是企业实现规模经济的必要条件。因此，在国内需求不足时，国际市场就发挥着重要作用。克鲁格曼(Paul R. Krugman)的产业内贸易学说指出："规模经济和比较利益相结合，是贸易产生和贸易利益的主要原因。"① 我国出口部门的生产企业以大中型企业为主，这些大中型企业通过拓展国际市场，扩大自己的销量，实行大批量生产，获得规模经济。另外，在我国出口导向型企业聚集的浙江和广州地区，不同行业垂直联合形成直线型的出口产业链。除制造型和出口加工型企业外，贸易中介、物流企业、报关报检企业和船务公司等也相对集中。这样的专业分工减少了企业办理出口业务的人力、物力成本，同时也节约了时间成本，从而能够更加专注于生产，获得专业化分工的利益，形成整体规模经济效应。②

第三，促进国内就业的增加。目前，我国货物出口贸易的年均增长率远超过国内产值的增长率，出口的增加要求生产部门增加产量，从而增加就业人数，进而推动国内产值及收入增长。另外，加工贸易在中国出口中占据着十分重要的地位，由于加工贸易的商品几乎全部是劳动密集型产品，并且对劳动力素质要求不是很高，因而成为我国吸纳劳动力就业的重要渠道。净出口作为总需求的一部分，出口的增加会直接推动总需求的增加，直接推动生产，创造更多产值，还能通过增加劳动者的收入，促进消费并且推动经济发展。陆文聪、李元龙③研究发现，出口增长1个百分点，可以实现0.088个百分点的非农就业增长。魏浩等人④测算了出口对国内就业的影响，认为我国外贸出口额每增加10%，劳动力需求将增加0.51%。中国商务部的数据表明：现在中国经济外向度已经非常高，中国外贸出口每波动1个百分点，将影响中国18万至20万人的就业。

---

① Krugman, P. R., "Increasing Returns, Monoplistic Competition, and International Trade", *Journal of International Economics*, 1979, 9, pp. 469-479.

② 李玲慧：《外贸出口对中国经济增长影响分析》，《科学决策》2010年第3期，第13页。

③ 陆文聪、李元龙：《中国出口增长的就业效应：基于CGE模型的分析》，《国际贸易问题》2011年第9期，第22页。

④ 魏浩、王浙鑫、惠巧玲：《中国工业部门进出口贸易的就业效应及其差异性研究》，《国际商务》2013年第2期，第12页。

(二)进口贸易推动经济发展的机制

进口贸易通过下述途径对经济发展产生重要影响：

第一，弥补本国稀缺的资源。由于各国要素丰裕程度各不相同，并且各国产业结构不断变化，任何一个国家都不可能完全拥有生产所需的全部生产要素。因此，通过进口来弥补本国稀缺生产要素，对经济持续增长就显得十分重要。对大部分发达国家而言，在其经济起飞的过程当中，无一例外都曾通过进口从发展中国家获得稳定而便宜的原料和燃料，这些生产要素的大量进口弥补了国内相关要素的供给不足，这对维持国内的投资水平进而促进经济发展起到了明显的推动作用。对大部分发展中国家而言，不仅与发达国家一样，需要进口部分国内稀缺的自然资源，而且更为重要的是，发展中国家技术水平不高，从发达国家进口先进的机器设备对其经济发展起着至关重要的作用。一般来说，发达国家资本品的价格相对较低，不发达国家从发达国家进口资本品，能够提高资本积累的效率，进而促进经济增长。① 我国从世界各国进口了先进技术、机器设备、关键零部件以及大宗资源能源产品，促进了我国的经济增长。

第二，带动本国的技术进步。新增长理论认为，技术进步是经济增长的最终源泉，而技术进步是由各种内生的因素决定的，如研究与开发投入、人力资本、干中学以及劳动分工等，而这些都与进口密切相关。根据新增长理论和新贸易理论，通过进口国外的先进中间产品可以提高本国最终产品的生产技术水平。如果出口国的研究与开发活动产生新的中间产品，当进口这些中间产品时，进口国的生产力就会通过出口国的研究与开发效应和技术扩散效应得到提高。这主要体现在两个方面：一是更多种类的中间产品能够增加最终产品的生产效率，进口国不必对新的中间产品支付额外的研究与开发费用。二是专业化生产的中间产品的进口会刺激进口国对这些产品的学习和模仿，甚至开发出具有竞争性的相似产品，从而促进进口国的技术进步和经济增长，即技术溢出效应。②

---

① Lee，Jong-Wha，“Capital Goods Imports and Long-run Growth”，*Journal of Development Economics*，1995，48，pp. 91-110.

② 张鲁青：《进口贸易对经济增长影响的研究——基于中国的实证分析》，对外经济贸易大学博士学位论文，2006 年。

第三，促进本国人力资本积累。简单地说，人力资本就是通过人力资本投资形成的资本，是体现于人自身的生产知识、技能及健康素质的一个存量，是人们作为经济主体创造财富和收入的生产能力。舒尔茨(Theodore William Schultz)①认为，人力资本是经济增长的长期决定性因素。美国经济学家罗默(Paul Michael Romer)②的内生增长理论详尽地论述了进口贸易对一个国家人力资本的积累作用，也阐述了人力资本存量对经济增速的决定性影响。进口贸易促进人力资本积累以实现经济增长，主要通过以下几种运行方式得以实现：一是进口先进设备与技术的同时常伴随着部分科研人员、技术人员的流入，相关工作人员在其工作期间，可以通过边干边学加速专业化人力资本积累，从而推动本国的经济长期增长。二是为了获得更多的利润，进口替代产品厂商也会把更多的资本投资于人力资本，以生产出有竞争力的产品，从而促进经济增长。三是由于人力资本的外部效应，进口国可以节约一大部分研究与开发费用，避免重复劳动，这相当于进口了人力资本。③

第四，导致本国产业结构的调整。在开放经济条件下，进口贸易通过优化国内产业结构促进经济增长的运行方式主要有以下几种：一是通过进口技术和先进设备优化本国要素供给结构，为产业结构升级提供条件，同时引导国内生产要素流向高技术和高效率的部门，推动国内产业结构的深化和高层次化。二是进口国内已有的消费品会加剧竞争，使该商品价格下降，从而使国内商品相对价格发生变化。一方面消费者在其个人收入不变时会重新组合其消费结构；另一方面生产者为求生存会自主创新或模仿学习他人先进技术，并根据变化了的需求结构调整其再投资结构。供需双方共同作用，推动产业结构演进，促进经济增长。三是进口国内尚无的消费品将对本国的生产和消费活动产生“示范”效应，因而可加速本国的新产品开发和进口替代型生产，

---

① Schultz, Theodore William, *Investing in People*: *The Economics of Population Quality*, California, University of California Press, 1982.

② Rivera-Batiz, Luis A. and Paul Michael Romer, “International Trade with Endogenous Technological Change”, National Bureau of Economic Research Working Paper No. 3594, 1991.

③ 张鲁青：《进口贸易对经济增长影响的研究——基于中国的实证分析》，对外经济贸易大学博士学位论文，2006年。

并因此促使一个产业快速形成并带动关联产业发展，从而实现一国产业结构的调整和升级，促进经济增长。①

第五，提供制度创新的来源。制度创新来源于国内自主创新和借鉴外国先进制度两个方面，而作为借鉴外国先进制度的途径之一就是进口贸易。进口贸易推动国内制度的变迁归纳起来主要有以下三种运行方式②：一是国外进口替代品的竞争会迫使国内企业积极进行企业制度创新并模仿别人的合理制度，以提高组织运行效率和技术创新效率，促进经济增长。二是在进口贸易带来的竞争过程中，国内政府部门将为进一步适应市场化的要求而进行体制改革，出台新的规章制度和法律、法规，从而推动国内的制度向着节省交易费用的方向演进，促进经济增长。三是进口贸易还可以使本国去模仿、学习甚至直接引进国外好的制度，节省国内制度建设的费用和时间，促进经济增长。

二、我国进出口贸易促进经济发展的作用分析

为了进一步分析进出口贸易对我国国内生产总值增长的作用，并考察其对不同地区的影响，笔者采用 1998—2011 年期间我国 31 个省、市、自治区的面板数据进行实证分析。

(一)变量说明和数据来源

自从 1978 年以来，我国实施了改革开放的发展战略。改革开放不仅仅指对我国经济的改革，它分为对内改革和对外开放，对内改革主要包括经济体制的改革，即从计划经济时代向市场经济时代转变，对外开放主要是积极利用外资和大力发展对外贸易。对内改革是我国经济发展的“内因”，对外开放是我国经济发展的“外因”，二者共同支撑我国经济的整体发展，缺一不可。

影响经济发展的因素很多，投资和需求是影响经济发展的主要因素。没有投资形成的供给，需求不可能得到满足；没有需求的发生，投资不可能产生。从内外因的角度来看，投资来源可以分为内资和外资，需求可以分为内需和外需。全社会消费品零售总额是指各种经济类型的批发零售贸易业、餐

---

① 汪三琴：《进口贸易促进经济增长的机制研究》，西南财经大学硕士学位论文，2007 年。

② 汪三琴：《进口贸易促进经济增长的机制研究》，西南财经大学硕士学位论文，2007 年。

饮业、制造业、其他行业对城乡居民和社会集团的消费品零售额和农民对非农业居民零售额的总和。笔者用全社会消费品零售总额表示国内需求。全社会固定资产投资是以货币表现的建造和购置固定资产活动的工作量；全社会固定资产投资按经济类型可分为国有、集体、个体、联营、股份制、外商、港澳台商和其他等；全社会固定资产投资总额分为基本建设、更新改造、房地产开发投资和其他固定资产投资四个部分。笔者用全社会固定资产投资表示国内投资水平，用进出口表示国外需求，用外商直接投资表示国外投资。另外，全要素生产率也是影响经济发展的重要因素。

因此，笔者选择以下指标作为研究变量：(1)中国经济发展的指标：国内生产总值(GDP)。(2)外因指标 1：出口(EX)。(3)外因指标 2：进口(IM)。(4)外因指标 3：外商直接投资净流入(FDI)。(5)内因指标 1：全社会消费品零售总额(NEIXU)。(6)内因指标 2：全社会固定资产投资(NEIZI)。(7)全要素生产率(TFP)。其中，GDP 为被解释变量，其余为解释变量。

各省区地区生产总值、进口、出口、实际利用外商直接投资额、全社会消费品零售总额和社会固定资产投资数据来自《新中国六十年统计资料汇编》和国家统计局网站，全要素生产率根据资本、劳动力和地区生产总值采用 DEAP2.1 软件计算。劳动力数据来自国家统计局，资本存量借鉴单豪杰(2008)①的计算方法。

回归方程如下：

$$\ln GDP_{it} = c_0 + c_1 \ln EX_{it} + c_2 \ln IM_{it} + c_3 \ln FDI_{it} + c_4 \ln NEIZI_{it} + c_5 \ln NEIXU_{it} + c_6 TFP_{it} + \varepsilon_{it}$$

其中，i 代表省区，t 代表年份，ε_{it} 为随机误差项。

(二)回归结果分析

表 2-7 报告了回归结果，模型 1 为对全部省区回归的结果，模型 2 为对东部地区回归的结果，模型 3 为对中部地区回归的结果，模型 4 为对西部地区回归的结果。可以看出，进口、出口、FDI、内资和内需的增长都对地区生产总值的增长有显著的正效应，全要素生产率增长也显著促进 GDP 增长。在模

① 单豪杰：《中国资本存量 K 的再估算：1952—2006 年》，《数量经济技术经济研究》2008 年第 10 期，第 17—31 页。

型1中，所有的系数都为正，并且，除了FDI在10%的水平上统计显著和IM在5%的水平上统计显著，其余变量均在1%的水平上统计显著。

进一步来看：(1)进口、出口对经济发展的作用都是正效应，但是，与进口相比，出口对GDP增长的促进作用更大，与出口相比，进口对经济发展的促进作用还没有显现。从模型1、2、3和4的IM与EX系数大小和统计显著性可以看出，EX的系数远大于IM的系数，并且EX均在1%的水平上统计显著，IM的系数只有在模型1中具有统计显著性。(2)与外因相比，国内因素对经济发展的影响较大。从模型1、2、3和4中可以看出，NEIZI和NEIXU的系数较大，尤其是NEIXU的系数最大。

总的来看，国外因素和国内因素的影响可以总结为：(1)国外因素对我国经济发展产生了重要影响，相对而言，外商直接投资的影响不如进口和出口。(2)进口和出口对经济增长发挥了重要的带动作用。进一步来看，出口对经济的促进效应大于进口，进一步提高进口对经济的促进作用应该是国家政策今后关注的重点。(3)国内因素和国外因素都对经济增长产生重要影响，但是，国内因素是国家经济发展的主导因素，在所有因素中，内需对我国经济发展的促进作用最大，扩大内需也应该是国家政策今后关注的重点。

表2-7　计量回归结果

模型 变量	模型1 全国	模型2 东部地区	模型3 中部地区	模型4 西部地区
IM	0.016 4**	0.013 3	0.018 5	0.012 0
	(2.66)	(0.78)	(1.21)	(1.49)
EX	0.086 5***	0.119***	0.112***	0.060 3***
	(10.70)	(5.92)	(7.17)	(5.21)
FDI	0.001 69*	−0.008 80	0.009 89	0.001 29
	(2.14)	(−0.63)	(1.01)	(1.45)
NEIZI	0.102***	0.136***	0.043 2	0.088 1*
	(5.04)	(5.36)	(1.17)	(2.22)
NEIXU	0.279***	0.251***	0.211**	0.263***
	(8.34)	(4.94)	(3.03)	(4.83)

续表

模型 变量	模型 1 全国	模型 2 东部地区	模型 3 中部地区	模型 4 西部地区
TFP	0.068 7***	0.035 0***	0.141***	0.113***
	(6.64)	(3.53)	(4.97)	(5.43)
C	−0.023 7	0.014 9	−0.102**	−0.062 7*
	(−1.87)	(1.05)	(−3.34)	(−2.57)
N	400	143	104	153
R^2	0.57	0.64	0.68	0.55

说明：括号内为 T 检验值，*、**、*** 分别表示在 10%、5%、1%的显著水平上统计显著。

三、我国对外货物贸易存在的问题

我国对外货物贸易对我国经济发展做出了重大贡献，但是与此同时，我国对外货物贸易也存在一系列的问题。

(一)出口商品结构有待优化

改革开放以来，我国名义出口商品结构发生了巨大变化。从两类产品分类角度来看①，我国工业制成品为出口的主导行业，且具有极强的国际竞争力。从四类产品分类角度来看②，劳动密集型行业出口的比重呈下降趋势，资本及技术密集型行业出口则呈上升趋势，我国的出口行业结构已经由劳动密集型行业转向了资本及技术密集型行业。从技术分类角度来看，虽然低科技含量制成品一直是我国最具有竞争力的产品，但是高技术制成品已经成为我国出口最多的产品。从具体产品来看，1986 年纺织品和服装取代石油成为我国第一大类出口商品，标志着出口商品从资源密集型为主向劳动密集型为主转变；1995 年机电产品超过了纺织服装产品成为最大类的出口品，标志着我国出口从以劳动密集型向资本及技术密集型为主转变。2001 年加入世界贸易组织以后，我国出口商品结构得到进一步优化，以机电为主的技术密集型

① 分别是初级产品和工业制成品。

② 分别是资源密集型产品、劳动密集型产品、资本密集型产品和资本及技术密集型产品。

产品所占份额日益上升，机电产品在我国出口中占据半壁江山，标志着我国名义出口商品结构已经从资本密集型向技术密集型为主转变。

然而，如果深入地进行分析就会发现，名义上我国出口商品结构完成了从劳动密集型为主向资本密集型和技术密集型为主的转变，但实质上我国还处于国际分工的较低位置，还处于国际产业价值链“微笑曲线”的最底端。之所以出现统计数据和实际情况如此大的差异，是因为我国出口贸易的主要方式是加工贸易。我国的国内企业或者在我国的外商投资企业从发达国家进口零部件，加工成工业制成品以后返销给零部件生产国或者销往国际市场，这在我国的出口统计上都表现为技术密集型产品的出口，但实际上我国的企业只得到了很小比例的加工费。我国出口商品缺乏自主品牌，主要是贴牌生产。由于外方控制了收益最高的设计、研究与开发、品牌等环节，中方得到的只是份额很少的加工费。这样，我国成为典型的“制造大国、品牌小国”。统计数据表明：全国出口企业中拥有自主品牌的只有20%，自主品牌出口约占全国出口总额的1%，我国对外贸易中的“贴牌”生产现象仍十分普遍。在世界品牌500强中，中国只有4个。在我国纺织品服装的出口总额中，加工贸易占了1/3，多数产品以贴牌为主，自主产品只占出口的10%左右，我国企业只能赚取10%的加工费。① 另外，据中国商务部和美国商务部联合调查的结果，我国对美国出口贸易的60%是加工贸易。②

另外，我国出口贸易的整体技术水平与美国等发达国家以及世界的整体水平还有差距，基本保持在发展中国家整体水平的层次上。1978—1983年间，我国的整体技术水平与发展中国家大致相同；1984—1987年两者差距逐渐拉大；1988—1991年两者的整体技术水平又大致相同；1992—2003年，我国的整体技术水平低于发展中国家的整体水平(杜修立、王维国，2007)。因此，我国出口商品的技术水平有待进一步提高。

我国实际出口商品结构偏低、技术水平不高，这既与我国国内经济发展

---

① 魏浩、程玶：《中国出口商品结构、劳动力市场结构与高端人才战略》，《财贸经济》2010年第10期，第95页。

② 中国商务部、美国商务部：《中美货物贸易统计差异研究报告》，2010年3月4日，http://www.mofcom.gov.cn。

方式的现状有关，也对我国国内经济发展方式的转变具有重要的影响。目前，我国国内经济发展方式主要是粗放型增长方式、数量型经济增长方式、主要依靠增加资源和能源消耗的经济增长方式。现有的国内经济发展模式决定了我国出口商品结构的特点也表现为规模扩张，而不是结构升级。虽然国内经济发展方式决定了出口商品结构，但是，如果国家政府要求提升出口商品结构，就会对国内经济产生一种倒逼机制，为了提升出口商品结构，国内生产企业就会在外部压力下被动改变生产方式，加快技术进步，从而导致国内经济发展方式的转变，即从数量型的经济增长方式向质量效益型的经济增长方式转变，由主要依靠增加资源和能源消耗的经济增长方式向主要依靠科技进步、劳动者素质提高和管理创新的经济增长方式转变。

(二)遭遇的贸易摩擦急剧增加

从出口总额来看，我国出口总额占世界出口总额的比例已经位居世界第 1 位。从具体产品来看，我国出口商品市场占有率位居世界第 1 位的种类数最多。2011 年，我国货物贸易出口总额占世界货物出口的比重上升到 10.4%。从出口市场占有率居首位的各国产品来看，中国最多，达到 1 431 种；其次是德国 777 种，美国 589 种，意大利 230 种，日本 229 种。①

在对外贸易不断发展的同时，我国遭受的贸易摩擦、贸易救济调查也日益增多。中国商务部的数据表明：2002—2012 年期间，我国应对的国外的贸易救济措施案件共 842 起，涉案金额达 736 亿美元。其中，反倾销案件 621 起，反补贴案件 61 起，保障措施案件 124 起，特保措施 36 起。另外，涉及美国知识产权的 337 调查共 130 起。2012 年全年共有 21 个国家发起针对中国的 77 起贸易救济贸易措施，涉案金额达 277 亿美元，同比分别增长 11.6%和 369%。特别是 2012 年欧盟对我国的光伏产品发起的“双反”调查，金额高达 204 亿美元，占当年涉案金额的 73%。2013 年第一季度，共有 12 个国家对我国发起了 22 起贸易救济措施的调查，涉案金额达 9.63 亿美元。

当前以及今后一个时期，我国面临的贸易摩擦将呈现常态化、复杂化的趋势，表现为涉案金额上升、多种救济措施并用、贸易救济措施政治化等新

---

①　中国新闻网：《韩媒：12 种产品被中国超越 韩出口竞争力亮红灯》，2013 年 1 月 16 日，http://www.chinanews.com。

特点，我国已经成为遭受贸易救济调查最严重的国家之一。面对贸易摩擦增多的趋势，我们既要高度重视，积极应对，也要以客观的平常心态来看待。

我国遭遇贸易摩擦增加的原因是多方面的，既有经济方面的原因，也有政治方面的原因；既有我国方面的原因，也有贸易伙伴方面的原因。仅从我国角度来说，我国出口规模过大、对贸易伙伴的国内市场造成冲击是我国遭受贸易摩擦的主要原因之一。出口规模过大，既与我国巨大的生产能力有关，也与我国国内经济发展方式有关。我国的经济发展方式是粗放式的和数量型的发展方式，不注重技术研发水平的提升，不注重产业结构的转型升级，只注重规模的扩张。这种经济发展方式易于导致贸易摩擦。如果不重视此问题的妥善处理，反过来贸易摩擦增加会进一步恶化我国国内的经济发展方式。一方面，可能使我国陷入“贫困化增长”的陷阱；另一方面，可能导致我国与贸易伙伴国的关系恶化，产生贸易中断的风险。

(三)贸易顺差导致外汇储备过多

我国在对外贸易中仍然在一定程度上存在重出口、轻进口的倾向。1994—2014年，我国连续21年出现贸易顺差，累计顺差超过25 000亿美元。高额贸易顺差使我国的外汇储备迅速增长，这在增强我国对外支付能力的同时，也增加了人民币汇率升值压力和国内通货膨胀压力，引发了许多贸易摩擦，不利于我国对外贸易的发展。

从理论上说，长时期大量顺差或逆差都是不正常的，对国内外经济都会造成不利影响。只有出口与进口基本平衡才是最优状态。重视出口和轻视进口是我国经济发展处于极为落后的时期遗留下来的一种倾向和观念。由于当时我国缺少外汇，又需要用外汇来进口石油、设备和技术，政府一直把出口创汇放在对外贸易的首位，因而产生了注重出口和限制进口的倾向。在改革开放30多年后的今天，情况已经发生了很大的变化，但重视出口和轻视进口的趋向和观念仍然在一定程度上存在。

国家外汇管理局最新的统计数据表明：2014年，我国进出口总值43 000亿美元，比2013年增长3.4%。其中，出口23 400亿美元，增长6.1%；进口19 600亿美元，增长0.4%；贸易顺差3 824.6亿美元，扩大47.3%。2014全年人民币存款增加94 800亿元，外币存款增加1 084亿美元，至2014年年末，中央银行外汇储备余额达38 430亿美元。一个国家的外汇储备只能投资于相关国家政府的债务凭证，或者相关国家公司类、银行类、基金类的金融资产，收益率比较低。这样，我国外汇储备过多意味着我国没有充分发挥资源的效率。如果我国的企业更有效地利用这些资源从事对外直接投资，进口外国先进的技术设备，将更有利于我国经济发展方式的转变和经济的发展。

（四）出口贸易付出了沉重的资源和环境代价

我国的出口贸易在获得贸易利益的同时，也对国内能源、资源和环境造成了不利影响。

首先，我国出口贸易活动不仅导致我国能耗迅速增长，而且出口贸易活动导致的能耗增长速度明显高于同期的出口贸易增长速度。2002 年我国出口贸易额为 30 944 亿元，2007 年的出口贸易额与 2002 年的出口贸易额相比增长了 209%，但 2007 年我国出口贸易活动的能耗却比 2002 年增长了 214%。这说明我国高能耗行业出口的比重不断上升，不但抵消了我国产业部门能耗强度下降的节能效果，还放大了我国出口贸易增长的能耗。① 具体来看，2002 年，我国出口贸易的能耗总量为 40 270 万吨标准煤。其中，通信、计算机与其他电子设备制造业、化学工业、纺织业、电气机械及器材制造业、服装、皮革、羽绒与其他纤维制品制造业出口贸易活动的能耗较多，这些行业出口活动的能耗均大于 3 000 万吨标准煤。2007 年，我国出口贸易能耗总量为126 350 万吨标准煤。其中，通信、计算机与其他电子设备制造业、电气机械及器材制造业、黑色金属冶炼及压延加工业、通用与专业设备制造业、纺织业、金属制品业、仪器与仪表及文化办公用机械制造业、石油加工与炼焦及核燃料加工业、非金属矿物制品业、服装、皮革、羽绒与其他纤维制品制造业的出口贸易活动能耗较多，这些行业出口活动产生的能耗均大于 5 000 万吨标准煤。

其次，尽管我国从 1993 年以来成为石油净进口国，但如果按进出口贸易计算我国内涵的能源进出口，我国是内涵能源的净出口大国。2002 年，我国内涵能源出口总量约为 4.1 亿吨标准煤，扣除内涵能源进口 1.7 亿吨标准煤，

① 朱启荣：《中国出口贸易活动中的能源消耗问题研究》，《统计研究》2011 年第 5 期，第 45 页。

内涵能源净出口达2.4亿吨标准煤，约占当年我国一次能源消费总量的16%，内涵排放净出口1.5亿吨碳。随着我国进出口贸易的快速增长，在不考虑部门投入产出结构性变化的条件下，2006年内涵能源净出口约为6.3亿吨标准煤，比2002年增长162%。①

再次，通过对我国20个进出口工业部门6类污染物排放系数及排放量等多组数据的分析，结果显示，国内环境污染加剧与工业产品大量出口密切相关，贸易顺差部门二氧化硫排放系数偏高，污染足迹净流入主要来自造纸印刷及文教用品制造业和非金属矿物制品业，污染足迹净流出主要来自化学工业。②

总的来看，在出口规模日益提高的同时，我国付出沉重环境代价的原因就是粗放型的国内经济发展方式。要想改变这种状况，必须加快我国产业结构的调整。目前，在我国三类产业中，工业比重过大，工业中高资源、高能源消耗型的重工业增长偏快，是我国单位国内生产总值资源能源消耗较高、环境压力较大的重要原因。优化经济结构，就要大力发展资源能源消耗低、环境污染少、经济效益好的高新技术产业，用新技术改造传统产业，加快传统产业优化升级。强化产业政策引导和准入门槛约束，加快产能过剩行业调整及技术落后、污染严重的生产能力的淘汰。

(五)在进出口贸易中缺少定价权

从我国大量进口的铁矿石到大豆等大宗产品，到大量出口的稀土和生丝等各个产业，无论我国处于买方还是卖方地位，我国几乎都没有定价权。一般来说，在国际贸易中，占有市场较大份额的买家或卖家应该有能力在一定程度上决定价格的走势，但是，我国的大宗商品进出口贸易现状却与常理相悖。目前，我国是世界上丝绸、服装、玩具等第一大出口国，大豆、铁矿石等第一大进口国，石油第二大进口国。但是，在这些商品的国际贸易中，我国的定价能力却很弱，往往只能被动地接受国外的定价。

---

① 陈迎、潘家华、谢来辉：《中国外贸进出口商品中的内涵能源及其政策含义》，《经济研究》2008年第7期，第11页。

② 高吉喜、范小杉：《中国工业产品进出口贸易污染足迹对比分析》，《中国环境科学》2009年第1期，第106页。

以铁矿石的进口为例，根据中国钢铁工业协会的数据，近十年来，我国铁矿石进口量呈逐年增加的趋势，从2001年进口数量不足1亿吨飙升到2014年的9.33亿吨。来自澳大利亚工业部公布的最新预期数据显示，2014年，全球铁矿石贸易量将达到13.5亿吨，相比2013年增长10.5%，首次突破13亿吨，而中国进口数量就占了世界铁矿石出口量的69.11%。但是，我国进口铁矿石的价格却是日益上涨的，2002—2012年，进口铁矿石价格已经从每吨不足30美元涨到150美元，虽然近两年里进口铁矿石的价格又出现了回落，至2014年年底，我国进口铁矿石的价格已降至70.39美元/吨，但是，2014年全年我国进口铁矿石的均价仍高达100.64美元/吨。而钢材价格的上涨仅止于2011年，从每吨2 000元左右涨至4 400多元。然而据统计，钢铁企业2011—2014年钢材全年平均销售结算价格分别为4 468元/吨、3 750元/吨、3 442元/吨、3 074元/吨，呈不断下滑趋势。事实上，不仅是铁矿石，而且石油、铜、粮食等大宗商品的进口也面临类似局面。我国在供给与需求矛盾突出、对外依存度不断增加、海外收购遭遇阻力的情况下，对市场的非理性波动只能被动适应。

对于出口商品来说，也存在同样的问题。我国一些出口额占世界出口总额较大份额的商品在世界市场上也缺乏定价权。以稀土为例，我国拥有超过全球50%的稀土资源储量，并占据全球90%的国际市场份额，在1990—2005年我国稀土出口量增长近10倍，但是到2005年我国稀土出口平均价格却跌到1990年时的一半。2014年我国出口稀土总量达2.8万吨，然而至2014年年底，稀土出口均价为每吨8.3万元，下跌47.8%，只比猪肉价格贵一点。

在进出口贸易中，定价权缺失，既不利于我国对外经济发展方式的转变，也不利于我国对内经济发展方式的转变。出口定价权缺失，导致我国在出口中没有话语权，使得出口企业的利润率被大大压低，进而导致企业没有足够的闲置资本用于研发和新技术的进口等，降低了企业技术进步的可能性，也会导致企业为了获利只注重大规模生产和忽视产品升级。进口定价权缺失，导致我国在进口中没有话语权，使得我国进口商品的价格水平较高，进口商品的质量较低，进口产品技术的更新速度较慢，不利于国内企业的转型升级，进而不利于国内经济发展方式的转变。总的来看，提高进出口贸易的话语权，掌握进出口贸易的主动性，可以大大促进国内经济发展方式的转变。

第三节 中国出口商品的比较优势及其变化分析

一、制成品分类、评价指标和数据来源

统计数据表明，目前欧盟是我国第一大贸易伙伴，并且从 2004 年开始欧盟就一直是我国第一大出口市场；我国是欧盟第二大贸易伙伴，是欧盟增长最快的出口市场。2001 年我国对欧盟出口总额占我国出口总额的比例是 15.37%，美国所占比例是 20.4%；2004 年欧盟所占比例是 20.63%，美国所占比例是 21.06%；2005 年欧盟所占比例是 21.74%，美国所占比例是 21.38%；2010 年欧盟所占比例是 22.51%，美国所占比例是 17.96%。由此可见，欧盟市场、美国市场对我国保持出口稳定增长至关重要。因此，在对我国出口商品比较优势进行分析时，不仅要分析我国出口商品在世界市场上的比较优势及其变化情况，还要分析我国出口商品在美国市场、欧盟市场上的比较优势及其变化情况。

(一)制成品分类

笔者对制成品的分类方法主要是借鉴沙加亚・劳尔(Sanjaya Lall)在分析发展中国家制成品竞争力时使用的分类方法，把 144 种制成品(按 SITC-3 位数分类)按技术含量分为 5 大类，细化为 9 个小类别，这些制成品占中国制成品贸易的绝大多数。这种方法把制成品分成不同的组别并且考虑了发展中国家的具体情况。① 表 2-8 给出了沙加亚・劳尔对制成品具体分类的方法。

表 2-8 制成品的分类

制成品分类	产品数量	代表性产品
初级制成品(PB)	7	铜、铁、锌
资源型制成品(RB)		
基于农业型制成品(RB1)	7	饮料、木制品、食用油
其他产品(RB2)	16	石油/橡胶类制品、水泥、宝石、玻璃

① Lall, Sanjaya, "The Technological Structure and Performance of Developing Country Manufactured Exports, 1985—1998", *Oxford Development Studies*, 2000, 28(3).

续表

制成品分类	产品数量	代表性产品
低科技含量制成品(LT)		
纺织、服装、鞋类(LT1)	20	纺织品、衣服、帽子、皮革、旅行用品
其他产品(LT2)	24	瓷器、简单金属零件、玩具、塑料用品
中等科技含量制成品(MT)		
自动化设备(MT1)	5	商业及客用车辆、摩托车及零件
加工类制成品(MT2)	17	合成纤维、化学品及染料、化肥、钢/铁管
工程类制成品(MT3)	30	发动机、工业机械、船只、抽水机、钟表
高科技含量制成品(HT)		
电子和电力制成品(HT1)	11	办公/数据处理/电信设备、晶体管、发电设备
其他产品(HT2)	7	医药产品、航空类产品、光学/测量设备

具体情况如下：

(1)资源型制成品(RB)。这类产品的生产技术比较简单且劳动密集度较高，但仍有些产品的生产属于资本、规模、技术密集型(如石油提炼和现代食品加工)，这类产品的比较优势主要来自本地自然资源的可获得性。

(2)低科技含量制成品(LT)。这类产品生产使用较为稳定和容易扩散的技术，这种技术通常体现在资本设备中，生产只需要简单的技能。这类产品大多数不存在差异化并且以价格作为竞争手段，需求的价格弹性较低，规模经济和市场进入的障碍较低。然而部分低科技的产品由于存在品牌、专业技能、设计、技术成熟度等因素影响而属于高质量的产品。

(3)中等科技含量制成品(MT)。这类产品包括需要大量技能和规模密集型技术的资本品和中间产品。这类产品是成熟经济工业活动的核心内容，产品的生产需要使用复杂的技术、较高的研发投入、高级技能和较长的学习时间。这类产品中的自动化设备和工程类设备等各类产品之间存在很强的关联效应，需要企业之间进行很好的沟通才能够达到良好的技术效应。

(4)高科技含量制成品(HT)。这类产品生产需要高度先进和快速变化的科技、需要投入大量的研究与开发经费并且主要强调产品的设计。最先进的科技来自成熟的科技基础设施、高水平的专业化技能、企业之间及企业和大学、研究机构的紧密沟通配合。然而，一些高科技产品，如电子类产品，存在劳动密集型的组装阶段，因而能够把组装环节转移到工资较低的国家进行生产。这类产品的生产导致了新的国际生产体系，跨国公司根据生产成本把不同的生产过程放在不同的地点以获取利润的最大化。

（二）评价指标

对一个国家对外贸易出口比较优势进行测度，最普遍的使用方法是显示性比较优势（RCA）指数。这一指数最初是由贝拉·巴拉萨（Bela Balassa）在1965年和1977年分阶段提出，后来被广泛地应用于各种比较优势的计算，并且在原有的RCA指数基础上出现了各种各样的扩展。这一指数计算比较优势的基本思想是：一国某种出口商品在本国出口中所占的比重与世界此类产品出口占世界出口的比重之比。基于出口的显示性比较优势指数可以表示为：

$$RCA_{ij} = (x_{ij}/x_{it})/(x_{nj}/x_{nt}) \quad (2\text{-}1)$$

公式中的变量x代表出口值，根据研究问题的不同，所指的范围和产品类别都有所不同，从目前的研究文献来看，RCA指数的计算大致分为三种类型：第一，一个国家某种产品在世界市场上的比较优势，如中国的纺织类产品在世界市场上的比较优势。第二，一个国家某种产品在某一个区域市场上的比较优势，如中国纺织类产品在欧盟市场上的比较优势。第三，一个国家某种产品在另一个国家市场上的比较优势，如中国的纺织类产品在美国市场上的比较优势。

一般将第一种类型称为显示性比较优势（RCA）指数，将第二种和第三种类型称为区域显示性比较优势（Regional Revealed Comparative Advantage，RRCA）指数。该指数可以更有针对性地考察某一商品在主要贸易伙伴国市场上的比较优势，优劣的判别和RCA指数一样。笔者在计算我国制成品在欧盟市场上、美国市场上的比较优势时，就采用区域显示性比较优势指数。比较优势的确定取决于RCA指数的大小，大于1说明一个国家在某类产品上具有比较优势，小于1说明具有比较劣势。

（三）数据来源

笔者主要研究了两个方面的问题：一是对我国不同类型制成品在欧盟市场上的出口比较优势和贸易结构及其变化进行了纵向的比较分析；二是重点将我国与世界其他国家和地区在欧盟进口中的市场份额进行了横向的比较分

析。笔者所用数据期间是2000—2010年，所有原始数据(SITC3. REV3)均来自联合国世界贸易统计数据库(UN Comtrade)。

二、我国制成品出口比较优势的现状分析

(一)我国制成品在世界市场上的比较优势

表2-9给出了2008年①我国在世界市场上制成品显示性比较优势分布状况。我国在2008年出口的144种制成品中，具有比较优势(1＜RCA)的产品共87种，占全部产品的60.42%；具有较强比较优势(2＜RCA≤3)的产品有18种；具有显著比较优势(RCA＞3)的产品有29种。下面将这些产品分为五种类型进行具体分析。

(1)初级制成品。7种初级制成品都不具有比较优势。显示性比较优势最大值为0.939，7种初级制成品的平均显示性比较优势指数为0.419。

(2)资源型制成品。23种资源型制成品(RB)包括7种基于农业型的制成品(RB1)和16种其他资源型制成品(RB2)。具体情况如下：

第一，在RB1中，具有比较优势的产品有3种，分别是橡胶轮胎(625)、木板、胶合板等(634)和未分类的木制品(635)，显示性比较优势指数最大值为1.840，具有比较优势的产品占RB1类产品出口额的75.19%，RB1产品的显示性比较优势指数平均值为0.950。

第二，在RB2中，具有比较优势的有9种，包括氮化合物(514)、无机及有机化合物(515)、化学元素/氧化物/半盐(522)、玻璃(664)、无机金属盐(523)、合成有机色素(531)、石灰/水泥/建筑材料(661)、陶土及耐火材料(662)和其他非铁金属(689)，该类产品的显示性比较优势指数最大值为3.105，全部产品显示性比较优势指数平均值为1.332，具有比较优势的9种产品占该类产品出口额的80.62%。

(3)低科技含量制成品。44种低科技含量制成品(LT)包括纺织、服装、鞋类(LT1)产品20种和其他低科技含量制成品(LT2)24种。具体情况如下：

第一，20种LT1中具有比较优势的产品共有19种；具有较强比较优势

① 在笔者进行研究时，联合国世界贸易统计数据库中已有2009年的数据，但是世界进出口数据有明显的错误，与2008年的数据一模一样，而美国的进出口数据不存在问题。因此，笔者采用世界2008年的数据、美国2009年的数据进行计算，特此说明。

的产品有 3 种，包括皮革制成品(612)、纺织纱线(651)、未分类的机织编织品(654)；具有显著比较优势的产品有 13 种，包括机织棉编织品(652)、手工/钩针编织品(655)、薄纱/饰边/绣织品等(656)、装饰纺织品(658)、箱包(831)、男用纺织外衣(841)、女用纺织服装(842)、男用手工/钩针编织外衣(843)、女用手工编织服装(844)、其他未分类的服装产品(845)、服装饰品(846)、帽子/非纺织类服装(848)、鞋类(851)。该类产品显示性比较优势指数最大值为 7.399，全部产品显示性比较优势指数平均值为 3.658，19 种具有比较优势的产品占该类产品出口额的 99.82%。

第二，在 24 种 LT2 中，具有比较优势的产品共有 21 种；具有较强比较优势的产品有 6 种，分别是玻璃器皿(665)、钢/铁/铝结构(691)、金属线不包括绝缘线(693)、家具及木料制品(821)、办公文具用品(895)、其他未分类的制成品(899)；具有显著比较优势的产品有 4 种，包括瓷器(666)、厨具(696)、手持基础金属设备(697)、婴儿车/玩具/游戏/体育运动产品(894)。该类产品显示性比较优势指数最大值为 3.749，全部产品的显示性比较优势指数平均值为 2.078，21 种具有比较优势的产品占该类产品的出口额为 95.90%。

表 2-9 2008 年我国制成品在世界市场上显示性比较优势分布状况

	1<RCA≤2	2<RCA≤3	RCA>3	Max	Aver	Per(%)
PM				0.939	0.419	
RB						
RB1	625 634 635			1.840	0.950	75.19
RB2	514 515 522 664	523 531 661 662	689	3.105	1.332	80.62
LT						
LT1	613 657 659	612 651 654	652 655 656 658 831 841 842 843 844 845 846 848 851	7.399	3.658	99.82
LT2	673 674 675 676 677 678 694 695 699 893 898	665 691 693 821 895 899	666 696 697 894	3.749	2.078	95.90
MT						

续表

	1<RCA≤2	2<RCA≤3	RCA>3	Max	Aver	Per(%)
MT1			785	3.128	0.959	30.36
MT2	513 591 671	679	786	4.820	0.953	62.09
MT3	723 724 737 741 743 744 745 749 772 773 873 884		711 762 763 775 793	4.404	1.437	85.59
HT						
HT1	716 776	759 761 771 778	751 752 764	5.126	2.292	99.38
HT2	712 881		871	3.742	1.222	61.29

资料来源：联合国，UN Comtrade，http://comtrade.un.org。

(4)中等科技含量产品。52种中等科技含量制成品(MT)包括5种自动化类制成品(MT1)、17种加工类制成品(MT2)、30种工程类制成品(MT3)。具体情况如下：

第一，在5种MT1中，只有摩托车/自行车(785)一种产品具有比较优势，且具有显著比较优势，显示性比较优势指数为3.128，并且占全部MT1的出口额高达30.36%。

第二，在17种MT2中，5种产品具有比较优势，其中铁/钢管等(679)具有较强比较优势，拖车/帆篷车等(786)呈现显著的比较优势，显示性比较优势指数高达4.820，这5种产品出口额占全部加工类制成品出口额的62.09%，17种MT2的显示性比较优势指数平均值只有0.953。

第三，在30种MT3中，共有17种产品具有比较优势，其中具有显著比较优势的产品有5种，分别为蒸汽锅炉(711)、收音机(762)、收音机(763)、家用设备(775)、船舶等(793)。显示性比较优势指数最高值为4.404，呈现比较优势的17种制成品出口额占全部MT3出口额的85.59%。

(5)高科技含量制成品。18种高科技含量制成品(HT)包括11种电子和电力类制成品(HT1)、7种其他高科技产品(HT2)。具体情况如下：

第一，在11种HT1中，有9种产品具有比较优势。其中，旋转电子设备(716)、开关/晶体管等(776)具有比较优势；办公设备零件及附件(759)、电视(761)、电力变压设备(771)、未分类的电子设备(778)具有较强的比较优势；办公设备(751)、计算机设备(752)、未分类的电信设备(764)具有显著比较优势。其中最具有比较优势的产品为计算机设备，其显示性比较优势指数为5.126，HT1全部产品的显示性比较优势指数平均值为2.292，9种具有比较优势的产品出口额占HT1出口额的99.38%。

第二，在7种HT2中，有3种产品具有比较优势，其中，蒸汽涡轮发动机(712)、影像设备(881)具有比较优势，未分类的光学设备(871)具有显著比较优势，RCA值为3.742，全部产品的显示性比较优势指数平均值为1.222，具有比较优势的两种产品出口额占全部HT2出口额的61.29%。

(二)我国制成品在美国市场上的比较优势

由于美国是最大的发达国家，我国是最大的发展中国家，同时美国是我国制成品出口的最大市场，分析我国不同科技含量的制成品在美国市场上的比较优势更具针对性和代表性。表2-10给出了2009年中国144种不同科技含量的制成品在美国市场上比较优势的分布状况。我国制成品在美国市场上的比较优势分布与在世界市场上的比较优势分布状况显然具有较大的区别。2009年我国向美国出口的144种制成品中，具有比较优势(1＜RRCA)的产品共65种，占全部制成品的45.14%，具有较强比较优势(2＜RRCA≤3)的产品有18种，具有显著比较优势(RRCA＞3)的产品有10种。下面同样将这些产品分为五种类型进行具体分析。

表2-10 2009年我国制成品在美国市场上显示性比较优势分布状况

	1＜RRCA≤2	2＜RRCA≤3	RRCA＞3	Max	Aver	Per(%)
PM				0.561	0.225	
RB						
RB1	625 634 635			1.649	0.801	74.63
RB2	664 689	523 531 661	662	4.061	1.144	42.92
LT						
LT1	612 651 654 657 659 848	613 658 831 841 842 843 844 845 851	652 655 656 846	4.873	2.304	99.88

续表

	1<RRCA≤2	2<RRCA≤3	RRCA>3	Max	Aver	Per(%)
LT2	642 665 677 678 693 695 699 821 893 894 895 898 899	696 697	666 691	3.507	1.501	88.21
MT						
MT1		785		2.771	0.846	32.52
MT2	591 679		786	4.163	0.793	39.33
MT3	741 744 749 762 773	763 775	711 793	11.771	1.310	60.07
HT						
HT1	751 759 764 771 778	752		2.156	1.090	81.77
HT2	712			1.663	0.656	3.30

资料来源：联合国，UN Comtrade，http://comtrade.un.org。

(1)7种初级制成品。我国的这些产品在美国市场上没有一种产品具有比较优势，该类产品的RRCA指数最大值为0.561，均值仅为0.225，与在世界市场上的比较优势分布状况没有显著区别。

(2)23种资源型制成品。具体情况如下：

第一，在美国市场上，在7种农业型制成品RB1中，橡胶轮胎(625)、木板、胶合板等(634)、木制品(635)3类产品具有比较优势，显示性比较优势指数最大值为1.649，该类产品的平均比较优势指数为0.801，与世界市场比较优势分布状况基本一致，具有比较优势的产品占RB1出口额的74.63%。

第二，在16种RB2中，有6种产品具有比较优势，同时在世界市场中具有比较优势的产品有5种，分别是其他非铁金属(689)、无机金属盐(523)、合成有机色素(531)、石灰/水泥/建筑材料(661)、陶土及耐火材料(662)。该类产品显示性比较优势指数的最大值为4.061，占全部RB2对美国出口额的42.92%，全部RB2的平均RRCA指数为1.144。

(3)44种低科技含量制成品(LT)。我国共有36种产品在美国市场上具有比较优势。具体情况如下：

第一，在 20 种 LT1 中，具有比较优势的产品共有 19 种，同世界市场上具有比较优势的产品种类完全一致，但是，产品的比较优势类型不同。在美国市场上产品主要具有较强的比较优势，而在世界市场上产品主要具有显著的比较优势。在美国市场上，具有显著比较优势的产品有 4 种，分别是机织棉编织品(652)、手工/钩针编织品(655)、薄纱/饰边/绣织品等(656)、服装饰品(846)，而在世界市场上多达 13 种；具有较强比较优势的产品有 9 种，而在世界市场上仅为 3 种；具有比较优势的产品有 6 种，而在世界市场上仅为 3 种。该类产品显示性比较优势指数最大值为 4.873，全部产品 RRCA 指数平均值为 2.304，19 种具有比较优势的产品占该类产品出口额的 99.88%。

第二，在 24 种 LT2 中，具有比较优势的产品共有 17 种。具有一般比较优势的产品共有 13 种，而在世界市场上为 11 种；具有较强比较优势的产品有 2 种，分别为厨具(696)、手持基础金属设备(697)，这两类商品在世界市场上都是具有显著比较优势的产品；具有显著比较优势的产品有 2 种，是瓷器(666)、钢/铁/铝结构(691)，其中瓷器在世界市场上也具有显著比较优势，钢/铁/铝结构在世界市场上具有较强比较优势。LT2 的 RRCA 指数最大值为 3.507，全部产品的 RRCA 指数平均值为 1.501，17 种具有比较优势的产品占该类产品的出口额为 88.21%。

(4)52 种中等科技含量制成品(MT)。我国共有 13 种产品在美国市场上具有比较优势。具体情况如下：

第一，在 5 种 MT1 中，具有比较优势的产品只有摩托车/自行车等(785)，且具有较强的比较优势，显示性比较优势指数为 2.771，占全部 MT1 出口额高达 32.52%，全部 MT1 的 RRCA 平均值仅为 0.846，这和世界市场的状况基本一致。

第二，在 17 种 MT2 中，有 3 种产品具有比较优势，其中，家用和园林用化工品(591)、铁/钢管等(679)具有一般比较优势，拖车、帆篷车(786)具有显著比较优势，其 RRCA 值为 4.163。这 3 种商品出口占全部 MT2 出口额的 39.33%。全部 MT2 的 RRCA 指数平均值仅为 0.793。

第三，在 30 种 MT3 中，共有 9 种产品具有比较优势，其中，加热和冷却机械(741)、机器操作设备(744)、非电子机械的零件及附件(749)、收音机

(762)、电子配电设备(773)具有一般比较优势，声音和视频录制器等(763)、家用设备(775)具有较强比较优势，蒸汽锅炉(711)、船舶等(793)具有显著比较优势。船舶等(793)的 RRCA 指数值最高为 11.771。具有比较优势的 9 种制成品出口额占全部 MT3 出口额的 60.07%。全部 MT3 的 RRCA 指数平均值仅为 1.310。

(5)18 种高科技含量制成品(HT)。我国共有 7 种产品在美国市场上具有比较优势。具体情况如下：

第一，在 11 种 HT1 中，有 6 种产品具有比较优势，包括办公设备(751)、计算机设备(752)、办公设备零件及附件(759)、未分类的电信设备(764)、电力转换设备(771)、未分类的电子设备(778)。其中，计算机设备具有较强比较优势，RRCA 指数为 2.156。HT1 的 RRCA 指数平均值为 1.090，6 种具有比较优势的产品出口额占 HT1 出口额的 81.77%。

第二，在 7 种 HT2 中，有 1 种产品具有比较优势，即蒸汽涡轮发动机(712)，其 RRCA 指数为 1.663，这种产品出口额占全部 HT2 出口额的 3.30%。全部产品的 RRCA 指数平均值为 0.656。总的来看，HT 在美国市场上的比较优势相对于在世界市场上的比较优势无论是产品的数量、比较优势指数的大小还是占出口市场的份额都明显下降，没有一种产品在美国市场上具有显著的比较优势。

(三)我国制成品在欧盟市场上的比较优势

表 2-11 是 2010 年我国制成品在欧盟市场上的比较优势分布状况。总的来看，具有一般比较优势(1<RRCA≤2)的占据大多数，共有 39 种，具有较强比较优势(2<RRCA≤3)的产品共有 9 种，具有显著比较优势(RRCA>3)的产品只有 1 种，具有比较优势(RRCA>1)的产品共计 49 种，占到全部 144 种制成品的 34.03%，这说明我国大约 1/3 出口到欧盟的制成品具有比较优势。下面同样将我国的这些产品分为五种类型进行具体分析。

表 2-11　2010 年我国制成品在欧盟市场上显示性比较优势分布状况

	1<RRCA≤2	2<RRCA≤3	RRCA>3	Max	Average	Per(%)
PM				0.13	0.05	
RB						

续表

	1<RRCA≤2	2<RRCA≤3	RRCA>3	Max	Average	Per(%)
RB1	625			1.73	0.67	34.60
RB2	531 661 662 664 689			1.66	0.70	39.85
LT						
LT1	612 613 654 655 656 658 841 842 843 844 845 846 848 851	831		2.47	1.27	95.71
LT2	642 665 674 691 699 821 893 895 898	666 696 697 894		2.69	1.23	83.50
MT						
MT1				0.75	0.47	
MT2	786			1.78	0.38	9.99
MT3	744 745 793 873	762 775		2.12	0.75	27.58
HT						
HT1	718 764 771 776 778	752 761	751	3.51	1.47	93.94
HT2				0.99	0.30	

(1)7 种初级制成品(PM)。在我国出口到欧盟的初级制成品中，没有一种制成品具有比较优势，所有产品的 RRCA 值都远远小于 1，其 RRCA 最大值仅为 0.13，均值为 0.05。可见，我国初级制成品在欧盟市场上都具有比较劣势。

(2)23 种资源型制成品(RB)。这些产品的具体情况如下：

第一，在我国出口到欧盟的 7 类农业型制成品(RB1)中，总的来说，这类制成品的 RRCA 均值为 0.67，其中，只有橡胶轮胎(625)具有显示性比较优势，其出口额占该类制成品出口总额的 34.60%，且 RRCA 最大值为橡胶轮胎的 1.73。

第二，在16种其他制成品(RB2)中，有5类制成品具有显示性比较优势，分别是合成有机色素(531)、石灰/水泥/建筑材料(661)、陶土及耐火材料(662)、玻璃(664)以及其他非铁金属(689)，最大RRCA指数为陶土及耐火材料的1.66，具有比较优势制成品的出口占RB2出口总额的39.85%，略高于RB1的该比例。

(3)44种低科技含量制成品(LT)。在欧盟市场中，44类低科技含量制成品中共有28类具有比较优势。具体情况如下：

第一，在20类纺织、服装鞋类(LT1)中，共有15类制成品具有比较优势(RRCA＞1)，占比达75%，这15类产品出口额占该类出口总额的95.71%；具有较强比较优势的制成品(2＜RRCA≤3)只有箱盒(831)这一类，其RRCA值为2.47；LT1类制成品平均RRCA值也达到了1.27，是目前为止最高的一类。

第二，在24类其他低科技含量制成品(LT2)中，具有比较优势的有13类，具体来看，具有一般比较优势的有9种；具有较强比较优势的有4种，分别为瓷器(666)、厨具(696)、手持基础金属设备(697)以及婴儿车/玩具等(894)；依然没有显著比较优势的制成品。婴儿车/玩具(894)在LT2中具有最大RRCA值，为2.69，LT2类产品的RRCA均值为1.23，与LT1接近；13类具有比较优势的产品也占到了LT2类产品出口总额的83.50%。

(4)52种中等科技含量制成品(MT)。在出口到欧盟的52种中等科技含量制成品中，一共仅有7类产品具有比较优势(RRCA＞1)。具体情况如下：

第一，在5种自动化设备(MT1)中，没有任何产品具有比较优势，RRCA最大值为0.75，均值仅为0.47。

第二，在17种加工类制成品(MT2)中，所有产品的RRCA均值仅为0.38，其中，仅有拖车/帆篷车(786)是唯一的一种具有一般比较优势的产品，RRCA值为1.78，它的出口额占MT2出口总额的9.99%，近1/10。

第三，在30种工程类制成品(MT3)中，具有比较优势的产品共有6种；具有一般比较优势的有4种，分别是机器操作设备(744)、未分类的非电子机械(745)、船舶等(793)、表及计数器(873)；具有较强比较优势的产品有2种，分别是收音机(762)和家用设备(775)，其中，家用设备(775)的RRCA值最高，为2.12；6种具有比较优势产品出口额占MT3类产品出口总额的

27.58%。由此可见，工程类制成品(MT3)是中等科技含量制成品类别中比较优势相对最明显的一类。

(5)18种高科技含量制成品(HT)。在欧盟市场上，具有比较优势的高科技含量制成品共有8种。具体情况如下：

第一，在11类电子和电力制成品(HT1)中，具有比较优势的制成品有8类，其中，具有一般比较优势的制成品有5类，分别是未分类的发电设备(718)、未分类的电信设备(764)、电子变压设备(771)、开关/晶体管等(776)、未分类的电子设备(778)；具有较强比较优势的是计算机设备(752)、电视(761)；具有显著比较优势的是办公设备(751)，RRCA值达到3.51，办公设备(751)也是所有出口到欧盟市场中唯一的一种具有显著比较优势的产品。这8类产品出口占HT1类制成品出口总额的比例是93.94%。

第二，在其他类高科技含量制成品(HT2)中，没有一种产品具有比较优势，其中，最大RRCA值为影像设备(881)的0.99，接近1，RRCA均值只有0.30。

三、我国制成品出口比较优势的变化分析

(一)我国制成品在世界市场上比较优势分布的变化

2002年，在我国出口的144种制成品中，具有比较优势(RCA>1)的产品共62种，占全部产品的43.06%，具有较强比较优势(2<RCA≤3)的产品有13种，具有显著比较优势(RCA>3)的产品有18种。总的来说，在世界市场上，我国出口产品具有一定的竞争力，但是竞争力不明显，50%的具有竞争力的产品其RCA指数小于2(31种)，具有显著竞争力的产品较少，只有18种。另外，从具有比较优势的产品类型来看，62种具有比较优势的产品中，低科技含量制成品占据了34种，中等科技含量制成品只有9种，高科技含量制成品只有10种。具体情况如表2-12所示。

2008年，我国出口商品的比较优势状况发生了较大的变化。从具有比较优势(RCA>1)的产品种类来看，比2002年增加了25种，达到87种，占全部144种产品的60.42%；具有较强比较优势(2<RCA≤3)的产品有18种，比2002年增加了5种；具有显著比较优势(RCA>3)的产品有29种，比2002年增加了11种。从具有比较优势产品的构成来看，虽然低科技含量制成品依然占据了一半左右的份额，但是中等科技含量制成品的种类大大增加，从

2002年的9种增加到2008年的23种。另外，资源型制成品增加了6种，从2002年的6种增加到2008年的12种；低科技含量制成品增加了6种，从2002年的34种增加到2008年的40种；高科技含量制成品只增加了2种，从2002年的10种增加到2008年的12种。具体情况如表2-12所示。

总的来看，在2002—2008年期间，在世界市场上，我国出口中具有比较优势的产品种类越来越多，但是，这些产品主要是低科技含量制成品。从变动趋势来看，我国中等科技含量制成品的比较优势日益凸显，但是比较优势指数偏低，具有显著比较优势的产品类型较少。

表2-12　我国制成品在世界市场上显示性比较优势分布状况

年份	制成品类型	RCA＞1	1＜RCA≤2	2＜RCA≤3	RCA＞3
2002	7种初级制成品	3	1	2	0
	23种资源型制成品	6	4	2	0
	44种低科技含量制成品	34	14	6	14
	52种中等科技含量制成品	9	4	2	3
	18种高科技含量制成品	10	8	1	1
	合计	62	31	13	18
2008	7种初级制成品	0	0	0	0
	23种资源型制成品	12	7	4	1
	44种低科技含量制成品	40	14	9	17
	52种中等科技含量制成品	23	15	1	7
	18种高科技含量制成品	12	4	4	4
	合计	87	40	18	29

资料来源：联合国，UN Comtrade，http://comtrade.un.org。

(二)我国制成品在美国市场上比较优势分布的变化

2003年，在我国向美国出口的144种制成品中，具有比较优势(RRCA＞1)的产品共40种，占全部制成品的27.8%；具有较强比较优势(2＜RRCA≤3)的产品有9种；具有显著比较优势(RRCA＞3)的产品有8种。与在世界市场上的情况一样，我国最具竞争力的商品也是低科技含量制成品。在44种低科技含量制成品中，有22种具有比较优势，6种具有较强比较优势，7种具有显著比较优势。具体情况如表2-13所示。

表 2-13 我国制成品在美国市场上显示性比较优势分布状况

年份	制成品类型	RRCA＞1	1＜RRCA≤2	2＜RRCA≤3	RRCA＞3
2003	7 种初级制成品	0	0	0	0
	23 种资源型制成品	2	2	0	0
	44 种低科技含量制成品	22	9	6	7
	52 种中等科技含量制成品	8	5	3	0
	18 种高科技含量制成品	8	7	0	1
	合计	40	23	9	8
2009	7 种初级制成品	0	0	0	0
	23 种资源型制成品	9	5	3	1
	44 种低科技含量制成品	36	19	11	6
	52 种中等科技含量制成品	13	7	3	3
	18 种高科技含量制成品	7	6	1	0
	合计	65	37	18	10

资料来源：联合国，UN Comtrade，http://comtrade. un. org。

2009 年，我国出口商品在美国市场上比较优势的状况发生了较大的变化。在我国向美国出口的 144 种制成品中，具有比较优势(RRCA＞1)的产品共 65 种，占全部制成品的 45. 14%，比 2003 年增加了 25 种；具有一般比较优势(1＜RRCA≤2)的产品有 37 种，比 2003 年增加了 14 种；具有较强比较优势(2＜RRCA≤3)的产品有 18 种，比 2003 年增加了 9 种；具有显著比较优势(RRCA＞3)的产品有 10 种，比 2003 年只增加了 2 种。与在世界市场上的情况一样，我国最具竞争力的商品也是低科技含量制成品。在 44 种低科技含量制成品中，有 36 种具有比较优势，11 种具有较强比较优势，6 种具有显著比较优势。具体情况如表 2-13 所示。

总的来看，在 2003—2009 年期间，在美国市场上，我国出口中具有比较优势的产品种类越来越多，但是，这些产品主要是低科技含量制成品，与世界市场的变化基本相同。从变动趋势来看，我国中等科技含量制成品的比较优势在美国市场上没有凸显，这与世界市场的情况不同。从美国市场和世界市场的比较来看，我国出口商品在美国市场上的整体比较优势小于在世界市场上的比较优势，其中低科技含量制成品在两个市场上的情况基本相同，但是中等和高科技含量制成品在世界市场上的优势都明显大于在美国市场上的优势。

（三）我国制成品在欧盟市场上比较优势的变化

2000年，我国出口到欧盟的制成品共有48种产品具有比较优势（RRCA＞1），占所有144种制成品的33.33%。其中，具有一般比较优势（1＜RRCA≤2）的有25种，具有较强比较优势（2＜RRCA≤3）的有11种，具有显著比较优势（RRCA＞3）的有12种。不难看出，具有一般比较优势的制成品占据了所有具有比较优势产品数量的一半；低科技含量制成品在所有类型制成品中比较优势最显著、具有比较优势产品数量最多，在27种具有比较优势的低科技含量制成品中，12种具有一般比较优势，具有较强和显著比较优势的产品也各有7种和8种。具体情况如表2-14所示。

在数量上，2010年我国共有49种产品在欧盟市场上具有比较优势，与2000年的48种相比基本保持不变，但是具有比较优势的商品结构发生了一定的变化。从整体来看，2010年具有一般比较优势的产品种类增加了，具有较强和显著比较优势的产品种类下降了，具有一般比较优势的产品种类从2000年的25种增加到2010年的39种，具有较强比较优势的产品种类从2000年的11种下降到2010年的9种，具有显著比较优势的产品种类从2000年的12种下降到2010年的1种。从结构变化来看，比较优势变化主要是由于低科技含量制成品的比较优势发生了变化。低科技含量制成品具有一般比较优势的产品数量从2000年的12种增加到23种，具有较强比较优势的产品从7种下降到5种，具有显著比较优势的产品从8种下降到0种。中等科技含量制成品、高科技含量制成品的比较优势基本保持不变。具体情况如表2-14所示。

表2-14　我国制成品在欧盟市场上显示性比较优势分布状况

年份	制成品类型	RRCA＞1	1＜RRCA≤2	2＜RRCA≤3	RRCA＞3
2000	7种初级制成品	1	0	0	1
	23种资源型制成品	5	4	1	0
	44种低科技含量制成品	27	12	7	8
	52种中等科技含量制成品	8	5	0	3
	18种高级科技含量制成品	7	4	3	0
	合计	48	25	11	12

续表

年份	制成品类型	RRCA>1	1<RRCA≤2	2<RRCA≤3	RRCA>3
2010	7 种初级制成品	0	0	0	0
	23 种资源型制成品	6	6	0	0
	44 种低科技含量制成品	28	23	5	0
	52 种中等科技含量制成品	7	5	2	0
	18 种高科技含量制成品	8	5	2	1
	合计	49	39	9	1

总的来看，在 2000—2010 年期间，从数量上来说，我国具有比较优势的产品种类增加了 1 种，各类制成品具有比较优势的产品数量变化也不大。从结构上来说，最具有竞争力的产品仍然是低科技含量制成品，但整体优势表现为下降的趋势。这对于稳定以及提升我国对欧盟出口份额是个极大的挑战。

四、我国制成品出口比较优势分析的基本结论

从上面的分析可以得到下面的结论：

第一，2008 年我国出口商品在世界市场上的比较优势状况与 2002 年相比发生了较大的变化，我国出口商品中具有比较优势的产品种类越来越多，但是这些产品主要是低科技含量制成品。从变化趋势来看，我国中等科技含量制成品的比较优势日益凸显，但是比较优势指数偏低，具有显著比较优势的产品类型较少。从具有比较优势（RCA>1）的产品种类来看，2008 年比 2002 年增加了 25 种，达到 87 种，占全部 144 种产品的 60.42%。具有较强比较优势（2<RCA≤3）的产品有 18 种，比 2002 年增加了 5 种。具有显著比较优势（RCA>3）的产品有 29 种，比 2002 年增加了 11 种。从具有比较优势产品的构成来看，虽然低科技含量制成品依然占据了一半左右，从 2002 年的 34 种增加到 2008 年的 40 种，但是中等科技含量制成品的种类大大增加，从 2002 年的 9 种增加到 2008 年的 23 种。

第二，2009 年我国出口商品在美国市场上具有比较优势的产品种类与 2003 年相比越来越多，但是这些产品主要是低科技含量制成品，与在世界市场上比较优势的变化基本相同。但是，从变动趋势来看，我国中等科技含量制成品的比较优势在美国市场上没有凸显，这与世界市场的情况不同。从美国市场和世界市场的比较来看，我国出口商品在美国市场上的整体比较优势小于在世界市场上的比较优势，其中低科技含量制成品在两个市场上的情况基本相同，但是中等和高科技含量制成品在世界市场上的优势都明显大于在美国市场上的优势。

第三，2010 年我国共有 49 种产品在欧盟市场上具有比较优势，与 2000 年的 48 种产品相比只增加了 1 种产品，但是具有比较优势的商品类型发生了一定的变化。在 2000—2010 年期间，我国在欧盟市场上前 20 种具有比较优势的产品类别发生了较大的结构性变化，2010 年 RRCA 指数前 20 类商品，只有 6 种产品在 2000 年也是位于前 20 位的，其他 14 种都是新的产品。从比较优势的变化来看，2010 年我国具有一般比较优势的产品种类增加了，具有较强和显著比较优势的产品种类下降了。具有一般比较优势的产品种类从 2000 年的 25 种增加到 2010 年的 39 种，具有较强比较优势的产品种类从 2000 年的 11 种下降到 2010 年的 9 种，具有显著比较优势的产品种类从 2000 年的 12 种下降到 2010 年的 1 种。从比较优势的结构来看，比较优势变化主要是由于低科技含量制成品的比较优势发生了变化，低科技含量制成品具有一般比较优势的产品数量从 2000 年的 12 种增加到 23 种，具有较强比较优势的产品从 7 种下降到 5 种，具有显著比较优势的产品从 8 种下降到 0 种。中等科技含量制成品、高科技含量制成品的比较优势基本保持不变。可见，我国目前真正具有国际竞争力的行业仍旧是服装等劳动密集型的行业，只是这些行业的竞争力强势地位正在表现出相对减弱的趋势。① 这对于稳定以及提升我国对欧盟出口份额是个极大的挑战。

第四节　以超比较优势为核心的对外货物贸易发展战略

一、以超比较优势为核心的对外货物贸易发展战略的理论根据

关于我国对外货物贸易发展存在的问题以及我国对外货物贸易比较优势的分析表明，我国对外货物贸易发展方式是由我国对内经济发展方式决定的。

① 金碚、李钢、陈志：《中国制造业国际竞争力现状分析及提升对策》，《财贸经济》2007 年第 3 期，第 9 页。

由于我国对内经济发展方式是粗放型的发展方式，依靠大规模投入劳动、资本和自然资源来实现产值的增长，因而我国出口的主要是劳动密集型产品。另外，由于我国科学技术水平和经济发展水平不高，虽然我国出口商品具有比较优势的产品种类越来越多，但是这些产品主要是低科技含量制成品。我国中等科技含量制成品在世界市场上的比较优势日益凸显，但是比较优势指数偏低，具有显著比较优势的产品类型较少。随着我国劳动力资源变得不那么充裕，随着我国劳动力成本的上升，我国出口商品竞争力将会减弱，国际市场将变得狭窄，我国很容易陷入"中等收入陷阱"。因此，我国现行对外货物贸易发展方式是不可持续的，必须加快我国对外货物贸易发展方式的转变。

应该指出，一个国家的对外货物贸易对于这个国家的经济发展发挥重要的作用。改革开放以来，如果不是我国对外货物贸易如此迅速地增长，我国的经济规模不可能如此迅速地扩大，我国经济发展水平不会如此迅速地提高，我国人民群众的生活水平也不会如此迅速地改善。虽然我国的外汇储备已经很充裕，但是由于出口贸易的发展能够使我国的产业同时面对着国内市场和国际市场两个市场的需求，将强有力地推动我国产业和经济的发展。因此，出口贸易是我国政府必须长期予以重视的经济领域。但同时也应该指出，我国"一切为了出口创汇"的时代已经结束了，我国政府应该用科学发展观的视角重新审视我国对外货物贸易的发展战略。我国的对外货物贸易发展方式必须是可持续的，不能再以大规模地耗费自然资源和生态环境为代价。另外，我国对外货物贸易发展方式必须能够形成与我国对内经济发展方式良性互动，有助于促进我国对内经济发展方式的转变。

由于对内经济发展方式决定了对外经济发展方式，要转变我国对外货物贸易发展方式，首先就要转变我国对内经济发展方式。正如前面第一章的分析所表明的，要转变我国对内经济发展方式，我国政府需要实施"一点两翼"的经济发展战略，提高我国产业的技术水平，从而推动对外货物贸易发展方式的转变。虽然对内经济发展方式决定了我国对外经济发展方式，但对外经济发展方式能够反作用于对内经济发展方式。我国政府还需要在对外货物贸易上实施新的发展战略，一方面为我国产业技术创新开拓国际市场，使我国产业技术创新同时具有国内和国际两个市场；另一方面通过技术设备的引进促进国内产业技术创新，推动对内经济发展方式的转变。基于这种考虑，本研究拟提出实施以超比较优势为核心的对外货物贸易发展战略。

斯密(Adam Smith)的绝对优势理论、李嘉图(David Ricardo)的比较优势理论是国际分工理论中的经典学说和核心学说。发展中国家对外贸易发展战略的理论依据一般是比较优势理论。实际上，比较优势有静态比较优势和动态比较优势之分。静态比较优势就是要素禀赋所决定的比较优势，这种比较优势具有静态性，发展中国家可以通过自主发展劳动密集型产业和引进外商直接投资得到“干中学”的溢出效用逐步得到发展，各个国家按照这种比较优势格局参与国际分工可以获得贸易收益。但是，传统的基于静态分析的比较优势理论对当前国际贸易新特征的解释和指导能力逐步减弱，相反从动态的视角来重新审视比较优势理论，并用以指导发展中国家摆脱“比较优势陷阱”正成为研究和实践的前沿问题。

动态比较优势是指比较优势的动态性，也是指从目前来看某个国家在某个产业不存在比较优势，但是这个产业存在着发展比较优势的潜力，经过一段时间的培育和发展就会形成比较优势，进而改善国家参与国际贸易所获得的贸易利益。如果发展中国家不去主动培育具有比较优势发展潜力的产业，那么由于发展中国家在科学技术水平和经济发展水平方面落后于发达国家，它们只能永远地跟随着发达国家，发展那些发达国家淘汰的产业。

动态比较优势理论是对静态比较优势理论分析的延伸和发展，是贸易理论与经济增长理论综合考虑的成果，它主要研究的是长期比较优势变化的决定因素及其福利的影响。现有的关于动态比较优势理论的研究主要分为三大类①：基于要素变化的动态比较优势理论、基于技术进步的动态比较优势理论和基于其他因素变化的动态比较优势理论。

在基于要素变化的动态比较优势理论中，“要素变化”包括两方面含义，即一国要素禀赋结构的变化和某类产品的要素密集度的变化。要素变动模型主要考察了一国要素丰裕度的变化如何影响其比较优势的动态变化，进而影响其贸易模式和国家福利效应的变动。H-O-S 理论(赫克歇尔—俄林—萨缪尔森理论)、S-S 理论和罗伯津斯基定理是在 H-O 理论基础上发展起来的三个重

① 徐姗：《西方动态比较优势理论的演进——发展中国家和“比较优势陷阱”》，《国际社会科学杂志》(中文版)2009 年第 2 期，第 108 页。

要的研究成果。基于要素变动的比较优势动态理论，除了研究一国要素丰裕度的变化对比较优势的影响外，还从产品要素密集度改变的角度来探讨比较优势的动态演化，一个重要成果就是产品生命周期理论。

基于技术进步的动态比较优势理论是经济增长理论发展的产物。从古典经济增长理论到罗默的内生增长理论，技术由外生变量变成内生变量，比较优势的动态变化研究也随之不断完善和发展。这种分析框架同时综合了技术进步、国际贸易与经济增长三方面的内容，大体可分为两类：一类是将技术视为外生变量，从动态角度研究技术的进步对贸易模式和一国福利水平的影响；另一类则将技术视为内生变量，除了研究技术变动怎样影响贸易和经济增长外，还将技术发展作为科学研究投资和经济增长的一种结果。

基于其他因素变化的动态比较优势理论是指除了要素变动和技术进步两个基本因素以外，从其他角度提出的动态比较优势思想。例如，根据新古典贸易理论提出了"外贸优势转移假说"，并进一步形成"阶梯比较优势论"；突破了比较优势理论传统的经济学分析框架和视角，从生物演化学这个新的角度考察了比较优势的演化及其稳态的特征，认为比较优势是经济长期自然演化的结果。①

实际上，在国际贸易中，不仅存在静态或者动态的绝对优势和比较优势，而且存在超绝对优势和超比较优势，超绝对优势或超比较优势是一个国家与另一个国家进行对方没有的商品贸易时所具有的优势。这种优势主要产生于社会资源的特点，特别产生于技术和技能的积累。② 绝对优势学说或比较优势学说认为，如果两个国家都能够生产两种商品，当一个国家某种商品的生产成本绝对或相对低于对方国家时，它在这种商品的贸易上具有绝对优势或比较优势。但在现实里，一个国家能够生产的某种商品可能是另一个国家所不能生产的，这就不存在这两个国家里绝对成本或相对成本高低的问题，因而也就不是绝对优势或相对优势的问题。假定存在 A、B 两个国家，某种商品只有 A 国能够生产而 B 国不能生产，那么在这两个国家这种商品的贸易中

① 韩民春、徐姗：《国外动态比较优势理论的演进》，《国外社会科学》2009 年第 3 期，第 52 页。

② 李翀：《论国际贸易中的超绝对利益》，《国际贸易问题》2005 年第 3 期，第 5 页。

A国具有不可比拟的利益，这种优势就是超绝对优势或超比较优势。

这就是说，所谓超比较优势是指在两个国家的贸易中，一个国家能够生产的某种商品可能是另一个国家所不能生产的，或者在多国贸易中，某种产品只有很少国家可以生产的情形。超比较优势产品是国际贸易领域中的一种客观现象，不仅有其客观性，而且有其相对性。超比较优势产生于社会资源的特点，超比较优势产品或者是分布极不均匀的自然资源产品，或者是某个国家特有的特殊工艺产品，或者是高技术和高技能产品。① 超比较优势产品产生的原因，既有先天的自然禀赋，也有后天的科技创新和发明，还有由于垄断或使用传统工艺所形成的超比较优势。世界上贸易强国均有其超比较优势产品，而我国从贸易大国向贸易强国的转变也必须发挥超比较优势产品的作用，尤其是发展高层次的超比较优势产品。②

总的来说，从短期和静态来看，我国应该按照比较优势的原则参与国际分工；从长期和动态来看，我国应该按照动态比较优势的原则参与国际分工，我国政府应该培育某些目前没有比较优势但未来对我国经济具有主导意义的产业，以使这些产业在未来形成比较优势；从核心竞争力、可持续发展和国际地位来看，我国还应该按照超比较优势的原则参与国际分工，积极支持某些可以与发达国家同时起步的产业，推动科技的自主创新，发展成具有超比较优势的产业。③ 因此，为了加快对外贸易发展方式的转变，我国政府应该对我国各个产业的现状以及世界产业发展前景进行深入分析，构建并实施以超比较优势为核心的对外贸易发展战略。之所以以超比较优势为核心，是因为它最能促进我国科学技术水平的提高，最能提高我国经济的核心竞争力和国际贸易福利。这种对外货物贸易发展战略的基本内容是：传统优势产业按照比较优势原则参与国际分工；对经济具有重要影响的产业培育其动态比较优势以参与国际分工；对于国民经济支柱产业和与发达国家同时起步的重要

---

① 李翀：《比较优势与超比较优势——论我国经济的发展战略》，《学术研究》2006年第3期，第53页。

② 蒋德恩：《超比较优势与贸易大国向贸易强国的转变》，《中央财经大学学报》2007年第12期，第54页。

③ 李翀：《加快推进中国对外经济发展方式转变的战略选择》，《经济理论与经济管理》2011年第3期，第9—10页。

新兴产业则应该培育超比较优势以参与国际分工。

实施以超比较优势为核心的对外货物贸易发展战略，既可以充分发挥我国已有的比较优势，又可以培育潜在的比较优势和超比较优势，从而推动我国现行的对外贸易发展方式的转变，保证我国对外贸易的可持续发展。由于扶持和培育具有潜在的比较优势和超比较优势产业需要采取一定的财政和信贷政策，需要耗费大量的社会资源，而政府的资源又是有限的，因此必须从各种产业中选择最需要扶持或培育的产业。

二、以超比较优势为核心的对外货物贸易发展战略的主要内容

（一）稳定发展具有静态比较优势的产业

1. 由市场去调节具有比较静态优势的产业

在短期内，在科学技术和社会资源为一定的条件下，比较优势的格局是不变的。世界各国只有按照比较优势的原则参与国际分工才能获得国际贸易利益。因此，在短期和静态的条件下，比较优势的原则是不可抗拒的。我国应该按照比较优势的原则参与国际分工，发挥本国社会资源的特点，争取在国际贸易中获得更多的利益，争取通过国际贸易加快本国经济的发展。①

静态比较优势产业是我国目前具有比较优势的产业，虽然这类产业所带来的贸易利益没有动态比较优势产业或者超比较优势产业带来的贸易利益大，但是这类产品和行业却是我国对外货物贸易稳定发展的基础和保证。本章第三节已经对我国具有比较优势的产品进行了详细的分析。目前，我国在劳动密集型产业如服装和纺织品、资本和劳动密集型产业如造船、中低技术密集型产业如通信及电子设备和仪器仪表及办公机械等都具有比较优势，正是它们在支撑着我国的整个对外货物贸易的发展。这些产业解决了我国大量的劳动力就业问题，推动着我国产值、政府税收和个人收入的增长。

对于我国具有静态比较优势的产业，我国政府的任务不是更多地投入资源而是更多地由市场去调节。但是，我国政府需要为这类产业提供一个合适的制度环境，包括法律制度、税收制度、金融制度、政府管理制度等，使这类产业能够在一个公平的制度环境中去竞争和发展。另外，在未来一段时间

---

① 李翀：《比较优势与超比较优势——论我国经济的发展战略》，《学术研究》2006年第3期，第50页。

里，建议我国政府通过下述措施来促进我国具有静态比较优势产业的健康发展：

第一，引导我国劳动密集型产业向中西部地区转移。产业的转移是梯度的。在20世纪70年代末期和80年代初期，劳动密集型产业从发达国家转移到我国相对发达的沿海地区。经过30多年的发展，随着我国沿海地区劳动力成本和土地租金成本的上升，劳动密集型产业必然会流向劳动力成本和土地租金成本较低的我国中西部地区和东南亚国家。虽然这些劳动密集型产业在我国沿海地区很难保持良好的发展前景，但是它们在我国中西部地区仍然有相当长的一段时间的生存和发展空间。在这种情况下，我国政府应该努力促使这些产业留在国内而不要流向东南亚国家。我国中西部地区的地方政府应该采取提供工业园区和提供初期的免税优惠等措施，吸引沿海地区部分低能耗和低污染的劳动密集型产业流向中西部地区。这样，从我国整体来看，可以延续这些产业的生命周期；从我国中西部地区来看，可以推动这些地区的工业化和城镇化的进程，促进这些地区更高程度地走向开放，从而推动这些地区的经济发展。

第二，对不同类型的产业实行有差别的出口退税税率。在我国改革开放初期，由于我国急需资金，跨国公司借机将高能耗和高污染的产业转移到我国，然后又从我国向世界各国出口。一方面对我国资源和环境造成不利影响；另一方面也造成我国与别的国家贸易摩擦的增加。另外，由于长期以来我国劳动力资源是优势资源，外商投资企业和国内企业大规模地从事加工贸易业务，利用我国廉价的劳动力将进口零部件加工为制成品出口。虽然加工贸易为我国经济发展做出了重要贡献，并在未来一段时间内继续发挥一定的作用，但它毕竟不是我国对外货物贸易的发展方向。因此，建议我国政府在调查研究的基础上，适时地推出有差别的退税税率的政策：对于高污染的产业，取消出口退税；对于高能耗和加工贸易，适度降低出口退税税率，用差别税率的政策调节我国出口贸易的结构。

2. 积极建立具有整合静态比较优势的产业

所谓具有整合静态比较优势产业是指将我国不具有静态比较优势的产业和具有静态比较优势的产业整合起来，有可能形成具有静态比较优势的综合产业。随着国际贸易的发展，一个国家出口的产品不一定是单一性的产品，而是综合性的产品。这样就产生了一种机会：本来我国在某种产品的生产上不具有静态比较优势，但如果将生产该产品的产业与别的产业整合起来，有可能形成具有静态比较优势的综合产业。这样，通过具有静态比较优势的产业的带动，可以使我国不具有静态比较优势的产业变为具有静态比较优势的产业。

中国中材股份有限公司水泥生产线的出口就是一个典型的例子。我国水泥产业在水泥技术、工程设计和专业设备方面与发达国家相比并不具有静态比较优势，但是我国的建筑产业在土建工程和基础设施建设方面具有静态比较优势。中国中材股份有限公司通过将本来不具有静态比较优势的产业与具有静态比较优势的产业整合起来，提供了从水泥工程技术研究与开发到水泥工程设计、水泥专业装备制造、水泥工程建设安装、生产线维护和运营管理的综合服务，创建了新的静态比较优势。

从 20 世纪 90 年代承接第一个东盟水泥生产项目开始，中国中材股份有限公司陆续与多家东盟水泥公司合作，累计承建 30 多条水泥生产线，打破了东盟水泥工程装备市场由西方发达国家的公司一统天下的局面。近几年，该公司在越南建设的水泥项目有：越南福山 5 000t/d 水泥生产总承包项目、越南凯撒 6 000t/d 水泥生产总承包项目、越南松涛 2 500t/d 水泥熟料生产线项目、越南西宁 4 000t/d 水泥生产总承包项目以及越南宁平 2×5 000t/d 水泥生产总承包项目等。该公司在东盟其他国家建设的水泥项目还有：泰国意大利—泰公司 2 500t/d 水泥熟料生产线项目、柬埔寨 KCC 2 500t/d 水泥熟料生产线项目、印尼 BOSOWA 2×5 500t/d 水泥生产总承包项目、印尼 PT JUI SHIN 年产 225 万吨水泥熟料生产线项目、马来西亚 HUME CEMENT 5 000t/d 水泥生产总承包项目以及马来西亚 NSCI 5 000t/d 水泥生产总承包项目等。通过综合水泥生产项目的出口，该公司生产的大型装备与备件也销往越南、缅甸、印度尼西亚等国家。仅在越南福山水泥生产项目中，该公司就完成设备安装 13 000 吨、钢结构制作安装 15 000 吨、土建混凝土 120 000 立方米、钢筋 12 000 吨。①

在我国以往的货物出口贸易中，主要出口货物，很少出口配套的服务，或

① 和讯网：《中材国际走进东盟实录》，2013 年 1 月 10 日，http://news.hexun.com。

者主要出口单一的商品，很少出口与商品有关的整体项目，因而忽视了与出口货物相关的上游、下游产品的整体出口。要促进我国货物出口贸易的发展，我国企业要更加重视通过对不同产业静态比较优势的整合，创造出新的静态比较优势。

在现阶段，值得关注的是EPC工程总承包项目，它是出口项目的典型代表。EPC(Engineering，Procurement and Construction，设计—采购—施工)工程总承包项目是指公司受进口方委托，按照合同约定对工程建设项目的设计、采购、施工、试运行等实行全过程或若干阶段承包。通常公司在合同规定的总价格的条件下，对所承包工程的质量、安全、费用和进度负责。在EPC模式中，Engineering不仅包括具体的设计工作，而且可能包括整个建设工程内容的总体策划以及整个建设工程实施组织管理的策划和具体工作；Procurement也不是一般意义上的建筑设备材料采购，而更多的是指专业设备、材料的采购；Construction的内容包括施工、安装、试车、技术培训等。

随着我国政府提出的“走出去”战略的实施，近年来我国企业分别在铁路、路桥、通信等基础设施领域，以及电站、石油化工、制造业等工业工程领域承接了一系列大型国际EPC项目。据中国商务部统计，2010年，我国对外承包工程业务完成营业额922亿美元，同比增长18.7%；新签合同额1 344亿美元，同比增长6.5%。截至2010年年底，中国对外承包工程累计完成营业额4 356亿美元，签订合同额6 994亿美元。在2010年中国对外承包工程业务完成营业额和新签合同额前50家企业中，主要从事电力行业的企业分别达11家和15家。2012年，我国对外承包工程业务完成营业额1 166亿美元，同比增长12.7%；新签合同额1 565.3亿美元，同比增长10%。表2-15是2012年我国对外承包工程业务完成营业额前20家企业名单。

表2-15　2012年我国对外承包工程业务完成营业额前20家企业　单位：亿美元

序号	企业名称	完成营业额
1	华为技术有限公司	103.90
2	中国水利水电建设股份有限公司	54.73
3	中国建筑工程总公司	49.88
4	中兴通信股份有限公司	48.94

续表

序号	企业名称	完成营业额
5	中国港湾工程有限责任公司	32.15
6	中信建设有限责任公司	26.36
7	中国机械设备工程股份有限公司	22.17
8	山东电力建设第三工程公司	21.19
9	中国葛洲坝集团股份有限公司	20.09
10	中国路桥工程有限责任公司	18.84
11	山东电力基本建设总公司	18.80
12	上海振华重工(集团)股份有限公司	18.31
13	中工国际工程股份有限公司	14.64
14	中国石油集团长城钻探工程有限公司	14.32
15	中国土木工程集团有限公司	13.78
16	上海电气集团股份有限公司	13.20
17	中国石油集团东方地球物理勘探有限责任公司	12.41
18	中国石油工程建设公司	11.22
19	中国石油集团川庆钻探工程有限公司	10.88
20	中国水利电力对外公司	10.84

资料来源：中国商务部，中国对外投资与经济合作，http://fec.mofcom.gov.cn。

国际 EPC 项目是带动我国具有静态比较优势产品出口的新途径。如果中国企业承包了国际 EPC 项目，不仅可以促进我国劳务输出，还可以促进我国相关机器设备、材料、机具等货物的出口，这对于我国在货物出口贸易中发挥静态比较优势是一种机遇。

(二)积极培育具有动态比较优势的行业

我国既要按照比较优势的原则参与国际分工，但又不能拘泥于仅仅按照比较优势的原则参与国际分工。比较优势的格局在短期内是一定的，但在长期里是可变的。我国在短期内按照比较优势的原则参与国际分工的同时，必须注重自主技术创新，以在一定程度上改变长期的比较优势格局。在投入成本去研究和开发我国得不到的发达国家的先进技术，或者努力去超越发达国家的先进技术时，显然没有遵循比较优势的原则。但是，一旦我国掌握了这样的先进技术，将创造出新的比较优势格局，使我国可以按照新的比较优势格局参与国际分工。也就是说，在短期内按照比较优势的原则参与静态的国际分工的前提下，通过局部地发展没有比较优势但具有比较优势前景的产业来创建新的动态的比较优势格局。不断从短期的、局部的非比较优势走向长期的、动态的比较优势，就是我国应该采用的对外货物贸易发展战略。

动态比较优势产业是我国对外货物贸易转型升级的希望所在。虽然这类产业没有达到超比较优势的水平，但是培育这类产业的动态比较优势对于我国对外贸易的可持续发展、对于我国经济的可持续发展是至关重要的。

在培育动态比较优势产业方面，日本和韩国的经验值得借鉴。日本和韩国在第二次世界大战以后"贸易立国"战略的指导下，政府主动将获取动态的比较利益作为制定产业政策的目标，通过不断改变和提升要素禀赋，培育动态比较优势，确定有利于促进本国经济和社会福利增长的战略性产业进行扶持，从而实现产业结构的转型升级。在两国产业结构升级过程中，比较优势部门呈现交替转换的动态演变。两国的经济腾飞也正是因为它们没有停留在静态比较优势的低技术部门上，而是选择了具有未来动态比较优势的高技术部门进行重点培育和扶植。①

首先来考察日本。20 世纪五六十年代，日本确立了以重化工业为主导的产业政策。在这个政策的指导下，日本钢铁、石化、化纤、汽车、家电、造船等产业得到蓬勃发展，重化工业所占比重从 1955 年的 58.5%上升到 70 年代初的 79%。重化工业比例的提高，不仅带动了第二产业的发展，还极大地提高了农业现代化的水平，使第一产业比重得以迅速下降，并以提供市场为前提使第三产业的比重得到增长，从而使日本实现产业结构的升级。通过重化工业的发展，日本实现了产业结构的高度化，国民生产总值超过了英、法、西德，成为世界第二经济大国。20 世纪 70 年代，受环境和石油危机的影响，日本经济受挫，日本政府加快了产业结构调整，重点是发展技术密集型产业，特别是大力推进电子、信息产业的发展，同时加强了以节省能源与促进替代能源为两大支柱的能源政策，使日本顺利克服因石油危机带来的困难。到 20 世纪 80 年代初，日本

① 周劲：《日本、韩国产业结构升级过程中比较优势的变化及启示》，《经济纵横》2013 年第 1 期，第 108 页。

在半导体、集成电路、电子技术等高科技领域超过欧美，居世界领先地位，经济竞争力则跃居世界榜首。①

日本产业结构的变化在日本的对外货物贸易中得到明显的体现。在20世纪50年代的战后恢复时期，日本出口商品结构是以劳动密集型的传统轻纺产品为主。进入20世纪60年代以后，轻纺产品在日本的出口贸易中所占地位急剧下降，从1960年的56.1%骤减到1973年的20.6%，而重化工业品则由1960年的43.9%猛增到79.4%。1973年第一次“石油危机”后，重化工业品仍然是日本出口贸易的主要商品，但是其内部构成却发生了很大的变化，较多消耗资源的钢铁和化学产品所占比重下降，知识与技术密集度较高的机械产品所占比重大幅度上涨。②

其次来考察韩国。1967年3月，韩国正式加入关贸总协定(GATT)。加入GATT初期，韩国政府从本国实际出发，充分利用当时国内的廉价劳动力和纺织工业的优势，大力发展出口加工业，使轻纺工业等劳动密集型产业成为出口贸易的主力。20世纪70年代中期以后，随着石油危机、西方发达国家陷入经济衰退，中国和东南亚国家利用价格优势在轻纺工业产品贸易中与韩国开展激烈竞争，使韩国的轻纺工业产品出口受到巨大影响。在这种情况下，韩国开始实施“重化工业化”战略，将重点产业不失时机地逐步转到资本密集型的汽车、造船、石化、钢铁和机械制造等产业上，构筑了能够在国际竞争中立足的骨干出口行业。进入20世纪80年代以后，韩国政府在坚持出口导向型经济发展战略的同时，加速劳动和资本密集型产业向技术和知识密集型产业的转化，使汽车、电子产品和半导体成为韩国的主要工业。③

日本和韩国培育动态比较优势产业的经验和启示主要有：

第一，既要重视制订经济发展规划，更要重视经济发展规划的实施。在关于战略问题的研究中，有一个重要方面往往为人们所忽视，这就是当一个战略框架形成之后，它是如何实施的？实施过程如何变化？战略问题是一个历史范

① 洪雨：《日本如何推进产业转型升级》，《政策瞭望》2008年第3期，第50页。

② 刘培青：《战后日本对外贸易发展的动态比较优势分析》，《现代日本经济》2004年第5期，第30—32页。

③ 韩秋：《韩国产业结构转换中的动态比较优势》，《黑龙江社会科学》2006年第3期，第142页。

畴的概念，它的实现往往需要几代人的努力。而历史的进程往往带来健忘，使战略的关键环节容易脱节，使战略的实施不能贯彻始终。在日本和韩国，即使政府换了一届又一届，总统换了一人又一人，国家发展战略却一直保持连续性。① 因此，我国不仅要重视发展战略的制定，还要重视发展战略的具体实施，根据具体实施过程中遇到的问题及时地调整发展战略，并要保持经济发展战略实施的长期性和可持续性。

第二，既要发挥市场的调节作用，也要重视政府的引导影响。日本和韩国一直实行政府主导型市场经济模式，政府有组织地促进竞争力的提高是其获得动态比较优势的源泉。因此，我国一方面要发挥市场机制对资源配置的决定作用，在遵循经济发展的内在规律的基础上发展动态比较优势产业；另一方面要通过政府的指导和扶持，引导动态比较优势产业发展方向，通过政府和市场尽可能完美地结合推动动态比较优势产业的发展。

第三，产业政策是动态比较优势产业发展的重要政策保障。要重视产业结构调整政策，把促进产业结构合理发展和有效分配资源作为产业政策调节的主要目标；要重视产业政策的适应性，加强产业政策的适时调整，把产业政策的制定与实现国民经济发展目标结合起来；要重视产业政策的组织力度，把政策制定、落实、审议和贯彻的全过程结合起来，避免制定政策和落实政策出现分离；要重视产业政策的市场导向，把正确处理政府介入与市场机制的关系和转变政府职能作为着眼点，注重发挥临时立法和产业目标的作用。②

第四，建立健全财政税收政策长效支持机制。首先，充分发挥财政与税收手段的杠杆效应，对动态比较优势产业技术研发进行财政补贴。其次，完善支持动态比较优势产业发展的税收手段，鼓励民营资本进入动态比较优势产业领域。再次，形成完善的激励补偿机制，发挥政府对民间投资的引导作用，引导市场主体从使用高能耗和高排放的技术转向使用低能耗、环保新能源和清洁能源技术。最后，保持支持动态比较优势产业发展的财政与税收政策的连贯性和

① 李春花：《韩国“技术立国”的阶段性调整与连续性特征》，《社会科学集刊》2009 年第 2 期，第 65 页。

② 孙明贵：《战后日本产业政策的特点和成功经验》，《现代日本经济》2000 年第 4 期，第 1—4 页。

长期性，发挥动态比较优势产业的战略性作用。① 因此，我国应该综合运用税收优惠、退税、贴息和补贴等政策，大力培育动态比较优势产业。

2011年，我国政府制定了《中华人民共和国国民经济和社会发展第十二个五年规划纲要》，提出了我国政府将重点支持的新兴产业：节能环保产业、新一代信息技术产业、生物产业、高端装备制造业、新能源产业、新材料产业和新能源汽车产业。这些产业是经过我国的科学家和经济学家调查研究以及科学论证提出的重点发展的产业，它们就是需要我国政府培育的可能具有动态比较优势的产业。

显然，这些产业目前在我国并不具有比较优势，但是经过政府的支持和企业的努力，它们有可能成为具有比较优势的产业。经过新中国成立以后60多年的发展，特别是经过改革开放以后30多年的发展，我国在科学技术进步、物质资本积累和人力资本积累等方面取得长足的发展，我国完全有可能在上述新兴产业的关键技术上取得突破。另外，我国还是一个发展中国家，我国的人均国内生产总值只有发达国家的1/9，我国工程技术人员的工资水平与发达国家相比还有很大的差距。一旦我国在上述新兴产业的关键技术上取得突破，我国在这些产业上就会取得低成本和高素质劳动力的优势，使这些产业成为我国新的具有比较优势的产业。

(三)努力创建战略性的超比较优势的产业

1. 扶持初步具有超比较优势的产业

目前，发达国家在国际贸易中处于有利和主宰的地位，而发展中国家则处于不利和从属的地位。问题的关键在于发达国家掌握着最先进的科学技术，发展中国家进口的很多产品是它们不能生产的，出口的却是发达国家可以生产但随着产业结构的调整趋于放弃的商品。因此，发达国家支配着国际贸易并在国际贸易中获取高额的寡头垄断利润。显然，这已经不是一般意义的国家可以通过出口相对成本低的商品和进口相对成本高的商品来获得国际贸易利益这样的问题了。像我国这样一个发展中的大国，如果停留在按一般意义上的比较优势原则来制定经济发展战略，我国将永远落在发达国家的后面，始终在国际贸易

① 东方财富网：《日本支持战略性新兴产业发展的经验及启示》，2014年2月14日，http://www.eastmoney.com。

中处于不利地位。

由于超比较优势产生的主要源泉是科学技术，我国要改变不利的国际贸易格局，必须要加快科学技术的进步，必须要进行自主的技术创新。当然，科学技术的进步是需要长期积累的，在很长的时间里我国的科学技术水平不可能全面超越发达国家。但是，在政府的主导和支持下，我国有可能在科学技术的某个方面取得突破，局部地建立某些对于我国经济发展具有重要意义的和具有超比较优势的高技术产业。①

创建超比较优势产业是我国对外货物贸易取得突破以及转变我国对外货物贸易发展方式的关键，也是我国从贸易大国向贸易强国迈进的关键。在国际贸易中，超比较优势产品是一国国际贸易地位的决定因素，拥有超比较优势商品的数量越多，在国际市场上就越有话语权。资源型的超比较优势很难改变，但是技术型的超比较优势是可以改变的。因此，我国政府应该高度重视并发展战略性的超比较优势的产业。

我国政府应该对潜在的具有超比较优势的产业给予战略性的扶持，选择少数几个技术密集型的新兴战略性产业进行重点突破。高技术产品无疑是国际贸易中最重要的超比较优势产品，生产这些产品需要很高的技术水平，一般只有少数几个国家能够生产。尽管我国在相当长的一段时间里不可能超越西方发达国家的技术水平，但我国依旧可以通过集中资源突破某个或者某几个技术领域，来建立超比较优势产业。历史的经验也证明了这一点。20 世纪 60 年代，我国一穷二白，技术和经济十分落后，但是正是依靠重点突破的策略使得我国在航空航天工业和核工业上逐渐跻身世界前列。经过多年的科学技术、人力资本和物质资本积累，我国现在有足够的社会资源去创建具有超比较优势的产业。

实际上，经过多年的发展，我国已经在若干产业上初步或已经具有超比较优势。例如，我国具有超比较优势产业之一是卫星发射产业。目前，能够提供卫星发射服务的国家或地区只有美国、欧盟、俄罗斯、中国和日本，而我国的运载火箭在低成本和高稳定性方面具有一定的优势。卫星发射服务的出口是一种服务的出口，但实际上也是运载火箭的出口。如果能够打破美国在卫星技术

---

① 李翀：《比较优势与超比较优势——论我国经济的发展战略》，《学术研究》2006 年第 3 期，第 54 页。

上的垄断，我国的卫星发射产业将能够得到更快的发展。又如，我国具有超比较优势产业之二是高速铁路产业。目前，能够完整提供高速铁路从设备到运营整个系统的国家只有日本、法国和中国。我国不仅在铁路轨道工程的建造方面具有比较优势，而且在高速铁路技术方面也具有一定的优势。高速铁路的出口包括服务的出口，但同时也是机车等一系列设备的出口。我国的高速铁路产业一旦打开国际市场，将显示出很强的竞争力。再如，我国具有超比较优势产业之三是核能发电产业。目前，掌握第三代核能发电技术的国家只有美国、俄罗斯、法国、日本、中国和韩国。一旦第四代核能发电技术取得突破，能够提供第四代核能发电机组的国家将进一步减少。我国不仅能够以较低的成本提供第三代核能发电技术设备，而且在第四代核能发电技术设备取得突破，我国的核能发电技术设备将具有超比较优势。

上述三个产业都是综合性产业，既涉及制造业，也涉及服务业。卫星发射产业主要是服务业，高速铁路中的机车是制造业，但铁路运营系统属于服务业，这两个产业留待第三章服务贸易部分详细分析，核能发电产业主要是发电机组，属于制造业，这里将重点分析核能发电产业。

核电站到现在为止已经发展到第三代。第一代(GEN-Ⅰ)核电站是早期的原型堆电站，即1950—1960年前期开发的轻水堆(light water reactors，LWR)核电站。第二代(GEN-Ⅱ)核电站是1960年后期到1990年前期在第一代核电站基础上开发建设的大型商用核电站。到21世纪头十年，世界上的大多数核电站都属于第二代核电站。第三代(GEN-Ⅲ)是指先进的轻水堆核电站，即1990年后期到2010年开始运行的核电站。第三代核电站采用标准化、最佳化设计和安全性更高的非能动安全系统，如先进的沸水堆(advanced boiling water reactor，ABWR)、系统80+、AP600和欧洲压水堆(European pressurized reactor，EPR)等。第四代(GEN-Ⅳ)是待开发的核电站，其目标是到2030年达到实用化的程度，主要特征是经济性高、安全性好、废物产生量小。

目前在核能发电机组国际市场上最受欢迎的是俄罗斯的AES系列机型。首先，该机组建造价格和发电成本大约只有法国和美国的一半，因而具有较强的竞争力。其次，俄罗斯铀矿资源丰富，核燃料循环产业较强，能确保进口国核电站的核燃料供应和管理，因而具有较强的综合竞争力。再次，俄罗斯政府统一指导，协调国内各个企业参与国际竞争，有效地发挥了国内产业的竞争力。

俄罗斯原子能公司(Rosatom)在2013年11月13日公布的2012年度报告中指出，俄罗斯核电站出口在2012年实现跨越，达到665亿美元。俄罗斯出口核电站23台，约占国际核电站贸易总成交量的70%，在世界核电站竞争中遥遥领先。①

另外值得关注的是日本。在20世纪90年代，日本企业跟随美国通用电气公司、西屋电气公司生产核能发电机组，处于从属地位。2006年前后，东芝公司收购西屋电气公司跃居主导地位，三菱公司与法国Areva公司合作发展核能发电技术，日立公司与美国通用电气公司合作成立GE-h和日立-GE公司。日本还通过建立9+3(9个电力公司、3个核电站供应公司)公司联盟，形成了统一协调的体制机制，让日本控制的机型，如东芝公司、日立-GE公司的ABWR，三菱公司与法国Areva公司联合开发的Atmea1，三菱公司的APWR以及东芝公司收购西屋电气公司的AP1000，进军国际市场。

我国也已经掌握了第三代核能发电技术。我国由中国广核集团(简称中广核)和中国核工业集团(简称中核集团)共同研发的自主三代核电技术“华龙一号”已完成初步设计并启动施工设计，这是我国具有完全自主知识产权的核电技术，各项技术指标符合美国、欧洲第三代核能发电技术标准。另外，我国在引进美国西屋公司AP1000技术基础上形成的自主化工程在技术上已定型并得到国家认可，部件国产化率已经达到80%，这是我国企业在消化创新的基础上掌握的第三代核能发电技术。值得强调的是，“华龙一号”核电站研究开发设计方案已经基本成型，具备开工建设的条件。该技术实现了先进性和成熟性的统一、安全性和经济性的平衡、能动与非能动的结合，在国际竞争中具有优势。更可喜的是，清华大学等单位研制的第四代核能发电技术也已在小型化实验中获得成功并进入实质建设阶段，我国在核能发电技术设备上有可能取得超比较优势。

随着我国核能发电技术的进步，我国的核电站逐步走向国际市场。巴基斯坦恰希玛核电站是我国核电走向世界的经典案例。由中核集团总承包的恰希玛核电站(一期)工程自投产运营至今，安全指标和运行业绩良好，受到了巴方和国际原子能机构的好评。作为我国自行设计和建造的第一座出口商用

---

① 北极星电力网新闻中心：《世界核电动向》，2014年4月28日，http://news.bjx.com.cn。

核电站，作为我国最大的高科技成套设备出口项目，为我国核电技术设备的出口积累了经验。另外，中广核与罗马尼亚达成合作开发切尔纳沃德核电站3、4号机组意向。中广核和国家核电技术公司(简称国核技)也先后与南非合作，计划参与建设南非新核电站。中广核还通过参股方式参与法国电力公司在英国新建核电项目的开发建设，双方将共同推动在英国的后续核电项目。

目前我国核电站出口具有两个优势和一个劣势。优势之一是“华龙一号”已经拥有模块化的建设能力，与俄、日、韩等竞争对手相比，在同等条件下，我国核电站的建设周期更短，建造成本更低。优势之二是我国核能发电机组一直保持良好安全业绩，各项性能指标均处于世界核能发电机组的较好水平。一个劣势是国内“华龙一号”项目还没有完成，我国第三代核能发电技术还缺少实际运行经验。

像核电站这样的大型成套设备的出口，必须借助政府的力量进行整合、协调、推销才能取得更大的成功。我国国家能源局在2013年11月底公布《服务核电企业科学发展协调工作机制实施方案》，正式将服务核电“走出去”战略作为一个主要任务，提出要为核电自主化和“走出去”战略提供保障，并从对核电企业“走出去”给予方向性指引、加强对核电出口的组织和领导等方面，对企业以工程建设、设备制造、技术支持和国家银行贷款等多元化方式参与国际项目竞争提供支持。在国家有关部门推动下，中核集团、国核技、中广核等企业发起成立了我国核电技术装备“走出去”产业联盟，这有助于推动我国在核电站方面取得超比较优势。

2. 培育未来可能具有超比较优势的产业

在创建战略性的具有超比较优势的产业方面，除了扶持我国初步具有超比较优势的产业以外，建议我国政府高度关注生物技术产业的发展。从20世纪40年代开始的第三次科学技术革命是以原子能技术、空间技术、信息技术和生物技术的发展为标志。每一项技术突破都对经济和贸易产生重要影响，它导致新兴产业的兴起和贸易机会的发生。第三次科学技术革命没有结束，它仍然在延续，其中引人注目的是生物技术的发展以及可能产生的影响。

生物技术(biotechnology)也称生物工程，它是在分子生物学基础上建立的新的应用技术，是现代生物科学和工程技术相结合的产物。具体来说，生物技术包括转基因植物动物生物技术、农作物的分子育种技术和生物治疗技术等。生物技术作为21世纪高新技术中的核心技术，对人类解决面临的食物、健康、环境和资源等重大问题将发挥越来越大的作用。

例如，农业生物技术可以对家畜、家禽、农作物进行品种改良，从而获得高产、优质、抗病虫害的转基因动植物新品种。海洋生物技术可以对海洋生物品种进行改良，从而提高海产养殖业产量和质量或者获取有特殊药用和保健价值的生物活性物质。医药生物技术可以创造新的基因治疗技术或开发新型生物药剂，来修复人体的器官，改善人们的健康状况或医治以前难以医治的疾病。环境能源生物技术还可以减少某些环境污染源所排放的废气、废水和废物的污染，或者利用能源植物生产乙醇或生物柴油，在一定程度上解决环境和能源的问题。

生物技术对国际贸易的影响表现在两个方面：一是它降低了现有产品的成本，或者提高了现有产品的质量。如果某个国家原来在某种产品的贸易中没有比较优势，现在有可能产生了比较优势；如果某个国家原来在某种产品的贸易中具有比较优势，现在将有更大的比较优势。二是它创造出新的产品。在这种情况下，创造出新产品的国家在这种产品的贸易中就具有超比较优势。目前发展最为迅速的四个科学技术领域是纳米技术、生物技术、信息技术和认知科学，其中生物技术对人类的生产和生活影响最大，它将对经济发展和国际贸易产生广泛而深远的影响。例如，如果某个国家研制出对于人类健康具有重要作用的某种药品，它不但可以推动新的产业的建立，而且在这种药品的贸易中处于超比较优势。

正因为生物技术对各国的经济和贸易具有如此重要的影响，它成为各国竞争的焦点领域。20世纪90年代以来，许多国家将发展生物经济提到了国家战略的高度来认识，采取各种措施加强对生物技术的研究。

美国是现代生物技术发展较早的国家，生物技术产业已具有一定的规模。无论是研究水平和投资强度，还是产业规模和市场份额，美国均领先于世界各国。美国拥有世界上约一半的生物技术公司和一半的生物技术专利。美国联邦政府在生命科学研究领域所投入的经费多年在联邦政府的研究预算中仅次于军事技术研究领域。

其他发达国家也不甘落后。英国政府在2000年发布了《生物技术制胜——2005年的预案和展望》战略报告，提出要保持在生物技术领域居世界第2位的目标。法国政府根据国家科学研究基金发放的不同形式以及生物技术产业不同发展阶段的需要，给予生物技术研究不同形式的支持。在法国31个高新技术产业孵化器中，有10多个孵化器专门或部分致力于生物技术的研究开发。德国政府也将2001年命名为生命科学年，生物技术成为德国科技投入最多的研究领域。在信息经济时代中没有走在前列的日本，决心在生物经济时代创造辉煌。日本政府提出了“生物产业立国”的口号，增加了对生物技术研究的投入，希望能够跻身于生物技术强国的行列。

发展中国家的整体科学技术水平落后于发达国家，但它们也争取在生物技术的某个方面占据一席之地。新加坡政府在进入21世纪以后制定了“五年跻身生物技术顶尖行列”的目标，将外汇储备的5%—10%用于生物技术及其产业的发展。它还用高薪在世界范围内招揽人才，努力使新加坡成为本地区生物制药研究和发展中心。马来西亚建立了生物技术与产业联合会，由副总理担任主席，目标是把生物资源丰富的优势转变为生物产业优势。泰国成立了国家生物技术委员会，总理亲自担任主席，另外还建立了国家生物技术中心，由副总理担任主任。印度成立了与科技部平级的生物技术部，以突出生物技术的重要性。该部设立了专项风险投资基金，用于支持生物技术的研究。

在历次科学技术革命中都远远落在发达国家后面，在经济和贸易中处于不利地位的发展中国家，在生物技术发展的浪潮中是否存在机会，是一个值得关注的问题。生物技术和生物产业的发展依赖于人力资本。由于发达国家具有较高的科学技术水平、经济发展水平和高等教育水平，它们不但在人力资本的积累方面远优于发展中国家，而且还可以吸引和利用发展中国家本来就短缺的优秀人才。因此，虽然发展中国家要全面超越发达国家，在一系列的新产品的贸易中创造超比较优势几乎是不可能的。但是，随着科学技术革命的深入，人力资本出现了专门化的趋势，在一个国家里有可能出现某种类型的人力资本迅速积累的现象。因此，虽然发展中国家总体人力资本的积累不及发达国家，但某种人力资本的积累有可能超越发达国家，从而在某个方面获得超比较优势。

10多年过去了，生物技术在功能基因组、蛋白质组、干细胞、生物芯片、转基因生物育种和动植物生物反应器等领域已取得重大突破，进入大规模产业化阶段。2012年是生物技术迅速发展的一年，美国遗传学研究取得重大突破，细胞学研究成果丰硕，药理学研究取得新成果，艾滋病研究与治疗获得突破性进展，肿瘤学研究取得成效。英国基因领域研究成绩斐然，英国科学家因细胞研究获得诺贝尔奖，干细胞研究与实验新成果不断，蛋白研究成为英国生物技术研究的热点。法国和英国科学家合成可阻止疟原虫生长的物质。法国科学研究权威机构否定转基因玉米致癌论，法国应急过敏治疗注射器在美国上市。

据世界知识产权组织（WIPO）的统计资料，2012 年在申请生物技术国际专利的 10 个最多的国家中，美国遥遥领先，为 2 019 件。其余的 9 个国家依次是日本 596 件、德国 369 件、法国 283 件、中国 263 件、韩国 252 件、英国 188 件、瑞士 180 件、荷兰 131 件、瑞典 59 件。

我国的生物技术研究在 20 世纪 80 年代中期以后一直紧跟世界先进水平，在人类基因组研究、疾病相关基因研究、植物基因图谱、转基因动物、基因芯片和干细胞的研究中取得明显进展，在某些方面已达到世界先进水平。

我国一批生物技术项目已完成实验室的研究，进入中试规模的开发研究阶段。部分生物技术项目已实现产业化，进入了生物产品的生产阶段。例如，上海联合基因目前已成为全球规模最大的基因芯片的生产和开发基地，具有很强的基因芯片产业化实力。第一军医大学采用创新的基因扩增技术，研制出中国第一片应用型基因芯片。陕西超群科技公司研制并试生产成功 DNA 芯片，将应用于临床诊断。

进入 21 世纪以后，我国政府加强了对生物技术研究的支持力度。引人注目的是科技部、国家发展和改革委员会和北京市政府共同投入 7 亿元成立的北京生物科学研究所，以及中国科学院、广东省和广州市政府共同投入 3 亿元建立的广州生物医药和健康研究院，这两个研究机构的目标都是要建成国内学术水平最高和国际一流的研究机构。

2009 年，我国生物产业产值约为 14 000 亿元人民币，其中医药产业产值为 10 381 亿元，生物农业约 1 200 亿元，生物制造约 1 800 亿元，生物能源约 280 亿元。到 2014 年，我国生物产业产值达到了 31 600 亿元。① 但是，我国

① 新华网：《我国生物产业产值 2014 年达 3.16 万亿元》，2015 年 7 月 24 日，http://news.xinhuanet.com。

的生物技术产业与美国相比还存在很大的差距。

应该指出，我国开展生物技术研究和发展生物技术产业在某些方面具有有利条件。我国拥有13亿人口，在医疗、农业、能源和环境等方面面临着巨大的挑战。要提高人民的健康水平和生活质量，要实现农业、资源和环境的可持续发展，必须发挥生物技术的作用。这种社会和市场的需求，是推动生物技术发展的巨大动力。另外，我国生物技术领域的人力资本的积累也达到一定的水平。在国内，当年的人工合成牛胰岛素曾经是处于世界领先地位的研究成果，近年在水稻基因研究方面也取得了突破性进展，我国有大批科学家在从事生物技术的研究。在国外，华人生物科学家在全球生命科学研究领域占有重要地位。据报道，在《科学》《自然》和《细胞》等国际最高等级科学期刊发表的有关生命科学的论文中，有华人科学家参与的论文已占约40%。这些华人生物学家是我国可以在一定程度上利用的宝贵科学技术资源。

我国要把生物技术产业作为新的经济增长点，在某些生物技术产品的贸易中获得超绝对利益，需要在多个方面采取特殊的措施，如在中央政府和地方政府科学技术研究基金的分配中向生物技术倾斜，对生物技术产业在一定程度上给予优惠贷款和减免税收的待遇，对生物技术产品运用技术壁垒进行一定的限制，等等。但是，我国发展空间技术和印度发展软件技术的成功经验表明，发展中国家要在新技术的某些领域取得优势地位，关键还是在于人力资本的积累。

生物技术发展的特点是在前期的研究以及将研究成果转化为产品需要投入较多的资金，而且失败的概率较高。但是，一旦取得成功，生物技术产品的生产相对来说不需要大量的物质资本，而是需要大量的人力资本。因此，我国要在某些生物技术产品的贸易中取得超比较优势，就要在生物技术的某些领域迅速积累人力资本；而要加强对生物技术人才的培养，就要采取一种新的人才培养模式。

通过政府的作用来促成以产学研相结合的方式培养生物技术人才是一条有效快捷的途径。首先，政府应在某些重点高等学校建立生物技术人才培养基地，通过采用先进的教材、改善教学条件和提高师资水平的方法培养一批具有坚实理论基础的生物技术专业的本科学生。其次，政府应以提供研究基金和风险资本作为手段，促进生产企业、高等学校和研究机构的结合。高等学校的教师和研究机构的研究人员带领硕士和博士研究生根据生物技术的发展和企业生产的需要开展研究，并通过企业迅速将研究成果转化为产品。毕业后的硕士和博士研究生将根据双向选择的方法留在生物技术企业工作。这样既能够加快生物技术研究成果到实际产品的转化，也可以培养出具有较高的学术水平又有丰富的实践经验的生物技术的科学技术人员。

2011 年 11 月 28 日，中国科学技术部发布了《"十二五"生物技术发展规划》。该规划提出，在"十二五"期间，我国生物技术发展的目标是：生物医药、生物农业、生物制造、生物能源和生物环保等产业快速崛起，生物产业整体布局基本形成，推动生物产业成为国民经济支柱产业之一，使我国成为生物技术强国和生物产业大国。其中，发表 SCI 论文总数达到世界前 3 位；申请和授权发明专利数总数进入世界前 3 位；生物技术研发人员达到 30 万人以上，生物技术人力资源总量位居世界第 1 位；生物产业年均增长率保持在 15%以上。为了落实该规划，中国科学技术部提出了一系列保障措施，以支持生物技术研究和生物技术产业的发展。

尽管我国在生物技术研究和生物技术产业方面与美国存在很大的差距，但是我国已经紧追其他的发达国家。经过我国政府、研究机构和企业的努力，我国有可能在生物技术的某些领域居于世界前列，在某些生物技术产业创造超比较优势。

(四)建立动态比较优势和超比较优势产业的关键因素

在经济全球化的今天，产品内分工的出现和发展改变了国际经济环境。跨国公司成为国际经济活动的主体，跨国公司生产价值链上不同环节的专业化分工成为国际分工的主要表现形式，任何国家参与国际分工的决定因素还是本国的要素禀赋。在这样的分工环境中，决定一个国家现在和未来在国际分工交换中所获利益的，不再是进口什么、出口什么，而是参与了什么层次的国际分工，是以什么样的要素、什么层次的要素参与国际分工，对整个价值链的控制能力有多少。① 林毅夫等人的研究表明②：无论是早期的重商主义

① 张二震：《全球化、要素分工与中国的战略》，《经济界》2005 年第 5 期，第 19 页。

② 林毅夫等：《中国的奇迹：发展战略与经济改革》，上海三联书店 1999 年版，第 108—109 页。

和德国的历史学派经济学，还是第二次世界大战之后传统发展经济学发展战略的倡导者和赶超战略的实践者，都把产业结构和技术结构的差异看作是发达经济体与落后经济体之间的根本差别。然而，产业结构和技术结构的升级，都是经济发展过程中内生的变量，即它们仅仅是发展的结果，或者说是一个经济中资源禀赋结构变化的结果。由此可见，一个国家转变贸易发展方式的关键在于本国生产要素质量的提升和结构的优化。

另外，第三次科学技术革命所产生的新产业有一个重要的特征，就是在生产过程中对人力资本具有特殊的要求。这些产业所需要的已经不是普通的劳动者，而是大量工程技术人员和高素质的劳动者。它们或者是人力资本密集型产业，或者是人力资本和物质资本密集型产业。因此，创建动态比较优势或超比较优势的核心因素是人力资本积累。人力资本一方面可作为一种要素投入用于各种经济活动；另一方面它又具有外部性，能够有效降低产品的生产成本，提高研究与开发部门的效率，这种外部性是发展中国家培育自己动态比较优势的核心。只有人力资本在数量上不断积累和质量上不断提高，才能使发展中国家的比较优势向着有利于自己的方向演变，才能使发展中国家不断进入更高级的产业，实现经济增长和产业结构的升级。① 因此，对于我国来说，要想转变对外货物贸易发展方式，必须提升我国人力资本的质量、优化我国人力资本的结构。

在加快人力资本积累方面，建议我国政府要重视以下问题：

第一，提升现有非技术工人的技术水平。就业压力以及技术工人与非技术工人之间工资收入差距的日益拉大，将刺激非技术工人去提高技能水平。这就需要各级政府高度重视非技术工人特别是农民工的就业培训工作，增加再教育和培训投入，为现有工人提供各种技能培训的机会，提升他们的生产技能。

第二，给青少年提供优质的教育。青少年是未来劳动力市场的主力军，是我国产业升级和贸易转型的人才基础，这就需要政府增加对教育的投入，深化教育体制改革，加强教育与经济社会的紧密结合，在实行九年义务教育的基础上，在全国范围内普及高中教育，提高我国青少年的教育水平。

---

① 代谦、别朝霞：《人力资本、动态比较优势与发展中国家产业结构升级》，《世界经济》2006 年第 11 期，第 83 页。

在提升人力资本质量方面，建议我国政府应该重视以下问题：

第一，大力发展高等教育，自主培养高端人才。从长期来看，一个国家要想获得足够的经济和对外贸易发展所需要的高端人才，必须立足于自主培养。只有自主培养，才有利于形成一支稳定的人才队伍。高等教育是一个国家自主培养高端劳动者的主要渠道，因此，我国应该深化高等教育体制改革，调整学科和专业结构，创新人才培养模式，使培养出的高端人才与科学技术的发展和经济的发展相适应。

第二，树立全球人才观，积极从海外引进各类高端人才。在当今科技进步日新月异、经济全球化日趋深入的情况下，国际人才竞争日趋激烈，世界主要国家为谋取长期发展优势，都在加紧制定实施国际人才战略。如果我国在国际人才发展上落在后面，就会在国际竞争中处于不利的地位。从目前我国经济发展的现状和趋势来看，人才特别是高端人才将是我国经济中长期发展面临的一个严峻挑战。因此，在国际人才流动性日益增强的背景下，制定并实施国际人才战略，吸引世界各国的各类人才特别是高端人才到中国来学习和工作，是增加我国人才总量和改变人才结构的重要方式，也是加快经济发展方式和对外贸易发展方式转变的重要措施。①

三、加快我国对外货物贸易发展方式转变的其他措施

(一)通过对外货物贸易促进我国的技术进步

第一章的分析表明，对内经济发展方式决定了对外经济发展方式。正因为我国对内经济发展方式是依靠大规模投入劳动力推动产值增长的粗放型的发展方式，我国的对外货物贸易发展方式势必是以出口低端的劳动密集型产品为主的粗放型的发展方式。但是，对外经济发展方式不是被动地从属于对内经济发展方式，它可以反作用于对内经济发展方式，或者是强化或者是改变对内经济发展方式。从对外货物贸易的角度来看，它可以通过引进外国先进的技术设备推动我国技术的进步，从而有助于促进我国对内经济发展方式的转变，并进一步促进对外货物贸易发展方式的转变。

我国高速列车从进口到出口的发展过程就是一个成功的典范。在 2005 年

---

① 魏浩、王宸、毛日昇：《国际间人才流动及其影响因素的实证分析》，《管理世界》2012 年第 1 期，第 43 页。

以前，我国的列车制造商们并不能设计和生产高速列车。2004—2005 年，中国南车四方有限公司、中国北车长春轨道客车股份公司和唐山轨道客车股份公司先后从加拿大庞巴迪公司、日本川崎重工公司、法国阿尔斯通公司和德国西门子公司引进先进技术，联合设计生产高速动车组。动车组是尖端技术的高度集成，涉及动车组总成、车体、转向架、牵引变压器和牵引变流器等 9 大关键技术以及 10 项配套技术，涉及 5 万个零部件。我国的列车制造商们认真地学习、掌握和消化了这些技术，并在此基础上进行创新，仅用 4 年的时间实现了到世界先进技术的跨越。

我国高速列车制造技术的突破带动了我国高速铁路的发展。到 2014 年年底，我国高速铁路总营业里程达到 16 000 公里①，成为世界上高速铁路投产运营里程最长的国家。2013 年 11 月，世界其他国家和地区高速铁路总营业里程 11 605 公里，在建高速铁路规模 4 883 公里，这意味着我国高速铁路总营业里程约等于世界其他所有国家高速铁路总营业里程。高速铁路产业是一种资本和技术密集型产业，我国高速铁路产业的发展促进了我国产业结构的调整和对内经济发展方式的转变。与此同时，我国高速铁路产业的发展促进了我国对外货物贸易的发展，我国已经向 30 多个国家出口了高速列车以及相关设备。由于高速列车是资本和技术密集型产品，我国高速列车的出口也推动了我国货物出口贸易结构的变化和对外货物贸易发展方式的转变。

由于我国的科学技术水平在整体上落后于西方发达国家，我国企业进口外国先进的机器设备是一种常态，这就要求我国的企业，特别是国有企业具有强烈的技术进步意识。如果企业仅仅从短期的商业的角度考虑，单纯进口外国先进的机器设备提高劳动生产率，或者生产以前不能生产的产品，而不考虑如何同时引进技术并进行吸收、消化和创新，那么必然陷入“引进—落后—再引进—再落后”的怪圈。实际上，即使企业从长期的商业的角度考虑，也应该寻求在进口外国的先进机器设备的同时引进技术，进行吸收、消化和创新，然后自己能够制造这些机器设备。显然，在我国企业没有这些机器设备生产能力以前，由于外国企业垄断了这些机器设备的制造技术，它们往往

① 人民网：《中国高速铁路营业里程稳居世界第一》，2015 年 1 月 30 日，http://politics.people.com.cn。

可以索取较高的价格，这样不断进口外国先进的机器设备只会损害企业长期的商业利益。

但是，通过进口外国先进的机器设备来促进我国的技术进步还存在这样的问题：机器设备的使用方和制造方分属不同的企业，在市场经济条件下，企业都是追求利润最大化的生产主体，作为机器设备使用方的企业怎么会考虑本国其他企业是否能够制造这些机器设备？从一个追赶型的发展中国家的整体利益的角度来看，这就是市场经济所存在的弱点。在这种情况下，就需要政府的介入与协调。在这个方面，我国三峡总公司为我国企业做出了榜样。

我国三峡水电工程需要 32 台 70 万千瓦水轮发电机组，而我国企业只能提供 30 万千瓦的水轮发电机组。作为水轮发电机组使用方的三峡总公司，完全可以利用如此巨大的订单来压低进口水轮发电机组的价格，以获取短期的商业利益。如果三峡总公司这样做的话，我国生产水轮发电机组的企业可能在数十年内不具备生产 70 万千瓦水轮发电机组的能力。但是，三峡总公司考虑的是企业长期的商业利益和国家的经济利益，它利用如此巨大的订单，要求外国水电设备生产企业必须与中国水电设备生产企业一起投标，必须同时转让 70 万千瓦水轮发电机组的生产技术。结果，我国水电设备制造企业从只能设计制造 30 万千瓦水轮发电机组到一跃设计制造 70 万千瓦特大型水轮发电机组，只用了 7 年时间就跨越了与国外 30 年的技术差距。① 在这个案例中，具有政府色彩的三峡总公司通过组织和协调，使我国的水电设备生产企业在短期内掌握了大型水轮发电机组先进的生产技术，跃居世界同行业的前列。

因此，在我国企业需要进口外国先进的大型设备时，我国政府部门应该及时介入，将国内的设备使用方和制造方组织起来与外国企业谈判，争取在进口设备的同时进口技术，使我国设备制造方能够迅速掌握这些设备的生产技术。这样，通过对外货物贸易可以强有力地促进我国的技术进步，推动我国对内经济发展方式的转变，进而推进我国对外货物贸易发展方式的转变。

(二)加强对外贸易政策与产业政策之间的相互协调

长期以来，在对外贸易规模快速增长的过程中，我国工业体系出现了分化，同时存在出口加工工业体系和国内消费工业体系(原有的工业体系)，即

---

① 参看本专著第一章第一节关于三峡总公司的案例。

在国内原有的工业体系之外，衍生出了专门针对出口市场的工业体系，这部分工业部门及其生产能力是为国外市场服务的，很多企业是代工企业、外资企业和合资企业等。

有关研究表明：在国际贸易自由化以后，可能会出现资本和劳动在同一产业内部、不同企业之间进行再分配，竞争情况将发生变化。有竞争力的企业将会获得更大的发展空间，缺乏竞争力的企业将会面临着被市场淘汰。这样，市场和资源将进行重新整合，国际贸易导致资源从非出口企业向出口企业转移。① 之所以会发生这样的转移，是因为当企业向国外市场提供产品时，将会发生固定成本。具有较高生产率的企业将能创造出足够的利润去抵消这部分固定成本，从而可以向国外市场提供较多的产品；而生产率较低的企业，其可变利润超过生产固定成本的部分不能抵消将产品销往国外市场的固定成本，那么这个企业将不会为国外市场提供任何产品。② 与生产率低的企业相比，生产率高的企业能够生产高质量的产品，能够支付比较高的工资以吸引高质量的劳动力，因而只有生产率高的企业才能进入出口市场。③ 这样，生产率最低的企业退出市场，中等生产率的企业只服务国内市场，高生产率的企业既服务国内市场又服务国际市场。

改革开放以来，我国对外贸易的发展促进了有出口行为企业的发展，也促进了出口加工工业体系的发展，但是对没有出口行为的企业以及国内消费工业体系的促进作用比较小。这就是说，我国对外贸易结构与国内产业结构在一定程度上是背离的，我国对外贸易的发展在一定程度上没有促进国内产业的发展，对外贸易结构的优化没有带动国内产业结构的优化。

那么，我国对外贸易结构与产业结构的背离原因是什么呢？主要原因在于加工贸易的存在使我国对外贸易结构及其竞争力是失真的。当前，中国的

---

① Melitz, M. J., "The Impact of Trade on Intra-industry Reallocations and Aggregate Industry Productivity", *Econometrica*, 2003, 71(6), pp. 1695-1725.

② Bernard, Andrew B., Stephen J. Redding, and Peter K. Schott, "Multi-product Firms and Trade Liberalization", NBER Working Paper No. 12782, 2006.

③ Verhoogen, Eric A., "Trade, Quality Upgrading and Wage Inequality in the Mexican Manufacturing Sector", *The Quarterly Journal of Economics*, 2008, 123(2), pp. 489-530.

加工贸易约占中国贸易总量的一半，大量“两头在外”的加工贸易使我国对外贸易进出口结构呈现出超前发展的虚幻性。但是，我国的对外贸易结构并不与国内的产业结构存在必然的内在联系，也并不反映国内真实的产业水平。加工贸易从本质上讲是一种劳动力生产要素贸易，与单纯的劳动力出口没有什么区别，它并不反映一个国家总体的资源禀赋和比较优势。严格地说，所有的对外贸易都是生产要素贸易，就是说对外贸易表面上交换的是商品，实质上交换的是彼此不同的生产要素禀赋。加工贸易与一般贸易的不同在于，一般贸易反映了对外贸易生产者全部的生产要素禀赋，包括外生的禀赋如资本、劳动力、土地资源和技术水平等，也包括内生的禀赋如技术创新能力和经济组织的适应能力等；而加工贸易仅仅反映了对外贸易生产者局部的生产要素禀赋，即劳动力数量。①

因此，为了转变我国现行的对外货物贸易发展方式，我国政府一方面要重视贸易政策与产业政策之间的相互协调，使对外贸易的发展与国内产业结构的调整紧密相连；另一方面要加快出口加工工业体系和国内消费工业体系的整合。具体来看，我国政府可以采取下述措施：

第一，加强贸易政策与产业政策之间的相互协调。产业是贸易发展的基础，贸易是产业发展与提升的外源动力，只有二者之间互动发展、相互促进，才能实现国内产业水平提升、出口商品竞争力提升共存的局面。一国贸易政策不可能离开服务产业政策而单独制定并实施，一国产业政策也不可能纯粹地依靠内生发展提升水平，而必然要依赖于有效且适当的贸易政策来引入外源因素，提升产业竞争力和国际化水平。

第二，加快出口加工工业体系和国内消费工业体系的整合。由于国内存在两个工业体系，从而导致对外贸易的发展对出口企业和出口行业的影响较大，对非出口企业和非出口行业的影响较小。也就是说，对外贸易发展对国内消费工业体系的影响较小，而国内消费体系在我国国民经济中以及国内工业经济中占据很大的份额，从而导致对外贸易发展对我国整个工业体系的促进作用较小。为了改变这种状况，我国政府应该加快出口加工工业体系和国

① 袁欣：《中国对外贸易结构与产业结构：“镜像”与“原像”的背离》，《经济学家》2010年第6期，第71页。

内消费工业体系的整合，以兼并重组等方式，让生产率较高的出口企业整合针对国内消费市场的企业，从而增进国内市场的竞争，有利于国内产业结构优化速度的提升。只有让出口企业的业务拓展到国内市场，出口企业高生产效率产生的竞争压力才能通过国内市场传递到行业内部，才能加快行业内部企业的优胜劣汰，促进整个行业的转型升级。具体的方法有：大力发展内部需求，让更多的高生产率出口企业开拓相关业务的国内市场，增强国内市场的竞争压力；提升我国对外开放的水平，在一些非国计民生、军事行业领域放开对外资的管制，准许外资进入，打破国内市场垄断，激发竞争活力；拓展加工贸易在我国的价值链长度，从加工组装向研发和品牌等高端工序拓展，实施本土化战略，让更多的本土企业融入加工贸易的体系中。

(三)规范进出口秩序，为对外货物贸易的发展创造良好的环境

要推动我国的对外货物贸易发展方式的转变，除了实施以超比较优势为核心的发展战略以及通过对外货物贸易促进我国的技术进步以外，还需要注意规范进出口秩序和加强对知识产权的保护。

出口秩序混乱导致我国出口企业间的恶性竞争，这不仅会导致我国出口存在贫困化增长的倾向，而且还会导致我国遭受大量的贸易摩擦。我国企业之间忙于价格战，这也不利于我国出口商品国际竞争力的提升。同样，进口秩序混乱导致我国进口商品的价格昂贵，国内生产成本的提升，不利于我国商品国际竞争力的提升及出口。因此，规范进出口秩序势在必行。为了改变我国出口商品价格日益下降和进口商品价格日益上升的局面，我国政府可以采取以下战略：以市场手段整合国内企业，在企业间建立更稳固的协调与合作关系，在进口或出口时，利用企业之间的合作关系进行集体谈判；有效利用反垄断法及世界贸易组织规则，对国外企业利用垄断地位操纵市场的行为进行反制；利用我国的大国市场地位，采取多种金融手段，通过在国内建立期货市场和与国外联合协作等方式，增强我国企业对国际市场价格的影响力。①

另外，不论是我国出口商品结构的升级，还是动态比较优势或超比较优

---

① 中国商务部：《我国国际贸易体系定价权接近崩溃》，2010 年 5 月 17 日，http://www.cs.com.cn。

势的培育，技术都是关键因素。在各个产业领域，要想真正提高技术水平，除了要投入大量的资金和研究开发人员等要素之外，加强对知识产权的保护也是不可或缺的条件之一。但是，知识产权保护对经济增长的影响取决于发展中国家与发达国家的技术差距。当技术差距较大时，宽松的知识产权保护政策会有利于发展中国家的经济增长；当技术差距较小时，严格的知识产权保护政策会有利于发展中国家的经济增长。因此，我国应根据各地区的技术水平和经济发展水平来制定适宜的知识产权保护政策。既要考虑到知识产权保护对发达地区的技术创新和经济增长的促进作用，也要充分考虑到知识产权保护对落后地区可能带来的不利影响。①

① 余长林：《知识产权保护与发展中国家的经济增长》，《厦门大学学报》(哲学社会科学版)2010 年第 2 期，第 57 页。

第　三　章

构建基于动态比较优势的对外服务贸易发展战略

第一节　中国对外服务贸易发展的现状

一、我国对外服务贸易的总量分析

(一)我国服务贸易在世界服务贸易的地位

20世纪70年代以前，服务贸易在世界经济中还不是一个引人注目的领域。随着经济全球化的深入和全球产业结构的调整，世界服务贸易实现了跨越式发展。1970年，世界服务出口只有710亿美元。在之后的10年间，服务出口与货物出口均快速增长而且速度大体持平。进入20世纪80年代，服务贸易依然保持较快的增长势头，年均增长率为5%，开始超过货物贸易，并达到货物贸易增长率的两倍。到了20世纪90年代，服务贸易年均增长速度呈波动下降态势。1993年，世界服务贸易额达到10 300亿美元，占国际贸易总额的1/4。1994年《服务贸易总协定》的签署标志着各国进一步开放服务业市场和推进服务贸易自由化。进入21世纪以后，世界服务出口实现稳定增长，增长速度逐渐回升，2004年首次突破20 000亿美元，2011年达到41 500亿美元，2014年更是达到了98 006亿美元。

如今，服务业在国民经济中的地位日渐凸显。据世界银行统计，发达国家服务业产值和就业人数分别占国内生产总值和总就业人数的70%以上。越是发达的国家，这个比例就越高。很明显，一国服务业的发展水平和服务贸易的竞争力很大程度上决定了该国经济在世界经济中的地位。因此，如何提高服务业发展水平和服务贸易的竞争力，成为各国对外服务贸易发展的重要问题。

我国也不例外。改革开放以来，国内服务业和对外服务贸易以前所未有的速度发展，成为我国经济和对外贸易的重要组成部分。我国服务贸易额从1982年的45亿美元增长至2014年的6 070亿美元，在30多年中增长近134倍，在世界服务贸易总额所占的比重也从0.6%提升到6.2%。虽然2009年受到美国金融危机的影响，世界服务贸易增长速度趋缓，但我国服务进出口在世界服务贸易总额所占的比重不仅没有降低，反而从4.2%上升到4.4%。如何提高服务业发展水平和服务贸易的竞争力，也成为加快我国对外经济发展方式转变的迫切问题。

1982—2014年，我国服务贸易总额年均增长率达到23.77%，远高于8%的世界平均水平。其中，2014年服务出口2 235亿美元，服务进口3 835亿美元。此外，与世界服务贸易发展相比，我国服务出口增速在2010年超过世界平均水平，进口增速在2008年超过世界平均水平，进出口总额增长率也在2008年超过世界平均水平，服务贸易增长态势稳固并且势头强劲。相应地，我国服务贸易的世界排名不断上升。1982年我国服务进口的世界排名仅为第39位，出口排名为第27位，进出口总额排名为第32位。过了短短的十几年，到2000年我国服务进口排名就上升到全球第13位，出口第9位，总额第11位。特别是2002年以后，我国服务进口、出口以及总额的排名均进入世界前10位。2014年我国服务进出口总额继续位居世界第2位(第1位为美国，第3、4位分别为德国、英国)，出口居世界第5位(前4位依次为美国、英国、德国、法国)，进口居世界第2位(第1位为美国)。

表3-1　我国服务贸易的世界排名

年份	进口	出口	总额
2000	13	9	11
2001	12	9	11
2002	10	8	10
2003	9	8	10
2004	9	7	10
2005	9	7	9

续表

年份	进口	出口	总额
2006	7	8	8
2007	5	7	5
2008	5	5	5
2009	4	5	4
2010	3	4	4
2011	3	4	4
2012	3	5	3
2013	2	5	3
2014	2	5	2

资料来源：WTO，Statistics，http://www.wto.org。

(二)我国服务进出口发展情况

进入21世纪以后，我国服务进出口增长明显，虽然在2009年受到金融危机的影响，服务进出口相比2008年出现较大幅度的下降，但经过2010年的强劲恢复之后，2011年后仍旧保持了较快的增长速度，如图3-1所示。

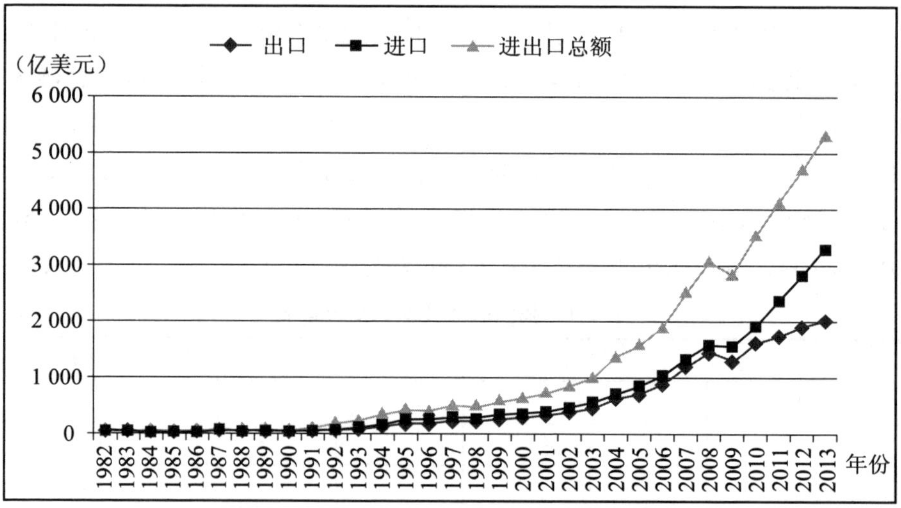

图3-1 1982—2013年我国服务贸易进出口

资料来源：WTO，Statistics，http://www.wto.org。

另外，从图 3-2 可以看出，我国服务出口由 1982 年的 25 亿美元增长到 2013 年的 2 059 亿美元，增长了 82 倍，年增长率除 1989 年和 2009 年之外均大于 0，平均为 23.34%，而同期世界服务贸易的年均增长率仅为 8.7%。对比 2013 年服务出口第 1 位的美国，2000—2013 年，美国服务出口的年均增长率为 7%，而我国增长率则高达 15.84%。

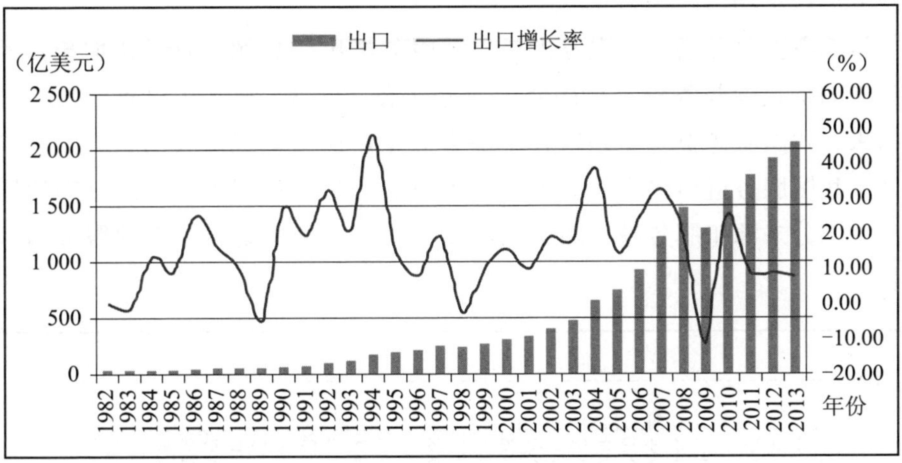

图 3-2　1982—2013 年我国服务出口额及年增长率

资料来源：WTO，Statistics，http://www.wto.org。

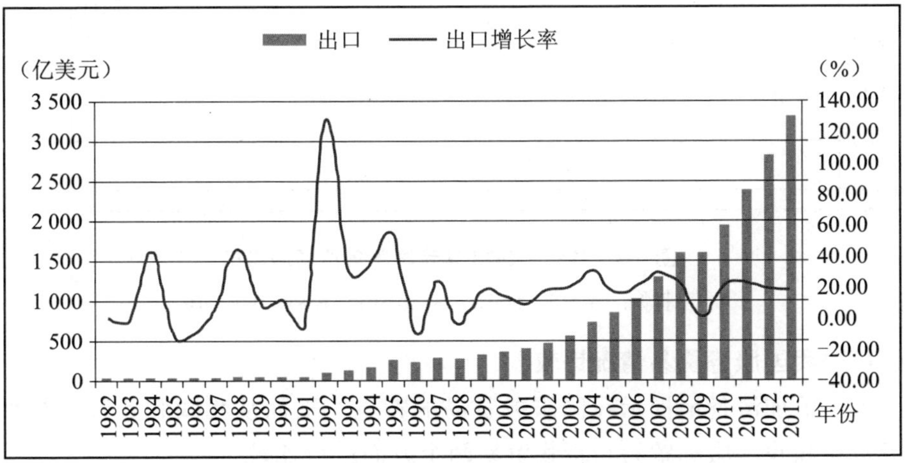

图 3-3　1982—2013 年我国服务进口额及年增长率

资料来源：WTO，Statistics，http://www.wto.org。

(%)另一方面，我国服务进口也得到了较快增长。从图 3-3 可以看出，我国服务进口从 1982 年的 20 亿美元增长到 2013 年的 3 306 亿美元，增长了 163 倍，年均增长率达到 27.46%，远远高于 8.1%的世界平均水平。我国服务进口增长率高于服务出口增长率，而且增长率很高。与 2013 年服务进口第 1 位的美国相比，2000—2013 年我国服务进口年均增长率达到 18.59%，而美国服务进口年均增长率为 6%。

虽然我国服务进口、服务出口以及服务进出口总额一直迅速增长，但不容忽视的是我国服务贸易长期处于逆差状态，图 3-4 显示了这种情况。1998 年以来，我国服务贸易逆差增长率一直为正，逆差呈现扩大的趋势。这再次印证了我国服务进口的增长高于服务出口的增长，我国服务贸易总额的增长很大一部分来源于服务进口的增长，而非代表服务贸易竞争力的服务出口的增长。

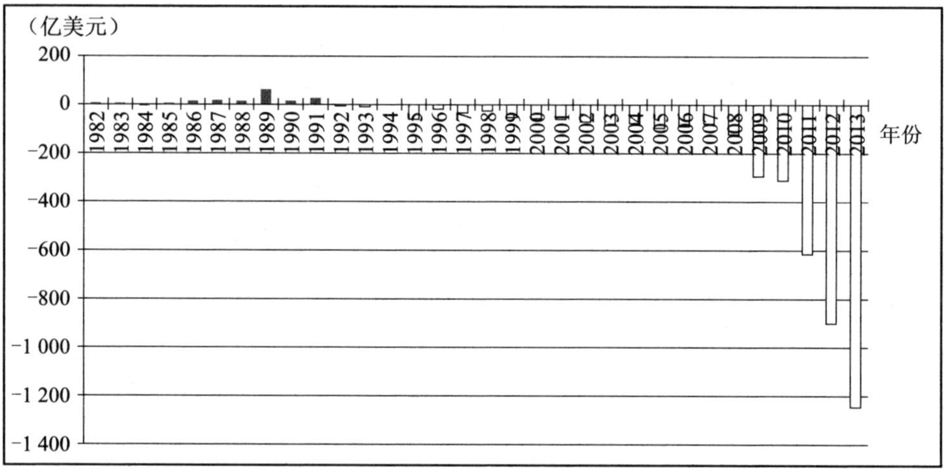

图 3-4　1982—2013 年我国服务贸易净出口

资料来源：WTO，Statistics，http://www.wto.org。

(三)我国服务贸易情况比较

为了更加清楚地揭示我国服务贸易的特点，下面从我国服务贸易与世界服务贸易和我国服务贸易与货物贸易两个方面进行比较。

1. 我国服务贸易与世界服务贸易的比较

与世界其他国家和地区相比，1982 年以来我国服务进出口额占世界服务进出口额的比例不断提升，特别是20世纪90年代末以来取得了较快的增长。虽然受到美国金融危机一定程度的影响，服务进、出口以及总额占世界的比例都有所下降，但在危机之后很快得到了恢复和发展。因此，我国服务贸易具有巨大的发展潜力，需要采用有效措施继续加以引导和促进。

从图3-5可以看出，1983—2013年我国服务出口年增长率大部分时间都高于世界平均水平，表明我国服务出口正处在高速发展阶段。其中，出口年增长率平均为15.95%，高于世界平均水平8.1%。除了在1989年受到国内经济发展环境的不利影响，以及1998年受东南亚金融危机的不利影响，我国服务出口增长速度均高于世界平均水平。在2009年美国爆发金融危机的情况下，我国服务出口也受到一定程度的影响，增长率有所下降，但在2010年就得到了较好的恢复和发展。2011年以后，我国服务出口增长速度有所放缓，但仍然处于增长阶段。

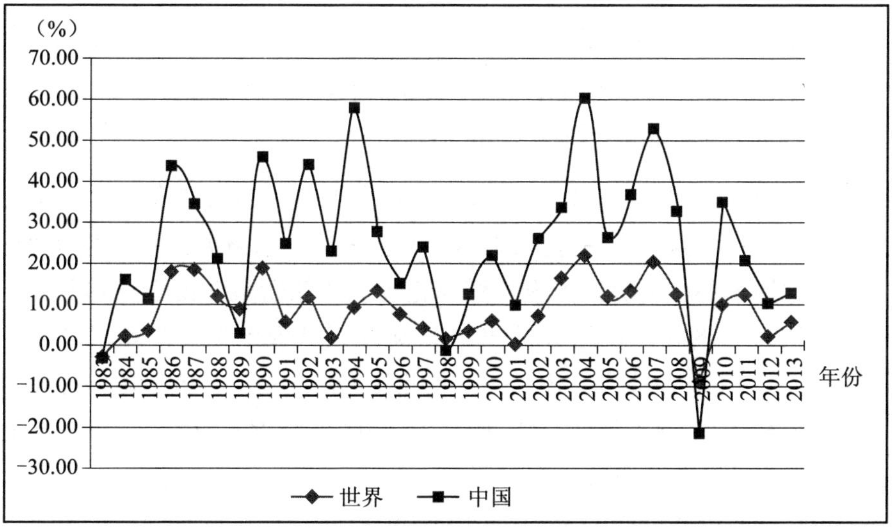

图3-5　1983—2013年我国与世界服务出口增长率比较

资料来源：WTO，Statistics，http://www.wto.org。

从图3-6可以看出，1983—2013年我国服务进口年增长率大部分时间都高于世界平均水平，其中进口年增长率平均值为20.06%，高于世界平均水平8.7%。从图中还可以看出，我国服务进口除了1985年、1990年和1998年增速相对较低，甚至小于 0，其余时间均高于世界平均水平，并且呈现正向增长，在 2000 年之后增长速度不断加快。

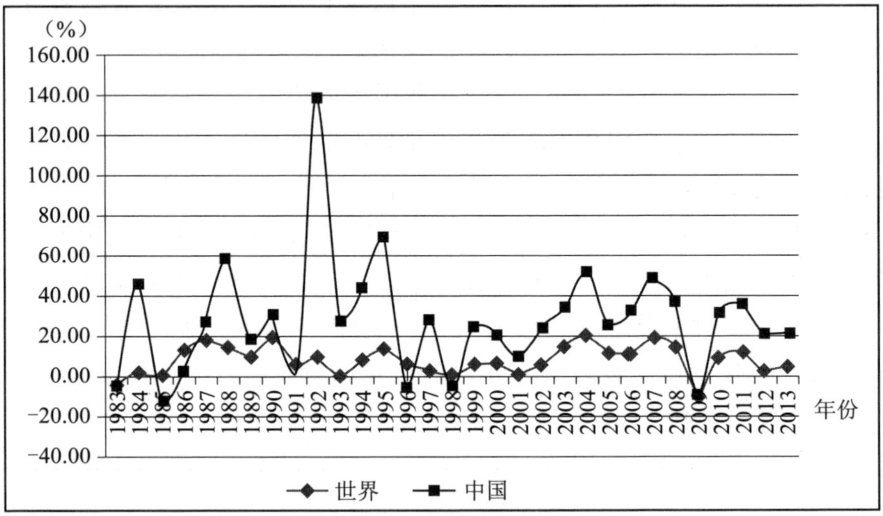

图 3-6　1983—2013 年我国与世界服务进口增长率比较

资料来源：WTO，Statistics，http://www.wto.org。

另外，图 3-7 说明，1983—2013 年我国服务进出口总额年增长率的平均值为 17.53%，高于 8.4%的世界平均水平。进出口总额增长率大部分时间都高于世界平均水平，表明我国服务贸易正处在扩张阶段。由于进口和出口两方面都保持较快增长，在服务进出口总额方面呈现出更快的增长态势，除 1989 年、1996 年、1998 年以及 2009 年相对下降之外，其余年份均保持较快的增长。虽然在 2010 年的强劲恢复之后，2011 年我国服务贸易总额增长速度有所放缓，但服务贸易总量仍在扩张。

但是，在看到我国服务贸易迅速发展的同时，也应该看到我国服务贸易总量占世界的比例相对较低的现状。1998—2013 年，我国服务贸易总额占世界服务贸易总额的比例平均仅为 2.22%，2012 年的最高点也只是 5.39%。相比之下，德国服务贸易总额占世界的比例在 2013 年为 6.6%，2000—2011 年平均比例为 7.8%。美国服务贸易总额占世界的比例在 2011 年为 12.1%，2000—2013 年平均比例为 14.76%。虽然我国服务贸易总额目前列世界第 3 位，但是我国服务贸易总额占世界服务贸易总额的比例还远低于美国和德国。

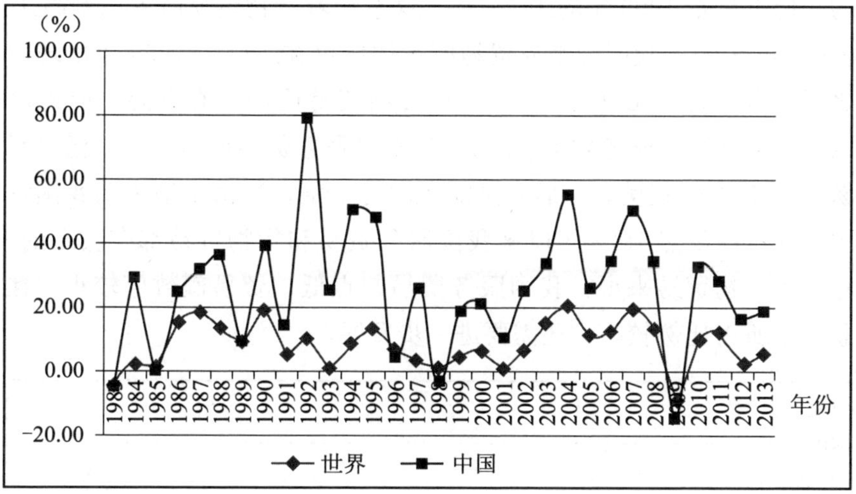

图 3-7　1983—2013 年我国与世界服务贸易总额增长率比较

资料来源：WTO，Statistics，http://www.wto.org。

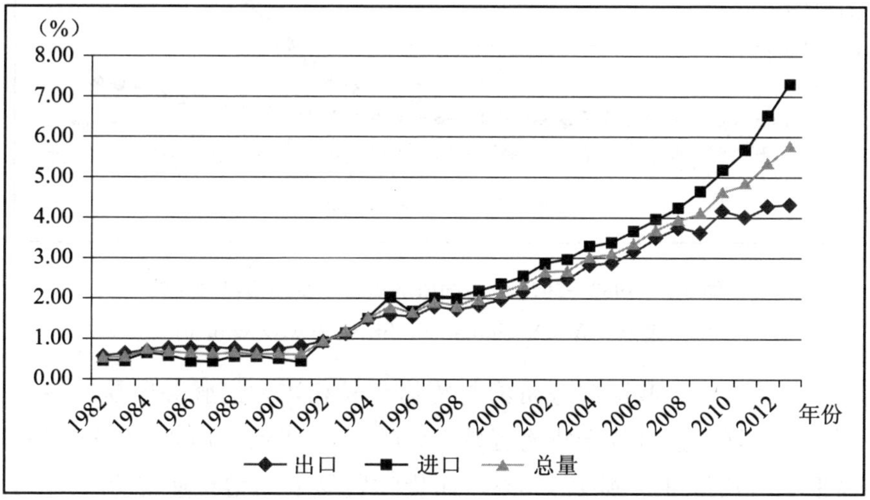

图 3-8　1982—2013 年我国服务贸易占世界的比重

资料来源：WTO，Statistics，http://www.wto.org。

2. 我国服务贸易与货物贸易的比较

我国是传统的货物贸易大国，服务贸易在对外贸易中所占的份额较小，最高的年份也只是1999年的16.04%，这意味着货物贸易所占比例高达80%以上。图3-9说明，我国的服务贸易所占比例仅在1992—1999年出现较快增长，之后略有下降。虽然2008年以来货物贸易比例略有下降，但仍保持在85%以上，远远高于服务贸易。2013年我国服务贸易额是5 365亿美元，货物贸易额是36 224亿美元，后者是前者的近7倍，这清楚地表明我国货物贸易的主体地位。虽然1982年以来我国服务贸易和货物贸易都有长足的发展，但是相对于货物贸易来说，我国服务贸易起点低，贸易额数值较小，在对外贸易总额中所占比例较小，还需要进一步发展。

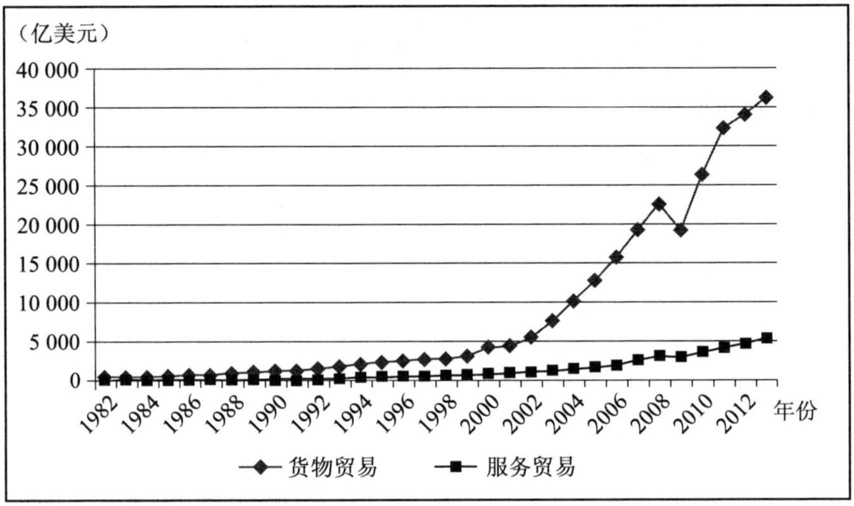

图3-9 1982—2013年我国服务贸易和货物贸易额比较

资料来源：WTO，Statistics，http://www.wto.org。

在增长速度上，我国服务贸易与货物贸易相当，但服务贸易发展势头强劲，不少年份增长速度快于货物贸易。如图3-10所示，1983—2013年我国服务贸易平均增长速度达到17.53%，而货物贸易平均增长速度为16.6%。由此可见，要充分发挥我国服务贸易的发展潜力，还要促进服务业和制造业的融合，转变过分依靠货物贸易的增长路径，提高服务贸易的竞争力水平，从而从整体上提高我国对外贸易的国际竞争力。

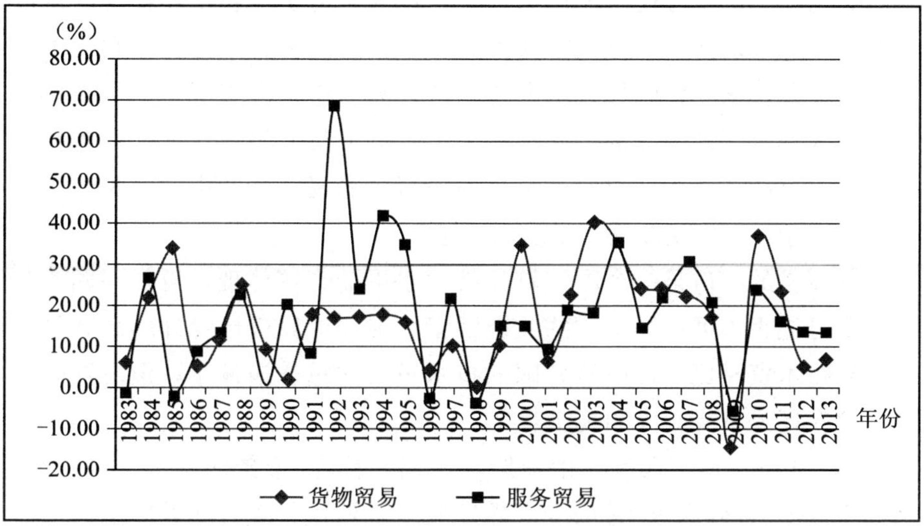

图 3-10 1983—2013 年我国服务贸易与货物贸易增长率

资料来源：WTO，Statistics，http://www.wto.org。

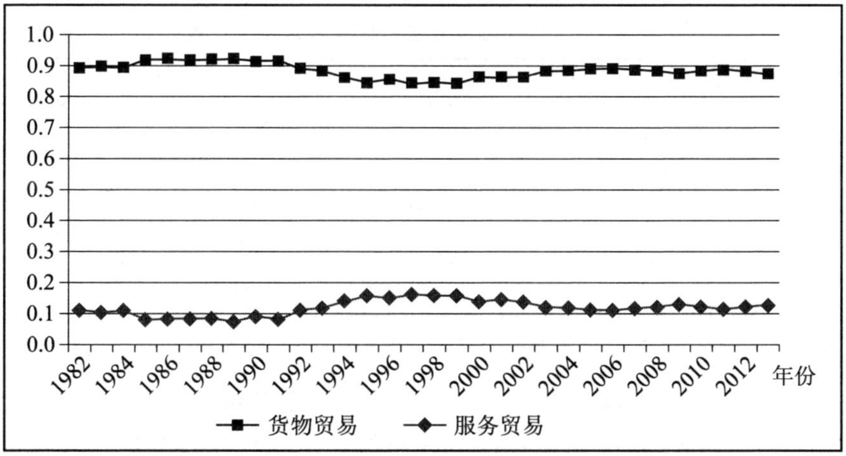

图 3-11 1982—2013 年我国服务贸易与货物贸易比重

资料来源：WTO，Statistics，http://www.wto.org。

3. 我国技术产品和服务的进出口

国际技术贸易是指一国的技术供方通过签订技术合同或协议，将技术有偿地转让给另一国受方使用的行为。国际技术贸易是随着市场经济的发展逐渐演变而形成的现代贸易方式，大致经历了技术转移、技术转让和技术贸易三个阶段。总体来看，国际技术贸易的各种方式中均有服务贸易的身影，无论何种方式都离不开劳务的输出与输入、管理人员的培训、技术的转移等服务交易，只有相关设备与材料的交易属于货物贸易范畴。由此可见，国际技术贸易是一个以服务贸易为主的贸易类型。

高新技术的出口是一个国家较高技术水平的直接体现，也是一国参与国际分工并且能否占据主导地位的关键因素。根据世界银行统计的高新技术出口额计算技术贸易比重，虽然各国的技术贸易比重普遍偏小，但对这个比重的横向比较还是具有较大的现实意义。

表 3-2 中的巴西、印度、俄罗斯与中国并称为“金砖四国”，这四国与南非共同组成的“金砖国家”是当今世界发展速度较快、发展前景广阔的发展中国家的代表。目前，各个国家都是以积极参与国际分工作为经济发展的主要手段，对外贸易自然成为这四个国家经济发展的主要推动力。对这些国家的技术贸易比重进行横向比较有助于认清我国技术贸易的地位和现状。

表 3-2 1991—2009 年部分国家技术贸易比重 单位：%

国家	1991—2000	2001—2006	2006	2007	2008	2009
中国	4.33	10.83	12.82	12.77	12.87	13.35
巴西	1.84	3.38	2.91	2.59	2.30	2.29
印度	1.09	1.10	0.92	0.88	1.00	1.62
俄罗斯	1.27	1.58	0.70	0.61	0.57	0.76

资料来源：World Bank，Statistics，http://www.worldbank.org。

另外，由表 3-2 可以看出，我国技术贸易比重在最近 20 年来一直处于上升趋势，在与这些国家横向比较中也相对领先，这与我国改革开放以来越来越重视技术引进与研究开发有着重要的关系。但是，我国的经济发展过于依赖劳动密集型产业，而巴西和俄罗斯的经济发展也主要依靠技术水平不占主导的初级产品及轻工产品的出口，尤其是俄罗斯近年来以出口石油作为经济发展的主要支柱。因此，这些国家尚不能依靠技术占据国际市场的主导地位。不过，与中国、巴西、俄罗斯不同，印度走出了一条独特的发展道路。印度在最近一次经济提速之前是一个农业国家，其技术水平本身并不占优势，但印度近年来依靠软件外包行业的飞速发展，带动了其整体经济的发展。

二、我国对外服务贸易结构分析

(一)服务出口贸易结构

总体上，我国服务出口贸易增长主要依靠运输和旅游两大传统服务贸易部门，而金融、保险和计算机信息等现代服务贸易部门发展相对比较缓慢。

从图 3-12 可以看到，首先，我国服务出口贸易发展主要依靠传统服务贸易部门，运输和旅游出口贸易额占服务出口贸易总额的一半以上。其次，其他服务出口贸易占服务出口贸易总额 38.6%。再次，保险、金融以及专利和特许权等部门的出口贸易在服务出口贸易中所占比例很低。

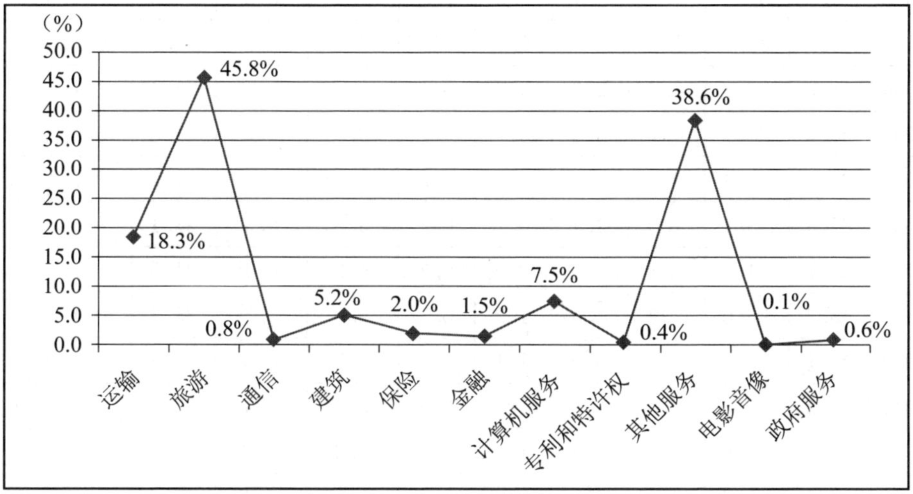

图 3-12　2013 年我国服务出口贸易分部门比重

资料来源：WTO，Statistics，http://www.wto.org。

由此可见，虽然我国服务出口贸易从总额来看取得了很大的发展，但传统服务部门出口贸易比重过大，技术密集型的新兴服务业部门出口贸易比重过低；劳动密集型服务业出口贸易所占的比重较高，技术密集型服务业出口贸易所占的比重较低。我国服务出口贸易结构与我国国内产业结构，与我国货物出口贸易结构是相对应的。要改善我国的服务出口贸易结构，还要推进我国金融、通信和保险等现代服务部门的发展。

但是，应该指出，观察近年来服务出口贸易结构的变化，可以发现运输和旅游部门出口贸易所占比重有所减少，传统部门出口贸易规模增量正在逐渐下降，而保险、金融和计算机服务等部门出口贸易所占的比重还比较低，但所占比重却正在上升，如表 3-3 所示。这表明我国服务出口贸易结构正在改善。

表 3-3　2000—2013 年我国服务出口贸易分部门比重　　单位：%

年份	运输	旅游	通信	建筑	保险	金融	计算机服务	专利和特许权	其他服务	电影音像	政府服务
2000	12.1	34.2	4.4	2.0	0.4	0.3	1.2	0.3	25.2	0.0	0.9
2001	13.9	34.0	0.8	2.5	0.7	0.3	1.4	0.3	25.3	0.1	1.3
2002	14.4	34.2	1.4	3.1	0.5	0.1	1.6	0.3	26.2	0.1	0.9
2003	16.9	39.0	1.4	2.8	0.7	0.3	2.4	0.2	37.3	0.1	0.8
2004	18.6	37.8	0.8	2.3	0.6	0.1	2.5	0.4	34.4	0.1	0.6
2005	20.7	38.2	0.7	3.5	0.7	0.2	2.5	0.2	31.3	0.2	0.7
2006	22.8	37.4	0.8	3.0	0.6	0.2	3.2	0.2	31.5	0.1	0.6
2007	25.6	35.4	1.0	4.4	0.7	0.2	3.6	0.3	33.1	0.3	0.5
2008	26.1	34.2	1.1	7.0	0.9	0.2	4.2	0.4	31.5	0.3	0.5
2009	18.2	36.0	0.9	7.3	1.2	0.3	5.0	0.3	35.2	0.1	0.7
2010	21.1	39.0	0.8	8.9	1.1	0.8	5.7	0.5	32.2	0.1	0.6
2011	20.2	45.6	1.0	8.3	1.7	0.5	6.9	0.4	33.0	0.1	0.4
2012	20.3	44.9	0.9	6.4	1.7	1.0	7.6	0.5	34.8	0.1	0.5
2013	18.3	45.8	0.8	5.2	2.0	1.5	7.5	0.4	38.6	0.1	0.6

资料来源：WTO，Statistics，http://www.wto.org。

(二)服务进口贸易结构

从图 3-13 可以看出，我国服务进口贸易主要集中在运输和旅游两个部门，它们所占比重也超过了进口总量的 50%，这意味着我国主要的服务出口贸易部门也是服务进口贸易的主要部门。但是，新兴服务贸易部门进口贸易在我国进口贸易总额中所占的比重较高，例如保险等部门进口贸易所占比重均在 6%以上。

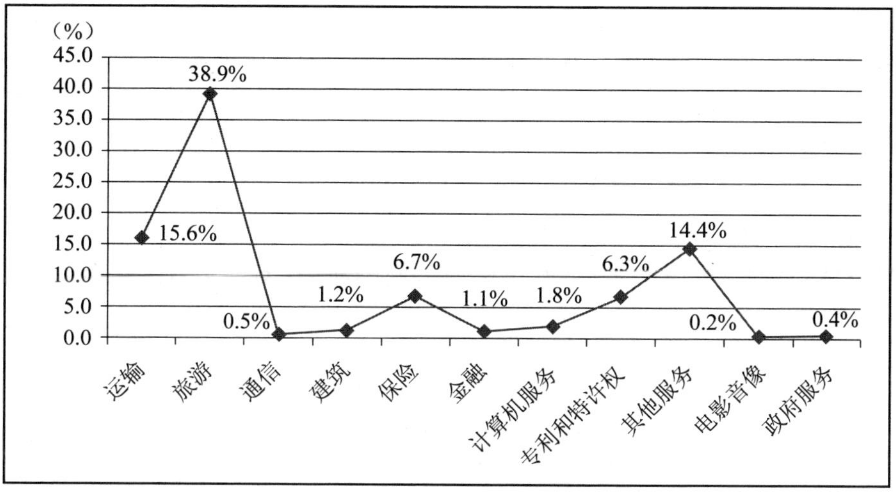

图 3-13 2013 年我国服务进口贸易分部门比重

资料来源：WTO，Statistics，http://www.wto.org。

另外，从表 3-4 可以看出，2000 年以来我国运输服务进口贸易在服务进口贸易总额所占的比重有所下降，旅游服务进口贸易所占的比重不断上升，而金融、保险、计算机服务、专利和特许权以及其他服务的进口贸易所占的比重在不断上升，这表明我国对高新技术行业的服务需求在不断扩大，这也有利于我国服务进口贸易结构的优化。

表 3-4 2000—2011 年我国服务进口贸易分部门比重 单位：%

年份	运输	旅游	通信	建筑	保险	金融	计算机服务	专利和特许权	其他服务	电影音像	政府服务
2000	45.0	36.4	0.7	2.8	6.9	0.3	0.7	3.6	19.3	0.1	0.5
2001	45.3	35.4	0.8	2.2	6.9	0.2	0.9	4.9	19.1	0.1	0.6
2002	43.8	33.1	1.0	2.1	7.0	0.2	2.4	6.7	17.1	0.2	1.0
2003	31.5	27.5	0.8	2.1	8.3	0.4	1.9	6.4	18.8	0.1	0.8
2004	35.4	27.1	0.6	1.8	8.4	0.2	1.7	6.2	19.1	0.2	0.7
2005	34.9	25.9	0.7	1.9	8.6	0.2	1.9	6.3	19.6	0.2	0.7
2006	33.7	24.1	0.8	2.0	8.8	0.9	1.7	6.6	20.4	0.1	0.5

续表

年份	运输	旅游	通信	建筑	保险	金融	计算机服务	专利和特许权	其他服务	电影音像	政府服务
2007	28.6	22.9	0.8	2.2	8.2	0.4	1.7	6.3	23.4	0.1	0.7
2008	25.7	22.8	1.0	2.7	8.0	0.4	2.0	6.5	24.3	0.2	0.6
2009	25.0	27.5	0.8	3.7	7.1	0.4	2.0	7.0	21.5	0.2	0.5
2010	23.7	28.4	0.6	2.6	8.1	0.7	1.5	6.7	17.7	0.2	0.6
2011	20.4	30.5	0.5	1.6	8.3	0.3	1.6	6.2	16.6	0.2	0.4
2012	17.8	36.3	0.6	1.3	7.3	0.7	1.4	6.3	15.1	0.2	0.4
2013	15.6	38.9	0.5	1.2	6.7	1.1	1.8	6.3	14.4	0.2	0.4

资料来源：WTO，Statistics，http://www.wto.org。

由此可见，目前我国的服务贸易主要是依靠传统服务业，虽然部分现代服务业近年来出现较快增长趋势，但与传统服务业相比在绝对量上还有很大的差距。实际上，这种服务贸易发展态势取决于我国当前经济发展水平与相应的产业结构。

首先，根据产业价值链的微笑曲线原理，处于两端的研发和流通环节攫取了产业链中超过一半的利润，而研发与流通正是服务业发挥主力作用的领域。我国目前缺乏与研发和流通等生产性服务业配套的完整的服务贸易体系，特别是现代高端服务业的发展严重滞后，这在很大程度上是由我国的科学技术水平和经济发展水平相对落后造成的。

其次，服务业结构优化及其发展和产业结构优化及其发展之间是相辅相成的，服务业尤其是现代服务业的发展带动了产业结构的优化，优化的产业结构又有利于现代服务业和服务贸易的发展。反观我国，第一、第二、第三产业发展严重失衡，我国经济的发展过于依赖第二产业的发展，没有为现代服务业提供良好的发展环境，不仅抑制了服务业对产业结构的优化作用，而且掩盖了粗放型经济发展方式的种种弊端。

第二节　中国对外服务贸易发展的国际比较

一、服务业贸易开放度

服务业贸易开放度(TIS)是一国服务进出口总额占该国国内生产总值的比重，反映了一国对外服务贸易的开放程度，体现了一国经济增长对国际市场的依赖度。

$$TIS = (X_{ij} + M_{ij})/GDP_i \quad (3\text{-}1)$$

其中，X_{ij}和M_{ij}分别表示i国j产业服务出口额和进口额。

从表3-5可以看出，我国服务业贸易开放度从2000年开始提升，在美国金融危机的影响下，在2008年以后有所下降，在2010年以后再次提升，并且保持相对稳定的增长态势。但是，我国服务业贸易开放度指数一直处于较低水平，平均仅为7.49%，而德国、意大利服务业贸易开放度指数在10%以上。美国由于服务业发展水平较高，服务进出口贸易额较大，国内生产总值规模较大，综合来看服务业贸易开放度指数比较低。日本服务业贸易开放度也在不断提高之中。同样，巴西的服务业贸易开放度也比较低。但是，印度的服务业贸易开放度却表现出强势的增长态势，开放度在不断提高。

表3-5　2000—2013年主要国家服务业贸易开放度　　单位：%

年份	巴西	德国	意大利	印度	美国	中国	日本
2000	3.38	7.97	6.32	5.95	4.40	4.67	4.28
2001	3.37	8.18	6.40	5.93	4.25	4.71	3.97
2002	2.98	8.76	6.79	6.18	4.33	5.13	3.96
2003	3.16	10.59	8.07	6.90	4.42	5.51	4.23
2004	3.45	12.15	9.14	9.68	4.94	6.76	5.08
2005	4.53	13.17	9.68	11.96	5.18	6.98	5.35
2006	5.24	13.91	10.53	14.09	5.64	7.54	5.44
2007	6.22	15.80	12.18	15.76	6.28	8.64	5.88
2008	7.51	17.76	12.82	18.80	6.89	9.56	6.77
2009	7.25	17.15	11.15	15.31	6.76	8.25	6.23
2010	8.48	17.00	11.40	18.61	7.09	9.19	6.43

续表

年份	巴西	德国	意大利	印度	美国	中国	日本
2011	9.93	18.17	12.15	19.87	7.61	9.79	6.77
2012	10.31	17.92	11.83	19.73	7.75	10.36	6.85
2013	10.42	19.26	12.57	18.60	7.89	10.92	6.52

资料来源：WTO，Statistics，http://www.wto.org；UNCTAD，Statistics，http://unctad.org。

我国服务贸易的开放程度远低于货物贸易，图 3-14 说明，我国货物贸易开放度保持在较高水平上，平均在 50%以上。我国服务贸易对国内生产总值的贡献度比较低，我国的服务业以及我国的服务贸易仍亟待发展。

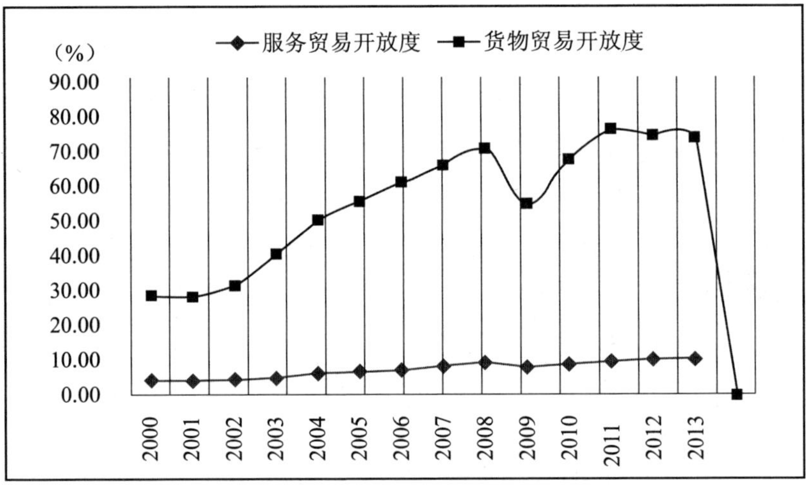

图 3-14　2000—2013 年我国服务业贸易开放度和货物贸易开放度

资料来源：WTO，Statistics，http://www.wto.org。

二、服务业出口市场占有率

服务业出口市场占有率(MSI)是指一国服务业的出口贸易额与世界服务业出口贸易总额之比。比值越高，表示该国服务业出口竞争力越强。

$$MSI_{ij} = X_{ij}/X_{tj} \tag{3-2}$$

其中，MSI_{ij} 表示 i 国 j 产业的出口市场占有率，X_{ij} 表示 i 国 j 产业的出口额，X_{tj} 表示世界 j 产业的出口总额。

从表 3-6 可以看出，美国服务业出口市场占有率相对较高。但是随着 2000 年以来新兴市场国家服务贸易的发展，美国服务业出口市场占有率有所下降。德国、日本、意大利等发达国家服务业出口市场占有率紧随美国之后，巴西、印度和中国的服务业出口市场占有率则比较低。但是，印度和中国的服务业出口市场占有率正处在上升阶段，说明两国的服务贸易处在迅速发展时期，服务业出口竞争力正在增强。

表 3-6　2000—2013 年主要国家服务业出口市场占有率　　单位：%

年份	巴西	德国	意大利	印度	美国	中国	日本
2000	0.62	5.46	3.71	1.10	19.00	2.00	4.55
2001	0.61	5.80	3.78	1.14	18.23	2.19	4.23
2002	0.58	6.25	3.66	1.19	17.48	2.43	4.02
2003	0.55	6.49	3.77	1.26	15.59	2.47	4.09
2004	0.55	6.38	3.68	1.66	14.92	2.82	4.24
2005	0.62	6.37	3.47	2.04	14.67	2.89	4.29
2006	0.67	6.43	3.40	2.40	14.53	3.16	4.03
2007	0.69	6.36	3.21	2.49	14.07	3.50	3.70
2008	0.78	6.53	2.95	2.74	13.68	3.76	3.80
2009	0.78	6.73	2.65	2.60	14.39	3.64	3.61
2010	0.81	6.35	2.51	3.00	14.31	4.16	3.63
2011	0.87	6.26	2.46	3.17	14.16	4.03	3.33
2012	0.89	6.04	2.35	3.27	14.56	4.28	3.25
2013	0.83	6.17	2.35	3.21	14.48	4.36	3.13

资料来源：WTO，Statistics，http://www.wto.org。

三、服务业出口变差指数

服务业出口变差指数是指一国某产业的出口增长率与该国整体出口增长率之差。它可以反映一国服务业出口增长的相对优势，用以衡量该国一定时期内服务业出口竞争力水平。对于一国的整体出口而言，该指标数值越大，服务业的出口增长越快，对一国的出口贡献越大，竞争力水平就越高。

$$E_{ij} = d_{ij} - d_{it} \tag{3-3}$$

其中，E_{ij} 表示 i 国 j 产业的出口变差指数，d_{ij} 表示 i 国 j 产业的出口增长率，d_{it} 表示 i 国整体的出口增长率。

表 3-7 说明，与其他国家的出口变差指数相比，我国服务出口变差水平在 0 附近徘徊，数值偏低，甚至多数为负。这意味我国服务出口增长落后于整体出口的增长，对整体出口形成负向作用，特别是 2011 年服务出口变差指数低至－11.53％。

表 3-7　2000—2013 年主要国家服务业出口变差指数　　单位：％

年份	巴西	德国	意大利	印度	美国	中国	日本
2000	17.32	－2.56	－5.95	－3.82	－5.27	－11.91	－1.03
2001	－7.60	2.88	0.45	1.59	2.93	2.76	8.90
2002	－1.23	7.65	－0.31	－1.23	7.66	－3.13	－1.39
2003	－11.74	－1.45	2.05	2.99	－1.05	－16.94	4.88
2004	－11.62	－1.79	0.10	30.17	3.71	3.43	5.88
2005	4.93	4.81	0.12	7.25	－0.66	－13.80	7.89
2006	5.02	0.06	－1.25	10.47	－1.94	－3.51	－2.33
2007	6.50	－0.53	－6.59	1.39	4.35	6.87	－0.49
2008	3.91	5.80	－5.48	－6.51	－3.07	3.15	5.89
2009	13.77	16.05	6.65	1.74	13.48	4.02	11.90
2010	－18.02	－8.94	－5.91	－10.89	－12.07	－6.06	－22.39
2011	－5.89	－6.45	－7.18	－15.17	－4.92	－11.53	－3.95
2012	9.59	3.43	1.94	7.33	0.96	0.59	3.05
2013	－1.61	4.38	2.30	－2.48	2.72	－0.25	12.07

资料来源：WTO，Statistics，http://www.wto.org。

另外，图 3-15 表明，我国服务出口变差水平起伏明显，我国服务出口受经济波动影响比较大。相比之下，巴西服务出口变差水平也比较低，德国的出口变差水平在 2009 年之前有所增长，但在美国金融危机之后有所下降。美国和印度的服务出口对本国出口的带动作用比较大。2009 年，美国服务出口和总出口受到金融危机的强烈影响大幅下降，但出口变差水平却仍然为正。这表明美国服务业基础雄厚，在金融危机中受到的损伤比较小，对本国总出口的拉动能力强。印度出口变差指数虽然不高，但正多负少，表明服务出口对本国出口起正向促进作用。但是，印度的出口变差指数在 2010 年以后有较大幅度的下降。日本的出口变差指数虽然也很低，但基本保持正值，对本国的总出口起正向拉动作用。

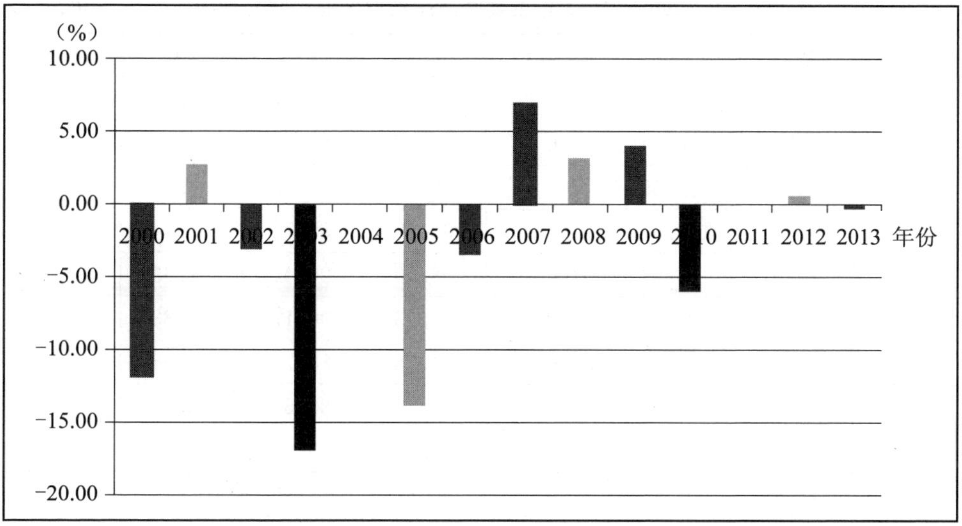

图 3-15　2000—2013 年我国服务贸易出口变差指数

资料来源：WTO，Statistics，http://www.wto.org。

四、服务业产业内贸易指数

目前最普遍使用的产业内贸易衡量指标是 Grubel-Lloyd 指数(简称 G-L 指数)，其计算公式为：

$$IIT = 1 - \left(|X_{ij} - M_{ij}| / (X_{ij} - M_{ij}) \right) \tag{3-4}$$

其中，X_{ij} 表示 i 国 j 产业的出口，M_{ij} 表示 i 国 j 产业的进口。IIT 表示产业内贸易指数，IIT 的数值在 0—1 之间变化，数值越大，则产业内贸易程度越高。IIT 最大值为 1，此时表明该商品的出口量和进口量相等，即完全产业内贸易；当取得最小值 0 时，表明某一产业的商品全部进口或者全部出口，没有产业内贸易，即完全产业间贸易；IIT 的数值越接近 1，产业内贸易程度就越高，反之产业内贸易程度就越低。一般地，若该指数大于或等于 0.5，表示以产业内贸易为主，小于 0.5 则以产业间贸易为主。

表 3-8 表明，我国服务业产业内贸易指数保持在 0.9 左右，比较接近最高值 1，低于意大利，略高于印度，远高于其他国家，并呈现上升态势。这意味着我国服务业产业分工比较明晰，产业内贸易水平较高。较高的产业内贸易水平带动了我国服务贸易的发展，推动服务贸易竞争力水平的提高。

表 3-8　2000—2013 年主要国家服务业产业内贸易指数　　单位：%

年份	巴西	德国	意大利	印度	美国	中国	日本
2000	67.31	74.37	98.99	91.31	84.21	90.77	70.11
2001	72.62	75.14	99.06	93.02	86.32	91.57	75.12
2002	70.61	76.59	99.97	92.62	87.87	91.83	75.12
2003	79.40	82.57	97.66	96.15	88.77	92.14	76.42
2004	80.91	82.94	98.18	98.00	90.42	91.63	83.24
2005	84.33	85.19	99.12	96.43	90.17	94.33	85.07
2006	79.44	87.02	99.63	94.75	88.77	93.96	90.20
2007	80.13	90.72	99.20	91.41	88.61	95.42	92.80
2008	78.38	91.85	95.83	89.78	85.60	96.87	92.41
2009	78.49	93.18	94.82	90.39	85.99	96.14	93.50
2010	74.24	95.61	94.14	92.82	85.84	89.81	92.62
2011	67.21	95.88	94.13	98.92	84.37	91.24	94.61
2012	66.82	95.77	96.46	94.68	82.18	85.13	92.95
2013	66.00	95.53	99.55	93.71	81.13	81.01	90.32

资料来源：WTO，Statistics，http://www.wto.org。

从我国服务贸易分部门情况来看，我国服务业的产业内贸易水平相对较高，特别是旅游、通信、政府服务和金融，产业内贸易指数都在 0.9 左右；运输和电影音像的产业内贸易水平也在不断提高。其中，运输、旅游、通信、金融、计算机服务、电影音像的 G-L 指数大多在 0.5 以上，以产业内贸易为主；保险、专利和特许权部门的 G-L 指数小于 0.5，以产业间贸易为主。具体情况如表 3-9 所示。

表 3-9　2000—2013 年我国服务贸易分部门产业内贸易指数　　单位：%

年份	运输	旅游	通信	建筑	保险	金融	计算机服务	专利和特许权	其他服务	电影音像	政府服务
2000	36.89	88.44	30.49	75.44	8.36	88.79	85.36	11.80	95.19	46.39	75.56
2001	41.33	89.76	90.79	98.99	15.45	87.50	85.61	10.74	94.08	71.79	70.36
2002	43.82	93.84	92.19	87.21	12.10	72.43	72.07	8.18	86.60	47.21	89.51
2003	62.47	90.89	80.20	95.70	13.82	79.05	96.90	5.85	74.62	64.95	88.28

续表

年份	运输	旅游	通信	建筑	保险	金融	计算机服务	专利和特许权	其他服务	电影音像	政府服务
2004	63.84	89.15	92.29	95.42	11.71	80.97	86.70	9.99	76.79	37.81	83.23
2005	68.99	86.67	89.14	76.89	14.18	95.33	93.63	5.75	82.82	93.02	88.53
2006	76.47	82.88	98.26	85.36	11.83	28.05	74.05	5.98	83.12	93.84	93.34
2007	91.38	81.54	95.88	70.23	15.62	58.54	67.39	8.03	85.92	65.41	78.41
2008	96.94	83.61	98.07	59.39	19.58	71.50	67.22	10.48	90.88	75.72	83.99
2009	74.53	96.82	99.53	76.55	24.83	71.36	66.35	7.47	85.60	51.78	93.87
2010	85.50	92.91	96.48	51.84	19.76	97.93	48.53	11.98	79.32	49.79	90.83
2011	84.66	94.86	81.63	40.41	26.52	93.58	47.97	9.62	80.95	47.01	82.84
2012	87.50	91.41	95.75	45.62	27.83	98.96	42.01	11.11	77.73	36.40	97.53
2013	84.30	84.60	98.24	53.82	30.91	92.44	55.60	8.21	74.82	34.72	98.21

资料来源：WTO，Statistics，http://www.wto.org。

通过上述比较分析可以发现，虽然我国的服务贸易在增速和增量上有了比较明显的变化，在国际上的地位不断提升，服务贸易结构在不断地优化，但是服务贸易逆差也在不断地扩大，而且从服务贸易结构上看还是依赖于运输和旅游两大传统部门。

与别的国家相比，我国服务出口的国际市场占有率比较低，说明我国服务贸易在国际上的竞争能力比较低；我国服务业出口变差指数比较低，甚至有时低于我国出口增长率，说明我国服务贸易在一定程度上阻滞了我国总体的出口增长，服务贸易带动经济发展的能力不足。

第三节 中国对外服务贸易的比较优势分析

一、我国对外服务贸易的比较优势的总体分析

(一)贸易竞争优势指数(TC 指数)

贸易竞争优势(Trade Competitive Advantage，TC)指数是当前较为流行的服务贸易竞争力评价指标，具体指一国服务业净出口总额与进出口总额之比，反映一国的出口能力，其公式表示为：

$$TC_{ij} = (X_{ij} - M_{ij})/(X_{ij} + M_{ij}) \quad (3\text{-}5)$$

其中，TC_{ij}表示i国j商品的贸易竞争优势指数，X_{ij}、M_{ij}分别表示i国j商品的出口额和进口额。TC 指数的范围为(－1，1)，当 TC＞0 时，表明该国服务贸易顺差，比较优势较大，越接近于 1，竞争力越强；反之，当 TC＜0 时，表明该国服务贸易逆差，比较优势较小，越接近于－1，竞争力越弱；当 TC＝0 时，表明该国服务贸易进出口相当，进出口交叉明显；当 TC＝1 时，表明该国j商品只有出口没有进口，具有绝对的出口优势；当 TC＝－1 时，表明该国j商品只有进口没有出口，在国际市场上无竞争力。

从表 3-10 可以看出，美国的 TC 指数为正值，服务贸易比较优势明显。印度的 TC 指数从 2000 年起呈现负值，但在 2004 年以后 TC 指数开始发生正向变化，服务贸易的比较优势不断增强。意大利的 TC 指数在 0 附近波动，2002 年之后主要以负值为主，并且有下降趋势，服务贸易比较优势有所减弱。巴西、德国、日本和中国的 TC 指数一直是负值，表明这四个国家服务贸易存在逆差，比较优势较小。其中巴西 TC 指数最低，而且呈下降趋势，比较优势较小而且在进一步减弱；日本和德国 TC 指数呈上升趋势，比较优势有所增强，中国 TC 指数平均水平为－8.44%，比较优势较低，但是指数有微小上升，服务贸易比较优势有增强的趋势。

表 3-10　2000—2013 年主要国家服务贸易 TC 指数　　单位：%

年份	巴西	德国	意大利	印度	美国	中国	日本
2000	－32.69	－25.63	1.01	－8.69	15.79	－9.23	－29.89
2001	－27.38	－24.86	0.94	－6.98	13.68	－8.43	－24.88
2002	－29.39	－23.41	0.03	－7.38	12.13	－8.17	－24.88
2003	－20.60	－17.43	－2.34	－3.85	11.23	－7.86	－23.58
2004	－19.09	－17.06	－1.82	－2.00	9.58	－8.37	－16.76
2005	－15.67	－14.81	0.88	3.57	9.83	－5.67	－14.93
2006	－20.56	－12.98	－0.37	5.25	11.23	－6.04	－9.80
2007	－19.87	－9.28	－0.80	8.59	11.39	－4.58	－7.20
2008	－21.62	－8.15	－4.17	10.22	14.40	－3.13	－7.59
2009	－21.51	－6.82	－5.18	9.61	14.01	－3.86	－6.50
2010	－25.76	－4.39	－5.86	7.18	14.16	－10.19	－7.38

续表

年份	巴西	德国	意大利	印度	美国	中国	日本
2011	−32.79	−4.12	−5.87	1.08	15.63	−8.76	−5.39
2012	−33.18	−4.23	−3.54	5.32	17.82	−14.87	−7.05
2013	−34.00	−4.47	−0.45	6.29	18.87	−18.99	−9.68

资料来源：WTO，Statistics，http://www.wto.org。

(二)显示性比较优势指数(RCA 指数)

显示性比较优势(Revealed Comparative Advantage，RCA)指数是一国服务贸易占该国对外贸易的份额与当期世界服务贸易占世界贸易的份额之比，反映出一个国家服务业出口相对世界的比较优势以及时间上的变化水平。该指数剔除了国家总量波动和世界总量波动的影响，可以较好地反映一国服务贸易竞争力。

$$RCA_{ij} = (X_{ij}/X_{it})/(X_{wj}/X_{wt}) \tag{3-6}$$

其中，RCA_{ij}表示 i 国 j 商品的显示性比较优势指数，X_{ij}表示 i 国 j 商品的出口额，X_{it}表示 i 国的出口总额，X_{wj}表示 j 商品的世界出口额，X_{wt}表示世界总出口额。RCA 指数的取值范围为(0，1)，表示该产品缺乏比较优势；取值范围在(1，+∞)，表示该产品具有比较优势，取值越大，比较优势越强。

从表 3-11 可以看出，美国和印度的 RCA 指数比较高，均在 1.4 以上，在服务贸易方面的比较优势明显。美国 RCA 指数呈现稳定的发展态势，而印度的 RCA 指数增长较快，但在 2007 年之后有所下降。巴西、德国、日本和中国的 RCA 指数低于 1，在服务贸易方面缺乏比较优势。我国的 RCA 指数一直徘徊在 0.45 左右，而且在多数年份呈现出下降的趋势。

表 3-11　2000—2013 年主要国家服务贸易 RCA 指数

年份	巴西	德国	意大利	印度	美国	中国	日本
2000	0.73	0.64	1.00	1.67	1.57	0.52	0.61
2001	0.65	0.63	0.96	1.62	1.55	0.51	0.65
2002	0.63	0.66	0.93	1.57	1.64	0.49	0.63
2003	0.57	0.66	0.96	1.62	1.63	0.43	0.66
2004	0.52	0.65	0.96	2.00	1.69	0.44	0.69
2005	0.55	0.69	0.98	2.15	1.71	0.40	0.76

续表

年份	巴西	德国	意大利	印度	美国	中国	日本
2006	0.59	0.70	0.99	2.39	1.72	0.40	0.76
2007	0.60	0.68	0.90	2.33	1.72	0.40	0.73
2008	0.63	0.73	0.88	2.27	1.72	0.42	0.79
2009	0.64	0.75	0.82	1.98	1.71	0.38	0.78
2010	0.61	0.77	0.86	2.03	1.71	0.40	0.72
2011	0.63	0.78	0.86	1.92	1.75	0.39	0.74
2012	0.68	0.80	0.87	2.04	1.74	0.39	0.75
2013	0.65	0.81	0.86	1.93	1.74	0.37	0.83

资料来源：WTO，Statistics，http://www.wto.org。

(三)显示性竞争优势指数(CA 指数)

显示性竞争优势(Competitive Advantage，CA)指数是由沃尔拉斯(Vollrath)提出的，从显示性比较优势指数中减去服务业进口的显示性比较优势，从而得到该国服务贸易的实际比较优势。

$$CA_{ij} = RCA_{ij} - (M_{ij}/M_{it})/(M_{wj}/W_{wt}) \quad (3\text{-}7)$$

其中，CA_{ij}表示i国j产业的显示性竞争优势指数，M_{ij}表示i国j产业的进口额，M_{it}表示i国全部产品的进口总额，M_{wj}表示世界j产业的进口额，M_{wt}表示世界全部产品的进口总额。由于显示性比较优势指数只考虑了产业出口所占的相对比例，忽略了该产业进口的影响，因此显示性竞争优势指数进一步消除了进口的影响，得出该国产业的实际竞争力水平。当 CA>0 时，表示该产业具有比较优势，竞争力水平高；当 CA<0 时，表示该产业不具有比较优势，竞争力水平弱。该指数越高，该国某产业的国际竞争力越强；反之，则越弱。

从表 3-12 可以看出，在剔除进口的影响之后，美国服务贸易的比较优势最为显著，CA 指数稳居前列，而且有所上升。意大利的服务贸易竞争力比较弱，处在波动下降的过程中。德国和日本的服务贸易竞争力处在上升阶段。巴西的 CA 指数有所下降，表明其竞争力还在不断减弱。我国的 CA 指数一直在－0.18 左右，在 2004 年之前有所上升，但 2005 年之后开始缓慢下降，竞争力仍然比较弱。

表 3-12　2000—2013 年主要国家服务贸易 CA 指数

年份	巴西	德国	意大利	印度	美国	中国	日本
2000	−0.53	−0.59	−0.03	0.02	0.80	−0.19	−0.73
2001	−0.58	−0.61	−0.07	−0.06	0.77	−0.17	−0.65
2002	−0.58	−0.57	−0.12	0.03	0.85	−0.17	−0.68
2003	−0.71	−0.56	−0.10	0.17	0.84	−0.14	−0.54
2004	−0.59	−0.54	−0.05	0.47	0.89	−0.12	−0.55
2005	−0.83	−0.51	−0.05	0.70	0.95	−0.16	−0.39
2006	−0.78	−0.42	−0.04	0.90	0.93	−0.18	−0.30
2007	−0.68	−0.41	−0.14	0.98	0.92	−0.19	−0.33
2008	−0.51	−0.36	−0.13	1.05	0.89	−0.20	−0.20
2009	−0.67	−0.30	−0.14	0.82	0.82	−0.21	−0.23
2010	−0.74	−0.28	−0.08	0.67	0.86	−0.17	−0.22
2011	−0.80	−0.27	−0.05	0.73	0.91	−0.21	−0.13
2012	−0.83	−0.31	−0.08	0.89	0.91	−0.29	−0.12
2013	−0.81	−0.32	−0.10	0.79	0.91	−0.34	0.00

资料来源：WTO，Statistics，http://www.wto.org。

(四)净出口显示性比较优势指数(NRCA 指数)

净出口显示性比较优势(Net Export Revealed Comparative Advantage，NRCA)指数是指一国服务业出口占总出口的比例与该国服务业进口占总进口的比例之差，反映了一国净出口的比较优势。该指数剔除了产业内贸易的影响，全面反映了进口和出口两方面的影响，更真实地反映了服务业进出口的竞争力水平。

$$NRCA_{ij} = X_{ij}/X_{it} - M_{ij}/M_{it} \tag{3-8}$$

其中，X_{ij} 表示 i 国 j 产业的出口额，X_{it} 表示 i 国出口总额，M_{ij} 表示 i 国 j 产业的进口额，M_{it} 表示 i 国进口总额。当 NRCA>0 时，表明该国某产业存在比较优势；当 NRCA<0 时，表明该国某产业不存在比较优势。

从表 3-13 可以看出，我国的 NRCA 指数一直处于负值，服务贸易比较优势不明显，巴西、日本和德国表现相似，而印度、意大利和美国则表现出比较明显的优势。这说明剔除产业内贸易的影响后，我国服务贸易的竞争力水平仍然比较弱。具体来看，美国净出口的比较优势十分明显，指数均在0.1以上，但在2008年之后有微小的下降。印度服务贸易进出口比较优势起点低，但增长快，从2000年的0.02增长到2008年的0.27，但之后又有所下降。巴西仍然是指数最低的国家。我国与德国相比比较优势略显不足，与日本相比比较优势表现相似。但是，我国的NRCA指数还是低于0，服务贸易竞争力整体较弱。

表3-13　2000—2013年主要国家服务贸易NRCA指数

年份	巴西	德国	意大利	印度	美国	中国	日本
2000	−0.11	−0.13	0.00	0.02	0.20	−0.04	−0.16
2001	−0.13	−0.14	−0.01	0.00	0.20	−0.04	−0.15
2002	−0.13	−0.13	−0.02	0.02	0.22	−0.04	−0.16
2003	−0.16	−0.12	−0.01	0.06	0.22	−0.03	−0.12
2004	−0.13	−0.12	0.01	0.14	0.24	−0.02	−0.12
2005	−0.18	−0.10	0.01	0.20	0.25	−0.03	−0.07
2006	−0.16	−0.08	0.01	0.24	0.24	−0.03	−0.05
2007	−0.14	−0.08	−0.01	0.27	0.25	−0.04	−0.06
2008	−0.10	−0.07	−0.02	0.27	0.23	−0.04	−0.03
2009	−0.17	−0.07	−0.02	0.25	0.24	−0.05	−0.05
2010	−0.17	−0.06	−0.01	0.19	0.23	−0.04	−0.04
2011	−0.17	−0.05	0.00	0.19	0.23	−0.04	−0.02
2012	−0.18	−0.06	−0.01	0.23	0.23	−0.06	−0.02
2013	−0.18	−0.07	−0.01	0.21	0.24	−0.08	0.01

资料来源：WTO，Statistics，http://www.wto.org。

（五）对称性显示性比较优势指数(SRCA指数)

由于RCA指数的取值范围为(0，+∞)，也就意味着RCA指数不是对称分布的，每一个国家或一种商品的RCA指数均值是不同的，相同等级的RCA指数可能表示着不同层次的比较优势。因此，应该在此基础上对RCA指数的非对称性问题进行修正，例如Vollrath(1991)建议采用RCA指数的对数形式，从而使其更具对称性，而Laursen(1998)则构造了一个对称性显示性比较优势(Symmetric Revealed Comparative Advantage，SRCA)指数，其计算公式如下：

$$SRCA = (RCA - 1)/(RCA + 1) \tag{3-9}$$

SRCA 指数取值范围为(−1，1)，当 0<SRCA<1 时，说明该商品或服务部门具有比较优势；当−1<SRCA<0 时，该商品或服务部门缺乏比较优势。

如表 3-14 所示，我国的 SRCA 指数处于较低水平，服务贸易处于劣势地位，而且劣势地位呈现恶化趋势，相比之下印度和美国则处在比较优势地位。美国和印度的 SRCA 指数比较高，在服务贸易方面的比较优势明显。美国 SRCA 指数呈现出稳定的增长态势。印度的 SRCA 指数在 2000—2003 年间徘徊在 0.24 左右，但 2004 年之后有较快的增长，2008 年之后又有所下降，这表明印度比较优势有所减弱。巴西、德国、日本和我国的 SRCA 指数低于 0，在服务贸易方面缺乏比较优势。我国的 SRCA 指数一直徘徊在−0.3 左右，没有较明显的改进，而且有所下降。

表 3-14　2000—2013 年主要国家服务贸易 SRCA 指数

年份	巴西	德国	意大利	印度	美国	中国	日本
2000	−0.16	−0.22	0.00	0.25	0.22	−0.32	−0.24
2001	−0.21	−0.23	−0.02	0.24	0.22	−0.33	−0.21
2002	−0.23	−0.21	−0.03	0.22	0.24	−0.35	−0.23
2003	−0.27	−0.21	−0.02	0.24	0.24	−0.40	−0.21
2004	−0.31	−0.21	−0.02	0.33	0.26	−0.39	−0.18
2005	−0.29	−0.18	−0.01	0.37	0.26	−0.43	−0.14
2006	−0.26	−0.17	−0.01	0.41	0.26	−0.43	−0.14
2007	−0.25	−0.19	−0.05	0.40	0.26	−0.43	−0.16
2008	−0.22	−0.16	−0.07	0.39	0.26	−0.40	−0.12
2009	−0.22	−0.14	−0.10	0.33	0.26	−0.45	−0.12
2010	−0.24	−0.13	−0.08	0.34	0.26	−0.42	−0.16
2011	−0.23	−0.12	−0.07	0.32	0.27	−0.44	−0.15
2012	−0.19	−0.11	−0.07	0.34	0.27	−0.44	−0.14
2013	−0.21	−0.11	−0.07	0.32	0.27	−0.46	−0.09

资料来源：WTO，Statistics，http://www.wto.org。

综上所述，美国一直保持对外服务贸易的整体比较优势，不仅远远领先于发展中国家，多数年份也明显强于德国和日本等发达国家。印度是发展中国家中服务贸易比较优势最强的国家，虽然其服务贸易竞争力初始水平较低，但从2000年起表现出强劲提高的态势，跻身于服务贸易强国行列。但是，近年来印度服务出口有所波动，竞争力出现一定的下滑。意大利服务出口的比较优势处于波动下降过程中，已经渐渐远离服务贸易传统强国行列，甚至不及主要发展中国家。目前，德国、日本、巴西和中国的服务贸易比较优势相对较弱，但从过去十年的发展态势来看，德国和日本呈上升趋势，比较优势有所增强，而巴西不仅当前水平最低，还有进一步下降的趋势。与发达国家和印度相比，我国当前对外服务贸易比较优势较弱，近些年来虽有微小幅度的提升，但波动过程中基本处于低水平徘徊的状态，少数年份还有进一步下降的情况。

(六)我国服务业与制造业的比较优势

图3-16表明，我国服务业从业人员受教育程度远远高于制造业，说明服务业的技术密集度在总体上高于制造业。

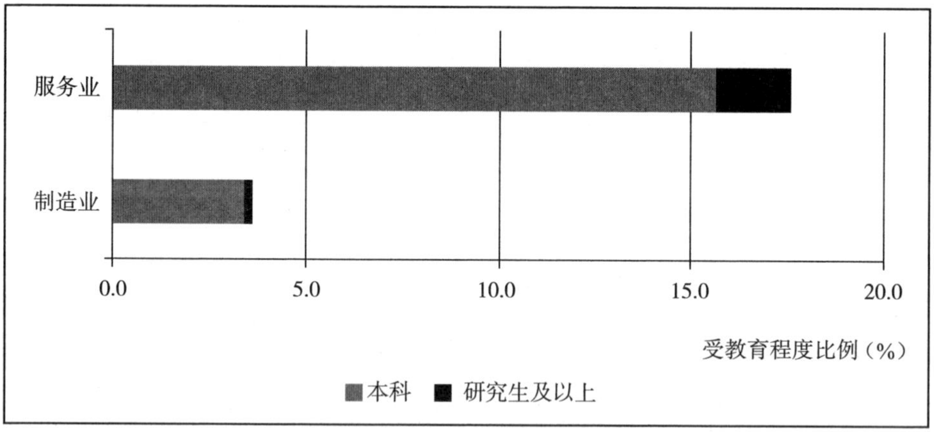

图3-16　我国服务业和制造业从业人员受教育程度

参考Jensen(2011)的分析方法，将我国服务业内不同行业的从业人员平均工资按升序排列可以发现，总体上，大学本科及以上学历的从业人员占总体的比例越高，该行业从业人员的平均工资就越高。例如，平均工资最低的住宿和餐饮业只有2.05%的从业人员拥有大学本科学历，0.03%的从业人员拥有研究生及以上学历，但是平均工资最高的金融业有23.45%的从业人员是大学本科学历，2.02%的从业人员为研究生及以上学历，如表3-15所示。

表3-15　我国服务业分行业从业人员受教育程度和平均工资

行业	受教育程度			平均工资（元）
	大学本科（%）	研究生及以上（%）	大学本科及以上（%）	
住宿和餐饮业	2.05	0.03	2.08	27 847
水利、环境和公共设施管理业	9.85	1.06	10.92	30 750
居民服务和其他服务业	2.53	0.07	2.59	33 713
批发和零售业	3.90	0.20	2.14	40 295
公共管理和社会组织	28.11	1.86	29.97	43 214
房地产业	14.44	0.79	15.23	43 345
教育业	31.90	3.93	35.83	43 907
租赁和商务服务业	17.50	1.97	19.47	45 900
卫生、社会保障和社会福利业	23.39	2.66	26.05	47 258
交通运输、仓储及邮电通信业	4.56	0.19	4.75	47 646
文化、体育和娱乐业	20.09	1.99	22.08	48 711
科学研究、技术服务和地质勘查业	28.95	9.45	38.41	65 238
信息传输、计算机服务和软件业	8.28	0.77	9.06	70 619
金融业	23.45	2.02	25.47	91 364

将以上数据绘制成散点图便可以得到图3-17，可以明显地看到，随着从业人员受教育水平的提高，平均工资有逐渐上升的趋势，并且计量结果显著。因此，在服务贸易领域中，教育水平和平均工资基本呈正相关关系，这也证明了在技术密集型行业中从业人员工资较高。

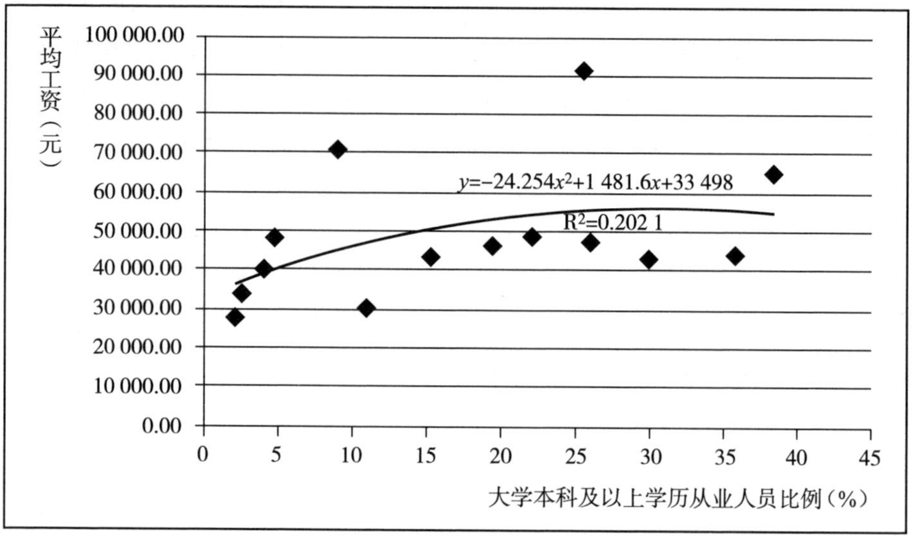

图 3-17 我国服务业从业人员受教育程度和平均工资情况

图 3-18 表明，美国服务业从业人员的受教育程度和平均工资与中国相比相关程度更高。因此，从两国的情况来看，仍然遵循比较优势的原则进行服务贸易。

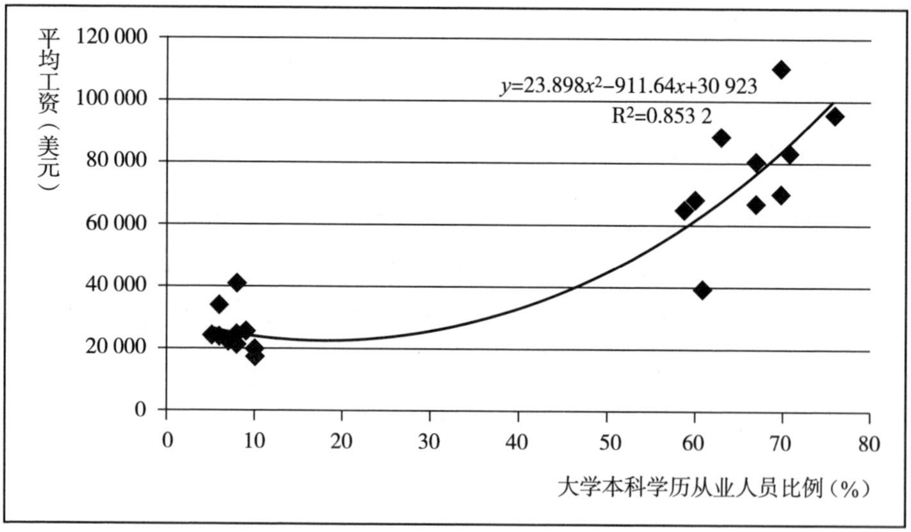

图 3-18 美国服务业从业人员教育程度和平均工资情况

二、我国对外服务贸易的比较优势的结构分析

(一)运输和旅游服务

运输服务业是我国主要的服务贸易部门，为了更好地认识我国运输服务贸易的国际竞争力，笔者选取运输服务进出口均在世界前列的美国、德国、日本、法国、英国、荷兰、丹麦等国与我国进行比较。从表 3-16 的 TC 指数可以看出，荷兰和丹麦近 13 年来 TC 指数均为正，出口专业化程度比较高。另外，这两个国家为国际运输服务贸易的净出口国，出口竞争力很强。法国的 TC 指数在少数年份为正，说明它在运输服务方面具有一定的出口竞争力。英国 TC 指数在 2008 年以后由负转正，说明它在运输服务方面的竞争力在不断增强。美国、德国、日本、意大利、中国、印度和巴西的 TC 指数一直为负，它们都是运输服务贸易的净进口国，竞争力比较弱。从各国的 TC 指数变化情况来看，日本的 TC 指数一直保持稳定；意大利的 TC 指数一直处于下降态势；其余国家的 TC 指数在波动中有所上升；中国的 TC 指数一直在小幅度上升，但近年来又突然下降，我国运输服务贸易要追赶上世界发达国家还有相当长的路要走。

表 3-16 2000—2013 年各国运输服务贸易 TC 指数

年份	巴西	德国	意大利	印度	美国	中国	日本	英国	法国	荷兰	丹麦
2000	−0.51	−0.14	−0.17	−0.63	−0.14	−0.48	−0.13	−0.12	0.02	0.15	0.12
2001	−0.51	−0.12	−0.17	−0.61	−0.15	−0.42	−0.13	−0.12	0.02	0.16	0.11
2002	−0.39	−0.12	−0.18	−0.55	−0.13	−0.41	−0.11	−0.15	0.02	0.16	0.12
2003	−0.30	−0.15	−0.21	−0.51	−0.19	−0.40	−0.09	−0.12	0.01	0.15	0.13
2004	−0.29	−0.12	−0.17	−0.50	−0.21	−0.34	−0.10	−0.07	−0.07	0.17	0.13
2005	−0.24	−0.07	−0.19	−0.56	−0.20	−0.30	−0.06	−0.07	−0.07	0.18	0.20
2006	−0.31	−0.09	−0.17	−0.53	−0.17	−0.24	−0.06	−0.06	−0.04	0.14	0.16
2007	−0.35	−0.08	−0.22	−0.55	−0.12	−0.16	−0.08	−0.03	0.00	0.14	0.16
2008	−0.32	−0.07	−0.24	−0.57	−0.08	−0.13	−0.07	0.05	−0.02	0.16	0.16
2009	−0.33	−0.02	−0.28	−0.53	−0.04	−0.33	−0.12	0.05	−0.04	0.16	0.09
2010	−0.39	−0.06	−0.28	−0.56	−0.04	−0.30	−0.09	0.05	−0.01	0.15	0.16
2011	−0.42	−0.07	−0.29	−0.53	−0.03	−0.39	−0.13	0.04	−0.04	0.16	0.14
2012	−0.45	−0.08	−0.27	−0.55	−0.04	−0.38	−0.16	0.02	−0.01	0.16	0.14
2013	−0.47	−0.07	−0.25	−0.54	−0.05	−0.43	−0.09	0.02	−0.02	0.22	0.14

资料来源：WTO，Statistics，http://www.wto.org。

另外，表3-17表明，印度、美国、丹麦、英国的SRCA指数大于零，比较优势较强。其中，丹麦是运输服务方面最具竞争优势的，而且优势还在加强。印度SRCA指数也呈现稳步上升态势，比较优势有增强趋势。意大利和荷兰的比较优势则有所减弱。法国运输服务SRCA指数由负转正，由缺乏比较优势转变为具有比较优势国家，运输服务竞争力有所提高。意大利、巴西、德国和中国的SRCA指数则为负。相比之下，中国的比较优势较弱，在－0.5左右，中国的SRCA指数在波动中逐渐增长，已经由2000年的－0.57增长到2013年的－0.47，表明我国运输服务的比较优势在不断增强。意大利运输服务的SRCA指数近年来有所下降，竞争力有所减弱。德国运输服务的SRCA指数有小幅上升，而巴西、意大利则保持相对稳定。

表3-17　2000—2013年各国运输服务贸易SRCA指数

年份	巴西	德国	意大利	印度	美国	中国	日本	英国	法国	荷兰	丹麦
2000	－0.35	－0.20	－0.17	－0.07	0.04	－0.57	0.00	0.11	－0.03	0.23	0.68
2001	－0.38	－0.21	－0.24	－0.07	0.02	－0.52	0.04	0.10	－0.01	0.16	0.68
2002	－0.36	－0.18	－0.20	－0.04	0.05	－0.51	0.03	0.10	－0.01	0.14	0.65
2003	－0.36	－0.19	－0.21	－0.02	0.04	－0.49	0.03	0.16	0.02	－0.01	0.67
2004	－0.36	－0.18	－0.14	0.02	0.03	－0.46	0.02	0.22	0.03	0.00	0.67
2005	－0.34	－0.13	－0.16	0.03	0.03	－0.46	0.05	0.20	0.06	－0.01	0.71
2006	－0.35	－0.13	－0.16	0.08	0.03	－0.41	0.05	0.14	0.10	0.01	0.74
2007	－0.36	－0.15	－0.21	0.05	0.02	－0.36	0.04	0.19	0.10	－0.05	0.75
2008	－0.34	－0.11	－0.25	0.04	0.03	－0.34	0.04	0.20	0.09	－0.06	0.76
2009	－0.35	－0.09	－0.27	0.09	0.03	－0.48	－0.01	0.22	0.17	－0.06	0.72
2010	－0.37	－0.07	－0.23	0.05	0.03	－0.42	－0.02	0.19	0.21	－0.08	0.76
2011	－0.36	－0.07	－0.25	0.10	0.06	－0.44	－0.02	0.19	0.24	－0.03	0.76
2012	－0.36	－0.08	－0.26	0.10	0.05	－0.43	0.02	0.21	0.25	－0.04	0.78
2013	－0.36	－0.07	－0.25	0.06	0.07	－0.47	0.07	0.16	0.27	0.01	0.78

资料来源：WTO，Statistics，http://www.wto.org。

为了进一步考察各国运输服务业的比较优势，下面再运用拉菲指数考察服务贸易部门的专业化程度决定的部门比较优势。1992年，Lafay(1992)提出了拉菲指数(Lafay Index)，该指数同时考虑出口和进口两个贸易流向，由两

部分的乘积构成：其一是服务部门 j 的竞争优势指数偏离所有服务贸易部门累积竞争优势指数的程度；其二是该服务部门进出口总额在所有部门总贸易额中的份额。因此，拉菲指数不仅可以衡量一国某一服务部门的比较优势水平，还可以揭示该服务部门的产业内贸易专业化程度的强弱。

$$LFI_{ij} = 100\left(\frac{X_{ij} - M_{ij}}{X_{ij} + M_{ij}} - \frac{X_{it} - M_{it}}{X_{it} + M_{it}}\right) \tag{3-10}$$

其中，X_{ij} 和 M_{ij} 分别表示 i 国 j 商品或服务的出口额和进口额，X_{it} 和 M_{it} 表示 i 国商品或服务的全部出口额和进口额。若 LFI>0，说明 i 国服务贸易部门 j 具有比较优势，指数值越大，则该服务贸易部门的专业化程度越高；反之，若 LFI<0，说明该部门缺乏比较优势，专业化程度较低，更依赖于进口。拉菲指数越接近于 0，服务贸易部门 j 的竞争优势指数偏离所有服务贸易部门累积竞争优势指数的程度越低，说明该部门的产业内贸易程度越高，因此无关指数值的正负，只要偏离 0 值越远，该部门的产业内贸易程度越低。

从表 3-18 可以看出，在运输服务部门，德国、荷兰、丹麦和日本具有较强的比较优势，中国、法国、英国、意大利、美国、巴西和印度则缺乏比较优势，专业化程度较低。丹麦、荷兰作为传统的运输服务强国，运输服务专业化程度高并且竞争力强，但由于丹麦运输服务贸易占总服务贸易的比重比较大，产业内贸易水平比较低。德国、荷兰的运输服务部门的 LFI 指数处在下降阶段，比较优势有所减弱，但另一方面也说明运输服务的产业内贸易水平有所提高。中国、巴西、意大利、印度、美国和英国运输服务部门的 LFI 指数为负，表明其缺乏比较优势，但巴西和中国的 LFI 指数快速上升，表明它们的比较劣势有所减弱，而且产业内贸易水平在不断提高。德国则相反，运输服务部门的 LFI 指数由 2000 年的 10.8 下降到了 2013 年的－3.0，从比较优势转变为比较劣势，而且产业内贸易水平降低了。印度运输服务部门的竞争力比较弱，LFI 指数处在低水平的徘徊之中。

上述分析表明，虽然运输服务业属于低端传统服务业，但在我国对外服务贸易比较优势整体较弱的情况下，它作为我国服务贸易的重要部门在推动服务出口方面发挥着重要作用。与主要服务贸易国家相比，我国的运输服务虽然贸易额较大，但却并没有在国际市场的竞争中具有比较优势。因此，我国政府在服务贸易发展战略转型中应该制定相应政策措施以提高运输服务部门的传统比较优势，进一步提高我国运输服务部门的国际竞争力和产业内贸易水平。

表 3-18 2000—2013 年各国运输服务贸易 LFI 指数

年份	巴西	德国	意大利	印度	美国	中国	日本	英国	法国	荷兰	丹麦
2000	−23.3	10.8	−18.1	−56.0	−27.7	−39.4	11.8	−21.2	−12.4	15.7	6.0
2001	−21.7	11.7	−17.4	−53.7	−27.4	−33.7	11.6	−21.4	−10.2	18.3	5.1
2002	−18.3	5.0	−15.3	−51.2	−24.0	−33.0	12.5	−24.8	−8.7	16.6	8.0
2003	−11.3	2.2	−19.6	−49.0	−28.4	−31.1	7.8	−23.1	−8.1	14.6	7.2
2004	−13.0	2.7	−18.3	−53.9	−30.5	−28.4	5.2	−20.6	−13.6	14.0	8.4
2005	−3.1	5.5	−18.1	−61.7	−31.4	−23.7	3.8	−19.0	−13.7	13.6	12.4
2006	−11.4	0.2	−16.3	−61.9	−28.9	−19.5	0.8	−20.4	−9.9	8.7	9.2
2007	−13.1	0.0	−17.3	−64.9	−26.1	−12.9	−0.1	−20.5	−7.6	7.4	9.5
2008	−10.1	−0.4	−19.2	−67.0	−22.2	−9.6	−0.5	−11.5	−9.8	9.8	8.6
2009	−6.9	2.7	−21.7	−59.9	−18.3	−22.6	−5.0	−15.5	−10.8	13.3	5.7
2010	−6.6	−1.9	−21.9	−56.7	−20.1	−21.0	−3.4	−16.7	−8.8	9.9	8.3
2011	−8.5	−2.3	−25.0	−58.5	−21.3	−23.8	−5.6	−20.3	−13.9	9.8	7.3
2012	−10.7	−3.5	−26.6	−61.4	−22.8	−18.6	−6.2	−21.0	−11.3	11.0	7.5
2013	−9.8	−3.0	−26.2	−63.6	−24.9	−19.7	−3.4	−22.2	−13.6	14.1	6.4

资料来源：WTO，Statistics，http://www.wto.org。

如果以同样的方式考察旅游服务部门的 TC 指数，表 3-19 说明，意大利的旅游服务部门比较优势明显，但优势呈现出下降趋势。美国旅游服务部门比较优势变化不大，相对来说比较稳定，但也有微弱上升的趋势。印度旅游服务部门比较优势起伏变化明显，表明旅游服务贸易尚未形成稳定的竞争力。德国、日本和英国的 TC 指数则呈现负值，在旅游服务方面处于比较劣势地位，但这三个国家的 TC 指数都处在上升阶段，竞争力有增强趋势。巴西旅游服务部门的 TC 指数也为负，而且指数处于下降阶段，竞争力还在进一步下降。我国旅游服务部门的 TC 指数为正，表明具有比较优势，而且指数在不断上升，已经从 2000 年的 0.11 上升到 2006 年的 0.17。但是，我国旅游服务部门的 TC 指数在 2007 年以后有所下降，并且在 2009 年以后变为负值，在 2013 年达到最低点−0.43。总体来看，我国旅游服务部门的 TC 指数在相比较的各个国家中处在相对靠后的位置，我国旅游服务部门的竞争水平处在中等偏下的水平。

表 3-19　2000—2013 年各国旅游服务贸易 TC 指数

年份	巴西	德国	意大利	印度	美国	中国	日本	英国
2000	−0.37	−0.48	0.27	0.13	0.19	0.11	−0.81	−0.27
2001	−0.30	−0.48	0.27	0.03	0.18	0.12	−0.78	−0.34
2002	−0.09	−0.47	0.23	0.02	0.17	0.14	−0.77	−0.34
2003	0.05	−0.48	0.21	0.11	0.17	0.07	−0.53	−0.36
2004	0.06	−0.44	0.27	0.12	0.16	0.13	−0.54	−0.33
2005	−0.10	−0.44	0.23	0.10	0.17	0.15	−0.50	−0.32
2006	−0.14	−0.39	0.25	0.12	0.17	0.17	−0.52	−0.29
2007	−0.25	−0.39	0.22	0.13	0.19	0.11	−0.48	−0.30
2008	−0.31	−0.39	0.20	0.10	0.23	0.06	−0.44	−0.31
2009	−0.35	−0.40	0.18	0.09	0.21	−0.05	−0.42	−0.25
2010	−0.48	−0.39	0.18	0.16	0.23	−0.09	−0.36	−0.21
2011	−0.53	−0.38	0.20	0.13	0.26	−0.20	−0.43	−0.19
2012	−0.54	−0.37	0.22	0.19	0.27	−0.34	−0.31	−0.17
2013	−0.58	−0.36	0.24	0.23	0.29	−0.43	−0.18	−0.12

资料来源：WTO，Statistics，http://www.wto.org。

另外，如表 3-20 所示，意大利、印度、美国和英国旅游服务贸易部门的 SRCA 指数基本为正，其余国家均小于 0，其中美国相对较高，意大利次之。与 TC 指数表现不同，美国 SRCA 指数较高的原因可能是美国旅游服务出口占美国服务总出口的比重较高。经过对称调整之后，我国旅游服务贸易的对称性调整指数比较低，在旅游服务贸易方面的比较优势较弱。与 TC 指数表现相似，我国旅游服务部门的 SRCA 指数呈较快的下降态势，旅游服务贸易的比较优势正在不断减弱。意大利的 SRCA 指数有所下降，美国的 SRCA 指数保持平稳。印度和英国的旅游服务贸易比较优势在不断波动。日本和德国的旅游服务贸易比较优势有所增强。

表 3-20　2000—2013 年各国旅游服务贸易 SRCA 指数

年份	巴西	德国	意大利	印度	美国	中国	日本	英国
2000	−0.38	−0.37	0.22	0.05	0.27	−0.06	−0.83	0.02
2001	−0.44	−0.41	0.17	−0.01	0.25	−0.06	−0.80	−0.04
2002	−0.39	−0.41	0.16	−0.09	0.26	−0.09	−0.80	−0.02
2003	−0.36	−0.40	0.18	0.03	0.25	−0.29	−0.59	0.02
2004	−0.36	−0.40	0.18	0.07	0.26	−0.24	−0.56	0.07
2005	−0.34	−0.38	0.17	0.06	0.28	−0.27	−0.52	0.08
2006	−0.33	−0.36	0.19	0.06	0.27	−0.28	−0.65	0.10
2007	−0.34	−0.39	0.15	0.07	0.27	−0.34	−0.65	0.17
2008	−0.34	−0.37	0.17	0.01	0.29	−0.35	−0.62	0.12
2009	−0.34	−0.39	0.17	−0.02	0.25	−0.36	−0.59	0.10
2010	−0.38	−0.39	0.16	0.01	0.25	−0.36	−0.57	0.11
2011	−0.39	−0.38	0.17	0.00	0.26	−0.39	−0.63	0.09
2012	−0.37	−0.38	0.16	0.01	0.27	−0.42	−0.53	0.13
2013	−0.39	−0.38	0.15	−0.03	0.27	−0.46	−0.49	0.09

资料来源：WTO，Statistics，http://www.wto.org。

与相比较的各个国家相比，意大利旅游服务贸易的比较优势较强，其值偏离 0 的程度很高，表明意大利旅游服务贸易的产业内贸易程度比较低。如表 3-21 所示，我国旅游服务部门的 LFI 指数在以较快速度下降，比较优势有所减弱，其数值也在逐渐接近 0 并降到 0 以下，说明产业内贸易水平有较快的提升，但是比较优势转变为比较劣势。美国和印度也是旅游服务贸易具有较强比较优势的国家，但是印度的比较优势在轻微的减弱，产业内贸易水平在提高，美国的比较优势有所增强。巴西的旅游服务贸易在 2002—2004 年比较优势有所增强，之后逐渐减弱，甚至缺乏比较优势。德国旅游服务贸易的比较优势一直较弱，LFI 指数在－20 和－30 之间徘徊，变化不大。英国的旅游服务贸易同样缺乏比较优势，但它的 LFI 指数处在缓慢上升阶段，比较优势略有增强。

表 3-21　2000—2013 年各国旅游服务贸易 LFI 指数

年份	巴西	德国	意大利	印度	美国	中国	日本	英国
2000	－9.2	－23.0	26.5	19.5	5.8	19.0	－56.0	－36.9
2001	－0.4	－25.0	27.3	10.5	6.0	20.4	－52.9	－42.6
2002	11.5	－29.2	24.9	5.7	5.7	21.8	－53.1	－43.8
2003	23.7	－30.7	22.4	12.9	7.1	15.2	－36.4	－46.8
2004	21.4	29.4	26.1	8.8	6.0	18.9	－39.6	－47.1
2005	10.6	－30.7	22.9	4.3	6.1	20.8	－40.4	－44.1
2006	5.5	－29.3	25.4	3.0	5.9	21.1	－44.9	－44.0
2007	－3.1	－31.3	26.1	3.0	5.0	14.2	－40.3	－47.7
2008	－9.4	－32.2	24.7	0.8	9.0	9.9	－37.6	－48.1
2009	－8.8	－35.8	23.9	1.8	6.5	5.4	－34.5	－45.4
2010	－15.7	－34.4	23.7	14.9	7.7	－0.2	－30.3	－43.3
2011	－19.7	－33.5	23.6	7.4	8.5	－5.1	－35.5	－42.6
2012	－20.0	－32.8	22.4	12.3	8.4	－15.2	－21.7	－40.2
2013	－20.2	－32.0	23.1	13.5	8.7	－19.5	－13.1	－36.8

资料来源：WTO，Statistics，http://www.wto.org。

上述分析表明，虽然旅游服务业也属于低端传统服务业，它在我国对外服务贸易比较优势整体较弱的情况下作为我国服务贸易的重要部门也对我国服务出口发挥着重要的作用。我国旅游服务业与主要服务贸易国家相比，甚至与发达国家相比，都具有较强的比较优势和国际竞争力。但值得注意的是，近年来，我国旅游服务业的优势地位和竞争力正在下降，到 2011 年已经降至历史低点。因此，我国政府需要采取措施巩固旅游服务部门的传统比较优势，以此为基础再进一步提高我国旅游服务贸易的国际竞争力。

(二)建筑服务

表 3-22 表明，我国建筑服务贸易的 TC 指数快速增长，由 2000 年的－0.25 上升到 2011 年的 0.60，从缺乏比较优势变为较高的比较优势。虽然我国建筑服务贸易的 TC 指数在 2009 年美国爆发金融危机之后有所下降，但 2010 年又得到了较快的恢复和提升，而 2012 年、2013 年又有所下降。美国建筑服务贸易的比较优势相对明显，不过近年来比较优势有所减弱。意大利

和德国TC指数均有增长。特别是意大利，虽然增长不稳定，但在2008年以后出现快速提升。巴西的建筑服务贸易比较优势明显，但在2006年之后TC指数以较快速度下降，优势有所减弱。日本和西班牙的比较优势也比较明显，但西班牙的比较优势较快减弱，而日本则相对稳定。

表3-22　2000—2013年各国建筑服务贸易TC指数

年份	巴西	德国	意大利	印度	美国	中国	日本	西班牙
2000	1.00	−0.08	0.08	0.60	0.16	−0.25	0.19	0.46
2001	0.96	−0.06	0.01	−0.76	0.16	−0.01	0.11	0.52
2002	0.96	0.05	−0.14	−0.44	0.07	0.13	0.13	0.43
2003	1.00	0.13	−0.08	−0.63	0.08	0.04	0.15	0.44
2004	0.61	0.09	−0.14	−0.23	−0.02	0.05	0.18	0.21
2005	0.97	0.23	0.01	−0.27	0.07	0.23	0.20	0.22
2006	0.68	0.25	−0.03	−0.12	0.06	0.15	0.18	0.25
2007	0.58	0.19	−0.05	0.02	0.04	0.30	0.13	0.36
2008	0.42	0.17	0.67	0.09	0.06	0.41	0.10	0.28
2009	0.58	0.18	0.82	−0.14	0.06	0.23	0.04	0.28
2010	0.63	0.24	0.20	−0.31	0.06	0.48	0.15	0.39
2011	0.37	0.23	0.10	−0.15	0.05	0.60	0.17	0.49
2012	0.26	0.14	0.42	−0.09	0.01	0.54	0.20	0.61
2013	0.16	0.06	0.78	−0.07	0.00	0.46	0.13	0.52

资料来源：WTO，Statistics，http://www.wto.org。

从表3-23可以看出，德国、日本和西班牙的SRCA指数为正，建筑服务贸易竞争力强。中国经历了缓慢上升阶段后又有所下降，其余国家则有所下降，竞争力在减弱。美国、巴西和印度的SRCA指数为负，竞争力较弱，处于比较劣势地位。巴西、印度和意大利的SRCA指数下降明显，比较劣势地位恶化。巴西、美国在TC指数上表现出较强的出口竞争力，而SRCA指数为负，竞争力较弱，原因可能是竞争优势指数高表明建筑服务贸易的出口远大于进口，而对称性调整指数低则表明该国建筑服务的出口在服务总出口中所占的比重较低，导致SRCA指数偏低。

表 3-23 2000—2013 年各国建筑服务贸易 SRCA 指数

年份	巴西	德国	意大利	印度	美国	中国	日本	西班牙
2000	—0.06	0.24	0.09	0.43	—0.34	—0.32	0.45	0.04
2001	—0.89	0.19	0.14	—0.55	—0.22	—0.24	0.40	0.12
2002	—0.93	0.20	0.11	—0.07	—0.15	—0.17	0.34	0.14
2003	—0.95	0.29	0.14	—0.05	—0.28	—0.28	0.30	0.13
2004	—0.00	0.21	0.00	0.14	—0.35	—0.34	0.41	0.18
2005	—0.97	0.34	0.05	—0.21	—0.56	—0.22	0.39	0.24
2006	—0.94	0.32	0.00	—0.06	—0.52	—0.33	0.42	0.29
2007	—0.97	0.25	0.00	—0.10	—0.44	—0.17	0.40	0.45
2008	—0.97	0.23	—0.86	—0.23	—0.39	0.02	0.43	0.47
2009	—0.98	0.17	—0.81	—0.28	—0.39	—0.05	0.42	0.36
2010	—0.96	0.19	—0.93	—0.47	—0.50	0.17	0.36	0.43
2011	—0.98	0.19	—0.92	—0.35	—0.45	0.14	0.39	0.42
2012	—0.97	0.13	—0.76	—0.30	—0.46	0.02	0.43	0.49
2013	—0.94	0.10	—0.82	—0.18	—0.44	—0.07	0.42	0.45

资料来源：WTO，Statistics，http://www.wto.org。

另外，从表 3-24 可以看出，日本、西班牙、中国、德国和巴西的比较优势较强。其中，日本和巴西的 LFI 指数有所下降，特别是巴西，LFI 指数下降得非常快，这也表明巴西建筑服务的产业内贸易水平有所提高。我国建筑服务贸易的 LFI 指数提升非常迅速，说明我国建筑业的竞争优势增长非常迅速。德国和西班牙的 LFI 指数则处于上升阶段，表明其比较优势增强的同时产业内贸易水平在下降。意大利建筑服务的 LFI 指数 2000—2007 年间在 0 附近徘徊，比较优势不明显，但其产业内贸易水平较高，之后的 LFI 指数有着非常大的提高，具有比较高的比较优势。美国 LFI 指数则处在下降阶段，缺乏比较优势，但是产业内贸易水平较高。印度建筑服务的比较优势不明显，而且波动比较大。

表 3-24　2000—2013 年各国建筑服务贸易 LFI 指数

年份	巴西	德国	意大利	印度	美国	中国	日本	西班牙
2000	127.2	17.3	7.2	66.6	1.9	−16.1	43.6	23.8
2001	124.9	17.6	0.8	−68.3	3.6	7.2	36.2	29.3
2002	116.9	22.4	−11.3	−40.5	−4.2	20.6	36.3	21.5
2003	118.7	30.3	−6.0	−60.8	−1.4	12.7	31.7	22.1
2004	77.0	24.3	−14.8	−26.8	−12.3	10.3	32.6	2.6
2005	117.1	35.5	1.1	−32.3	−4.3	29.2	30.2	4.7
2006	87.6	34.7	−1.9	−21.0	−5.5	19.2	25.6	9.7
2007	79.3	27.5	−0.6	−8.5	−10.6	32.9	20.7	21.9
2008	63.5	24.0	72.3	−0.8	−8.1	44.5	16.1	12.5
2009	84.0	22.8	87.6	−21.5	−8.2	33.6	11.6	12.1
2010	95.8	27.7	26.0	−31.8	−10.1	56.9	20.3	22.0
2011	70.4	27.2	13.7	−20.3	−13.3	74.5	24.5	28.3
2012	60.0	18.5	42.8	−14.8	−18.0	73.4	29.5	39.8
2013	54.0	10.8	77.0	−16.0	−19.7	69.4	17.7	29.9

资料来源：WTO，Statistics，http://www.wto.org。

综上所述，建筑服务业是我国重要的传统服务业，与运输服务业和旅游服务业相比，我国建筑服务贸易的比较优势最明显。与主要服务贸易国家相比，我国建筑服务业不但国际竞争力较强，而且在 2000 年以后还存在增强的趋势。如果从我国服务贸易竞争力的角度将我国服务贸易部门的发展比喻为一个雁群，那么建筑服务业是领头雁，运输服务业和旅游服务业则是紧随着的两只大雁。我国政府在制定服务贸易发展战略时，应该巩固建筑服务部门的传统比较优势，使它成为促进我国服务出口增长、提高我国服务贸易产业内贸易水平以及增强我国对外服务贸易整体竞争力的主要部门。

(三)生产性服务

1. 金融服务

如表 3-25 所示，美国金融服务贸易 TC 指数在不断提高，显示出比较优势强劲增长的势头。英国金融服务贸易 TC 指数高位稳定，比较优势地位稳固。德国比较优势在 2000—2007 年有所减弱，但在 2008 年以后又有所提升。

意大利比较优势则有所减弱，特别是在2008年以后转变为金融服务贸易逆差，处于比较劣势地位。法国2008年由贸易逆差转变为贸易顺差，比较优势正在增强。日本金融服务贸易TC指数在2006年以前有所增长，但2007年以后又有所下降，比较优势趋于减弱。中国、巴西和印度虽然金融服务起步比较晚，但是发展速度不断加快。巴西金融服务贸易的TC指数由2000年的－0.28上升到2013年的0.24，由比较劣势地位转变为比较优势。印度金融服务贸易在2005年以后转变为贸易顺差，比较优势增强，但是2009年以后比较优势下降，转变为贸易逆差。我国金融服务贸易比较劣势在2006年有所恶化，但是在2009年之后出现改观，TC指数有所上升，并且在2011年转变为贸易顺差，比较优势增强，但之后两年又有所减弱。

表3-25 2000—2013年各国金融服务贸易TC指数

年份	巴西	德国	意大利	印度	美国	中国	日本	英国	法国
2000	－0.28	0.28	－0.12	－0.64	0.34	－0.11	0.21	0.66	－0.07
2001	－0.33	0.18	－0.16	－0.71	0.37	0.13	0.24	0.64	－0.15
2002	－0.23	0.24	0.02	－0.41	0.46	－0.28	0.32	0.61	－0.16
2003	－0.35	0.25	0.05	－0.14	0.51	－0.21	0.23	0.62	－0.28
2004	－0.08	0.19	－0.16	－0.40	0.53	－0.19	0.25	0.67	－0.27
2005	－0.18	0.18	0.01	0.14	0.53	－0.05	0.30	0.64	－0.25
2006	－0.08	0.19	0.32	0.09	0.53	－0.72	0.35	0.65	－0.21
2007	0.15	0.19	0.46	0.02	0.52	－0.41	0.26	0.68	－0.04
2008	0.04	0.27	－0.12	0.10	0.57	－0.28	0.16	0.68	0.01
2009	－0.01	0.30	－0.32	－0.02	0.63	－0.29	0.22	0.71	0.09
2010	0.10	0.28	－0.28	－0.08	0.65	－0.02	0.07	0.69	0.12
2011	0.19	0.22	－0.34	－0.14	0.63	0.06	0.10	0.67	0.24
2012	0.15	0.30	－0.30	0.03	0.64	－0.01	0.18	0.70	0.18
2013	0.24	0.26	－0.19	0.04	0.64	－0.08	0.11	0.68	0.24

资料来源：WTO，Statistics，http://www.wto.org。

从金融服务对称性调整指数来看，如表3-26所示，英国和美国仍然是金融服务贸易最具有比较优势的国家。特别是英国，SRCA指数在波动中不断上升。美国的SRCA指数虽然没有英国那么高，但正以较快速度上升，比较优势不断增强。我国的金融服务贸易处于劣势地位，不过 SRCA 指数有所上升，比较劣势正在改善。巴西、意大利和印度金融服务贸易的 SRCA 指数为负，但是在 2000—2013 年间以较快速度上升，竞争力不断增强。德国和日本具有金融服务贸易顺差，但 SRCA 指数却为负，原因可能是该部门出口占总出口比重比较低。法国金融服务贸易为逆差，SRCA 指数也比较低，竞争力较弱。

表 3-26 2000—2013 年各国金融服务贸易 SRCA 指数

年份	巴西	德国	意大利	印度	美国	中国	日本	英国	法国
2000	−0.38	−0.40	−0.79	−0.40	0.30	−0.96	−0.43	0.65	−0.59
2001	−0.47	−0.45	−0.80	−0.36	0.33	−0.95	−0.38	0.66	−0.63
2002	−0.41	−0.46	−0.72	−0.12	0.39	−0.98	−0.34	0.65	−0.64
2003	−0.52	−0.50	−0.69	−0.44	0.42	−0.96	−0.37	0.71	−0.71
2004	−0.58	−0.48	−0.73	−0.58	0.46	−0.98	−0.36	0.73	−0.68
2005	−0.60	−0.43	−0.68	−0.20	0.44	−0.98	−0.34	0.73	−0.69
2006	−0.55	−0.41	−0.59	0.02	0.43	−0.98	−0.32	0.72	−0.75
2007	−0.52	−0.40	−0.47	0.03	0.43	−0.98	−0.42	0.78	−0.74
2008	−0.49	−0.33	−0.54	0.09	0.45	−0.98	−0.45	0.78	−0.71
2009	−0.34	−0.29	−0.60	0.02	0.49	−0.97	−0.43	0.77	−0.64
2010	−0.28	−0.29	−0.53	0.17	0.51	−0.91	−0.59	0.75	−0.54
2011	−0.25	−0.26	−0.55	0.09	0.51	−0.95	−0.55	0.75	−0.16
2012	−0.20	−0.24	−0.50	0.02	0.50	−0.90	−0.48	0.76	−0.19
2013	−0.19	−0.25	−0.37	0.03	0.50	−0.85	−0.47	0.74	−0.21

资料来源：WTO，Statistics，http://www.wto.org。

从表 3-27 可以看出，在金融服务贸易方面，英国保持着最显著的比较优势，美国、日本和德国也处在比较优势的地位。英国金融服务贸易的竞争力在 2000—2013 年有着比较平稳的发展，虽然 LFI 有所下降，竞争力有所减弱，但竞争力仍处于比较大的优势地位。另外，英国 LFI 指数都偏离 0，产业内贸易程度比较低。美国金融服务贸易的 LFI 指数也在不断增长，竞争力不断增强。相反，德国和日本金融服务贸易的比较优势则在波动中有所减弱。印度金融服务贸易的比较劣势明显，但它的 LFI 指数却在不断上升到 0 左右后开始在 0 附近波动，比较劣势地位有所改善，产业内贸易水平有所提高。意大利的 LFI 指数变化不定，没有形成核心竞争力，但总体上还是呈现下降趋势。法国的 LFI 指数也比较低，不过总体表现出上升趋势。我国金融服务贸易的比较优势不明显，波动较大，产业内贸易水平相对较高。

表 3-27　2000—2013 年各国金融服务贸易 LFI 指数

年份	巴西	德国	意大利	印度	美国	中国	日本	英国	法国
2000	−0.7	52.5	−13.4	−57.5	20.1	−2.8	45.6	56.4	−21.4
2001	−3.3	40.9	−16.3	−63.3	24.5	20.7	49.3	54.9	−27.0
2002	−2.3	41.4	4.4	−37.3	35.2	−19.7	55.1	51.8	−27.4
2003	−15.4	42.1	6.9	−12.2	41.8	−12.6	39.8	51.3	−37.1
2004	7.4	33.4	−16.8	−43.3	43.2	−13.4	39.8	53.4	−33.6
2005	2.1	31.0	1.5	8.4	42.1	1.4	40.2	52.2	−31.4
2006	12.2	28.7	32.5	0.9	41.6	−67.4	41.8	50.7	−27.7
2007	36.5	27.4	50.2	−8.1	37.9	−38.3	34.1	50.4	−11.0
2008	25.4	33.8	−6.6	−0.1	43.1	−24.6	22.1	50.5	−6.7
2009	24.5	34.3	−26.4	−9.1	49.3	−18.5	29.8	50.3	2.0
2010	43.3	32.5	−22.1	−8.6	49.1	6.7	12.2	47.5	4.5
2011	52.4	26.2	−30.3	−19.4	45.5	21.3	17.3	43.0	13.8
2012	49.2	34.1	−29.2	−3.3	44.8	18.0	27.7	46.2	7.4
2013	61.3	30.1	−19.4	−5.8	43.7	15.7	16.7	43.5	12.5

资料来源：WTO，Statistics，http://www.wto.org。

2. 保险服务

如表 3-28 所示，从保险服务贸易的 TC 指数来看，英国和瑞士的 TC 指数较高，竞争力强，但都有所下降。德国的 TC 指数有所起伏，总体表现为上升，指数由负转正，竞争力在增强。巴西、意大利和美国的 TC 指数为负，而且有所下降，保险服务贸易处于逆差，竞争力有所减弱。印度、日本和中国的 TC 指数有所上升，比较劣势地位改善。但是，中国保险服务贸易的 TC 指数平均在−0.80 以下，表明我国保险服务进口势头强劲，出口竞争力较弱。

表 3-28 2000—2013 年各国保险服务贸易 TC 指数

年份	巴西	德国	意大利	印度	美国	中国	日本	英国	瑞士
2000	−0.01	−0.22	−0.15	−0.52	−0.51	−0.92	−0.84	0.68	0.91
2001	−0.43	0.20	−0.12	−0.48	−0.66	−0.85	−1.08	0.71	0.88
2002	−0.51	0.69	−0.15	−0.46	−0.66	−0.88	−1.25	0.79	0.94
2003	−0.64	0.31	−0.23	−0.48	−0.62	−0.86	−0.81	0.75	0.94
2004	−0.72	−0.18	−0.19	−0.35	−0.60	−0.88	−0.53	0.71	0.94
2005	−0.68	−0.37	−0.15	−0.42	−0.58	−0.86	−0.38	0.27	0.83
2006	−0.40	0.16	−0.27	−0.41	−0.61	−0.88	−0.49	0.59	0.79
2007	−0.41	0.28	−0.41	−0.36	−0.63	−0.84	−0.51	0.67	0.79
2008	−0.34	0.04	−0.20	−0.47	−0.63	−0.80	−0.69	0.67	0.80
2009	−0.66	0.19	−0.10	−0.45	−0.63	−0.75	−0.71	0.60	0.74
2010	−0.57	0.19	−0.19	−0.48	−0.62	−0.80	−0.68	0.66	0.71
2011	−0.55	0.15	−0.24	−0.41	−0.58	−0.73	−0.61	0.69	0.71
2012	−0.48	0.22	−0.14	−0.48	−0.53	−0.72	−1.11	0.62	0.70
2013	−0.53	0.23	−0.02	−0.47	−0.52	−0.69	−0.95	0.56	0.75

资料来源：WTO，Statistics，http://www.wto.org。

另外，从表 3-29 可以看出，美国、英国和瑞士的保险服务贸易比较优势较为明显。其中，瑞士的比较优势相对稳定，只是近年来出现微弱下降的情况。德国和美国保险服务贸易的比较优势保持较快增长势头。美国保险服务贸易 2003 年转变为比较优势地位之后优势不断增强。英国保险服务贸易的 SRCA 指数除了 2005 年，其余年份都保持着比较高的优势。日本保险服务贸易的 SRCA 指数波动上升，劣势地位有所改变，但在近两年却表现出非常大的劣势。印度保险服务贸易的比较优势稳定上升。我国保险服务贸易的 SRCA 指数快速上升，比较劣势的状况有所改善。

表 3-29 2000—2013 年各国保险服务贸易 SRCA 指数

年份	巴西	德国	意大利	印度	美国	中国	日本	英国	瑞士
2000	0.14	−0.59	−0.12	0.17	0.04	−0.82	−0.85	0.65	0.63
2001	−0.22	−0.23	−0.03	0.15	−0.01	−0.70	−0.90	0.67	0.48
2002	−0.33	0.28	−0.14	−0.01	−0.03	−0.83	−0.78	0.67	0.63

续表

年份	巴西	德国	意大利	印度	美国	中国	日本	英国	瑞士
2003	−0.62	0.12	−0.33	−0.02	0.07	−0.80	−0.80	0.60	0.64
2004	−0.70	−0.21	−0.18	0.28	0.19	−0.81	−0.53	0.62	0.68
2005	−0.61	−0.35	−0.07	0.34	0.28	−0.73	−0.53	0.21	0.69
2006	−0.37	−0.21	−0.14	0.28	0.28	−0.80	−0.36	0.51	0.66
2007	−0.24	−0.11	−0.31	0.29	0.27	−0.76	0.49	0.62	0.68
2008	−0.11	−0.24	0.15	0.22	0.34	−0.68	−0.62	0.62	0.70
2009	−0.52	−0.24	0.00	0.09	0.29	−0.70	−0.67	0.80	0.62
2010	−0.51	−0.15	−0.02	0.11	0.28	−0.70	−0.59	0.80	0.60
2011	−0.49	−0.16	−0.12	0.20	0.27	−0.57	−0.48	0.79	0.62
2012	−0.43	−0.17	0.02	0.15	0.30	−0.55	−0.84	0.80	0.54
2013	−0.47	−0.17	0.04	0.11	0.29	−0.49	−0.92	0.70	0.55

资料来源：WTO，Statistics，http://www.wto.org。

如表 3-30 所示，英国和瑞士仍然是保险服务贸易占据比较优势的国家，两国保险服务贸易的 LFI 指数都很高，但近年来指数有所下降，比较优势地位有所减弱。德国的保险服务贸易发展较快，在波动中比较优势不断增强。相比之下，美国、意大利、日本、巴西和印度则处在比较劣势地位。其中，美国和日本保险服务贸易的 LFI 指数不断下降，比较劣势地位进一步恶化。印度的 LFI 指数波动中也有所下降。意大利的 LFI 指数在波动中有所增长，2013 年已经接近于 0，产业内贸易比较高。中国保险服务贸易的优势地位微弱，产业内贸易水平较低。

表 3-30　2000—2013 年各国保险服务贸易 LFI 指数

年份	巴西	德国	意大利	印度	美国	中国	日本	英国	瑞士
2000	26.7	2.8	−15.8	−45.0	−65.0	−83.2	−59.4	58.6	49.5
2001	−14.0	43.6	−11.9	−41.0	−78.1	−76.4	−67.6	62.4	46.4
2002	−29.9	86.3	−12.3	−41.9	−77.7	−80.0	−56.7	69.7	52.6
2003	−44.7	48.5	−21.1	−46.1	−71.3	−77.8	−63.9	64.0	52.0
2004	−56.4	−3.4	−19.4	−38.6	−69.6	−82.6	−37.6	57.6	55.9
2005	−47.3	−24.1	−14.8	−47.7	−69.5	−79.8	−28.1	15.0	45.6

续表

年份	巴西	德国	意大利	印度	美国	中国	日本	英国	瑞士
2006	−20.0	25.6	−26.5	−49.8	−72.7	−83.6	−41.5	44.5	39.3
2007	−19.7	36.2	−36.4	−46.1	−77.2	−81.2	−43.1	48.7	38.7
2008	−12.1	10.7	−15.3	−56.6	−76.9	−76.6	−62.4	49.9	36.8
2009	−40.2	23.8	−4.3	−52.4	−76.9	−65.0	−63.7	39.5	35.6
2010	−24.4	23.5	−13.6	−48.6	−77.7	−71.5	−63.1	44.5	31.5
2011	−21.4	19.0	−20.2	−46.4	−75.5	−58.6	−53.8	44.9	35.8
2012	−13.9	26.3	−13.1	−54.2	−72.0	−53.2	−80.2	39.0	37.8
2013	−15.6	27.8	−2.3	−56.2	−72.1	−45.9	−90.0	32.1	46.2

资料来源：WTO，Statistics，http://www.wto.org。

3. 通信服务

通信服务部门属于技术密集型服务部门。如表 3-31 所示，在通信服务贸易方面，中国、印度和巴西均具有比较优势，其中中国和印度通信服务贸易的比较优势有所减弱，巴西的比较优势提升明显，但在 2008 年以后也有所减弱。德国、意大利和美国通信服务贸易的比较优势处于上升阶段，特别是美国，已经由 2000 年的−0.18 上升到 2013 年的 0.27，比较优势增长迅速。日本通信服务贸易的 TC 指数处在波动之中，2000—2009 年 TC 指数有所下降，之后出现增长。我国通信服务贸易近年来虽然保持顺差，但 TC 指数仍有波动，没有形成稳定的比较优势。

表 3-31　2000—2013 年各国通信服务贸易 TC 指数

年份	巴西	德国	意大利	印度	美国	中国	日本
2000	0.05	−0.37	−0.20	0.70	−0.18	0.70	−0.17
2001	0.06	−0.31	−0.29	0.61	−0.06	−0.09	−0.20
2002	0.05	−0.31	−0.45	−0.13	−0.05	0.08	−0.10
2003	0.10	−0.21	−0.26	0.23	0.00	0.20	−0.09
2004	0.56	−0.18	−0.16	0.31	−0.03	0.08	−0.16
2005	0.36	−0.19	−0.17	0.58	−0.01	−0.11	−0.22
2006	0.34	−0.16	−0.18	0.57	0.03	−0.02	−0.25
2007	0.48	−0.17	−0.18	0.46	0.04	0.04	−0.30

续表

年份	巴西	德国	意大利	印度	美国	中国	日本
2008	0.22	—0.15	—0.03	0.41	0.10	0.02	—0.24
2009	0.36	—0.16	—0.01	0.24	0.12	0.00	—0.25
2010	0.23	—0.18	0.02	0.14	0.14	0.04	—0.16
2011	0.22	—0.15	0.02	0.08	0.23	0.18	—0.12
2012	0.10	0.02	0.01	0.23	0.26	0.04	—0.10
2013	0.03	0.04	0.03	0.32	0.27	0.02	—0.19

资料来源：WTO，Statistics，http://www.wto.org。

另外，从表 3-32 可以看出，意大利、美国和印度通信服务贸易的比较优势较为明显。特别是意大利，虽然它的 TC 指数少数年份为负，但它的 SRCA 指数从 2000 年的 0.00 增长到 2011 年的 0.38。印度的比较优势则处于下降态势，从 2000 年的 0.45 下降到 2011 年的—0.03，由比较优势转变为比较劣势地位。美国的通信服务贸易 SRCA 指数以较快速度上升，比较优势增强；日本 SRCA 指数则不断震荡，比较劣势恶化。德国通信服务贸易的 SRCA 指数波动上升，比较劣势有所改善。巴西和中国虽然在通信服务出口方面保持顺差，不过比较优势却很弱。我国通信服务贸易的 TC 指数为正，SRCA 指数为负，缺乏比较优势，而且比较劣势的状况在不断恶化。

表 3-32　2000—2013 年各国通信服务贸易 SRCA 指数

年份	巴西	德国	意大利	印度	美国	中国	日本
2000	—0.78	—0.34	0.00	0.45	0.00	0.01	—0.51
2001	—0.17	—0.31	0.00	0.63	0.04	—0.70	—0.53
2002	—0.44	—0.28	—0.20	0.47	0.02	—0.55	—0.53
2003	0.02	—0.25	0.02	0.47	0.04	—0.61	—0.62
2004	—0.40	—0.24	—0.02	0.42	0.02	—0.73	—0.76
2005	—0.47	—0.23	0.02	0.47	0.00	—0.80	—0.79
2006	—0.60	—0.18	0.13	0.51	0.10	—0.77	—0.79
2007	—0.55	—0.25	0.02	0.45	0.11	—0.72	—0.77
2008	—0.44	—0.26	0.31	0.36	0.14	—0.69	—0.76
2009	—0.53	—0.27	0.27	0.23	0.14	—0.76	—0.73

续表

年份	巴西	德国	意大利	印度	美国	中国	日本
2010	−0.49	−0.19	0.41	0.04	0.16	−0.78	−0.74
2011	−0.65	−0.20	0.38	−0.03	0.21	−0.73	−0.73
2012	−0.59	0.17	0.31	−0.04	0.22	−0.75	−0.66
2013	−0.66	0.25	0.32	0.05	0.19	−0.79	−0.66

资料来源：WTO，Statistics，http://www.wto.org。

从表 3-33 还可以看出，巴西、印度和中国的通信服务贸易表现出比较优势。巴西的 LFI 指数在 2004 年之前有所波动，但 2005 年之后呈现稳定的下降态势，比较优势有所减弱。印度的 LFI 指数虽然比较高，但下降速度较快，从 2000 年的 77.2 下降到 2013 年的 22.6，这意味着印度在比较优势减弱的同时产业内贸易水平不断提高。虽然意大利的通信服务贸易在 2007 年之前表现出比较劣势，但在 2008 年之后 LFI 指数转为正值，具有比较优势地位。德国和美国通信服务贸易的 SRCA 指数不断上升，比较劣势地位有所改善，并在近年转变为比较优势，特别是美国呈现快速增长，从 2000 年的−31.6 上升到 2013 年的 6.7。我国通信服务贸易的 LFI 指数虽然为正，指数却偏低，比较优势较弱，而且 LFI 指数处于波动过程中，优势不够稳定。

表 3-33　2000—2013 年各国通信服务贸易 LFI 指数

年份	巴西	德国	意大利	印度	美国	中国	日本
2000	32.8	−11.9	−21.2	77.2	−31.6	77.9	8.2
2001	35.8	−7.5	−29.0	68.5	−18.4	−1.0	5.2
2002	25.9	−13.7	−42.3	−8.7	−16.7	15.7	13.4
2003	29.3	−3.8	−24.7	24.7	−9.6	28.2	7.8
2004	71.2	−3.0	−17.1	27.2	−12.4	13.4	−0.7
2005	56.8	−5.7	−16.8	52.6	−12.2	−4.8	−12.1
2006	53.6	−7.1	−17.6	47.9	−8.1	2.8	−18.2
2007	70.0	−9.3	−13.6	36.0	−10.0	7.3	−22.4
2008	43.3	−8.4	2.4	31.1	−3.6	5.8	−17.8
2009	61.6	−11.7	4.9	16.7	−1.7	9.7	−18.1
2010	56.0	−13.4	7.9	13.0	−1.3	12.3	−11.1

续表

年份	巴西	德国	意大利	印度	美国	中国	日本
2011	55.4	－10.3	6.0	2.9	5.4	33.2	－5.2
2012	44.0	6.4	1.2	16.8	7.2	23.2	－0.4
2013	41.0	8.1	2.0	22.6	6.7	25.0	－14.0

资料来源：WTO，Statistics，http://www.wto.org。

4. 计算机服务

计算机服务部门是技术密集型服务部门。从表 3-34 可以看出，印度计算机服务贸易的国际竞争力最明显，TC 指数不断上升，比较优势不断增强，这与印度信息技术的高水平发展密不可分。中国计算机服务贸易的 TC 指数也为正，而且处于较快的上升阶段，已经由 2000 年的 0.15 上升到 2012 年 0.58 的最高点。美国计算机服务贸易的比较优势不断下降，由 2000 年的 0.05 下降到 2013 年的－0.18。日本、巴西和德国计算机服务贸易的比较优势在不断增强，而意大利的比较优势则在徘徊中缓慢上升。

表 3-34　2000—2013 年各国计算机服务贸易 TC 指数

年份	巴西	德国	意大利	印度	美国	中国	日本
2000	－0.94	－0.13	－0.35	0.75	0.05	0.15	－0.32
2001	－0.95	－0.12	－0.46	0.73	0.03	0.14	－0.30
2002	－0.94	－0.06	－0.47	0.76	0.04	－0.28	－0.31
2003	－0.95	－0.04	－0.36	0.85	0.04	0.03	－0.32
2004	－0.92	0.00	－0.36	0.86	0.00	0.13	－0.35
2005	－0.90	－0.01	－0.43	0.85	－0.06	0.06	－0.37
2006	－0.90	0.04	－0.32	0.83	－0.14	0.26	－0.53
2007	－0.87	0.03	－0.34	0.77	－0.12	0.33	－0.58
2008	－0.87	0.06	－0.33	0.81	－0.13	0.33	－0.61
2009	－0.86	0.09	－0.31	0.87	－0.14	0.34	－0.63
2010	－0.89	0.08	－0.37	0.88	－0.20	0.51	－0.55
2011	－0.89	0.08	－0.32	0.92	－0.18	0.52	－0.56
2012	－0.76	0.08	－0.29	0.90	－0.19	0.58	－0.54
2013	－0.83	0.06	－0.20	0.90	－0.18	0.44	－0.47

资料来源：WTO，Statistics，http://www.wto.org。

如表 3-35 所示，与 TC 指数表现相似，考察各国计算机服务贸易的 SRCA 指数，印度仍然是最具有比较优势的国家，SRCA 指数高，比较优势强，不过近年 SRCA 指数有所下降，优势有所减弱。德国的 SRCA 指数近两年为正值，具有一定的比较优势，但并不明显。意大利和巴西计算机服务贸易的 SRCA 指数一直为负，但是指数有所上升，比较劣势有所改善。相反，美国和日本的 SRCA 指数出现下降，比较劣势地位进一步恶化，特别是日本由 2000 年的－0.37 下降到 2013 年的－0.72。我国计算机服务贸易的 TC 指数大于 0，但 SRCA 指数却表现为负值，比较优势尚不明显，不过我国计算机服务贸易的 SRCA 指数快速上升，由 2000 年的－0.66 上升到 2013 年的－0.37，竞争力不断增强，比较劣势地位有所改善。

表 3-35　2000—2013 年各国计算机服务贸易 SRCA 指数

年份	巴西	德国	意大利	印度	美国	中国	日本
2000	－0.84	－0.01	－0.59	0.86	0.11	－0.66	－0.37
2001	－0.90	－0.01	－0.72	0.88	0.05	－0.66	－0.42
2002	－0.88	－0.01	－0.72	0.87	0.06	－0.65	－0.54
2003	－0.92	－0.05	－0.72	0.87	0.07	－0.59	－0.63
2004	－0.90	－0.07	－0.73	0.88	0.03	－0.57	－0.69
2005	－0.86	－0.07	－0.72	0.88	0.03	－0.61	－0.68
2006	－0.87	－0.07	－0.66	0.89	－0.03	－0.54	－0.75
2007	－0.83	－0.08	－0.73	0.89	－0.03	－0.52	－0.78
2008	－0.85	－0.06	－0.49	0.88	－0.08	－0.47	－0.82
2009	－0.83	－0.06	－0.54	0.86	－0.08	－0.47	－0.82
2010	－0.86	－0.01	－0.51	0.85	－0.12	－0.41	－0.82
2011	－0.87	－0.01	－0.51	0.83	－0.09	－0.36	－0.81
2012	－0.70	0.01	－0.48	0.84	－0.11	－0.33	－0.79
2013	－0.78	0.01	－0.46	0.82	－0.14	－0.37	－0.72

资料来源：WTO，Statistics，http://www.wto.org。

表 3-36 表明，印度计算机服务贸易依然占据优势地位，LFI 指数远远超过其他国家，而且指数保持一个较高水平，但是其值偏离 0，表明产业内贸易水平比较低。德国计算机服务贸易的 LFI 指数也保持 10 以上这个比较稳定的

水平，比较优势比较稳定。日本和美国计算机服务贸易的 LFI 指数为负，处在下降过程中，比较劣势地位有所恶化。相反，巴西和意大利计算机服务贸易的 LFI 指数处在上升过程中，比较劣势地位有所改善。我国的计算机服务贸易具有相比较优势，且 LFI 指数波动上升，这种优势还在不断增强，同时由于 LFI 指数不断增长，产业内贸易水平不断降低。

表 3-36　2000—2013 年各国计算机服务贸易 LFI 指数

年份	巴西	德国	意大利	印度	美国	中国	日本
2000	−66.9	11.5	−35.7	82.0	−8.2	23.1	−7.5
2001	−66.0	11.8	−46.2	80.8	−9.6	22.6	−5.4
2002	−73.3	11.8	−44.4	79.7	−6.9	−20.1	−7.1
2003	−75.6	12.9	−34.0	87.2	−5.8	11.5	−15.6
2004	−76.3	14.4	−37.0	82.2	−9.5	19.0	−20.5
2005	−69.7	12.0	−42.7	80.2	−17.0	12.4	−27.1
2006	−70.5	13.0	−31.3	74.6	−25.7	30.5	−45.6
2007	−65.1	11.5	−29.5	66.7	−26.1	35.7	−50.0
2008	−65.8	12.7	−27.8	71.3	−26.6	36.6	−55.0
2009	−60.3	13.6	−25.2	79.7	−28.2	43.8	−55.3
2010	−55.9	12.0	−30.7	86.7	−35.3	60.2	−49.3
2011	−55.8	12.0	−28.3	86.8	−36.0	66.9	−48.7
2012	−42.3	12.6	−28.6	83.6	−38.2	77.0	−44.0
2013	−45.8	10.6	−20.6	80.6	−38.0	67.6	−41.9

资料来源：WTO，Statistics，http://www.wto.org。

由于生产性服务业不仅需要大量物质资本、人力资本、知识和技术等关键生产要素，而且与制造业存在着密切联系，这个部门的发展水平和竞争力已经成为衡量一国经济发展质量和水平的重要指标。综上所述，我国的金融和保险服务部门虽然过去处于比较劣势地位，但近年来竞争力有所增强，劣势地位正在改善。通信服务部门曾经占据一定的比较优势，但地位很不稳固，近年来优势有所减弱。计算机服务部门的比较优势尚不明显，在波动变化过程中呈现出一定的提升趋势，将具有微弱的国际竞争力。我国政府应该制定推动对外服务贸易发展的战略，努力在生产性服务业部门创建动态比较优势，逐渐使之成为带动对外服务贸易各部门协同发展的领头雁。

(四)新兴服务

1. 电影音像服务

如表3-37所示，美国电影音像服务业十分繁荣，国际竞争力很强，该部门服务贸易TC指数远远高于其他国家，但近年来比较优势有所减弱。巴西和意大利电影音像服务贸易的TC指数总体呈现下降态势，比较劣势地位有所恶化。德国和中国电影音像服务的比较优势呈上升态势。日本电影音像服务贸易的TC指数变化不明显，指数偏低，竞争力不足。

表3-37　2000—2011年各国电影音像服务贸易TC指数

年份	巴西	德国	意大利	美国	中国	日本
2000	−0.87	−0.80	−0.40	0.97	−0.54	−0.88
2001	−0.81	−0.77	−0.49	0.97	−0.28	−0.89
2002	−0.77	−0.62	−0.44	0.97	−0.53	−0.83
2003	−0.79	−0.49	−0.59	0.96	−0.35	−0.80
2004	−0.91	−0.53	−0.53	0.92	−0.62	−0.87
2005	−0.90	−0.49	−0.60	0.82	−0.07	−0.83
2006	−0.90	−0.67	−0.54	0.79	0.06	−0.81
2007	−0.93	−0.43	−0.61	0.81	0.35	−0.78
2008	−0.91	−0.46	−0.25	0.76	0.24	—
2009	−0.93	−0.39	−0.06	0.75	−0.48	—
2010	−0.94	−0.44	−0.56	0.78	−0.50	—
2011	−0.97	−0.51	—	—	−0.43	—

资料来源：WTO，Statistics，http://www.wto.org。

如表3-38所示，从电影音像服务贸易的SRCA指数来看，美国仍然是电影音像服务贸易的国际领导者，该部门比较优势十分明显。虽然美国SRCA指数在2000—2010年有所起伏，但总体呈现上升态势，比较优势增强。其余国家的电影音像服务贸易SRCA指数均为负，比较优势不明显。其中，日本和中国的指数有所上升，比较劣势地位有所改善。相反，德国、巴西和意大利的指数则有所下降，比较劣势地位不断恶化。虽然我国的比较劣势地位有所改善，但中国电影音像服务贸易的SRCA指数趋近于−1，竞争力很弱，而且增长不明显。

表 3-38　2000—2011 年各国电影音像服务贸易 SRCA 指数

年份	巴西	德国	意大利	美国	中国	日本
2000	−0.78	−0.52	−0.54	0.31	−0.95	−0.90
2001	−0.66	−0.41	−0.60	0.37	−0.89	−0.88
2002	−0.66	−0.46	−0.60	0.38	−0.90	−0.85
2003	−0.66	−0.25	−0.70	0.40	−0.91	−0.85
2004	−0.84	−0.35	−0.57	0.37	−0.91	−0.91
2005	−0.84	−0.26	−0.57	0.37	−0.75	−0.88
2006	−0.83	−0.42	−0.56	0.43	−0.79	−0.87
2007	−0.88	−0.39	−0.58	0.44	−0.64	−0.85
2008	−0.85	−0.43	−0.82	0.40	−0.58	—
2009	−0.85	−0.38	−0.71	0.40	−0.88	—
2010	−0.84	−0.44	−0.85	0.36	−0.89	—
2011	−0.94	−0.57	—	—	−0.88	—

资料来源：WTO，Statistics，http://www.wto.org。

在电影音像服务贸易 LFI 指数的表现方面，如表 3-39 所示，美国同样具有极强的比较优势，不过近年来美国 LFI 指数有所下降，美国的比较优势在其他国家电影音像服务业发展的影响下有所减弱。德国的电影音像服务业得到了较快的发展，LFI 指数增长迅速，从 2000 年的−0.98 增长到 2011 年的−0.29，比较优势不断增强。意大利电影音像服务贸易的 LFI 指数在 2008 年以前总体呈现下降态势，但 2009 年之后出现较快上升，比较优势增强。巴西和日本电影音像服务贸易的 LFI 指数有所上升，比较劣势地位有所改善。我国电影音像服务贸易的 LFI 指数为正，但这主要是由于我国服务贸易逆差占服务贸易总额的比重大于我国电影音像服务贸易逆差占电影音像服务贸易总额的比重，该部门还是处于比较劣势地位。

表 3-39　2000—2011 年各国电影音像服务贸易 LFI 指数

年份	巴西	德国	意大利	美国	中国	日本
2000	−0.68	−0.98	−0.34	1.45	0.01	−0.35
2001	−0.60	−1.04	−0.36	1.55	0.01	−0.47
2002	−0.61	−0.49	−0.29	1.60	0.01	−0.35

续表

年份	巴西	德国	意大利	美国	中国	日本
2003	−0.69	−0.41	−0.35	1.62	0.01	−0.31
2004	−0.84	−0.45	−0.46	1.45	0.01	−0.32
2005	−0.62	−0.45	−0.53	1.18	0.01	−0.33
2006	−0.63	−0.79	−0.41	1.31	0.01	−0.32
2007	−0.59	−0.28	−0.45	1.26	0.01	−0.30
2008	−0.59	−0.29	−0.03	1.00	0.01	—
2009	−0.72	−0.28	0.00	1.09	0.00	—
2010	−0.67	−0.30	−0.10	1.01	0.00	—
2011	−0.62	−0.29	—	—	0.00	—

资料来源：WTO，Statistics，http://www.wto.org、国际货币基金组织。

2. 专利权服务

从表 3-40 可以看出，专利权服务贸易的比较优势集中在美国和日本，其余国家的专利权服务贸易 TC 指数都为负。其中，美国一直保持顺差，而且 TC 指数呈上升态势，比较优势在增强。日本的 TC 指数也在 2003 年以后转为正值，专利权服务出口由逆差转为顺差，比较优势增强。虽然德国和巴西专利权服务贸易的 TC 指数为负值，但呈现出明显的上升趋势，竞争力不断增强，特别是德国的 TC 指数在 2009 年之后转为正值。巴西专利权服务贸易的 TC 指数也在不断上升，竞争力有增强趋势。我国和印度专利权服务贸易的 TC 指数处在下降阶段，同时我国专利权服务贸易的 TC 指数接近于−1，表明该部门毫无比较优势。

表 3-40 2000—2013 年各国专利权服务贸易 TC 指数

年份	巴西	德国	意大利	印度	美国	中国	日本
2000	−0.84	−0.32	−0.36	−0.55	0.51	−0.88	−0.04
2001	−0.83	−0.25	−0.50	−0.79	0.50	−0.89	−0.03
2002	−0.85	−0.16	−0.41	−0.89	0.47	−0.92	−0.03
2003	−0.84	−0.09	−0.54	−0.92	0.49	−0.94	0.06
2004	−0.83	−0.03	−0.40	−0.84	0.48	−0.90	0.07
2005	−0.87	−0.10	−0.26	−0.53	0.49	−0.94	0.09

续表

年份	巴西	德国	意大利	印度	美国	中国	日本
2006	－0.83	－0.15	－0.25	－0.87	0.54	－0.94	0.13
2007	－0.75	－0.14	－0.24	－0.75	0.57	－0.92	0.16
2008	－0.71	－0.08	－0.32	－0.82	0.55	－0.90	0.17
2009	－0.71	0.01	－0.28	－0.81	0.52	－0.93	0.13
2010	－0.76	0.06	－0.32	－0.90	0.54	－0.88	0.17
2011	－0.70	0.06	－0.28	－0.81	0.55	－0.90	0.21
2012	－0.76	0.06	－0.20	－0.85	0.51	－0.89	0.23
2013	－0.72	0.12	－0.20	－0.80	0.53	－0.92	0.28

资料来源：WTO，Statistics，http://www.wto.org。

如表 3-41 所示，专利权服务贸易对称性调整指数的结果与 TC 指数相似，专利权服务贸易的比较优势集中在美国和日本，而且美国专利权服务的比较优势十分稳固，日本则表现出较快的增强趋势。意大利和德国专利权服务贸易的 SRCA 指数也在不断上升，比较优势不断增强。巴西、印度和中国在专利权服务贸易方面则处在比较劣势地位。其中，巴西和中国的比较优势有微小的上升，我国专利权服务贸易的 SRCA 指数接近于－1，竞争力低下。

表 3-41　2000—2013 年各国专利权服务贸易 SRCA 指数

年份	巴西	德国	意大利	印度	美国	中国	日本
2000	－0.72	－0.46	－0.72	－0.76	0.65	－0.96	0.20
2001	－0.77	－0.43	－0.78	－0.89	0.65	－0.94	0.28
2002	－0.80	－0.42	－0.76	－0.95	0.67	－0.95	0.24
2003	－0.82	－0.44	－0.80	－0.95	0.67	－0.97	0.26
2004	－0.86	－0.43	－0.76	－0.91	0.69	－0.95	0.29
2005	－0.89	－0.35	－0.67	－0.76	0.69	－0.97	0.32
2006	－0.86	－0.39	－0.69	－0.93	0.70	－0.97	0.37
2007	－0.76	－0.39	－0.76	－0.86	0.71	－0.96	0.38
2008	－0.72	－0.30	－0.32	－0.90	0.70	－0.95	0.40
2009	－0.74	－0.08	－0.33	－0.88	0.66	－0.96	0.33
2010	－0.79	－0.17	－0.34	－0.93	0.67	－0.94	0.35

续表

年份	巴西	德国	意大利	印度	美国	中国	日本
2011	—0.75	—0.22	—0.35	—0.88	0.67	—0.95	0.38
2012	—0.77	—0.23	—0.32	—0.87	0.67	—0.94	0.43
2013	—0.74	—0.12	—0.37	—0.84	0.66	—0.95	0.46

资料来源：WTO，Statistics，http://www.wto.org。

从专利权服务贸易的LFI指数来看，如表3-42所示，美国和日本指数始终为正。其中，美国始终占据主导地位，日本的比较优势也有着略微的增强。我国的专利权服务贸易表现出极度的比较劣势，LFI指数经历了一个先下降后上升的阶段。印度专利权服务贸易的LFI指数2002年后始终处于一个比较低的位置，总体呈现下降态势，比较优势不明显。意大利的比较劣势地位有所好转，而且专利权服务贸易的LFI指数近两年有所增加，产业内贸易水平也有所增加。巴西专利权服务贸易的LFI指数正在增长，比较劣势地位有所改善。

表3-42 2000—2013年各国专利权服务贸易LFI指数

年份	巴西	德国	意大利	印度	美国	中国	日本
2000	—56.4	—7.3	—37.4	—47.8	37.8	—79.8	21.2
2001	—54.1	—1.3	—49.7	—71.6	37.5	—81.1	21.8
2002	—64.3	1.5	—39.0	—85.1	35.6	—84.0	20.8
2003	—64.7	8.5	—52.6	—89.6	39.8	—85.8	22.3
2004	—66.9	12.0	—40.6	—87.7	38.0	—84.3	22.0
2005	—65.9	3.4	—25.9	—58.3	37.6	—88.2	19.1
2006	—63.6	—5.3	—24.2	—95.2	42.5	—89.4	20.1
2007	—53.6	—5.9	—19.7	—85.6	43.0	—88.8	24.1
2008	—49.1	—1.2	—27.2	—92.0	41.0	—85.7	23.3
2009	—44.8	5.0	—21.8	—88.5	37.6	—82.3	20.0
2010	—42.7	9.9	—26.5	—91.1	37.9	—79.3	22.8
2011	—36.5	10.1	—24.0	—85.9	37.4	—75.5	27.6
2012	—41.5	10.8	—19.2	—91.4	32.5	—69.9	32.8
2013	—34.3	16.3	—20.7	—88.8	33.0	—68.6	33.1

资料来源：WTO，Statistics，http://www.wto.org。

3. 环境服务

目前，全球还没有就环境服务业包括哪些服务业部门达成共识。现在广泛使用的是《服务贸易总协定》(GATS)的SSCL分类，以及经济合作与发展组织(OECD)和欧盟的分类。虽然SSCL分类没有覆盖所有的环境服务业部门，但作为一个谈判目录还是得到大家认可。OECD和欧盟的分类则体现了环境服务业的广泛内涵，反映了环境服务业的现状和未来发展方向。我国国家环境保护总局参考这些国外标准，在2000年印发的《全国环境保护相关产业状况公报》首次提出了环境服务业的定义，即与环境相关的服务交易活动，具体包括环境技术服务、环境咨询服务、污染设施运营管理、废旧资源回收处置、环境贸易与金融服务、环境功能及其他服务共六类。

作为20世纪90年代兴起的新兴产业，环境服务业发展迅速，具有较强的“后发优势”。世界环境服务业的产值在1997年为2 501亿美元，到2010年达到3 694亿美元，年均增长率为3.1%。同期，世界国内生产总值年均增长率为2.9%。从图3-19可以看出，环境产业的增长快于环境服务业，在大多数年份增速高于世界国内生产总值的增速，同时又与世界国内市场总值保持着相似的发展态势。

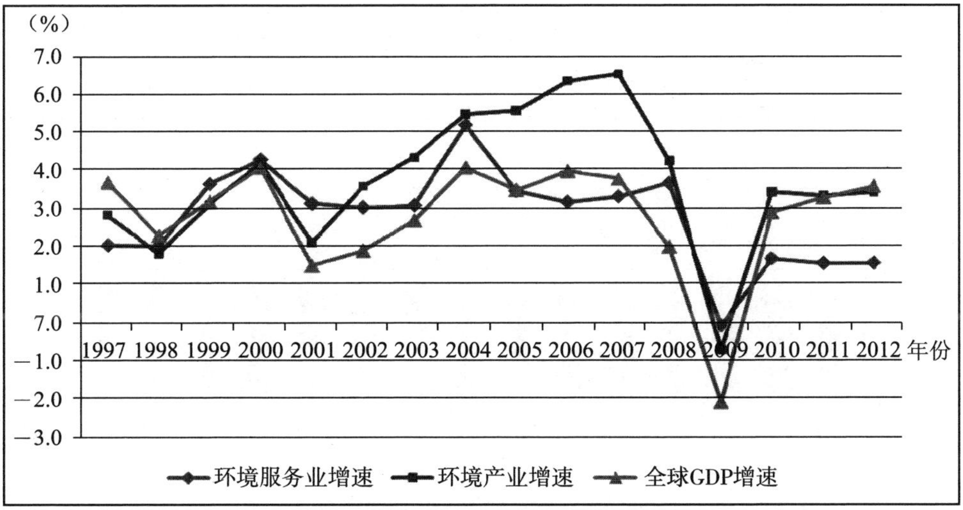

图3-19　环境产业、环境服务业和GDP增速

资料来源：Environment Business International，Inc.，San Diego，California，USA。

在环境产业内部，环境服务业产值已经占据环境产业的一半。虽然环境服务业产值所占比重在 2004 年之后有所下降，但在总体上环境服务业产值占环境产业产值的比重仍然在 40%以上，远远高于服务贸易占世界贸易总额的比重。从环境服务业内部结构来看，环境服务业各部门发展不平衡，最重要的部门是废物处理和污水处理。2010 年，废物处理部门产值占环境服务业产值的 45%，污水处理部门产值占环境服务业产值的 29%，两个部门产值占据环境服务业产值的 74%。但是近年来，废物处理部门所占比例有所下降，污水处理部门所占比例比较稳定，其他环境服务业部门所占的比例有所上升，环境服务业内部结构有所改善。如图 3-20、图 3-21 所示。

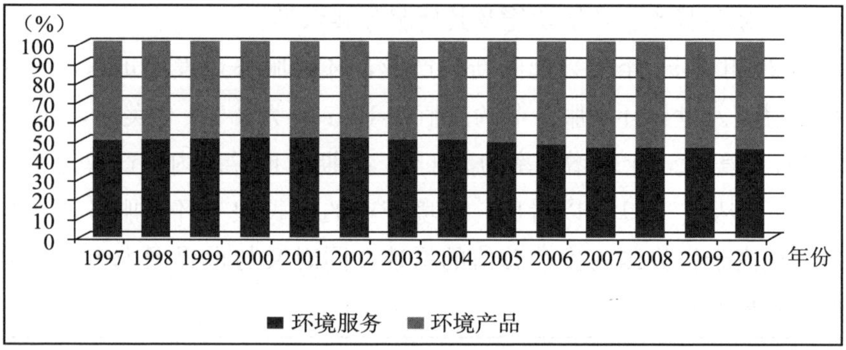

图 3-20 环境服务与环境产品占环境产业的比重

资料来源：Environment Business International，Inc.，San Diego，California，USA。

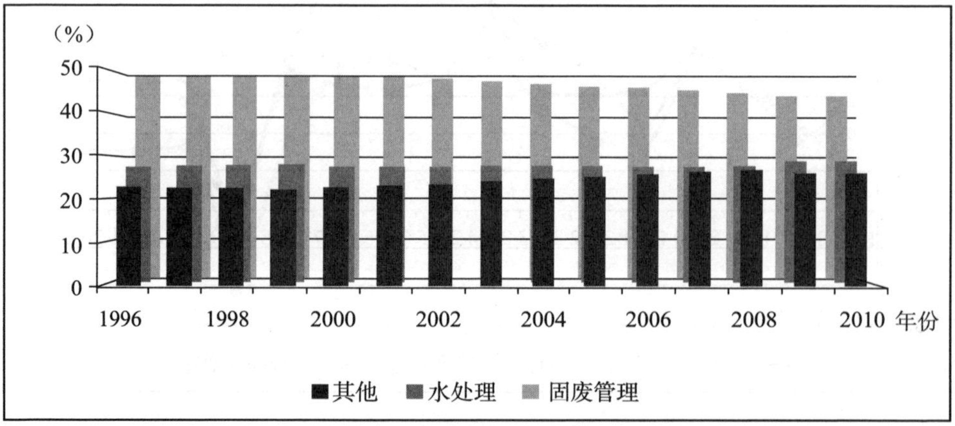

图 3-21 环境服务业内部结构

资料来源：Environment Business International，Inc.，San Diego，California，USA。

目前，发达国家环境服务业的产值已经占国内生产总值的10%—20%。美国、西欧和日本是环境服务业最发达的国家，其他国家和地区环境服务业产值所占的比例较低，具体情况如图3-22所示。但是，发达国家环境服务业产值在世界环境服务业产值所占的比例正在逐渐下降，亚洲、非洲和拉美的发展中国家环境服务业产值所占的比例正在不断上升。

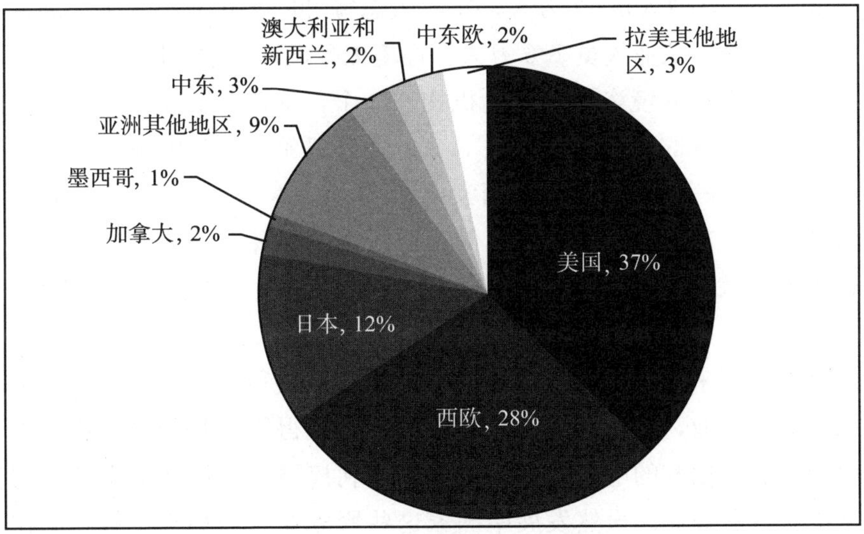

图3-22　全球环境服务业发展

资料来源：Environment Business International，Inc.，San Diego，California，USA。

随着环境服务业市场化程度的提高，将会有越来越多的企业有兴趣提供环境服务，与环境服务业有关的人员流动和产业转移将不断发生。同时，随着对环境服务需求的增加，环境服务领域的研发投入将不断增加。目前，世界贸易组织在推进的环境服务贸易自由化的谈判，这将促使更多的国家开放本国环境服务市场，世界环境服务贸易将会迅速发展。

我国环境产业起步于20世纪70年代初期，80年代随着我国政府对环境保护的日益重视而得到了一定的发展，90年代在我国政府一系列环境法规和政策影响下取得了较快的发展。在20世纪90年代中期以前，我国环境服务业的主体主要是各种科研设计单位，服务业也相应以开发、设计等技术性服务为主。90年代后期，环境工程公司大量进入服务业，我国环境服务业的范围也从单一的技术服务向决策、管理和金融等全方位的智力服务发展，结构性调整明显加快。

1993—2004年，我国环境服务业年均增长率为25%，是同期环境保护产品制造业增长率(10%—13%)的2倍。环境服务业从业人员和从业单位数量也在不断增加。2004年，国有及年收入200万元以上的非国有环境服务业机构共3 400个，从业人员17万人，年收入总额260多亿元。其中，环境技术研发机构456个，从业人员1.6万人；环境工程设计与建设机构1 201个，从业人员5.3万人；环境咨询服务业机构973个，从业人员4.2万人；污染治理设施运营机构665个，从业人员5.2万人。近年来，我国环境服务业产值的增长率为14%—17%，是发达国家增长率的2—3倍。但是，我国环境服务业产值在国内生产总值中所占的比例很低，在世界环境服务业产值中所占的比例也很低。我国一直是环境服务的净进口国，环境服务业的国际竞争力不强。

从世界范围来看，发达国家的电影音像服务业和专利权服务业属于本国传统的优势服务业，为这些国家对外服务贸易赢得了较强的国际竞争力。与此同时，发展中国家的电影音像服务业、专利权服务业和环境服务业起步较晚，属于新兴服务业。虽然发展中国家这些服务业发展势头良好，但在规模和竞争力上与发达国家还有不小差距。例如，中国电影音像服务和专利权服务尚不具有比较优势，但它们近些年来劣势地位都有轻微的改善。环境服务业是我国政府确立的战略性新兴产业——环境产业的重要组成部分，近年来其内部各部门结构正在不断得到优化，行业产值的增长率也比较高，不过在规模和竞争力方面仍然落后于发达国家。因此，根据以上对我国新兴服务业比较优势的分析，应从国际对比中找到差距和发展优势，准确估计世界服务业和服务贸易发展的新一轮调整方向，在起步和发展水平较为接近的环境服务业重点培育我国的动态比较优势，带动我国对外服务贸易整体跨越式发展。

第四节 基于动态比较优势的对外服务贸易发展战略

一、转变我国对外服务贸易发展方式的迫切性

(一)我国对外服务贸易存在的问题

近年来，我国对外服务贸易取得了快速的发展，服务进口、出口和总额的增长十分明显，占世界的比重也在不断提高。但不容忽视的是，我国服务贸易长期处于逆差状态，服务出口的市场占有率相对较低。同时，我国服务贸易严重依靠运输和旅游两大传统服务业部门，新兴的高技术和高附加值的服务贸易占我国服务贸易总额的比重较小，服务贸易内部发展结构不合理。当前，与货物贸易相比，我国服务贸易占比仍然偏小，贸易结构还是以货物贸易为主，而且服务贸易的开放度较低。另外，我国服务出口变差水平比较低，有时甚至会阻滞我国整体对外贸易的发展。根据本章前三节的分析，可以看到我国对外服务贸易存在下述问题：

第一，服务贸易与货物贸易的比重失衡。我国服务进出口额占货物贸易的比重只有12.5%，比全球的水平低10%。货物贸易与服务贸易尚未形成良性互动的局面，比如我国货物贸易数额庞大且连年顺差，但未能促进服务贸易的协调发展，服务贸易逆差连年增加，这与当前世界货物贸易与服务贸易两者融合发展的世界潮流相悖。

第二，服务业及其贸易在国内生产总值所占比例比重偏低。我国服务业占国内生产总值的比重2014年为48.2%，不仅远远低于发达国家，而且低于发展中国家的平均水平。世界银行的统计数据显示，发达国家服务业占国内生产总值的比重平均在70%以上，中等收入国家平均达到50%左右。正当整体对外贸易被视为拉动中国经济增长的三驾马车之时，服务贸易特别是服务出口的拉动作用仍有较大的上升空间。

第三，服务贸易内部结构不平衡。我国服务贸易发展仍主要集中于传统劳动密集型和资源优势型部门，旅游和运输等传统服务占服务贸易出口的主要地位，而金融、保险、咨询、计算机和信息服务等高附加值的资本、知识和技术密集型服务贸易还比较落后。这种状况制约了我国对外服务贸易国际竞争力的提升，进而抑制了服务贸易的深入发展。

第四，现代服务业仍然处于弱势。金融和保险服务部门的劣势地位正在改善，通信服务部门正从微弱的优势地位日趋减弱，计算机服务部门具有微弱的国际竞争力，而电影音像服务、专利权服务和环境服务在规模和竞争力上与发达国家存在差距。其中，电影音像服务和专利权服务近些年来劣势地位出现轻微的改善，环境服务业内部各部门结构正在不断优化。

第五，技术进口面临困境。我国技术进口主要集中在欧盟、日本和美国等发达国家和地区，占我国技术进口总额的70%以上。但是，这些发达国家对我国都存在着不同程度的技术出口管制。当技术贸易的规模迅速扩大之时，技术高价现象仍然存在，这是我国技术进口的一大障碍。尽管国内知识产权保护体系从无到有并不断完善，但近年来我国技术进口的知识产权纠纷仍然十分严重。

(二)我国对外服务贸易比较优势的现状

从服务业的比较优势和国际竞争力的比较来看，美国对外服务贸易的竞争力很强，比较优势十分明显。德国与中国的情况类似，服务贸易进出口以及服务贸易总额的规模较大，比较优势集中在传统服务业部门，整体的国际竞争力不明显，但是总体上德国优于中国。印度作为与中国情况最为接近的国家，其服务贸易总体竞争力优于中国，很多行业部门的比较优势十分明显。虽然荷兰、丹麦和瑞士的服务贸易总额不大，但是少数部门的竞争力很强，甚至超越其他大国的比较优势。

在我国的传统服务业部门里，旅游在服务贸易总额中一直占据很大比重，旅游服务贸易总额逐年提高，增速较快，是我国主要的服务出口部门，也是主要的服务贸易顺差部门，为我国服务贸易发展做出了重要贡献。旅游服务的市场占有率不断提高，从TC指数、SRCA指数和LFI指数来看，我国旅游服务具有相对微弱的出口竞争力，但是产业内贸易水平比较低，而且旅游服务在服务出口总额中的比重在不断下降。运输服务也属于我国低端传统服务业，作为我国服务贸易的重要部门，在推动服务出口方面有着重要作用，在我国对外服务贸易比较优势整体较弱的情况下，运输服务业具备了一定的比较优势和国际竞争力。我国建筑服务贸易的比较优势与运输和旅游相比最明显，和主要服务贸易国家相比，我国建筑服务的国际竞争力较强，而且自2000年以来这种优势还在进一步扩大。

在我国的生产性服务业部门里，金融和保险服务部门近年来竞争力有所增强，比较劣势地位正在改善。通信服务部门曾经占据一定的比较优势，但地位很不稳固，近年来优势有所减弱。计算机服务部门的比较优势尚不明显，但呈现出一定的波动提升态势，将具有微弱的国际竞争力。

在我国的新兴服务业部门，电影音像服务、专利权服务和环境服务起步较晚，目前属于新兴服务业，虽然发展势头良好，但在规模和竞争力上与发达国家还有不小差距。电影音像服务和专利权服务尚不具有比较优势，但近年来劣势地位都有轻微的改善。环境服务业内部各部门结构正在不断优化，行业产值的增长率较高，不过在规模所占比例和出口竞争力方面仍然落后于发达国家。

(三)加快我国对外服务贸易发展方式的转变

从上面的分析可以看出，我国对外服务贸易的发展状况与发展方式取决于我国国内服务业的发展状况和发展方式。发达国家已经进入了以服务业为主的发展阶段，而我国仍然停留在以工业为主的发展阶段。不发达的服务业使我国的对外服务贸易整体处于弱势。另外，我国是一个人口众多的发展中国家，劳动力资源价格相对低廉，这样我国主要在劳动密集型的服务业中具有比较优势。

正因为如此，我国对外服务贸易的发展方式仍然是粗放型的发展方式，对外服务贸易的效益较低，这将产生两个后果：第一，我国的对外服务贸易长期处于逆差状态，拖了我国对外贸易发展的后腿，进而影响了我国经济的发展。第二，随着我国劳动力资源逐渐变得相对短缺以及成本的上升，我国劳动密集型服务业的竞争力将受到抑制，而技术密集型的服务业又难以与发达国家竞争，我国的对外服务贸易发展方式将不可持续。因此，必须加快我国对外服务贸易发展方式的转变。

在研究如何推进我国对外服务贸易发展方式转变时，总结印度对外服务贸易的发展情况是很有必要的。印度和中国同为科学技术相对落后的发展中国家，但是，从 20 世纪 90 年代开始，印度的对外服务贸易高速发展，成为对外服务贸易发展史上的一个奇迹。

从总体上看，印度对外服务贸易具有规模大、增速快和顺差大等特点。与印度相比，虽然我国对外服务贸易进出口额很大，但长期处于对外服务贸易逆差的状态，与我国的对外货物贸易形成鲜明的对比，如表 3-43 和表 3-44 所示。从印度的对外服务业部门表现来看，软件服务业一枝独秀，在世界软件服务出口中也曾多次排名第 1 位。金融和保险业稳健增长，通信、其他商业服务业也具有一定的竞争力，如表 3-45 所示。

表 3-43　2004—2012 年服务贸易出口额(除政府服务)　　单位：亿美元

年份	2004	2005	2006	2007	2008	2009	2010	2011	2012
世界	22 504	25 162	28 454	34 214	38 471	34 887	38 277	42 954	43 970
中国	645	739	914	1 217	1 464	1 285	1 612	1 757	1 904
印度	379	522	695	866	1 067	921	1 165	1 382	1 456

资料来源：WTO，International Trade Statistics，2013，http://www. wto. org。

表 3-44　2004—2012 年服务贸易进口额(除政府服务)　　单位：亿美元

年份	2004	2005	2006	2007	2008	2009	2010	2011	2012
世界	21 457	23 837	26 596	31 738	36 330	32 923	36 130	40 422	41 523
中国	722	833	1 003	1 293	1 580	1 580	1 922	2 370	2 802
印度	353	468	582	704	878	796	1 164	1 237	1 275

资料来源：WTO，International Trade Statistics，2013，http://www. wto. org。

表 3-45　2005—2012 年印度服务贸易分部门出口额　　单位：亿美元

年份	2005	2006	2007	2008	2009	2010	2011	2012
运输服务	57.5	75.6	90.3	116	112	132	174	171
旅游服务	74.9	86.3	107	118	111	141	175	177
通信服务	15.7	21.8	23.5	24.8	17.0	15.5	16.7	16.5
电信服务	7.8	10.9	11.7	12.4	17.0	15.1	16.4	16.2
建筑服务	3.5	6.2	7.5	7.4	8.1	5.2	8.4	9.3
保险服务	9.4	11.1	15.1	15.6	15.1	17.8	25.7	22.3
金融服务	11.4	23.6	33.8	42.9	36.2	58.3	62.3	55.3
计算机服务	161	214	275	359	323	402	436	473
版权专利费	2.1	6.9	16.3	14.8	19.2	12.8	30.2	31.6
个人、文化与娱乐服务	1.1	3.1	5.1	7.1	4.3	3.3	3.4	7.7

资料来源：WTO，International Trade Statistics，2013，http://www. wto. org。

印度的计算机服务是印度服务出口的第一大产业。2012年，印度计算机服务出口额达473亿美元，占印度全部服务出口的33.6%，是我国的3.26倍。这一年，我国计算机服务出口额仅有145亿美元，占我国服务出口额的7.6%。同时，印度在2012年计算机服务进口额为25亿美元，而同期我国为38.4亿美元，是印度的1.5倍，如表3-46和表3-47所示。由此可见，印度的计算机服务贸易为印度带来了巨大的贸易顺差。印度的计算机服务的出口附加值更高，我国则过度依赖于最基础的软件外包业务，在软件设计的核心技术方面较为薄弱。

表3-46　2004—2012年计算机服务出口额　　单位：亿美元

年份	2004	2005	2006	2007	2008	2009	2010	2011	2012
世界	955	1 063	1 285	1 589	1 987	1 942	2 180	2 478	2 627
中国	16.4	18.4	29.6	43.4	62.5	65.1	96.2	122	145
印度	121	161	214	275	359	323	402	436	473

资料来源：WTO，International Trade Statistics，2013，http://www.wto.org。

表3-47　2004—2012年计算机服务进口额　　单位：亿美元

年份	2004	2005	2006	2007	2008	2009	2010	2011	2012
中国	12.5	16.2	17.3	22.1	31.7	32.3	29.7	38.4	38.4
印度	9.3	12.7	19.6	35.8	37.7	22.7	25.3	18.6	25.0

资料来源：WTO，International Trade Statistics，2013，http://www.wto.org。

印度的金融和保险服务业增长较快，目前已经跻身世界金融、保险服务出口的十强之列。印度金融服务2004年出口3.4亿美元，到2012年出口额已经达到55.3亿美元，增长近16倍。保险服务在2004年出口8.4亿美元，到2012年出口22.3亿美元，增长了近2.6倍，基本保持顺差状态。

印度对外服务贸易竞争力的形成与其国内市场发展和特殊政策是密不可分的。例如，印度计算机技术服务的竞争力主要来源于长期重视计算机人才的培养、持续的低成本优势、精益求精的质量观念、基础设施的不断改善以及鼓励软件服务业发展的政策环境。具体地说，印度通过大力发展高等教育培养了大批计算机人才。由于印度是一个发展中国家，工程技术人员的工资成本较低，再加上政府对计算机服务业的发展提供政策上的支持，使印度的计算机服务业迅速发展起来。

同时，印度金融服务业竞争力的增强与20世纪90年代以来印度政府不断放宽对金融业的管制并鼓励私人资本和外资进入金融业的政策关系密切。但是，尽管印度对金融部门采取了一系列的自由化措施，但是政府管制仍然相当严厉。例如，印度政府承诺在所有的金融部门都实行政府管制措施，政府管制措施集中在对商业存在和自然人流动形式的限制，在水平承诺的基础上对不同的金融部门又有不同的管制措施。

印度对外服务贸易的发展给予我国一个重要的启示是：对外服务贸易的比较优势是可能创建的。印度在计算机服务等服务业方面与发达国家相比原来并没有比较优势，但经过印度政府立足于本国国情的培育和支持，使得印度在这些人力资本密集型的服务业中处于比较优势地位。因此，我国需要通过创建动态比较优势来加快我国对外服务贸易发展方式的转变。

显然，我国对外服务贸易发展方式的转变同样取决于我国服务业发展方式的转变。但是，正如第一章的分析所表明的那样，我国对外服务贸易发展方式的转变也会反过来促进我国服务业发展方式的转变，并进一步推动我国对外服务贸易发展方式的转变。笔者正是从这个角度，提出基于动态比较优势的对外服务贸易发展战略。

二、基于动态比较优势的对外服务贸易发展战略的内容

(一)基于动态比较优势的对外服务贸易发展战略的提出

根据对服务贸易整体和分部门的比较优势的分析与比较，我国需要重构对外服务贸易发展战略，引导对外服务贸易发展，进一步优化服务贸易进出口结构，让对外服务贸易在我国对外经济领域发挥更大的作用。

第二章的分析论证了在对外贸易中存在静态比较优势、动态比较优势和超比较优势。所谓基于动态比较优势的对外服务贸易发展战略，就是在科学判断当今世界服务贸易格局的前提下，从提升本国服务业分工地位和服务贸易利益最大化出发，以服务贸易部门行业为对象，构建以巩固静态比较优势服务业、建立动态比较优势服务业和培育超比较优势服务业为内容的对外服务贸易发展战略。

当前，我国运输、旅游和建筑等传统服务业一枝独秀，充当着我国对外服务贸易发展的领头雁，生产性服务业和新兴服务业紧随其后，形成一种雁

型的发展态势。但是，生产性服务业和新兴服务业中的某些部门，是具有动态比较优势和潜在超比较优势的服务贸易部门。在政府的扶持和市场的调节下，这些代表着服务业发展方向的部门很可能发展起来，并在我国未来的对外服务贸易中逐渐发展成为领头雁，从而形成另一种雁型的发展态势。从前一种雁型发展态势到后一种雁型发展态势的转变过程，就是我国对外服务贸易发展方式的转变过程，也就是基于动态比较优势的对外服务贸易发展战略要解决的问题。

(二)巩固具有静态比较优势的传统服务业

所谓静态比较优势产业是指目前具有比较优势的产业。运输、旅游和建筑等传统服务业是我国具有静态比较优势的服务业，我国服务业的地位与我国服务业的发展水平是相适应的，而且在未来一段时间里这种状况不会有很大的变化。因此，我国政府应该巩固这些具有静态比较优势的服务业的发展态势，继续发挥这些服务业对我国经济发展所发挥的作用。

首先来分析旅游业。旅游业作为一个综合性服务产业，具有很强的产业带动能力。它不仅能带动相关的交通、运输、餐饮和住宿等服务产业，而且能带动零售、物流等以及货物贸易相关产业。旅游业由于其强大的产业带动能力，已经使它成为一些小国的支柱产业，旅游业在我国的服务贸易中接近1/4的占比也说明了它的重要地位。

另外，旅游业与其他服务业相比并非是以技术为核心竞争力的行业，而是以自然、文化和生态资源为基础的产业。同时，旅游业与其他服务业相比又具有开发与维护投入成本相对较低、环境污染较小和收益较高的特点，是名副其实的绿色产业。因此，旅游业是永远的朝阳产业。

我国拥有广阔的地域、复杂的地质结构和数千年的文明史，是一个旅游资源极为丰富的国家。不论如何培育动态比较优势或者是超比较优势的对外服务业，我国政府都必须注重旅游业的发展。我国政府可以从下述四个方面巩固和发展我国的旅游业：

第一，积极申报世界遗产。世界遗产是文化的保护与传承的最高等级，它分为自然遗产、文化遗产、自然遗产与文化遗产双重遗产、文化景观以及非物质遗产五种类型。到2011年，全世界共有世界遗产936处。到2013年6月，我国已有45处世界遗产，其中世界文化与自然双重遗产4处，世界自然遗产 10 处，世界文化遗产 28 处，世界文化景观遗产 3 处。我国政府应该积极鼓励地方政府申报世界遗产。申报世界遗产不仅能够增加国际旅游景点，而且还可以提高国际旅游质量。

第二，严格规范旅游市场。我国旅游市场长期存在强制购物、旅游服务质量不高、旅游内容与旅游合同不符等顽疾，我国各地政府已经采取了各种措施规范旅游市场，旅游市场的规范性也在不断提高。但是，我国的旅游市场仍然存在很多不尽如人意的地方。我国的旅游市场是否规范，直接影响到我国对外旅游贸易的发展。因此，我国政府应该坚持不懈地规范旅游市场，实行严格的行业准入制度和行业处罚制度，以保证我国旅游业的健康发展。

第三，注重旅游资源可持续发展。要发展旅游业，就要开发旅游资源。在我国，不断出现急功近利地开发旅游资源、以粗放的方式发展旅游业的现象，影响到所在地的生态平衡。因此，我国政府要对地方政府进行约束和管制，在旅游资源的开发中注重旅游资源可持续发展，塑造绿色环保的生态旅游区。

第四，鼓励旅游企业“走出去”。我国政府要向旅游企业提供对外直接投资方面的支持以鼓励它们“走出去”，政府还可以组织旅游企业到海外举行旅游推广介绍会，推进我国旅游业的国际化进程。

其次来分析运输业。运输属于资本密集型产业。从对外服务贸易的角度来看，运输业主要包括国际港口和国际航运业。随着我国经济的发展，我国国际运输服务也有了很大的发展。到 2012 年 12 月，如果以货物吞吐量计算，我国的宁波—舟山港、上海港、天津港、广州港、苏州港、青岛港、大连港和唐山港分别列世界第 1、第 2、第 4、第 6、第 7、第 8、第 9、第 10 的席位，新加坡港和鹿特丹港列第 3、第 5 位。到 2013 年 12 月，如果以集装箱运输计算，我国的中远集运和中海集运分别列世界集装箱运输公司的第 5 位和第 9 位。我国已经成为国际航运大国，但还不是国际航运强国，我国主要从事低端的国际航运业，国际航运的效益不高。

2009—2011 年，我国政府共批复了建设上海、大连、天津、厦门 4 个国际航运中心的建设规划，对于推动我国国际航运服务业的发展将发挥很大作用。2012 年，上海航运交易所发布了被称为中国版的 BDI 指数(波罗的海干散货运价指数)：中国进口干散货运价指数(CDFI)以及填补中国原油运输业空白的指数：中国进口原油运价指数(CTFI)。这也就意味着，中国的货主和船主的报价体系多了一个参考选择，中国有了自己的 BDI 体系，中国原油成本控制有了新依据，中国货运体系的搭建将更加完善，在国际航运业的话语权也将得到大幅提升。

关于巩固我国国际运输业的发展，我国政府需要关注下面两项工作：

第一，维护我国国际航运业的发展秩序。在 20 世纪 90 年代中后期，处于不同国际航运产业链的企业都涌入国际航运市场，造成国际航运市场秩序的混乱和一定程度的恶性竞争。诚然，国有国际航运企业应该欢迎民营航运企业参与国际航运的竞争，并在竞争中不断地提高企业的效率。但是，我国政府应该适当地控制处在不同产业链的其他国有企业参与国际航运业，使国有企业集中精力做好主营业务，同时也可以避免国有企业之间的恶性竞争。

第二，我国的国际航运企业的国际地位不断提高，但是我国国际航运企业主要承接的是我国对外贸易中的国际运输业务。因此，我国政府还要鼓励我国的国际航运企业，特别是国有的国际航运企业“走出去”，主动参与国际航运业的竞争，逐渐进入国际航运业的高端地位，发展成为真正的跨国航运企业。这就是说，我国的国际航运企业不仅进行“跨国”的运输业务，而且进行“跨国”的企业经营。

最后来分析建筑业。建筑业属于劳动密集型产业。从对外服务贸易的角度分析，建筑业主要是指对外建筑工程承包。由于我国拥有丰富的劳动力资源，对外建筑工程承包是我国对外服务贸易中具有比较优势的产业。1979 年，我国对外建筑工程承包完成营业额是 0.3 亿美元，到 2011 年已经达到 1 034 亿美元，增长了约 3 500 倍。2012 年，我国有 52 家建筑企业进入“美国工程新闻纪录(ENR)国际承包商 225 强”，成为入选企业数量最多的国家，其中中国交通建设股份公司列第 10 位。更为可喜的是，我国对外建筑承包企业的业务领域迅速向高技术含量的石油化工、电力工程、矿山建设、通信、环保和航空航天拓展，我国工程设计企业已涉足工程项目规划、勘察、设计和管理等产业链的上游业务，成功进入国际工程设计咨询领域，推动了我国企业在工程承包全产业链分工地位的变化和工程承包模式的变化。①

---

① 吴慧娟：《坚持改革 不断创新 推进工程勘察设计咨询业科学发展》，《中国勘察设计》2012 年第 6 期，第 18 页。

我国对外建筑工程承包面临的任务是如何转变发展方式，从工程的建造延伸到工程勘察、设计和咨询。目前，我国的工程勘察设计咨询企业越来越意识到技术进步的重要性，它们实施“技术领先”发展战略，设立企业技术研究和开发机构，有的企业还建立了专属产业基地，实行“产、学、研、建”相结合，加快创新步伐，将先进的技术和开发的设备用于工业工程项目，取得了引人注目的发展。

对于我国具有静态比较优势的对外服务业，可以更多地交由市场去调节。我国这些行业的对外服务企业在国际旅游市场、运输市场和建筑市场的竞争中将会不断地发展和壮大。

(三)创建可能具有动态比较优势的服务业

应该指出，比较优势不是一成不变的。有的产业在现阶段并不具有比较优势，但是通过一定政策措施的扶持，它有可能发展成为具有比较优势的产业，这就是动态意义的比较优势。例如，印度的计算机服务业就是从没有比较优势发展为具有比较优势的产业。按照这样的思路思考，我国有的对外服务业现在并不具有优势，单独依靠市场这只看不见的手调节，在将来也未必能够成为比较优势产业。但是如果它们代表着服务业未来的发展方向，在我国又具有发展的基础和条件，我国政府就应该积极地在各个方面给予扶持，通过政府这只看得见的手，力争将它们转变为动态比较优势产业。

动态比较优势服务业应该从生产性服务业去选择。生产性服务业通常是以资本、知识和技术密集型为特征的服务业，它是当今各国对外服务贸易竞争的主要领域，也是我国与服务贸易强国之间存在差距的主要来源。

关于创建具有动态比较优势的对外服务业，建议我国政府关注通信服务业、计算机服务业和金融服务业，我国有可能在这些服务业创建动态比较优势。

首先来考察通信服务业。通信服务业包括电信的运营和电信技术服务等，它是属于技术密集型的生产型服务业。长期以来，我国通信服务业落后于发达国家。但是，近年来，我国通信服务出现迅速发展的局面。其中值得注意的是我国移动通信服务业的发展，它的发展过程是一个逐渐从比较劣势演变为比较优势的过程，从中给予我们很多的启示。

第一代移动通信技术(1G)形成于20世纪80年代，是基于模拟标准的蜂窝技术。该技术包括美国的高级移动电话系统(AMPS)、北欧国家的 Nordic 移动电话(NMT)、英国的总访问通信系统(TACS)、日本的 JTAGS、德国的 C-Netz、法国的 Radiocom2000 和意大利的 RTMI 等。其中最为卓著的是美国的 AMPS 技术。当时，我国不要说移动通信技术，就是有线电话技术还很落后。

第二代移动通信技术(2G)形成于 20 世纪 90 年代，是指从模拟技术转变为数字技术的无线通信技术。该技术主要包括欧洲国家开发的时分多址(TDMA)技术和美国高通公司开发的码分多址(CDMA)技术。世界各国以这两项技术为标准制定了多种第二代移动通信技术规格。当时，我国的经济处在迅速发展之中，但是我国在世界无线通信领域中没有地位，只能被动地接受发达国家制定的技术标准。

第三代移动通信技术(3G)形成于 2000 年前后，是指能够高速传送声音和数据的移动通信技术。国际电信联盟(ITU)在 2000 年 5 月确定了 W-CDMA、CDMA2000 和 TD-SCDMA 三个主流 3G 标准。

W-CDMA 是由 GSM 网发展出来的 3G 技术规范，支持者主要是以 GSM 系统为主的欧洲厂商，包括欧美的爱立信、诺基亚、朗讯、北电以及日本的 NTT、富士通、夏普等厂商。CDMA2000 是由美国高通北美公司主导提出的，摩托罗拉、朗讯和韩国三星参与，韩国现在成为该标准的主导者。TD-SCDMA 是由我国大唐电信公司提出的 3G 标准。该标准将智能无线、同步 CDMA 和软件无线电等当今国际领先技术融于其中。由于我国国内具有庞大的无线通信市场，该标准受到各大主要电信设备厂商的重视，世界一半以上生产设备的厂商都宣布可以支持 TD-SCDMA 标准，这意味着我国的移动通信技术开始在国际上占据一席之地。

第四代移动通信技术(4G)是近几年发展起来的能够以更高速度传送声音、数据和视频图像的无线通信技术。2012 年 1 月 18 日，国际电信联盟在 2012 年无线电通信大会上，正式将我国主导制定的 TD-LTE-Advanced 和欧洲国家主导制定的 FDD-LTE-Advance 同时确立为 4G 国际标准。TD-LTE 技术是由上海贝尔、诺基亚西门子通信、大唐电信、华为技术、中兴通信、中国移动、高通和 ST-Ericsson 等厂商共同开发的，是我国拥有核心自主知识产权的国际标准。TD-LTE 正式被确定为 4G 国际标准，标志着我国在移动通信标准制定领域走到了世界前列，为TD-LTE产业的后续发展及国际化奠定了重要基础。

由中国移动联合日本软银、Clearwire和Vodafone等发起成立的TD-LTE全球发展倡议(GTI)，已经形成了由51家国际运营商和44家产业合作伙伴组成的重要国际合作平台，全球共开通14个TD-LTE商用网络，28家运营商签署44个商用设备合同，超过20家运营商明确参与TD-LTE商用计划。华为、夏普、诺西、三星、HTC和美满电子等10多家企业提供了TD-LTE智能终端以及TD-LTE MIFI、CPE、数据卡和笔记本电脑等终端产品，华为和中兴等厂商还提供了LTE新方案和新终端。

我国在无线通信标准制定方面之所以能够走在世界前列，与我国的通信企业奋发进取，成功地开发出先进的通信技术有关；与我国政府多年来一直对我国企业技术研究和开发给予实质性的支持有关；还与我国的通信市场是一个庞大的市场有关，任何标准的制定不能不考虑中国市场。

这样，我国4G技术提供商不仅能够分享国内的市场，而且能够分享国际市场。在我国4G技术发展过程中，不能不提到我国的华为公司。TD-LTE技术需要完整的产业链的支持，任何环节存在问题都会阻碍TD-LTE技术的应用。华为公司通过技术与终端相结合提供一整套的4G通信解决方案，形成了华为公司的一种整合性比较优势。到2013年9月，全世界共有213个4G网络投入商业运营，华为公司参与了其中100个4G商用网络的建设，位居全球通信服务商首位。

从上面的分析可以看出，通过企业的努力加上政府的支持，我国原来处于比较劣势地位的某些服务业可以发展为具有比较优势的服务业。从长期来看，比较优势是一个动态的概念，比较优势是可以创建的，我国政府应该坚持创建动态比较优势的发展战略。从上面的分析还可以看到，我国对内通信服务和对外通信服务是互相联系的。我国服务业发展方式的转变将会推动我国对外服务贸易发展方式的转变，我国对外服务贸易发展方式的转变也会反过来促进我国服务业发展方式的转变。

再来考察计算机服务业。计算机服务业实际上与计算机制造业同属计算机产业，但一般将硬件意义上的计算机产业称为计算机制造业，将软件和服务意义上的计算机产业称为计算机服务业。计算机服务业主要包括使用计算机进行的信息处理和计算机软件的提供以及计算机的管理、维护和修理等。

如果说计算机硬件像人的骨骼，那么计算机软件就像人的大脑，它对一个国家的经济来说具有重要意义。

计算机服务业具有成为我国具有比较优势的服务业的潜质。计算机服务业是一种人力资本密集型产业。它需要的不是普通的劳动者，而是高素质的工程技术人员。另外，它需要的不是一定比例的工程技术人员，而是高比例的工程技术人员。例如，计算机制造业的一线人员是工程技术人员和工人，而计算机服务业的一线人员几乎都是工程技术人员。这样，对于一个具有丰富人口资源的国家来说，如果高等教育能够提供足够的计算机服务技术的教育和训练，是有可能在该服务业创建比较优势的。印度之所以超越美国成为计算机服务出口的第一大国，是因为印度具备了这个基本因素。我国也具备这个基本因素。

事实也证明，当我国政府发现了与印度存在的差距，通过在高等学校内设立软件学院来培养计算机服务人才，通过建立软件开发园区并采取优惠措施对计算机服务业提供支持，以及采取其他的政策措施对计算机服务业给予扶持以后，我国的计算机服务业迅速发展。从计算机服务出口贸易的角度来看，2006 年，我国的计算机服务出口贸易还在世界前 10 名以外。2012 年，我国的计算机服务出口贸易已经在世界上居第 3 位。这一年，印度以 473.23 亿美元居第 1 位，美国以 155.01 亿美元居第 2 位，中国以 144.54 亿美元居第 3 位。① 2013 年，据中国商务部统计，当我国的对外服务贸易逆差从 2012 年的 897.0 亿美元增加到 2013 年的 1 184.6 亿美元的时候，计算机服务业却创造了 94.5 亿美元的贸易顺差。②

随着我国大规模培养计算机服务人才，我国迅速占据了计算机服务产业链的低端环节，如计算机程序的编写等。虽然我国计算机服务业的规模不断扩大，但是效益却不高。因此，我国计算机服务业目前面临的问题与我国制造业面临的问题是相似的，即如何转变发展方式，研究和开发新的技术，不断进入到该产业的高端环节，如提供软件服务完整的解决方案。

---

① WTO，International Trade Statistics，2013，http://www.wto.org.

② 中国商务部：《2013 年我国服务出口加速 进口稳定增长》，2014 年 2 月 12 日，http://www.mofcom.gov.cn。

我国政府需要对计算机服务业提供支持。首先，我国软件人才的教育和训练结构需要调整。目前，我国高端项目的策划人员、系统分析员和低端软件操作员人才相对缺少，而中端的计算机程序的编写人才又相对过剩。另外，我国软件技术人员英语能力还不强，而世界软件外包市场基本上使用英语。因此，我国需要通过高等职业教育提供低端的软件人才，通过与企业和研究机构合作培养高端的软件人才，同时在教育中强化英语训练，以增强我国计算机服务业的对外竞争力。其次，我国许多计算机服务企业规模比较小，往往难以得到银行的信贷支持。因此，我国政府要鼓励计算机服务业的重组与兼并，扩大经营规模。另外，如果将计算机服务业列入我国政府关注的服务业，需要向该服务业中的中小企业提供一定的信贷支持。

实际上，我国政府也意识到存在的问题。2011 年 12 月商务部等 34 个部门联合发布《服务贸易发展“十二五”规划纲要》提出，到 2015 年要培育 20 家具有国际竞争力的大型信息技术服务企业，培养 10 万名具有国际接包能力的复合型高级工程师，使我国成为全球信息技术服务承接中心。相应的措施是：推动企业做大做强，培育龙头企业，大力扶持为信息技术服务企业提供知识产权、投融资、产权交易、企业孵化和品牌推广等服务的专业机构；进一步完善人才培养机制，优化人才结构，建立适应发展需求的信息技术服务外包产业人才培训体系；加强软件产业基地、软件出口(创新)基地、软件名城和服务外包示范城市建设，发挥产业集聚区的龙头作用和示范效应；进一步加强信息技术服务外包公共服务平台建设；加强信息技术服务出口促进平台建设，组织企业积极参与国际交流活动，参与国际竞争。这些措施将有利于创建我国计算机服务业的比较优势。

最后考察金融业。从对外服务贸易的角度来看，金融服务包括银行服务和保险服务等，这是资本和技术密集型的生产性服务业。随着我国经济的发展，我国的国内金融业取得很大的发展。以银行业为例，2013 年，以资产计算，我国有四家银行进入世界十大银行的行列，中国工商银行居第 1 位，中国建设银行据第 5 位，中国银行居第 9 位，中国农业银行居第 10 位。但是，我国对外金融服务发展还不快，我国对外金融服务在我国对外服务贸易中所占的比例还不大。我国很有必要通过对外金融服务的发展来促进我国整个金融业的发展。

我国政府可以从下述三个方面推动对外金融服务的发展，创建我国金融业的比较优势：

第一，鼓励我国金融业“走出去”，通过拓展对外金融业务、参与国际金融市场的竞争来提高我国金融业的经营管理水平。实际上，我国的银行业也在走向国际化。以原来并不擅长国际金融业务的中国工商银行为例。到2012年年末，该行在39个国家和地区设立了383个境外分支机构，与138个国家和地区的1 630个境外银行建立了代理行关系，形成覆盖亚、非、拉、欧、美、澳六大洲的全球服务网络。不论从对内服务业还是从对外服务业发展方式转变的角度来看，我国金融业走国际化的发展道路是坚定不移的。

第二，推动人民币国际化。应该指出，并不是为了促进我国对外金融业的发展而推动人民币国际化，如果这样就本末倒置了。我国已经成为世界第二经济大国和第一贸易大国，人民币国际化的基本条件已经具备。随着人民币的国际化，将给我国对外金融服务的发展提供一个巨大的机遇，我国对外金融服务势必有一个质和量的大发展。显然，如果在国际贸易、国际金融和直接投资活动中越来越多地使用人民币计价和结算，将使我国金融业的国际结算业务、国际借贷业务和国际汇兑业务大规模增长，我国的对外金融服务业将逐渐演变为比较优势产业。

第三，支持上海发展为国际金融中心。支持上海成为国际金融中心，是我国政府的既定方针。多年来，我国金融市场的布局一直向上海倾斜，如中国外汇交易中心、中国金融期货交易所等金融市场都建在上海。从对外金融服务的角度来看，2013年9月29日成立的上海自由贸易区也是推动上海向国际金融中心发展的一个步骤。在上海自由贸易区内，我国金融业可以在一定程度上打破人民币在资本与金融项目下的不可兑换的限制而从事更多的对外金融活动，这既有利于进行人民币国际化的尝试，又可以推动我国对外金融服务的发展。我国政府可以进一步采取优惠的税收政策和宽松的监管政策，鼓励国际金融机构聚集上海，办理外币和人民币在内的各种离岸金融业务，使上海逐渐发展为国际金融中心。

从上面的分析可以看到，我国政府创建我国服务业的动态比较优势的方法是多样的。对于技术类的服务业，由于我国服务业处于技术落后状态，要提高我国服务业的技术水平，创建动态比较优势，我国政府就要投入一定的资源，如对技术的研究和开发提供资金上的支持，对技术服务业初期的发展提供减税优惠，等等。对于非技术类的服务业，如金融业，我国政府可以通过提供制度、政策以及机遇上的支持，也有可能推动它成为具有动态比较优势的服务业。

（四）培育可能具有超比较优势的服务业

从服务业的角度分析，所谓超比较优势是指某些服务只能由少数国家提供的情形。也就是说，如果某个国家提供这种服务的成本为一定，那么别的国家提供这种服务的成本为无穷。当这两个国家进行这种服务的贸易时，前一个国家相对于后一个国家来说就具有超比较优势。超比较优势是一个国家服务业所能够达到的最高境界，也使一个国家在该服务业中具有最强的竞争力。我国是一个发展中大国，虽然我国在整体科学技术水平上落后于发达国家，但是这并不意味着我国不可能在某些科学技术领域取得突破性的进展，并在某些服务业中培育起超比较优势。

从我国目前的科学技术和产业发展情况来看，我国有可能培育成具有超比较优势的服务业是与高速铁路有关的服务、卫星发射服务和卫星导航服务。

首先来分析高速铁路。我国在高速铁路技术上的突破以及由此带来的高速铁路服务贸易的发展是我国在服务业中创建超比较优势的一个生动的例子。直到20世纪90年代中期，我国的高速铁路技术仍落在发达国家的后面。当时，高速铁路技术最先进的国家是日本和法国。日本是世界上第一个建成实用高速铁路的国家。1964年10月1日，日本东海道新干线正式营业，列车运行速度是210公里/小时，代表了当时世界最高的高速铁路技术水平。法国也不甘落后，于1983年建成了巴黎至里昂的铁路线。该铁路线全长417公里，其中新建高速铁路线389公里。在高速铁路线上，列车最高运行速度达到270公里/小时。

我国的高速铁路是从20世纪90年代中后期开始起步的。2002年，我国建成了第一条真正意义上的高速铁路——秦沈客运专线。当时全线设计时速达到200—250公里，“中华之星”电力动车组在秦沈客运专线曾创造了321.5公里/小时的时速。

从2004年开始，我国从日本、法国、德国和加拿大引进先进的高速铁路技术，并经历了技术的消化和再创新的过程，使我国的高速铁路技术迅速走在世界的前列。从 2008 年开始，我国不断建成实际运行速度为 350 公里/小时的高速铁路。到 2014 年，我国的高速公里数达到 16 000 公里，约等于全世界高速公里数的总和。我国成为世界上高速铁路实际运行速度最高并且实际运营高速铁路线最长的国家。

高速铁路的建设是一个系统工程，它包括基础工程、高速列车、系统集成和运营维护等组成部分。其中高速列车属于设备，基础工程、系统集成和运营维护则分别属于建筑服务、技术服务和运营服务，因而高速铁路的建设属于制造业和服务业的集成。由于世界上能够进行完整的高速铁路建设的国家只有中国、日本和法国，高速铁路对于这些国家来说实际上是一种具有超比较优势的商品。

从目前的情况来看，我国在高速铁路建设方面的优势是成本低。我国的高速铁路技术不亚于日本和法国，但是我国高速铁路的建造成本比日本和法国低约 30%，我国在高速铁路建设方面更具有优势。日本和法国在高速铁路建设方面的优势是经验。日本和法国的高速铁路已经运营了很长时间，它们用时间证明了它们的高速铁路的稳定性。

2014 年 1 月，由中国铁建总承包建设的土耳其安卡拉至伊斯坦布尔高速铁路二期主体工程宣告完工。安卡拉至伊斯坦布尔高速铁路二期工程项目全长 158 公里，设计时速 250 公里，合同金额为 12.7 亿美元，由中国铁建组建的合包集团(简称 CCCI)中标承建。工程的设计和施工全部采用欧洲技术标准，中国铁建第五勘察设计院与中国铁建电气化局组成的联合体，按此标准中标承建了全线的电气化工程勘察设计和施工任务。这是我国在境外建设的第一条高速铁路。

根据世界各国高速铁路的发展规模，到 2020 年，世界各国新增高速铁路里程数是 30 000 公里，对高速铁路的直接投资额达到 11 000 亿美元。目前，伊朗、美国、俄罗斯、巴西、沙特和泰国等国家已经明确表示希望我国参与它们的高速铁路建设，我国高速铁路的出口具有广阔的前景。

高速铁路的建设耗资巨大并且技术复杂，往往还需要建造方提供出口信贷。因此，这不是单靠商业公司可以运作的，政府应该参与和扶持。2013 年 10 月，李克强总理访问泰国，在访问期间商讨了我国在泰国参与高速铁路建设事宜，为在外国建造高速铁路付出了努力。我国政府还需要继续为我国的高速铁路走向世界提供更多的支持，使之成为真正具有超比较优势的产业。

其次来分析卫星发射服务。我国运载火箭的研制和卫星发射技术的发展是在特殊年代背景下的产物。新中国成立以后，先后受到了不同的核大国的核讹诈。为了国家的尊严和民族的生存，我国政府倾国家之力，先后成功地研制出原子弹、氢弹、运载火箭和卫星，从而形成了我国的卫星产业。

卫星产业主要包括卫星制造、卫星发射、地面设备和卫星服务四个部分，其中卫星制造和地面设备属于制造业，而卫星发射和卫星服务属于服务业。在世界上，能够制造卫星以及地面设备的国家比较多，我国在这两个方面并不具有优势。但是，目前实际上能够提供商业卫星发射服务的国家只有美国、欧盟、俄罗斯、中国和日本。对于这些国家来说，卫星发射服务实际上是具有超比较优势的服务业。

根据美国卫星工业协会(SIA)2013 年 6 月发布的《2013 年全球卫星产业状况报告》的统计资料，2012 年全球在轨工作卫星超过 1 000 颗，其中超过 1/2 的卫星是通信卫星，超过 1/3 的卫星是商业通信卫星，至少拥有 1 颗卫星的国家有 50 多个。2012 年，俄罗斯、中国、美国、欧盟、日本的航天发射次数分别为 28 次、19 次、13 次、7 次、2 次，中国在发射次数方面首次超越了美国。到 2012 年 11 月，我国已经实施国际商业发射 35 次，发射卫星 41 颗。据中国航天科技集团公司介绍，到 2020 年，我国年均发射数量将达到 30 次左右，约占全球发射数量的 30%。另外，我国在卫星制造方面也奋起直追。在 2012 年发射的航天器中，32%由美国制造，23%由中国制造，22%由欧盟制造，16%由俄罗斯制造，2%由日本制造，中国在数量上也占据了世界第 2 位的位置。①

我国在卫星发射服务方面具有成本低和稳定性强的特点，因而具有一定的优势。我国在卫星发射服务出口方面遇到的最主要的障碍是美国设置的政治障碍。2006 年，美国政府宣布冻结我国政府批准经营卫星商业发射服务的中国长城工业总公司在美国的资产，并列入美国制裁的公司名单。2007 年，美国商务部推出对中国高科技产品出口的最新管制条例，特别在航空和航天

① 朱梓烨：《中国航天器制造超欧洲俄罗斯》，《中国经济周刊》2013 年第 27 期，第 70—71 页。

领域加强了对中国出口的管制。2013 年，美国《2013 财年国防授权法案》放宽了对部分国家卫星及相关物项出口管制，但禁止对中国出口、再出口或转移这些卫星及相关物项，也不允许在中国发射美国制造的卫星。由于美国在卫星制造技术方面具有优势，美国对中国的卫星出口限制减少了我国的商用卫星发射机会，我国只能发射自己制造的卫星或者在技术方面不受制裁规定限制的欧洲公司制造的卫星。

要发挥我国在卫星发射服务方面的超比较优势，我国政府和我国相关企业需要从下述三个方面进行努力：

第一，我国政府需要进行外交方面的努力，敦促美国政府放宽对我国高科技产品的出口管制，至少允许第三国从美国采购的卫星能够由中国发射。实际上，我国政府在多年来一直在这个方面进行努力，我国各届领导人一直呼吁美国放宽对中国高科技产品的出口管制，这种努力还需要坚持下去。

第二，我国相关企业需要在政府的支持下尽快提高卫星的制造技术，这是彻底打破美国管制的产业发展方法。实际上，我国的卫星制造技术也在迅速提高。2007 年，我国为尼日利亚发射了一颗由我国制造的通信卫星，实现了通信卫星出口的突破。2012 年，我国为委内瑞拉发射了一颗由我国制造的遥感卫星，实现了遥感卫星出口的突破。在这个方面的努力还要继续下去。

第三，针对不同的细分市场采取不同的营销策略。卫星发射服务可以划分为发达国家市场和发展中国家市场。对于发达国家，由于它们拥有较高的卫星制造和地面设备制造技术，我国主要提供卫星发射服务。对于发展中国家，我国可以根据实际情况实施“交钥匙工程”，即承担包括卫星制造、卫星发射、地面设备制造和安装等全部工作，发展中国家可以直接享受卫星服务。

最后来分析卫星导航服务。如果仅仅从商业的角度考虑，各国分享美国的全球定位系统(GPS)可能就足够了。但是从军事的角度考虑，如果世界只有美国的全球定位系统，各主要国家无异于将自己的命脉交给美国。因此，俄罗斯、欧盟、中国都在研制自己的全球定位系统。目前，能够实际投入商业运营的全球定位系统除了美国的全球定位系统以外，只有俄罗斯的格洛纳斯系统(GLONASS)和我国的北斗卫星导航系统(BDS)，欧盟伽利略定位系统由于资金问题而推迟成网，而这四个系统的提供者是联合国卫星导航委员会认定的供应商。

北斗卫星导航系统是我国自行研制的全球卫星定位与通信系统。该系统由空间端、地面端和用户端组成，可在全球范围内全天候、全天时为各类用户提供高精度、高可靠定位、导航、测速和授时服务，并具有文字语言通信能力，定位精度10米，测速精度0.2米/秒，授时精度10纳秒。目前，我国的北斗卫星导航系统已经覆盖亚洲和太平洋地区，2020年将覆盖全世界。

由于卫星导航服务只有美国、俄罗斯和中国提供，这三个国家在卫星导航服务方面具有超比较优势。但是，卫星导航服务与公共物品相似，存在着非排斥性和非竞争性的特点。当全球卫星定位系统多向一个用户提供服务的时候，由此带来的边际成本趋向于零。因此，三大全球卫星定位系统的竞争将变得比较激烈。

从产业的角度来看，全球定位系统的产业链包括空间卫星、地面系统、终端设备和运营服务。空间卫星和终端设备属于制造业，地面系统和运营服务属于服务业。

全球卫星与导航系统在商业上具有广泛的用途。在海洋渔业方面，可以用于导航定位、气象通知、报警求救和双向通信；在交通运输方面，可以用于导航定位以及机场、飞机、港口、船舶、汽车和公路的监控；在防灾救灾方面，可以用于灾害预警、灾害定位和救灾调度；在通信和金融方面，可以用于电网、金融网和通信网的精确授时；在水利气象方面，可以用于水利和气象的监控。

我国北斗卫星导航系统面临的问题是如何迅速产业化，首先向国内市场提供服务，进而向国际市场提供服务。2007年8月，北京北斗星通导航技术股份有限公司在深圳证券交易所正式挂牌上市，它是在2000年伴随着我国北斗导航定位卫星成功发射，以推动中国卫星导航定位产业化发展为己任，从事卫星导航定位业务的专业化公司。2013年12月，国家发展和改革委员会、科技部、工业和信息化部、国防科技工业局、中国人民解放军总参谋部和中国人民解放军总装备部共同研究起草了《国家卫星导航产业中长期发展规划》，提出了我国发展卫星导航产业的发展目标和保障措施。该发展规划同时也明确地提出了拓展国际市场的发展任务。

我国卫星导航产业发展的关键还是掌握该产业的核心技术，包括核心芯片设计和制造技术、高精度定位技术、室内外无缝定位技术、卫星导航脆弱性监测评估与减缓技术、智能服务技术以及基于多模组合导航的关键技术。因此，我国政府需要对卫星导航产业核心技术的研究和开发提供支持，以培育我国这个可能具有超比较优势的服务业。

如果我国政府能够成功地培育若干个在对外服务贸易中具有超比较优势的服务业，将会促进我国对外服务贸易发展方式的转变，提高我国对外服务贸易的质量和效益。

(五)实施对外服务贸易发展战略的体制保障

要更好地实施基于动态比较优势的对外服务贸易发展战略，需要继续深化经济体制的改革。2013 年 11 月，党的十八届三中全会通过了《中共中央关于全面深化改革若干重大问题的决定》，明确提出市场要在社会资源配置中起决定性作用。对于服务业，特别是生产性的服务业，我国政府需要对内和对外实行更加开放的政策。对内我国政府要鼓励、引导和支持民营资本进入生产性服务业领域，对外我国政府要适时引入外国资本对我国生产型服务业的直接投资以及鼓励我国服务业对外直接投资。

2011 年 12 月，中国商务部等 34 个部门联合发布了《服务贸易发展“十二五”规划纲要》，在基本原则中明确提出，坚持深化改革与对外开放相结合。通过推进服务业开放，强化市场竞争，以扩大开放推动服务业体制机制和管理创新，以开放促发展、促改革、促创新。这无疑为我国对外服务贸易提供了发展的制度保障。

目前，服务贸易自由化正在沿着两条路径向前发展：举步维艰的多哈回合服务贸易谈判和蓬勃发展的区域服务贸易自由化。各国对外服务贸易政策的调整一方面受到多边层面的《服务贸易总协定》的约束；另一方面也要考虑多种区域服务贸易协议。我国是世界贸易组织多边谈判的支持者，同时也在积极构建区域服务贸易网络。前者要求妥善处理我国生产性服务业开放与保护的关系，把握好服务贸易自身成长与参与国际竞争的顺序；后者要求利用各自优势服务业的开放及其区域自由服务，提升服务贸易发展水平甚至区域竞争力。我国政府应该权衡利弊，稳定地推进我国对外服务业的开放。

2013 年 9 月 29 日，我国的上海自由贸易区正式成立，服务贸易自由化将成为上海自由贸易区的重要特征之一。我国采用试点的方法推进我国服务业开放，无疑会对我国服务业结构优化升级以及我国服务业的发展产生积极的影响。

三、利用对外服务贸易加快我国的技术进步

核心技术自主创新是一个长期的发展过程，要加快我国对内和对外经济发展方式的转变，必须要注重引进外国先进的技术。从对外贸易的角度来看，引进外国先进的技术有两种形式：一是引进外国先进的机器设备，即以货物贸易的形式引进；二是引进外国先进的技术专利，即以服务贸易的形式引进。不论是哪一种形式的技术引进，都存在消化、吸收和再创新的过程。经验表明，以货物贸易的方式引进技术与以服务贸易的方式引进技术往往是结合在一起的，但以服务贸易的方式引进技术比以货物贸易的方式引进技术更重要。

实际上，我国政府和企业已经积累了技术引进、消化、吸收和再创新直到超越对手的成功经验。前面提到的我国具有潜在超比较优势的高速铁路，就是这个方面的一个成功的范例。

2004 年和 2005 年，中国南车四方有限公司、中国北车长春轨道客车股份公司和唐山轨道客车股份公司先后从加拿大庞巴迪公司、日本川崎重工公司、法国阿尔斯通公司和德国西门子公司引进技术，联合设计生产高速动车组。在 2004 年我国引进日本技术的时候，日本川崎重工公司总裁大桥忠晴曾劝告中方人员：不要操之过急，先用 8 年时间掌握时速 200 公里的技术，再用 8 年时间掌握时速 350 公里的技术。但是对于我国来说，16 年的时间太长了！

2008 年 2 月，铁道部和科技部签署了《中国大陆高速列车自主创新联合行动计划合作协议》，共同研究和开发运营时速 380 公里的新一代高速列车，最高运营速度将比德国和法国的高速列车快 60 公里，比日本的高速列车快 80 公里，并且更加节能、环保和舒适。到 2010 年，与高速铁路相关的企业已经申请技术专利 946 项。

2008 年 8 月，北京到天津短途城际高速铁路开通运营，列车运营时速达到 350 公里。2009 年 12 月，北京到香港这条世界里程最长、工程类型最复杂的铁路武汉到广州段开通运营，列车运营时速也达到 350 公里。接着，我国的高速铁路不断开通，我国企业用 4 年的时间实现了到世界先进技术的跨越。

高速铁路技术不仅包括高速列车制造技术，而且还包括高速铁路线建造技术和高速铁路指挥控制系统技术。我国企业不仅攻克了高速铁路修筑的核心技术，而且还攻克了高速铁路指挥控制系统的核心技术。在修建北京到天津城际高速铁路的时候，我国支出了 17 亿元人民币引进了德国西门子公司的

高速铁路指挥控制系统技术。后来在修建武汉到广州的高速铁路的时候，德国西门子公司对高速铁路指挥控制系统的报价达到64亿元人民币。我国企业经过艰苦的探索，终于自己开发出高速铁路指挥控制系统，并且应用在武汉到广州的高速铁路上。

我国高速铁路的发展也推动了我国与高速铁路有关的货物和服务的出口。我国已经向30多个国家出口了高速列车以及相关设备，并以我国公司为主承建了土耳其的高速铁路。

从我国高速铁路的发展过程可以看到，如果我国只依靠自己的摸索和创新，我国的高速铁路技术不可能达到现在的水平。但是，如果我国只引进外国先进的技术而不进行消化、吸收和再创新，我国的高速铁路技术只能跟着日本和法国走。只有在技术引进的基础上消化、吸收和再创新，我国的高速铁路技术才有可能与日本和法国并驾齐驱，甚至实现超越。

从我国高速铁路的发展过程也可以看到，依靠技术引进、消化、吸收到再创新，我国迅速实现了国内铁路发展方式的转变，进而推动了我国在高速铁路设备和服务方面对外贸易发展方式的转变。

在如何利用技术贸易来引进外国的先进技术，并通过消化、吸收和再创新加快我国服务业的发展方面，我国政府需要关注下述事项：

第一，增强企业家的技术进步意识。我国政府要利用各种媒体，总结我国企业在技术引进、消化、吸收到再创新方面的成功经验和失败教训，使我国的企业家能够清楚地认识到，企业是经济之本，而技术是企业之本。不能引进的核心技术努力做到自主创新，能够引进的先进技术通过消化、吸收和再创新来加以发展。另外，我国政府应该敦促企业特别是国有企业，在引进外国先进技术的时候要合理安排技术消化和吸收的资金，在财务制度上保证技术消化和吸收工作，使企业的技术能够实现持续进步。

第二，加强知识产权保护力度。如果外国的知识产权在我国得不到保护，外国是不会愿意将先进的技术出售给我国的。因此，我国政府必须强化知识产权的保护。一方面加强知识产权保护的立法工作，结合我国具体的国情和国际流行的知识产权保护规则，制定出符合我国国情的法律、法规；另一方面强化知识产权保护的执法力度和水平，真正体现立法的作用。只有这样，才能规范和推动我国技术贸易发展，特别是技术服务进口的发展。

值得注意的是，2015 年国务院颁布了《国务院关于加快发展服务贸易的若干意见》，提出了扩大服务贸易规模、优化服务贸易结构、规划建设服务贸易功能区、创新服务贸易发展模式、培育服务贸易市场主体、进一步扩大服务业开放、大力推动服务业对外投资等发展规划，并提出了落实这些规划的政策措施和保障体系。如果这些规划得到实现，将会极大地促进我国对外服务贸易的发展。

第　四　章

构建“超所有权优势”范式下的对外直接投资发展战略

第一节　中国对外直接投资回顾

一、我国对外直接投资的现状与特点

近十多年来，我国对外直接投资(Outward Direct Investment，ODI)迅速发展。根据中国商务部的统计资料，在2003年，我国对外直接投资流量为28.5亿美元，存量达到332亿美元，分别相当于当年全球对外直接投资流量和存量的0.45%和0.48%。2003年我国共有3 439家对外直接投资企业。从地区分布来看，我国的对外直接投资企业分布在全球139个国家和地区，占全球国家(地区)的60%，其中亚洲地区投资覆盖率最高，达80%以上；从行业分布来看，70%以上的企业集中在制造业(27%)、批发和零售业(19%)、商务服务业(14%)以及建筑业(11%)。

根据历年《中国对外直接投资统计公报》的数据，到2007年，我国对外直接投资流量已经达到265.1亿美元，存量达到1 179.1亿美元，对外投资流量占全球对外直接投资流量的1.4%。2008年，我国对外直接投资继续大幅度增长，我国企业在世界经济衰退的背景下抓住机会向海外市场拓展，对外直接投资流量和存量达到559.1亿美元和1 839.7亿美元，分别比2007年增加了111%和56%。2008年我国对外直接投资流量首次突破500亿美元，相当于2003年我国实际利用外资的总量。这一年，我国对外直接投资流量在世界列第12位，在发展中国家列第2位。

再到2012年，我国对外直接投资流量和存量分别为878亿美元和5 319.4亿美元，分别占全球对外直接投资流量和存量的6.3%和2.3%。从流量来看，我国名列全球国家(地区)排名的第3位，首次成为全球三大对外直接投资国之一；截至2014年，流量连续三年位列按全球国家(地区)排名的第3位。从存量来看，我国位居第8位，仅相当于同期美国的14%，英国、德国的55.7%，法国的69%，日本的74%。这主要由于我国对外直接投资起步较晚，但近十多年来我国对外直接投资流量/存量增长非常显著。自2003年中国有关部门权威发布年度数据以来，中国对外直接投资实现连续12年增长，2014年流量是2002年的45.6倍，2002—2014年的年均增长速度高达37.5%。2002—2012年，我国对外直接投资存量年均增长率高达34.0%，特别是在2008年美国爆发金融危机之前(2002—2008年)，这一比率约为36.4%①，超过了日本历史上对外直接投资增长最快时期的表现：1969—1972年，日本对外直接投资存量年均增长率为36.2%，1986—1989年，日本对外直接投资存量年均增长率为33.9%。② 表4-1表明，我国的对外直接投资存量与2002年相比已经取得了显著的增长。

表4-1　2002—2014年我国对外直接投资的变化　　单位：亿美元、%

年份	对外直接投资流量	对外直接投资存量	流量增长率
2002	27.0	299.0	n.
2003	28.5	332.0	5.6
2004	55.0	448.0	93.0
2005	122.6	572.0	122.9
2006	211.6	906.3	72.6
2007	265.1	1 179.1	25.3
2008	559.1	1 839.7	110.9
2009	565.3	2 457.5	1.1
2010	688.1	3 172.1	21.7
2011	746.5	4 247.8	8.5

① 作者根据2003—2012年《中国对外直接投资统计公报》中的数字计算得出上述结果。

② Kojima, Kiyoshi, "Dynamics of Japanese Direct Investment in East Asia", *Hitotsubashi Journal of Economics*, 1995, 36, pp. 93-124.

续表

年份	对外直接投资流量	对外直接投资存量	流量增长率
2012	878.0	5 319.4	17.6
2013	1 078.4	6 604.8	22.8
2014	1 231.2	8 826.4	14.2

资料来源：商务部、国家统计局、国家外汇管理局，《中国对外直接投资统计公报》2003—2014 年，http://www.mofcom.gov.cn；2002—2005 年为非金融类对外直接投资统计数据，2006—2014 年为全行业对外直接投资统计数据。n. 代表数据缺失。

在对外直接投资主体方面，到 2014 年年底，我国 18 500 家境内投资者在国(境)外设立对外直接投资企业(以下简称境外企业)29 700 家，分布在全球 186 个国家(地区)，占全球国家(地区)总数的 79.8%。中国对外直接投资地域分布高度集中，存量的八成分布在发展中经济体。2014 年年末，中国对外直接投资存量前 20 位的国家(地区)占中国对外直接投资存量的 89.2%。2014 年年末，中国对"一带一路"沿线国家的直接投资存量为 924.6 亿美元，占中国对外直接投资存量的 10.5%。与 2003 年相比，中国境内投资者的数量已经增长了 5 倍多，投资也扩展到更多的区域。

表 4-2　境内投资主体按企业登记类型分布情况　　单位：%

年份	国有企业比重	非国有内资企业比重	外商投资企业比重
2003	43.0	47.0	5.0
2004	35.0	55.0	5.0
2005	29.0	61.0	5.0
2006	26.0	65.0	4.0
2007	19.7	72.3	3.7
2008	16.1	74.9	3.5
2009	13.4	77.3	3.1
2010	10.2	76.9	3.2
2011	11.1	80.4	3.6
2012	9.1	81.6	3.4
2013	8.0	84.7	3.0
2014	6.7	84.6	2.6

资料来源：商务部、国家统计局、国家外汇管理局，《中国对外直接投资统计公报》，2003—2014 年，http://www.mofcom.gov.cn；非国有内资企业包括股份有限公司、股份合作企业、有限责任公司、私营企业四类。

表 4-3 非金融类对外直接投资存量按境内投资者注册类型分布情况 单位：%

年份	国有企业比重	非国有企业比重
2006	81.0	19.0
2007	71.0	29.0
2008	69.6	30.4
2009	69.2	30.8
2010	66.2	33.8
2011	62.7	37.3
2012	59.8	40.2
2013	55.2	44.8
2014	53.6	46.4

资料来源：商务部、国家统计局、国家外汇管理局，《中国对外直接投资统计公报》，2006—2014 年，http://www.mofcom.gov.cn；非国有企业包括股份有限公司、股份合作企业、有限责任公司、私营企业、集体企业、外商投资企业、港澳台投资企业以及其他。

从表 4-2 和表 4-3 可以看出，在对外直接投资企业的所有制结构方面，国有企业在数量上并不占多数，而且 2003—2014 年都在减少，但是国有企业对外直接投资的金额占比明显大于其他所有制企业。在 2008 年以后，国有企业在非金融领域对外直接投资存量中所占的比重保持在 50%以上，虽然总体上呈下降趋势，但是规模依旧不容忽视。2010 年，按企业登记注册的类型划分，中央企业和机构非金融类投资 424.4 亿美元，占总流量的 70.5%。2014 年，在非金融类对外直接投资者中，中央企业及单位 559 家，仅占 3%，但其完成的非金融类对外直接投资流量达到 524.74 亿美元，占全国非金融类流量的 48.9%。因此，少数国有企业(主要是中央企业)完成了大额的对外投资是中国现阶段对外直接投资的一个显著特点。

表 4-4 境内投资者分行业构成情况 单位：%

年份	制造业比重	批发零售业比重	商务服务业比重	采矿业比重
2003	27.0	19.0	14.0	4.0
2004	59.0	11.0	5.0	4.0
2005	55.0	12.0	4.0	3.0
2006	53.4	14.3	5.3	4.6
2007	45.4	23.0	5.0	4.3

续表

年份	制造业比重	批发零售业比重	商务服务业比重	采矿业比重
2008	42.7	28.2	4.5	4.2
2009	31.9	36.6	3.9	3.5
2010	35.8	33.1	4.3	3.2
2011	30.8	25.3	12.5	4.3
2012	37.8	32.8	5.4	3.2
2013	32.4	37.5	5.3	3.1
2014	20.6	29.5	13.1	5.0

资料来源：商务部、国家统计局、国家外汇管理局，《中国对外直接投资统计公报》，2003—2014 年，http://www.mofcom.gov.cn；2008 年后商务服务业还包括租赁业，又称租赁和商务服务业。

表 4-5　对外直接投资流量行业分布　　单位：%

年份	制造业比重	批发零售业比重	商务服务业比重	采矿业比重
2007	8.0	24.9	21.2	15.3
2008	3.2	11.7	38.8	10.4
2009	4.0	10.8	36.2	23.6
2010	6.8	9.8	44.0	8.3
2011	9.4	13.8	34.3	19.4
2012	9.9	14.8	30.4	15.4
2013	6.7	13.6	25.1	23.0
2014	7.8	14.9	29.9	13.4

资料来源：商务部、国家统计局、国家外汇管理局，《中国对外直接投资统计公报》，2008—2014 年，http://www.mofcom.gov.cn；2008 年后商务服务业还包括租赁业，又称租赁和商务服务业。

到 2014 年年末，我国对外直接投资覆盖了国民经济的 18 个行业大类，按三次产业划分，投资流量占比分别为 1.3%、25.3%和 73.4%；2014 年年底三次产业存量占比分别为 1%、24%和 75%。投资存量规模超过 1 000 亿美元的行业有 4 个，依次分别为租赁和商务服务业、金融业、采矿业、批发和零售业，上述 4 个行业累计投资存量达 6 867.5 亿美元，占我国对外直接投资存量总额的 77.8%。

与此同时，我国对外投资的存量规模不断扩大。2014年年末，我国对外直接投资存量达8 826.4亿美元，较上年年末增加2 221.6亿美元，占全球外商直接投资流出存量的份额由2002年的0.4%提升至3.4%，在全球分国家和地区的对外直接投资存量排名中较上年前进3位，位居第8位，首次步入全球前10行列。表4-4和表4-5显示，制造业与批发零售业集中了我国境外一半以上的企业，但是这些企业完成的对外直接投资额还不到总体的1/3；相反，处于商务服务业和采矿业的少数企业完成了对外直接投资总量中较大的份额。①

我国对外直接投资的国别(地区)结构存在一个特点，即我国内地对中国香港地区的直接投资所占比例一直保持在一个较高的水平(60%以上)。中国香港地区是一个"避税港"，许多内地企业为获取对内地投资的优惠政策，往往经由中国香港地区出现"转回投资"；此外，考虑到中国香港地区是我国内地与世界经济对接的窗口，国内企业可以借投资中国香港地区熟悉发达国家市场运营体制与机会，因此会有相当一部分我国内地对中国香港地区的投资最终转而流向发达国家。如果扣除对中国香港地区的对外直接投资，可以发现，我国对采矿业直接投资的存量在2011年年末实际占比为41.0%，超过租赁业和商业服务业，跃居第1位；而在2014年，尽管这一数据显示采矿业直接投资存量比例降至33.2%，但是仍然超过租赁业和商业服务业(同期实际占比24%)，保持第1位。② 由于采矿业属于基础产业，交易标的金额巨大，而近年来随着我国经济持续快速增长，存在对各种矿产资源的强烈需求，为保证各项资源的稳定和持续供应，中央大型国有企业通过对外直接投资的方式肩负起这一任务，从而呈现出少数中央国有企业占有较大份额的对外直接投资的行业特征。

另外，从表4-6可以看出，从2006年开始，我国企业的海外收购和兼并

---

①　王碧珺最新的研究发现，采矿业和制造业才是中国对外直接投资的主要行业，2003—2011年，两者合计占比(投资金额及项目数量)达到75%。特别是《中国对外直接投资统计公报》中涉及"商务服务业"的投资，实际上最终的去向主要还是采矿业和制造业。参见王碧珺：《被误读的官方数据——揭示真实的中国对外直接投资模式》，《国际经济评论》2013年第1期。

②　根据2014年《中国对外直接投资统计公报》计算所得。

异军突起。2006—2014 年，通过海外兼并和收购实现的对外投资流量基本保持在当年总流量的 30%左右。2014 年，中国企业共实施对外投资并购项目 595 起，实际交易总额 569 亿美元，其中直接投资 324.8 亿美元，占并购交易总额的 57.1%。涉及制造业、农林牧渔业等领域的对外投资并购亮点突出。同时受大宗商品市场低迷等因素影响，采矿业并购金额虽仍保持首位，但从 2013 年的 342.3 亿美元大幅下滑到 179.1 亿美元，同比下降 47.7%。海外并购在我国对外直接投资中的地位迅速提高。

表 4-6　2006—2014 年中国对外直接投资并购情况　单位：亿美元、%

年份	收购和兼并金额	直接投资占当年流量比重
2006	82.5	39.0
2007	63.0	23.8
2008	302.0	54.0
2009	192.0	34.0
2010	297.0	43.2
2011	272.0	36.4
2012	434.0	31.4
2013	529.0	31.3
2014	569.0	26.4

资料来源：商务部、国家统计局、国家外汇管理局，《中国对外直接投资统计公报》，2006—2014 年，http://www.mofcom.gov.cn。

根据经济学人的专题报告《勇闯新天地：纵观中国的海外并购》中提供的资料，在所有最终收购方为我国企业的海外并购交易中，81%的交易是由我国的国有企业完成的，私营企业的份额仅占 12%。2004—2009 年，我国企业完成 172 项交易额在 5 000 万美元以上的并购案，其中以获取资源为目的的占了 45%。2008—2009 年，在交易金额 1 亿美元以上的并购交易中，投资能源行业占 48.6%，投资矿业占 45.9%，这些大额并购交易绝大多数是由资金雄厚的国有企业完成的。来自普华永道的最新报告显示，2013 年全年中国海外并购交易数量和 2011 年、2012 年基本持平，但交易金额却达到了最近六年来的峰值。具体来看，交易金额大于 10 亿美元的并购交易达到 43 宗，远超 2012 年的 30 宗；同时中国私营企业 2013 年下半年参与了 88 宗海外并购交易，创下了半年度历史新高。2014年前三季度中国企业海外并购市场继续保持活跃势头，交易总数量为176宗，较去年同期上升31%，创历史新高。其中，私营企业海外并购交易数量达120宗，是国有企业交易数量的两倍之多。2009—2014年的海外并购中，私营企业从数据上能占到50%以上，但在总金额上私营企业海外并购也就占10%。由此可见，由大型国企(特别是中央企业)主导的资源和能源领域并购是中国海外兼并和收购的主要组成部分，也是我国对外直接投资的重要内容。

通过对我国加入世界贸易组织十年来对外直接投资的回顾和分析，可以发现我国对外直接投资主要呈现出以下几个明显的特点：

第一，近十多年来我国对外直接投资规模增长显著。2000年之后，我国开始实施"走出去"战略，逐渐放松管制、鼓励对外直接投资；2005年，以联想成功收购IBM个人电脑业务、中海油收购优尼科为代表，我国企业海外投资开始渐具规模；2008年受全球金融危机影响较小的中国企业加大海外投资的步伐，我国开始走上对外直接投资快速发展轨道。

第二，无论从境内投资者数量还是境外企业分布来看，制造业都是我国对外直接投资最为活跃的行业。我国对境外制造业直接投资比例呈逐年上升趋势，但总体上所占比例尚不到10%。①

第三，越来越多的私营企业参与了"走出去"，在投资者数量上已占多数，尤其近几年交易金额的增长速度非常快。尽管在中国整体对外直接投资份额中占比还很小，但更多的私营企业专注于高科技、电信和零售等行业，寻求更为多元化的投资机会，这与来自金融、电力、石化、能源和航天等垄断或高度管制行业的少数中央国有企业展开的"以资源并购"为重点的对外直接投资形成有力互补。目前，在非金融对外直接投资中，中央国有企业在数量上占比大概只有5%(117家)，但在投资额上贡献了接近80%，这个比例远远超过私营企业和地方国企。②

---

① 这一数字有可能受到统计口径的偏误而被低估，比如中国内地投向中国香港地区的"商务服务业"，很大一部分是投资控股型，其最终流向则可能是海外制造业的新建与收购活动。

② 王碧珺：《被误读的官方数据——揭示真实的中国对外直接投资模式》，《国际经济评论》2013年第1期，第64页。

第四，海外并购在我国对外直接投资中发挥重要作用，但在我国企业海外并购中，资源类与能源类产业的投资金额所占比例最高。由于制造业是我国具有传统比较优势的行业，目前这一领域的跨国并购活动正在不断兴起，并在事实上成为仅次于资源业的第二大海外并购领域。

第五，从海外投资对股权要求的变化来看，我国企业开始逐渐从原先要求绝对控股向相对灵活控股的方式转变，并与第三方投资者联合拓展海外投资。

二、我国对外直接投资的经济效应

(一)我国对外直接投资的贸易效应

进入21世纪以来，我国对外直接投资规模迅猛增长，成为影响我国经济发展的重要因素。因此，研究我国对外直接投资的经济效应具有重要的理论和现实意义。目前，国内经济学者们认为我国对外直接投资既有积极的影响，也存在一定的消极影响，人们关注的重点包括贸易效应、技术溢出效应、经济增长效应与就业效应等。

长期以来，对外直接投资存在美国式对外直接投资与日本式对外直接投资两种模式。与此相对应，学术界有关贸易替代与贸易互补的观点也一直在盛行。从实证研究来看，许多支持贸易互补效应的学者(蔡锐等，2004；张应武，2007；项本武，2007；张如庆，2009；唐心智，2009)在研究中一般采用国家层面的宏观数据，但部分学者(陈石清，2006；俞毅等，2009)采用行业或企业层面的微观数据却得出存在贸易替代的关系。这种情况表明，有关中国对外直接投资的贸易效应应该从不同角度与不同层面进行深入细致分析才有可能得到更为翔实与更有价值的结论。

(二)我国对外直接投资的技术溢出效应

目前，国内经济学者对我国对外直接投资的技术溢出效应的研究依然存在较大争议，甚至得出了相互矛盾的结论。一部分经济学者认为，我国对外直接投资存在逆向技术溢出效应(李梅，2010；阚大学，2010；刘明霞，2010；霍杰，2011；陈菲琼等，2013)，但就逆向技术溢出效应的程度与区域差异来说，经济学者们的观点也存有差异，比如阚大学(2010)认为我国东部、中部和西部对外直接投资存在较小的逆向技术溢出效应；但是陈菲琼等(2013)研究却发现，我国东部的对外直接投资获得了积极的逆向技术溢出，中部地区的对外直接投资对技术创新能力提升的影响并不显著，而西部地区对外直接投资对其技术创新能力则具有阻碍作用。另外一些经济学者研究证实了我国对外直接投资的逆向技术溢出效应并不明显(陈漓高，2008；王英等，2008；刘明霞等，2009；刘伟全，2010)。总体来看，国内经济学者对对外直接投资的逆向技术溢出效应的研究还有待于进一步深入，考虑到对外贸易、引进外资和对外直接投资都可能成为国际技术溢出渠道进而对国内技术创新产生影响，如何综合比较前述不同途径来进行深入分析成为需要重点关注的问题。

(三)我国对外直接投资的经济增长效应

在我国对外直接投资的经济增长效应方面，国内经济学者们利用宏观数据分析的结果表明，中国对外直接投资促进了经济增长，但其与经济增长的因果关系并不明显(魏巧琴等，2003；宋弘威等，2008；肖黎明，2009；胡虎子，2011)。也有学者从产业升级的角度研究发现，我国对外直接投资与国内产业升级之间存在长期稳定的比例关系，对外直接投资能有效促进我国产业结构的优化和升级(杨建清等，2013)，但是对外直接投资的这种效应在不同的产业之间的表现还是存有差异。由于目前的研究使用面板数据模型较少，而且研究中对模型内生性问题的考虑并不细致，这在一定程度上影响了研究结论的可靠性。

(四)我国对外直接投资的就业效应

对外直接投资对母国的就业效应随着时间和地区的不同主要表现为就业创造效应和就业替代效应。在对我国对外直接投资对我国的就业影响的研究上，部分经济学者(黄晓玲，2007；郑瑾，2009)认为，我国对外直接投资对我国就业总量产生了替代效应，但促进了就业结构的优化。也有经济学者认为存在积极的就业创造效应，但有地区性差异的影响(于超等，2011)。还有部分经济学者认为，一系列的因素使对外直接投资对就业产生双重效应(钞鹏，2011)。也有的经济学者(张建刚等，2013)比较了两种效应以后认为，从中国整体范围来看，对外直接投资对就业的创造效应要大于替代效应。从地区来看，东部地区对外直接投资对就业的创造效应大于替代效应；中部地区两种效应大体相当，二者相抵后表现出不确定效应；而西部地区对外直接投资由于起步较晚，目前对就业的影响主要表现为替代作用。除了探讨整体就业效应外，部分经济学者还深入不同产业和不同性质企业进行细分研究，发现对外直接投资对第一、第二、第三产业带来了不同的影响(罗良文，2007；罗丽英，2008)，这种影响在不同性质的企业身上也表现得很明显(刘辉群等，2011)。

三、我国对外直接投资存在的问题

2008年美国金融危机激化以来，尽管中国对外直接投资的增长速度与投资规模日益扩大，并于2012年首次成为世界三大对外投资国之一，但是与国际投资强国相比，我国对外直接投资仍存在以下不足：

第一，我国对外直接投资起步较晚，总体规模仍偏小。根据2014年《中国对外直接投资统计公报》的数据，目前，我国对外直接投资的存量位居第8位，仅相当于同期美国的14%，英国、德国的55.7%，法国的69%，日本的74%。我国人均对外直接投资额(ODI per capita)较少，以2012年为例，我国人均ODI流量为62美元，美国人均ODI为1 037美元，世界人均ODI为196美元①；以2014年为例，我国人均ODI存量为645美元，美国人均ODI存量为20 654美元，世界人均ODI存量为3 552美元。②

第二，我国企业开始具备世界级规模，但多数不是全球公司。2012年我国入选世界500强企业有79家，连续9年增加并再次超越日本，上榜企业总数仅次于美国的132家，中石化继续在500强中保持第5名。而在2014年公布的世界500强企业中，中国上榜公司数量创纪录地达到100家(其中中国内地91家)。中石化取代了埃克森美孚，在榜上排名第3位，打破了该公司与沃尔玛和壳牌三足鼎立的历史。但我国绝大多数上榜企业属于资金密集型、自然垄断型、行政垄断型行业(电力、银行、钢铁、能源、工程建筑、电信、汽车等传统领域)的中央企业，属于高新技术、电子电器等新兴产业和服务性行业的私营企业很少，与真正意义上进行全球布局与吸纳整合全球资源的跨国公司相比尚有很大差距。以海外收入应占企业总收入50%以上比例的国际标准来看，即便是我国盈利能力最强的中国工商银行，境外收入也仅占总收入的3.49%，远远达不到国际标准，其他资源性企业及垄断企业的国际化程

① 作者根据联合国贸发会议的《2013年世界投资报告》及世界人口统计数据计算所得。

② 作者根据联合国贸发会议的《2014年世界投资报告》及世界人口统计数据计算所得。

2014年年末，我国对外直接投资存量超过1 000亿美元的行业有4个，其中采矿业位列第3位，所占比例约为14%。如果剔除我国内地对中国香港地区的直接投资，我国采矿业在对外直接投资中所占比例则上升到33.2%。① 从国别(地区)分布看，采矿业主要集中在澳大利亚、非洲、中南美洲以及亚洲其他地区。李磊等(2012)的实证分析发现，我国对外直接投资更倾向于寻求矿产资源而非能源资源。

我国对外直接投资这一特征的形成是由能源矿产供应与贸易形式不同决定的。具体地说，目前世界石油供求格局已由昔日的少数寡头市场转变为垄断竞争市场。大量的石油期货交易与中间商网络竞争使石油的定价权从过去主要掌控在欧佩克组织等主要供给者和美国等主要消费国手中，演变为由更多的产油国、供应商、消费国和投机商等诸多市场主体共同参与决定价格，国际石油价格受市场供给与需求的影响越来越大。

国际石油市场发生的这些变化对于我国国内经济发展与中国石油企业对外直接投资方式产生了深刻影响：一方面，国内的石油消费市场与国际市场进一步接轨，主要燃油价格随国际市场的波动而波动；另一方面，由于国际石油贸易日益广泛，我国大多数石油企业在海外开发的油气资源并不需要运回本国消费，而是就地加工与对外销售。另外，石油期货的普及也吸引了燃油上下链的企业大量参与保值与投资，但瞬息多变的国际石油期货市场也让我国海外投资企业付出了高额的学费。

与国际石油资源相比，国际矿产资源的情况则完全不同。世界战略性矿产资源的生产与供应被少数几个大型跨国公司所垄断，淡水河谷、必和必拓、力拓三大世界矿山巨头掌握了全球70%的铁矿石的生产能力。因此，战略性矿产资源具有明显的"卖方市场"特征，中国在重要的矿产进口数量及价格制定上往往处于被动局面。由于我国粗放型的经济发展方式在短时间内难以转变，在巨大的矿产资源需求压力下，我国铁矿石进口的价格自2003年以来上涨了5倍多，我国为此多支付的进口金额高达上千亿美元。

我国国内经济发展对矿产资源的强劲需求也推动了不少国内企业从2005年开始大量投资海外矿产行业，但投资活动受制于国有企业的制度障碍与国

---

① 采矿业数据由作者根据2014年《中国对外直接投资统计公报》数字计算所得。

业效应外，部分经济学者还深入不同产业和不同性质企业进行细分研究，发现对外直接投资对第一、第二、第三产业带来了不同的影响(罗良文，2007；罗丽英，2008)，这种影响在不同性质的企业身上也表现得很明显(刘辉群等，2011)。

三、我国对外直接投资存在的问题

2008年美国金融危机激化以来，尽管中国对外直接投资的增长速度与投资规模日益扩大，并于2012年首次成为世界三大对外投资国之一，但是与国际投资强国相比，我国对外直接投资仍存在以下不足：

第一，我国对外直接投资起步较晚，总体规模仍偏小。根据2014年《中国对外直接投资统计公报》的数据，目前，我国对外直接投资的存量位居第8位，仅相当于同期美国的14%，英国、德国的55.7%，法国的69%，日本的74%。我国人均对外直接投资额(ODI per capita)较少，以2012年为例，我国人均ODI流量为62美元，美国人均ODI为1 037美元，世界人均ODI为196美元①；以2014年为例，我国人均ODI存量为645美元，美国人均ODI存量为20 654美元，世界人均ODI存量为3 552美元。②

第二，我国企业开始具备世界级规模，但多数不是全球公司。2012年我国入选世界500强企业有79家，连续9年增加并再次超越日本，上榜企业总数仅次于美国的132家，中石化继续在500强中保持第5名。而在2014年公布的世界500强企业中，中国上榜公司数量创纪录地达到100家(其中中国内地91家)。中石化取代了埃克森美孚，在榜上排名第3位，打破了该公司与沃尔玛和壳牌三足鼎立的历史。但我国绝大多数上榜企业属于资金密集型、自然垄断型、行政垄断型行业(电力、银行、钢铁、能源、工程建筑、电信、汽车等传统领域)的中央企业，属于高新技术、电子电器等新兴产业和服务性行业的私营企业很少，与真正意义上进行全球布局与吸纳整合全球资源的跨国公司相比尚有很大差距。以海外收入应占企业总收入50%以上比例的国际标准来看，即便是我国盈利能力最强的中国工商银行，境外收入也仅占总收入的3.49%，远远达不到国际标准，其他资源性企业及垄断企业的国际化程

---

① 作者根据联合国贸发会议的《2013年世界投资报告》及世界人口统计数据计算所得。

② 作者根据联合国贸发会议的《2014年世界投资报告》及世界人口统计数据计算所得。

度就更低了。此外，我国企业普遍存在“三少”的特征：自主技术、自有专利、自有国际知名品牌少(世界100个最有价值品牌中，中国一个没有；最有影响品牌只有2个：青岛啤酒与海尔)。2012年入围世界500强的我国大陆79家企业，没有一家拥有享有国际声誉的品牌。

第三，我国企业大多数处在国际产业链与价值链分工的低端，位于微笑曲线的下端位置，产品和服务的附加值低，利润低。我国制造业(加工装配)、服务业(劳动密集环节)、对外承包劳务业(施工部分)都是如此，缺乏由我国企业自己构建的国际生产与经营网络，我国企业对国际分工体系缺乏主导性，对国际投资规则的制定没有发言权，仅仅是了解、利用和加入国际投资规则。

第四，我国海外投资企业的生存年限和经济效益还比较低。据统计，我国海外企业的平均寿命低于7年，近年曝出的中央企业海外直接投资亏损额惊人，如中航油亏损了5.5亿美元、中信泰富亏损了147亿港币、中铁建亏损了41.53亿元人民币等。

第五，我国近年来对外直接投资的风险逐渐增大。王碧珺基于我国企业ODI微观数据的最新研究认为，我国企业投资海外的主要目的地是发达国家而不是发展中国家。① 但从实际进程来看，大型中央企业在金融危机过后以“获取自然资源”和“获取技术”为主要投资动机的ODI活动，正不断受到发达国家政府的阻挠，例如中铝二次投资力拓失利、五矿收购澳大利亚项目被否决等。此外，中央企业在发展中国家也遭遇到同样的风险，比如2011年中石油的苏丹项目、2012年神华集团投资蒙古国TT矿失利等。目前，我国大型中央企业遭遇的海外风险也有向私营企业身上蔓延的趋势，比如华为公司近年来对英美的投资项目陆续遭到否决。还有，众多我国中小私营企业前往我国周边国家开展贸易型、资源型ODI活动时，因东道国宏观经济不稳定带来的投资风险也不容忽视，例如2012年浙江万向集团、辽宁西洋集团投资朝鲜的矿产项目，我国企业投资俄罗斯的森林资源项目等。中国商务部对外投资和经济合作司副司长王胜文在2012年“第六届中国企业跨国投资研讨会”上指出，我国对外投资合作业务相对集中在高危市场。据他介绍，我国对外投资

① 王碧珺：《被误读的官方数据——揭示真实的中国对外直接投资模式》，《国际经济评论》2013第1期，第66页。

存量前 20 位的国家和地区中，对高危或高风险国家的投资额占到 1/5。对外承包工程累计合同额超过 10 亿美元的 89 个国家和地区中，18 个位于全球建筑业市场风险最高的 20 个国家之列。

在我国这样一个政府对经济具有重要影响的国家，企业层面的投资决策不可避免地受到整个宏观环境和政策的影响。例如，自从我国政府提出利用“两个市场、两种资源”的战略部署后，我国外向型经济蓬勃发展。从我国加入世界贸易组织十多年来对外直接投资的发展来看，我国政府对“走出去”战略的重视直接促成了这个领域的较快发展。我国对内经济的发展情况和发展方式决定了我国对外直接投资的发展情况和发展方式。但是，我国企业对外直接投资在利用国际资源与国际市场的同时，也将世界经济对资源配置的高效机制引入了国内不同行业，进而对我国国内经济发展方式产生着深刻影响。下面拟就我国对内经济发展方式与对外直接投资的相互作用进行更为具体的分析。

(一)我国经济发展的能源消耗模式对我国资源型对外直接投资的影响

20 世纪 90 年代中期以来，我国超越东盟成为亚洲、太平洋地区梯度产业转移重心。自此之后，我国作为“世界工厂”对自然资源与原材料的渴求越来越强烈。我国在世界铝、铜、镍、铁矿的消耗量中所占比率从 1990 年的 7%升至 2000 年的 15%和 2004 年的 20%，我国有色金属的贸易逆差额从 2001 年的 49 亿美元扩大到 2007 年的 347 亿美元，我国石油进口依存度由 2000 年的 30%上升到 2008 年的 49%，我国对铁矿石的进口依存度从 2002 年的 42%上升到 2008 年的 54%。①

因此，国家发展和改革委员会、商务部以及外交部动员我国企业走出去，到世界各地收购自然资源。我国政府于 2004 年公布的《对外投资产业指导目录》中，包含了被视为适合海外投资目标的资源及产业。投资目录中包括 60 多个国家，其中亚洲国家 23 个、非洲国家 13 个、欧洲国家 15 个、美洲国家 11 个、大洋洲国家 5 个，涵盖产业包括农业、林业、矿业、石油钻探及提炼、天然气、制造业及服务业。

---

① 李磊、郑昭阳：《议中国对外直接投资是否为资源寻求型》，《国际贸易问题》2012 年第 2 期，第 156 页。

2014年年末，我国对外直接投资存量超过1 000亿美元的行业有4个，其中采矿业位列第3位，所占比例约为14%。如果剔除我国内地对中国香港地区的直接投资，我国采矿业在对外直接投资中所占比例则上升到33.2%。① 从国别(地区)分布看，采矿业主要集中在澳大利亚、非洲、中南美洲以及亚洲其他地区。李磊等(2012)的实证分析发现，我国对外直接投资更倾向于寻求矿产资源而非能源资源。

我国对外直接投资这一特征的形成是由能源矿产供应与贸易形式不同决定的。具体地说，目前世界石油供求格局已由昔日的少数寡头市场转变为垄断竞争市场。大量的石油期货交易与中间商网络竞争使石油的定价权从过去主要掌控在欧佩克组织等主要供给者和美国等主要消费国手中，演变为由更多的产油国、供应商、消费国和投机商等诸多市场主体共同参与决定价格，国际石油价格受市场供给与需求的影响越来越大。

国际石油市场发生的这些变化对于我国国内经济发展与中国石油企业对外直接投资方式产生了深刻影响：一方面，国内的石油消费市场与国际市场进一步接轨，主要燃油价格随国际市场的波动而波动；另一方面，由于国际石油贸易日益广泛，我国大多数石油企业在海外开发的油气资源并不需要运回本国消费，而是就地加工与对外销售。另外，石油期货的普及也吸引了燃油上下链的企业大量参与保值与投资，但瞬息多变的国际石油期货市场也让我国海外投资企业付出了高额的学费。

与国际石油资源相比，国际矿产资源的情况则完全不同。世界战略性矿产资源的生产与供应被少数几个大型跨国公司所垄断，淡水河谷、必和必拓、力拓三大世界矿山巨头掌握了全球70%的铁矿石的生产能力。因此，战略性矿产资源具有明显的"卖方市场"特征，中国在重要的矿产进口数量及价格制定上往往处于被动局面。由于我国粗放型的经济发展方式在短时间内难以转变，在巨大的矿产资源需求压力下，我国铁矿石进口的价格自2003年以来上涨了5倍多，我国为此多支付的进口金额高达上千亿美元。

我国国内经济发展对矿产资源的强劲需求也推动了不少国内企业从2005年开始大量投资海外矿产行业，但投资活动受制于国有企业的制度障碍与国

---

① 采矿业数据由作者根据2014年《中国对外直接投资统计公报》数字计算所得。

内政策的不配套以及私营企业自身对海外投资风险难以掌控。尽管我国资源型企业对外直接投资活动不断扩大，但总体来看直接投资收获不大，反而接二连三出现失利(如五矿投资澳洲项目被否决、中铝二次收购力拓失利、神华投资蒙古 TT 矿失利等)，针对我国企业海外资源收购的“威胁论”一直甚嚣尘上。2010 年，我国在海外采矿业上的投资下降了 57%，对澳大利亚的投资减少了 30%，这其中主要源于全球金融危机的影响，大宗商品价格持续下滑以及终端市场的不确定性。但随着全球经济的复苏，我国企业海外投资矿业也出现反弹，2011 年，我国在海外采矿业投资达到 144.5 亿美元，同比增长 153.1%。但根据 2014 年《中国对外直接投资统计公报》的数据，我国对采矿业直接投资由 2013 年的 342.3 亿美元大幅下滑到 2014 年的 179.1 亿美元，同比下降 47.7%。

2011 年以来，值得关注的一个重要变化趋势是我国更多的海外投资流向了农业和清洁能源领域。我国作为全球最大的温室气体排放国，亟须发展更加经济的清洁能源。我国目前已经将清洁能源作为重点支持的战略性新兴产业之一，利用我国庞大的国内市场和政府政策支持，我国企业在清洁能源的海外投资有望获得更好发展。我国企业对海外农业领域的关注则与国内曝光的各种食品安全问题，以及生活水平的提高所带来的对健康和生活质量的关注密切相关。但是海外农地投资有可能引起东道国社会的不安和抵制，但由于西方国家农产品更多是出口导向型，因此如何探索一条符合双方利益的合作途径至关重要。

(二)我国国内金融环境对我国企业对外直接投资的影响

2008 年美国金融危机的激化导致西方发达国家经济衰退，西方发达国家为了刺激国内经济纷纷推出了量化宽松的货币政策。2013 年 9 月 18 日，美国联邦储备系统出乎市场预期地宣布继续维持量化宽松以及低利率的货币政策不变。美国量化宽松的货币政策对美国企业的海外资本扩张起到了重要的支持作用。由于美国、欧洲和日本等国家和地区的中央银行的基准利率都已经接近于零，西方发达国家企业对外直接投资的成本大幅度下降。

相比之下，我国企业资金回报率要求则很高。银行一年期限的贷款利率是 6%以上，长期贷款利率是 7%—8%，而且利率还有可能上浮，除此之外还有评估费、律师费、手续费、担保费等间接费用。如果通过发行理财产品筹集资金，即使是政府债务也要10%以上，合法的小额贷款公司的利率是普通利率的4倍，算上附加费用可以达到30%。如果是民间高利贷，月利率往往在10%以上。虽然国有企业特别是中央企业的资金是最宽松的，但内部资金核算年回报率也不会低于7%—10%。

在这样的金融背景下，我国对外直接投资面临一个很大的压力与挑战：需要特别考虑到中国对外直接投资回报率与国内资金回报率接轨的问题。目前我国企业的综合利率不低于7%，而西方发达国家企业的综合利率不到1%，这对于我国企业与西方发达国家企业竞争有着很大的限制与影响。例如，对于年回报率要求是1%的投资与年回报率要求是7%的投资，项目估价至少要差一倍以上。投资回报率的不对等导致项目估值的不对等，这是造成我国企业对外直接投资诸多问题的根源之一。如果东道国能够在估值相差近一倍的情况下把项目交给我国企业，这样的项目肯定存在巨大的风险，但是我国企业未必能看到这种风险，这样就很容易导致中国企业对外直接投资的失败和损失。

实际上，建立在上述能源高消耗模式与金融初级发展阶段基础上的我国对内经济发展方式，对世界经济的影响更多时候表现为一种"非典型"特征①：我国经济对世界的影响不是通过典型的货币和利率传导实现的，而是通过国内总供求体系涨落对世界商品价格变化产生影响。我国大量出口降低了世界价格水平上升压力，而大量进口提高了初级产品的价格，这改变了世界的长期贸易条件，引导了相对比较优势的变化，加速了资本在全球的再配置。反过来，外部资本流动对国内经济产生结构性的深远影响，后者正是中国对外直接投资活动对国内经济发展方式产生影响的重要方面。

(三)我国对外直接投资对我国对内经济发展方式的影响

要转变我国的对内经济发展方式，就要提高我国的科学技术水平，并通过科学技术促进产业结构的调整。而要提高我国的科学技术水平，就要一方面推动核心技术的自主创新；另一方面通过对外贸易获取外国先进的技术。但是，由于西方发达国家对向中国出口先进技术采取限制的政策，我国通过

① 刘鹤：《从战胜通货紧缩到预防通货膨胀》，见王梦奎主编《亚洲金融危机后的中国》，中国发展出版社2007年版，第10页。

对外贸易获取外国先进技术遇到许多困难和障碍。在这样的情况下，我国的对外直接投资在引进外国先进技术方面就有可能发挥别的途径难以发挥的作用。

西方发达国家的企业在发展过程中可能遇到各种各样的问题，如为了更好发展某项业务而放弃另一项业务，或者为了更好发展而寻求战略合作者，或者遇到资金或营销的困难而陷入困境等，这样给我国企业提供了兼并和收购的机会，从而使中国企业获得被兼并和收购企业的先进技术。我国企业一旦能够以这种方式获得外国先进的技术，就可以促进我国产品结构和产业结构的调整，就能够推动中国对内经济发展方式的转变。我国对内经济发展方式一旦发生转变，就可以促进我国对外贸易产品结构的变化，从而推动我国对外经济发展方式的转变。

近年来，我国吉利汽车公司收购沃尔沃汽车品牌和技术，TCL 集团收购法国汤姆逊公司，沈阳机床厂收购德国希斯公司，上工申贝公司收购德国杜可普—阿德勒公司等，都在这个方面进行了有益的尝试。

我国对外直接投资活动除了在引进先进技术方面可以对国内经济发展方式产生影响以外，对外直接投资活动本身还会产生一种“倒逼机制”：

首先，由于我国“一揽子”生产要素转移模式即对外经济活动在东道国市场竞争中受到外部环境的强有力制约，就会产生“自适应”与调整机制，通过优化的竞争与示范效应反过来作用于国内经济发展方式，促进对内经济发展方式更好地顺应国际资源与环境的发展要求。例如，由于通过对外直接投资获得海外资源的竞争日益激烈和困难，这也相应促使我国国内经济尽快转向低能耗、低排放的方向发展。在过去的十多年中，随着我国对外直接投资规模不断增长，我国政府对国内低碳经济的发展支持力度也在不断加大。

其次，由于我国对外直接投资企业不断遭受东道国诸多的制度壁垒，这就要求我国相应推进产权制度创新，促使我国国有企业与私营企业能够携手“走出去”。2013 年 11 月《中共中央关于全面深化改革若干重大问题的决定》提出积极发展混合所有制经济，这在一定程度上淡化了国有企业与私营企业的制度区分，从而更好地适应并促进我国对外经济活动的健康发展。

最后，由于我国对外直接投资企业在融通资金的成本方面难以与跨国公司竞争，这就相应促使我国进一步改革金融体制和金融机制，避免过高的融

通资金成本对对外直接投资造成不利影响。例如，我国政府积极推进人民币双边结算以及互换货币等方面的工作，可以视为旨在创造一个更为有利的对外经济发展环境。

第二节　中国对外直接投资的比较优势分析

一、对外直接投资比较优势的总体分析

对外直接投资的比较优势思想最早来源于日本小岛清(Kiyoshi Kojima)教授的理论。① 小岛清教授认为，建立在比较成本利益法则基础上的对外贸易与对外直接投资活动，其互补性作用会更强。从实践来看，20世纪七八十年代，日本顺利由贸易大国转向投资大国，正是得自小岛清教授"顺贸易"导向对外直接投资理论的启示。与日本彼时发展背景相类似，我国当前也存在由贸易大国向投资大国转变的迫切需求；而且就中国的国情与实践而言，对直接投资与对外贸易的互补关系存在更为迫切的需求。因为大量替代型ODI活动的产生，不但在经济总量上无法提供新增价值，而且很容易引起投资国产业的"空心化"，这对人口密集、尚处于经济发展"换挡期"因而国内就业导向优先考虑的中国来说是一种过高成本的政策设计，因此引进比较优势理论来拓展对外直接投资活动无疑是一项适宜的举措。②

为了分析我国对外直接投资的比较优势，本章拟将国际贸易研究领域流行的比较优势衡量指标运用到对外直接投资的分析中。对外直接投资与国际贸易之间存在着密切的关系，不同形式的国际经贸活动背后，其实表现为不同生产要素的流动与组合。在这个意义上，将国际贸易领域的比较优势指标引入对外直接投资中分析是可行的，并可从三个方面来观察我国对外直接投资的比较优势变化：

第一，优势的动态性(纵向比较)。一国对外直接投资活动受本国宏微观因素影响，一定时间一定条件下会发生变化。原先潜在优势产业可以转化为

---

① Kojima, Kiyoshi, *Direct Foreign Investment*, Croom Helm Ltd., 1978.

② 程惠芳:《对外直接投资比较优势及评价指标》,《财经科学》1998年第5期，第32—35页。

显性优势产业，原先显性优势产业也可能变成劣势产业，进而影响到一国对外直接投资产业的选择。动态性特征尤其对一国潜在比较优势如何通过对外直接投资尽快转化为竞争优势提出了挑战。

第二，优势的相对性(横向比较)。一国对外直接投资产业的优劣，不仅在于本国不同产业的比较，还在于与东道国类似产业的比较，只有经过这种“比较中的比较”，才能最终决定一国对外直接投资产业的方向与区位选择。

第三，优势的综合性。一国对外直接投资活动主要表现为“一揽子”要素在国际的转移与不同组合，通过分析其优势变化背后，可以更好地揭示一国对其资源、要素不同程度的战略配置特征，更加客观地反映一国参与国际竞争的综合能力。下面将涉及对外直接投资领域的比较优势指数统称为对外直接投资的“超所有权优势指数”。①

(一)对外直接投资的竞争优势指数(ODI-CP 指数)

对外直接投资的竞争优势指数(ODI-CP 指数)是指一国直接投资净流出总额与直接投资总额之比，反映一国的 ODI 扩张能力，其直观含义为 CP＝(ODI 总额－FDI 总额)/(ODI 总额＋FDI 总额)。具体公式是：

$$CP_{ij} = (ODI_{ij} - FDI_{ij})/(ODI_{ij} + FDI_{ij})$$

其中，CP_{ij}表示i国j行业的直接投资竞争优势指数，ODI_{ij}、FDI_{ij}分别表示i国j行业的直接投资流出额与流入额。

在一般意义上，CP 指数的范围应在(－1，1)，当 CP＞0 时，表示该国直接投资出现净流出，越接近于 1，竞争力越强；反之相反。当 CP＝0 时，表明该国直接投资流入与流出相当。这里可进一步区分两种情况：低级阶段流入流出均衡与高级阶段流入流出均衡。当 CP＝1 时，表示该国j行业只有直接投资流出没有流入，具有绝对的流出优势；当 CP＝－1 时，表示该国j行业只有直接投资流入没有流出，在国际市场上无竞争力。

---

① 由于国际贸易中的比较优势指数更多衡量的是国家宏观方面的资源配置效率，因此将其适用于对外直接投资活动时，笔者将之概括为“超所有权优势指数”，即这一指数描述更多的是企业微观所有权之外的国家与行业方面的资源配置关系。

表 4-7　2005—2014 年主要国家和地区对外直接投资的 CP 指数

国家/地区	2005	2006	2007	2008	2009	2010	2011	2012	2013	2014
澳大利亚	0.12	−0.14	−0.55	−0.21	−0.32	−0.30	−0.94	−0.82	−1.12	−1.01
巴西	−0.71	0.20	−0.66	−0.38	−2.27	−0.61	−1.03	−1.09	−1.12	−1.12
加拿大	0.03	−0.13	−0.29	0.13	0.27	0.10	0.14	0.16	−0.17	−0.01
中国	−0.71	−0.55	−0.52	−0.32	−0.25	−0.25	−0.25	−0.16	−0.10	−0.05
法国	0.34	0.50	0.27	0.47	0.53	0.55	0.24	0.30	−0.26	0.48
德国	0.22	0.35	0.36	0.80	0.48	0.31	0.07	0.53	0.25	0.97
日本	0.89	1.30	0.53	0.68	0.72	1.05	1.03	0.97	0.97	0.96
韩国	−0.24	0.16	0.43	0.27	0.32	0.50	0.50	0.53	0.38	0.51
俄罗斯	0.07	−0.11	−0.11	−0.15	0.08	0.10	0.10	−0.02	0.11	0.46
英国	−0.40	−0.32	0.27	0.34	−0.63	−0.12	0.44	−0.34	−1.92	−10.46
美国	−0.74	−0.03	0.29	0.00	0.33	0.17	0.27	0.29	0.17	0.57
东盟	−0.40	−0.39	−0.18	−0.22	−0.05	−0.31	−0.26	−0.36	−0.30	−0.25

注：按照 UNCTAD 的统计解释，各国投资流出和流入都是借贷两项的净值，因此会发生投资流入负数值(即代表当年外资撤资金额超过了外资流入金额)，投资流出也可能出现负数值(即代表当年本国对外投资的撤资金额超过了对外投资流出)，反映在 CP 指数当中，会出现(−1，1)之外的数值。

资料来源：http://unctadstat.unctad.org/wds/TableViewer/tableView.aspx?ReportId=96740。

从表 4-7 可以看出，日本、法国和德国的 CP 指数基本为正值，竞争优势较强。特别是日本，对外直接投资竞争优势明显。法国的 CP 指数自 2005 年以来基本呈上升趋势(个别年份有所波动)，自 2011 年以后有所下降，但这一趋势已经扭转。德国作为对外投资大国，其趋势与法国比较相近，除了个别年份(2010 年与 2011 年)有所下降外，ODI 整体呈现比较强劲的上升趋势。美国的 CP 指数也有反复，但自 2008 年金融危机之后，美国的对外投资净流出额一直呈上升趋势，竞争优势不断增强。加拿大的情况比美国要弱一些，金融危机之后这一指数转正但却呈下降趋势，最近两年这一指标在恶化。英国作为老牌的对外投资大国，其对外直接投资指标波动较大，金融危机之后出现大幅持续下降的趋势。澳大利亚在近十年来统计的发达国家对外直接投资中绩效表现最差，其指数一直呈现负向持续下降趋势。东盟的 CP 指数与澳大利亚比较相似，其指标一直为负。韩国的 CP 指数自 2006 年以来一直上升，显示出竞争力的持续增强，在亚洲国家中比较突出。俄罗斯的 CP 指数在金融危机前后基本在 0 值附近波动，近两年开始持续增长，显示出竞争力的增强。我国的 CP 指数一直为负，说明我国对外直接投资整体上处于比较劣势，但随着国家相关部门的重视，特别是我国加入 WTO 过渡期结束后，我国对外直接投资增长迅猛，该指数一直处于上升态势，显示出竞争力在逐步改善。

(二)对外直接投资的显示性比较优势指数(ODI-RCA 指数)

对外直接投资的显示性比较优势指数(ODI-RCA 指数)是指一国对某外商直接投资占该国对外总投资的份额与当期某外国吸收外商直接投资总额占世界直接投资的份额之比，反映出一个国家对外直接投资流动相对世界的比较优势以及时间上的变化。该指数剔除了国家总量波动和世界总量波动的影响，可以较好反映一国 ODI 国际竞争力地位。其直观含义为：RCA=(i 国对 b 国 j 行业的 ODI/i 国 ODI 总流出)/(b 国 j 行业吸收 FDI 总额/j 行业在世界的 FDI 总流量)，具体公式为：

$$RCA_{ij} = (ODI_{ij}/ODI_{it})/(FDI_{bj}/FDI_{jt})$$

其中，RCA_{ij} 表示 i 国 j 行业的对外直接投资显示性比较优势指数，ODI_{ij} 表示 i 国对 b 国 j 行业的直接投资流出额，ODI_{it} 表示 i 国的对外直接投资总额，FDI_{bj} 表示 b 国 j 行业吸收 FDI 的总额，FDI_{jt} 表示 j 行业世界 FDI 的流量总额。

RCA 指数的取值范围在(0，1)，表示 i 国 j 行业不具有国际竞争力；取值范围在(1，$+\infty$)，表示 i 国 j 行业具有国际竞争力，取值越大，国际竞争力越强。

表 4-8　2007—2013 年我国对各国 ODI 的 RCA 指数

年份	日本	韩国	法国	德国	英国	加拿大	美国	澳大利亚	俄罗斯	巴西
2007	0.03	0.04	0.01	0.18	0.43	0.79	0.15	0.41	0.36	0.04
2008	0.02	0.03	0.01	0.05	0.00	0.00	0.14	0.56	0.12	0.01
2009	0.02	0.07	0.01	0.05	0.05	0.17	0.26	0.68	0.10	0.03
2010	0.06	−0.13	0.00	0.08	0.06	0.21	0.24	0.31	0.10	0.09
2011	0.03	0.06	0.63	0.09	0.26	0.10	0.33	0.57	0.13	0.02
2012	0.03	0.13	0.02	0.11	0.40	0.11	0.58	0.31	0.11	0.03
2013	0.05	0.03	0.03	0.11	0.16	0.12	0.45	0.40	0.12	0.04

资料来源：世界 FDI 的流量总额，http://unctadstat.unctad.org/wds/TableViewer/tableView.aspx；其余资料来源于 http://data.stats.gov.cn/easyquery.htm? cn=C01&zb=A0N0Y02&sj=2014，《中国对外直接投资统计公报》，2013 年。

从表 4-8 可以看出，除了澳大利亚这个资源丰富的发达国家以外，我国对其他发达国家直接投资的 RCA 指数基本在 0.5 以下。我国对美国的 RCA 指数自 2007 年以来呈现稳中有升的趋势，显示出 RCA 优势的逐步增强。但是我国对日本的 RCA 指数几乎围绕 0 值波动，我国对另一近邻国家韩国的投资状况稍好于日本，表明我国对上述国家投资的显示性比较优势不强。对俄罗斯的 RCA 指数在 2008 年以前优势较为突出，但自 2008 年后出现大幅回落，基本上稳定在一定的水平。

(三)对外直接投资的显示性竞争优势指数(ODI-CA 指数)

对外直接投资的显示性竞争优势指数(ODI-CA 指数)是用对外直接投资国家的显示性比较优势指数减去该国某产业 FDI 流入的显示性比较优势指数，从而获得该国该产业对外直接投资的真正竞争优势。其直观含义为：CA=i 国的 RCA 指数－(i 国吸收 b 国的 FDI/i 国 FDI 总流量)/(b 国 ODI 总额/世界 ODI 总额)，具体公式是：

$$CA_{ij} = RCA_{ij} - (FDI_{ij}/FDI_{it})/(ODI_{bt}/ODI_{jt})$$

其中，CA_{ij} 表示 i 国 j 行业对外直接投资的显示性竞争优势指数，FDI_{ij} 表示 i 国 j 行业吸收 b 国的 FDI 流入额，FDI_{it} 表示 i 国全部行业 FDI 流入总额，ODI_{bt} 表示 b 国 ODI 流出总额，ODI_{jt} 表示世界 ODI 的流出总额。

当 CA∈(−∞，0]时，则 i 国 j 产业不具有国际竞争力；当 CA∈(0，+∞)时，则 i 国 j 产业具有国际竞争力，并且该指数越高，国际竞争力越强。

表 4-9　2007—2013 年我国对各国 ODI 的 CA 指数

国家	2007	2008	2009	2010	2011	2012	2013
日本	−3.09	−1.21	−1.05	−0.71	−1.13	−0.93	−0.68
韩国	−3.15	−1.03	−0.63	−0.64	−0.41	−0.26	−0.28
法国	−0.39	−0.19	−0.16	−0.23	0.49	−0.06	−0.05
德国	−0.46	−0.25	−0.27	−0.09	−0.11	−0.08	−0.11
英国	−0.29	−0.30	−0.12	−0.07	0.15	0.34	0.12
加拿大	0.44	−0.18	−0.05	0.09	0.01	0.06	0.06
美国	−2.13	−0.85	−0.41	−0.33	−0.11	0.24	0.16
澳大利亚	0.10	0.42	0.58	0.25	0.52	0.27	0.37

续表

国家	2007	2008	2009	2010	2011	2012	2013
俄罗斯	0.32	0.10	0.09	0.10	0.12	0.11	0.12
巴西	−0.01	0.00	0.02	0.08	0.01	0.02	0.03

资料来源：UNCTAD，Statistics，http://www.unctad.org；国家统计局，《中国统计年鉴》，2007—2013年，http://www.stats.gov.cn。

从表4-9可以看出，在剔除FDI流入的影响之后，我国对澳大利亚、俄罗斯与巴西的ODI国际竞争力比较显著，特别是对澳大利亚，2007年以来CA指数为正，而且上升趋势明显。我国对俄罗斯投资的竞争力在2007年达到高峰，2008年出现大幅下降，但在2009年以后逐步呈现上升趋势。我国对巴西、加拿大投资的国际竞争力在金融危机后之后开始转强。在剔除FDI流入影响后，我国对韩国对外直接投资仍然不具有真正竞争优势。

（四）净对外直接投资的显示性比较优势指数（ODI-NRCA指数）

净对外直接投资的显示性比较优势指数（ODI-NRCA指数）是指一国ODI流出占世界ODI总流出的比例与该国FDI流入占世界FDI总流量的比例之差。该指数剔除了产业内FDI的影响，通过比较一国FDI流出和流入两方面的影响，更真实反映一国直接投资净流出的竞争优势。其直观含义为：NRCA＝（i国ODI流出/世界ODI流出总额）－（i国FDI流入/世界FDI流入总额），具体公式是：

$$NRCA_{ij} = (ODI_{ij}/ODI_{jt}) - (FDI_{ij}/FDI_{jt})$$

其中，ODI_{ij}表示i国j行业对外直接投资，ODI_{jt}表示j行业世界ODI流出总额；FDI_{ij}表示i国j行业吸收FDI的数额，FDI_{jt}表示j行业在世界FDI的流入总额。

当NRCA＞0时，表明该国某产业存在竞争优势；当NRCA＜0时，表明该国某产业存在竞争劣势。

表4-10　2005—2014年主要国家和地区对外直接投资的NRCA指数

国家/地区	2005	2006	2007	2008	2009	2010	2011	2012	2013	2014
澳大利亚	−0.01	0.00	−0.02	−0.01	−0.01	−0.02	−0.02	−0.04	−0.04	−0.04
巴西	−0.01	0.01	−0.01	−0.01	−0.03	−0.03	−0.04	−0.05	−0.05	−0.05

续表

国家/地区	2005	2006	2007	2008	2009	2010	2011	2012	2013	2014
加拿大	0.00	−0.01	−0.03	0.01	0.02	0.01	0.00	0.01	−0.01	−0.01
中国	−0.06	−0.03	−0.03	−0.03	−0.03	−0.04	−0.04	−0.02	−0.01	−0.02
法国	0.04	0.03	0.03	0.04	0.07	0.03	0.03	0.01	−0.01	0.02
德国	0.04	0.05	0.04	0.03	0.04	0.04	0.01	0.04	0.01	0.08
日本	0.05	0.04	0.02	0.05	0.05	0.04	0.07	0.09	0.10	0.08
韩国	0.00	0.00	0.01	0.01	0.01	0.01	0.01	0.00	0.00	0.00
俄罗斯	0.00	0.00	−0.01	−0.01	0.01	0.00	0.01	0.00	0.02	0.02
英国	−0.09	−0.05	0.02	0.03	−0.02	−0.01	0.03	−0.02	−0.04	−0.10
美国	−0.09	0.00	0.07	−0.01	0.11	0.06	0.09	0.12	0.09	0.17
东盟	−0.02	−0.02	−0.02	−0.01	−0.01	−0.04	−0.04	−0.04	−0.03	−0.05

资料来源：UNCTAD，Statistics，http://www.unctad.org。

从表 4-10 可以看出，我国近十年来 NRCA 指数一直处于负值，净对外直接投资的国际竞争力不明显。巴西和东盟与我国表现相似。而日本、法国净对外直接投资则表现出较为明显的竞争优势。美国的 NRCA 指数除了有 2 年为负，其他年份净对外直接投资的国际竞争优势比较明显。韩国与俄罗斯较为相似，净对外直接投资的 NRCA 指数基本上围绕着 0 值在波动。法国的 NRCA 指数除了 2013 年出现负值外，其净对外直接投资 NRCA 指数与德国比较相似。

结合以上分析可以发现，目前世界上直接投资的流动基本上还是以“主三角”地区为主(即法国、德国等欧盟区，美国为主的北美区以及日本为主的东亚地区发达国家 ODI 的国际竞争优势较为明显)。我国加入世界贸易组织过渡期(2006 年)结束后，ODI 增长迅猛。但总体来看，我国 ODI 相比主要发达国家 ODI 的国际竞争优势并不突出。除了对几个自然资源禀赋丰富的发达国家(澳大利亚与加拿大)和“金砖国家”如俄罗斯、巴西等国的 ODI 具有一定国际竞争优势之外，我国 ODI 的竞争优势总体来看还是处于比较弱的地位，这种现状与我国作为世界第二大经济体的地位并不相符，其原因与我国 ODI 起步晚、基础弱有很大关系。

根据历年《中国对外直接投资统计公报》的数据，从存量来看，2014 年中国对外直接投资位居全球第 8 位，仅相当于同期美国的 14%，英国、德国的 55.7%，法国的 69%，日本的 74%。这主要由于我国对外直接投资起步较晚，但近十多年来我国对外直接投资流量/存量增长非常显著。自 2003 年中国有关部门权威发布年度数据以来，我国对外直接投资实现连续 12 年增长，2014 年流量是 2002 年的 45.6 倍，2002—2014 年的年均增长速度高达 37.5%。2002—2012 年，我国对外直接投资存量年均增长率高达 34.0%，特别是在 2008 年美国爆发金融危机之前（2002—2008 年），这一比率约为 36.4%①，超过了日本历史上对外直接投资增长最快时期的表现：1969—1972 年，日本对外直接投资存量年均增长率为 36.2%；1986—1989 年，日本对外直接投资存量年均增长率为 33.9%。② 2014 年中国对外直接投资与中国吸引外资仅差 53.8 亿美元，双向投资首次接近平衡。可以预计，2015 年我国 ODI 规模极有可能超过 FDI 的规模；未来 10 年内，我国 ODI 的规模流量则有望超过美国目前的水平，从而从根本上扭转我国目前 ODI 较弱的国际竞争地位。

二、对外直接投资比较优势的结构分析

(一)我国对外直接投资各行业的 CP 指数

目前，在我国对外直接投资行业分布中，多元化的格局已经形成，租赁和商务服务业、金融业、采矿业、批发和零售业、制造业、交通运输业成为我国对外直接投资的主要行业。根据 2014 年《中国对外直接投资统计公报》的数据，2014 年以来，这些行业前四位的对外直接投资存量都超过 1 000 亿美元，合计占中国对外直接投资存量的 77.8%。在这其中，我国内地对中国香港地区的直接投资情况比较特殊，我国内地对中国香港地区的 ODI 占中国 ODI 的 60%以上，投资行业主要分布在租赁和商务服务业、金融业和批发零售业。由于许多到中国香港地区的投资会出现“转回投资”，因此，我国内地对中国香港地区直接投资的行业结构直接影响到中国总体的对外直接投资结构。

---

① 作者根据 2003—2012 年《中国对外直接投资统计公报》中的数字计算得出上述结果。

② Kojima, Kiyoshi, “Dynamics of Japanese Direct Investment in East Asia”, *Hitotsubashi Journal of Economics*, 1995, 36, pp. 93-124.

以 2011—2014 年年末数据为例，如果扣除我国内地对中国香港地区的直接投资，则在我国对外直接投资结构中，采矿业比重(存量与流量)明显上升乃至超过租赁和商业服务业而跃居第 1 位。另外，我国对制造业、建筑业、技术服务业和地质勘查业的直接投资也有不同程度的上升。因此在分析我国分行业对外直接投资的比较优势时应该考虑到这些特征。但由于中国香港地区“转回投资”数据获取的困难，在以下分析中，还是基于总体数据研究我国分行业的对外直接投资的比较优势。

按照国内行业编号，首先大致计算国内分行业对外投资的 CP 指数与 NRCA 指数。国内行业编号的说明见表 4-11。

表 4-11　国内对外直接投资分行业的编号说明

1	农、林、牧、渔业
2	采矿业
3	制造业
4	电力、煤气及水的生产和供应业
5	建筑业
6	交通运输、仓储和邮政业
7	信息传输、计算机服务和软件业
8	批发和零售业
9	住宿和餐饮业
10	金融业
11	房地产业
12	租赁和商务服务业
13	科学研究、技术服务和地质勘查业
14	水利、环境和公共设施管理业
15	居民服务和其他服务业
16	教育
17	卫生、社会保障和社会福利业
18	文化、体育和娱乐业

资料来源：国家统计局，《中国统计年鉴》，2004—2014 年，http://www.stats.gov.cn；表中的 17 项、18 项相当于商务部、国家统计局、国家外汇管理局的《中国对外投资统计公报》中最后一项“其他行业”，其他均相同。

根据分行业的 CP 指数计算公式 CP＝(行业 ODI 总额－行业 FDI 总额)/(行业 ODI 总额＋行业 FDI 总额)，可以得到表 4-12 的结果。

表 4-12　2004—2013 年我国主要行业对外直接投资的 CP 指数

序号	2004	2005	2006	2007	2008	2009	2010	2011	2012	2013
1	－0.59	－0.74	－0.53	－0.55	－0.75	－0.61	－0.56	－0.43	－0.17	0.00
2	0.54	0.65	0.90	0.78	0.82	0.93	0.79	0.92	0.89	0.97
3	－0.97	－0.9	－0.96	－0.90	－0.93	－0.91	－0.83	－0.76	－0.70	－0.73
4	－0.87	－0.99	－0.83	－0.75	－0.13	－0.64	－0.36	－0.06	0.08	－0.56
5	－0.88	－0.71	－0.91	－0.14	－0.2	－0.32	0.05	0.29	0.47	0.56
6	－0.21	－0.52	－0.18	0.34	－0.04	－0.10	0.43	－0.11	－0.08	－0.12
7	－0.94	－0.97	－0.91	－0.66	－0.81	－0.78	－0.66	－0.55	－0.46	－0.35
8	0.04	0.37	－0.23	0.42	0.19	0.06	0.01	0.10	0.16	0.12
9	－1.00	－0.97	－0.99	－0.98	－0.94	－0.84	－0.62	－0.76	－0.67	－0.81
10	n.	n.	0.85	0.73	0.92	0.90	0.77	0.52	0.65	0.73
11	－1.00	－0.96	－0.91	－0.9	－0.96	－0.89	－0.87	－0.86	－0.85	－0.76
12	－0.58	0.14	0.03	0.17	0.62	0.54	0.62	0.51	0.53	0.45
13	－0.88	－0.45	－0.28	－0.50	－0.80	－0.37	－0.32	－0.55	－0.35	－0.21
14	－0.99	－1.00	－0.92	－0.98	－0.41	－0.98	－0.85	－0.54	－0.92	－0.75
15	－0.28	－0.61	n.	－0.81	－0.55	－0.71	－0.73	－0.70	－0.13	0.26
16	n.	n.	－0.86	－0.57	－0.92	－0.69	－0.61	0.67	0.50	0.32
17	－1.00	n.	－0.98	－0.88	－1.00	－0.91	－0.46	－0.85	－0.85	－0.58
18	－1.00	－1.00	－0.99	－0.98	－0.84	－0.88	－0.4	－0.72	－0.46	－0.45

资料来源：国家统计局，《中国统计年鉴》，2004—2013 年，http://www.stats.gov.cn；n. 代表数据缺失。

从表 4-12 计算的竞争力指数(CP 指数)可以看到，我国对外直接投资行业中，采矿业[2]与金融业[10]这两大行业的 CP 指数均为正，表明其对外直接投资的扩张能力较强。采矿业的 CP 指数呈上升趋势，显示出我国对获取海外矿产资源的迫切性。尽管金融业 CP 指数为正，但 2009 年以来呈下降趋势，这可能与国际金融危机过后金融业所受外部环境影响直接相关。批发与零售业[8]、租赁和商务服务业[12]是我国对外直接投资两大支柱行业，其 CP 指数基本为正，但表现趋势却有较大差异：其中批发与零售业自 2007 年以来呈现下降趋势，而且降幅较大；租赁和商务服务业则自2006年以来不断上升，显示出较强的竞争力(如果考虑到我国内地许多到中国香港地区的商务服务业ODI很大程度上是基于股权控制特征的投资安排，商务服务业增长与我国对外直接投资并购活动有很大关联——许多涉及“商务服务业”的投资，实际上最终去向还是其他国家的采矿业和制造业，这在某种程度上可以弥补我国采矿业[2]与制造业[3]直接投资CP指数的不足——在这一意义上，笔者认为我国制造业、采矿业ODI统计数据本身存在低估的可能)。此外，除了建筑业[5]ODI的CP指数在金融危机后转正，显示出竞争力不断增强，以及教育行业[16]ODI的CP指数在2011年转正，我国其他多数行业ODI的CP指数为负值，表明我国尚有相当多行业对外直接投资竞争力的不足。但从CP指数发展趋势来看，我国有些行业对外直接投资的CP指数正逐步上升，显示其竞争力正在不断改善，如农、林、牧、渔业[1]，制造业[3]，电力、煤气及水的生产和供应业[4]，以及信息传输、计算机服务和软件业[7]。

(二)我国各行业净对外直接投资显示性比较优势指数(NRCA指数)

NRCA=(行业ODI总额/一国ODI总额)－(行业FDI总额/一国FDI总额)

由以上计算公式，可以得到表4-13所显示我国主要行业的NRCA指数。

表4-13　2004—2013年我国主要行业对外直接投资的NRCA指数

序号	2004	2005	2006	2007	2008	2009	2010	2011	2012	2013
1	0.03	0.00	0.00	0.00	－0.01	－0.01	－0.01	－0.01	0.00	0.00
2	0.32	0.13	0.40	0.15	0.10	0.23	0.08	0.19	0.15	0.23
3	－0.57	－0.52	－0.59	－0.47	－0.51	－0.48	－0.40	－0.35	－0.34	－0.32
4	0.00	－0.02	－0.01	－0.01	0.01	－0.02	－0.01	0.01	0.01	－0.01
5	0.00	0.00	－0.01	0.01	0.00	0.00	0.01	0.01	0.03	0.03
6	0.13	0.02	0.03	0.13	0.02	0.01	0.06	0.01	0.00	－0.01
7	－0.01	－0.02	－0.01	－0.01	－0.02	－0.02	－0.02	－0.01	－0.02	－0.01
8	0.13	0.17	0.02	0.21	0.07	0.05	0.04	0.07	0.06	0.04
9	－0.01	－0.01	－0.01	－0.01	－0.01	－0.01	－0.01	－0.01	0.00	－0.01
10	n.	n.	0.16	0.06	0.25	0.15	0.11	0.06	0.10	0.12
11	－0.10	－0.08	－0.11	－0.19	－0.20	－0.17	－0.2	－0.21	－0.19	－0.21
12	0.09	0.34	0.15	0.16	0.33	0.29	0.37	0.27	0.23	0.16

续表

序号	2004	2005	2006	2007	2008	2009	2010	2011	2012	2013
13	0.00	0.00	0.01	0.00	−0.01	0.00	0.00	−0.01	−0.01	−0.01
14	0.00	0.00	0.00	0.00	0.00	−0.01	−0.01	0.00	−0.01	−0.01
15	0.01	0.00	n.	−0.01	0.00	−0.01	−0.01	−0.01	0.00	0.00
16	n.	n.	0.00	0.00	0.00	0.00	0.00	0.00	0.00	0.00
17	0.00	n.	0.00	0.00	0.00	0.00	0.00	0.00	0.00	0.00
18	−0.01	−0.01	0.00	−0.01	0.00	0.00	0.00	0.00	0.00	0.00

资料来源：国家统计局，《中国统计年鉴》，2004—2013 年，http://www.stats.gov.cn；n. 代表数据缺失。

从表 4-13 可以看出，在扣除我国主要行业外商直接投资流入影响之后，我国对外直接投资 NRCA 指数基本上呈现正值的行业还是集中在采矿业[2]、租赁和商务服务业[12]、金融业[10]、批发和零售业[8]、交通运输、仓储和邮政业[6]。2014 年，我国上述前四大行业的对外直接投资存量规模均超过 1 000 亿美元。制造业[3]与房地产业[11]的 NRCA 指数一直为负，但两者变化趋势不同，即制造业呈现上升改善趋势，房地产业则呈现下降恶化趋势。其他相关行业的 NRCA 指数基本上在 0 值左右波动，变化也不显著。

下面基于 CP 指数与 NRCA 指数，进一步对部分重点行业展开国际比较分析。

(三)采矿业直接投资的国际竞争优势分析(CP 指数、NRCA 指数)

表 4-14　2004—2013 年主要国家采矿业对外直接投资的 CP 指数

年份	澳大利亚	加拿大	法国	德国	日本	韩国	英国	美国	中国
2004	−0.13	0.63	−2.21	0.59	n.	1.00	1.02	0.63	0.54
2005	−0.14	−0.41	1.04	0.05	1.00	n.	−1.39	0.25	0.65
2006	−0.12	n.	0.69	n.	1.00	1.00	0.21	0.38	0.90
2007	−0.02	−0.17	1.69	0.52	n.	1.00	1.01	−0.02	0.78
2008	−0.39	0.11	1.88	−0.52	n.	0.99	1.04	0.21	0.82
2009	0.42	−0.56	0.89	1.41	1.00	0.99	−58.36	0.23	0.93
2010	0.25	0.11	1.00	0.41	0.99	1.00	1.17	−0.27	0.79
2011	−0.72	−0.40	0.96	1.22	1.00	n.	3.50	−0.25	0.92

续表

年份	澳大利亚	加拿大	法国	德国	日本	韩国	英国	美国	中国
2012	－0.50	－0.09	0.88	0.64	1.00	n.	1.38	0.51	0.89
2013	－0.99	－1.26	1.05	n.	1.00	1.00	1.00	0.32	0.97

资料来源：CP指数出现(－1，1)之外的数值，见表4-7的相关解释；n. 代表数据缺失。UNCTAD，Statistics，http://www.unctad.org；商务部、国家统计局、国家外汇管理局：《中国对外直接投资统计公报》，2005—2014年，http://www.mofcom.gov.cn；2011—2013年数据来源于http://stats.oecd.org/Index.aspx? QueryId＝64192＃，其中德国、日本、英国数据来源于BMD3，其余来源于BMD4，中国数据来源于国家统计局http://data.stats.gov.cn/easyquery.htm? cn＝C01&zb＝A0N0Y02&sj＝2014。

表4-15　2004—2013年主要国家采矿业对外直接投资的NRCA指数

年份	澳大利亚	加拿大	法国	德国	日本	韩国	英国	美国	中国
2004	0.03	6.05	0.00	0.06	n.	0.05	0.12	0.03	0.32
2005	0.09	－0.50	0.03	0.00	0.03	n.	－0.81	0.71	0.13
2006	－0.02	n.	0.01	n.	0.03	0.13	0.25	0.06	0.40
2007	0.20	0.05	－0.01	0.00	n.	0.09	0.14	－0.04	0.17
2008	－0.26	－0.02	－0.05	－0.27	n.	0.17	0.20	0.03	0.11
2009	1.51	－0.43	0.04	0.01	0.09	0.29	0.21	－0.01	0.23
2010	1.12	－0.10	0.02	0.00	0.21	0.30	－0.43	－0.07	0.08
2011	3.27	－0.27	0.14	0.02	0.14	0.00	－0.37	－0.14	0.19
2012	1.65	－0.07	0.22	0.00	0.16	0.00	0.38	0.03	0.15
2013	－0.88	－0.36	0.19	n.	0.09	0.11	n.	0.02	0.23

资料来源：n. 代表数据缺失。UNCTAD，Statistics，http://www.unctad.org；商务部、国家统计局、国家外汇管理局，《中国对外直接投资统计公报》，2005—2014年，http://www.mofcom.gov.cn；2011—2013年数据来源于http://stats.oecd.org/Index.aspx? QueryId＝64192＃，其中德国、日本、英国数据来源于BMD3，其余来源于BMD4，中国数据来源于国家统计局http://data.stats.gov.cn/easyquery.htm? cn＝C01&zb＝A0N0Y02&sj＝2014。

从表4-14可以看出，主要发达国家(德国、法国、日本)采矿业对外直接投资的CP指数绝大部分为正，显示出上述国家在海外矿产资源ODI活动中具有较强的竞争力。美国的指标在金融危机后为负，表明其采矿业直接投资竞争力在减弱。韩国的CP指数基本上为1，显示出其对海外采矿业扩张的强大需求与竞争力。我国采矿业对外直接投资的CP指数仅次于韩国，具有一定的国际竞争力。

在扣除了外商直接投资流入的影响后，从表4-15可以发现，韩国、中国、日本三国采矿业的NRCA指数为正，显示出三国在全球矿业资源市场上外向投资的相对规模与竞争优势较强。相比德国，法国采矿业净对外直接投资的国际竞争优势更为明显。英国、美国是老牌的对外直接投资大国，但是它们采矿业的NRCA指数在金融危机过后为负，显示其国际竞争优势在减弱。

(四)批发和零售业直接投资的国际竞争优势分析(CP指数、NRCA指数)

表4-16 2004—2013年主要国家批发和零售业对外直接投资的CP指数

年份	澳大利亚	加拿大	法国	德国	日本	韩国	英国	美国	中国
2004	－2.43	n.	2.21	－0.07	0.31	0.19	－0.49	－0.07	0.04
2005	－1.73	n.	0.32	－0.34	0.61	n.	0.51	－0.24	0.37
2006	－0.78	n.	0.85	0.53	1.15	－3.32	－0.19	－0.24	－0.23
2007	－1.03	n.	1.82	－0.40	0.50	0.59	－0.40	－0.22	0.42
2008	－1.09	n.	0.95	1.71	0.83	1.70	－0.34	－0.05	0.19
2009	－1.28	n.	1.32	0.36	0.77	0.22	－1.29	0.02	0.06
2010	－0.98	n.	1.23	0.02	1.28	0.45	－0.21	－0.29	0.01
2011	－1.04	n.	－5.98	－0.32	0.78	n.	－1.00	－0.02	0.10
2012	－0.58	n.	－13.89	－0.10	1.19	n.	8.46	0.04	0.16
2013	－0.09	n.	－0.08	n.	0.98	0.60	n.	－0.72	0.12

资料来源：CP指数出现(－1，1)之外的数值，见表4-7的相关解释；n.代表数据缺失。UNCTAD，Statistics，http://www.unctad.org；商务部、国家统计局、国家外汇管理局：《中国对外直接投资统计公报》，2005—2014年，http://www.mofcom.gov.cn；2011—2013年数据来源于http://stats.oecd.org/Index.aspx? QueryId＝64192＃，其中德国、日本、英国数据来源于BMD3，其余来源于BMD4，中国数据来源于国家统计局http://data.stats.gov.cn/easyquery.htm? cn＝C01&zb＝A0N0Y02&sj＝2014。

表4-17 2004—2013年主要国家批发和零售业对外直接投资的NRCA指数

年份	澳大利亚	加拿大	法国	德国	日本	韩国	英国	美国	中国
2004	－0.27	n.	0.22	0.57	－0.07	0.12	－0.13	－0.12	0.13
2005	0.13	n.	0.02	－0.06	－0.32	n.	0.20	0.61	0.17

续表

年份	澳大利亚	加拿大	法国	德国	日本	韩国	英国	美国	中国
2006	−0.09	n.	0.07	0.00	0.05	0.52	0.02	−0.03	0.03
2007	−0.07	n.	−0.04	−0.04	−0.01	−0.09	−0.13	−0.09	0.26
2008	−0.10	n.	0.07	0.24	0.05	0.25	−0.25	−0.01	0.08
2009	−0.19	n.	0.14	0.05	0.02	−0.05	0.09	−0.05	0.05
2010	−0.17	n.	0.12	−0.03	−0.14	0.00	−0.01	−0.10	0.04
2011	−0.15	0.00	−0.24	0.01	1.00	0.00	−0.19	−0.06	0.07
2012	0.03	0.00	−0.19	−0.10	1.09	0.00	0.02	−0.06	0.06
2013	−0.20	0.00	0.04	n.	0.03	0.08	n.	−0.15	0.04

资料来源：n. 代表数据缺失。UNCTAD，Statistics，http://www.unctad.org；商务部、国家统计局、国家外汇管理局：《中国对外直接投资统计公报》，2005—2014 年，http://www.mofcom.gov.cn；2011—2013 年数据来源于 http://stats.oecd.org/Index.aspx?QueryId=64192#，其中德国、日本、英国数据来源于 BMD3，其余来源于 BMD4，中国数据来源于国家统计局 http://data.stats.gov.cn/easyquery.htm?cn=C01&zb=A0N0Y02&sj=2014。

表 4-16 表明，日本批发与零售业 CP 指数为正，表明日本该行业对外直接投资的国际竞争力比较明显。法国的 CP 指数在 2011 年之前一直非常强势，但是之后数据为负，显示出其国际竞争力急剧下降。韩国的 CP 指数绝大多数年份为正，2008 年 CP 指数达到顶峰，之后大幅度下降，但近几年趋向上升。我国的 CP 指数基本为正，在 2008 年以前具有比较明显的国际竞争力，金融危机过后下降并有反复。

表 4-17 表明，以 NRCA 指数衡量，日本批发与零售业国际竞争优势相比其他国家更为明显。韩国的 NRCA 指数在金融危机后的表现都不佳。我国的 NRCA 指数保持了大于 0 的状态，基本呈现上升趋势，显示出我国海外批发和零售业国际竞争优势比较突出。

（五）制造业直接投资的国际比较优势分析（CP 指数、NRCA 指数）

表 4-18　2004—2013 年主要国家制造业对外直接投资的 CP 指数

年份	澳大利亚	加拿大	法国	德国	日本	韩国	英国	美国	中国
2004	−0.86	n.	0.17	4.52	0.87	0.41	0.83	0.50	−0.97
2005	n.	n.	−0.30	0.33	1.21	n.	0.08	−0.33	−0.90

续表

年份	澳大利亚	加拿大	法国	德国	日本	韩国	英国	美国	中国
2006	－0.34	n.	0.15	0.72	0.99	0.67	0.43	－0.40	－0.96
2007	－6.62	－0.79	0.41	0.61	0.94	0.67	0.67	－0.18	－0.90
2008	0.15	－0.88	0.18	1.94	0.90	0.78	0.45	－0.37	－0.93
2009	2.36	－18.02	－4.12	5.99	0.81	0.82	－0.32	－0.16	－0.91
2010	－0.20	1.55	0.13	0.24	0.81	0.62	－0.41	－0.30	－0.83
2011	－0.61	－0.51	1.16	－4.16	0.92	n.	9.68	－0.18	－0.76
2012	－44.92	－0.67	0.02	－0.56	0.80	n.	－0.19	－0.21	－0.70
2013	0.50	－0.28	－0.21	n.	0.89	0.68	1.00	－0.21	－0.73

资料来源：n. 代表数据缺失。UNCTAD，Statistics，http://www.unctad.org；商务部、国家统计局、国家外汇管理局：《中国对外直接投资统计公报》，2005—2014 年，http://www.mofcom.gov.cn；2011—2013 年数据来源于 http://stats.oecd.org/Index.aspx? QueryId＝64192＃，其中德国、日本、英国数据来源于 BMD3，其余来源于 BMD4，中国数据来源于国家统计局 http://data.stats.gov.cn/easyquery.htm? cn＝C01&zb＝A0N0Y02&sj＝2014。

表 4-19　2004—2013 年主要国家制造业对外直接投资的 NRCA 指数

年份	澳大利亚	加拿大	法国	德国	日本	韩国	英国	美国	中国
2004	－0.53	n.	－0.03	0.07	0.32	0.44	0.21	0.06	－0.57
2005	n.	n.	－0.14	0.02	1.46	n.	0.25	1.30	－0.40
2006	－0.07	n.	－0.02	0.15	0.73	0.23	0.26	－0.23	－0.51
2007	－0.47	－0.41	0.01	0.09	0.48	－0.18	0.27	－0.29	－0.39
2008	0.10	－0.28	－0.07	0.93	0.26	0.19	0.15	－0.14	－0.43
2009	－1.62	－0.23	0.16	－0.81	0.15	0.32	－0.05	－0.23	－0.45
2010	0.16	－0.38	－0.15	－0.12	1.84	0.16	－0.14	－0.28	－0.36
2011	1.73	－0.32	0.84	－0.27	1.91	0.00	0.18	－0.22	－0.35
2012	－0.53	－0.25	－0.30	0.72	－2.68	0.00	－0.02	－0.36	－0.34
2013	－0.28	－0.07	－0.02	n.	－0.74	0.26	n.	－0.22	－0.32

资料来源：n. 代表数据缺失。UNCTAD，Statistics，http://www.unctad.org；商务部、国家统计局、国家外汇管理局：《中国对外直接投资统计公报》，2005—2014 年，http://www.mofcom.gov.cn；2011—2013 年数据来源于 http://stats.oecd.org/Index.aspx? QueryId＝64192＃，其中德国、日本、英国数据来源于 BMD3，其余来源于 BMD4，中国数据来源于国家统计局 http://data.stats.gov.cn/easyquery.htm? cn＝C01&zb＝A0N0Y02&sj＝2014。

从表 4-18 的 CP 指数可以发现，亚洲制造业强国日本、韩国海外制造业对外直接投资的国家竞争力比较明显。西欧制造业强国德国以及英国在金融危机之后 CP 指数大幅下降，表明它们这些产业国家竞争力有所削弱。美国制造业对外直接投资的国家竞争力较弱，CP 指数基本为负。我国制造业 ODI 的 CP 数一直为负，表明该行业对外直接投资缺乏国际竞争力。但自 2008 年以来，我国制造业对外投资的 CP 指数变化趋势已有所改善，竞争力也在提高(如果考虑到我国商务服务业 ODI 中可能隐藏了更多的制造业 ODI 活动，则我国制造业对外直接投资的 CP 指数存在低估的可能)。

再考察表 4-19 的 NRCA 指数可以看出，除了日本、韩国制造业的 NRCA 指数基本为正值以外，德国、英国制造业的 NRCA 指数在 2008 年以后转为负值，说明上述两国该产业国际竞争优势发生了逆转。我国制造业对外直接投资的 NRCA 指数也一直为负，但金融危机之后一直呈现上升趋势，表明我国制造业国际竞争优势开始得到改善与提高。

(六)金融业直接投资的国际比较优势分析(CP 指数、NRCA 指数)

表 4-20　2004—2013 年主要国家金融业对外直接投资的 CP 指数

年份	澳大利亚	加拿大	法国	德国	日本	韩国	英国	美国	中国
2004	0.18	2.07	−0.15	0.26	−0.41	−1.00	0.31	−0.01	n.
2005	−0.05	0.87	0.24	−0.47	0.89	n.	1.01	−0.23	n.
2006	0.10	n.	0.62	0.37	0.40	−1.00	0.26	−0.45	0.85
2007	0.71	0.46	0.53	−0.42	0.03	1.85	0.02	0.83	0.73
2008	0.56	0.66	1.22	1.26	0.44	−0.60	−0.08	−0.31	0.92
2009	0.16	0.75	0.30	1.22	0.49	0.10	−0.47	−0.21	0.90
2010	−0.16	0.59	0.89	0.41	1.38	0.41	0.34	−0.41	0.77
2011	−1.71	0.38	−0.42	0.09	−1.93	0.00	0.03	0.33	0.06
2012	1.13	0.38	0.39	−0.30	0.92	0.00	−0.10	0.38	0.10
2013	−2.56	0.19	−0.07	n.	−0.08	0.08	n.	0.46	0.12

资料来源：n. 代表数据缺失。UNCTAD，Statistics，http://www.unctad.org；商务部、国家统计局、国家外汇管理局：《中国对外直接投资统计公报》，2005—2014 年，http://www.mofcom.gov.cn；2011—2013 年数据来源于 http://stats.oecd.org/Index.aspx?QueryId=64192#，其中德国、日本、英国数据来源于 BMD3，其余来源于 BMD4，中国数据来源于国家统计局 http://data.stats.gov.cn/easyquery.htm?cn=C01&zb=A0N0Y02&sj=2014。

表 4-21　2004—2011 年主要国家金融业对外直接投资的 NRCA 指数

年份	澳大利亚	加拿大	法国	德国	日本	韩国	英国	美国	中国
2004	0.34	−13.06	−0.08	0.38	−3.15	−0.34	0.06	−0.20	n.
2005	0.08	0.74	0.03	−0.39	0.02	n.	0.24	0.42	n.
2006	0.04	n.	0.18	0.00	0.48	−0.51	0.32	−0.13	0.16
2007	0.59	0.44	0.09	−0.25	−0.54	0.20	−0.10	0.20	0.07
2008	0.38	0.41	0.11	0.40	−0.41	−0.44	−0.08	−0.19	0.26
2009	0.22	0.47	−0.39	0.49	−0.24	−0.08	−0.19	−0.20	0.15
2010	0.22	0.30	0.29	0.00	−1.21	−0.02	0.33	−0.18	0.12
2011	0.09	0.37	0.04	0.10	−1.93	−0.17	−0.03	−0.05	0.08

资料来源：n. 代表数据缺失。UNCTAD，Statistics，http://www.unctad.org；商务部、国家统计局、国家外汇管理局：《中国对外直接投资统计公报》，2005—2012 年，http://www.mofcom.gov.cn。

从表 4-20 的 CP 指数可以看出，在金融危机之前，主要发达国家如澳大利亚、加拿大、法国、日本和英国的 CP 指数基本为正，表明上述国家海外金融业直接投资的国际竞争力较为突出，但是金融危机过后，上述国家的海外金融投资都出现大幅度下滑与波动。2011 年之前，美国金融业对外直接投资的 CP 指数绝大多数为负，显示其海外金融业直接投资的国际竞争力并不明显(这似乎与美国全球金融霸主地位不符，但从另一角度来看，美元在贸易、金融结算方面的国际地位以及美国国内强大的世界金融中心，导致美国金融业的国际竞争力并不一定要通过 ODI 形式获得)。这种趋势自 2011 年之后出现逆转，美国的金融业国际竞争力在不断上升。我国金融业对外直接投资的 CP 指数为正，表明我国金融业对外直接投资具有一定的国际竞争力，但自 2008 年以后这一趋势呈现下降特征，显示我国金融业 ODI 的国际竞争力在减弱。

从表 4-21 的 NRCA 指数可以看出，加拿大、澳大利亚两国金融业国际竞争优势较为显著。法国、德国位居其后，但自金融危机之后三年下滑波动较大。相比之下，日本金融业净对外直接投资的 NRCA 指数持续为负，而且数值较大，这可能与金融危机以来大量日本海外金融资产撤回有关。美国的金融业对外投资在金融危机后为负，但是这一趋势已经在逐步好转。我国金融业净对外直接投资的 NRCA 指数一直为正，但在 2008 年以后呈现下降趋势，显示我国金融业净对外直接投资的国际竞争优势有所减弱。

综合以上分析表明，在我国 ODI 总量迅速发展同时，我国 ODI 的结构正日益呈现出多样化与逐步优化的特征。我国 ODI 覆盖了国民经济所有行业类型，包括租赁和商务服务业、金融业、采矿业、制造业等在内的七大行业。分别来看其存量投资都超过 100 亿美元，合计则占了我国 ODI 存量总额的 92.4%(2012 年数据)。我国采矿业 ODI 的快速发展及其较强的国际竞争力有利于保障我国经济增长对矿产资源的大量需求；我国批发零售业(主要为贸易类投资)、金融业 ODI 的快速发展及其较强的国际竞争力不仅顺应了我国对外贸易规模扩张的需要，而且在当前我国面临外部贸易环境风险增大的背景下，上述行业的扩张与组合可以起到对贸易增长的缓冲与互补作用；我国租赁和商务服务业 ODI(主要为投资控股)与制造业 ODI 之间具有较为密切的关系，虽然统计数据上无法显示，但是从实际案例数据可以推测，我国商务服务业 ODI 的占比很高，某种程度上代表了我国制造业 ODI 国际竞争力的表现，因此这两者的快速发展表明，即便我国今后对外贸易规模需要进行调整甚至压缩，但是对于支撑我国对外贸易规模发展的核心产业——制造业来说，其强劲的 ODI 增长空间与速度有望通过互补性效应来平衡我国对外贸易发展，从而更好地促进中国经济的全面转型。

第三节　中国对外直接投资新理论的构建

一、“超所有权优势”的理论核心

(一)传统对外直接投资理论的借鉴

1. 主流跨国公司理论

主流跨国公司理论①的出发点是研究发达国家的企业如何成功地进行对外直接投资，因而十分关注投资国企业如何通过所有权优势的构建来应对东道国各项壁垒。正因为如此，产生了海默的垄断优势理论——探讨结构化壁垒；巴克利、卡森、鲁格曼等人的内部化理论——探讨交易性壁垒；再到邓

① 一般意义上，主流跨国公司理论是指海默(S. H. Hymer)、金德尔伯格(Charles P. Kindleberger)提出的垄断优势论，巴克利(Peter J. Buckley)、卡森(M. Casson)、鲁格曼(A. M. Rugman)等人开创的内部化理论以及邓宁(John H. Dunning)的折衷范式。上述理论体系在 20 世纪 70 年代大体建立，从而标志着主流跨国公司理论体系的成熟。

宁的折衷范式——将区位理论、内部化理论和海默—金德尔伯格方法综合起来。垄断优势理论强调面临外部结构性市场不完全状态下，企业通过特定所有权优势可以赢得对外直接投资成功；内部化理论强调面临外部交易性市场不完全状态下，企业通过内部化形式可以更好增强自身所有权优势，进而赢得对外直接投资成功；邓宁吸纳前述理论观点，阐明国际化竞争中企业拥有的综合所有权①优势如何决定企业竞争的成败。因此到了邓宁，折衷范式的精华可以通过综合所有权优势这一视角得到阐述与体现。

由此可见，所有权优势这一概念②对于主流跨国公司理论非常重要，并成为其核心特征。但是主流跨国公司理论自身存在不足：其研究重心偏向微观领域，关注的是微观企业利益最大化(而且只关注投资国企业自身利益最大化，对于东道国企业的状况几乎不关注)，而对于投资国与东道国在直接投资过程中的宏观比较优势的变动及其可能的影响几乎没有涉及，这一点恰好成为小岛清理论重心。

尽管邓宁的折衷范式已经考虑到企业在国际化竞争中应该基于企业自身、企业与对手以及企业与区位之间的关系进行设计，但它运用的是静态观点，不仅忽略了柯格特(B. Kogut)与赞德(U. Zander)提出的对外直接投资企业在初始优势建立后还可能发展“后续优势”③，而且对于动态所有权优势如何产生、维持和不断增强并未提出有说服力的解释。因此，邓宁的折衷范式无法动态指导企业制定对外直接投资的竞争策略。④ 事实上，在当今世界范围内垄断组织存在于多个行业的条件下，仅仅局限于投资国企业单一微观视角探讨所有权优势的构筑有着较大的限制性。来自国家、行业组织与企业之间可

① 邓宁的综合所有权优势即Oa[资产所有权优势]+Ot[交易所有权优势]+Oi[区位制度所有权优势]。

② 某种意义上，基于任何一家企业所在的产品细分空间，可以发现领先企业必然要具有某种程度的所有权优势。

③ Kogut，B. and Zander，U.，“Knowledge of the Firm and the Evolutionary Theory of the Multinational Corporation”，*Journal of International Business Studies*，1993，24(4)，pp. 625-645.

④ 邓宁在1995年曾提出修正的OLI框架纳入联盟资本主义，试图在扩展的内部化概念中加以论述，但战略联盟能否视为内部化组织，这一命题尚具有争议。Dunning，John H.，“Reappraising the Eclectic Paradigm in an Age of Alliance Capitalism”，*Journal of International Business studies*，1995，Vol. 26，No. 3，pp. 461-491.

能会形成某种“超所有权优势”的策略力量，企业对外直接投资理论应该基于不同层面的制度创新与要素整合的系统视角进行研究①，这一分析视角对于新的理论假说的形成提供了基础。

2. 小岛清理论

小岛清理论产生于20世纪70年代日本对外直接投资急剧发展的时期。为了与西方主流跨国公司理论相区别，日本小岛清教授提出了著名的边际产业扩张理论。② 在小岛清理论中，宏观比较优势视角的引入，立足于全球宏观利益变化的分析，对产业投资方向与产业类别的剖析等内容使他的理论对跨国公司对外直接投资行为的研究更为翔实与深刻。尽管后来经济学者对小岛清理论中的比较优势顺序概念、日本式对外直接投资模式提出了质疑③，但总结人们对小岛清理论的评价，下述问题具有启发意义：

第一，鲁格曼、格雷(P. H. Gray)等人认为，美国式的对外直接投资并非逆比较优势而行，他们特别提到应考虑动态时间中的技术T的变化④以及比较优势的顺序排列基于流动要素与非流动要素的组合特性。⑤ 经济学者的研究支持了这样一个观点：尽管主流跨国公司理论偏向微观视角，但其实也可以遵循比较优势的法则进行。如果这个观点成立的话，那么一个重要的启示在于：我们可以在主流跨国公司理论与小岛清理论两者之间找到有机的联系，这一联系表明可以基于微、宏观一体化的研究视角来探讨跨国公司对外直接投资的行为特征。

第二，小岛清理论中有一处易被人们忽略的动态化投资理念，我们称之

---

① 林季红：《国际生产折衷理论的局限及进一步发展的新视角》，《国际贸易问题》2007年第9期，第93—101页。

② 边际产业被定义为那些已经或即将失去比较优势的产业。该理论认为，一个国家在进行对外直接投资的时候需遵照一定的次序进行——比较成本劣势强弱，首先应该把本国已经丧失、正在丧失或者即将丧失比较优势的边际产业，投往具有同类产业比较优势的东道国。

③ 小岛清理论中不存在“失效”背景，因为这一理论体系主要基于要素禀赋的新古典分析框架而形成，因此完全理性与信息透明是其重要特征。

④ Rugman，A. M.，*Inside the Multinationals*，London，Croom Helm，1981.

⑤ Gray，P. H.，“Macroeconomic Theories of Foreign Direct Investment”：An Assessment，*New Theories of the Multinational Enterprise*，A. M. Rugman，ed.，St. Martins Press，New York，1982.

为对外直接投资决定的“非均衡发展”思想，或者称为动态“比较优势获取”思想。[①] 该思想的核心内容来自边际产业转移的启示，即“一国基于比较优势的变迁开展对外投资是可行的，处于比较劣势的国家可以通过对外投资到海外去实现自身的比较优势”。显然，小岛清有关对外直接投资决定的思想继承并吸收了彭如斯(Edith Tilton Penrose)早先提出的企业“非均衡发展”的概念。彭如斯在研究企业成长理论时指出，企业在形成自身特有资产(Managerial Resources)过程中总是会出现一种非均衡发展的状态。[②] 彭如斯所指的企业特有资产正是小岛清投资理论中非常看重的对外直接投资活动的本质——一揽子资源转移中的技术(T)与管理经验(M)。彭如斯所指“非均衡发展”的状态意味着，一旦允许企业跨越国界不断累积其现有资源与能力，就会产生一种有别于主流跨国公司理论的对外直接投资发展新模式。[③] 因此，彭如斯提出并经由小岛清拓展的“非均衡发展”概念可以形成对对外直接投资解释的一种新思路，即动态“比较优势获取”思想。

3. 新制度经济学理论(治理经济学)

按照制度变迁与既定制度的视角划分，可以将新制度经济学解读为两种发展脉络：一是诺斯(D. North)等人对制度演化所做的历史与经济的分析；二是在既定的制度(契约)背景下，不同学派对经济组织模式优劣原因的探讨(不完全合约经济学、治理经济学、产权理论等)。根据诺斯的观点，制度演化具有偶然性与路径依赖的特征。在人类有限理性与信息不对称的条件下，人类很难预先构思一个最佳的制度。但是人类可以通过对外部世界认知的方式不断试错，调整其适应模式，从而达到以某种确定性的反应模式来应对不确定性，制度演化也因此获得其适应性调整。[④] 威廉姆森(Oliver. E. Williamson)进一步指出，当用一种制度对现行制度进行替代时，除非新的制

---

① 郑飞虎：《小岛清思想与中国对外经济关系的新发展》，《当代亚太》2006 年第 4 期，第 43—44 页。

② Penrose, Edith Tilton, *The Theory of the Growth of the Firm*, New York, John Wiley & Sons, 1959.

③ 这实际上正是动态企业演化理论所要强调的：企业不仅仅是资源和能力的整合，而且这种整合代表着过去所创造的资产的不断积累，因此具有明显的路径依赖的特征。

④ North, D., *Institutions, Institutional Change and Economic Performance*, Cambridge, Cambridge University Press, 1990.

层面的政府政策以及中观层面的市场设计①等)。

以上对传统跨国公司理论与新制度经济学理论回顾梳理中的发现、联系与启示，正好为下面要提出的“超所有权优势”范式提供了理论基础。这个范式一方面吸纳了主流跨国公司理论的合理内核——所有权优势概念，同时针对其微观视角与静态分析的不足引入了宏微观一体化视角②与动态分析方法③。在此基础上，作者试图在不完全信息与有限理性的交易环境中，运用新制度经济学，特别是借鉴威廉姆森的治理经济学逻辑，来研究存在常效风险与失效风险④等不确定性背景下，我国企业的对外直接投资活动如何与其治理结构相适应，从而提出了一个关于“常效、失效风险与治理”的对外直接投资竞争新范式。⑤ 具体情况可参见表 4-22。

---

① 主流跨国公司理论关注了东道国政府政策可能对 ODI 产生的壁垒效应以及政府作为“市场守夜人”的被动角色，笔者则进一步从“失效风险与治理”视角提出了投资国政府在 ODI 活动中新的职责。这一分析基础来自科斯第一定理：当存在交易成本时，责任分配与所有权权利就会影响资源的配置。卡尔(Carl J. Dahlman)指出，在这一基础上可以引申出两个正确的策略：其一是寻找通过政府的行动达到降低市场代理人之间交易成本的可行方式；其二可以采取其他包括税收、立法行动、规则、禁止、代理组织等被认为可以获得更好资源配置的手段与方式。Dahlman，Carl J.，“The Problem of Externality”，*Journal of Law & Economics*，1979，22(1)，pp. 141-162.

② 将主流理论微观视角的所有权优势与小岛清理论宏观视角的比较优势相结合。

③ 通过挖掘小岛清理论中“非均衡发展”概念的合理内核，从而使这一投资思想突破了小岛清理论所处的完全信息与静态的新古典分析框架。

④ 有关失效风险诸如“市场失效”“企业失效”概念的更多探讨，详见本章第三节第二部分的内容。

⑤ 这一新范式借鉴了 GE 理论的逻辑，但其思想具有实质差别：在 GE 理论中，企业基于效率的比较，可以针对具体交易活动选择不同的治理模式进行匹配。而在笔者的假说中，当企业对外投资遭遇“失效风险”时，企业并不能有效选择其他合理的治理模式进行匹配。这一选择只能求助于“超所有权”界限之外的策略力量(政府与社会)。显然，如同“市场失效”时政府介入一样，“企业失效”时政府也可以介入，但其选择介入的不同模式(治理结构)，则应基于一定的效率标准(资源配置的长短期优化考虑，包括了比较优势与竞争优势等)。因此在“超所有权优势”范式下，政府被赋予如何最优化选择合理治理结构的新任务，以便应对企业对外投资的“失效”。在这一意义上，这里对政府角色的研究与林毅夫“新结构经济学”中强调的政府角色具有某种相关性，但可依据的方式与手段则比“新结构经济学”更丰富。

表 4-22　有关对外直接投资解释的不同理论视角

理论名称	研究内容与视角	核心思想
主流跨国公司理论①	微观结构与竞争利益；静态视角	综合所有权优势
小岛清理论	宏观结构与比较利益；静态比较视角	比较利益
“超所有权优势”范式	宏微观结构与比较制度；动态一体化视角	比较利益与动态能力；常效、失效风险与治理

（二）“超所有权优势”范式的概念与原则

在探讨“超所有权优势”范式的内涵之前，先对“超所有权”这个概念进行界定。这一概念具有三层含义：首先，“超所有权”是指所有权特征的不同(Who)。它不仅表现为对外直接投资活动过程中国有企业与私营企业不同的所有权特征，而且表现为对外直接投资活动安排中股权与非股权、完全股权与部分股权之间的性质差异。上述差异不仅带来不同所有权之间的合作契机，而且提供了应对复杂交易的灵活策略。其次，“超所有权”是指所有权结构的不同(What)，即在企业(包括政府)这一权威组织结构之外，存在着诸如社会组织与市场这些不同形态的经济活动组织模式，即威廉姆森所谓的混合型与市场型治理结构。不同模式之间存在着彼此替代与互补的关系，其不同的治理结构可以匹配不同的复杂交易活动。最后，“超所有权”包含了区位与制度优势的不同②(Where)。由于所有权优势与区位优势往往可以混生，因此某种区位所有权资产可以对外转移或者与其他区位所有权资产进行组合应用。

“超所有权”概念的丰富内涵，使得我国企业在对外直接投资活动过程中，无论是面临企业自身所有权范畴内可以克服的壁垒，还是遭遇超出企业所有权范畴之外的壁垒时，都有可能通过应用不同治理模式与手段进行动态匹配

① 主流跨国公司理论中的“内部化优势”理论其实也是脱胎于 GE 理论，但其关注焦点是所有权优势通过内部化治理方式可以更好发挥，而并非笔者借鉴 GE 理论所要着重探讨的“常效、失效风险与治理”的概念。

② Dunning, John H., “Comments on Dragon Multinationals: New Players in 21 Century Globalization”, *Asia Pacific J Manage*, 2006, 23, pp. 139-141.

与整合，进而形成“超所有权优势”。具体来看，在我国企业对外直接投资活动过程中，可以从三个层面的治理结构来研究对应的“超所有权优势”的发挥：其一是针对所有权特征的不同，可以探讨对外直接投资活动过程中我国国有企业与私营企业或其他合作伙伴(包括外资企业)之间所有权的复杂组合安排(包括股权与非股权、部分与全部股权等，称之为混合治理安排 Hybrid)。其二是针对所有权结构的不同，特别是面对企业“失效风险”时，可以研究对外直接投资活动过程中市场等其他治理结构对企业的替代与支持(称之为市场治理安排 Market)。其三是针对区位与制度优势的不同，可以探讨国家(投资国/东道国)/区位制度文化对企业的对外直接投资影响(即嵌入式效应，在这一意义上仍将在权威治理安排中探讨，称之为 Hierarchy)。这三个层面的关系也可以通过两类对外直接投资风险活动的划分予以揭示，即“常效风险”与“失效风险”下的对外直接投资特征及其相应治理安排。

首先考察“常效风险”条件下的对外直接投资原则——要素禀赋的组合机制。在吸纳主流跨国公司理论与小岛清理论的合理内核后①，“超所有权优势”学说认为：国家之间存在宏观(自然性/社会性)要素的禀赋差异，而企业之间存在创造性要素的禀赋差异。在“常效风险”竞争条件②下，对于有战略眼光的企业家来说，不但可以将本国宏观要素禀赋与自身创造性要素禀赋相结合，提升所有权优势(静态所有权优势)，而且可以将不同国家的宏观要素禀赋通过内部化融合在一起，提升所有权优势(动态所有权优势③)。但仅仅

---

① 主流跨国公司理论的合理内核可以用邓宁的综合所有权优势来概括，即要素禀赋的组合，但是其缺点在于静态观点；小岛清理论的合理内核(比较优势与非均衡发展)恰恰可以弥补主流跨国公司理论的前述不足，两者的结合即要素禀赋的组合机制，与笔者倡导的宏微观一体化与动态化的研究方法相对应。

② 这里“常效风险”竞争条件是指在不确定性背景下，企业对外直接投资过程中可能面临各种外部壁垒，但是企业可以通过自身行动予以有效克服，这一定义正好与下文要提及的对外直接投资“失效风险”相对应，后者表明企业无法通过自身行动有效克服。

③ 这里的动态所有权优势包括了对所有权性质的不同组合探讨。孙黎、阎大颖、任兵提出了“比较所有权优势”理论，阐述了与笔者动态所有权优势相近的概念。见《像印度企业那样整合全球》，《中欧商业评论》2009 年 7 月刊总第 15 期。

达到上述要求还不够，从本质上讲，企业所有权优势是一个短期概念。① 如果一个国家在企业家精神方面具有比较优势，它就能通过创新不断更新企业特定竞争优势。因此在这一意义上，更需要关注与企业特定竞争优势相联系的当地企业家精神的比较优势——国家制度、文化等特定比较优势这一核心(即前述的嵌入式影响，在这个意义上一国宏观与中观层面的制度创新供给提上了议事日程)。详细内容参见表 4-23。

表 4-23　“常效风险”背景下对外直接投资投资模式与“超所有权优势”范式的关系

投资模式	竞争核心	模式特征	交易成本
静态所有权优势 ODI	本国宏观要素禀赋与企业创造性要素禀赋的组合	静态组合视角	有效节约
动态所有权优势 ODI	本国/外国宏观要素禀赋与企业创造性要素禀赋的组合	动态组合视角，内部化拓展②	有效节约
国家特定比较优势 ODI	企业家精神的比较优势供给	动态嵌入性视角	有效节约

注：这里“常效风险”是指在不确定性背景下，企业对外直接投资过程中可能面对各种外部壁垒，但是企业可以通过自身行动予以有效克服(因而也节约了交易成本)。“超所有权优势”的应用主张通过竞争核心(不同性质所有权组合、区位资产嵌入式应用等)、模式特征(静态、动态组合与嵌入式)及对交易成本的节约这三项来体现。

其次考察“失效风险”条件下的对外直接投资原则——治理结构的灵活运用。一般来讲，当商业环境发生变化并且变得不确定时，企业也要随之变化以便适应。而为了适应变化，企业(及其员工)就必须承受相应的交易成本。但在有些条件下，外部环境的变化可能导致交易成本高到企业无法承受的地

① 因为企业特定竞争优势(所有权优势)经常会过时，从而需要经常更新，因此不能将其看成是长期的。

② 即企业作为一种内部化的有效制度载体，不仅能够降低交易费用，克服外部市场不完全的缺陷，还能整合全球资源，更好地融合外部资源进行扩张或者聚焦核心资源进行收缩。邓宁将折衷范式扩展纳入联盟资本主义的各种价值增值与交易关系的因素(组织、资源、能力等)，并扩展了内部化的概念，这一修正与此处动态所有权优势的内涵具有某种相似性。

步以致放弃交易，这种现象将之归纳为“企业失效”的情形。①

与“企业失效”概念相类似的是“市场失效”。② 根据科斯第一定理，解决“市场失效”有两种办法：其一是政府作为“守夜人”的介入③；其二是通过创设一系列其他市场进行弥补(比如期货市场对于现货市场的补充)。同样的方法可以适用在“企业失效”问题上。④ 由此可以得到在不确定性条件下，政府在“失效风险”背景中可能扮演的重要角色：政府不仅可以在“市场失效”时被动介入，通过完善市场制度的建设，帮助企业降低内部化交易费用；同时为避免“企业失效”与企业特定竞争优势的消失，政府还可以通过主动、积极的角色进行市场制度的创新供给，包括建立新的市场平台、进行基础设施的改善、对先驱企业产生的信息外溢进行补偿、积极协调各方行动，以此强化本国企业家精神的比较优势，从而更新本国企业特定所有权优势。

---

① 在对外直接投资的过程中，“企业失效”的原因很多，比如来自结构性、交易性的外部壁垒。主流跨国公司理论阐述了对外投资企业如何通过自身行动(综合所有权优势)来克服这些外部壁垒；笔者还论述了当这一外部壁垒超越了企业边界能力的情形(即自身行动无法有效应付)，又称“失效风险”。当存在企业“失效风险”时，就会对市场及企业与市场的混合型治理结构产生需求。

② 按照经济理论的解释，“市场失效”通常涉及三种情况：外部性、垄断及公共产品。阿罗(Kenneth J. Arrow)认为，“市场失效是相比外部性更一般化的概念……用交易成本这一更宽泛的范畴描述会更好，即总体上以及特定情况下的交易成本妨碍与限制了市场的形成。”Arrow，Kenneth J.，“The Organization of Economic Activity：Issues Pertinent to the Choice of Market Versus Non-market Allocation”，In *The Analysis and Evaluation of Public Expenditures：The PBB System*，Joint Economic Committee，Vol. 1，Washington，DC，1969.

③ 卡尔认为在“市场失效”时赋予政府介入的理由更多是基于价值判断而非科学依据。但根据GE理论，政府在扮演这一角色时，仍应考虑不同治理安排的优劣。比如自然垄断领域，当存在技术与市场不确定情况下，特许权招标并不比实施管制更为有效，见威廉姆森(1976)对Oakland CATV一文的分析。Williamson，Oliver，“Franchise Bidding for Natural Monopolies-in General and with Respect to CATV”，*The Bell Journal of Economics*，1976，Vol. 7，No. 1，pp. 73-104. 这一解释也可用于中国政府对有关领域(如资源等)的管制以及国计民生领域国有产权存在的必要性。

④ 借用阿罗的观点，可以用交易成本近似解释“企业失效”的原因。这里要注意的是，实际分析中谈到“市场失效”或“企业失效”时，总是针对买方/卖方市场或投资国/东道国企业其中之一方而言。

因此，“超所有权优势”范式认为，存在“失效风险”情形的不确定性条件下，政府角色的介入不仅仅在于弥补“企业失效”，它同时被赋予主动推进市场治理结构的完善与发展的任务，尤其在“企业失效”时要努力推动“市场”这一治理结构(或者其他混合治理结构)对于“企业”治理结构的战略性替代与支持作用。这种思想形成正在于“超所有权优势”范式吸收了GE理论关于企业与市场作为可替代治理机制运营的观点。由于不同的治理结构可以用来匹配不同的交易活动，因此对于“失效风险”背景下中国企业对外直接投资活动的制度安排，我们要超越传统意义上的政府不作为，或者政府无序、过度干预这一简单认识层面，而要把它提升到效率化、系统化与战略性的治理结构匹配的高度进行相应设计。具体特征可参见表4-24。

表4-24　“失效风险”背景下对外直接投资模式与“超所有权优势”范式关系

失效风险	交易成本	替代治理结构	ODI活动中的策略运用
市场失效	无法克服	政府直接介入，创设互补市场	反垄断、管制与国有产权，开放竞争
企业失效	无法克服	政府间接介入，完善替代“治理”结构	国家招标，创设国内市场平台
市场&企业失效	无法克服	政府全力介入，国家资本主义	培育国家垄断型企业

注：这里“失效风险”是指外部壁垒超越了企业边界能力的情形(即企业自身行动无法有效应付)。当存在“失效风险”时，就会对市场及企业与市场的混合型治理结构产生需求，由于企业处于“失效风险”，因此政府扮演了选择相应治理结构的重要角色。

二、“超所有权优势”范式的分解

如果将我国企业对外直接投资活动遭遇的各种风险障碍放置在企业边界能力上考虑，可以获得关于“超所有权优势”范式的两种应用，如表4-25所示。第一种范式是在边界之内，企业通过自身行动可以有效克服外部风险障碍(即“常效风险”)，这类对外直接投资活动表现为静态所有权优势、动态所有权优势以及国家特定比较优势下的各种策略行为。① 第二种范式是在边界之外，企业通过自身的行动无法有效克服外部风险障碍(即“失效风险”)，这

① 范式一的内容对应着前述“要素禀赋的组合机制”这一思想。

类对外直接投资活动表现为企业边界能力之外由“市场”等替代治理结构形成的诸多策略行为。①

表 4-25 “超所有权优势”范式的两种分解

对外直接投资的不确定条件	企业边界能力	交易成本	两种范式下的对外直接投资模式
常效风险与障碍	边界之内各种效率导向做法②	有效克服	范式一：静态所有权优势的 ODI，动态所有权优势的 ODI，国家特定比较优势的 ODI
失效风险与障碍	超越边界能力	无法克服	范式二：“市场”等替代策略型 ODI

(一)范式一与我国企业对外直接投资策略行为

从我国企业对外直接投资活动特征考察，我国企业的对外直接投资活动通常与以下三大目标驱动密切相关：寻求资源、拓展市场、降低成本，即资源导向、市场导向和效率导向三种类型。③

资源导向型对外直接投资是中国企业近年来最为热门的对外直接投资活动。由于承接世界工厂的转移，我国需要大量原材料，我国在世界铝、铜、镍、铁矿的消耗量中所占比率从 1990 年的 7%上升到 2004 年的 20%。近年来我国企业跨国并购也主要集中在这个领域。世界自然资源分布的不均衡，使得该类资源(包括原油、天然气、煤炭、金属矿石以及非金属矿产)主要集中在发展中国家(非洲、中南美洲以及亚洲地区)以及部分发达国家(如澳大利亚与加拿大)，因此我国企业该类所有权优势的获取必须寻找对应资源所在的区位优势进行结合④(资源获取型对外直接投资)。

市场导向型对外直接投资主要通过水平一体化方式进行生产结构转移。对于制造业来说，当东道国存在较高的贸易壁垒时，市场导向型对外直接投

① 包括某种程度上介乎“市场”与“企业”之间的混合治理下的策略行为。

② 包括横向/纵向一体化以及各种基于效率导向的常规与非常规商业做法。

③ 李翀：《对外直接投资理论的构建》，《北京师范大学学报》(社会科学版)2006 年第 5 期，第 104—115 页。

④ 李磊、郑昭阳(2011)的研究发现，尽管中国企业资源类 ODI 主要集中在前述地区，但在企业层面的 ODI 分布来看，并没有特别集中于某一个地区，更没有集中于非洲地区。

资的采用会变得经济些。对于服务业来说，商业存在是其跨境开展活动的重要载体，这也使得诸如银行、电信与公共事业一旦面临市场开放，就会出现显著增长。对于我国企业来说，市场导向型对外直接投资的产生具有以下背景：其一是在内向国际化过程中，通过引进、消化与吸收，中国发展了局部比较优势产业(局部规模优势型产业与局部技术优势型产业)，进而产生大量的对外直接投资活动(例如我国装备制造行业的骨干企业三一重工、中联重科、大连机床开展的局部规模优势型对外直接投资活动与局部技术优势型对外直接投资活动)。其二是我国企业形成上述局部产业优势后，企业发现其竞争力在价值链配置上并不完善(例如仅仅表现为企业生产一种产品或者一种档次的产品，或者该企业虽有较为完备的生产体系却缺乏对应的销售系统等)，企业为完善自己的价值链体系，则很有可能通过兼并收购发达国家企业的方式来实现目标，这就产生了整合优势型对外直接投资活动(海尔海外并购、联想收购 IBM、吉利收购 Volvo、万向集团收购舍勒等)。

效率导向型对外直接投资主要通过生产结构的纵向分割与区位配置达成，这种对外直接投资活动涉及生产过程的外包(低人力成本优势)、战略单元的配置(研发与营销中心的外移)以及跨国网络结构(生产平台、地区网络与全球网络)。这种安排符合全球价值链运营特征，并能充分发挥跨国公司核心竞争优势。对于我国企业来说，该类对外直接投资的表现形式既包括了传统优势制造业向第三世界的再转移投资(比较优势型对外直接投资，如纺织、玩具等对外直接投资活动)，同时也包括了日益兴起的技术学习型对外直接投资，即我国企业通过在发达国家兼并收购当地企业，或者在当地新建与合作研发，任用当地高质量技术人才，进而直接或间接控制并拥有发达国家的先进技术(如南汽与上汽联合收购英国罗孚、TCL 并购法国汤姆逊、华为海外 R&D 机构布局等)。

进一步来看，如果将我国企业开展的前述对外直接投资活动放置在“超所有权优势”框架下分析，可以获得如下联系：

静态所有权优势是指将本国宏观要素禀赋与企业自身创造性要素禀赋相结合，与其他国家企业相比较所建立起的所有权竞争优势。这一视角可以解释我国企业对发达/发展中国家的部分直接投资(比较优势型对外直接投资、局部规模优势型对外直接投资、局部技术优势型对外直接投资)。

动态所有权优势是指将本国宏观要素禀赋与企业创造性要素禀赋同他国宏观要素禀赋与企业创造性要素禀赋进行不同组合而形成，最终建立起的本国企业所有权竞争优势。这个视角可以解释中国企业对发展中国家与发达国家部分资源型产业、成熟产业与新兴产业的直接投资，包括资源获取型对外直接投资、整合优势型对外直接投资、技术学习型对外直接投资等。

由于投资国与东道国的区位与制度因素(国家特定比较优势)会影响跨国公司经营战略，因此与制度有关的企业竞争优势往往因区位制度变迁而产生变化，特别表现在自由化与技术进步带来的新市场期望，以及对跨国公司自身制度吸收与融合能力的要求。这个视角可以解释中国企业对发达国家与发展中国家的相关投资，包括整合优势型对外直接投资、技术学习型对外直接投资。

图 4-1 对范式一框架下的对外直接投资活动做了不同象限的讨论。图 4-1 的横坐标为本国与外国微观成本比值，纵坐标为本国与外国宏观成本比值。宏观成本亦称“宏观经济成本”或“社会成本”，与微观成本相对应，指的是在整个国民经济范围内，遵照一定时期的生产、技术条件下，生产和销售某种产品的平均成本。宏观成本的高低，直接受社会经济结构和国民经济比例、国家经济政策、进出口贸易和国际经济分工的影响。

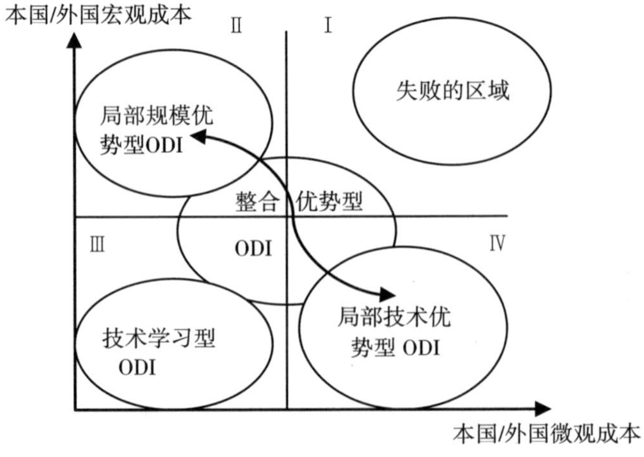

图 4-1　静态与动态所有权优势下的对外直接投资战略

1. 局部规模优势型对外直接投资

这种对外直接投资是指发展中国家的企业通过在一个或几个行业里大规模的生产形成了一定的优势的直接投资类型。① 当今世界上拥有大规模优势的企业主要来自发达国家。但是，发达国家的企业不可能在所有的产业中都具有大规模的优势。尤其是在发达国家企业逐渐退出的“夕阳产业”中，发展中国家可能大力发展这些产业形成自己的规模优势。形成了这种优势后，发展中国家的企业可以利用这种优势对外开展投资。在图 4-1 中，本国主要是指以中国为代表的发展中国家，外国则包括发达国家与发展中国家。相比东道国为发达国家，局部规模优势型直接投资意味着已经是外国的夕阳产业却是本国大力发展的产业，本国的宏观成本往往会高于外国，而因为其具有规模的优势，本国的微观成本则低于外国(特别考虑到企业没有外部化社会成本)。相比东道国为发展中国家，局部规模优势型直接投资则指这样一种背景：在本国已经出现边际产业倾向的投资活动或投资环节，但在外国却属于对方潜在比较优势产业，由于本国的宏观成本相对较高(这部分对外投资转移的产业，比如纺织、服装等，往往是本国宏观要素成本比较高昂的产业)，通过对外投资转移，与外国的要素禀赋相结合，本国这一产业最终可以通过贸易进口来替代。

就我国的国情来说，局部规模优势型产业的形成跟先期从发达国家引进外资有很大的关系，这些引进的外资正好把它们在夕阳产业中具有的优势管理经验、技术与中国的劳动力优势(本国微观成本低廉的原因)相结合，促成了我国该类局部规模优势型产业的崛起，并由此形成中国局部规模优势型对外直接投资。但这一类产业的宏观成本相比外国比较高，因为外资进来转移的技术与管理大多是资本密集型，需要消耗本国许多宏观要素(特别是规模产业往往在生产制造阶段形成，这就是高投入、高能耗的中国制造业的现状)。

2. 局部技术优势型对外直接投资

这种对外直接投资是指在生产某种产品时所具有的技术上的优势型投资。②

① 李翀：《发展中国家局部竞争优势型对外直接投资——论发展中国家对外直接投资的动因》，《学术研究》2007 年第 4 期，第 21 页。

② 李翀：《发展中国家局部竞争优势型对外直接投资——论发展中国家对外直接投资的动因》，《学术研究》2007 年第 4 期，第 20 页。

一般来说，发达国家的企业控制着大部分的先进技术。当然，也不是发达国家在任何技术领域都具有领先的优势地位。发展中国家的企业可以利用对某些已经趋向成熟的技术的改造和创新，从而领先于发达国家的企业。对于局部技术优势型投资，本国的微观成本会比较高，因为对于发达国家技术与资本密集型产业的再改造与创新，发展中国家往往只在某些环节能够通过技术劳动或资本劳动相结合的替代方式进行，而有相当一部分环节仍需从发达国家进口，因此这种应用创新的微观运营成本会更高(我们经常看到的情景包括发展中国家企业的应用创新活动往往受制于发达国家基础创新的专利盘剥，比如中国 DVD 企业必须向跨国公司支付的巨额专利费)。因此，发展中国家只有将局部技术优势型产业迅速转化为局部规模优势性产业，才可能赢得微观成本上的竞争优势。相比之下，发展中国家企业进行这一应用创新的本国技术环境与技术基础相对比较熟悉，而且本国市场需求特征也支持其进行这一探索，因此本国宏观成本相对外国比较低。

3. 整合优势型对外直接投资

这种对外直接投资是指发展中国家的企业将生产体系加以完备化或生产体系与销售体系进行整合，形成更强竞争力的一种优势型投资。① 当发展中国家企业合理地运用自身具有的自然禀赋以及社会环境条件等，生产出在国际市场上具有比较优势的产品时，通过这种产品就形成了一定的竞争力。当这个企业仅仅生产一种产品或者一种档次的产品，或者该企业虽有较为完备的生产体系却缺乏对应的销售系统，那么该企业要想完善自己的生产系统和销售系统，则很有可能通过兼并收购发达国家企业的方式来实现目标。在目前情况下，中国有越来越多的企业通过这种方式走上了对外直接投资的道路。整合优势型投资这种方式主要是收购兼并(横向与纵向一体化)。从其效果上看，有两种情况：其一是将前面所述的两种优势——局部技术型与局部规模性通过收购兼并融为一体，这使得整合优势型对外直接投资向中心趋近，使得本国相比外国的宏微观成本都大大降低，进一步增强了企业对外直接投资的优势，联想、海尔等企业的海外并购活动多属于这一类型。其二是在进行前述活动时，初期本国的企业将付出较大的微观成本和在并购过程中可能遭

① 李翀：《发展中国家局部竞争优势型对外直接投资——论发展中国家对外直接投资的动因》，《学术研究》2007 年第 4 期，第 22 页。

遇东道国特别是发达国家各种政治风险与政策壁垒等外部较大的宏观成本，这也使得一旦整合操作不顺利，可能该类对外直接投资会进入图 4-1 右上角第一象限中，如曾经的 TCL 收购法国 Tomson 等案例。

4. 技术学习型对外直接投资

这种对外直接投资是指发展中国家到发达国家进行对外直接投资的目的是为了获取后者先进的技术。发展中国家开展技术学习型投资①基本上是通过两种途径：一是兼并收购发达国家企业，通过控制拥有先进技术的企业从而获得技术；二是在发达国家当地建立研发机构，将本企业的研究与开发阶段迁移到发达国家来，同时可以任用当地高质量技术人才，从而间接得到发达国家的先进技术。例如我国的华为公司在欧洲、美洲的众多发达国家设立了很多的研发中心，单在欧洲，华为公司就已经设立了多达 37 个办事处，研发中心也达 6 个。由于技术学习型投资的目的是学习外国的先进技术，本国的国家政策通常予以大力支持，因此本国的宏观成本较低，另外，企业在本身具有一定实力后才会对外投资学习更加先进的技术，因此其微观成本相比较于外国企业(原发创新提供者)也较低。

如果将国际生产体系的变化动因、我国企业适应变化的不同类别对外直接投资活动与“超所有权优势”治理特征相结合，可以得到表 4-26 的内容。

表 4-26　国际生产体系、我国企业对外直接投资模式与治理特征联系

国际生产体系(投资动因)	中国企业对外直接投资类别	对应的“超所有权优势”特征	治理模式
技术驱动型(效率导向)	技术学习型	动态所有权优势 国家特定比较优势	新建/并购(权威治理) 联盟合作等(混合治理)
生产驱动型(效率导向)	比较优势型	静态所有权优势	新建(权威治理) 外包/合资等(混合治理)
市场驱动型(市场导向)	局部规模优势型 局部技术优势型 整合优势型	静态所有权优势 动态所有权优势 国家特定比较优势	新建/并购(权威治理) 合资等(混合治理)
资源驱动型(资源导向)	资源获取型	动态所有权优势	新建(权威治理) 合作或合资等(混合治理)

① 李翀：《发展中国家学习型对外直接投资理论——论发展中国家对外直接投资的原因》，《福建论坛》(人文社会科学版)2007 年第 6 期，第 4—7 页。

(二)范式二与我国企业对外直接投资策略行为

前面的模型的假设前提是我国企业开展对外直接投资活动时可以在企业边界能力内运用各种灵活治理结构克服风险障碍。但在实际对外直接投资过程中，我国企业往往会面临东道国企业垄断或东道政府政策干预①等导致我国企业对外投资“失效风险”的情形(这种风险障碍已经超越了企业边界能力)，这时“超所有权优势”提供了另一范式应用，即采取市场等“治理”结构的替代策略：通过在企业边界能力之外营造一个强大的国内市场支持平台(市场/混合型治理结构)，我国政府通过主动的政策设计可以巧妙改善本国企业对外直接投资活动面临的不利情形。具体论述如下：

在图 4-2 中，横坐标代表不同的治理结构调整(分别用 Hierarchy、Hybrid 与 Market 表示，其各自含义依次为：Hierarchy 表示企业内部治理结构关系的调整，包括外部嵌入式因素影响；Hybrid 表示企业与外部，比如国企与私企、国企与其他合作伙伴之间的治理结构关系调整；Market 表示运用市场治理结构关系的调整)。纵坐标代表中国企业对外直接投资活动中遭遇的

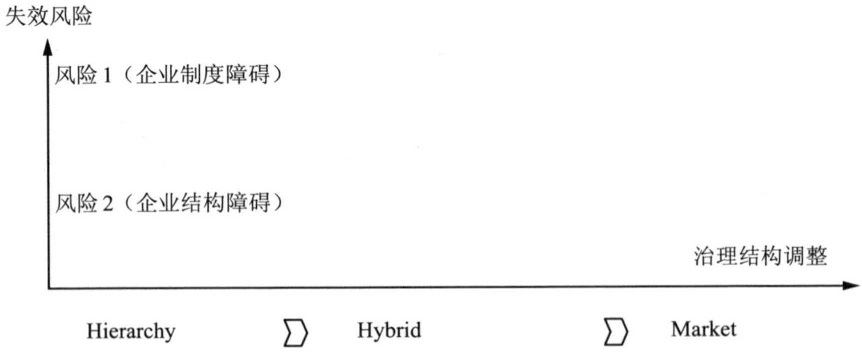

图 4-2　对外直接投资不同“失效风险”下的治理结构调整

---

① 在西方跨国公司垄断背景下，中国企业在国际市场上常常因不对等开放而缺乏相应博弈能力，可以称该类“失效风险”为“结构障碍风险”(中国许多先期对外开放产业中的企业，在其 ODI 过程中往往面临对方不对等开放带来的诸多障碍)；此外，西方国家往往针对它认为由我国政府控制或支持的国有企业采取诸多审查措施进行干预，可以称之为对外直接投资的“制度障碍风险”(比如中铝二次投资力拓受阻等，目前这种对外直接投资制度障碍风险已经蔓延到中国非国有企业身上，比如华为最近在美投资频频受阻的事实)。这两类“失效风险”是我国企业对外直接投资活动中最为典型的代表。

“失效风险”，这里用两种典型性障碍做法来概括不同对外直接投资活动的失效本质(即对外直接投资活动的“企业制度障碍”与“企业结构障碍”)。

在将“超所有权优势”学说应用分析展开之前，首先介绍一下中国企业在对外直接投资活动中遇到的前述两种“失效风险”的一般背景。

1. 我国企业对外直接投资活动的“企业制度障碍”风险

在所有经济合作与发展组织(Organization for Economic Co-operation and Development，OECD)国家中，对于类似我国的国有企业一直存在各种担忧，这主要缘自它们的经济社会制度和机制与我国的差异。在社会经济制度方面，发达国家的经济体制都是以私有制为主体的混合经济体，私有制占其整个国民经济的80%—90%，国有成分只占有1%—10%的比例。在社会经济机制方面，发达国家都是以市场竞争作为基本的调节手段。发达国家的经济学家、社会学家和政治学家都特别重视竞争，并致力于保护竞争，他们把竞争看成是市场经济的核心。但是，由于社会、经济和战略利益的原因，例如行业政策、区域发展、公共物品的供给和所谓的“自然”垄断，在一些OECD国家，国有企业(包括国家独资、多数控股和少数控股的企业)依然代表着一部分的国内生产总值、就业和资本市场。特别是在公用和基础设施行业，国有企业还普遍存在，例如在能源、交通、通信等对广大民众和其他的经济部门有着十分重要作用的行业。

通常，OECD国家对国有企业行使所有权职责时会参照运用一些适用于私营企业的工具，这给国家带来了很多好处，特别是在对上市的国有企业行使所有权职责的时候。但是，尽管如此，对国有企业的治理依然面临着一些特殊的挑战。例如，国有企业受到政府不必要的干预，国有企业的问责机制比较淡化，等等。另外，国有企业经常会由于国家所有权的保护而免于被兼并和破产的威胁。关于对国有企业的“问责”存在下面的问题：国有企业的运营涉及一个复杂的代理链，即管理层、董事会、所有权实体(即对国有企业行使所有权职责的机构，例如中国的国有资产管理委员会)、各部门和政府，他们之间的权责划分并不清楚而且难于辨认。因此，为了确保国有企业对整体经济的效率和竞争有积极的或者正面的贡献，OECD国家对国有企业的公司治理制定了一个指南，其中专门有对国有企业性质的阐述(参见附件1)。

在前述背景下，无论是国内的国有企业还是外国的国有企业，发达国家有着天然的警惕性。特别是在发达国家经济不景气的时候，以及在主要发达国家的相对经济地位发生变化的情况下，对中国国有企业的争论会更加激烈。例如，那些看到本国市场份额和某些经济活动的国际竞争力下降的国家就会感觉到他们的战略地位和政治影响力有被削弱的风险。如果引起这种变化的因素包括外国国有企业的话，就会引起对于外国国有企业的动机更加宽泛的争论，这些争论可能会包括公共和公司治理的方面。

另外一个相关的问题是国家间互惠的问题。实施开放的贸易和投资制度的国家通常会接受来自伙伴国企业的竞争，即伙伴国不一定允许外国企业在本国的管辖下以公平的条件竞争。但是，当这个“外来竞争者”是来自全球经济体系的“新进入者”时，特别是像中国这样的新兴市场国家，人们对公平竞争的疑虑就会增加。特别是当发达国家的私营企业面临外国国有企业的竞争或者出现被它们收购的可能时，也会引起一些理念性的争论。

对于来自像中国这样一个既是新兴市场大国又是社会主义国家的国有企业的直接投资，发达国家的担心和顾虑就更多了。在过去几年中，中国国有资源型企业在OECD国家的一系列并购投标中遇到了OECD国家民众和股东的反对，并引起这些国家的媒体和民众对这些并购的广泛讨论。这些讨论和其结论是建立在这样一些假设上：假设1：政府所有权一定意味着这些公司是中国国家政策的工具；假设2：国有企业的运营是由国家提供资金支持或者给予金融支持的，它们借款的利率补贴和宽松的还款条款使它们能够与国际竞争者进行不公平的竞争；假设3：国有企业在海外市场的运营方式使当地企业处于一种不利的状态；假设4：国有企业将会在当地市场扣留一些潜在的产品以供应中国国内市场。表4-27集中概括了OECD国家对中国国有企业的各种疑虑。

虽然各国政府对我国国有企业的直接投资有很多的顾虑和担心，但是它们并没有明确地禁止我国国有企业在它们国家的直接投资，而是对这些投资项目有着严格的审查制度，特别是当这些投资涉及它们国家的敏感行业或领域时，这些审查会更加严格。在政府审核某项国有企业的直接投资时，一般都会考虑以下因素：该项投资决策是不是基于该投资人自己的商业考虑和判断；中国政府是否独立于该项投资决策的做出；该项投资是否会危及东道国国内市场的公平竞争环境，是否会引起一定程度的垄断或是不可接受的行业集中程度；该投资者在东道国投资所建公司的公司治理结构是否符合当地的公司治理结构标准，以及其财务信息的透明度和开放程度是否符合当地要求；该项投资是否遵守东道国的法规信息公布程度；另外还包括该项投资是否会危及东道国的国家安全等。如果中国某一国有企业投资项目符合上述条件，则该项投资就会通过政府的审核。目前已经有不少的中国国有企业在 OECD 国家的投资通过了东道国政府的审核并成功地完成了投资项目。

表 4-27　经济合作与发展组织(OECD)国家对中国国有企业的顾虑

<table>
<tr><td rowspan="7">经济法方面</td><td rowspan="3">对竞争性市场破坏</td><td colspan="2">反垄断政策</td></tr>
<tr><td>公平竞争的环境</td><td>母国的补贴和其他收益导致在国外的不公平优势</td></tr>
<tr><td>国有企业的融资</td><td>不平等的融资渠道，例如国有企业通过获得优惠贷款而被资助海外扩张</td></tr>
<tr><td rowspan="2">公司治理方面</td><td colspan="2">非商业动机和软预算所导致的低效率</td></tr>
<tr><td colspan="2">监督和激励员工方面的效率可能不如私有企业</td></tr>
<tr><td rowspan="2">监管方面的挑战</td><td colspan="2">对母国监管合作和监管独立性的怀疑</td></tr>
<tr><td colspan="2">国有企业容易获得外国的信息</td></tr>
<tr><td rowspan="4">战略或政治方面</td><td>国家安全</td><td colspan="2">利用国有企业从事间谍活动；在发生冲突的情况下拒绝提供服务或破坏；对战略优势的侵蚀</td></tr>
<tr><td>国家龙头企业</td><td colspan="2">规模经济的丧失；专有技术的丧失</td></tr>
<tr><td>公共服务义务</td><td colspan="2">国有企业从母国的特权角色中获益；国内和国外的利益发生冲突</td></tr>
<tr><td>特定的政治干预</td><td colspan="2">金融危机情况下的反应；对国内的优惠</td></tr>
</table>

但是，某项投资通过政府的审核并不代表该项投资能够顺利进行和完成，通过政府审核也不是在 OECD 国家进行直接投资的国有企业唯一应该努力的方向。除了国家政府监管者的审核外，OECD 国家的民众和竞争者以及新闻媒体也会影响甚至阻碍投资项目的顺利进行。有些通过国家政府审核的投资项目有时在这些势力的影响下，也会中途夭折。例如，中铝对澳大利亚力拓公司的收购案中，中铝的投资项目已经通过了澳大利亚政府的审核，但是在民众和媒体的一片反对声，以及必和必拓的游说和其他活动的影响下，该项收购还是以失败告终。

2. 我国企业对外直接投资活动的“企业结构障碍”风险

在我国企业对外直接投资活动中，“企业制度障碍”风险是指“超所有权优势”学说中所强调的因所有权特征不同而引致的风险，其中国有企业的所有权特征最容易受到外国政府的审查与干预。与此同时，我国企业对外投资活动还存在另一类比较明显的风险，即“企业结构障碍”风险，它是指“超所有权优势”学说中所强调的因所有权结构不同而带来的风险，主要表现在企业对外投资活动中遇到自身无法克服的障碍壁垒，这时对于不同所有权结构的选择与适用就显得非常重要。

我国企业对外投资活动中出现“企业结构障碍”风险的背景因素在于：与西方国家历经数百年市场经济的发展相比，中国市场经济总体发展历程不过30多年。西方国家在全球范围内诸多行业中已经形成了寡头垄断的格局，主要原材料与大宗商品的市场格局也都在大型垄断组织的控制下。而我国国内许多行业基本上处于完全竞争的格局，即便是中国能够掌控的主要原材料与大宗商品也仍处于激烈竞争的状态(比如稀土、主要工业制成品等)。

此外，在我国经济与世界经济融合的过程中，我国获得的更多是“不对称”的开放地位，即中国早先通过内向国际化开放，让更多的外资企业进入中国市场，并给予对方诸多“超国民待遇”，从而造就了我国国内市场上诸多外资事实上的垄断(例如中国高档汽车领域，基本上是德国三大家企业在垄断)，但是彼时外国市场并未同步同程度对我国企业开放，等到我国加入世界贸易组织获得平等进入机会后，西方国家对其国内市场的开放，又更多通过各种非关税壁垒与国内竞争政策进行设防。由于我国与西方国家经济与产业发展程度的差距，直接导致了中外企业能力上的差距。我国后来获得的西方国家的市场开放机会，在中外企业能力不对等的背景下，更多时候反而凸显出我国企业的“后发劣势”(这一后发劣势正是由于我国企业国际化程度不足而导致)。

由此可见，在中外不同水平的市场结构演化格局中，我国企业与西方竞争对手相比，无论在规模上还是技术创新上都存在着较大的差距，这是“走出去”的中国企业身上普遍存在的一个比较明显的特征。

上述特征意味着我国企业作为一种治理结构(即“权威结构”)在抗击市场风险方面具有其先天的缺陷(即发展阶段不足导致的企业能力缺失，特别是面对外国垄断企业与政府的各式障碍)，这表现在我国企业在“走出去”活动中，当企业即便通过各种合理合据的市场措施也无法有效克服外部壁垒障碍时，可以认为这时候存在“企业失效”的情形。这种“失效”情形表明，失效企业本身这一治理结构已经无法应对，这时我国就应考虑其他可替代的治理结构的运用，包括市场治理结构以及混合治理结构的运用。例如，当华为企业近年在英美的对外投资活动连续遭到英美政府的否决时，这时候对于华为企业来说，对方各种基于国家安全与华为企业可疑的背景等说辞就构成了华为“企业失效”的情形，这时候单靠华为企业配合东道国政府展开调查澄清的做法实质上无济于事，那么可以考虑的一项积极措施就在于选择市场这一治理结构进行应对。由于存在“企业失效”，我国政府自然就承担起运用市场治理结构进行应对的重任，例如我国政府可以参考华为案例，对美国在华同类企业施加对等的“适用举措”(例如将华为所受“待遇”对等施加于思科身上)，并据此与美国政府展开双边谈判，修正中美企业不对等的市场开放程度等，以此化解我国企业在对外投资活动中遭遇的“企业结构障碍”风险。

三、三角形平衡图：一个有效的分析工具

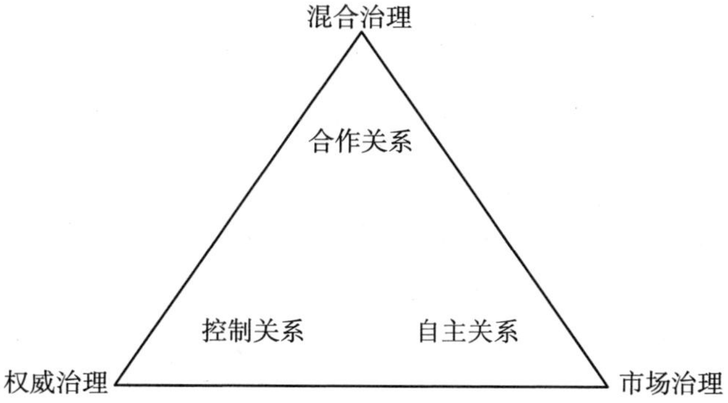

图 4-3　三角形平衡图与治理结构关系

图 4-3 是用三角形平衡图(trade-off triangle)来对“超所有权优势”学说下对外直接投资各种治理结构关系进行概括。这个三角形平衡图的三个顶点处，分别对应着治理结构关系的三种类型(权威治理、混合治理与市场治理)。用维恩图解释，右侧顶点的市场治理代表自主关系(Autonomy，相当于集合关系中的 Disjunction)，左侧顶点的权威治理代表控制关系(Control，相当于集合关系中的 Containment)，上侧顶点的混合治理代表合作关系(Cooperation，

相当于集合关系中的 Intersection)，因此三类治理结构与维恩图的三种集合关系正好呈现对应特征。此外，从组织管理学角度分析，自主关系与控制关系之间类似于经典的专业部门与总部之间的困境，控制关系与合作关系之间相当于一致性与灵活性之间的困境，自主关系与合作关系之间则近似于个体与集体之间的困境。

针对中国企业对外直接投资活动的实际情况，运用三角形平衡图的意义在于，当任何一种对外直接投资风险出现时，可以借助三角形三个顶点处的治理结构关系来探讨各种可能的影响因素与应对策略。因此，在这一意义上说，三个顶点处的治理结构关系分别代表不同的“动态治理能力”，并从微观视角的企业内部(Hierarchy)、中观视角的企业与企业之间(Hybrid)以及宏观视角的市场(Market)三个层次提供了观察“动态治理能力”发挥作用的不同维度。

附件 1　经济合作与发展组织国家对国有企业公司治理指南的内容概要

1. 对国有企业的法律和监管框架往往很复杂，而且不具备一致性和连贯性，所以往往不能保证国有企业与私营企业处在一个公平的竞争环境中，从而使市场发生扭曲。

(1)国家往往扮演着双重的角色，它既是市场的监管者又是带有商业运作性质的国有企业的所有者，所以国家所有权职能与国家的其他职能不能清楚地分开的话就会导致竞争的扭曲；另外，国有企业有时会被用来作为行业政策的工具，这很容易导致行业政策和国家所有权职能之间的利益混淆和冲突；此外，有些国家的行政部门或实体是国有企业的客户或是供给者，但是国家所有权的职责和这些实体的混淆会导致一些利益冲突，例如国家对国有企业的采购优惠等。

(2)国有企业与私营企业相比可能会具有一些具体的，有时甚至是不同的法律形式，这反映了国有企业的具体的目的、社会考虑以及对某些利益相关方的特别保护。特别是国有企业员工会享受到固定工资、养老金和免于失业等与公务员同等的待遇。另外，在很多种情况下，国有企业会由于其特殊的法律地位而受到不允许债权人对国有企业提出要求或启动破产程序的保护。此外，国有企业的活动也会被严格界定，以防止它们在别的部门或海外多样化或扩展它们的活动，这样做的目的是为了防止公共资金的滥用、过分雄心勃勃的发展战略以及出口敏感的技术。

(3)在很多种情况下，出于社会和公共政策的目的，国有企业承担了一些特殊的职责和义务，例如，对国有企业所出售的产品和服务的价格的管制。这些职责和义务以及相关的成本没有以透明的方式进行披露。

(4)在一些国家，国有企业会受到一系列法律和法规的豁免，有时甚至受到竞争法的豁免，所以当利益相关方，特别是竞争者的权益受到侵犯时，他们没有一个有效的途径来要求相应的纠正和公平的裁决。

(5)国有企业不能根据情况来灵活地调整其自身的资产结构，以达到公司的目标。

(6)在融资渠道方面，债权人往往认为国家会对国有企业的贷款进行隐性的担保，因此国有企业与私营企业相比拥有不公平的竞争优势，从而导致过度的放贷、资源的浪费和市场的扭曲。另外，国有企业与国有银行、国有金融机构以及其他的国有公司的关系并不是建立在完全商业的基础上的。

2. 政府作为国有企业的所有者没有建立和发布明确的所有权政策来规定国家所有权的目标、国家在国有企业公司治理中的角色，以及怎样执行这些政策。国家所有权的多重的和互相矛盾的目标往往会导致所有权职责被动地执行，或者相反的导致国家对国有企业的事务或决定过度地干预。

3. 政府或者国有企业还没有充分地认识到所有股东的权利的重要性，不能够确保所有股东被公平对待，以及拥有相同获取公司信息的渠道和权利。这就会导致其他的股东认为国家政府是一个不透明的、不可预测的和不公平的所有者，从而影响国有企业吸收外部资金的能力以及影响公司的价值。

4. 政府和国有企业并没有充分地认识到并尊重因法律或双方协议而形成的利益相关方的权利，作为一个占主导地位的股东，政府可能会控制企业决策的制定，而这些决定可能会损害利益相关方的利益。国有企业不能确保利益相关方拥有一个途径及时和定期地获得相关的、充分的和可靠的信息以行使自己的权利。当利益相关方的权益受到侵害时，也可能没有一个途径进行法律上的纠正。

5. 国有企业运营的透明度不高。在这方面，国有企业内部的监督机制和外部的监督机制都还不健全。

6. 国有企业董事会没有相应的必要的权利和能力来客观地执行战略指导和监督管理的职能，并对自己的行为负责。

第四节 “超所有权优势”范式下的对外直接投资发展战略

一、获取资源型的对外直接投资策略

(一)我国资源类企业对外直接投资的现状与面临的挑战

我国资源类企业的对外直接投资从 2005 年开始出现了较快的增长趋势。按照《中国对外直接投资统计公报》的定义，我国资源类企业等同于采矿业。我国采矿业对外直接投资主要包括石油和天然气开采业、有色金属矿石开采业、黑色金属矿石采选业。2004—2014 年，我国采矿业对外直接投资流量波动很大，历史最高值发生在 2013 年，达到 249.6 亿美元，如图 4-4 所示。经济学人的专题报告《勇闯新天地：纵观中国的海外并购》称，2010 年以前，我国资源类企业对外直接投资中的并购活动异常活跃，2004—2009 年，我国企业完成 172 起总金额在 5 000 万美元以上的并购案，其中以获取资源为目的的占了 45%。这些由大型中央企业主导的资源和能源领域的并购是我国海外兼并和收购的主要组成部分，也是我国对外直接投资的重要组成部分。2008—2009 年，在并购金额达到 1 亿美元的交易中，属于能源行业的占 48.6%，属于矿业的占 45.9%，这些大额并购绝大多数是由资金雄厚的中央企业完成的。加拿大 RBC 律师事务所和美国普衡律师事务所数据显示，2012—2013 年，中

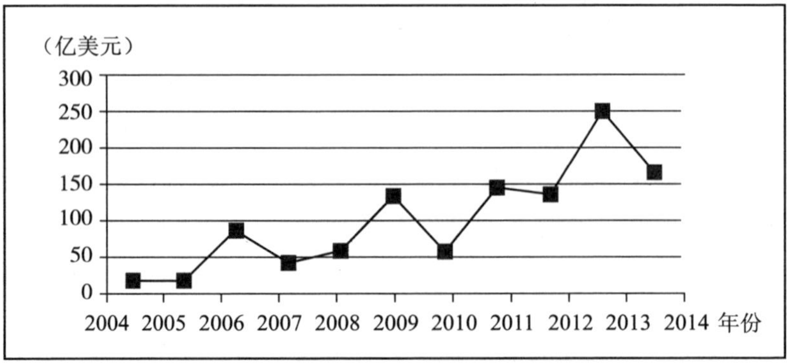

图 4-4　2004—2014 年我国采矿业对外直接投资流量

资料来源：商务部、国家统计局、国家外汇管理局，《中国对外直接投资统计公报》，2004—2014 年，http://www.mofcom.gov.cn。

国在北美能源、矿产投资虽仍活跃，但所占比例已开始下降。2015 年由安永会计师事务所发布的《中国对外直接投资展望》报告称，2014 年，中国公司能源矿产类并购交易金融所占比重由 2010 年的 61%下降到 16%。

从我国资源类行业的总体发展情况来看，我国该行业的对外依存度逐年增加。我国经济的快速发展使得资源供求之间的矛盾日益突出，15 种支柱大宗矿产中超过 50%的矿产将存在资源缺口。在已经发掘的国有矿山中，约2/5的有色金属资源即将消耗殆尽，未来只能依靠从海外进口来补给。例如，石油对外依存度逐年增加，呈快速上升趋势，2001 年为 24%，2004 年为 40.2%，到 2009 年已超过 50%，2014 年达 59.6%。又如，我国铁矿石对外依存度上升趋势也很明显，中国钢铁工业协会披露的最新数据显示，2014 年我国铁矿石的对外依存度升至 78.5%，同比提高 9.7 个百分点。

随着我国资源对外依存度的上升，我国资源类企业纷纷加快海外市场投资扩张的步伐。但是，在这个过程中出现了不少风险和压力。

首先是政治风险。一方面，我国资源类企业多为国有大型中央企业，而东道国的海外投资审查机构常常担忧外国大型国有企业的政治性。在经济不景气的情况下，部分发达国家为了保护本国产业，对外商直接投资项目的审批更加严格，导致我国许多资源类对外投资项目不能顺利开展(例如蒙古以及中东部分国家开始收缩国家投资政策导向，纷纷将部分重要资源纳入国家战略矿储备，通过法令政策要求东道国政府必须持有一定股份)。另一方面，东道国媒体常常起到火上浇油的作用，夸大外商直接投资项目的风险，使外商直接投资项目在舆论与社会压力下夭折。这种情况在我国对发达国家的对外直接投资活动中表现尤为明显(如中海油集团对优尼科公司的收购案、五矿集团对诺兰达公司的收购案等)。部分东道国的政治变动与国内冲突，也对中国一些海外资源类直接投资项目产生了重大影响。例如，2012 年随着南部苏丹宣布独立，中石油公司将不得不同苏丹南、北政府分别重签协议，石油公司的上中下游资产被一条国界分拆至两个国家，利益纠纷几乎不可避免。又如，2013 年缅甸境内爆发政府军与克邦反政府武装力量之间的冲突，我国在缅甸境内的大型水利工程与铜矿项目随之遭到抗议而被迫中止。缅甸境内的政治冲突还将对中国环东南亚的高铁—资源安全项目产生不利影响。

其次是法律风险。我国不少资源类企业对于东道国投资环境方面的法律、法规与各项政策制度缺乏仔细深入的研究，结果造成较大损失。如今世界上一半以上的国家设立了反垄断机构并颁布了反垄断法，但是各国之间的垄断判定标准与程序各不相同，外国投资者不得不支付高额的法律与行政费用，从而导致投资成本的增加。例如，2004 年中化国际(控股)有限公司计划以 5.6 亿美元收购韩国第五大炼油公司——仁川炼油公司，由于在签署了一份排他性的谅解备忘录时没有考虑到在附加条款中可以增加限制对方抬价的法律条款来保护这次收购，最后仁川炼油公司的最大债权人美国花旗公司利用这个漏洞开出 7.7 亿美元的高价，高出了中化国际的底价，最终导致了几乎要成功的收购失败。

(二)“超所有权优势”范式的运用

从上述我国资源类企业对外直接投资活动的实际效果来看，政治风险与法律风险可能是目前中国企业(特别是中央企业)面临的两种最突出的对外直接投资风险，对此可以利用“超所有权优势”范式进行分析。上述风险问题又可以概括为我国资源类企业参与对外直接投资活动的两种竞争策略视角：其一是我国资源类企业如何有效应对海外投资活动中的制度与结构障碍(政治风险问题)；其二是我国资源类企业如何更好地参与海外竞争(法律风险问题)。

笔者利用“三角形平衡图”，首先从宏微观三个层面来阐述中国资源类企业如何应对海外投资活动过程中的上述风险(以国有企业为主进行阐述)。

1. 权威治理层面：企业控制下的动态治理机制

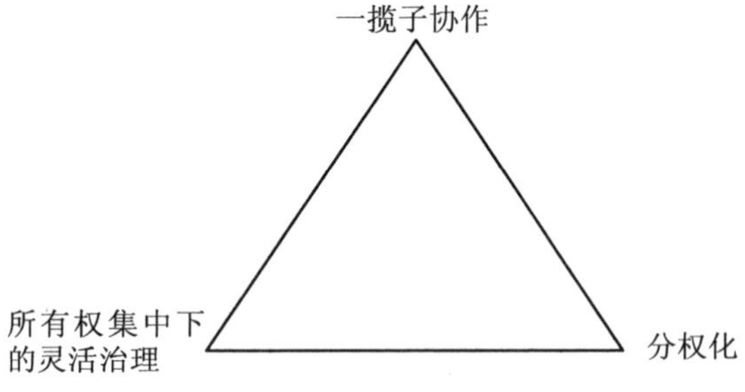

图 4-5 权威治理结构下的应对策略

在图 4-5 中，将整个三角形平衡图放置在企业权威治理结构(Hierarchy)这个维度下进行分析(即考虑权威治理影响下的三角形平衡图关系)，相应地可以得到如下策略：

就右下角的自主性来看，可以对国有企业海外公司进一步进行分权化管理(Decentralization)，突出海外经营主体的自主商业性决策权，使其更为贴近市场需求与减少地理上的细微差别，以便更好识别东道国目标细分市场的机会，并及时响应当地的市场变化。例如，目前一个可操作的举措可以是放开海外资源类企业境外融资与投资的资金渠道，不再将其视为外债管理，而是参照国外竞争对手的金融环境，例如以美国国债收益率来衡量其投资报酬率要求。

就左下角的控制性来看，对于国有企业来说，不但表现为对产权的所有(例如对事关国计民生行业、重要物资资源的控制，统一进行公开招标委托运营等)，更重要的是要在国有资产运营中也能实施有效控制，从而消除经营管理层的“败德行为”。在这方面，良好的公司治理结构能够起到有效的约束作用，包括完善独立董事制，对公司的经营层实行公开竞聘、通过信托机制试行经理人市场聘任，有效打通国有企业与私营企业之间企业家资源的有序流动，同时对国企经理人自身资产投入设定必要门槛，进一步完善国企经理人惩罚与退出机制等。

就最上角的合作性来看，在企业所有权形式上，从事对外直接投资的国有企业可以采取灵活合作模式。例如与中国其他私营企业通过混合所有制的方式进入东道国市场(或者委托国内私营企业实施先期市场进入，再通过并购等方式锁定市场)，其目的在于消除东道国有可能针对国有企业设定的制度障碍；另外，在与东道国企业进行合作时，可以开展从贸易、投资到金融的综合合作模式(在这方面，小岛清理论所概括的日本式对外直接投资各项进入策略值得借鉴。例如在基于合作协议获取资源的最终目标下，我国企业可以对东道国企业实施金融贷款，提供原材料、管理与技术等非股权支持，以及股权安排中可由对方控股等措施。这种灵活的一揽子要素投入的合作模式，可以最大限度降低东道国政府与企业的敌意，并将彼此的利害关系紧密结合)。

2. 混合治理层面：企业之间的动态治理机制

在图 4-6 中，将整个三角形平衡图放置在混合治理结构(Hybrid)这一维度下进行分析(即考虑合作治理影响下的三角形平衡图关系)，相应地可以得到如下应对策略：

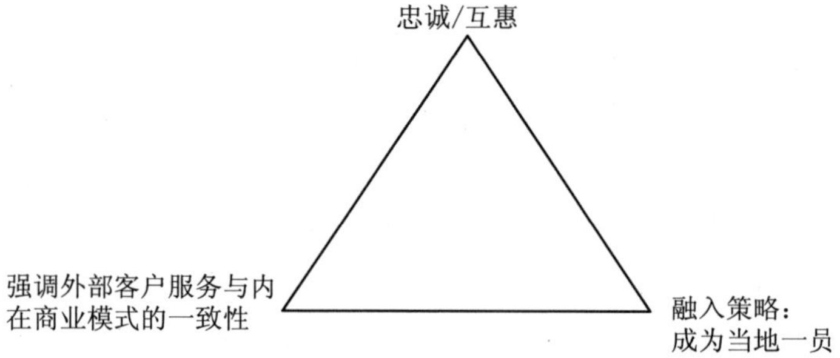

图 4-6　混合治理结构下的应对策略

就右下角的自主性来看，针对东道国的具体国情，国有企业可以采取更为本土化的决策灵活性，以使自身成为当地的一员(比如开展低碳对外直接投资活动、支持当地环境保护的投资发展策略、发布企业履行社会责任报告、参与当地政治与社区发展建设等)。就左下角的控制性来看，国有企业则可制订更为详尽的客户解决方案，进一步完善自身的商业模式，以此更好地统辖内外部资源，并使其投资行为在东道国展现良好的一致性与持久性。就最上角的合作性来看，要求国有企业在与其他投资伙伴以及东道国企业合作过程中，其采取的各项合作策略应有利于进一步巩固双方的忠诚度与合作责任，并通过互惠机制达成(例如实施技术转移与外包生产的结合，同时通过反向进口部分对方产品，以此达到对外直接投资活动中合作双方利益的无缝对接)。

3. 市场治理层面：企业外部的动态治理机制

在图 4-7 中，将整个三角形平衡图放置在市场治理结构(Market)这一维度下进行分析(即考虑市场治理影响下的三角形平衡图关系)，相应地可以得到如下应对策略：

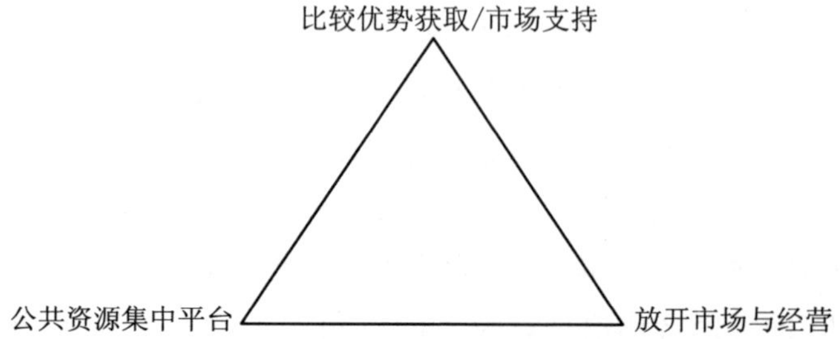

图 4-7　市场治理结构下的应对策略

就右下角的自主性(Autonomy)来看，我国政府可以进一步放开国有企业原先垄断经营的领域，即开放市场与经营权，提升竞争效率。就左下角的控制性(Control)来看，我国政府可以明确规定垄断领域的公共资源实行国家所有，并在国内市场统一投放(例如实施国家资源储备，垄断领域开采的资源统一由国家收购、统一在市场投放等，促成强大而统一的国内市场平台)。就最上角的合作性(Cooperation)来看，一方面，国有企业与私营企业发挥各自比较优势联手开辟海外市场。国有企业为了规避与对方国家同行的竞争，可以与对方交换进入我国市场的承诺并与之进行策略合作；另一方面，从政府的视角来看，要通过政策设计积极强化国内市场对我国企业海外经营的支持力度。

当前，我国国有企业在对外直接投资活动中扮演着积极的角色，但是西方国家往往针对所谓中国政府控制或支持的国有企业(或私营企业)采取诸多审查措施，这方面的失败案例包括中铝投资力拓、华为投资美国受阻等。在这里，可以把这种源于对外直接投资“企业制度/结构障碍”的风险视为“企业失效”。当出现“企业失效”风险时，按照“超所有权优势”范式，为弥补对外直接投资活动中单独“企业”治理结构的不足，可以启用“市场”(Market)等相关治理结构进行替代。

以海外矿山投资为例，我国政府可以出台政策(特别要强调政府出台的政策对于海外投资的国有企业与私营企业应一视同仁)，对于我国企业投资的海外企业向中国出口商品采取优惠的关税，或者我国企业持股的海外矿山优先获得补贴，或者购买我国企业持股矿山矿石的企业在中国重大建设项目和改扩建审批中优先考虑等，这样将有利于我国企业对海外矿山的投资，中国海外资源投资战略才有实质的竞争优势。

中国政府采取这种行为的目的在于，通过与国内市场的结合，以分解外国跨国公司的垄断势力，增强本国企业对外直接投资的博弈能力。在这样的政策支持下，外国矿业企业的格局将发生改变，国外的小矿企也有可能在我国的采购扶持下成为大公司。我国政府的这种政策将直接对西方的矿业巨头产生威胁，使其遭受巨大压力并做出妥协。同时，我国政府的这种政策也有利于东道国政府或企业采取合作而非对抗策略来对待我国企业的对外直接投资活动。此外，合作性的举措还包括中国政府应积极鼓励我国企业海外投资活动，应将本国产业升级以及东道国产业比较优势的发挥紧密联系一起，这对我国企业对第三世界国家的直接投资活动具有深远的意义与影响。

上面分析的结论可以用表 4-28 表示。

表 4-28　应对对外直接投资活动过程中"企业制度/结构障碍风险"的不同层面治理策略

混合治理层面(Hybrid)	
	基于 Hierarchy 视角——强调内外部一致性
	●完善自身商业模式
	●制订更为详尽的客户解决方案，并与自身商业模式保持一致
	基于 Hybrid 视角——互惠/忠诚
	●与国内伙伴或东道国伙伴合作，注重忠诚度与合作责任
	●与东道国企业开展基于资源目的的包括贸易、投资和金融在内的综合合作模式，强调股权与非股权安排的灵活性。强调 ODI 活动的"互惠"策略(比如技术转移＋外包生产＋反向进口的运用)
	基于 Market 视角——融入策略
	●强调企业经营的社会责任
	●积极开展环境保护型 ODI
市场治理层面(Market)	
	基于 Hierarchy 视角——所有权集中
	●资源所有权采取国家集中/建立战略储备
	●以合约竞标模式进行竞争授权；构建国内统一市场平台
	●加大监控，允许一定程度自然垄断经营
	基于 Hybrid 视角——比较优势获取/市场支持
	●强化国内市场对 ODI 的影响与支持
	●强化 ODI 对投资国与东道国比较优势的联系与发挥
	基于 Market 视角——放开市场与经营
	●实施产业集聚政策，提高产业集中度
	●在一定产业集中度基础上开放市场
	●利用税收与国内市场调控力量抗衡垄断

续表

权威治理层面(Hierarchy)	
	基于 Market 视角——分权
	● 国企海外公司进一步分权化
	● 探索海外公司为中心的资源运营机制
	基于 Hierarchy 视角
	● 重视所有权范围与控制效率
	● 通过灵活治理等手段实现控制效率最大化
	基于 Hybrid 视角——揽子协作
	● 比较资源获取的不同运营方式(直接投资、购买、合资等)
	● 构建自身软实力(对东道国市场的把握)

(三)我国资源类企业成长与竞争策略

某种意义上，还可以把中国资源类企业成长、竞争策略理解为关于自主、控制与合作关系的一种变形，如图 4-8 所示。

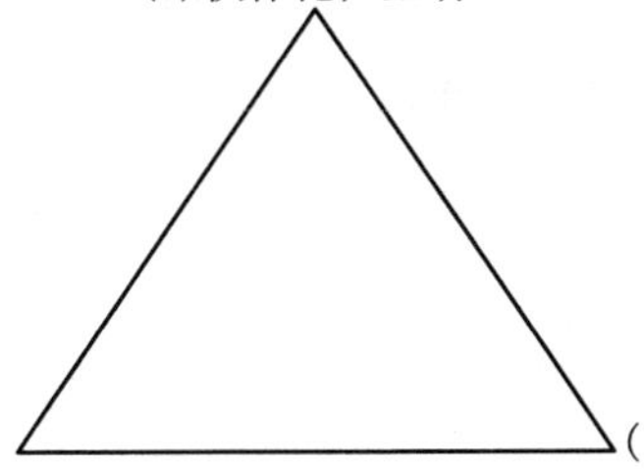

图 4-8　我国资源类企业成长与竞争策略

1. 基于自主性(Autonomy)的对策

从现代资源学的观点来看，我国并不能称为“地大物博”的国家，我国人均资源保有量在许多方面都位居世界中下游水平，同时资源约束在我国经济现代化过程中正表现得越来越明显。因此，对于我国对外直接投资活动来说，资源类企业在很长一段时间内将扮演着重要的角色。

哈佛大学弗农(R. Vernon)教授在阐述制成品贸易生命周期理论时，曾提及“原料产品生命周期理论”，并指出后一种产品周期的贸易流向与制成品贸易流向完全相反：原料生产国扮演着中心的角色，大量外来投资的活动实质上相当于“购买”当地资源。① 从中国对外直接投资流向的购买来源地划分，大致包括发达国家(比如澳大利亚、加拿大、美国等)与发展中国家(如非洲、美洲等地的国家)。关于我国在购买发达国家资源过程中所遇到的障碍风险，前面已经进行了分析，这里将集中探讨我国购买发展中国家资源的障碍风险。当前，我国在与发展中国家进行资源交易时遇到下述障碍：

首先遇到的是舆论的障碍。我国对发展中国家资源的直接投资往往被西方国家媒体扣上新殖民主义的帽子，很容易煽动发展中国家民众的情绪引发不满。虽然我国与发展中国家的经济与贸易往来是以国有企业为主体、以资源交易为重点的行为，西方国家在历史上掠夺非洲等发展中国家资源也是以国家行为和资源贸易为主的行为，但是深入分析就会发现两种行为具有本质的区别。我国现在是用发展中国家急需的外汇与它们进行自主自愿的资源贸易和投资，而西方国家当年是用舰船、大炮对殖民地的资源进行疯狂的掠夺。我国现在是贵买发展中国家的资源，而西方国家当年是贱买发展中国家的资源。由于我国存在着巨大的资源需求，拥有丰富资源的发达国家在抬高价格出售资源的同时，并不希望发展中国家将资源出售给我国以分享它们的暴利。因此，西方发达国家的真正用意是由它们而不是发展中国家高价向中国出售资源，这是西方发达国家针对我国资源类企业海外投资散布不利舆论的真正目的。

其次遇到的是我国企业自主性(Autonomy)障碍。如果综合衡量我国对外直接投资企业的实际运营情况，资金与实力因素的影响次之，最为重要的影响因素是政策问题。例如就审批制度而言，尽管我国的审批环节与以前相比大大放宽了，很多方面已经从核准制变成了备案制，但是即使是备案，把有关手续办完也非常不容易。海外资源的并购往往时间非常紧迫，很可能由于审批的延误而失去了并购的机会。另外，我国的审批申报保密性很差，一旦某个企业申报项目同行全都知道，恶性竞争就有可能产生，从而导致海外并购价款上升。从我国审批备案制度建立的初衷来看，我国政府所有政策都是

① Vernon, Raymond, “International Investment and International Trade in the Product Cycle”, *The Quarterly Journal of Economics*, 1996, Vol. 80, No. 2, pp. 190-207.

按照善意投资与收购的前提来制定的，这就决定了在海外进行反常规的项目投资(比如恶意收购等)是没有办法按照中国现行政策进行审批和备案的，我国资源类海外投资企业面临的国内政策风险也因此陡然加大。

基于自主性这个视角，我国政府应该重视海外投资企业商业运营的独立性，即政府在国内政策制定的过程中应该致力于建立一个公平的机制。只有在公平的竞争机制下，海外投资企业才可能根据市场供需变化灵活反应，并有可能形成自身差异化的经营特色与策略。

2. 基于控制性(Control)的对策

对于海外资源获取，从控制性的视角来看，一方面要求我国企业要积极从内部寻找相关替代资源(Make)，即成长策略；另一方面强调我国企业在海外开发资源过程中的经济性(Economy)，即低成本竞争策略。

从成长策略来看，建立内部替代资源的重要意义在于尽可能摆脱外部资源的约束与波动，使企业能够健康地成长。从国家的角度来说，建立内部替代资源包括如下可能的举措：

一是建立国家战略资源储备制度。中国政府应该成立专门机构，拨付专款从事战略资源的储备。在我国国内资源市场出现重大波动时，可以相机吸纳和投放战略资源，以熨平市场价格波动。另外，在我国拥有战略资源储备的条件下，也为中国企业对海外资源的投资以及购买海外资源提供了有力的保障，防止国际资源垄断企业在中国某种资源出现严重短缺的情况下漫天要价。

二是进行国内资源市场的建设与运营。在当前贸易自由化背景下，随着关税壁垒的降低与国民待遇、最惠国待遇的实施，国与国之间的竞争更多依赖于国内的竞争政策与市场影响力。在开放经济背景下，一个国家国内市场的制度建设与运营往往可以影响并左右该国参与国际市场竞争的绩效。例如，美国联邦储备系统的货币政策通过美国的金融市场可以左右世界金融市场。另外，若干个地区产业集聚中心的任何变动都有可能对世界经济产生连锁反应。例如，日本阪神大地震导致当地汽车芯片生产的延误，从而引发世界汽车业产业链的波动等。

我国是一个资源需求大国，国内市场需求的任何波动都可能引发世界资源价格的变化，近年来由中国钢铁工业发展导致的铁矿石进口需求增加所推动的世界铁矿石价格连年上涨，就是一个明显的信号。在我国没有形成统一的国内市场以前，我国对于海外资源投资谈判价格以及进口资源支付价格没有实质上的发言权与控制权，这也导致近年来中国在海外投资与进口资源方面花费了巨额资本支出还受制于人。如果通过政府的引导形成一个我国政府可调控的国内资源交易市场，那么当有足够的买者和卖者在这个市场上进行交易时，就可以避免国际资源垄断企业对资源价格的操纵，从而为我国企业海外投资与购买资源提供强有力的后盾。

三是建立我国完整的产业链。我国政府应该结合国内资源交易市场的建设，进行以中央企业为核心的一体化产业链整合，形成从上游矿业勘探到下游冶炼加工的完整产业链。特别是对于稀土等我国有重要国际影响力的资源，要加大基于国家战略视角的资源整合力度，不能放任地方与局部利益的多头分散建设。与此同时，要积极鼓励私营资本通过混合所有制或者联合投资机制与国有企业进行密切合作，政府提供相关政策与制度支持，这将有利于降低我国企业对外直接投资活动中所遇到的制度与结构障碍的影响。

从低成本竞争策略来看，低成本是我国企业从事对外直接投资活动的重要砝码。低成本意味着高效与尽可能避免不必要的支出。在实际运用中，它涉及三个方面的内容：一是资源产品自身的市场价格 P；二是运营与维护成本 O；三是交易成本(资源获得或者处置的成本)C。在企业从事对外直接投资活动的过程中，一个合理的结果应该是：$P>O+C$。这个简单不等式背后实际上涵盖了资源类企业对外直接投资活动中有关动机、策略与组织运营等方面要素与制度的高效利用。但从中国企业运营实际来看，往往结果是 $P<O+C$。

造成这一结果的原因在于我国企业海外并购活动中，各种不容忽视的结构性风险正不断加大，从而导致企业海外投资运营成本与交易成本的增加，出现了经营亏损甚至资产流失现象。例如，在我国早期对外直接投资活动中，出现以个人或个人公司名义代理持有境外国有产权的情况，这种情况被称为我国中央企业境外资产最大的“出血点”。与此同时，由于国外银行实行签字制，中央企业海外高级管理人员的诚信风险也日益突出。目前，签字提款的机制非常易于转移资产、携款潜逃，并且很难监控。

从制度经济学的视角来看，上述结构性风险是由于所有者与管理者分离所导致。在市场经济中，如果管理者不能得到相应的报酬，承担起相应的责任，就很容易在利益的诱惑面前伤及所有者的权益。根据国有资产监督管理委员会公开的数据，2009 年中央企业境外资产总额占中央企业总资产的 19%，实现的利润占中央企业利润总额的 37%，中央企业境外资产总额近 4 万亿美元。这意味着这部分庞大资产有可能因结构性风险而受到侵蚀。

在国际上，结构性风险存在于主权基金(或国有资产)之中，各国政府已高度重视并想尽各种办法进行克服。从根本上说，结构性的风险必须用结构性调整方法来防范。在这方面，淡马锡的模式值得借鉴。按照淡马锡模式，投资决策的权力并不掌握在董事会主席或法定代表人手里，而是掌握在独立董事手里。担任独立董事必须要满足两个条件：一是要有该投资领域的丰富经验；二要有自有资产，自有资产越多，可决定的投资额也就越大。这个模式的核心在于，当作为投资操盘人的独立董事的自有资产与投资效果紧密结合在一起的时候，结构性的风险也就被最大限度地控制了。

另外，我国国有企业对外直接投资运营成本高企的背后，还在于对海外投资并购的复杂性缺乏必要了解，对于各种问题与风险提示及应对经验不够。为了解决这个问题，目前可以采取的一个重要举措是由中国政府建立一个专门的数据库，针对我国企业海外并购中可能遇到的问题和风险积累丰富和详细的数据和资料，为后来者提供借鉴。以海外矿山收购为例，最复杂的并购交易可能会涉及 100 多个合同，其中会涉及宗教、信仰、工会、环保、交通等各种各样的问题，而其中任何一个问题都可能导致并购的失败，或者是并购后变成"纸面黄金"，即变成成本巨大而根本无法实施的项目。

与国有企业相比，我国资源类私营企业在对外直接投资活动中还面临着更为不均等的政策障碍，从而导致海外投资活动成本居高不下。

以我国私营企业海外投资铁矿石活动为例。目前，国内私营企业海外资源投资活动因极其高昂的政策障碍而变得无利可图甚至亏损。主要原因如下：其一，我国实行铁矿石进口代理商制度。尽管我国政府将铁矿石的进口商从 500 多家压缩到了 100 多家，还要进一步压缩到 20 家，但是仍然难以削弱国际采矿垄断寡头的垄断地位。然而，铁矿石进口代理制度对于我国在海外找矿的私营企业来说却成为一座难以逾越的大山。如果不通过进口代理商，即使私营企业海外投资矿产成功，矿产也无法进入中国市场。目前，有些代理商对我国私营企业压款、压品位，让海外找矿的私营企业不堪重负。其二，政府有关部门对铁矿石现货贸易的取消。考虑到目前铁矿石的长期协议价格与现货价格差异很大，国际垄断寡头提出要按现货价格进行交易，国内有关部门为了与国际垄断寡头抗衡取消了现货贸易，但是这种应对策略却对我国私营企业海外找矿造成沉重打击。由于长期协议准入门槛很高，一年至少要进口 100 万吨铁矿石，取消现货贸易把众多新开矿山和新起步的私营企业全部挡在门外，将海外小矿山向我国提供资源的道路切断。这种做法实际上助长了国际铁矿石供给的垄断。其三，对私营企业的歧视。中国在海外找矿的私营企业向国内的国有企业销售矿石会常常受到歧视，有的国有企业担心购买私营企业的铁矿石有受贿的嫌疑觉得不如购买外国垄断寡头的铁矿石。即使国内钢铁企业购买私营企业的铁矿石，违约拖延付款的情况也非常严重，从而给我国私营企业到海外找矿增设障碍。

对于我国私营企业所遇到的政策障碍，我国政府有关部门应该予以重视。例如，针对进口代理商制度存在的问题，建议进一步寻找积极的对策予以消除：根据中国商务部的文件，中国人持股和控制的企业视为内资企业管理，这样对于我国私营企业从海外开采来的铁矿石，可以按照内资企业给予它们国民待遇。这就是说，国内私营企业在海外直接投资取得的矿产再销售回国内，完全按照内资企业的销售行为进行管理而不需要什么额外的资质。这些资质对于国际三大矿山企业的限制作用不大，却会变成向投资海外矿山的私营企业进行渔利的手段，成为我国私营企业投资海外矿山的重大障碍。资质越难获得，获得资质的代理商越少，国内有资质的代理商对我国投资海外矿山的私营企业的盘剥可能就越严重。

再者，我国政府和国内铁矿石下游企业应该考虑给我国企业参股海外企业特别的优惠，只有这样，我国企业投资参股海外企业才会变得容易，从而更有利于克服我国企业对外直接投资的制度障碍。但是，由于本位利益的存在，国内部分企业(特别是国有企业)考虑的问题往往不是如何让我国得到更多更便宜的资源，而是不能让私营竞争对手得到更多更便宜的资源，至于铁矿石的价格上涨到什么价格似乎是无所谓的事情，结果是“鹬蚌相争”的故事一再在我国上演。

由此可见，我国寻找海外资源的困难，不仅来源于我国的软实力不足，还来源于我国的自我制约。我国政府从政策上扶持国有企业海外找矿，结果被西方发达国家扣上新殖民主义的帽子。西方发达国家为我国国有企业海外找矿精心设计了规则障碍，我国国有企业投资海外矿山一再搁浅或难以通过审查。我国私营企业到海外找矿，按照西方私人企业对等的游戏规则进行市场运作，国内的政策却给予很多的掣肘。有的政策在制定的时候有良好的初衷，但是在实际执行的时候结果却适得其反。在铁矿石等资源价格不断攀升、私营企业到海外找矿投资空间不断加大的情况下，国内有关部门的资质政策、取消现货政策等对于国际垄断寡头影响有限，但对我国私营企业的发展却造成很大的限制。

在这里，问题的关键在于国内政策的制定者代表国内铁矿石采购大户的利益，而没有全面考虑整个国家的战略利益。但是，我国铁矿石的采购大户及其代表被西方发达国家盯得很紧，想要自己买到矿山来增强竞争实力已经十分困难。在这种情况下，应该发挥我国私营企业的作用。但我国私营企业在政策的制定过程中没有发言权，针对私营企业的政策是由业内国有企业制定的，由于国有企业与私营企业存在竞争关系，制定出来的政策不利于私营企业就不足为奇了。我国政府应该好好反思如何在国内市场以及政策制定方面建立公平的机制，我国的国内制度完善了，才能实现对外投资的更好发展。

3. 基于合作性(Cooperation)的对策

从以上关于控制性对策的分析可以看到，我国政府只有致力于建立一个公平的机制，才有可能为我国企业的合作提供一个有利的氛围。以下假定在控制性方面已经实现了相对的公平，进一步在合作性方面对中国资源类企业可以采取的对策提出如下建议：

第一，国有企业和私营企业在所有权制度与组织结构方面进行密切合作。一方面是应对西方发达国家设置的关于直接投资的制度障碍(例如采取混合所有制，以及委托制等方式)；另一方面是通过结构性机制调整来消除前述结构性风险。例如，国有企业引进私营企业作为策略投资股东，在海外投资决策中就可以进一步消除相关的结构性风险。

第二，我国资源类企业在对外直接投资过程中，要积极融入当地的政治、经济与文化建设中，通过良好的互动(可以是宏观策略，针对当地政府与社会组织)与伙伴化(属于中微观策略，针对当地企业，包括同行业对手与上下游企业以及消费者与客户)创造有利的投资环境。此外，可以采用各种创新方式

大通 Cazenove 与瑞士信贷，一直在建议力拓采取配售股份或发行债券的方式来解决即将到来的财务危机。

中铝与力拓的第二次交易更大的障碍来自澳大利亚政府。早在中铝第一次买入力拓时，澳大利亚政府就重申了入股比例不得超过 15%的规定。虽然据澳大利亚本地媒体披露，这次中铝已经聘请了与澳大利亚工党颇有渊源的高级公关游说政府，但政府方面并没有流露出法外开恩的迹象。“我们欢迎外国投资”，澳大利亚财政部部长说，“但我们也制定了一套规则”。中铝投资力拓面临澳大利亚财政部部长韦恩・斯万的审查，他可以以国家利益为由否决此次投资。

澳大利亚竞争与消费者保护委员会(简称“ACCC”，一个独立的监管机构)披露，考虑到我国钢铁企业和中铝可能代表同一利益方，ACCC 对于力拓澳大利亚铁矿项目和中铝的合作是否会对力拓产生影响和控制，从而导致铁矿石价格低于市场水平，使中国钢铁企业受益进行了考察。结论是，中铝和力拓不太可能有能力单方面降低铁矿石价格至竞争水平以下。

2009 年 3 月 25 日，ACCC 在公告中称，中铝注资力拓不太可能削弱市场竞争，这个交易不会造成铁矿石价格下降，也不会降低铝土矿、铜、氧化铝等产品的市场竞争水平。ACCC 宣布关于“中铝公司与力拓英国公司和力拓澳大利亚公司(合称‘力拓’)之间的交易不会显著减弱任何相关市场竞争”的论断意味着该交易向着通过所有相关法律审批迈出了重要一步。ACCC 的态度对于交易的成功十分关键。2008 年矿业巨头必和必拓以 1 400 亿美元收购力拓，但遭到 ACCC 的质疑，认为“两拓”合并可能导致铁矿石价格上升，造成市场垄断。最终，“两拓”合并案在中铝介入后宣告失败。这次交易完成的前提条件包括中国、英国、澳大利亚、美国的政府审批以及澳大利亚和德国政府的反垄断审批。如果未能获得某个国家政府批准，就要调整并购方案里与该国有关的资产并购内容。这次交易同时需要获得力拓集团股东大会的批准。如果全部相关交易条件均得到满足或者豁免，这次交易的大部分协议内容将在 2009 年 7 月 31 日前生效。

2009 年 3 月 16 日，澳大利亚外国投资审查委员会(Foreign Investment Review Board)表示，将延长对中铝与力拓交易的审查时间，在原定的 30 天审查期基础上再增加 90 天。只要某个外商投资项目是在外国政府的支持下进

被西方发达国家扣上新殖民主义的帽子。西方发达国家为我国国有企业海外找矿精心设计了规则障碍，我国国有企业投资海外矿山一再搁浅或难以通过审查。我国私营企业到海外找矿，按照西方私人企业对等的游戏规则进行市场运作，国内的政策却给予很多的掣肘。有的政策在制定的时候有良好的初衷，但是在实际执行的时候结果却适得其反。在铁矿石等资源价格不断攀升、私营企业到海外找矿投资空间不断加大的情况下，国内有关部门的资质政策、取消现货政策等对于国际垄断寡头影响有限，但对我国私营企业的发展却造成很大的限制。

在这里，问题的关键在于国内政策的制定者代表国内铁矿石采购大户的利益，而没有全面考虑整个国家的战略利益。但是，我国铁矿石的采购大户及其代表被西方发达国家盯得很紧，想要自己买到矿山来增强竞争实力已经十分困难。在这种情况下，应该发挥我国私营企业的作用。但我国私营企业在政策的制定过程中没有发言权，针对私营企业的政策是由业内国有企业制定的，由于国有企业与私营企业存在竞争关系，制定出来的政策不利于私营企业就不足为奇了。我国政府应该好好反思如何在国内市场以及政策制定方面建立公平的机制，我国的国内制度完善了，才能实现对外投资的更好发展。

3. 基于合作性(Cooperation)的对策

从以上关于控制性对策的分析可以看到，我国政府只有致力于建立一个公平的机制，才有可能为我国企业的合作提供一个有利的氛围。以下假定在控制性方面已经实现了相对的公平，进一步在合作性方面对中国资源类企业可以采取的对策提出如下建议：

第一，国有企业和私营企业在所有权制度与组织结构方面进行密切合作。一方面是应对西方发达国家设置的关于直接投资的制度障碍(例如采取混合所有制，以及委托制等方式)；另一方面是通过结构性机制调整来消除前述结构性风险。例如，国有企业引进私营企业作为策略投资股东，在海外投资决策中就可以进一步消除相关的结构性风险。

第二，我国资源类企业在对外直接投资过程中，要积极融入当地的政治、经济与文化建设中，通过良好的互动(可以是宏观策略，针对当地政府与社会组织)与伙伴化(属于中微观策略，针对当地企业，包括同行业对手与上下游企业以及消费者与客户)创造有利的投资环境。此外，可以采用各种创新方式

大通 Cazenove 与瑞士信贷，一直在建议力拓采取配售股份或发行债券的方式来解决即将到来的财务危机。

中铝与力拓的第二次交易更大的障碍来自澳大利亚政府。早在中铝第一次买入力拓时，澳大利亚政府就重申了入股比例不得超过 15%的规定。虽然据澳大利亚本地媒体披露，这次中铝已经聘请了与澳大利亚工党颇有渊源的高级公关游说政府，但政府方面并没有流露出法外开恩的迹象。“我们欢迎外国投资”，澳大利亚财政部部长说，“但我们也制定了一套规则”。中铝投资力拓面临澳大利亚财政部部长韦恩·斯万的审查，他可以以国家利益为由否决此次投资。

澳大利亚竞争与消费者保护委员会(简称“ACCC”，一个独立的监管机构)披露，考虑到我国钢铁企业和中铝可能代表同一利益方，ACCC 对于力拓澳大利亚铁矿项目和中铝的合作是否会对力拓产生影响和控制，从而导致铁矿石价格低于市场水平，使中国钢铁企业受益进行了考察。结论是，中铝和力拓不太可能有能力单方面降低铁矿石价格至竞争水平以下。

2009 年 3 月 25 日，ACCC 在公告中称，中铝注资力拓不太可能削弱市场竞争，这个交易不会造成铁矿石价格下降，也不会降低铝土矿、铜、氧化铝等产品的市场竞争水平。ACCC 宣布关于“中铝公司与力拓英国公司和力拓澳大利亚公司(合称‘力拓’)之间的交易不会显著减弱任何相关市场竞争”的论断意味着该交易向着通过所有相关法律审批迈出了重要一步。ACCC 的态度对于交易的成功十分关键。2008 年矿业巨头必和必拓以 1 400 亿美元收购力拓，但遭到 ACCC 的质疑，认为“两拓”合并可能导致铁矿石价格上升，造成市场垄断。最终，“两拓”合并案在中铝介入后宣告失败。这次交易完成的前提条件包括中国、英国、澳大利亚、美国的政府审批以及澳大利亚和德国政府的反垄断审批。如果未能获得某个国家政府批准，就要调整并购方案里与该国有关的资产并购内容。这次交易同时需要获得力拓集团股东大会的批准。如果全部相关交易条件均得到满足或者豁免，这次交易的大部分协议内容将在 2009 年 7 月 31 日前生效。

2009 年 3 月 16 日，澳大利亚外国投资审查委员会(Foreign Investment Review Board)表示，将延长对中铝与力拓交易的审查时间，在原定的 30 天审查期基础上再增加 90 天。只要某个外商投资项目是在外国政府的支持下进

被西方发达国家扣上新殖民主义的帽子。西方发达国家为我国国有企业海外找矿精心设计了规则障碍，我国国有企业投资海外矿山一再搁浅或难以通过审查。我国私营企业到海外找矿，按照西方私人企业对等的游戏规则进行市场运作，国内的政策却给予很多的掣肘。有的政策在制定的时候有良好的初衷，但是在实际执行的时候结果却适得其反。在铁矿石等资源价格不断攀升、私营企业到海外找矿投资空间不断加大的情况下，国内有关部门的资质政策、取消现货政策等对于国际垄断寡头影响有限，但对我国私营企业的发展却造成很大的限制。

在这里，问题的关键在于国内政策的制定者代表国内铁矿石采购大户的利益，而没有全面考虑整个国家的战略利益。但是，我国铁矿石的采购大户及其代表被西方发达国家盯得很紧，想要自己买到矿山来增强竞争实力已经十分困难。在这种情况下，应该发挥我国私营企业的作用。但我国私营企业在政策的制定过程中没有发言权，针对私营企业的政策是由业内国有企业制定的，由于国有企业与私营企业存在竞争关系，制定出来的政策不利于私营企业就不足为奇了。我国政府应该好好反思如何在国内市场以及政策制定方面建立公平的机制，我国的国内制度完善了，才能实现对外投资的更好发展。

3. 基于合作性(Cooperation)的对策

从以上关于控制性对策的分析可以看到，我国政府只有致力于建立一个公平的机制，才有可能为我国企业的合作提供一个有利的氛围。以下假定在控制性方面已经实现了相对的公平，进一步在合作性方面对中国资源类企业可以采取的对策提出如下建议：

第一，国有企业和私营企业在所有权制度与组织结构方面进行密切合作。一方面是应对西方发达国家设置的关于直接投资的制度障碍(例如采取混合所有制，以及委托制等方式)；另一方面是通过结构性机制调整来消除前述结构性风险。例如，国有企业引进私营企业作为策略投资股东，在海外投资决策中就可以进一步消除相关的结构性风险。

第二，我国资源类企业在对外直接投资过程中，要积极融入当地的政治、经济与文化建设中，通过良好的互动(可以是宏观策略，针对当地政府与社会组织)与伙伴化(属于中微观策略，针对当地企业，包括同行业对手与上下游企业以及消费者与客户)创造有利的投资环境。此外，可以采用各种创新方式

大通 Cazenove 与瑞士信贷，一直在建议力拓采取配售股份或发行债券的方式来解决即将到来的财务危机。

中铝与力拓的第二次交易更大的障碍来自澳大利亚政府。早在中铝第一次买入力拓时，澳大利亚政府就重申了入股比例不得超过15%的规定。虽然据澳大利亚本地媒体披露，这次中铝已经聘请了与澳大利亚工党颇有渊源的高级公关游说政府，但政府方面并没有流露出法外开恩的迹象。“我们欢迎外国投资”，澳大利亚财政部部长说，“但我们也制定了一套规则”。中铝投资力拓面临澳大利亚财政部部长韦恩·斯万的审查，他可以以国家利益为由否决此次投资。

澳大利亚竞争与消费者保护委员会(简称“ACCC”，一个独立的监管机构)披露，考虑到我国钢铁企业和中铝可能代表同一利益方，ACCC 对于力拓澳大利亚铁矿项目和中铝的合作是否会对力拓产生影响和控制，从而导致铁矿石价格低于市场水平，使中国钢铁企业受益进行了考察。结论是，中铝和力拓不太可能有能力单方面降低铁矿石价格至竞争水平以下。

2009 年 3 月 25 日，ACCC 在公告中称，中铝注资力拓不太可能削弱市场竞争，这个交易不会造成铁矿石价格下降，也不会降低铝土矿、铜、氧化铝等产品的市场竞争水平。ACCC 宣布关于“中铝公司与力拓英国公司和力拓澳大利亚公司(合称‘力拓’)之间的交易不会显著减弱任何相关市场竞争”的论断意味着该交易向着通过所有相关法律审批迈出了重要一步。ACCC 的态度对于交易的成功十分关键。2008 年矿业巨头必和必拓以 1 400 亿美元收购力拓，但遭到 ACCC 的质疑，认为“两拓”合并可能导致铁矿石价格上升，造成市场垄断。最终，“两拓”合并案在中铝介入后宣告失败。这次交易完成的前提条件包括中国、英国、澳大利亚、美国的政府审批以及澳大利亚和德国政府的反垄断审批。如果未能获得某个国家政府批准，就要调整并购方案里与该国有关的资产并购内容。这次交易同时需要获得力拓集团股东大会的批准。如果全部相关交易条件均得到满足或者豁免，这次交易的大部分协议内容将在 2009 年 7 月 31 日前生效。

2009 年 3 月 16 日，澳大利亚外国投资审查委员会(Foreign Investment Review Board)表示，将延长对中铝与力拓交易的审查时间，在原定的 30 天审查期基础上再增加 90 天。只要某个外商投资项目是在外国政府的支持下进

被西方发达国家扣上新殖民主义的帽子。西方发达国家为我国国有企业海外找矿精心设计了规则障碍，我国国有企业投资海外矿山一再搁浅或难以通过审查。我国私营企业到海外找矿，按照西方私人企业对等的游戏规则进行市场运作，国内的政策却给予很多的掣肘。有的政策在制定的时候有良好的初衷，但是在实际执行的时候结果却适得其反。在铁矿石等资源价格不断攀升、私营企业到海外找矿投资空间不断加大的情况下，国内有关部门的资质政策、取消现货政策等对于国际垄断寡头影响有限，但对我国私营企业的发展却造成很大的限制。

在这里，问题的关键在于国内政策的制定者代表国内铁矿石采购大户的利益，而没有全面考虑整个国家的战略利益。但是，我国铁矿石的采购大户及其代表被西方发达国家盯得很紧，想要自己买到矿山来增强竞争实力已经十分困难。在这种情况下，应该发挥我国私营企业的作用。但我国私营企业在政策的制定过程中没有发言权，针对私营企业的政策是由业内国有企业制定的，由于国有企业与私营企业存在竞争关系，制定出来的政策不利于私营企业就不足为奇了。我国政府应该好好反思如何在国内市场以及政策制定方面建立公平的机制，我国的国内制度完善了，才能实现对外投资的更好发展。

3. 基于合作性(Cooperation)的对策

从以上关于控制性对策的分析可以看到，我国政府只有致力于建立一个公平的机制，才有可能为我国企业的合作提供一个有利的氛围。以下假定在控制性方面已经实现了相对的公平，进一步在合作性方面对中国资源类企业可以采取的对策提出如下建议：

第一，国有企业和私营企业在所有权制度与组织结构方面进行密切合作。一方面是应对西方发达国家设置的关于直接投资的制度障碍(例如采取混合所有制，以及委托制等方式)；另一方面是通过结构性机制调整来消除前述结构性风险。例如，国有企业引进私营企业作为策略投资股东，在海外投资决策中就可以进一步消除相关的结构性风险。

第二，我国资源类企业在对外直接投资过程中，要积极融入当地的政治、经济与文化建设中，通过良好的互动(可以是宏观策略，针对当地政府与社会组织)与伙伴化(属于中微观策略，针对当地企业，包括同行业对手与上下游企业以及消费者与客户)创造有利的投资环境。此外，可以采用各种创新方式

将企业希望获取的资源进行组合与匹配，在这方面，可以参考日本 20 世纪六七十年代实施的顺贸易导向的资源类对外直接投资的相关策略。

(四)案例分析：中铝收购力拓的经验教训

1. 案例介绍

2008 年 2 月 1 日下午 4 点，中国铝业公司(以下简称中铝)宣布，已通过新加坡全资子公司、联合美国铝业公司(以下简称美铝)获得了力拓公司在英国的上市公司(Rio Tinto Plc)12%的股份(相当于力拓公司股份的 9%)。这宗中国企业历史上规模最大的一次海外投资金额高达 140.5 亿美元，其中美铝出资 12 亿美元。国家开发银行是这次中铝收购交易的融资安排行，交易的财务顾问为雷曼兄弟公司和中国国际金融有限公司。

力拓公司总部设在英国伦敦，目前是全球第三大矿业公司，第一大铝土矿生产商，第二大铁矿石、电解铝和铀生产商，第五大铜精矿生产商，在煤炭、工业矿物、钻石等产品领域也占有重要地位。力拓在 2007 年 7 月以高价收购了加拿大铝业公司，这笔交易让力拓担负了 390 亿美元的巨额债务。未来两年，力拓就要偿还将近 190 亿美元债务。在 2008 年全球性金融危机的冲击下，国际大宗原料价格下跌，澳大利亚元贬值，力拓急于出售旗下资产，实现在 2009 年削减 100 亿美元负债的目标。这为中铝等中国企业提供了机会，力拓在多方寻求解决办法无果之后，决定接受中铝伸出的橄榄枝。

2008 年 8 月，澳大利亚财政部部长韦恩·斯万(Wayne Swan)批准中铝最多可以持有力拓英国上市公司 14.99%的股份(相当于力拓股份的 11%)，但是要求中铝做出两项承诺：一是在未得到澳大利亚政府许可的前提下，中铝不能增持超过 14.99%的力拓英国股份；二是在持股小于 15%的情况下，中铝不能向力拓英国公司或力拓的董事会派驻董事。显然，澳大利亚监管部门对这家中国公司对澳大利亚公司的每一步“渗透”持非常谨慎的态度。作为中国企业最大一笔海外投资案，中铝为牵制两大矿业巨头——必和必拓公司与力拓公司的合并做出了贡献，但也让自身蒙受巨额的账面亏损。由于力拓英国公司的股票价格从 2008 年年初的每股 60 英镑跌至 2009 年 2 月不足 14 英镑，下跌幅度达到 75%左右，再加上澳大利亚元贬值造成的汇兑损失，中铝的账面损失超过 80%。

2009 年 2 月 11 日，英国《金融时报》率先披露了中铝(Chinalco)—力拓

(Rio Tinto)“二次握手”细节。随后，力拓宣布由于与中铝发生的可能性交易申请次日暂停股票交易。中铝为此次交易活动聘请了四大财务顾问——野村证券、黑石集团、中金公司和摩根大通。根据双方协议条款，中铝将购买72亿美元的力拓可转股债券，这些债券将在日后可以转换成股票。转股后，中铝在力拓的股份将从9%提高至18%。该交易将使力拓有资金偿还390亿美元巨额净债务中的很大一部分。

这次发行的债券分为两个部分，转换为股票的价格分别为每股45美元和60美元。这些债券将支付9%和9.5%的利息，存续期为七年。中铝还将在与力拓建立的三个战略合作伙伴联盟中投资123亿美元，这三个联盟分别涉及力拓的铜、铝和铁矿石部门，这将包括中铝购得力拓九项资产的少数股权。这些资产包括：澳大利亚的韦帕(Weipa)铝土矿、雅文(Yarwun)的氧化铝精炼厂、博恩(Boyne)的铝冶炼厂、格拉斯顿(Gladstone)的电站、智利的埃斯康迪达(Escondida)铜矿、美国犹他州的肯尼科特(Kennecott)铜业公司、印度尼西亚的格拉斯伯格(Grasberg)铜金矿、秘鲁的拉格兰哈(La Granja)铜矿项目和澳大利亚的哈默斯利(Hamersley)铁矿。中铝还将与力拓组建一个10亿美元的合资企业，双方各出资5亿美元。这个企业将开发几内亚的西芒杜(Simandou)铁矿等项目。作为对其投资的回报，中铝将在力拓的董事会获得一个席位，并有权在稍后日期委任另一名董事。中铝的方案还包括独立的市场和伙伴关系，其中包括力拓可以享有对中铝客户的优先合作权，同样还有在中国矿产开发的投资权。概括地说，在第二次交易活动中，中铝将获得力拓18%的股份(目前为9%)和力拓全球九个矿场的非控股股份，两个力拓董事席位，并合资开发一个几内亚硅镁矿项目。为此，中铝的代价是195亿美元现金——堪称中国有史来最大的海外投资。

但是，中铝与力拓的第二次交易面临着前所未有的不确定性。这次交易已经引起力拓在英国的主要投资者的愤怒，他们曾提议向力拓注入新的股权资本，但力拓未与他们磋商。出于对与中铝这项交易的不同看法，力拓的候任董事长Jim Leng宣布辞职。这个不同寻常的插曲表明，一些力拓中高级管理人员并不认为这笔买卖符合公司的根本利益。悉尼的一位投资者称，“很多澳大利亚人觉得这是一笔糟糕的买卖，我们更倾向于力拓通过增股扩发，不管配发给谁，而不是将核心资产变卖”。摩根大通在英国的合资公司——摩根大通 Cazenove 与瑞士信贷，一直在建议力拓采取配售股份或发行债券的方式来解决即将到来的财务危机。

中铝与力拓的第二次交易更大的障碍来自澳大利亚政府。早在中铝第一次买入力拓时，澳大利亚政府就重申了入股比例不得超过15%的规定。虽然据澳大利亚本地媒体披露，这次中铝已经聘请了与澳大利亚工党颇有渊源的高级公关游说政府，但政府方面并没有流露出法外开恩的迹象。"我们欢迎外国投资"，澳大利亚财政部部长说，"但我们也制定了一套规则"。中铝投资力拓面临澳大利亚财政部部长韦恩·斯万的审查，他可以以国家利益为由否决此次投资。

澳大利亚竞争与消费者保护委员会(简称"ACCC"，一个独立的监管机构)披露，考虑到我国钢铁企业和中铝可能代表同一利益方，ACCC 对于力拓澳大利亚铁矿项目和中铝的合作是否会对力拓产生影响和控制，从而导致铁矿石价格低于市场水平，使中国钢铁企业受益进行了考察。结论是，中铝和力拓不太可能有能力单方面降低铁矿石价格至竞争水平以下。

2009 年 3 月 25 日，ACCC 在公告中称，中铝注资力拓不太可能削弱市场竞争，这个交易不会造成铁矿石价格下降，也不会降低铝土矿、铜、氧化铝等产品的市场竞争水平。ACCC 宣布关于"中铝公司与力拓英国公司和力拓澳大利亚公司(合称'力拓')之间的交易不会显著减弱任何相关市场竞争"的论断意味着该交易向着通过所有相关法律审批迈出了重要一步。ACCC 的态度对于交易的成功十分关键。2008 年矿业巨头必和必拓以 1 400 亿美元收购力拓，但遭到 ACCC 的质疑，认为"两拓"合并可能导致铁矿石价格上升，造成市场垄断。最终，"两拓"合并案在中铝介入后宣告失败。这次交易完成的前提条件包括中国、英国、澳大利亚、美国的政府审批以及澳大利亚和德国政府的反垄断审批。如果未能获得某个国家政府批准，就要调整并购方案里与该国有关的资产并购内容。这次交易同时需要获得力拓集团股东大会的批准。如果全部相关交易条件均得到满足或者豁免，这次交易的大部分协议内容将在 2009 年 7 月 31 日前生效。

2009 年 3 月 16 日，澳大利亚外国投资审查委员会(Foreign Investment Review Board)表示，将延长对中铝与力拓交易的审查时间，在原定的 30 天审查期基础上再增加 90 天。只要某个外商投资项目是在外国政府的支持下进

行的，那么该投资项目就一定要经过澳大利亚外国投资审查委员会的评估，以确定这项投资是否符合澳大利亚的国家利益。

2009年3月27日，中国银行对外披露，包括中国银行在内的四家国内银行当日与中铝签署银团贷款协议，将向中铝提供约210亿美元的贷款额度，以支付中铝公司对力拓集团投资的资金需求。力拓首席财务官盖伊·艾略特(Guy Elliott)3月29日扼要阐述了一项“B计划”融资策略，以备中铝195亿美元投资这家英澳矿业公司的计划被迫取消。艾略特3月28日在新加坡的一个矿业会议上表示，如果与中铝的交易未获股东或监管机构批准，力拓将会考虑配股、发债、出售更多资产和重订偿债期限。到2010年年底，力拓必须偿还逾180亿美元债务，其中89亿美元要在2009年10月偿还。艾略特表示，力拓董事会之所以决定支持与中铝的交易而非进行配股，是因为当时该行业的前景有着太多的不确定因素。但力拓的一些股东认为，如果未来3个月找不到什么更好的替代方案，与中铝的交易就将被力拓董事会和投资者视为一条“必由之路”。力拓公司几个最大股东表示，如果金融市场和大宗商品市场在夏天来临之前有所改善，力拓仍可进行一次配股或替代性的资产股权出售。力拓最大股东之一的一名基金经理表示，该交易提供给力拓“在市况不好时按下按钮、与中铝完成交易”的灵活性。不过，如果力拓放弃该交易，中铝将获得一笔1.95亿美元的“分手费”。

2009年3月31日，中铝拿到了德国反垄断监管机构德国联邦企业联合管理局(Federal Cartel Office)对这项交易的批复文件。2009年5月15日，中铝与力拓宣布已获得美国外国投资委员会(CFIUS)对力拓拟向中铝发行可转换债券以及中铝对肯尼科特犹他铜业公司(KUCC)进行间接少数股权投资交易的批准。中铝与力拓共同向CFIUS提交了一份自愿就相关交易接受审查的通知，CFIUS的批准满足了该交易监管方面的一个先决条件。

但是，2009年6月4日，力拓宣布股票周五暂停交易，可能发表公告宣布废除与中国铝业的195亿美元交易。2009年6月5日，由中铝确认，力拓集团董事会已撤销对2009年2月12日宣布的双方战略合作交易，并将依据双方签署的合作与执行协议向中铝公司支付1.95亿美元的违约费，中铝与力拓的并购案功败垂成。与此同时，力拓集团计划将按每40股配发21股的比例进行配售，力拓英国公司的配股价为每股14英镑，筹集资金约合118亿美元；力拓澳大利亚公司的配股价为每股 28.29 澳元，筹集资金约合 34 亿美元。瑞士信贷、摩根大通、德意志银行和摩根士丹利将牵头力拓英国公司的配股行动。另外，瑞士信贷、摩根大通、苏格兰皇家银行、澳大利亚麦格理集团将为力拓澳大利亚公司的配股负责。为确保能够最终融到足够的现金，力拓公司将为这 7 家参与力拓配股的承销商支付金额高达 4.21 亿美元的佣金。作为力拓单一的最大股东，中铝在力拓配股截止日(7 月 1 日)最终还是以 15 亿美元认购其增发股份，以维持 9%的股份地位不变。

2. 对外直接投资风险

如果把中铝对力拓直接投资的案例放在国际政治经济背景下考察，可以发现这项投资背后暗藏着国际政治与经济利益的剧烈角逐，这就注定了中铝这次对外直接投资活动面临的战略风险是很大的。中铝投资力拓存在下述风险：

第一，制度风险。对于中铝入股力拓，从澳大利亚政府到普通民众，一开始就存在隐性的反对声音。例如，澳大利亚政府在第一次批准中铝入股时提出了两项限制，在第二次审查时又有意延长了中铝入股的反垄断审查时间，这说明澳大利亚政府实际上是持反对态度的。来自澳大利亚民众与媒体的反对声音则自始不断，理由是让一家政府控制的外国企业来购买力拓是不合适的。中国的主要钢铁企业是国有的，背后是国有资产监督管理委员会，而中铝也是国有的，背后也是国有资产管理委员会。按照西方国家的准则，开采铁矿石的企业和使用铁矿石的企业都从属于同一个控制人，有关交易属于关联交易。

这样将会造成两个直接后果：一是西方国家将会延长反垄断审查的时间，在此期间市场可能会发生很大的变化，原来有利可图的投资并购活动可能变得无利可图了。在中铝对力拓直接投资案例中，力拓毁约的原因之一是在延长的审查时间里，国际大宗矿产市场转暖，力拓有了新的融通资金的机会。二是在西方发达国家制定的国际经济活动规则下，我国的国有企业很难与发达国家的企业竞争。例如同样是政府帮助本国企业，我国政府帮助本国国有企业往往给对方造成关联交易的口实，但是西方国家的政府帮助本国企业却是理所当然的。这就是“游戏规则”上的劣势。也因此，在我国现行制度下，对于我国国有企业在海外的投资经营活动，如果政府控制过严，会导致无所适从；如果过于放松，则很容易导致国有资产流失。这就是我国对外直接投资面临的制度性障碍。

第二，法律风险。在中铝对力拓直接投资的案例中，力拓最终通过支付1.95亿美元的解约费来撕毁合约。这个结果说明，违约金过低无法起到履行合同的基本保障作用。另外，在中铝与力拓的二次合作中，中铝相当于给了力拓一个毁约“期权”：如果力拓有新的选择，可以不用执行与中铝的合作合约，仅需支付一笔解约费。正像力拓最大股东之一的一位基金经理所说的，该交易给力拓提供了“在市况不好时按下按钮、与中铝完成交易”的灵活性。交易契约设计上的缺陷反映出中铝国际化经营的能力不足。在与力拓的第二次合作中，中铝是握有主动权的。扩张无度导致力拓资金紧张，澳元汇率贬值加重了力拓偿还债务的压力，同时力拓还面临被必和必拓收购的威胁。虽然中铝不愿意看到力拓被必和必拓收购，力拓本身也不愿意被必和必拓收购，但是，中铝在对手奄奄一息时提出的合作条件过于“仁慈”，不幸演变为寓言“农夫与蛇”中所描绘的情景，蛇在农夫的温暖怀抱中苏醒过来，毫不客气地咬了农夫一口。在国际经济舞台上，各国之间在竞争，企业之间也在竞争，合作的前提是利益，中国企业在走出去时不能本着“良好的愿望”，应该注意权利的保障与风险的防范，这样的教训不可谓不多。

3.“超所有权优势”范式下的对策

在目前的情况下，要解决类似于中铝对力拓直接投资的问题，可以考虑下面的对策：

第一，政府提供制度供给，构筑混合所有制企业。面对着西方发达国家政府针对我国国有企业对外直接投资活动进行的反垄断审查，一个适宜的应对策略是构造混合所有制的我国企业。例如，我国钢铁企业到海外收购铁矿石开采企业时，西方国家政府出于抑制纵向垄断的考虑，可能会百般阻挠。在这种情况下，可由我国一家行业关联度不大的国有企业出面进行收购，然后通过与中国国有钢铁企业相互持股的方式来实施纵向一体化的发展战略；或者由我国一家私营企业出面收购，同时通过股份多元化，让国有企业战略入股，也可以达到同样的目的。更为稳妥的做法是由我国海外产业基金进行收购，我国国内关联企业可以通过购买基金份额达到自身的战略意图。

上述方法具有下面的好处：一是由关联度不高的国有企业或者私营企业

出面收购，可以减缓西方国家对我国企业纵向投资和国有企业的提防心理。二是由于采取了与西方国家企业同样的市场竞争规则，降低了我国企业在制度障碍方面的代价。三是混合所有制对我国国内企业之间的无序竞争提供了较好的解决方法。就中铝对力拓直接投资的案例来说，国内相关企业的心态也非常复杂。对于国内铁矿石开采企业来说，它们不希望我国钢铁企业对铁矿石有太大的议价权，因为铁矿石价格越高它们的利润越高。对于铁矿石库存较大的钢铁企业，它们也不希望铁矿石价格下降，因为铁矿石价格下降导致它们铁矿石库存价值减少。正因为这样，我国的钢铁企业在铁矿石价格的谈判中难以统一起来，外国采矿企业采取各个击破的策略变得很容易成功。如果通过混合所有制模式开展对外直接投资，或者建立海外产业基金进行对外直接投资，国内的钢铁企业和矿石进口商彼此利益就能够更为紧密地结合在一起，我国企业对外直接投资活动的讨价还价能力就会提高。对于这样的对外直接投资形式，我国政府应该进行协调和给予推动，并通过税收与金融等手段提供支持。

第二，政府推进制度实施，增强海外投资企业的博弈能力。构筑了混合所有制企业，并不意味着我国企业在对外直接投资活动中就一帆风顺。当前西方发达国家以国家安全的名义否决我国企业海外竞标项目，已经出现从国有企业蔓延到私营企业身上的趋势。这就警示我们，我国政府针对对外直接投资的制度创新要结合具体投资环境，进一步强化配套制度供给与实施反馈。

我国政府应以《反垄断法》实施为契机，有针对性地对西方垄断企业进行调查威慑。对外直接投资垄断优势论的核心思想在于：本国垄断企业进入外国市场面对外国垄断企业时，可以通过合谋等方式消除双边垄断的竞争。以此对照我国投资企业进入海外市场，却属于单边面对外国垄断企业。同时，我国国内市场由于早先“不对称”的开放，事实上造就了外国企业在本国市场上的诸多实质垄断。在这一背景下，我国企业海外投资的博弈能力是极其薄弱的。为了破除这一僵局，目前可行的措施是我国政府通过《反垄断法》的实施，先行打破外国企业在中国本土市场上的垄断地位，以本国市场支持并强化我国企业对外直接投资博弈能力。

力拓案例后续的胡士泰事件可以作为说明。在中铝二次投资力拓遭否决后，我国政府着手调查力拓中国公司发现，其在上海办事处核心人员电脑上居然有我国几十家核心钢铁企业的秘密信息。这表明，力拓中国公司事实上通过这些不法手段的操纵，已经对我国铁矿石下游厂家形成事实上的垄断。我国政府对这种非法行为进行处置(无论是以商业贿赂罪还是间谍罪等方式起诉)，都可以在事实上对三大家铁矿石垄断厂商起到极大的震慑作用，并由此取得外交谈判筹码，使得西方政府以及相关组织在对我国企业海外投资施压时有所顾忌。

二、获取技术与市场型的对外直接投资策略

(一)我国制造类企业“走出去”的现状与特征

根据2014年《中国对外直接投资统计公报》的数据，截至2014年年底，我国18 500家境内投资者在国(境)外共设立对外直接投资企业近2.97万家，分布在全球186个国家(地区)，年末境外企业资产总额超过3.1万亿美元，对外直接投资累计净额达8 826.4亿美元。我国企业在国际化道路上取得了很好的开局。加入世界贸易组织十多年以来，多数海外投资和并购主要集中在能源和自然资源板块，这是因为我国经济的高速发展需要稳定的能源和原材料供给。尽管能源和自然资源依然主导着我国对外直接投资，但对具有优势的中国制造业来说，我国制造业在对外直接投资中一直占据着重要地位。以非洲为例，中国对非洲的投资呈现越来越多样化的趋势。中国国际贸易促进会公布的“2013中国企业对外投资现状及意向调查”显示，中国对撒哈拉以南非洲投资比重最大的是制造业，份额超过总投资的30%，而并非西方媒体所鼓吹“中国掠夺非洲资源”的采矿业等。

在我国制造业对外直接投资当中，除了中央企业外，我国制造业的现状是大而不强，还是以原材料加工和生产劳动密集型的低端产品为主，处于世界产业链的中低端。这与国家“十二五”规划提出的大力发展现代制造业尚有很大距离。但与此同时，我国某些制造业已经取得了技术突破，对实施“走出去”战略奠定了很好的基础。以高速铁路技术为例，我国从法国阿尔斯通等企业取得先进技术之后，对技术进行改良、发展和创新，并成功应用于我国快速发展的铁路网络之中。目前，我国的高速铁路技术已经进入世界领先行列，并初步具备与国际企业巨头在国际市场上竞争的能力。此外，在特高压和智能电网设备、家电制造、发电装备等产业，我国均具有很强的国际竞争力。

2008年国际金融危机爆发以来，世界各国都在寻求新的经济发展思路，

美国、欧盟等国家和地区纷纷推出鼓励发展制造业的政策，促进实体产业回归本国。例如，奥巴马总统在国情咨文中强调，从 2013 年起美国将停止服务外包业务，转向振兴美国本土的制造业。世界经济的这种转型背景，给中国制造业对外直接投资带来了新的挑战与机遇：一方面，随着经济全球化的纵深发展，我国经济增长与企业发展正遭遇资源、市场、环境等因素限制，我国制造业产业结构升级迫在眉睫；另一方面，随着发达国家更加重视实体经济的发展以及加大引进外商直接投资的力度，国际直接投资环境得到改善。在经济全球化条件下，国际分工和专业化程度的提高，将对中国制造业"走出去"提供新一轮发展空间与机会。

目前，我国许多制造类企业敏锐地看到了这种变化，开始主动调整产业结构，加大对外直接投资力度，增加对发达国家制造业的投资，拓展发达国家国内市场。在中国制造业对外直接投资中，涌现出越来越多的私营企业，也塑造了越来越多具有国际视野的投资者。特别值得一提的是，不少我国内地企业与中国香港地区企业联合起来"走出去"，拓展了我国企业在海外发展的新思路。

我国制造业以并购为主对外直接投资发展迅猛，并在实际运作中创造了对外直接投资新模式。如图 4-9 所示，该模式的主要内容是：第一，快速掌控产业高端模式(控制性视角 Control)；第二，外借势力共同模式(合作性视角 Cooperation)；第三，融会贯通的本土化模式(自主性视角 Autonomy)。我

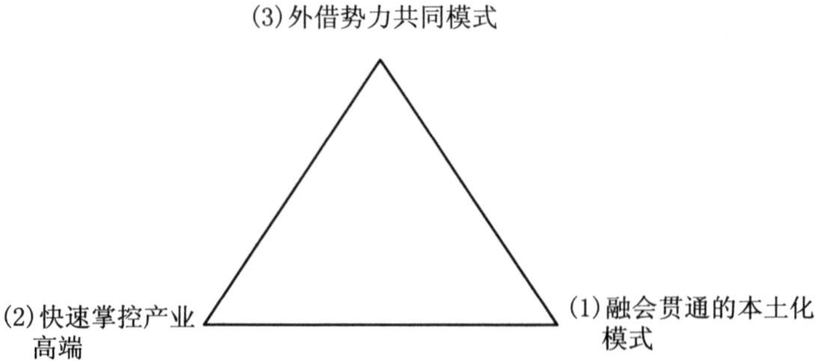

图 4-9　我国制造类企业对外直接投资新模式

注：将三角形平衡图的三个维度(自主性、控制性与合作性视角)用于此处来说明我国制造类企业对外直接投资新模式的内在特征。

国制造业具有较强的学习能力，能快速学习经验，改变不良习惯和错误做法。我国的企业家通过学习东道国法律、制度和文化，展现出娴熟的公关、沟通技能，他们通过寻找当地最佳伙伴，广泛联系当地政府、媒体、消费者等利益有关者，雇佣当地员工，照章办事，重塑了中资企业海外形象。

从对外直接投资面临的企业制度/结构障碍与法律风险来看，我国制造类企业要小于资源类企业；从对外直接投资绩效来看，我国制造类企业要高于资源类企业。其原因如下：第一，由于制造业是中国的比较优势产业，对外直接投资活动遵循着经典的阶段理论进行，从出口到直接投资的循序渐进降低了诸多风险。第二，我国制造类企业对外直接投资规模不大，往往是以一种出口贸易的互补方式对外直接投资，因而不会引起发达国家对造成垄断的担忧。

近年来，我国制造类企业开始越来越密集地“走出去”，投资规模也在不断扩大，如 2009 年京西重工用 1 亿美元收购德尔福全球汽车悬架和制动器业务，2010 年 12 月北京太平洋世纪出资 4.5 亿美元收购通用旗下拥有 104 年悠久历史和 1 000 多项专利的转向系统子公司耐世特，这是我国汽车零部件行业最大的一笔收购。《华尔街日报》称这起交易具有里程碑意义，将大大缩小我国和世界其他国家的汽车技术差距。吉利集团以 18 亿美元完成对瑞典沃尔沃的收购，则是 2010 年我国制造业对外直接投资具有标志意义的案例。此外，2012 年 1 月私营企业三一集团以 5.25 亿欧元收购了德国知名混凝土泵制造商普茨迈斯特(Putsmeister)，引起国际社会高度关注。2014 年我国制造业几单国际并购(联想收购摩托罗拉手机业务、IBMX86 服务器业务，东风汽车公司收购法国雪铁龙集团部分股份)的项目金额均在 10 亿美元以上。国家电网公司以 26.3 亿美元收购意大利存贷款能源公司 35%股权项目则成为本领域年度最大金额并购项目。

当前，我国制造类企业采取并购方式①“走出去”具有一定的优势：欧洲政府债务危机的影响依然存在，由发达国家组成的“八国峰会”提出的共识是

① 2005 年是我国海外并购加速的拐点，这之后海外并购大致特征为：2005 年以制造业为主，2006 年电子信息产业并购开始崭露头角，2007 年金融业并购兴起，而 2008—2009 年则以采矿业并购为主。2010 年海外并购仍然是以资源为主，2011 年之后一个新特点在于，服务外包、汽车、服装、医疗和化工等行业的海外并购开始兴起，第三产业并购比例上升，表明我国企业海外并购的领域更加广泛与多元化。

经济增长和促进就业。在这样的背景下，许多欧美国家对来自中国的直接投资和经济合作更加开放。另外，我国目前有3万多亿美元的外汇储备，也有能力帮助解决中国制造业对外直接投资中的外汇问题。

基于我国制造类企业“走出去”的并购趋势，下面将运用“超所有权优势”范式对中国制造类企业的对外直接投资活动进行分析。为此首先选取并购①的所有权特征这一视角进行实证分析，通过研究企业性质、规模和海外并购之间的联系，总结出“常效风险”背景下我国制造类企业对外投资的一般特征；然后在此基础上进行案例的定性分析，对比考虑“失效风险”背景下制造类企业对外直接投资活动的一般特征，更好地思考“超所有权优势”范式的利用。

(二)“超所有权优势”范式下我国企业海外并购绩效分析

“超所有权优势”范式对“超所有权”概念界定时曾指出，它的第一层含义是指所有权性质的不同(Who)。它不仅表现为对外直接投资活动过程中国有企业与私营企业不同的所有权特征，而且表现为对外直接投资活动安排中股权与非股权、完全股权与部分股权之间的性质差异。上述差异不仅带来不同所有权之间的合作契机，而且提供了应对复杂交易的灵活策略。

下面将就我国制造类企业海外并购中的所有权安排(全部股权收购/部分股权收购)与并购绩效之间的关系展开实证分析，以此检验实践中对外直接投资活动特征能否为“超所有权优势”范式所支持。按照这一范式，事先就两者之间的关系做如下假定：我国企业海外并购中部分所有权安排对并购绩效的影响将优于全部所有权安排对并购绩效的影响。

目前，国内外学者对上市公司海外并购绩效研究的方法，基本上包括以下几种：事件研究法、会计指标研究法、临床诊断法、问卷调查法。基于数据的可行性、时间、人力物力，可以考虑从会计指标研究法入手，通过因子分析法并辅以主成分分析法的思想进行我国企业(以上市公司为主)海外并购绩效的研究。

1. 样本选取及数据来源

由于海外并购本身具有的特殊性，以及并购事件作用于企业内部并通过

① 企业之间的融合是跨国并购的风险之一。中投顾问高级研究员黎雪荣表示：“统计资料显示，中国企业海外并购失败的原因30%来自并购战略失误及并购目标企业的情报调查疏忽，17%为并购具体策略不当，而53%则是整合风险。”

企业的会计数据表现出来需要较长的时间，笔者选择五年作为观察企业绩效的窗口期，并考察并购前一年到并购后第三年这段时间企业的绩效变化。笔者选取的样本是2001—2007年间发生海外并购的上市公司。在样本收集和筛选的过程中，主要查阅了《中国证券报》、和讯资讯网等中国证券监督管理委员会指定的上市公司信息披露媒体，并通过色诺芬数据库、国泰安CSMAR数据库核对并购事件、交易时间、交易单价、交易规模等并购信息，从而提高了数据的科学性、全面性、真实性。

在经过以上资料查阅后，笔者又对数据进行了筛选。首先剔除了在香港H股、香港创业板以及美国纳斯达克上市的我国公司。由于这些公司在中国香港地区、美国上市后年度财务报表的起止时间、统计标准等都有别于中国内地，为了统一指标，样本公司都将从沪市和深市的A股中选取。其次剔除了在窗口期财务数据不完整的我国公司。由于有些公司上市时间比较短，而海外并购就发生在上市当年，导致上市前一年财务数据缺失，此类公司没有被纳入样本。再次剔除了并购当年被中国证券监督管理委员会特殊处理的上市公司(ST或*ST公司)以及退市或停牌的上市公司，由于这些公司被特殊处理过，其财务数据会受其影响造成误差，所以将其排除在外。

根据以上标准，确定了23个事件，如表4-29所示。

表4-29　2001—2007年我国上市公司发生海外并购事件

年份	并购方	所在行业	并购事件	并购规模	并购金额
2001	中联重科	机械设备制造	日资控股英国保路捷公司	80%	1 000万元
	青岛海尔	电器机械及器材制造	意大利迈尼盖蒂下属一家冰箱制造厂	100%	
	美的电器	机械设备制造	日本三洋机电的电磁管事业		约1 930万美元
2002	海欣股份	纺织制造	美国Glenoit公司纺织分部资产		2 500万美元
	东方通信	信息技术	美国易通路电信公司	10.30%	435万美元
	东方通信	信息技术	美国InterWave电信公司600万股普通股		433.7万美元
	京东方	电子元器件制造	韩国现代显示TFT-LCD业务		3.8亿美元

续表

年份	并购方	所在行业	并购事件	并购规模	并购金额
2003	天士力	医药生物制品	荷兰神州	100%	1 815 121 欧元
	新大陆	信息技术业	德国 JQG 公司	12%	1 000 万美元
	秦川发展	普通机械制造	United American Industries Inc.	60%	
	中集集团	金属非金属制造	美国 HPA Monon	100%	450 万美元
2004	沈阳机床	机械设备制造	德国希斯公司全部资产	100%	
	TCL 集团	电子制造	阿尔卡特手机业务		5 500 万欧元
	TCL 集团	电子制造	法国汤姆逊公司	67%	20.8 亿元
	上汽集团	交通运输设备制造	韩国双龙汽车	51.30%	
	兖州煤业	能源采掘	澳大利亚澳思达煤矿	100%	
	新中基	农林	法国普罗旺斯食品公司	55%	700 万欧元
2005	上工申贝	机械设备制造	德国杜可普—阿德勒公司	100%	1 700 万欧元
	钱江摩托	机械设备制造	意大利贝纳利公司	100%	693 万欧元
2006	青岛海尔	电器机械及器材制造	与日本三洋成立“海尔三洋株式会社”	60%	3 亿日元
2007	雅戈尔	服装制造	美国 Kellwood	100%	1.2 亿美元
	福耀玻璃	汽车配件	德国 SCHE 35 Verwaltungsgesell-schaft mbH	100%	102.5 万欧元
	建发股份	批发和零售贸易	英国铜矿蒙特瑞科公司	50.17%	9 400 万英镑

由于青岛海尔在 2001 年和 2006 年分别发生了两次大规模的海外并购，所以将其作为两个样本纳入数据。东方通信、TCL 集团分别在 2002 年和 2004 年发生两次并购，所以把同一家企业同一年两次并购时间算作一次计入样本。这样，最终得到了 21 家企业作为实证分析的样本。

2. 评价指标的确定

公司海外并购的行为要通过企业内部的运行，经过一段时间消化整合后反映在企业财务指标上。但是，企业经营绩效的变化并不是单一的财务指标就可以反映的，它需要综合考察多个财务指标。基于全面、数据可得性的考虑，笔者主要从五个方面来评价公司经营业绩：盈利能力、现金流量能力、成长能力、资产管理能力、偿债能力。在此基础上，确定了 12 个指标，如表 4-30所示。

表 4-30　上市公司海外并购活动绩效的评价指标

财务指标	变量	备注
盈利能力	每股收益	净利润/总股数
	净资产收益率	净利润/股东权益平均余额
	主营业务利润率	主营业务利润/主营业务收入
现金流量能力	每股经营活动现金净流量	经营活动现金净流量/总股数
成长能力	主营业务收入增长率	(本年主营业务收入－本年年初主营业务收入)/本年年初主营业务收入
	净利润增长率	(本年净利润－期初净利润)/期初净利润
	总资产增长率	(期末总资产－期初总资产)/期初总资产
资产管理能力	总资产周转率	销售收入/平均资产总额
	应收账款周转率	销售收入/应收账款平均占用额
偿债能力	资产负债率	负债总额/资产总额
	流动比率	流动资产/流动负债
	速动比率	(流动资产－存货)/流动负债

3. 模型的建立与分析

在研究某个问题时，人们往往希望找到尽可能多的原因来加以说明。但是，由于各个因素之间可能存在着一定的联系，多种因素的存在造成信息的重复叠加，导致难以明确地判断各个因素的影响程度。为了解决上述问题，可以通过“降维”的思想用较少的因素来替代繁多的因素以解释大部分的信息，从而比较清晰明了地了解各个因素对事物的影响程度。因子分析法模型建立步骤如下：

第一步，对原始指标数据进行标准化处理。由于各个财务指标的单位不同、量纲不同、数值大小差别大，这样在计算方差贡献率时通常只是放大了大数值的影响，相对地压低了小数值指标的权重。为了消除这些不合理的影响，首先要对原始指标进行标准化处理，即：

$$X_{ti}^{*}=\frac{X_{ti}-\overline{X}_1}{\sqrt{Var(X_i)}}，且 E(\overline{X}_1)=\frac{1}{n}\sum\nolimits_{t=1}^{n}X_{ti}，Var(X_1)=\frac{1}{n-1}\sum_{t=1}^{n}(X_{ti}-\overline{X}_1)^2(i=1,2,3,\cdots,p;t=1,2,3,\cdots,n) \tag{4-1}$$

其中，X_{ti} 为经过标准化之前的指标值，X_{ti}^{*} 为经过标准化处理后的指标值。

第二步，计算经过标准化处理数据矩阵的相关系数矩阵R。

$R=\{r_{ij}\}_{p\times p}$，其中 $r_{ij}=\frac{1}{n-1}\sum_{t=1}^{n}X_{ti}^{*}X_{tj}^{*}(i, j=1, 2, 3, \cdots, p; t=1, 2, 3, \cdots, n)$ (4-2)

第三步，计算R的特征值和综合因子的权重系数。

由 $|R-\lambda I|=0$，求出R的特征值，且满足 $\lambda_1\geqslant\lambda_2\geqslant\lambda_3\geqslant\cdots\geqslant\lambda_p$。根据R的特征值 λ_1，λ_2，λ_3，…，λ_p，得到特征向量 z_1，z_2，…，z_p；z 是反映上市公司并购绩效中起支配作用的因素，称为综合因子，z_i 是 X_1，X_2，X_3，…，X_p 的线性组合，并且 z_i 与 z_j 相互无关(对任何 $i\neq j$)，即第 i 个综合因子与第 j 个综合因子从原始数据得到的信息没有重复。z_1 是 X_1，X_2，X_3，…，X_p 的一切线性组合中方差最大者，z_1 在总方差中所占的比重是最大的，最能反映各指标的综合意义，在公司并购绩效的财务指标中影响最大。z_2，z_3，…，z_p 方差依次递减，分别称为第二、第三……第 p 个综合因子。由于R的特征值 λ_i 就是综合因子 z_i 的方差，计算第 i 个综合因子保持原始数据信息总量的比重为：

$$d_i=\frac{\lambda_i}{\sum_{i=1}^{n}\lambda_i} \tag{4-3}$$

其中，d_i 为第 i 个综合因子对原始数据的贡献率。

在实际测评中，一般只选取前若干个方差大的综合因子，略去那些方差小的综合因子，这样既减少了指标的数目，简化了各指标间的联系，又抓住了主要因素，充分反映了原指标的最大信息量，较客观地反映了公司并购的实际绩效情况，达到了以尽可能少的指标反映尽可能多的信息量的目的。通常要求选取 m 个综合因子保持原始数据信息量的85%左右，即 m 个综合因子的累计贡献率在85%左右。

第四步，因子载荷矩阵的旋转。综合因子 z_i 线性组合中的系数构成了因子载荷矩阵，如果这些系数的大小相差很大，则这样对因子就难以解释。为了得到比较明确的综合因子解释，要对因子载荷矩阵进行旋转，通常采用方差极大旋转法。

第五步，计算综合得分。

$$Z = \sum_{i=1}^{m} d_i z_i \tag{4-4}$$

其中，d_i 为综合因子贡献率，z_i 为因子得分，m 为综合因子个数。

4. 实证分析和结果

笔者使用 SPSS 13.0 软件，针对样本公司海外并购前一年至并购后第三年共五年的绩效，根据多个财务指标通过因子分析法依次进行了评价并得到综合得分。笔者根据 5 个能力选取了每股收益、净资产收益率、主营业务利润率、每股经营活动现金净流量、主营业务收入增长率、净利润增长率、总资产增长率、总资产周转率、应收账款周转率、资产负债率、流动比率、速动比率 12 个指标为变量，进行了分析并得到如下结果。

第一，因子分析可行性检验。

在运用因子分析法之前，笔者先通过巴特利特球形检验(Bartlett test of sphericity)和 KMO(Kaiser-Meyer-Olkin)这两种方法对变量进行了相关性检验。现在以并购后第二年为例来分析(其他年份方法相似，这里简略)。

如表 4-31 所示，巴特利特球形检验的显著性水平为 0.000，这说明原始变量之间存在相关性，检验的效果非常明显。同时 KMO 检验值为 0.505>0.5，说明抽样的充足性达到了预期的效果。这两个可用性检验都为因子分析法的实行提供了更加科学的依据。

表 4-31　并购后第二年巴特利特特球形检验和 KMO 检验结果

KMO and Bartlett's Test		
Kaiser-Meyer-Olkin Measure of Sampling Adequacy		0.505
Bartlett's Test of Sphericity	Approx. Chi-Square	195.398
	df	66
	Sig.	0.000

第二，提取因子并求解因子载荷矩阵。

从原来多个变量通过主成分分析法综合成少数几个因子，并在综合考虑特征根和累计方差贡献率的前提下，从 12 个变量中提取出了 5 个因子，并保证了这 5 个因子能解释整体信息 85%左右的信息。下面分别列出了并购第二年总方差解释表、旋转后的因子载荷矩阵和因子得分矩阵(其他年份研究方法相似，这里简略）。从表 4-32 中可以看出，提取的前 5 个因子的累计方差贡献率为 86.58%，可以较好地体现原始变量的信息。

表 4-32　并购后第二年总方差解释表

Total Variance Explained									
Component	Initial Eigenvalues			Extraction Sums of Squared Loadings			Rotation Sums of Squared Loadings		
	Total	% of Variance	Cumulative%	Total	% of Variance	Cumulative%	Total	% of Variance	Cumulative%
1	3.403	28.359	28.359	3.403	28.359	28.359	2.968	24.733	24.733
2	2.551	21.260	49.619	2.551	21.260	49.619	2.678	22.317	47.049
3	2.017	16.810	66.429	2.017	16.810	66.429	2.012	16.766	63.816
4	1.486	12.385	78.815	1.486	12.385	78.815	1.586	13.214	77.029
5	0.932	7.766	86.580	0.932	7.766	86.580	1.146	9.551	86.580
6	0.793	6.605	93.186						
7	0.394	3.281	96.467						
8	0.181	1.508	97.974						
9	0.166	1.386	99.361						
10	0.043	0.360	99.721						
11	0.021	0.179	99.900						
12	0.012	0.100	100.000						
Extraction Method：Principal Component Analysis.									

同时，从表 4-33 可知，第一个因子在资产负债率、流动比率、速动比率上的载荷矩阵值较大，说明了该因子对上述 3 个变量的解释能力较强，即第一个因子主要解释了企业发生海外并购后的偿债能力。回顾表 4-32 可知第一因子的方差贡献率为 24.733%，在 5 个因子中占的比例最大。第二个因子在每股收益、净资产收益率上的得分比较高，说明了第二个因子主要解释了企业并购后的盈利能力，第二个因子的方差贡献率达到 22.317%。第三个因子代表了主营业务收入增长率和总资产增长率所反映的企业的成长能力，方差贡献率为 16.766%。类似地，可以看出第四个因子主要解释了企业海外并购

后的资产管理能力，第五个因子主要解释了企业的现金流量能力，合计它们的方差贡献率达到 22.765%。

在上述描述中，可以发现这 5 个因子分别体现了企业的盈利能力、现金流量能力、成长能力、资产管理能力和偿债能力，累计贡献率达到 86.58%，可以较好地反映企业并购前后绩效的变换。

表 4-33　并购后第二年旋转因子载荷矩阵

Rotated Component Matrix(a)					
	Component				
	1	2	3	4	5
每股收益	0.014	0.871	−0.014	−0.009	0.210
净资产收益率	0.106	0.965	−0.002	−0.033	0.129
主营业务利润率	0.321	0.406	0.038	−0.732	0.113
每股经营活动现金净流量	0.088	0.234	0.069	0.089	0.915
主营业务收入增长率	−0.089	−0.012	0.978	−0.099	0.071
净利润增长率	−0.013	0.813	0.005	−0.019	−0.034
总资产增长率	−0.079	0.006	0.987	−0.026	−0.020
总资产周转率	−0.021	0.062	−0.192	0.851	0.365
应收账款周转率	0.449	0.237	0.115	0.537	−0.274
资产负债率	−0.894	−0.185	0.020	0.133	−0.144
流动比率	0.945	0.023	−0.137	−0.012	−0.020
速动比率	0.968	−0.115	−0.067	0.014	0.016
Extraction Method：Principal Component Analysis. Rotation Method：Varimax with Kaiser Normalization.					
a. Rotation converged in 6 iterations.					

第三，计算因子得分。

在提取因子后，可以得到表 4-34 的因子得分矩阵。

表 4-34　并购后第二年因子得分矩阵

Component Score Coefficient Matrix					
	Component				
	1	2	3	4	5
每股收益	−0.046	0.327	−0.016	0.022	0.037
净资产收益率	−0.017	0.376	−0.006	0.024	−0.059
主营业务利润率	0.070	0.090	−0.028	−0.459	0.103
每股经营活动现金净流量	0.008	−0.078	0.030	−0.016	0.834
主营业务收入增长率	0.022	−0.027	0.490	0.005	0.067
净利润增长率	−0.047	0.350	−0.004	0.039	−0.189
总资产增长率	0.028	0.002	0.503	0.066	−0.034
总资产周转率	−0.003	0.008	−0.036	0.510	0.257
应收账款周转率	0.173	0.160	0.134	0.421	−0.380
资产负债率	−0.298	0.004	−0.026	0.067	−0.103
流动比率	0.324	−0.036	−0.017	0.012	−0.037
速动比率	0.343	−0.101	0.023	0.024	0.020
Extraction Method：Principal Component Analysis. Rotation Method：Varimax with Kaiser Normalization. Component Scores.					

$$f_{i1}=-0.046X_1-0.017X_2+0.070X_3+0.008X_4+0.022X_5-0.047X_6+0.028X_7-0.003X_8+0.173X_9-0.298X_{10}+0.324X_{11}+0.343X_{12}$$

依此类推，可计算出 f_{i2}、f_{i3}、f_{i4}、f_{i5}，其中 i 为公司数($i=1, 2, \cdots, 21$)。

表 4-35 列出了样本公司在并购后第二年的各因子得分情况。

表 4-35　并购后第二年因子得分

	fac1	fac2	fac3	fac4	fac5
中联重科	1.099 720 518	0.831 860 322	1.103 936 923	1.592 849 647	−1.199 739 3
青岛海尔 2001	5.006 064 826	2.790 873 553	2.493 983 91	8.816 117 068	−6.382 614 42
美的电器	3.001 989 432	2.202 926 458	2.163 453 558	7.032 945 92	−2.419 535 38
海欣股份	1.639 551 582	0.912 763 742	0.773 581 745	2.583 788 72	−1.754 041 42

续表

	fac1	fac2	fac3	fac4	fac5
东方通信	2.089 519 869	0.437 029 325	0.880 409 572	3.227 214 908	−1.291 946 58
京东方	1.357 350 038	0.899 491 16	1.150 597 275	3.282 366 041	−2.207 792
天士力	2.033 385 415	−2.328 445 95	1.109 936 914	3.215 705 541	−1.491 155 39
新大陆	2.177 676 705	0.003 869 302	0.197 185 452	0.919 982 215	−0.302 060 6
秦川发展	1.774 668 929	0.604 019 489	0.650 662 381	2.098 707 445	−1.447 967 5
中集集团	2.133 865 169	1.398 214 297	1.058 403 836	4.055 452 952	−0.196 093 97
沈阳机床	1.125 064 643	0.877 821 459	0.730 476 47	2.534 077 19	−1.081 720 12
TCL 集团	1.576 771 902	0.861 468 084	0.705 338 271	3.929 047 829	−1.908 492 98
上汽集团	3.359 990 905	2.346 442 582	6.342 083 425	7.047 885 784	−4.789 368 83
兖州煤业	18.690 485 82	15.485 917 16	13.246 886 85	41.774 732 28	−36.560 139 5
新中基	1.567 526 496	1.463 357 192	1.436 683 045	3.351 250 314	−2.361 437 22
上工申贝	1.507 278 033	2.540 318 729	0.773 923 214	3.432 181 886	−3.048 091 23
钱江摩托	2.196 950 79	1.741 038 503	1.439 216 565	5.017 683 752	−3.573 427 36
青岛海尔 2006	8.567 822 157	7.138 081 068	5.891 325 376	20.035 527 8	−15.436 098 1
雅戈尔	3.098 906 075	3.553 515 879	2.412 560 814	7.233 429 019	−6.081 290 03
福耀玻璃	1.270 291 33	2.384 666 433	0.808 172 91	3.067 957 615	−2.119 116 88
建发股份	10.123 179 89	9.629 294 345	7.891 330 715	24.973 407 05	−21.468 601 2

第四，计算综合得分。

得到各因子得分后，结合表 4-32 和表 4-33 得到并购后第二年样本公司的综合得分。即：

$$F(1)=(24.733/86.58)fac1+(22.317/86.58)fac2+(16.766/86.58)fac3+(13.214/86.58)fac4+(9.551/86.58)fac5$$

其他四年的计算方法相同，代入各个样本公司的因子得分，最终得到每一家样本公司在该年的综合得分。笔者所选的 21 个样本公司在并购前一年到并购后三年的综合绩效得分如表 4-36 所示。

表 4-36 样本公司各年度的综合得分

	F(－1)	F(0)	F(1)	F(2)	F(3)
中联重科	1.639 837 161	1.252 207 839	0.959 223 114	0.853 094 773	0.725 273 27
青岛海尔 2001	1.593 332 698	2.322 859 073	1.994 859 212	3.273 777 806	2.085 166 462
美的电器	2.194 377 037	1.597 925 527	1.557 850 708	2.650 772 649	1.408 072 732
海欣股份	0.882 284 238	0.892 600 968	0.857 634 064	1.054 270 382	0.443 762 059
东方通信	0.978 826 171	0.663 644 233	0.813 207 545	1.230 044 295	0.456 372 261
京东方	0.895 695 115	0.999 708 286	1.581 896 337	1.099 806 401	－0.217 190 08
天士力	2.683 763 064	1.191 710 803	1.010 172 618	0.521 902 466	0.252 349 204
新大陆	1.305 181 471	0.732 126 609	0.742 443 415	0.768 341 38	0.817 915 587
秦川发展	0.988 667 885	0.750 975 682	0.880 160 51	0.949 214 921	0.613 801 253
中集集团	0.842 571 702	1.118 906 205	1.734 178 897	1.772 224 03	0.969 099 172
沈阳机床	0.499 956 824	1.117 651 498	0.944 044 8	0.956 526 809	0.428 572 094
TCL 集团	3.087 050 471	1.252 824 649	0.637 583 203	1.198 171 639	0.727 056 72
上汽集团	2.782 502 004	2.346 107 292	1.384 439 256	3.340 090 567	1.803 268 524
兖州煤业	2.136 077 85	3.467 386 411	5.853 938 281	14.238 540 21	5.069 215 594
新中基	1.118 343 244	0.338 775 617	0.649 615 926	1.354 151 389	0.435 743 278
上工申贝	0.637 263 726	－4.624 379 162	0.784 158 977	1.422 796 263	0.452 079 439
钱江摩托	1.664 378 686	1.082 188 887	1.059 552 533	1.726 646 946	0.713 747 784
青岛海尔 2006	2.998 933 905	2.416 713 602	3.679 756 431	6.783 224 42	2.437 968 933
雅戈尔	2.072 216 593	2.082 133 647	1.851 173 144	2.701 482 803	1.337 745 677
福耀玻璃	1.175 635 684	1.076 047 268	0.801 869 252	1.368 501 185	0.759 601 362
建发股份	6.013 427 428	6.300 209 11	5.619 696 653	8.345 109 136	2.830 919 352

在计算出各样本公司在五年的窗口期绩效得分的基础上，笔者首先对其从整体上分析研究样本公司并购前后的绩效；其次再根据海外并购的交易规模从所有权特征的角度来深入分析这个因素与样本公司绩效的关系。

笔者对样本公司各年的绩效分数进行了汇总，在综合得分基础上计算出了各样本公司综合得分差值、差值均值、标准差和正值比率。这些数据能更好地展现样本公司并购前后绩效的变化。表 4-37 和图 4-10 反映了具体的得分差值和差值走势。

从图 4-10 可以直观地发现，并购当年、并购后第一年、并购后第三年的绩效都是低于并购前一年的公司绩效，只有在并购后第二年公司绩效远高于并购前一年绩效。整体上呈现出先逐步上升、后急速下降的趋势。

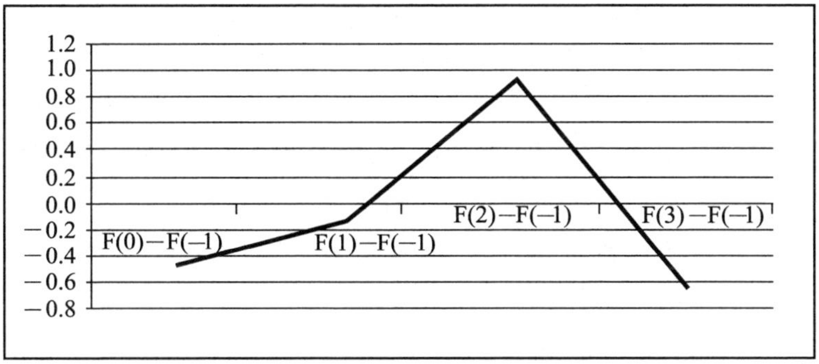

图 4-10　样本公司的综合得分差均值的变化趋势

结合表 4-37 差值分析，首先，F(1)－F(0)、F(2)－F(1)的值为正，说明公司在并购后第一年和并购后第二年的绩效都处于上升的状态，而且差均值1.057 677 9>0.334 244 3，表示并购后第二年绩效上升的幅度很多，远远大于并购后第一年的速度。

其次，F(0)－F(－1)、F(1)－F(－1)、F(3)－F(2)、F(3)－F(－1)的值均为负值，它们的正值比率都较小，均未超过 40%，甚至只有 4.8%，这都表明极大部分公司的绩效都是处于下降状态，整体绩效为负。

最后，从整体角度可以发现，在五年的窗口期内样本公司的绩效都不是很乐观。并购后各年的绩效虽有上升的趋势但是大都低于并购前 1 年的绩效，只有并购后第二年绩效高于并购前一年。

表 4-37　样本公司海外并购总体绩效差值分析

F 差值	F(0)−F(−1)	F(1)−F(0)	F(1)−F(−1)	F(2)−F(1)	F(2)−F(−1)	F(3)−F(2)	F(3)−F(−1)
F 差均值	−0.467 238 0	0.334 244 3	−0.132 993 7	1.057 677 9	0.924 684 2	−1.574 197 6	−0.649 513 4
标准差	1.304 280 8	1.363 913 1	1.193 100 8	1.922 660 0	2.855 533 5	2.187 928 2	1.194 639 2
正值比率	0.380 952	0.428 571 4	0.333 333 3	0.857 142 9	0.761 904 8	0.047 619 0	0.142 857 1

注：F(－1)、F(0)、F(1)、F(2)和 F(3)分别表示公司并购前 1 年、并购当年、并购后第一年、并购后第二年、并购后第三年样本公司的综合得分。F 差均值是综合得分差值的算术平均数，均值的正负表示绩效的上升或下降。均值的大小表示绩效变动的相对程度。正值比率是综合得分差值为正的样本公司个数占全部样本的比例。

通过上述分析可以得到以下结论：从整体上看，我国上市公司绩效在海外并购后呈现出下降的趋势。具体而言，并购当年、并购后第一年、并购后第三年的绩效都是低于并购前一年的，只有并购后第二年的绩效是高于并购前一年的。从长期来看，发生海外并购的上市公司的经营绩效情况不容乐观。图 4-10 显示上市公司其绩效在并购后一两年上升，但第三年下降的速度尤为迅速，综合得分差值下降了 0.649 51。实证结果表明，发生海外并购的国内上市公司其绩效并未得到改善，相反，还有一定程度的恶化。

将原始样本分为全部并购（100%）和部分并购（<100%）这两大组。具体情况见表 4-38 和表 4-39。

表 4-38　样本公司中发生全部控股并购事件

年份	并购方	所在行业	并购事件	交易规模	并购金额
2001	青岛海尔	电器机械及器材制造	意大利迈尼盖蒂下属一冰箱制造厂	100%	
2003	天士力	医药生物制品	荷兰神州	100%	1 815 121 欧元
	中集集团	金属非金属制造	美国 HPA Monon	100%	450 万美元
2004	沈阳机床	机械设备制造	德国希斯公司全部资产	100%	
	兖州煤业	能源采掘	澳大利亚澳思达煤矿	100%	
2005	上工申贝	机械设备制造	德国杜可普—阿德勒公司	100%	1 700 万欧元
	钱江摩托	机械设备制造	意大利贝纳利公司	100%	693 万欧元
2007	雅戈尔	服装制造	美国 Kellwood	100%	1.2 亿美元
	福耀玻璃	汽车配件	德国 SCHE 35 Verwaltungsgesell-schaft mbH	100%	102.5 万欧元

表 4-39　样本公司中发生部分控股并购事件

年份	并购方	所在行业	并购事件	交易规模	并购金额
2001	中联重科	机械设备制造	日资控股英国保路捷公司	80%	1 000 万元
	美的电器	机械设备制造	日本三洋机电的电磁管事业		约 1 930 万美元

续表

年份	并购方	所在行业	并购事件	交易规模	并购金额
2002	海欣股份	纺织制造	美国 Glenoit 公司纺织分部资产		2 500 万美元
	东方通信	信息技术	美国易通路电信公司	10.30%	435 万美元
	东方通信	信息技术	美国 InterWave 电信公司 600 万股		433.7 万美元
	京东方	电子元器件制造	韩国现代显示 TFT-LCD 业务		3.8 亿美元
2003	新大陆	信息技术业	德国 JQG 公司	12%	1 000 万美元
	秦川发展	普通机械制造业	United American Industries Inc.	60%	
2004	TCL 集团	电子制造	阿尔卡特手机业务		5 500 万欧元
	TCL 集团	电子制造	法国汤姆逊公司	67%	20.8 亿元
	上汽集团	交通运输设备制造业	韩国双龙汽车	51.30%	
	新中基	农林	法国普罗旺斯食品公司	55%	700 万欧元
2006	青岛海尔	电器机械及器材制造	与日本三洋成立“海尔三洋株式会社”	60%	3 亿日元

将原始数据分组后，笔者在已得到各公司绩效综合得分的基础上，计算出了两组数据得分差的均值、标准差和正值比率，见表 4-40 和表 4-41。图 4-11是两组样本公司的综合得分差均值的变化趋势图。

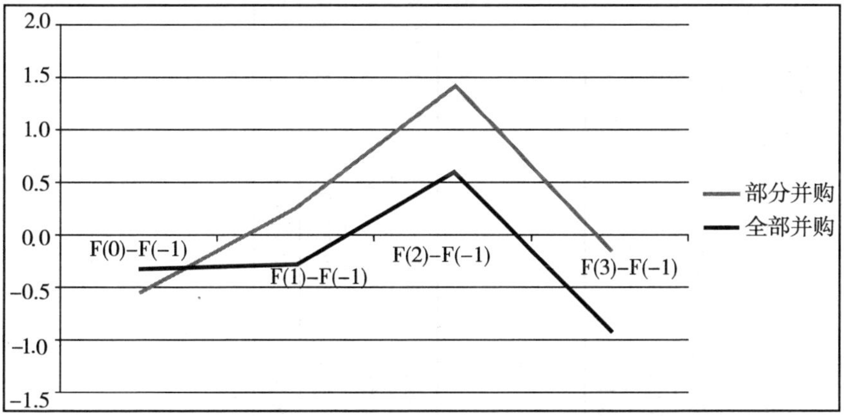

图 4-11　不同交易规模的海外并购企业绩效走势对比

大量的资金做后盾，企业融资的需求会增加，企业的融资成本也相应增加，特别是受让方在海外并购尚未为自己带来收益之前就需承担高额的融资成本。其次，100%并购意味着中外两个企业在经营模式、企业文化、人事结构等多个方面需要完全的融合。大量的海外并购案例显示，企业文化的融合是海外并购中“难啃的骨头”。很多企业由于东西方文化的冲突和摩擦，造成海外并购的失败。TCL收购阿尔卡特、上汽并购双龙等案例均以文化差异造成海外并购的“滑铁卢”。最后，在信息不对称的情况下，100%并购很难避免“逆向选择”和“道德风险”。但在部分收购下则比较容易避免这样的情况发生。很多企业进行海外收购时，会事先制订并购计划，会有从部分收购到全部收购的安排。因此，在部分收购时，相当于买方获得了一个购买期权，如果卖方隐瞒了不利信息，则在进一步收购中卖方企业的价值将下降，卖方再出售股权获得的收益也将相应减少，因此部分并购起到了很好的信号揭示作用。综合上述分析，特别考虑到中国企业国际化时间不长、缺乏有效的战略管理、缺乏整合控制能力、不注重细节等多种问题，实施100%并购的中资企业所面临的风险是相当大的。

进一步来看，在全部股权与部分股权对并购绩效的影响中，来自企业所有权安排的性质、企业区位制度/文化的嵌入式影响等“超所有权优势”范式因素对并购绩效具有非常重要的作用。以下给出相应解释及政策建议：

首先来考察企业性质因素的影响。一般来讲，国有企业相比私营企业拥有更多的资金、更优惠的政策，加上国有企业本身具有垄断性，将更有优势实施100%并购。另外，如果国有企业海外并购中产生亏损，往往有政府作为后盾，因而国有企业热衷于100%并购。对私营企业而言，海外并购所需的资金往往要通过金融机构获取，资金成本将成为所有权选择的重要因素。另外，私营企业在海外并购中要比国有企业承担更多的风险，并购盈亏均由自己承担，所以私营企业往往会选择部分并购。

其次来考察企业区位制度/文化嵌入式影响。目前我国政府对境外投资采用多元审批、逐级审批制度，审批环节和流程复杂冗长。按国家发展和改革委员会《境外投资项目暂行管理办法》、商务部《境外投资管理办法》和国家外汇管理局《境内机构境外直接投资的外汇管理规定》的相关规定，境外投资需经国家发展和改革委员会对境外投资项目的核准、商务部对境外开设企业的

续表

年份	并购方	所在行业	并购事件	交易规模	并购金额
2002	海欣股份	纺织制造	美国 Glenoit 公司纺织分部资产		2 500 万美元
	东方通信	信息技术	美国易通路电信公司	10.30%	435 万美元
	东方通信	信息技术	美国 InterWave 电信公司 600 万股		433.7 万美元
	京东方	电子元器件制造	韩国现代显示 TFT-LCD 业务		3.8 亿美元
2003	新大陆	信息技术业	德国 JQG 公司	12%	1 000 万美元
	秦川发展	普通机械制造业	United American Industries Inc.	60%	
2004	TCL 集团	电子制造	阿尔卡特手机业务		5 500 万欧元
	TCL 集团	电子制造	法国汤姆逊公司	67%	20.8 亿元
	上汽集团	交通运输设备制造业	韩国双龙汽车	51.30%	
	新中基	农林	法国普罗旺斯食品公司	55%	700 万欧元
2006	青岛海尔	电器机械及器材制造	与日本三洋成立"海尔三洋株式会社"	60%	3 亿日元

将原始数据分组后，笔者在已得到各公司绩效综合得分的基础上，计算出了两组数据得分差的均值、标准差和正值比率，见表 4-40 和表 4-41。图 4-11是两组样本公司的综合得分差均值的变化趋势图。

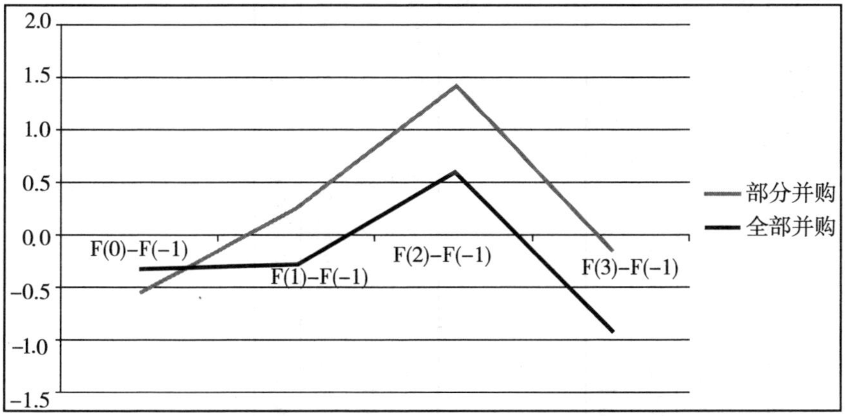

图 4-11　不同交易规模的海外并购企业绩效走势对比

大量的资金做后盾，企业融资的需求会增加，企业的融资成本也相应增加，特别是受让方在海外并购尚未为自己带来收益之前就需承担高额的融资成本。其次，100%并购意味着中外两个企业在经营模式、企业文化、人事结构等多个方面需要完全的融合。大量的海外并购案例显示，企业文化的融合是海外并购中“难啃的骨头”。很多企业由于东西方文化的冲突和摩擦，造成海外并购的失败。TCL收购阿尔卡特、上汽并购双龙等案例均以文化差异造成海外并购的“滑铁卢”。最后，在信息不对称的情况下，100%并购很难避免“逆向选择”和“道德风险”。但在部分收购下则比较容易避免这样的情况发生。很多企业进行海外收购时，会事先制订并购计划，会有从部分收购到全部收购的安排。因此，在部分收购时，相当于买方获得了一个购买期权，如果卖方隐瞒了不利信息，则在进一步收购中卖方企业的价值将下降，卖方再出售股权获得的收益也将相应减少，因此部分并购起到了很好的信号揭示作用。综合上述分析，特别考虑到中国企业国际化时间不长、缺乏有效的战略管理、缺乏整合控制能力、不注重细节等多种问题，实施100%并购的中资企业所面临的风险是相当大的。

进一步来看，在全部股权与部分股权对并购绩效的影响中，来自企业所有权安排的性质、企业区位制度/文化的嵌入式影响等“超所有权优势”范式因素对并购绩效具有非常重要的作用。以下给出相应解释及政策建议：

首先来考察企业性质因素的影响。一般来讲，国有企业相比私营企业拥有更多的资金、更优惠的政策，加上国有企业本身具有垄断性，将更有优势实施100%并购。另外，如果国有企业海外并购中产生亏损，往往有政府作为后盾，因而国有企业热衷于100%并购。对私营企业而言，海外并购所需的资金往往要通过金融机构获取，资金成本将成为所有权选择的重要因素。另外，私营企业在海外并购中要比国有企业承担更多的风险，并购盈亏均由自己承担，所以私营企业往往会选择部分并购。

其次来考察企业区位制度/文化嵌入式影响。目前我国政府对境外投资采用多元审批、逐级审批制度，审批环节和流程复杂冗长。按国家发展和改革委员会《境外投资项目暂行管理办法》、商务部《境外投资管理办法》和国家外汇管理局《境内机构境外直接投资的外汇管理规定》的相关规定，境外投资需经国家发展和改革委员会对境外投资项目的核准、商务部对境外开设企业的

续表

年份	并购方	所在行业	并购事件	交易规模	并购金额
2002	海欣股份	纺织制造	美国 Glenoit 公司纺织分部资产		2 500 万美元
	东方通信	信息技术	美国易通路电信公司	10.30%	435 万美元
	东方通信	信息技术	美国 InterWave 电信公司 600 万股		433.7 万美元
	京东方	电子元器件制造	韩国现代显示 TFT-LCD 业务		3.8 亿美元
2003	新大陆	信息技术业	德国 JQG 公司	12%	1 000 万美元
	秦川发展	普通机械制造业	United American Industries Inc.	60%	
2004	TCL 集团	电子制造	阿尔卡特手机业务		5 500 万欧元
	TCL 集团	电子制造	法国汤姆逊公司	67%	20.8 亿元
	上汽集团	交通运输设备制造业	韩国双龙汽车	51.30%	
	新中基	农林	法国普罗旺斯食品公司	55%	700 万欧元
2006	青岛海尔	电器机械及器材制造	与日本三洋成立“海尔三洋株式会社”	60%	3 亿日元

将原始数据分组后，笔者在已得到各公司绩效综合得分的基础上，计算出了两组数据得分差的均值、标准差和正值比率，见表 4-40 和表 4-41。图 4-11是两组样本公司的综合得分差均值的变化趋势图。

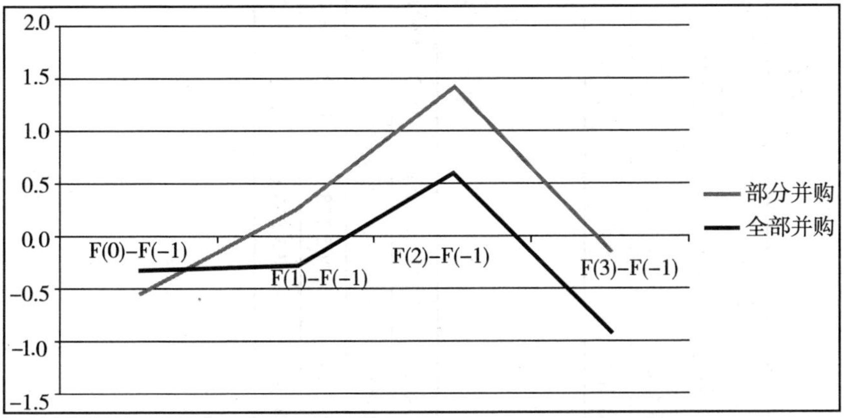

图 4-11　不同交易规模的海外并购企业绩效走势对比

表 4-40　全部并购公司样本的综合得分差值及其均值检验结果

F 差值	F(0)－F(－1)	F(1)－F(0)	F(1)－F(－1)	F(2)－F(1)	F(2)－F(－1)	F(3)－F(2)	F(3)－F(－1)
F 差均值	－0.445 108 9	－0.015 026 0	－0.460 134 9	0.855 232 1	0.395 097 2	－1.428 610 7	－1.033 513 5
标准差	0.539 989 6	0.597 143 9	0.850 015 3	1.151 028 6	1.448 199 9	1.721 653 7	0.861 081 6
正值比率	0.25	0.5	0.166 666 7	0.833 333	0.666 666 7	0.083 333 3	0

表 4-41　部分并购公司样本的综合得分差值及其均值检验结果

F 差值	F(0)－F(－1)	F(1)－F(0)	F(1)－F(－1)	F(2)－F(1)	F(2)－F(－1)	F(3)－F(2)	F(3)－F(－1)
F 差均值	－0.496 743 6	0.799 938 1	0.303 194 5	1.327 605 6	1.630 800 2	－1.768 313 5	－0.137 513 3
标准差	1.962 198 3	1.932 196 7	1.480 093 0	2.697 483 3	4.064 455 2	2.796 026 5	1.425 588 1
正值比率	0.555 555 6	0.333 333 3	0.555 555 5	0.888 888 9	0.888 888 89	0	0.333 333 33

图 4-11 呈现的是不同交易规模的海外并购企业绩效的变化。部分并购的企业的绩效变化幅度大于全部并购企业的绩效，而且部分并购企业绩效表现比全部并购企业绩效要好。首先，部分并购企业从并购后第一年开始绩效就开始逐步超过并购前一年，虽然并购后第三年的绩效略低于并购前一年，各企业 F(3)－F(－1)的均值为－0.137 513 3，这个数值远低于全部并购企业 F(3)－F(－1)的均值－1.033 513 5。并购后第二年综合得分差值达到最高点，相应的正值比率为 89%，绝大部分企业借助海外并购提高了绩效。其次，全部并购企业只有在并购后第二年绩效超过并购前一年，其他年份绩效均低于并购前。而且 F(2)－F(－1)的均值仅 0.395 097 2，远小于部分并购得分差值最高点 1.630 800 2。同时，可以发现全部并购企业并购当年及并购后历年与并购前一年得分差值的正值比率均小于部分并购企业得分差值的正值比率。

虽然两者大体的走势相同，但由于各种原因的存在，全部并购在并购后第二年的最高绩效小于部分并购，在并购后第三年的最低绩效又远小于部分并购，从而使得部分并购企业的综合绩效高于全部并购企业，这个结果支持了前述“超所有权优势”范式下的分析假定：我国企业海外并购中部分所有权安排对并购绩效的影响将优于全部所有权安排对并购绩效的影响。

(三)提高我国企业海外并购绩效的建议

根据上述分析和结论可以发现：在整体绩效变化趋势上，两组数据的走势大致是相同的，都是先逐步上升，再急速下降的趋势。但由于两组样本公司海外并购的交易规模不同，对目标企业并购所有权比例不同造成了二者的差异。

就全部并购而言，受让方相当于将目标企业的全部资产买下，可以完全自主地决定目标企业未来的发展方向、人事变动、经营模式等战略性决策。但受让方企业在享有目标企业权利的同时也需承担责任和风险。例如，收购方要承担被收购方所有的债务和企业内部整合的风险。在我国企业海外并购的初始阶段，由于各种因素的约束，我国企业海外并购的模式、规模、目标地区都比较单一。初始阶段，受让方大多都采取 100%收购的方式，实行“一口吞”的并购策略。虽然这为受让方提供了一个更好的平台，让其可以更方便地获取目标企业的优势资源，能更好地决定目标企业未来的经营模式、发展方向，但是，100%并购存在着高风险。首先，100%并购意味着受让方需要大量的资金做后盾，企业融资的需求会增加，企业的融资成本也相应增加，特别是受让方在海外并购尚未为自己带来收益之前就需承担高额的融资成本。其次，100%并购意味着中外两个企业在经营模式、企业文化、人事结构等多个方面需要完全的融合。大量的海外并购案例显示，企业文化的融合是海外并购中“难啃的骨头”。很多企业由于东西方文化的冲突和摩擦，造成海外并购的失败。TCL 收购阿尔卡特、上汽并购双龙等案例均以文化差异造成海外并购的“滑铁卢”。最后，在信息不对称的情况下，100%并购很难避免“逆向选择”和“道德风险”。但在部分收购下则比较容易避免这样的情况发生。很多企业进行海外收购时，会事先制订并购计划，会有从部分收购到全部收购的安排。因此，在部分收购时，相当于买方获得了一个购买期权，如果卖方隐瞒了不利信息，则在进一步收购中卖方企业的价值将下降，卖方再出售股权获得的收益也将相应减少，因此部分并购起到了很好的信号揭示作用。综合上述分析，特别考虑到中国企业国际化时间不长、缺乏有效的战略管理、缺乏整合控制能力、不注重细节等多种问题，实施 100%并购的中资企业所面临的风险是相当大的。

进一步来看，在全部股权与部分股权对并购绩效的影响中，来自企业所有权安排的性质、企业区位制度/文化的嵌入式影响等“超所有权优势”范式因素对并购绩效具有非常重要的作用。以下给出相应解释及政策建议：

首先来考察企业性质因素的影响。一般来讲，国有企业相比私营企业拥有更多的资金、更优惠的政策，加上国有企业本身具有垄断性，将更有优势实施 100%并购。另外，如果国有企业海外并购中产生亏损，往往有政府作为后盾，因而国有企业热衷于 100%并购。对私营企业而言，海外并购所需的资金往往要通过金融机构获取，资金成本将成为所有权选择的重要因素。另外，私营企业在海外并购中要比国有企业承担更多的风险，并购盈亏均由自己承担，所以私营企业往往会选择部分并购。

其次来考察企业区位制度/文化嵌入式影响。目前我国政府对境外投资采用多元审批、逐级审批制度，审批环节和流程复杂冗长。按国家发展和改革委员会《境外投资项目暂行管理办法》、商务部《境外投资管理办法》和国家外汇管理局《境内机构境外直接投资的外汇管理规定》的相关规定，境外投资需经国家发展和改革委员会对境外投资项目的核准、商务部对境外开设企业的

核准、国家外汇管理局对外汇资金来源以及使用外汇的核准三重审核。同时，还需按不同企业类型和中方投资额大小、类别，报中央、地方相关部门审批，审批模式为强制性“事前审批”。上述多头管理的制度客观上对中国企业海外并购的绩效产生了较大的不利影响。

例如，对私营企业海外并购的具体操作流程中就存有下述多头审批的种种限制：商务部《关于外国投资者并购境内企业的规定》限定了只有上市所在地具有完善的证券交易制度的境外上市公司(不包括柜台交易)，以及特殊目的公司并购境内企业两种情形，方可与境内企业进行跨境换股交易，限制了民企跨国并购标的的选择范围。商务部还限定外国投资者原则上应在被收购企业股权转让完成并取得最新营业执照后三个月内支付全部的股权转让价款，对于有特殊情况需要延期的，最长不得超过一年。国家外汇管理局《资本项目直接投资外汇业务操作指引(2012 年版)》要求在办理相关股权转让价款的外汇收汇手续时，交易双方应当取得审批机关的批准文件，并完成被收购企业的股权转让以及变更登记手续。根据上述监管要求，在并购实践中，中方企业必须在未收到任何的股权转让价款前向外国投资者转让被投资企业的股权并完成相关变更登记，因而无法合理地要求外国投资者支付一笔预付款以保护自身利益。此外，由于外国投资者无法在国内开立账户，国际上经常采用的由买卖双方共同开立监管账户以存放部分的股权转让价款的操作也无法实现。

最后，根据上述分析和结论可以看到：目前我国企业海外并购存在多头审批的现象，而且需要较长时间才能审批通过，这在无形中增加了我国企业海外并购的变数，很容易错失良机。为抓住新一轮国际产业重组机会，鼓励我国企业(特别是私营企业)通过海外并购“引资、引智、引技”，目前最为直接的方法是进一步简化中国企业海外并购审批程序。具体建议包括：

第一，我国政府可以出台或修订相关法规，扩大省级政府或金融实验区对海外并购重组的审批权限；除涉及国家安全的特殊行业外，对民企实施额度不超过 1 亿美元的海外并购重组，由事前审批改为事后备案。

第二，修改商务部《关于外国投资者并购境内企业的规定》相关条款，放宽对可与境内企业进行跨境换股境外公司的标准限制，允许柜台交易市场的股权与境内企业进行换股交易。

第三，修改国家外汇管理局《资本项目直接投资外汇业务操作指引(2012

年版)》中的相关规定，允许在完成股权转让及相关变更登记前支付适当比例的预付款，允许交易双方按国际惯例在交割前开立共同监管账户。

第四，应对国内外投资并购的税收抵免政策存在“落地难”或重复征税的问题给予重视。现行税收政策规定，企业重组股权支付的比例达到85%以上才能符合重组免税条件。但是，目前大部分企业股权支付的比例难以达到85%，因而企业重组要缴纳巨额的企业所得税，由于股权支付没有产生现金流入，这样并购企业需要筹措大量资金用于纳税，增加了资金压力和筹资成本。为此建议完善国内外投资并购税收抵免政策，促使税收优惠政策落地。降低或取消股权支付85%的限定，股权支付部分均按特殊性税务重组处理递延纳税，仅对非股权支付部分在重组交易发生时纳税。

第五，我国《企业所得税法》和《企业境外所得税收抵免操作指南》规定，境外所得税抵免有“扣除限额”，在境内外所得间采用“篱笆墙”制度，境内外盈亏不得互相弥补；同时对企业境外所得采用分国不分项的直接抵免，间接抵免制度缺失。建议完善境外税收抵免政策，拆除境内外盈亏不得互补的“篱笆墙”，允许扣除限额在分国计算时在不同国家所得收入间流动，对境外投资取得的股息红利，制定间接抵免政策，消除重复征税。

三、利用对外直接投资加快我国的技术进步

(一)对外直接投资是获取技术的重要途径

第一章的分析表明，要转变我国的对外经济发展方式，首先要转变我国的对内经济发展方式，特别是培育核心技术的自主创新能力和加快科学技术的进步。但是，科学技术的研究与开发是一个漫长的过程，因而必须尽可能地利用外国的先进技术，以求实现不是在落后基础上的技术创新，而是在先进基础上的技术创新。我国政府和学者曾经期待通过引进外商直接投资的方式加快我国的技术进步，但是改革开放30多年的实践表明，我国通过外商直接投资只能学到一般的技术，而不能学到核心技术。在这种情况下，我国的对外直接投资需要肩负起一个重任，通过对外直接投资掌握外国先进的技术，以推动我国对内和对外经济发展方式的转变。

制造业是我国优势产业，刘林青等学者基于“国家空间”概念的最新研究发现，经过40多年的发展，我国制造业的技术进步已经从要素驱动阶段迈向了投资驱动的阶段，但是发达国家的技术进步已经从投资驱动阶段升级到了

创新驱动阶段。①

在未来我国经济发展的过程中，随着原材料价格的上涨、环境保护成本的增加、土地使用成本的提高以及“反倾销、反补贴”等因素的冲击，我国传统制造业低成本优势越来越不明显，从贸易大国向贸易强国的转型升级势在必行。

在我国制造业转型的过程中，国内部分专家学者有一种说法值得商榷：他们主张我国经济应通过技术创新、品牌经营等途径向产业链中附加价值更高的研发、营销环节发展，主张政府放弃传统制造业或制造环节，鼓励各种高端的高新科技产业和现代服务业的发展。这种看法不仅脱离实际，而且不符合产业发展的规律。一些发达国家也曾经认为，建立了发达的工业体系后，产业体系的发展就可向后工业时代转型，即主动放弃传统制造业和制造环节。但是经过 2008 年金融危机的冲击后，发达国家被迫重新审视制造业，美国、欧盟等国家和地区纷纷提出“再工业化”和“制造业重整”的口号。

在制造业的转型过程中，并非单纯的“放弃”与“转向”，伍业君等学者研究发现，如果放弃离自身更近的产业竞争力组合，而追求离自身较远的产业竞争力组合，很可能会超越国家“跳跃”的能力而导致升级的道路被阻断。②因此更为重要的在于国家如何考虑并设计其现有产业组合的发展思路。刘林青等学者认为，我国政府应该瞄准现有优势产业组合并不断壮大其规模，同时瞄准发达国家培育更高技术级别的优势产业以实现技术升级。③ 这种发展逻辑与笔者提出的“超所有权优势”范式是一致的。

以制造业为例，我国政府对制造业优势产业的培育与组合，既要推进自身已经形成的传统制造优势产业发展(不放弃低技术级别的传统优势制造业，即比较静态优势产业)，同时也要发掘与跟踪基于动态成长的制造业比较优势产业(瞄准发达国家培育的高端制造优势产业进行跟进)。特别是对于发达国

① 刘林青、黄起海、闫志山:《国家空间里的能力加值比赛——基于产业国际竞争力的结构观》,《中国工业经济》2013 年第 4 期，第 27—28 页。

② 伍业君、张其仔、徐娟:《产品空间与比较优势演化述评》,《经济评论》2012 年第 4 期，第 145—151 页。

③ 刘林青、黄起海、闫志山:《国家空间里的能力加值比赛——基于产业国际竞争力的结构观》,《中国工业经济》2013 年第 4 期，第 28 页。

家已经形成优势的制造业，如果对方因为出现某些环节而导致比较优势丧失，而中国恰好在某些要素禀赋方面具有互补性，这时候我国政府/我国企业家应不失时机地启动“超所有权优势”范式的思维，通过运用中国“市场”这一治理结构的吸引力，加大与发达国家企业之间的投资并购合作，通过对外直接投资促进国内制造业的更快发展，以加快我国对内和对外经济发展方式的转变。

目前，我国已有部分制造企业在这一方面进行了成功的探索，为我国制造业的技术进步、为我国对内和对外经济发展方式的转变提供了重要的启示。

(二)北一机床收购德国科堡：海外并购走出的技术发展之路

北京第一机床厂有限公司(以下简称北一机床)是20世纪中国机床行业的“十八罗汉”，它从20世纪80年代末就开始了国际化探索。① 1981年，北一机床引进了日本日立精机的K型系列铣床技术。通过吸收消化，北一机床不仅升级了已有的普通铣床技术，同时还扩展应用于数控铣床领域，开发了全新的XKA5032、XKA5040数控铣床并投放市场。1986年，北一机床和世界龙门铣床顶级制造企业——阿尔道夫·瓦德里希科堡机床厂开始技术合作，引进了当代最先进的数控龙门技术，合作生产了17-10FP175NC/2×5M数控龙门铣。在充分吸收、消化德国先进技术的基础上，开发了2—5米的数控动梁龙门铣、龙门加工中心、定梁数控龙门铣(含加工中心)以及龙门五面加工机床。20世纪80年代末，北一机床与美国西伯格公司合作，开发了MCP系列的三坐标联动立式铣床。通过一系列的技术合作，北一机床产品的档次和技术含量均获得了提高，产品技术水平和国际水平拉近，个别产品如桥式数控龙门镗铣床达到了当时的国际水平。在这个时期，北一机床还自主开发了柔性制造单元、XHAD76卧式加工中心、XHAD78系列加工中心等。

进入21世纪以后，北一机床立足于“发展中高端数控机床，成为具有全球竞争力的机床制造服务商”的战略目标，加快了国际化步伐。2003年，北一机床与日本大隈公司合作组建了北一大隈(北京)机床有限公司，引进了大隈的加工中心、数控机床等3个系列8个量产的产品，使北一机床具备了生产高端数控机床的规模和能力。在双方合作过程中，北一CIMS(计算机集成

---

① 范黎波、王肃：《中国跨国公司海外并购的成长路径演进——基于北一并购科堡的案例分析》，《财贸经济》2011年第8期，第101—105页。

制造)和大隈的 MACMAN 系统相结合，提升了北一机床的信息化管理水平。同年，北一机床还与日本圣合株式会社合资新建了以加工中心的刀具、刀柄为主要生产产品的合资公司，开始探索重型产品和生产线的生产。2005 年，北一机床与世界著名汽车生产线制造商法国法康公司合资成立了北一法康有限公司，引进法康公司的技术，为国内外汽车制造企业提供各类加工装配生产线。此后，北一机床还与国外设计公司合资组建了北一精机设计公司，为北一设计自主知识产权的产品。

从上面的介绍可以看到，北一机床不断地通过引进外国先进的技术专利，或者引进外商直接投资来寻求自身的发展。经过多年的探索和学习，北一机床在国内拥有了相当高的品牌知名度，而且在国内拥有完善的销售渠道。但与国际同行相比，北一机床的优势仍在于低制造成本，产品的研究技术仍不强，在国际上尚未建立起成功的渠道，缺乏国际性品牌知名度。使北一机床的技术和发展发生重要突破的，是它对德国科堡公司的兼并与收购。

阿尔道夫·瓦德里希科堡机床厂有限公司(以下简称科堡公司)是一家以生产龙门铣闻名世界、有着百年历史的德国家族企业，号称世界重型机床第一，是世界机械制造业“皇冠上的明珠”。科堡公司的客户跨越 25 个国家、16 个行业、4 500 家公司。它与许多大客户建立了 50 多年的合作关系，拥有广阔的世界性渠道。另外，它的产品技术性能指标也均为世界顶尖水平，具有特色的重型龙门铣床更被视为世界机床行业的标准。

在北一机床准备接手科堡公司前，科堡公司已经一度易主。2004 年科堡公司的母公司——美国的 Ingersoll International 公司由于经营不善宣布破产，科堡和另一家德国子公司 Waldrich Siegen 一起被法院作为破产资产而打包拍卖。北一机床积极前去竞购，但由于各种政治和企业内部的原因，北一机床最终主动放弃了这次机会，科堡公司最后被德国的 Herkules 集团收购。Herkules 主业为磨床领域，它收购科堡公司后，试图直接推行接管式的整合：将科堡公司的市场、信息技术、采购和财务等部门撤销，仅将科堡公司作为一个加工制造中心，引起了双方的激烈冲突。再加上 2005 年德国经济的不景气，科堡公司生产经营活动大幅萎缩，陷入了非常艰难的困境中。在这种情况下，Herkules 公司打算将专攻铣床的科堡公司出售，主动与此前参与竞购的北一机床联系，北一机床因而获得了收购科堡公司的机会。

北一机床对科堡公司的关注由来已久。首先，科堡公司本身是机械制造业的优秀企业，其最初出售的原因是因为母公司破产，而科堡公司本身的资质非常优秀，转让当年甚至还是盈利的。其次，北一机床与科堡公司已有20多年的合作历史，北一机床的重型铣等设备就是从科堡公司引进的，双方存在着彼此了解和信任的基础。更重要的是，德国作为机械制造业的强国，拥有欧洲最大和最强的机械设备行业，具有非常深厚的底蕴，其产业工人的素质非常高。统计数据显示，全球28%的机械工程专利都是德国公司注册的。北一机床完全可以利用这个现成的市场渠道逐步占领德国市场。

在确定了并购目标后，北一机床聘请了中国香港地区的投行、美国的普华永道会计师事务所和德国的律所，组建国际化团队，进行国际化运作。从开始的尽职调查到最终签约，历时三个月。在这个过程中，北一机床给了中介机构很强的压力。北一机床厂长回忆说："我逼着他们去翻材料，去查底账，去深入挖掘分析。最后的调查报告出来时，所有的增减值因素列得清清楚楚，这为我下一步谈判奠定了扎实的基础。"价格谈判仅仅进行了一轮，用了18天时间就全部完成。谈判的结果是北一机床支付的价格比科堡账面拥有的现金量还低。

对于北一机床的并购，德国地方政府表现出疑虑，它担心北一机床入主科堡公司后会发生大面积裁员，无法保证充足的就业。北一机床厂长亲自飞赴科堡，和公司上上下下每一位员工都见了面。他问的问题很简单：你们对新股东有什么期望？你们最担心的是什么？如果北一机床入主，你会怎么想？

坦诚相见换来的是对方的真实声音。北一机床厂长了解到，科堡公司员工对北一机床最大的担心就是：中国人买下来以后，会把机器设备全部拆光运完，图纸等技术专利全部带走，德国工人被解雇，科堡公司的厂房从此被夷为平地。在这种情况下，北一机床厂长显示了高超的沟通技巧。"我谈话的那间办公室外头正好有几棵参天大树。我就跟工人说，你看，就像窗外这棵大树一样，科堡公司有上百年的历史，它深深地扎根在德国这片土地上。我会把它移植到中国去吗？这无疑是最愚蠢的做法！我需要分享这棵大树的果实，我还希望它长得更壮实，果实更丰硕！"凡是听到这番话的，从德方的管理层到车间工人，没有一个人不服气的，没有一个人不放心的。

在收购科堡公司后的第一次全体员工大会上，北一机床厂长向德国员工保证，北一机床将同科堡一起开拓新的市场，并明确提出“科堡公司将继续引领全球重型机床业的发展”这一规划，将科堡和北一在产业内的定位做了明确界定：在全球机床产业中，科堡公司将继续实行差异化战略，追求技术领先和品牌制胜。科堡与北一机床其他产品不是竞争关系，而是互补与合作的关系。北一机床与科堡公司是共同与外部对手竞争，而不是内部激烈竞争。在德国工会已经做好了被裁员的心理准备的情况下，北一机床厂长明确表态：“我们承诺，不会进行大批裁员。”来自中国的新股东的开放与坦率赢得了德国员工的信任，稳定了人心，也消除了误解。在员工大会举行过程中，十几次发自肺腑的掌声表达了科堡公司员工对北一机床的欣赏与接受。员工大会和记者见面会结束后，整个科堡公司洋溢在一片欢乐的气氛中。尤其是科堡公司的德方管理层，“简直是无比的兴奋”。科堡公司工会的一名资深专职委员对北一机床厂长说：“你就像弹钢琴一样，手指的感觉太好了。”而这次全体员工大会，被德国舆论界认为是“一个德中共同体的产生”。

有一则故事可以证明北一机床管理者的管理协调能力。出于生产要求，科堡公司员工需要增加工时、减少休假。为了达到这个目的，股东与工会进行了长达 11 个月的拉锯谈判。最终的结果是：工会同意每周增加 2 小时工时，年度取消了 2 天的休假。要知道，能让德国的工会让步简直比登天还难，但北一机床厂长做到了。他的核心语录就是：“我们跟工会的目标是一致的，科堡公司的发展是大家共同的心愿。我相信，工会绝不是为搞垮科堡公司而存在的。”据说，这两句话得到了意想不到的效果，一贯强硬的工会组织被北一机床推开了大门。

为强化双方的资源互补，北一机床不仅通过收购为科堡公司注入了充足的现金流，确保了科堡公司的生产运营，而且也将国内采购的渠道优势转借给了科堡公司，双方进一步建立销售方面的信息交换和协同配合机制。科堡公司协助北一机床的产品在欧洲和世界市场销售，而北一公司则协助科堡公司在中国市场销售。此外，北一机床明确每年派 10 多个研修生去科堡公司学习德方的技术思想和机械技术，同时德方的专家每年也来北一机床进行技术指导，提升中方员工的技术水平和学习水平。

由于北一机床作为跨国公司的后来者，缺乏跨国管理的经验，再加上中德双方在文化和管理思想上也存在很大的差异，德国人对技术和工作流程的严谨远远超过了中国人。北一机床为此采取了与科堡公司两任大股东不同的做法，它并没有全盘掌控科堡公司，而是保留了科堡公司现有的管理层，实施有条件的本土化管理。北一机床在保持科堡公司现行管理制度不变的情况下，仅派出4名中方员工到科堡的关键岗位，参与而不是主持日常管理和决策，主管财务和人力资源的、主管生产制造和技术的、主管销售和市场的管理者都是德国人，唯一作为主管的中国管理者只负责科堡公司与母公司的协调。

在公司具体的管理风格上，北一机床更是采取了“参与不主导”的做法。北一机床在给予德方管理层充分自主权的前提下，由德方把涉及日常经营的56项业务做了划分，然后由双方来确定哪些需要由股东来决策，哪些由德方自主决策，并对双方的责任义务做了明确的划分和规定，由此制定出决策矩阵，然后科堡公司的管理团队按照决策矩阵进行本土化管理，提供资料或分析由股东决策，或者由管理团队决策后通报股东。在每年年初，德方管理团队到北京母公司，向股东进行年度述职，对过去的年度进行总结，并对年度经营计划和预算以及基于预算基础上的经营进行预测。北一机床则在中方派出的整合经理人的协助下，与科堡公司的高层管理团队保持密切联系，及时解决经营过程中的各种问题。

从国际并购经验来看，往往在并购后的整合阶段，大约3/4的项目最终会因各种风险而达不到原先目标。北一机床在并购科堡公司3年后，交出来的试卷却非常令人满意：北一机床的销售收入达到收购前的3倍，订单合同是收购时的10倍，利润总和是收购前的5倍，并购3年后的利润已经超过了当初的市场投入。而就德国科堡公司来说，科堡的员工从收购前的500人左右增加到近700人，增长率达40%；2006年科堡公司新增的订单相当于2004年、2005年两年的总和，2007年的销售额则突破了1亿欧元大关。尽管人们普遍认为德国企业运行成本过高，但是北一机床的实践表明，并购后快速增长的销售收入与利润代表了更高的投资回报。

北一机床不仅在经营业绩上取得成功，也借此掌握了核心的技术。在这场号称摘取了“世界机床行业皇冠上的两颗明珠”的跨国并购行动后，北一机床的技术水平得到了大幅提升，产品的工艺和质量水平得到了很大提高。北一机床迅速掌握了世界领先的高端重型机床的核心制造技术，为之后的自主创新提供了雄厚的技术基础和高起点。例如对于高端数控机床非常核心的摆角头、导轨等的加工安装技术，以往一旦客户端产品出了问题，往往要把部件运回德国请工程师进行检测修理，而现在在北一机床工厂内，自己培养的工程师已经很好地掌握了维修技术，在国内工厂就可以解决这一技术难题。目前，国际上生产跨度 5 米以上的重型数控龙门铣床的企业并不多，北一机床是国内唯一一家能够生产这种铣床的企业。北一机床掌握的重型数控龙门铣床技术在国内绝对一流，在国际上也非常领先，它目前已经能够制造堪称世界最大的跨度 10.5 米的巨型数控龙门铣床。2008 年，北一机床开发的新产品就有自制立车、HTC、M2、GSC200C、LIEBHERR 立车，这些新产品的技术则完全来自科堡公司。据中国机械工业联合会发布的数据，北一机床的综合经济效益从“十五”初期的全国排名第 80 多名，上升到 2012 年的第 6 位，这主要得益于国际并购。北一机床年销售收入在国内机床行业排名第 3 位，但盈利能力却是全国第 1 位。

重型装备制造业是一个大国的工业基础，我国的装备制造业甚至被称为“共和国的脊梁”。高精度重型机床是装备制造业的工作母机，装备制造业每一个环节都要由它来塑造成型。以北一机床成功海外并购为起点，最近 5 年中国装备制造业多家企业参与了 30 多家全球一流企业的海外并购，先后获得了几十项核心技术，从而大大促进了我国装备制造业跨越式的发展，为我国对内和对外积极发展方式的转变、赶超国际先进水平奠定了良好的基础。

(三)中联重科并购整合 CIFA：技术与品牌的双赢

长沙中联重工科技发展有限公司(以下简称中联重科)创建于 1992 年，是我国工程机械装备制造的龙头企业，全国首批 103 家创新型试点企业之一，主要从事建筑工程、能源工程、交通工程等国家基础设施建设重大高新技术装备的研发制造。中联重科从 1992 年的 50 万元起家，到 2008 年实现销售额 150 亿元，年增长率达到 60％以上，规模和效益均实现快速增长。

从 2000 年开始，中联重科加快产业扩张步伐。2001 年 11 月，整体收购英国保路捷公司；2002 年 12 月，兼并老牌国有企业湖南机床厂；2003 年 8 月，完成了浦沅公司的重组，收入由 2003 年的 11.73 亿元跳跃到 2004 年的 33.80 亿元，同比增长 188.11％。这些连环收购，使中联重科业务从最初的混凝土机械发展到现在的起重机械、混凝土机械、环卫机械、路面机械、土方机械等多个领域，成为目前国内产品链最为完整的工程机械企业。中联重科的销售收入也从2000年上市时的2.45亿元提升到2007年的89.73亿元。

从2007年开始，中联重科推行第二阶段的国际化战略，通过收购国外企业对各业务部门进行产业整合。目前，中联重科在世界混凝土机械行业中已成为第五大的企业。

总部设于意大利米兰附近塞纳哥的CIFA公司建立于1928年，主要从事用于钢筋混凝土的钢制模具等产品的制造和销售。CIFA在20世纪50年代将业务拓展到混凝土搅拌车、混凝土泵车、搅拌机及混凝土运输设备，居世界混凝土机械制造业前三位，仅次于德国Putzmeister(普茨迈斯特)和Schwing(施维茵)。在目前世界混凝土机械市场，德国公司Putzmeister和Schwing为一线品牌，CIFA紧随其后。由于CIFA产品的销售价格较一线品牌略低，而某些产品性能又高于其他品牌，所以CIFA产品在东欧、俄罗斯等地区竞争优势突出，市场占有率较高。例如，现在世界混凝土机械普遍使用的安装在泵送机械料斗里的S管阀就是CIFA设计的。

根据波士顿咨询公司的报告，2006年，CIFA在世界混凝土泵送机械市场中占8.9%的市场份额，仅次于Putzmeister公司21.5%的份额以及Schwing公司19.0%的市场份额而位居第3位。同年，CIFA在欧洲混凝土搅拌车市场占16.5%的份额，也是仅次于Putzmeister与Schwing-Steller公司的24.3%和22.3%的份额而位居第3位。另外，CIFA在亚洲及新兴市场的主要竞争对手便是中国的中联重科和三一重工。

2006年7月，意大利投资基金Magenta联合其他投资者收购了CIFA72.5%的股份，Magenta本身成为CIFA的最大股东。此后CIFA经历了一系列并购整合，重新构造了以产品生产线为基础的组织结构，优化了生产流程和生产控制标准，重组了采购流程，增加了在研发和产品设计方面的投入，拓展了产品线，也提升了盈利能力强的产品在所有产品中的比例。2007年，CIFA的混凝土泵送机械类产品、混凝土搅拌车及其他产品分别占销售收入的59%、21%和20%。按区域分，2007年意大利市场占总销售收入的37%、其他西欧国家市场占18%、东欧及俄罗斯市场占23%，非洲和中东地区占13%，其余地区占9%。

作为国际一流的混凝土机械制造商，CIFA拥有知名的品牌、全球化的销售网络、领先的技术工艺、优异的产品质量、完善的售后服务。与行业竞争对手相比，CIFA 是唯一一家能够全面提供各类混凝土设备的生产商，其核心竞争优势在于其产品的性价比较高，相对于 Putzmeister 和 Schwing 公司，CIFA 产品具有 10%—20% 的价格优势。相对于亚洲混凝土机械制造商，CIFA 产品具有较好的技术优势、更高的品牌知名度和客户美誉度。

2007 年 10 月，因为 Magenta 需要现金偿还一部分债务，所以决定出售 CIFA 的股权。2008 年 1 月，中联重科收到卖方正式发出的邀请投标的程序函及 CIFA 的初步情况介绍。中联重科对于 CIFA 并不陌生，它与 CIFA 最为密切的接触是 2001 年，当年中联重科引进了这家公司的部分装备。而 2003 年中联重科甚至也曾提出过收购的意图。“当时 CIFA 公司有两个家族，一个赞成，另一个反对。”选择意大利公司，对于中联重科来说也具有现实意义。意大利拥有先进的制造业及自动化技术，这两个领域对中联重科非常重要，意大利作为生产基地也十分理想。另外 CIFA 有非常完善的供应链，中联重科的零部件就是从 CIFA 进口的，而且 CIFA 是一个优秀的建筑机械品牌。

中联重科做出拟收购这个决策后，并购工作小组进行了缜密的调研，从人力资本、制造成本、销售渠道等方面进行了详细评估。中联重科的并购小组发现，CIFA 的员工大都居住在工厂周围 15 公里半径的区域内，对企业产生的黏性非常强。在发达国家里，新建工厂的招工是非常困难的，它不具备像中国这样大量廉价劳动力转移的情形。这些欧洲传统企业的制造成本特别高，而中国恰恰有成本优势。如果双方能够实现很好的对接，将产生良好的协同效益。零件在中国生产，产品在意大利组装，这样可以提高企业的竞争力。

由于并购涉及标的企业所在地企业文化、法律和法规、会计税务制度、商业惯例以及工会制度等方面存在巨大差异，并购风险很大，寻找 PE(共同投资人)是一个重要途径。中联重科找了三家 PE，它们分别是弘毅(中国本土基金)、曼达林(意大利本土基金)、高盛。为获得 CIFA 公司的 60%股权，中联重科支付 1.626 亿欧元，其中 1.509 亿欧元为股权款，其余 0.117 亿欧元为交易费用，所需支付款项共计 2.53 亿美元。弘毅、高盛、曼达林要支付 1.084 亿欧元。中联重科控股 60%，其他三家共同持有 40%的股权。由于拥有 PE 团队，中联重科在谈判中不仅可以更好地适应欧洲并购市场上的各种复杂规定，而且 PE 团队也给中联重科提供了某种信誉保证，从而大大推进了这次收购谈判的顺利进行。2008 年 9 月 28 日，中联重科联合三家 PE，与 CIFA 正式签署整体收购交割协议，以现金收购的方式正式完成对 CIFA 股份的全额收购。

从意大利回来后，中联重科的总裁立即邀请 CIFA 的高层来中联重科参观，中联重科的规模和实力给来者留下了非常深刻的印象。从 PE 的建议出发，中联重科和 CIFA 很快组建了整合委员会，双方高管都进入了这个共同小组，一旦出现问题就能迅速应对，寻找解决办法。

中联重科的整合方式是：一位中方经理都不派，完全保留原管理团队，其董事长担任中联重科副总裁，实行本土化管理，同时承诺不裁员，工资福利不变。并购后，中联重科加强了整合，采购部设在长沙，混凝土事业部把研发、市场营销都放在意大利米兰。中联重科在保持 CIFA 原有代理商的同时，对其代理方式进行了调整，即不仅可以做 CIFA 的产品也可以做中联重科的产品，双品牌运作。中联重科对收购整合的期望是："两个企业拼在一起，要像两张一模一样的桌子在一起一样，没有任何缝隙。"中联重科还专门设置了一个"协同办公室"，下设市场组、技术组、生产组、采购组和综合管理组，在整合的每一个方面都有中方和意方的经理对接。例如，作为市场组成员，按规定每周五下午都要与米兰进行一个到两个小时的视频会议，从下一场展览会上双方应派出何种机型参展，到如何整合现有的经销商，以及双方品牌未来如何定位等，进行详细讨论。而在和外方经理沟通中，最重要的一点就是丢弃中国人那种拐弯抹角的含蓄文化，毫不保留地坦诚相见。

中联重科收购 CIFA，通过将 CIFA 优势技术完全嫁接到旗下全部混凝土机械产品中，不仅提升了产品品质和市场认可度，同时大幅增加了产品毛利率和利润。自从 2009 年以来，中联—CIFA 复合技术创新平台上诞生了众多引领全球混凝土机械发展潮流的前沿技术。例如，中联重科融合 CIFA 技术后在长臂架泵车领域的竞争力大幅增强，长臂架泵车的国内市场份额上升至 52%。而长臂架泵车是混凝土机械泵车一种，正逐步替代短臂架泵车，成为未来市场主流。中联重科拥有全球专利的碳纤维臂技术，该技术被认为是实现"制造最好泵车"的利器。对此，中国混凝土机械协会名誉会长陈润余曾这样赞誉："中联重科碳纤维臂架泵车不仅是泵车历史上的一次革命，更是全球工程机械基础技术研究领域一项创世纪的杰作。"

(四)我国高铁技术的集成创新：一个“超所有权优势”范式的应用

近几年，我国轨道交通装备制造企业在国际市场上实现了三大转变：第一大转变是实现了出口产品由零部件为主到整车为主，再由普通整车产品为主到高端产品为主的转变。仅中国南车、中国北车这两家企业 2009 年就在海外赢得了 23 亿美元合同，其中动车组、城轨、地铁等高端产品占据了签约总额的 70%以上，中国高速铁路海外订单的含金量大大提升。第二大转变是实现了从产品出口向对外直接投资以及技术输出的转变。以中国北车为例，2013 年年底，该公司开始启动在阿根廷设厂，以输出技术和创造就业换市场。第三大转变是实现了出口地区由发展中国家到发达国家的转变。最初中国高速铁路企业的产品出口主要集中在中东和东南亚等不发达地区。现在，整车产品已经进入东欧、亚洲、非洲、南美洲、大洋洲的 40 多个国家和地区，并逐步向澳大利亚、新加坡等发达国家拓展。与我国高速铁路产业快速发展相伴的是，我国建立了具有自主知识产权、世界一流水平的高速铁路技术体系。2003 年以来，我国已申请高速铁路相关专利共计 1 902 项，其中已经授权 1 421 项，正在受理中 481 项。中国高铁的跨越式发展，不仅赚取了丰厚的利润，同时也在改变中国在全球产业链条中的位置。随着我国高铁这类技术密集产业的无形资产日益强大，受益者已经远远超出中国高铁行业本身，甚至囊括了整个“中国制造”。

我国高铁行业技术的成功，不仅是一部关于技术引进、消化、吸收，然后国产化、再创新，最终全球输出的生动历史，从“超所有权优势”范式分析，更是一部“常效风险”下通过国家特定比较优势的嵌入式影响，进而不断培育企业动态所有权优势，最终促成中国企业在国际市场上赢得竞争优势的真实写照。

按照“超所有权优势”范式的结构，在“常效风险”下，一国企业对外投资竞争可以通过三种所有权优势的发挥：静态所有权优势、动态所有权优势与国家特定比较优势。从本质上讲，企业所有权优势是一个短期概念，这使得国家特定比较优势具有重要意义(诸如国家制度、文化等要素构成这一内涵的核心，它往往表现为一个国家在企业家精神方面的比较优势，进而通过创新不断更新本国企业特定竞争优势)。就中国来讲，目前最显著的国家特定比较优势在于政府的权威政治模式，尤其表现在政府集中提供公共基础设施与推进现代化过程中对资源集聚与市场整合的强大作用，并且这种权威政治模式恰好在动员现代化与整合社会方面提供了比较适宜的治理结构。在中国高铁技术快速发展过程中，可以非常清楚地看到这种权威政治模式是如何通过与微观企业优势相结合，进而有力地推动中国高铁技术的集成创新。

2004年我国正式通过第一个《中长期铁路网规划》，明确提出到2020年，全国铁路营业里程要达到10万公里，国内主要繁忙干线实现客货分离，并在全国范围内建立“四横四纵”的客运专线网。铁路网的跨越式发展，启用高速铁路技术是当务之急。当时铁道部决策层的思路非常清晰，就是要“系统性地引进已被验证过的发达国家机车车辆关键技术，进行消化吸收和系统合成”，快速推动国内高铁建设，实现跨越式发展。此外，大规模建设这块市场大蛋糕，可以迫使外方转让核心技术，实现低成本引进和本土化生产，最终打造中国品牌。按照当时的政策，国外企业进入我国铁路市场，必须与我国企业组成联合体，我国企业与外方的谈判也要由铁道部出面统一协调组织。为此，国务院特意设立了技术车辆专业委员会，铁道部也成立了动车组项目联合办公室，先后进行了三次重要的项目招标。

2004年8月27日，法国阿尔斯通与中国北车集团长春轨道客车股份有限公司联合体、日本川崎重工与中国南车集团青岛四方机车车辆有限公司联合体、加拿大庞巴迪与南车的合资公司——青岛四方庞巴迪鲍尔铁路运输设备有限公司，中标了“时速200公里动车组招标”项目，这个项目引进的动车组是在既有线路上使用。2005年10月，“时速300公里动车组”的项目招标启动，该项目引进的动车组是在新建客运专线上使用。2006年年初，川崎重工、阿尔斯通、庞巴迪和西门子四家外国巨头通过与中国南车、中国北车下属企业合作中标。这两次招标模式都是车辆采购+技术引进。2006年11月，铁道部开始进行国内第一条新建高速铁路京津城际项目招标(针对整条高铁专线，竞标企业要负责包括线路建设和动车在内的整个工程，是一个总承包方)，最终以西门子为首的德国企业联合体以120亿元人民币价格中标(西门子的技术授让给唐山机车车辆厂)。

在上述三次重大招标设计中，铁道部的技术谈判策略非常成功：一是引入了多家国外企业进行竞争，要求竞标方组成中外企业联合体(即以西门子为首的德国企业联合体，包括ABB、施耐德等；以阿尔斯通为首的法国企业联合体，以庞巴迪为首的加拿大企业联合体和以日立为首的日本企业联合体，每个联合体企业之间互有分工)，实现了中资企业在项目实施过程中"干中学"的目的。二是谈判中铁道部的权威主导作用得到了充分体现："所有外商都要直接和铁道部谈，中国企业和市场被整合到一起，如果中方不让步，对方一点办法都没有。中方有四个选择，一个一个地磨，这家不行就找那家，让四家外商来竞争。"三是实现递进技术引进，即每一轮谈判中，前面外商转让的技术不需要再谈，只谈那些他们还没转让的。此外，中方还要求外方的技术转让必须通过国产化的考核，钱才会支付。

在我国引进高速铁路技术的谈判中，以铁道部为权威治理结构的这种制度设计，事后证明具有非常重要的意义：如果放任跨国机车企业进入我国市场，则凭借我国现有机车企业的技术与品牌，很难不被外资企业逐个突破。即便中方要求外方与中方组成合资企业，但在实际经营中如果没有强大的外部制度约束，跨国公司是不可能向中方顺利转移其先进的高铁技术。例如，中方最初向拥有目前日本动车组最新 700 系及 800 系技术的日本车辆制造公司——日车及日立制作所洽商，但日车、日立均拒绝向中国出售车辆及技术转移。中国加入世界贸易组织后汽车业的发展就是一个例子，全球九大跨国汽车企业全部进入我国，并且与中方企业对应设立了合资企业，但是时至今日，我国汽车产业的核心技术仍然在外方手里，我国国内汽车市场份额却几乎全部为九大跨国汽车企业所占领，我国汽车产业"以市场换技术"的策略实际上是失败的。

而以铁道部为主导、整合了中方企业与中方市场资源优势的谈判模式之所以收到极好的效果，关键在于铁道部的这一举措，某种程度上是以国家特定比较优势(铁道部组织协调下的制度化安排)弥补了中方微观企业的失效——面对强大的跨国机车企业，单个中方企业无论采用何种策略，是不可能获得对等与公平的技术引进与合作机会。因此在这一意义上，可以认为中国机车企业在面对跨国公司引资合作时实际上存在"企业失效"，这时候"超所有权优势"范式认为，中国政府可以发挥积极作用，通过国家特定比较优势的嵌入式影响，以"市场"等其他治理结构来克服前述"企业失效"的障碍。以下的分析表明，这一范式假说在中国高铁技术引进谈判中得到了很好的验证。

2004 年的第一轮招标，德国西门子公司兴趣浓厚，充满自信，不仅拒绝响应招标说明书中规定的 50 多项技术转让要求，而且还开出了天价：每列原型车价格 3.5 亿元人民币，技术转让费 3.9 亿欧元。直到招标前一夜，西门子仍不肯让步。铁道部谈判代表坚定地说，如果原型车价格不降到 2.5 亿元人民币以下，技术转让费不降到 1.5 亿欧元以下，肯定出局。结果次日开标：西门子出局，阿尔斯通、川崎、庞巴迪中标。此后，西门子谈判团队被集体解雇。在 2005 年时速 300 公里动车组招标时，西门子再次竞标时，不仅原型车每列价格降到 2.5 亿元人民币，还以 8 000 万欧元价格转让了关键技术。仅此一个项目，就节省了 90 亿元人民币的采购成本。

当时，日车、日立均拒绝向中国出售车辆及转移技术，铁道部改向川崎重工招手。川崎经营状况不太理想，因此不顾日车、日立及东日本旅客铁路公司的反对，出售三组 E2 系及其车辆技术给中国。第一轮招标的最大赢家是法国阿尔斯通。阿尔斯通同样因经营不善债台高筑，2003 年 8 月甚至向巴黎法院申请了破产保护，但 2004 年中国的 6.2 亿欧元大单挽救了它被肢解的命运，阿尔斯通为此将其 TVB 高速列车的 7 项关键技术转让给了中国。

对于中国高铁技术引进谈判来说，铁道部的资源整合——以“市场”治理结构来替代“企业”治理结构的另一重要意义在于，国家一开始就可以针对产业市场发展趋势对中国高铁技术的集成创新进行顶层设计，并在谈判过程中有意识地强化那些有利于产业中长期发展规划的技术引进重心。

例如，2006 年 5 月 25 日，在铁道部组织的一次京沪高速铁路国产化专题论证会上，铁道部计划司已勾勒了我国高速铁路技术体系的未来。简言之，即线桥隧涵等基础设施是“原始创新”，全部自己来做；通信信号、牵引供电系统是“系统集成创新”，即平台创新；运营调度和客运服务系统是以中方企业为主的自主创新；机车制造则完全推倒重来，以市场换技术，“引进消化吸收再创新”。为此铁道部组建了四方、长客、唐车三大整车集成总装平台，并按照动车组的车体、转向架、牵引控制、牵引变压器、牵引变流器、牵引电机、制动系统、列车网络控制系统、动车组系统集成技术九大关键和主要配套子系统，安排各子系统的技术引进、消化、吸收和再创新平台。①

---

① 永济电机厂、大同电力机车公司、大连内燃机车研究所、四方车辆研究所、株洲电力机车研究所、株洲电力机车厂、铁科院机辆所等负责主攻交流传动牵引系统和网络控制系统，即动车组的“心脏”和“大脑”；铁科院机辆所、浦镇车辆厂主攻制动系统；青岛四方主攻车体和转向架；中南大学做头型设计。

在上述思想指引下，第三轮招标谈判从 2006 年 11 月开始持续了三个月，铁道部包下了北京车公庄附近的新大都酒店作为谈判地点，并从北京交通大学、西南交通大学等科研院校抽调专家，和铁路系统内的谈判人员一起，分成六个小组与四个国家企业联合体进行车轮战。每个小组都有二三十人，外方人数也基本对等。六个小组分别针对高铁所涉及的动车组设计制造、牵引供电、基础设施、运营调度、通信信号、客运服务六个子系统进行谈判。谈判围绕两个焦点进行：一是转让哪些技术；二是转让价格。专家顾问主要负责谈外方要转让哪些技术的问题，价格方面还有最终拍板都是由铁道部领导来做。据专家回忆：“外方都有不同的推荐方案，我们也有我们提出来的单子，一旦发现有些技术他们没列出来，我们就一项一项地谈，哪些可以转让，哪些不能转让。每项技术都要和对方四家分别谈，争得非常激烈，谈判时经常拍桌子摔板凳。”在实际谈判进程中，铁道部的思路非常清晰，要引进最先进的技术，哪怕成本偏高，但是一次到位，对长期规划是有利的。例如在高铁的供电方式谈判中，四家外国公司都提供了方案，但中方技术人员认为德国的 AG 供电方式最先进，两个供电变压器的点段之间距离可以达到 90 公里，供电距离长，能量大。这种供电模式在 118 公里的京津城际优势不明显，但在 1 300 公里的京沪高铁上优势就很显著，1 300 公里只需建 26 个变电站。

在铁道部强有力的主导下，引入世界各国的先进技术后，我国高速铁路动车组的发展速度之快，大大出乎了当事人的预期。2004 年，我国决定引进高速铁路技术之时，我国列车运行的最高时速约为 160 公里。① 但在 2003 年下半年，中国南车集团选择日本新干线作为平台，在当时国内既有线提速的基础上，引进改造后时速就直接达到了 250 公里。2005 年开始建设、2007 年正式运行的京津城际虽然预设时速为 350 公里，但 350 公里的最高时速仅有 10 分钟，全程平均时速为 260 公里。武广客运专线正式运营后，动车组运行时速维持在 350 公里以上的时间不低于 1 小时，全程平均时速在 341 公里以

① 日本川崎重工总裁大桥忠晴曾劝告中方技术人员不要操之过急，先用八年时间掌握时速 200 公里的技术(1964 年日本新干线开通以来，全球只有日本、法国、德国等少数几个国家达到了每小时 200 公里的运营速度)，再用八年时间掌握时速 350 公里的技术(日本人花了 30 年才将列车时速从 210 公里提升至 300 公里)。

上。在上千公里的高速铁路线上，动车组以如此快的速度长时间运行，这在世界高铁史上是从来没有过的。同时，穿越中国若干省市的高铁线路是在大范围的复杂多样的自然环境下建设起来的，这让中国企业独立掌握了各种不同环境条件下的高铁运行状况，特别是时速350公里级甚至更快的运行数据和技术能力——而在350公里这个速度级，国外没有正式运营的经验。

此外，我国高铁技术国产化率大大普及。根据铁道部的部署，2004年第一次招标采购的160列时速200公里动车组，其中9列是整车进口，151列全部在国内生产，2007年年底全部交付完成，国产化率达到70%。2005年通过竞争谈判采购的120列时速300公里动车组，其中60列是在第一次技术引进的基础上由四方股份等国内企业通过消化、吸收、再创新，将动车组时速提升至300公里，采购合同由客运专线公司与四方股份直接签订，全部在国内采购，2007年开始交付，2009年上半年全部完成，国产化率从70%最终提升到85%以上；另外60列由北车唐山工厂引进西门子时速300公里动车组设计制造技术，除3列整车进口外，其余57列全部在国内生产，国产化率第一阶段达到30%，第二阶段59%，第三阶段达到70%以上，2009年年底全部交付完成。

2007年4月18日，我国铁路第六次大提速正式拉开序幕，我国铁路正式步入"200公里"时代，繁忙干线区段时速达到200公里至250公里，这是世界铁路既有线的提速最高值。140对标识有"CRH"的动车组在这一天闪亮登场，铁道部将这些动车组统称为"和谐号"。具体而言，CRH1型车由庞巴迪—四方—鲍尔(BSP)生产，原型车是庞巴迪为瑞典AB提供的Regina；CRH2型车由中国南车四方联合日本川崎联合体生产，原型车是日本新干线E2-1000；CRH3型车是中国引进西门子的技术生产的时速300公里动力分散式动车组，合作厂是中国北车，以ICE3为蓝本；CRH5型车引进自法国阿尔斯通的高速列车，与长春客车联合生产。当年4月29日，铁道部召开新闻发布会并宣布，我国已经掌握了世界先进成熟的铁路机车车辆制造技术，运用这些技术生产的时速200公里及以上动车组和大功率机车的国产化率达到70%以上，已经跻身世界先进行列。

以铁道部为主导的权威治理结构，不仅表现在引进高铁技术方面，对于中国高铁技术走出去同样具有非常重要的意义。铁道部要求，不论中国南车还是中国北车，走出去的战略都必须坚持以铁道部为主导，以关联企业联盟为主体，注重发挥中国铁路产业集成优势，统一部署，形成合力。这一策略让我国高速铁路在与国外企业的技术转让谈判中占尽了上风。

以我国高速铁路参与竞标的沙特项目为例。铁道部作为行业管理部门设有沙特项目办统一管理部署，中国南车为项目牵头单位，联合中国铁建、北京铁路局两家企业一起竞标。由于项目牵涉数个联合企业成员，铁道部同时还协调各企业行为，包括造车、建线、供电、运营等各方面。“这样一来，整个中国铁路建设的可比性优势就非常大了。”中国南车的工作人员表示：“沙特项目联合体中有很多公司，比如说中铁建。这个项目联合体里南车集团是项目总牵头单位，前期跟沙特接触时间比较长。但实施这个项目是由青岛四方做，还有北京铁路局作为运营，铁道部并不冲在前面，而是在后方协调支持，这个联合体 5 月初已经投标。”目前中国南车进入国外市场的资金主要依靠自带资金、国内的商业贷款以及当地政府的优惠。因此，铁道部要组织国内企业和金融机构参与。而日本、德国等国家的企业由于缺乏我国这种集约化的政治体制，无法享受政府如此细致到位的指导。后来，德国西门子集团也想参与到我国的沙特项目联合体里面去。据媒体报道，西门子放弃了与 Saudi Binladin Group 发起的联合方，转移加入至南车集团牵头的财团，争取沙特阿拉伯哈拉曼高铁项目的竞标，希望给该段长达 450 公里的铁路供应火车及设备。显然，我国政府领导的集约化系统能力，成为中国铁路海外“走出去”的一个极大优势。

第　五　章

构建以提高质量为主的引进外商直接投资发展战略

第一节　中国引进外商直接投资的现状

一、我国引进外商直接投资的情况与特征

1979年7月1日《中华人民共和国中外合资经营企业法》正式出台，标志着我国市场向境外直接投资者打开了大门。在经济高速增长的客观形势下，我国引进外商直接投资(Foreign Direct Investment，FDI)取得了突破性进展，外商直接投资规模不断攀升，如图5-1所示。

1980年，我国利用外商直接投资仅为0.57亿美元。随后外商直接投资开始缓慢进入中国，到20世纪90年代以后形成高潮，外商直接投资已成为我国利用境外资金的主要形式。外商直接投资自从1989年在我国实际利用境外资金中所占比例超过对外借款以后，就一直占据主导地位。从1991年起，我国已连续20多年位于发展中国家利用外商直接投资的第1位。到1994年，外商直接投资在境外资金所占比例高达78.14%，并在1994年以后稳定在80%左右。2008年，外商直接投资达到923.95亿美元，我国成为世界第一大引进外商直接投资的国家。2010年，我国实际利用外商直接投资首次突破千亿美元，达到1 057.4亿美元。2011—2014年，我国利用外商投资规模继续超过千亿美元。到2014年年底，我国累计利用外商直接投资达到15 131.4亿美元。30多年来，我国利用外商直接投资的年均增长速度达27%，远远超过

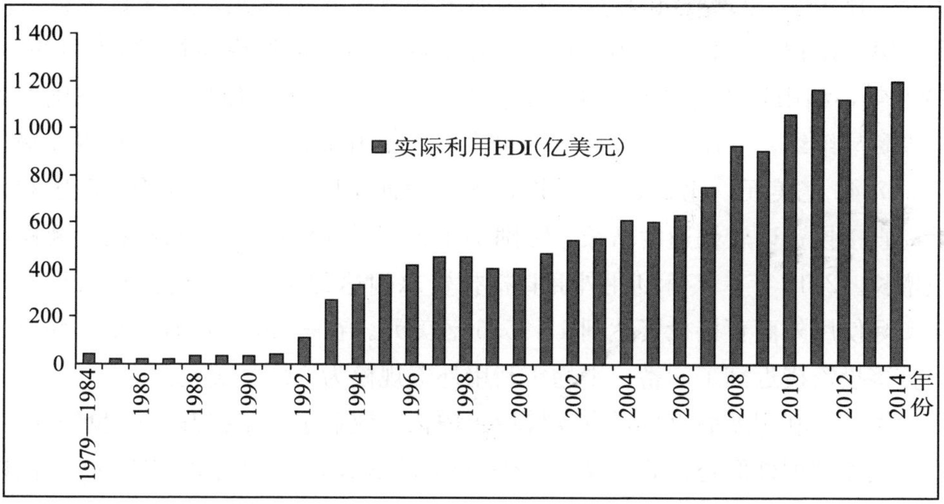

图 5-1　1979—2014 年我国利用外商直接投资变动趋势

资料来源：国家统计局，《中国统计年鉴》，1980—2014 年，http://www.stats.gov.cn。

国内生产总值的增长速度。

外商直接投资大规模进入我国弥补了我国经济建设资金的不足，优化了产业结构，提升了我国产业的国际竞争力，增加了劳动就业，推动了我国对外贸易的发展。外商直接投资成为我国国民经济发展的重要组成部分，在我国经济发展中发挥了积极的作用。但是，我国在引进外商直接投资过程中，也存在不少的问题。例如，外商直接投资产业污染严重，产业布局不合理，来自欧美发达国家直接投资比例偏低，外商直接投资溢出效应并不明显。特别是 1992 年我国政府提出"以市场换技术"的发展战略，以解决利用外商直接投资过程中出现的问题，但从实施的情况看效果并不明显。

我国引进外商直接投资存在下述特征：

第一，利用外商直接投资具有明显的阶段性特点。改革开放 30 多年来，我国利用外商直接投资表现出明显的阶段特征，大致可以分为四个阶段。第一阶段从改革开放初期到 1992 年，利用外商直接投资处于低位徘徊状态，总规模偏小。据统计，1979—1991 年，我国利用外商直接投资总额约为 250 亿美元，年均利用外资约为 20 亿美元。第二阶段是 1992—1998 年，利用外商直接投资迅速增长。1998 年，实际利用外商直接投资达到创纪录的 454.63 亿美元，比1992年增长4倍多，年均利用外资346亿美元，远远高于第一阶段。第三阶段是1999—2003年，利用外商直接投资规模缓慢增长。1999—2000年，利用外商直接投资规模出现小幅下降。2001年以后，随着我国加入世界贸易组织，利用外商直接投资再次进入上升通道。2002年，利用外资达到527.43亿美元，比2000年增长30%。第四阶段是2004年至今，我国利用外商直接投资以较快速度增长。特别是在2007年以后，外商直接投资规模迅速增长。2010年，实际利用外商直接投资总额达到1 057.3亿美元。到2014年实际使用外商直接投资达到1 195.6亿美元。在短短10年时间里，利用外商直接投资接近翻了一番，平均年利用外资规模为919亿美元。

第二，利用外商直接投资规模稳步增长，效益进一步提升。20世纪80年代，我国利用外商直接投资处于较缓慢的增长阶段。但是，进入90年代以后，随着中国特色社会主义市场经济体制的建立，利用外商直接投资进入快速发展的轨道。到1998年，利用外商直接投资达到创纪录的454.6亿美元。90年代利用外商直接投资年平均规模为246亿美元，远远高于80年代的平均水平。

进入21世纪，随着我国加入世界贸易组织，外商直接投资规模进一步扩大。利用外商直接投资规模在2004年达到历史最高水平606亿美元，到2009年又上升到923.95亿美元。2014年，全国新批设立外商投资企业23 778家，实际使用外商直接投资规模1 195.6亿美元。与此同时，我国利用外商直接投资规模逐步开始从重数量到重质量的转变。在科学发展观的指导下，我国引进外商直接投资更加注重投资的技术溢出效应，更加重视对资源环境的有效利用，更加注重促进国内产业结构的调整。

党的十六大以来，我国利用外商直接投资规模已从弥补“双缺口”为主转向优化资本配置、促进技术进步和推动市场经济体制的完善，从规模速度型向质量效益型转变。以跨国公司在我国内地设立研发中心和地区总部为例。据不完全统计，到2011年年底，我国有外商研究和开发中心达1600多家，其中约70%是2000年后设立的。在这些研究和开发中心中，近50%从事先导技术研究，60%服务于全球市场。① 从行业上看，研究与开发中心主要集

① 梁达：《我国利用外资仍具较大优势与空间》，《上海证券报》2013年3月19日。

中在技术密集型行业，如电子及通信设备制造业、交通运输设备制造业、医药制造业和化学原料及化学品制造业。

与此同时，跨国公司开始在我国内地设立地区总部。1999 年，第一家跨国公司地区总部在北京成立。到 2005 年，已有超过 40 家跨国公司在我国内地设立地区总部。2005 年以后，跨国公司总部数量逐年增加。2012 年，在北京设立地区总部的跨国公司有 127 家，在上海有 384 家，其中许多跨国公司为世界 500 强企业。跨国公司地区总部具有较高的知识技术含量，产业关联带动作用大。发展总部经济，对于推动产业优化升级和加快经济发展方式转变、提升我国在全球产业分工格局中的地位和影响力具有重要意义。

从上面的分析可以看到，随着外商直接投资环境进一步优化和我国利用外商直接投资规模不断扩大，我国在世界直接投资领域的国际地位进一步凸显。我国的投资环境无论对市场开拓型的外商直接投资还是对资源整合型的外商直接投资都产生较大的吸引力，我国利用外商直接投资规模将进一步扩大，质量将进一步提高。

第三，利用外商直接投资方式趋向多样化，独资模式占据重要地位。改革开放初期，外商直接投资主要采取中外合资和中外合作两种方式，如表 5-1 所示。据统计，合资合作经营模式占利用境外资金比例在 1985 年超过 93%，随后几年有所下降，到 1991 年下降为 62.3%。

进入 20 世纪 90 年代以后，利用外商直接投资方式发生明显变化，合资合作模式逐渐被独资模式超越，外商独资企业的比例以较快速度上升。1997 年，外商独资经营的新设项目数超过中外合资经营的新设项目数。1998 年，外商独资经营企业的合同金额首次超过了中外合资经营项目的合同金额。当然，由于历史上我国以中外合资经营引进外商直接投资为主，如果以累计利用外商直接投资计算，中外合资经营仍然是主要的投资方式，占实际投资额的 1/2，外商独资经营所占比例不到 1/3。

2000 年以后，我国利用外商直接投资方式进一步走向多样化。除合资、合作和独资经营模式外，我国又稳步实施了合格境外机构投资者(QFII)制度，允许符合条件的境外机构投资者投资境内证券市场，促进境内证券市场开放。到 2013 年 1 月，我国政府共批准来自 27 个国家或地区的 213 家 QFII 机构，其中 2012 年批准通过 72 家机构，投资额度达 800 亿美元。同时，我国政府制定相关政策允许外资以并购方式参与国内企业改组改造和兼并重组，于2006年颁布了《利用外资改组国有企业暂行规定》《关于外国投资者并购境内企业的规定》等涉及外资并购的多项法规，外资并购政策和环境进一步改善，并购规模呈不断扩大的趋势，如表5-2所示。根据联合国贸易和发展委员会《世界投资报告》统计，2013年外商在我国内地并购投资一度达到129亿美元的历史高峰。可以预见，随着我国引进外商直接投资政策的调整，跨国并购成为我国利用外商直接投资的重要方式。

表5-1　20世纪90年代以来我国利用外商直接投资方式情况　单位：个、亿美元

	1991年		1996年		2000年		2005年		2013年	
	项目数	合同外资	项目数	合同外资	项目数	实际外资	项目数	实际外资	项目数	实际外资
合资	8 395	60.80	12 628	318.76	8 378	143.43	10 480	146.14	4 476	237.72
合作	1 778	21.37	2 849	142.97	1 757	65.95	1 166	18.31	142	19.44
外资	2 795	36.66	9 062	268.10	12 196	192.63	32 308	429.61	18 125	895.89
其他	10	12.88	17	2.92	16	5.12	47	9.19	30	22.81
合计	12 978	131.73	24 556	732.76	22 347	407.14	44 001	603.25	22 773	1 175.86

资料来源：国家统计局，《中国统计年鉴》，1992—2013年，http://www.stats.gov.cn。

表5-2　2000—2013年外商在我国内地并购投资金额　单位：亿美元

年份	2000	2001	2002	2003	2004	2005	2006	2007	2008	2009	2010	2011	2012	2013
并购额	22.47	4.52	10.47	16.47	67.68	82.53	67.24	92.74	51.44	108.98	63.06	118.4	99.95	129

资料来源：UNCTAD，World Investment，2001—2013，http://www.unctad.org。

第四，制造业利用外商直接投资持续增长，服务业特别是金融服务业利用外商直接投资取得突破。改革开放以来，制造业一直是我国利用外商直接投资的主要产业，占利用外商直接投资总额的50%—70%，并呈现持续增长的趋势。1997年，制造业实际利用外商直接投资为281亿美元，占当年利用外商直接投资总额的62%。2013年，制造业实际利用外商直接投资增加到455亿美元，所占比例为38.7%。所占比例较从前有所下降，但制造业的重要地位仍未出现根本转变。

在制造业利用外商直接投资保持稳步增长的同时，随着对外开放的深入和服务贸易领域进一步开放，服务业利用外商直接投资增长较快。1997年，

服务业利用外商直接投资规模为68.24亿美元，占当年利用外商直接投资总额的15%。到2013年，服务业利用外商直接投资规模达到662.1亿美元水平，占同年利用外商直接投资比例的56.3%。在16年时间里，服务业利用外商直接投资比1997年增长8倍之多，所占比例也大幅上升。与制造业相比，服务业利用外商直接投资增长速度明显快于制造业，参看表5-3。

表5-3　1997—2012年我国制造业和服务业利用外商直接投资情况 单位：亿美元、%

年份	制造业	服务业	制造业占比	服务业占比
1997	281.20	68.24	62	15
1998	255.82	80.55	56	18
1999	226.03	71.39	56	18
2000	258.44	56.70	63	14
2001	309.07	60.81	66	13
2002	368.00	66.83	70	13
2003	369.36	63.35	69	12
2004	430.17	140.52	71	23
2005	424.53	149.14	70	25
2006	400.77	199.14	64	32
2007	408.65	309.84	55	41
2008	498.95	379.49	54	41
2009	467.71	385.28	52	43
2010	495.91	499.62	47	47
2011	521.00	582.55	45	50
2012	488.66	571.98	44	51
2013	455.50	662.17	39	56

注：1997年以前，我国并未提供分行业的利用外资数据，本专著分行业数据从1997年开始。

资料来源：国家统计局，《中国统计年鉴》，1998—2014年，http://www.stats.gov.cn。

二、我国利用外商直接投资的结构分析

(一)外商直接投资的产业分布

从外商直接投资的产业分布来看，改革开放以来我国利用外商直接投资

主要集中于第二产业，第一产业比例最低，第三产业比重多数年份低于30%。但从20世纪90年代开始，房地产业的外商直接投资增加较快，个别年份占到外商直接投资总额的1/3以上，最近几年这个比例略有下降。

第二产业中，外商主要投资工业，工业利用外商直接投资额约占第二产业利用外商直接投资总额的60%。2000年以前，我国利用外商直接投资项目数的72.99%，合同外商直接投资的60.87%集中在第二产业。2000年以后，外商直接投资产业构成比例发生明显变化，对第三产业直接投资比例大幅提高。2001—2013年，第三产业外商直接投资金额所占比重逐步提高。2013年，第三产业利用外商直接投资比例达到56.3%，比2001年提高约33个百分点；第二产业利用外商直接投资所占比重则逐步下降，到2013年下降为38.7%，比2001年下降约32个百分点。具体情况参看表5-4。

在外商直接投资结构进一步优化的同时，我国利用外资质量也显著提高。其中，投向第一、第三产业外资中流向现代农业、商贸服务和民生服务领域的外资明显增多。第二产业中，电子信息、集成电路、家用电器和汽车制造等技术资金密集型产业继续发展，新能源、新材料、生物医药和节能环保等行业的外资日益形成规模。相关产业的核心竞争力也有了明显提升。而且，外商加大对我国研发投资力度。目前，数百家跨国公司已在我国设立研究和开发中心，研究和开发中心数量已超过1 600家，比2002年增长一倍以上①，这些研究和开发中心超过半数主要从事先进技术研究，而且多数研究和开发中心集中于技术优势明显的北京和上海等大城市。

表5-4 我国利用外商直接投资分产业统计表 单位：%

年份	第一产业	第二产业	第三产业
1991	1.78	81.57	16.71
1992	1.24	60.08	38.68
1993	1.14	49.45	49.41
1994	1.21	56.07	42.73
1995	1.88	69.57	28.55

① 新华网：《跨国公司纷纷将研发中心移至中国》，2012年11月19日，http://news.xinhuanet.com。

续表

年份	第一产业	第二产业	第三产业
1996	1.63	71.66	26.71
1997	1.39	71.97	26.65
1998	1.37	68.91	29.72
1999	1.76	68.90	29.34
2000	1.66	72.64	25.70
2001	1.92	74.23	23.85
2002	1.95	74.83	23.23
2003	1.87	73.23	24.90
2004	1.84	74.98	23.18
2005	1.19	74.09	24.72
2006	0.95	67.45	31.60
2007	1.24	57.33	41.44
2008	1.29	57.64	41.07
2009	1.59	55.62	42.79
2010	1.81	50.94	47.25
2011	1.73	48.06	50.21
2012	1.84	46.97	51.19
2013	1.55	42.15	56.30

资料来源：国家统计局，《中国统计年鉴》，1992—2013年，http://www.stats.gov.cn。

（二）外商直接投资的行业分布

从外商直接投资的行业结构来看，我国利用外商直接投资主要集中于制造业，我国制造业外商直接投资占全部外商直接投资的比例多年来保持在50%—70%。外商直接投资的重点行业是我国传统比较优势的劳动密集型行业，但近年来外商开始增加对我国高新技术产业、设备制造业和化工行业的直接投资。在实际利用外商直接投资额中比重较大的还有运输邮政业、房地产业和电力燃气业等，比重较小的是批发零售、金融保险业、科学研究、综合技术服务业和住宿餐饮业。但近年来，租赁和商务服务业利用外商直接投资增长较快，2012年达82.11亿美元，在全部行业中居第3位，具体情况如表5-5所示。

表 5-5　1997—2012 年分行业利用外资分布表

单位：亿美元

年份	农林牧渔	采矿业	制造业	电力、燃气业	建筑业	运输、邮政业	房地产业	金融业	信息传输计算机件	批发零售业	住宿和餐饮业	租赁和商务服务业	科学技术服务	水利环境设施	居民服务及其他
1997	6.28	9.40	281.20	20.72	14.38	16.55	51.69	0	0	0	0	0	0	0	0
1998	6.24	5.78	255.82	31.03	20.64	16.45	64.10	0	0	0	0	0	0	0	0
1999	7.10	5.57	226.03	37.03	9.17	15.51	55.88	0	0	0	0	0	0	0	0
2000	6.76	5.83	258.44	22.42	9.05	10.12	46.58	0	0	0	0	0	0	0	0
2001	8.99	8.11	309.07	22.73	8.07	9.09	51.37	0.35	0	0	0	0	0	0	0
2002	10.28	5.81	368.00	13.75	7.09	9.13	56.63	1.07	0	0	0	0	0	0	0
2003	10.01	3.36	369.36	12.95	6.12	8.67	52.36	2.32	0	0	0	0	0	0	0
2004	11.14	5.38	430.17	11.36	7.72	12.73	59.50	2.52	9.16	7.40	8.41	28.24	2.94	2.29	1.58
2005	7.18	3.55	424.53	13.94	4.90	18.12	54.18	2.20	10.15	10.39	5.60	37.45	3.40	1.39	2.60
2006	5.99	4.61	400.77	12.81	6.88	19.85	82.30	2.94	10.70	17.89	8.28	42.23	5.04	1.95	5.04
2007	9.24	4.89	408.65	10.73	4.34	20.07	170.89	2.57	14.85	26.77	10.42	40.19	9.17	2.73	7.23
2008	11.91	5.73	498.95	16.96	10.93	28.51	185.90	5.73	27.75	44.33	9.39	50.59	15.06	3.40	5.70
2009	14.29	5.01	467.71	21.12	6.92	25.27	167.96	4.56	22.47	53.90	8.44	60.78	16.74	5.56	15.86
2010	19.12	6.84	495.91	21.25	14.61	22.44	239.86	11.23	24.87	65.96	9.35	71.30	19.67	9.09	20.53
2011	20.09	6.13	521.01	21.18	9.17	31.91	268.81	19.09	26.99	84.25	8.43	83.82	24.58	8.64	18.84
2012	20.62	7.70	488.66	16.39	11.82	34.74	241.5	21.19	33.58	94.62	7.02	82.11	0.96	8.50	11.64

资料来源：国家统计局，《中国统计年鉴》，1998—2013 年，http://www.stats.gov.cn。

(三)外商直接投资的区域分布

虽然我国整体利用外商直接投资保持快速增长趋势，但外商直接投资区域分布极不均衡却是不容忽视的事实。从图 5-2 中所反映的外商直接投资的地区结构来看，我国不同地区吸引的外商直接投资很不均衡。外商直接投资主要集中于东部沿海地区，中西部吸收的外商直接投资非常有限。中西部地区外商直接投资企业的数量与规模远远小于东部地区。

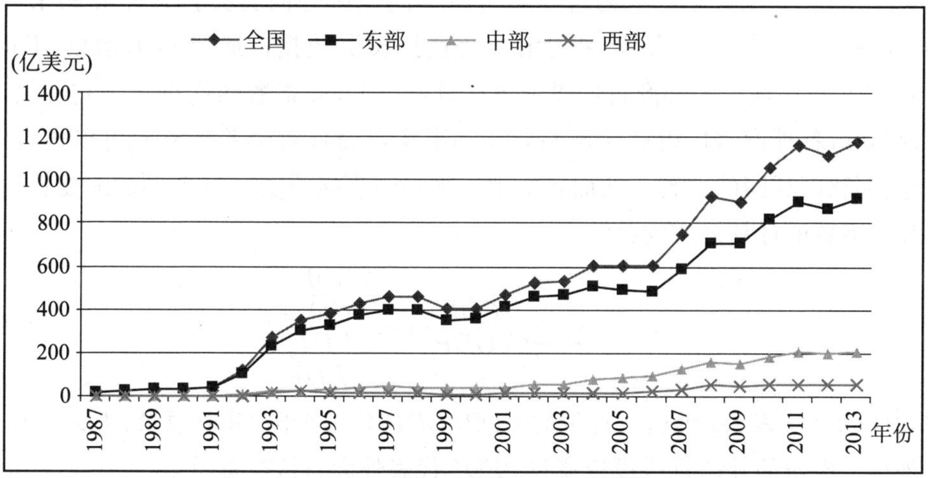

图 5-2　1987—2013 年全国及东中西部地区外商直接投资变化趋势

资料来源：1987—2008 年数据来自《新中国六十年统计资料汇编》；2009—2013 年数据由各省统计年鉴汇总整理。

据统计，整个 20 世纪 80 年代，外商直接投资流向沿海地区的比例高达 90%以上。进入 90 年代以后，这个比重略有下降，但总的分布趋势没有明显改变。1987—2013 年外商对沿海地区的累计投资额占全部投资额的比重仍保持在 80%以上，对中西部地区投资额不足 20%，对西部地区的投资额最高年份不足 7%。

从时间的维度来看，1987—1991 年外商直接投资总体处于低位徘徊，区域间外商直接投资的绝对差异波动较小。但是，从 1992 年起，随着对外开放进一步深化，外商直接投资开始加速发展，进入跳跃式快速增长时期。同时，三大地区利用外资开始出现明显分化①，地区间绝对差异逐步扩大。东部地区利用外资的变化趋势几乎与全国相一致，保持快速发展的态势，中部地区外商直接投资呈缓慢小幅上升趋势，而西部地区外商投资却没有明显起色，多年来一直处于低位徘徊状态。

图 5-2 的变动趋势表明，我国三大地区间利用外商直接投资差异较大。那么，地区间的差异主要来自哪里？是地区间的差异引起的还是地区内部不同省份间的差异引起的？为进一步考察不同地区外商直接投资差异的来源，可以利用 1987—2013 年全国利用外商直接投资数据，通过泰尔指数（Theil index）对三大地区的外商直接投资进行分解。Theil 指数的优点在于它不仅可以用来解释外商直接投资区域差异变动事实，而且对于差异来源可以进行区域内部和区域间的分解，从而较好地反映外商直接投资区域差异的演变轨迹。Theil 指数的计算公式为：

$$T=\sum_{i}\sum_{j}\left(\frac{GDP_{ij}}{GDP}\right)\ln\left(\frac{\frac{GDP_{ij}}{GDP}}{\frac{FDI_{ij}}{FDI}}\right) \tag{5-1}$$

其中，GDP_{ij} 表示 i 地区 j 省份的 GDP，GDP 代表全国 GDP 总量，FDI_{ij} 表示 i 地区 j 省份的外商直接投资流量，FDI 代表外商直接投资总量。

对于 Theil 指数可以进一步分解为东、中、西三大地带间的差异 T_{BR}，以及三大地带内部的总差异 T_{WR}：

$$T=T_{BR}+T_{WR}$$

三大地带间的差异计算公式为：

$$T_{BR}=\sum_{i}\frac{GDP_{i}}{GDP}\ln\left(\frac{\frac{GDP_{i}}{GDP}}{\frac{FDI_{i}}{FDI}}\right) \tag{5-2}$$

其中，GDP_{i} 与 FDI_{i} 分别代表第 i 地带的 GDP 与外商直接投资。

三大地带内部差异则是三大地带内各省区域间差异的加权平均，计算公式为：

① 三大地带划分遵循 1985 年中共中央在《关于制定国民经济和社会发展的第七个五年计划的建议》中的划分。

$$T_{WR}=\sum_{i}\left(\frac{GDP_i}{GDP}\right)T_i \tag{5-3}$$

图 5-3 和表 5-6 分别给出了外商直接投资的 Theil 指数变化趋势及分解结果。从图 5-3 可以看出，1987 年以来全国外商直接投资区域差异总体呈现逐渐缩小的趋势，其中 1987—1993 年是地区间外商直接投资差异急剧下降时期，这个时期外商直接投资差异下降幅度和速度最快，1993 年后地区间外商直接投资差异保持平稳波动，总体上未有大的变化，2004 年起再次进入快速下降通道。

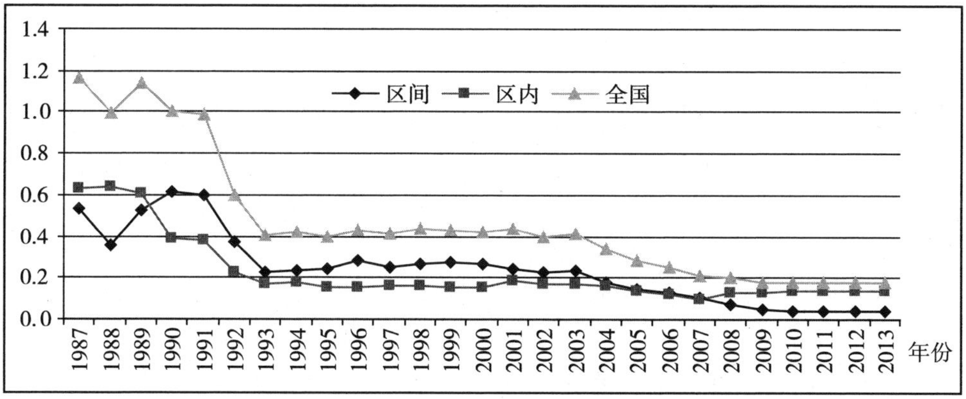

图 5-3　1987—2013 年外商直接投资区域差异的泰尔指数分解变动趋势

资料来源：1987—2008 年数据来自《新中国六十年统计资料汇编》；2009—2013 年数据由各省统计年鉴汇总整理。

外商直接投资地区差异的变动趋势与我国改革开放进程是基本吻合的。1992 年以前是我国利用外资的初级阶段，国家实行沿海开放战略，这个时期外商直接投资主要集中在东部地区，外商对中西部地区的投资微乎其微，导致这个时期地区间外商直接投资差异较大。1992 年，我国提出建立社会主义市场经济体制，对外商直接投资政策不断深化，同时开放战略向中西部延伸，所以 1992 年后外商直接投资快速增长同时投资地域呈现多元化，使得外商直接投资地区差异比改革开放初期小得多。2001 年加入世界贸易组织以后，我国利用外商直接投资进入全新的阶段，特别是服务业利用外资逐步开放，使得外商直接投资快速上升的同时进一步缩小了地区间利用外商直接投资的差异。

表 5-6　1987—2013 年外商直接投资地区差距的静态分解　　单位：%

年份	对地区差距贡献				
	T_{WR}	其中			T_{BR}
		东部	中部	西部	
1987	54.13	32.91	12.91	8.31	45.87
1988	64.17	44.83	10.15	9.18	35.83
1989	53.57	29.61	8.50	15.46	46.43
1990	39.02	28.65	4.35	6.03	60.98
1991	38.77	27.63	5.37	5.77	61.23
1992	37.70	27.35	5.84	4.50	62.30
1993	42.88	32.13	4.55	6.19	57.12
1994	43.29	29.52	5.60	8.17	56.71
1995	39.14	30.73	4.79	3.62	60.86
1996	35.07	27.22	4.61	3.25	64.93
1997	39.74	26.10	3.55	10.09	60.26
1998	37.64	26.23	4.32	7.08	62.36
1999	35.00	25.62	4.52	4.86	65.00
2000	37.18	25.70	4.25	7.23	62.82
2001	43.59	25.10	9.10	9.39	56.41
2002	43.37	24.39	11.25	7.74	56.63
2003	42.36	20.84	13.69	7.83	57.64
2004	47.78	17.75	19.41	10.62	52.22
2005	49.00	19.21	15.56	14.23	51.00
2006	49.41	24.31	11.14	13.96	50.59
2007	48.32	29.85	6.32	12.15	51.68
2008	63.31	38.13	7.85	17.33	36.69
2009	74.28	44.86	6.74	22.67	25.72
2010	71.20	40.35	6.84	23.01	28.80
2011	70.66	41.50	6.76	22.40	29.34
2012	69.12	40.66	6.87	21.59	30.88
2013	69.01	41.01	6.79	21.21	30.99

差异较小，更加接近外商直接投资微观区位选择尺度要求，所得结论会有更加明确的意义。这也是本专著的创新之处。

(一)外商直接投资区域差异的统计描述

笔者将外商直接投资的区域差异分为数量差异和质量差异来分别考察样本城市外商直接投资差异变动的事实。地级城市数据来源于《中国城市统计年鉴》，考察样本期间为1993—2008年。之所以选择1993年为研究起点，主要是因为1993年后随着市场经济体制的逐步建立，我国利用外商直接投资无论从数量上还是质量上都发生了显著变化。基于统计数据的可得性，选择206个地级城市作为样本城市。206个地级城市分布于全国除西藏外30个省、市、自治区，其中东部城市94个，中部城市84个，西部城市28个，利用外商直接投资占同期地级城市利用外商直接投资总额的比例各年均在90%以上。因此，无论是外商直接投资的规模还是区域分布，206个地级城市的样本都能够充分反映我国城市外商直接投资分布的基本事实。①

1. 外商直接投资区位分布的数量差异

外商直接投资地区之间的数量差异是外商直接投资地区差异的最直观的表现。1993—2008年地级城市外商直接投资数量差异的描述性统计如表5-7所示。

表5-7 地级城市外商直接投资数量差距的描述性统计

年份	均值	标准差	90/10分位
1993	11 153.94	18 973.76	66.91
1994	13 557.04	23 698.17	99.52
1995	12 086.43	21 071.21	86.06
1996	14 218.91	23 413.59	92.66
1997	14 258.21	23 971.78	126.94
1998	15 585.73	26 506.32	120.98
1999	14 888.52	26 317.14	108.15

① 当然，研究期间行政区划的变更是不得不考虑的问题，原则是：对于名称变更，但行政隶属未发生实质变动的城市，视为同一城市。而对于研究期间城市行政隶属发生实质变化或因统计数据缺失严重的城市予以剔除，最终选择206个样本城市。

续表

年份	均值	标准差	90/10 分位
2000	14 442.33	25 124.19	99.50
2001	16 890.13	32 943.92	88.42
2002	20 092.10	36 712.79	69.65
2003	27 259.85	46 949.09	80.35
2004	28 542.68	49 989.61	76.79
2005	30 202.58	51 817.38	79.61
2006	35 660.67	59 066.91	50.93
2007	42 502.64	67 456.44	42.73
2008	50 565.77	77 131.36	34.53

资料来源：国家统计局，《中国统计年鉴》，1994—2009 年，http://www.stats.gov.cn。

从统计数据可以看到，1993—2008 年 206 个地级城市利用外商直接投资数量呈逐年增加的趋势。尤其是进入 21 世纪以后，外商直接投资增长迅速，均值从 2000 年的 14 442 万美元快速增加到 2008 年的 50 565 万美元，8 年之间平均规模增长了 3.5 倍，年均增速达到 16.9%。但不同城市之间外商直接投资差异巨大而且具有阶段性特征。2000 年以前城市之间外商直接投资差异远高于 2000 年之后，其中 1997 年外商直接投资差异达到高峰值，90%分位城市的外商直接投资均值是 10%分位的 126 倍，随后这种差异开始下降，2008 年达到最低值。另外，从外商直接投资标准差看，研究期间内地级城市外商直接投资标准差均大于均值，表明各城市外商直接投资差异波动较大，但是标准差与均值之比表现的变异系数却是波动下降的，这与以分位数衡量的外商直接投资数量差异的结论是一致的。

2. 外商直接投资区位分布的质量差异

外商直接投资质量衡量是一个复杂的问题，国内外学术界对这个问题还缺乏系统研究。根据有关外商直接投资质量文献讨论，外商直接投资质量包含多个方面的维度，既有外商直接投资规模、数量和层次的扩展，又有外商直接投资的结构、技术、功能的改善。基于外商直接投资质量衡量的复杂性，笔者无意构建全面的外商直接投资质量的评价体系。结合数据的可获得性，笔者以项目平均规模和外商直接投资业绩指数来衡量外商直接投资的质量差异。虽然这些指标无法全面反映城市之间外商直接投资质量差异的全貌，但它为理解外商直接投资质量差异提供了量化分析的标准。

一般而言，外商直接投资项目越大，技术含量就越高，对当地经济发展、就业水平、上下游产业的带动作用就越明显，所以以外商直接投资项目平均规模衡量外商直接投资质量具有现实意义，这里以样本城市实际利用外商直接投资规模除以合同数来表示。对于业绩指数，可以参考联合国外商直接投资业绩指数，构造地级城市利用外商直接投资（FDI）业绩指数，计算公式如下：

$$FDI\ \text{业绩指数} = \frac{\dfrac{FDI_{it}}{FDI_t}}{\dfrac{GDP_{it}}{GDP_t}}$$

其中，FDI_{it}表示i城市t年利用外商直接投资流量，FDI_t表示t年全国吸引外商直接投资总量，GDP_{it}表示i城市t年的国内生产总值，GDP_t表示t年全国国内生产总值总量。

若指数小于1，表示该地区利用的外商直接投资与全国外商直接投资总量之比较其国内生产总值所占规模小，即利用效果差，相反就是利用效果好。利用上述公式测得地级城市利用外商直接投资质量差异的描述统计如表5-8所示。

表5-8　地级城市FDI质量差距的描述性统计

年份	项目平均规模			外资利用绩效		
	均值	标准差	90/10分位	均值	标准差	90/10分位
1993	95.65	51.38	3.80	0.68	0.87	19.91
1994	115.71	72.77	5.75	0.54	0.59	22.26
1995	165.20	121.31	8.36	0.55	0.60	20.34
1996	224.18	165.75	7.68	0.50	0.53	16.18
1997	170.01	129.28	8.90	0.54	0.62	34.40
1998	183.56	148.57	7.19	0.50	0.55	30.44
1999	208.29	150.33	7.91	0.52	0.57	20.39
2000	197.84	133.35	6.54	0.54	0.58	18.31

续表

年份	项目平均规模			外资利用绩效		
	均值	标准差	90/10 分位	均值	标准差	90/10 分位
2001	250.59	167.60	5.27	0.50	0.53	19.44
2002	300.26	201.36	4.53	0.52	0.52	17.11
2003	343.57	184.37	4.44	0.57	0.54	17.82
2004	361.83	169.72	3.62	0.58	0.52	16.02
2005	432.14	239.29	4.09	0.59	0.54	15.69
2006	476.78	251.79	3.74	0.61	0.51	10.11
2007	708.55	436.24	4.60	0.64	0.50	8.60
2008	804.96	624.05	7.65	0.65	0.49	8.50

表 5-8 统计特征表明，无论以项目平均规模还是利用外商直接投资业绩指数衡量的外商直接投资质量差距，都具有明显的阶段性特征。2000 年以前，城市之间外商直接投资质量差异逐渐增大，2000 年以后质量差异呈加快下降趋势，整个样本期间外商直接投资质量差异是逐渐下降的，而且城市之间外商直接投资相对于数量差异而言质量差异要小得多。比较 90/10 分位值发现，外商直接投资数量差距远高于项目平均规模和业绩指数衡量的质量差距，其中外商直接投资数量差异最高，其次是业绩指数差异，项目平均规模的差异最小。

但是，考察外商直接投资质量发现，整个样本期内外商直接投资质量表现出渐进上升的趋势。特别是项目平均规模上升显著。1993 年外资项目平均规模为 95 万美元，2000 年上升到 200 万美元，到 2008 年飙升至 800 万美元的水平，15 年里外商直接投资项目规模增长了 8 倍。相对于项目平均规模，外商直接投资业绩指数的变动幅度较小。2008 年外商直接投资业绩指数甚至低于 1993 年水平，相对于 2000 年仅上升 30%，而且外资业绩指数的统计均值多年均小于 1。这说明当前我国地级城市整体利用外商直接投资规模相对于国内生产总值来说要小得多，利用外商直接投资的效果较差。①

① 根据笔者的计算结果，1993—2008 年样本城市利用外资绩效高于 1 的城市比例在 18.9%—26.6%之间波动，而且业绩优秀的城市主要集中于东部城市和部分省会城市。

通过以上描述性分析发现，我国城市之间外商直接投资数量和质量有较大差距。这样，进一步的问题是，哪些因素导致城市之间外商直接投资区域差异？下面将引入面板模型对比分析影响外商直接投资数量和质量因素，为优化利用外商直接投资结构、提升利用外商直接投资质量提供可行的证据。

(二)外商直接投资区域差异影响因素的实证分析

1. 面板模型设定和变量说明

我国幅员辽阔，不同城市利用外资在规模和质量方面差异较大，为进一步考察外商直接投资在数量和质量差异上的影响因素，根据外商直接投资理论和实证研究文献，构造如下两类计量模型：

$$\mathrm{LN}(FDI_{i,t}) = \alpha_i + \beta_1 \mathrm{LN}(PGDP_{i,t}) + \beta_2 \mathrm{LN}(FDI_{i,t-1}) + \beta_3 \mathrm{LN}(WAGE_{i,t}) + \beta_4 TERA_{i,t} + \beta_5 INVE_{i,t} + \beta_6 WTO + \varepsilon_{i,t} \tag{5-4}$$

$$\mathrm{LN}(NFD_{i,t}) = \alpha_i + \beta_1 \mathrm{LN}(PGDP_{i,t}) + \beta_2 \mathrm{LN}(NFD_{i,t-1}) + \beta_3 \mathrm{LN}(WAGE_{i,t}) + \beta_4 TERA_{i,t} + \beta_5 INVE_{i,t} + \beta_6 WTO + \varepsilon_{i,t} \tag{5-5}$$

其中，下标 i 为城市(i=1，2，…，206)，t 为年份(t=1993，…，2008)，α_i 为截距项，表示地级城市的个体差异，$\beta_i(i \geqslant 1)$为变量系数，ε_{it} 为随机误差项。

计量模型中各变量的含义如下：

被解释变量分为两类：第一类代表各地级城市实际利用外商直接投资金额，以 FDI 表示，用以反映各地级城市利用外资规模差异；第二类代表各地级城市实际利用外商直接投资项目平均规模和外资绩效，以 NFD 表示，用以反映城市间利用外资的质量差异，两类变量均取对数。

解释变量的含义分别是：PGDP 表示城市经济发展水平，在一定程度上反映当地市场容量，以地级市扣除通货膨胀因素的实际人均国内生产总值表示(单位：元人民币)。WAGE 反映各城市的劳动力成本水平，以城市人均工资表示(单位：元人民币)。TERA 代表地级市的城市化水平，以城市第三产业产值占国内生产总值(GDP)的比重表示。INVE 反映基础设施投资对 FDI 区位选择的影响，以各城市固定资产投资占当年国内生产总值的比重表示。以上变量均取对数。WTO 属虚拟变量，反映加入世界贸易组织以后我国外部制度的变化对外商直接投资区域差异的影响。2000 年以前取值为 0，2000 年后取值为 1。研究数据来自相应各期的《中国城市统计年鉴》。

2. 模型检验和计量结果分析

由于解释变量中存在因变量的一阶滞后项，使得解释变量和随机扰动项可能相关，产生内生性问题，这会导致估计结果发生偏差，从而使得根据估计参数进行的统计推断无效。为此，有学者提出采用广义矩估计(GMM)解决这一问题。① 笔者采用系统 GMM 估计方法克服这一问题。系统 GMM 估计是对差分 GMM 估计的改进，好处在于通过使用工具变量来控制未观察到的时间和个体效应，而且使用前期的解释变量和滞后的被解释变量作为工具变量克服内生性问题。以下估计结果使用 stata11 中 xtabond2 命令进行估计。表 5-9 报告了以外商直接投资数量差异和质量差异为因变量的 GMM 估计结果，从表 5-9 的检验统计量看，Sargan 检验结果说明工具变量是有效的，即工具变量与误差项不相关，AR(2)的检验说明一阶差分后的残差不存在二阶自相关，说明模型设定是合理的。

具体来看，城市经济发展水平与外商直接投资规模表现出显著的正相关性，表明经济发展水平是影响 FDI 的重要因素，经济越发达的地区吸引外资的规模也越大，这与大多数的实证研究结论相一致的。② 从回归系数看，人均 GDP 每增加 1 个百分点，外商直接投资增加 2.61 个百分点。经济发展水平对项目平均规模表现出显著的正向影响，对业绩指数影响虽未通过显著性检验，但其影响仍为正向的，说明经济发展水平也是影响 FDI 质量的重要因素。总之，可以认为城市经济发展水平是影响我国地级城市利用 FDI 数量和质量的关键因素。

滞后一期的外商直接投资规模与外商直接投资存量之间表现出非常显著的正向关系，相应系数估计值为 0.76。这表示前期外商直接投资存量每增加 1%会引起后续外商直接投资增加 0.76%。这也就证明我国城市之间外商直接投资分布具有明显的集聚效应，即外商直接投资存量越大的城市，每年新增加的外商直接投资投资额也越高，从而进一步支持了众多文献的研究结论。

同时，反映外商直接投资质量的项目平均规模和业绩指数的滞后一期，

---

① Arellano, M. and O. Bover, "Another Look at the Instrumental Variable Estimation of Error-components Models", *Journal of Econometrics*, 1995, 68, pp. 29-51.

② 鲁明泓(1999)、魏后凯(2001)等得出相似的研究结论。

平提高可能会提升一个城市利用外商直接投资的质量。徐康宁、王剑(2002)研究美国在我国的直接投资发现，美国跨国公司更偏好高素质的科研人员和熟练劳动力，高工资水平并非是阻碍美国对我国的直接投资的决定因素。他们认为，美国对我国直接投资较多地集中在资金技术密集的地区，如北京、上海和深圳等工资水平不断上升的发达地区。它们之所以选择在这些地区投资，就在于它们更为看重的是人才的供给、宽松的经济环境以及当地的经济发展水平，因而工资水平提高没有降低美国企业对这些地区的直接投资。

为了进一步揭示工资水平对外商直接投资质量影响的动态演变特征，下面将1993—2008的数据按每7年为一个时间段，共划分为9个滚动时间段，来考察工资水平对外商直接投资质量影响的动态演变过程，系统GMM估计结果参看表5-10。

表5-10　1993—2008年分时段GMM估计结果

时间段	项目平均规模	外资业绩指数
1993—2000	−1.571 7* (0.565 4)	−1.037 7 (0.668 3)
1994—2001	0.499 1 (0.607)	−1.199 7*** (0.617 8)
1995—2002	1.459 6* (0.427 1)	−0.725 8*** (0.407 7)
1996—2003	1.912 8* (0.739 9)	0.294 4 (0.594 5)
1997—2004	1.572 7*** (0.914 6)	−0.076 8 (0.842 2)
1998—2005	1.928 6* (0.920 8)	−0.322 5 (0.820 6)
1999—2006	1.138 9** (0.480 8)	0.694 7 (0.736 7)
2000—2007	5.691** (2.492 1)	−1.119 4 (1.108 6)
2001—2008	2.225 1** (1.008)	−1.948 5* (0.599 9)

注：*、**、***分别代表1%、5%、10%的显著水平，括号内的数值代表标准差；为节省篇幅仅给出工资水平(WAGE)的回归系数，其他变量的回归系数没有给出。

从表 5-10 估计结果可以发现，早期阶段工资水平确实阻碍了利用外商直接投资项目的平均规模。但是，自从 20 世纪 90 年代末期以来，工资水平提升不但没有阻碍反而显著地提高了地级城市利用外商直接投资项目的平均规模，即工资水平越高的城市越有可能吸引到较大规模的外商直接投资项目，而且这种影响总体上呈上升的趋势。由此可以判断，随着我国利用外资结构的优化，工资水平提升有利于提高我国利用外资的质量。但工资水平对于外商直接投资业绩指数的影响统计上并不显著，而且表现出很大不稳定性。

反映基础设施变动的固定资产投资率显著影响利用外商直接投资的业绩指数，即固定资产投资越大的城市利用外资的绩效越好，具体系数估计值为 0.350 5。这意味着固定资产投资率每提高 1 个百分点，利用外商直接投资绩效提升 0.35 个百分点。但是，固定资产投资率对于提升一个城市利用外商直接投资规模和项目平均规模方面的作用并不显著。其原因有两个：第一，改革开放以来，我国各地区加大对基础设施的投资力度，基础设施逐步完善，不同地区间基础设施差异越来越小。第二，随着我国利用外商直接投资结构的优化，越来越多的外商更加看重一个城市的经济发展潜力、人力资本水平和科技竞争能力等软实力。二者综合使得基础设施在城市引资竞争中的作用逐渐弱化。但固定资产投资推动了一个城市经济发展，增加了对外商直接投资的吸引力，从而固定资产投资显著影响到外商直接投资业绩指数。

第三产业比重与外商直接投资数量规模呈显著的正向关系，说明第三产业发展有利于吸引更大规模的外商直接投资。估计系数为 0.056，即第三产业比重每提高 1 个百分点，利用外商直接投资规模会增加 0.056 个百分点。第三产业比重对于项目平均规模和外商直接投资业绩指数具有正向影响，但统计上并不显著，说明第三产业发展水平在提升外商直接投资质量方面没有发挥应有的作用。究其原因，这与我国第三产业发展水平以及外商直接投资的产业分布有关。改革开放以来，外商直接投资约 70%流向第二产业，约 30%流向第三产业。另外，在第三产业中，又以房地产业和社会服务业为主，对金融保险、科学研究、综合技术服务以及教育文化等较高层次的服务业部门，外商直接投资仍然很少。由于这些服务部门一般为资本密集、技术和知识密集产业，在我国发展水平较低的条件下难以对外商产生吸引力。显然，第三产业发展水平严重滞后和外商价值取向的错位，使得第三产业发展在提升外商直接投资质量方面难以发挥应有的作用。

加入世界贸易组织无论对于外商直接投资的数量还是质量均产生显著正向影响。从估计系数看，加入世界贸易组织对于外商直接投资质量的影响远高于对数量的影响，表明我国加入世界贸易组织对于提高我国利用外商直接投资的质量具有更加积极的意义。根据估计结果测算，加入世界贸易组织以后我国地级城市利用外商直接投资规模增长 31.89%，项目平均规模增长 59.98%，利用外商直接投资业绩指数增长 52.33%。① 我国加入世界贸易组织以后外商直接投资迅猛增长印证了这个结论。可见，世界贸易组织制度变迁对于我国扩大利用外商直接投资规模和提升利用外商直接投资质量具有积极的作用。

(三)基本结论

笔者利用全国 206 个地级城市 1993—2008 年的外商直接投资数据，将外商直接投资区域差异分为数量差异和质量差异进行对比考察，得出以下结论：

第一，1993—2008 年我国地级城市利用外商直接投资的数量和质量均有较大幅度的提高，但城市之间外商直接投资数量差异和质量差异却表现出缩小的趋势，表明城市之间外商直接投资非均衡事实得到明显改善。相比之下，城市之间外商直接投资数量差异远高于质量差异，说明我国城市外商直接投资差异更多表现在数量上。

第二，以外商直接投资数量差异和质量差异为因变量，对比考察影响我国地级城市吸引外商直接投资因素发现：城市经济发展水平对外商直接投资数量规模和项目平均规模具有显著的正向促进效应，但对外商直接投资业绩指数的影响不显著。滞后因变量对外商直接投资规模和质量均有显著的正向影响。工资水平对外商直接投资数量和质量差异均呈显著负向影响，这与我国利用外商直接投资的结构有很大关系。但分时段回归发现，随着时间的推移，工资水平对外商直接投资项目规模具有显著的促进作用，即工资水平越高的城市利用外商直接投资的项目规模也越大。外商直接投资基础设施投资对外商直接投资的规模和质量产生正向影响，但仅对利用外商直接投资业绩

① Halvorsen, R. and R. Palmquist, "The Interpretation of Dummy Variables in Semilogarithmic Equations", *The American Economic Review*, 1980, 70, pp. 474-475.

指数影响在统计上表现出显著性。第三产业比重显著影响外商直接投资的规模，但对质量影响未表现出统计意义上的显著性。加入世界贸易组织对外商直接投资的规模和质量均产生显著正向影响。

第二节　外商直接投资对中国经济发展的贡献

一、外商直接投资对我国经济增长的贡献

统计数据显示，1980 年我国利用外商直接投资仅为 0.57 亿美元。到 2014 年我国利用外商直接投资增长到 1 195.6 亿美元，34 年间利用外资增长 2 097 倍，年均增长速度达 25.2%，远超国内生产总值的增长速度。30 多年来外商直接投资进入我国从多个方面推动我国经济增长，为我国经济发展做出重要贡献。

(一)外商直接投资弥补我国资金缺口

长期以来，我国经济建设存在资金短缺问题，制约了经济建设的发展步伐，利用外商直接投资成为有效弥补我国资金短缺的重要途径之一。从表 5-11 中可以看出，改革开放以来，外商直接投资在全社会固定资产投资所占比例呈逐年上升的趋势，到 20 世纪 90 年代中期达到 11.8%。进入 21 世纪以后，这个比例开始下降，但外商固定资产投资绝对额仍是不断上升的，外商固定资产投资增速达到 17.8%。在“十一五”期间，外商对固定资产投资额达到 24 389.3 亿元，与“十五”期间投资总额相比增加了 10 710 亿元，是“十五”期间的 1.78 倍。这说明外商直接投资在弥补我国建设资金缺口、支持我国经济建设方面发挥了重要作用。

另外，外商直接投资还带动国内配套资金投资，特别是民间资本投资，从而进一步补充国内资金缺口。外商直接投资对于国内资金的配套具有较强的带动作用。外商直接投资规模越大，国内配套资金能力就越强。外商直接投资与国内投资相互协调，共同推动我国的经济增长。陈浪南与陈景煌使用我国 1981—1998 年的有关数据，依据新古典经济增长理论建立回归方程，研究了外商直接投资对经济增长的贡献。结果表明，外商直接投资的存量增长率与国内生产总值的增长率存在线性正相关关系，即外商直接投资的快速增

长促进了我国经济的增长。① 杨晓龙利用1985—2004年的有关数据，建立了外商直接投资与国内生产总值之间的回归方程，研究结果表明外商直接投资与国内生产总值存在着高度的相关性，外商直接投资规模越大，国内生产总值越高。②

表5-11　1981—2013年外资固定资产投资及其占全社会固定资产投资比例

单位：亿元、%

年份	FDI	百分比
1981	36.36	3.8
1982	60.51	4.9
1983	66.55	4.7
1984	70.66	3.9
1985	91.48	3.6
1986	137.31	4.4
1987	181.97	4.8
1988	275.31	5.9
1989	291.08	6.6
1990	284.61	6.3
1991	318.89	5.7
1992	468.66	5.8
1993	954.28	7.3
1994	1 768.9	9.9
1995	2 295.8	11.2
1996	2 746.6	11.8
1997	2 683.9	10.6
1998	2 617.0	9.1
1999	2 006.8	6.7

① 陈浪南、陈景煌：《外商直接投资对中国经济增长影响的经验研究》，《世界经济》2002年第6期，第20—26页。

② 杨晓龙：《外商直接投资(FDI)与我国经济增长关系的实证分析及政策建议》，《四川理工学院学报》2006年第S2期，第26—27页。

续表

年份	FDI	百分比
2000	1 696.3	5.1
2001	1 730.7	4.6
2002	2 084.9	4.6
2003	2 599.3	4.4
2004	3 285.7	4.4
2005	3 978.8	4.2
2006	4 334.3	3.6
2007	5 132.7	3.4
2008	5 311.9	2.9
2009	4 623.7	1.8
2010	4 986.7	1.6
2011	5 062.0	1.6
2012	4 468.8	1.2
2013	11 130.3	2.5

资料来源：国家统计局，《中国统计年鉴》，1980—2014年，http://www.stats.gov.cn。

(二)外商直接投资的技术溢出效应

一般认为，外商直接投资在质量上优于国内资本，比国内资本有更高的效率和技术含量。因此，外商直接投资被公认为是发展中国家知识和技术增长的重要源泉。技术外溢是外商直接投资给东道国带来的主要好处。发达国家通过研究与开发，不断创新并积累知识与技术，而发达国家的新知识可以通过外商直接投资向发展中国家转移，发展中国家通过技术吸收和溢出带动本国经济发展。对于外商直接投资在我国产生的溢出效应，学者得出的结论并不一致。这种不一致表现在是否产生溢出效应，以及溢出效应的强弱上。但是可以肯定的是，改革开放以来，我国引进了一批具有较高技术含量的外商直接投资。这些外商直接投资中隐含的技能和技术一方面通过提高我国资本存量的边际生产力，推动经济增长；另一方面通过技术的溢出带动国内相关企业的技术进步，间接推动经济增长。国内学者把影响我国经济增长的一些因素作为中间变量，如市场结构、人力资本、制度变迁和技术等，间接地研究外商直接投资与我国经济增长的关系。黄华民对外商直接投资与我国经济增长的关系进行了实证分析，实证结果表明外商直接投资通过技术进步、财政税收、贸易效应和就业效应促进了经济增长。① 沈坤荣和耿强认为，FDI可以通过技术外溢效应使东道国的技术水平和组织效率不断提高，从而提高国民经济的综合要素生产率。②

(三)外商直接投资的示范效应

由于外商直接投资的示范效应，国内企业不断提高自身的技术水平、组织效率、管理技能和外部经济水平，从而带动我国经济增长。

第一，外商投资企业进入我国市场，推动国内企业的制度创新，更新经营理念，提升管理水平。制度创新是现代企业增强经营活力的保证。外商进入我国市场给国内企业带来的不仅是数量和规模的调整，更重要的是经营管理体制和组织制度的创新。由于跨国公司在经营机制、生产技术和管理理念等方面的先进性，由此带来的示范效应促使国内企业不断提高创新能力和活力，促进国内经济持续增长。

第二，外商投资企业进入我国市场，一方面使我国企业面临更加激烈的国际竞争；另一方面又使我国企业接近世界技术的前沿，了解有关企业管理方面的最新理念，有利于我国企业提高国际竞争力和科技水平，从而间接推动经济增长。另外，外商投资企业凭借先进技术带来的竞争效应，迫使我国企业通过不断学习和创新，以保持其在竞争中的有利地位。例如，21世纪以来，我国加快服务业对外开放步伐，西方连锁超市进入中国市场带来的竞争效应，促使国内零售业在经营理念、经营模式和管理水平方面有了较大幅度的提高。反过来，我国企业竞争力的增强又迫使外商投资企业带来更先进的技术和知识，也有利于推动国内经济增长。

二、外商直接投资对我国就业的影响

(一)外商直接投资对我国就业数量的影响

外商直接投资对就业的影响首先表现为积极的就业创造效应。利用外商

---

① 黄华民：《外商直接投资与我国实质经济关系的实证分析》，《南开经济研究》2000年第5期，第46—51页。

② 沈坤荣、耿强：《外国直接投资、技术外溢与内生经济增长——中国数据的计量检验与实证分析》，《中国社会科学》2001年第5期，第82—93页。

直接投资不仅可以弥补资金缺口而且可以增加就业数量。外商投资企业是具有较高生产率水平和工资水平的资金相对密集的企业，由于先进的管理模式和薪资条件的吸引，外商投资企业在短期内可以吸纳更多的国内劳动力，减轻国内就业压力。据统计，1990 年外商投资企业就业人员仅为 100 万，2010 年外商投资企业就业人员达到 1 823 万，20 年外商投资企业就业人员增长了 18 倍。如果将直接或间接从事与外商投资企业有关的配套加工和服务等活动的劳务人员计算在内，利用外商直接投资大约解决了我国 2 600 万人的就业。①

国内学者从实证的角度分析表明，外商直接投资的引进能积极地创造我国的就业。王剑、张会清运用实证分析证明了外商直接投资对我国的就业增长具有积极促进作用。② 康君、赵喜仓研究了外商直接投资对江苏区域经济的影响，分析认为有效地利用外资能够促进就业增加。③ 丁明智通过研究表明了外商直接投资对我国就业增加具有积极的正效应。④

(二)外商直接投资对我国就业质量的影响

外商直接投资对就业质量的影响主要表现在工资水平和劳动生产率水平上。外商投资企业能够提供较高的工资报酬，以及较好的工作条件、工资待遇、培训机会和社会保险福利等。另外，利用外商直接投资过程中加速了国内劳动力由第一产业向第二产业和第三产业的转移进程，劳动力转移过程中伴随着职工培训等人力资本开发投入和"边干边学"，提高了国内劳动力素质，促使人力资本不断积累。

蔡昉、王德文研究了外商直接投资对我国就业质量的影响，认为外商直接投资对就业量的增加和劳动力结构优化具有积极作用。⑤ 宣烨、赵曙东采

---

① 赵晋平：《改革开放 30 年我国利用外资的成就与基本经验》，《国际贸易》2008 年第 11 期，第 5 页。

② 王剑、张会清：《外国直接投资对中国就业效应的实证研究》，《世界经济研究》2005 年第 9 期，第 13—19 页。

③ 康君、赵喜仓：《中国经济发展与外商直接投资问题研究》，中国统计出版社 2005 年版，第 120—140 页。

④ 丁明智：《外商直接投资的就业效应剖析》，《软科学》2005 年第 3 期，第 26—29 页。

⑤ 蔡昉、王德文：《外商直接投资与就业——一个人力资本分析框架》，《财经论丛》2004 年第 1 期，第 1—14 页。

用实证方法分析外商直接投资对江苏省经济和就业的影响，认为外商直接投资在江苏省内分布的不均匀导致各地工资率差距增加，而且出现引进外商直接投资越多工人工资水平越高的现象。①

三、外商直接投资的技术进步效应

(一)通过引进机器设备转移技术

外商以合资的方式进入我国以后，带来了国外的先进设备，促进国内企业技术进步。从大量案例观察中发现，许多企业特别是国有企业在引进境外战略投资以后，外商投入企业发展所急需的大量资本，并迅速引进国际上代表先进水平的设备、技术和工艺，从而提高企业的档次，产品的质量和竞争力大大增强。例如，阿尔卡特公司收购上海贝尔公司后，阿尔卡特承诺，上海贝尔阿尔卡特有限公司将获得阿尔卡特开发的最新技术和产品，把上海贝尔阿尔卡特建成其亚太区业务中心。

(二)通过企业人员培训转移技术

相对于国内企业来说，跨国公司更注重人力资源的开发，它们制订详细的人力资源培训计划，用先进的方法培训我国管理人员、技术人员和熟练工人，开发我国高素质的人力资源。由于跨国公司所具有的竞争优势无法脱离人力资源而完全物化在设备和技术上，跨国公司为了使它们在我国的项目执行中技术能够正常发挥，设备能够有效运转及高质量产品能够得到保障，必须培养当地的管理人才、技术人员和熟练工人，使他们掌握先进的经营观念、经营管理知识和技能，这样就促进了我国人力资本的积累。

另外，外商投资企业的中高级管理人员具有较大流动性，如果这些受过跨国公司培训的管理人员和技术人员离开原工作岗位，自己创业或者被我国企业雇用时，就会把生产技术和管理技术扩散出去，从而推动我国企业技术水平的提高。

(三)通过产业结构升级提高整体技术水平

改革开放 30 多年来，进入我国的外商投资企业主要集中在第二产业和第三产业，对这些产业的规模扩张和结构升级起到了重要作用。20 世纪 90 年代

---

① 宣烨、赵曙东：《外商直接投资的工资效应分析——以江苏为对象的实证研究》，《南开经济研究》2005 年第 1 期，第 72—78 页。

初，外商直接投资主要集中在加工制造业和养殖业等劳动密集型的行业，目前逐步转向交通运输和通信技术等高生产率并且高技术含量的资本和技术密集型行业。在第二产业中，电子及通信设备、机械、运输设备和精密机械等资金密集型产业成为外商投资的热点产业。近年来，服务业实际利用外商直接投资在全国外商直接投资总额中所占的比例超过制造业，而且在服务业内部房地产业实际使用外商直接投资有了明显下降。

刘宇使用面板数据通过计量分析发现，外商直接投资对我国三次产业结构调整的作用比较明显，外商直接投资的流入促进了我国产业结构的调整。外商直接投资流量对三次产业的作用大小一样，外商直接投资每增加 1 个百分点，各个产业的增加值就提高 0.316 个百分点。但是，外商直接投资存量对三次产业作用的大小是不同的。① 李德军等人通过建立外商直接投资与三次产业国内生产总值的对数回归模型，说明外商直接投资对我国产业结构优化具有正面效应。② 周燕等人从外商直接投资与我国三次产业结构转变、外商直接投资与区域产业结构变动、外商直接投资与我国制造业内部结构转移和外资流入促进高级化产业链互动机制发展等方面的分析，表明国内市场导向型外商直接投资的产业结构效应与出口导向型外商直接投资的产业结构效应相比更加明显。

四、外商直接投资的体制改革效应

建立有中国特色的社会主义市场经济体制，是我国经济体制改革的重要目标。1992 年以来，我国政府为此做出不懈的努力。到 2000 年，我国基本建立起具有中国特色的社会主义市场体系。在这个过程中，大量外商直接投资进入中国市场，对于我国市场经济体制的建立起到推动的作用。

(一)推动制度创新

首先，外商投资企业大都是在市场经济秩序下诞生和发展的，从一开始就在市场经济观念下按照市场竞争模式运行。因此，外商直接投资进入我国

① 刘宇：《外商直接投资对我国产业结构影响的实证分析——基于面板数据模型的研究》，《南开经济研究》2007 年第 1 期，第 125—134 页。

② 李德军、甄文富：《外商直接投资对我国产业结构优化的效应分析》，《改革与战略》2007 年第 11 期，第 112—115 页。

市场是对我国传统计划经济体制的挑战和扬弃。外商投资企业把国外先进的市场竞争手段和竞争理念带入我国，外商投资企业在与国内企业的竞争中推动了我国市场经济体制的发展。

其次，外商投资企业向国内企业输出了国外先进管理经验和管理模式，对于国内企业管理模式的改革，激活国内企业的竞争活力，提高我国资源的利用效率发挥了重要的作用。在改革开放初期，我国许多企业，特别是国有企业管理方式粗放、管理手段落后并且资源浪费严重。外商以合资的方式进入我国以后，按照“精简高效”原则，调整企业内部机构设置，完善公司法人治理结构，对职工实行优化组合，有效地提高了管理和工作效率。

(二)提高资源配置效率

外商在我国境内投资在一定程度上优化了我国资源配置结构，提高了资源使用效率。在引进外商直接投资的过程中，国内企业自身的竞争模式和资源配置的方式受到冲击，从而迫使国内企业调整企业发展战略，优化资源配置结构，提高各项资源的利用效率。外商直接投资对我国资源配置以及利用效率的影响表现在下述两个方面：

第一，外商通过收购国内停产或半停产的企业，盘活企业的存量资产，提高现有资源的利用效率，在一定程度上促进国内产业结构和企业组织的调整。20 世纪 80 年代，随着我国经济体制改革的深化，企业逐步走向市场，经过市场竞争和淘汰盘活大量的存量国有资产。但与此同时，许多企业仍然经营效益不高，闲置和低效率的资产数以万亿元计。引进外商直接投资以后，经过整合调整，使我国部分闲置资源得到重新利用，促进企业存量资产流动和重组，优化企业组织结构。例如，1995 年美国福特汽车公司参股江铃汽车后，通过注入优质资产、引进先进技术和管理理念，迅速扭转了江铃汽车连续两年严重亏损的局面。2002 年，江铃汽车实现净利润 2 亿元，实现每股收益 0.24 元，两次入选深圳成份指数成份股样本。

第二，推动市场竞争机制的建立与完善。在传统计划经济体制下，企业缺乏效率的最基本的原因是把作为经济发展主体的企业视为政府的附属物，完全使其失去了内在的活力。外商投资的企业进入我国市场以后，对我国企业制度的改革起到积极的示范作用。在一定意义上可以说，外商投资企业引入的现代企业制度和企业家精神，对我国经济体制改革在微观层面上起到了重要的作用。

与国内企业相比，跨国公司在资金、技术、人才、市场和营销等方面，都占据着竞争优势，跨国公司的加入加剧了国内行业竞争。面对竞争压力，国内企业激发了主动应对、积极参与的竞争意识。国内企业开始模仿和学习跨国公司的企业制度和管理方法，不断改进产品构成和提高产品质量，从而促进了国内企业的发展。例如，我国的家电行业在索尼、松下、西门子、夏普等西方家电巨头的竞争压力下，不断改进管理手段，提高技术水平，在实践中提高了竞争能力。另外，我国的手机企业和个人电脑企业也由于爱立信、诺基亚、摩托罗拉和IBM等跨国企业的进入演绎了同样的进程。

(三)优化了我国的市场结构

外商投资企业进入我国市场以后，无论其市场实力如何，均是作为一个竞争主体出现的，这样有助于促进我国国内的市场结构完善。

首先，在过度垄断的行业里，外商直接投资的引入有助于增加厂商的数量，减少不合理的产业集中度，促进公平竞争。以汽车行业为例，2001年全国有12家年产5万辆以上汽车生产企业，生产集中度达到87.36%。随着进入汽车行业的外商投资企业数量的增加，打破了原来市场垄断局面，促进了汽车市场的竞争，提高了汽车生产企业的效率。例如，上海大众汽车公司在20世纪90年代几乎是我国中档车的唯一生产企业，产品价格处于高位。随着我国轿车行业逐步开放，许多跨国汽车公司到国内投资，汽车企业之间竞争达到白热化程度。到20世纪90年代末期，一汽捷达、二汽富康都与上海桑塔纳形成竞争关系，市场高度集中的状况得到明显改变，产品价格也不断下降。目前，国内汽车行业已形成合资企业、民族品牌、进口汽车多方竞争的格局。

其次，我国一方面存在市场集中度过高和竞争不充分的情况；另一方面又存在市场集中度偏低和低水平过度竞争。过低的市场集中度不利于加速推进工业化进程。我国的家电、摩托车和显像管制造等行业由于产业过度分散，价格战此起彼伏，行业利润急剧下降，严重影响了民族产业的发展。外商投资企业进入我国市场以后，通过战略性并购国内相关企业，减少了过度竞争行业的企业数量，提高了产业集中度，克服了低水平的过度竞争，形成了更加有效的竞争格局，促使产业结构朝着合理化的方向发展。

由此可见，外商直接投资进入我国以后，使政府与企业关系发生了根本的变化，对我国经济体制改革产生了重要的影响。可以设想，如果没有引进外商直接投资，我国从计划经济体制转向市场经济体制的进程不会这么迅速。

第三节　中国引进外商直接投资存在的问题

随着我国吸收外商直接投资规模不断扩大，外商直接投资对我国经济的影响日益增强，成为推动我国经济发展的重要力量。但是，我国在引进外商直接投资的过程中，也存在不少问题。

一、"以市场换技术"发展战略的失败

(一)"以市场换技术"发展战略的效果

改革开放以来，基于我国引进外商直接投资发展战略的深化和产业结构升级的要求，从20世纪90年代初期开始，我国政府提出"以市场换技术"的发展战略方针。所谓"以市场换技术"发展战略，是指通过开放国内市场，引进外商直接投资，引导外商投资企业进行技术转移，使我国企业获得更加先进的技术，然后通过我国企业的消化吸收，能够形成独立自主的研究和开发能力，从而提高我国企业技术创新能力。"以市场换技术"发展战略实施20多年以来，对我国产业发展、生产能力和技术水平提高起到了一定的推动作用，但是实际效果与预期目标相去甚远，引起经济学界对"以市场换技术"发展战略的普遍质疑。① "以市场换技术"发展战略不成功主要表现在以下几个方面：

第一，引进技术的总体水平不高，核心技术和关键装备偏少。"以市场换技术"发展战略实施20多年来，由于各种原因，跨国公司向我国转移的技术不仅与国际先进技术相比有较大的差距，而且与我们的预期相去甚远。跨国公司向中国转移的许多技术都是二流的，甚至是落后和即将淘汰的技术。20世纪90年代末期，基于全球竞争的需要以及我国市场重要性的增强，虽然跨国公司加大了在我国研究开发投入的力度，先后在我国设立了若干的研究和开发中心，但是目的是利用我国廉价的科技人才，知识产权仍然归跨国公司

① 本章分析的"以市场换技术"是从引进外商直接投资的角度进行的分析。在其他各章中也涉及"以市场换技术"问题，我国在对外贸易领域也有"以市场换技术"的成功案例。

所有，企业引进的先进技术十分有限。因此，很多学者指出，虽然外商的产品研究和开发行为发生在中国，但是产生的经济利益却不在中国。以市场换来的只是中低端技术水平，发达国家对一些特殊领域的核心技术和关键装备仍然实行严格的管制，这在很大程度上制约了我国技术引进的水平。总体而言，通过外商直接投资引进的技术比较落后，专利技术即将过期或者在投资国已经淘汰。

第二，外资企业逐渐获得了对国内市场的垄断权。"以市场换技术"发展战略的核心就是用国内市场份额来交换国外先进技术。但跨国公司逐利的本质决定了它们只会根据自身利益需要向我国转让有关技术。因此，该战略在实施过程中，国内市场份额逐渐被外商投资企业蚕食，国内许多行业逐渐被外商投资企业取代，外商企业的垄断地位明显上升，但是换来的技术却十分有限。目前，外商投资企业在汽车、化妆品、高新技术和油脂压榨等众多行业已处于垄断甚至绝对垄断地位。以高新技术企业为例，2002—2009年，我国高新技术产品的出口超过80%是由外商投资企业完成的，并且这个比重还在不断上升。豆制品行业，2007年，我国大豆进口量占世界贸易量的40%以上，主要是通过邦吉、嘉吉和路易达孚等几大外商贸易公司完成的。在国内油脂生产行业，外商投资企业的市场份额达到48%。在化妆品行业，联合利华、宝洁、欧莱雅和强生等外商品牌在国内市场上占有绝对优势。由于本土品牌产品自身起步较晚、产品研究和开发能力较弱和品牌形象不敌外资品牌等因素，无论是在市场份额还是企业营业收入上，均与外商品牌相差甚远。

第三，实施"以市场换技术"发展战略没有能够从根本上提升国内企业技术创新能力。通过市场换技术来提升国内企业技术创新能力，是实施"市场换技术"战略的重要目的。但"以市场换技术"战略实施以来，国内企业在一定程度上引进了国外的先进技术和设备，但却没有形成持续的技术创新能力。在技术引进过程中普遍存在的现象是，中方企业将主要资金和精力用于硬件设备和生产线的进口，忽视专利技术和专有技术的引进工作，加上国内企业技术创新的经费不足，不具备独立的研究和开发能力，在市场上没有形成独特的竞争力，也没有形成具有一定实力的自主知识品牌。因此，有的学者认为，如果希望提升国内技术的存量水平，"以市场换技术"发展战略可能是有效的；但如果希望提升国内企业的自主创新能力，"以市场换技术"发展战略就难免有本末倒置之嫌。

第四，技术引进在一定程度上削弱了我国自主创新能力。技术创新是一个民族保持可持续发展的内在动力。然而国内市场的开放并没有引进国外更先进的技术，相反在技术引进过程中形成的对国外技术的依赖却削弱了国内企业的自主创新能力，制约我国自主知识产权技术体系的形成。许多在国民经济中发挥核心作用的产业及主导产品的生产，往往不是建立在自主知识产权基础上，而是依靠外国技术和装备进行生产。关键设备、核心部件、信息系统软件等高技术产品往往大量依赖进口。例如，作为装备制造业核心的数控机床一直是我国产业的软肋，目前国产数控机床的国内市场占有率不到30%，而且主要集中在经济型和普及型数控机床方面，我国企业在高级数控机床方面无法与发达国家企业竞争。

对《中国科技统计年鉴》相关数据的分析表明，我国对外技术的依赖程度超过50%。对国外技术依赖还表现在技术引进与技术吸收经费匹配的非均衡性上。2012年，我国大中型工业企业技术引进与消化吸收经费的比例仅为1∶0.398，而日本、韩国在工业化成长时期技术引进与消化吸收的比例平均保持在1∶5到1∶8之间，有些年份甚至达到1∶10。技术引进与技术吸收经费匹配失调进一步加剧国内企业对国外技术的依赖。对国外技术依赖还表现在国内企业尚未成为技术创新的主体，自主创新能力提高缓慢，多数大中型企业技术开发与技术创新能力不足，缺乏参与国际竞争的能力。例如，企业用于技术开发的费用严重不足。企业在技术引进过程中，往往重视对机器设备的引进而忽视技术专利和专有技术的引进，缺乏对引进技术的消化和创新。

(二)对“以市场换技术”发展战略失败的原因分析

“以市场换技术”发展战略的一个主要目的，是希望从外商直接投资获得先进的技术和管理经验，但实践证明效果不甚理想，对我国整个技术水平提升作用有限，其中主要原因如下：

第一，跨国公司对国际领先技术的封锁。技术封锁是跨国公司为了保证自己在技术方面的竞争优势的惯用手段。它们通过种种手段，在技术设计和生产工艺等中间关键环节设置某些障碍，限制和阻碍发展中国家获取核心技术和提高技术创新能力，以加强东道国对其依赖性，从而牟取巨额利润。因此，跨国公司在对外直接投资中不会轻易将所拥有的一流先进技术转移出去。

根据维农(Raymond Vernon)的产品生命周期理论的解释，跨国公司在技术创新阶段不可能进行技术的转移，只有在生产技术和产品本身已趋于标准化阶段时，才进行大规模国外直接投资以转移相对落后的技术，延续产品的生命周期。巴克莱(Peter Buckley)和卡森(Mark Carson)等人的内部化理论认为，跨国公司对"知识产品"的内部化动机最强烈，其根本原因在于避免外部化导致的技术泄密和壮大竞争对手。这些理论都从不同侧面诠释了跨国公司不愿意在对外投资中转让先进技术的事实。同样，跨国公司在对我国直接投资过程中存在对输出技术的限定。特别是随着国际竞争程度的加剧，一些发达国家已经把我国作为主要的竞争对手，牢牢控制核心技术，严格限制高新技术对中国的出口。以大众汽车公司为例，在 20 多年的合资过程中，大众汽车一直未能出让先进技术和核心技术，并且一直拒绝中方人员插手关键技术的设计工作，国内企业的研发一直处于吸收旧技术的轮回中，鲜有关键技术突破。中国商务部跨国公司研究中心的《跨国公司在中国报告》在分析外商直接投资没有将核心技术引入中国的原因时指出，跨国公司对中国的直接投资仅仅将商品产业链中最没有技术含量的组装环节放在了中国，看重的是中国无限供应的廉价劳动力。因此，虽然我们开放了汽车市场，但引进的先进技术却十分有限，换来的只是国内市场成为外商投资企业的竞技场。

第二，技术引进战略与企业的微观基础之间存在偏差。一般来说，外商通过直接投资的方式向我国转让技术的途径有两条：一是国内企业与外资合资合作过程中，外商以机器设备和中间产品等硬件技术参与中国市场；二是以收取许可费的方式向中国市场转让技术。以机器设备和中间产品转让技术的方式见效快并且成绩显著，备受国内合作企业的欢迎，而软件技术转让需要一个消化吸收过程被很多企业所忽视。结果是，我国企业出于自身短期利益的考虑，在技术引进方面一直存在"重硬件轻软件"和急功近利的情形。在我国技术引进结构中，硬件软件比例搭配不协调，成套设备等硬件的比例远远超过技术许可、专利、顾问咨询和技术服务等软件比例。虽然机械设备的引进短期内能够迅速提高产品的技术水平，扩大企业的生产能力，迅速占领国内市场，但这种短视行为不利于我国技术方面的"造血"功能的提升。虽然近年来我国软件技术引进的比重大幅提升，但与韩国和日本等国家相比，我国技术引进的结构仍然存在诸多问题。

急功近利的短视行为使我国企业在硬件技术引进过程中存在很大的盲目性，降低了利用外资质量水平。例如，一些国内企业在技术引进中没有充分考虑自身的技术条件，引进的技术超过了自身可接受的能力，在使用过程中不得不对引进设备进行改造，结果降低了设备的效能，影响了技术引进效果。还有的企业在技术引进过程中未进行充分的论证，技术信息掌握不充分，引进的技术设备不是关键技术，被迫不断地引进后续相关设备，不仅使国内企业受制于外国企业，而且我们也无法获得中高端的先进技术设施。

国内企业忽视研究和开发投入和对技术的消化吸收，影响了国内企业建立自身技术的能力，也是导致“以市场换技术”发展战略失败的原因之一。根据《中国统计年鉴》相关数据，2000—2013 年我国大中型企业引进技术费用与消化吸收费用之比平均为 7.07∶1，其中 2000 年技术引进费用与吸收费用之比达到 13.8∶1，2013 年以后这个比例有大幅度下降，二者之比下降为 2.61∶1，但技术引进费用仍远高于技术吸收费用。从技术开发费用占产品销售收入的比重看，2000—2012 年大中型工业企业平均为 1.22%，而国外企业的这个比重在 3%左右，可见国内企业用于技术开发费用还是较低的。另外，动态考察发现，技术开发费用在 2005 年后呈逐年下降的趋势。这说明国内企业在获取技术增长的方式上重引进、轻吸收和轻自主研发的现象并未得到根本改变。在引进技术的过程中，由于重引进而轻消化，一些技术的引进只停留在使用上，未能导致技术水平的自我提高，从而不能有效提高自主开发和创新能力。

第三，地方政府利益驱动也是导致技术引进效果不佳的原因。受利益与“政绩”驱动的影响，地方政府在引进外商直接投资的过程中，争相出台更优惠的政策盲目招商引资，从而损害国家的整体利益。有些地区急功近利，只注重外商直接投资的引进数量而不重视质量和技术，对技术引进把关审查不严，技术引进存在很大的盲目性，重复引进现象十分严重。我国的彩电、洗衣机、电冰箱、化肥和汽车等行业的引进都存在大量的重复引进。另外，技术引进缺乏协调机制，影响到技术引进效果。我国企业在引进技术时缺少总体规划，忽视了彼此间的相互协调与合作，往往造成同类技术被多家企业同时引进，造成资金的重复浪费。同时，政府缺少必要的管理指导和协调，使得企业对国内技术引进信息了解不充分，既不了解自身技术在国内所处的水平。更不了解自己在世界上所处的水平，信息缺失导致企业只从局部范围来考虑是否引进技术及引进技术类别的选择，造成技术的低水平重复引进。

总之，多年以来，我国主动让出市场份额换来的不都是一流的先进技术。虽然作为发展中国家考虑到吸纳更多劳动者就业应选择合适的技术，但如果我国在技术上特别是具有战略意义产业的技术总是处于落后地位，我们将无法和国外竞争。长此以往，必将危及我国的产业安全乃至整个国家的经济安全。同时，我们应该看到，跨国公司的技术投入不是为了促进我国的产业技术进步，而是跨国公司争夺中国市场的必然选择。

二、外商直接投资带来的资源和环境问题

外商直接投资对我国经济发展起了很大的促进作用。但是，在充分肯定外商投资企业的积极作用的前提下，也应注意到一些外商投资于污染密集产业，特别是高污染产业，将淘汰的技术、设备、生产工艺和危险废物等转移到我国，对国内生态环境产生恶劣影响。2011 年 6 月，由中海油和美国康菲石油公司合作开发的渤海湾蓬莱 19-3 号油田漏油事件，把外商投资企业对我国的环境污染问题再次推上风口浪尖，在利用外商直接投资的过程中资源紧张和环境污染问题再次成为我们不得不面对的现实问题。本部分将就我国吸引外商直接投资过程中产生的资源、环境问题进行分析探讨。

(一)外商直接投资对资源与环境的影响

1. 一些资源消耗大、污染严重的产业流向我国

改革开放以来，由于我国环境保护意识不强和发展经济心切，一些高能耗和高污染的外国企业利用中国引进外商直接投资政策，纷纷将污染严重的产业向中国转移。当前，化工、印染、石化、造纸、采矿、橡胶、建筑材料和制药等污染排放强度大的行业成为外商直接投资的重点。这些行业除需要大量资金投入外，还需要大量原材料、能源、土地等资源，由此带来资源的紧张和环境的恶化。

从总量上看，大规模的外商直接投资直接导致了更多的资源消耗和污染排放。1990 年以来，外商投资企业的工业产值占全国工业产值的比重持续提高，从 1990 年的 2.28%上升到 2012 年的 35%左右。随着外商投资企业产量的增加，对自然资源消耗也在不断增加，而环境污染和生态破坏的现象也随之出现。从我国实际外商直接投资流入规模和工业“三废”排放水平的变化可以发现，我国实际利用外商直接投资规模和工业废水、废气和固体废弃物排

放之间具有显著的关联性。具体情况参看表 5-12。

表 5-12　1990—2013 年外商直接投资与工业“三废”排放量统计数据

年份	外商直接投资（亿美元）	工业废水排放量（万吨）	工业废气排放量（亿标立方米）	工业废物产生量（万吨）
1990	34.87	2 486 861	85 380	57 797
1991	43.66	2 358 687	84 653	58 759
1992	110.08	2 338 534	90 308	61 884
1993	275.15	2 194 919	93 423	61 708
1994	337.67	2 155 111	97 463	61 704
1995	375.21	2 218 943	107 478	64 474
1996	417.26	2 058 881	111 196	65 897
1997	452.57	1 883 296	113 378	65 897
1998	454.63	1 712 355	110 807	63 648
1999	403.19	1 973 036	126 807	78 442
2000	407.15	1 942 405	138 145	81 608
2001	468.78	2 026 282	160 863	88 840
2002	527.43	2 071 885	175 257	94 509
2003	535.05	2 122 527	198 906	100 428
2004	606.31	2 211 425	237 696	120 030
2005	603.25	2 431 121	268 988	134 449
2006	630.21	2 080 440	330 992	151 541
2007	747.68	2 466 493	388 169	175 632
2008	923.95	2 416 511	403 866	190 127
2009	900.33	2 343 857	436 064	203 943
2010	1 057.35	2 374 732	519 168	240 941
2011	1 160.11	2 309 000	674 509	322 722
2012	1 117.16	2 216 000	635 519	329 044
2013	1 157.00	1 914 250	669 361	327 701

资料来源：国家统计局，《中国统计年鉴》，《中国环境统计年鉴》，1991—2014 年，http://www.stats.gov.cn。

表 5-12 表明，1990—2013 年随着利用外商直接投资规模的增长，工业“三废”出现大幅度的攀升，尤其是工业废气和固体废弃物排放水平出现明显上升。进入 2000 年以后，我国实际利用外商直接投资出现大规模增长，工业废气和固体废弃物排放水平出现同步快速的上升，2013 年二者的排放水平比 2000 年平均高出约 4 倍。另一个值得关注的趋势是我国实际利用外商直接投资的产业中，污染产业的比例不断提升。中国环境与发展国际合作委员会所公布的一份经济发展调研报告中的资料数据显示，1995 年在资源消耗型和污染密集型产业进行投资的外商直接投资规模在我国的外商投资企业总量中占据了大约 30％的份额，在 2005 年，这个比例已经高达 84.19％。

2. 外国资本将 ODS 的生产与消费转移到中国

科学研究表明，破坏臭氧层的物质主要是人类排放的全氯氟烃以及全溴氟烃，国际上把这类破坏臭氧层的有害物质简称为 ODS。由于污染造成臭氧损耗直接影响和危害人类健康，保护臭氧层不受破坏已成为世界三大全球性环境问题之一。国际社会为避免臭氧层破坏给人类生态环境带来的恶劣影响，于 1987 年在蒙特利尔签订了《蒙特利尔议定书》。议定书对消耗臭氧层的物质进行具体控制，并规定了控制的时间。但是，该议定书给发展中国家提供了更长的宽限期。国外的投资商利用发达国家与发展中国家在淘汰受控物质上的时间差距，以直接投资方式将 ODS 的生产和消费转移到中国。据不完全统计，外商直接投资 ODS 生产主要集中于清洗、制冷和泡沫等行业。1994—2003 年，外商投资于 ODS 的规模已累计达到 1 004 家，外商投资额高达 21.8 亿美元。据对广东省 2000—2002 年批准的外商投资企业的调查，泡沫和清洗行业共有 120 家，主要集中于深圳、广州、惠州和番禺。2002 年广东仅氟氯烷烃-11 和氟氯烷烃-12 的进口量就达约 1 800 吨。这些 ODS 主要来自发达国家，外商投资企业是重要的使用者。① 国外企业大规模向我国转移 ODS 生产，除了破坏我国生态环境以外，还对我国淘汰受控物质的进程产生不利影响，从而影响我国履行对国际社会的承诺，影响中国的国际形象。

① 杨海生等：《贸易、外商直接投资、经济增长与环境污染》，《中国人口·资源与环境》2005 年第 3 期，第 99—103 页。

3. 外商投资企业参与国外废物的进口与加工

国际废物贸易指不同国家之间对工业或生活废物的进出口交易，它作为一种垃圾处理的手段早已存在。从 20 世纪 70 年代初以来，国际废物贸易发展迅猛，越境转移现象日益剧增。由于发展中国家缺乏较完善的监管机制以及对环境保护不够重视，没有制定严格完整的环保法律，发达国家通过国际贸易的形式向发展中国家转移大量废物垃圾。

值得注意的是，我国《国家限制进口的可用作原料的废物名录》内的废物原料进口一直呈上升趋势。据海关统计，1990 年我国废物进口量为 99 万吨，进口额为 2.6 亿美元；1997 年废物进口量高达 1 078 万吨，进口额猛增至 29.5 亿美元；2010 年我国废纸、废塑料、废五金、废钢铁和铝废碎料等可用作原料的固体废物实际进口达 4 000 多万吨，价值 238 亿美元。这些废物主要来自发达国家和新兴工业化国家和地区，尤其是来自美国、日本和中国香港地区。1997 年，我国内地从美国、日本和中国香港地区进口的废物分别占进口总量的 24.25％、9.88％和 5.58％。

以直接投资方式进入我国的外商投资企业直接从事危险废物的进口、加工、处置。据统计，1990 年我国危险废物的进口为 16 万吨和 1 392 万美元，到 1997 年危险废物的进口达到 92 万吨和 1.9 亿美元。① 在此期间，我国海关也查获了一些外商投资企业非法进口和使用危险废物。如瑞安华隆塑料化工有限公司非法进口欧共体的 4 660 吨废塑料；陈氏(美国)东泰国际公司每年进口 150 辆卡车的废五金，包括旧电池、旧电脑、废变压器及含剧毒多氯联苯的电容器等。从海关查获的情况看，浙江、江苏、福建、广东和山东是主要进口地和使用地，上海、天津、辽宁、北京和江西也发现危险废物。洋垃圾的大量进口无疑加剧了我国的生态环境危机，危险废物的堆放、拆解和处置等过程严重污染了当地的水质、大气和耕地，人类的健康受到损害。例如，中外合资江西华隆化学有限公司进口的 3 万吨生活垃圾，导致 20 公顷的土地受到严重污染，许多工人和农民受到病菌的感染。② 由此可见，外商投资企

① 夏友富：《外商投资中国污染密集产业现状、后果及其对策研究》，《管理世界》1999 年第 3 期，第 113 页。

② 夏友富：《国际环保法规与中国的对外开放》，中国青年出版社 1996 年版，第 126—132 页。

业直接参与国外危险废物的进口，加剧了我国生态环境的危机，对我国的生态环境直接造成了极大的损害。

目前国内一些企业从美国和日本等国家进口成吨的废弃物，如使用过的电池、车座底盘和其他电器等，但由于国内处理能力和落后技术的限制，这些进口废弃物往往带有传染性病毒、农药、放射性物质和重金属等有害成分，在处理和使用过程中这些废弃物将危害人体健康，污染水源、土壤和空气，对周边环境造成了巨大的环境污染。另外，一些新兴国家或地区也将一些有毒有害的物质转移到我国大陆，破坏了我国的环境。

4. 外商将淘汰的生产设备和工艺流程转移到我国

由于我国工业产品环保标准大多低于发达国家，一些外商通过直接投资方式将国外淘汰的、严重污染环境的和禁止使用的产品、技术和设备通过投资方式转移到我国。这些转移技术大部分技术相对落后，资源利用率低，生产成本高，污染物产生量大。一些外商在引进技术过程中以旧顶新、以次充好，技术环保标准落后。据估算，外商投资企业中高达70%以上的引进技术设备处于中低档水平。在引进这些设备的同时，一些外商不配套引进环境保护设施和劳动设施，或引进了环保设备后让其长期闲置，甚至有些外商引进的环保设备只为应付检查。

我国利用外商直接投资大省广东省曾对60家外商投资企业进行调查发现，有70%的企业在引进设备中没有引进环保设备。还有外商甚至把一些垃圾转移到我国境内，进行循环再利用，但由于我国循环再利用技术较落后，进口废弃物处理难以达到标准，由此带来严重的污染。例如，一些世界知名洗涤用品公司就曾经将在其本国内已禁止或即将被禁止生产和使用的高磷洗涤用品转移到我国生产和销售，不仅污染了企业所在地的水质，而且破坏了周边海域的生物资源。

5. 外商投资于基因工程产品影响我国的环境

随着世界转基因技术的发展突飞猛进，基因工程已经成为21世纪的重要产业，正在全面改造农业、医药、化工和环保等产业。但转基因产品可能对人类生产生活带来的负面影响也不容忽视。如转基因产品有可能降低动植物乃至人类的免疫能力，从而对动植物和人类的安全乃至生存产生影响；有可能破坏生物多样性和生态链，从而对整个生态系统造成不利影响。由于许多

到他国的环境责任问题。关于这些问题，在世界贸易组织多边贸易谈判中，始终没有形成专门的关于环境与贸易的协议，这不能不说是导致污染产业转移的一个重要原因。

第三，我国国内环境保护意识薄弱。改革开放以来，我国地方政府致力于地方经济发展，改善国民生活水平，但普遍忽视环境保护问题。特别是经济落后地区，甚至不计环境代价，盲目引进外资。国内发生的许多破坏环境的例子充分表明，地方政府和国民环境保护意识淡薄。在利用外商直接投资与环境保护发生矛盾时，地方政府往往以牺牲环境求得经济上短期的局部的“增长”。在利用外商直接投资的战略上只注重规模与速度而忽视环境质量，强调经济效益而忽视环境效益，重视眼前和局部利益而忽视长远整体利益，有的地区甚至把可投资于污染项目作为吸引外资的优惠政策。

第四，对外商直接投资提供超国民优惠政策。为了吸引更多的外商直接投资，我国与其他国家之间，国内的地区与地区之间展开了激烈的竞争。目前，有相当多的地区和部门片面追求经济增长、招商引资数量和就业效应目标，对外商投资企业实施超国民待遇性质的优惠政策。它们为了吸引外商投资，往往忽视了对环境的保护。一些外商投资企业以此为契机，为逃避母国严格的污染治理规定，在我国兴建污染防治费用高、处理难度大和易给环境带来严重污染的企业以获取高额利润。

另外，中央政府和地方政府存在着利益的博弈。中央政府的各项环境保护法规和政策要靠地方政府来贯彻。但是，在利益博弈过程中，地方政府有时会对上级政府的环境保护政策和法规条例做出不合作的态度以求得自身利益。在我国现行的政绩考核制度下，当经济增长和环境保护发生冲突时，地方政府更倾向于经济增长。能够增加税收、促进就业和给地方政府带来好处的污染企业不是被排除在政策之外，反而因地方政府的短视行为和短期利益而被奉为座上宾。最终导致地方经济上去了，但当地环境却严重恶化的后果。

在我国现阶段，政府既是政策的制定者，又是政策的受惠者。地方政府在引进外商直接投资的过程中表现出机会主义的冲动，它们在制定环境政策的时候优先考虑的是官员的政绩和厂商的利益，而人民群众生存的环境则成为代价。污染密集型产业之所以能冲破重重关卡，获得地方政府的审批，甚至还获得其他企业所没有的税收优惠和减免政策等，与地方政府官员利用其手中的行政权力，违反国家环境保护法律政策为污染企业大开方便之门的行为密切相关。

三、对外商直接投资的依存度过高

(一)我国对外商直接投资依存度概况

我国是一个发展中国家，投资需求和消费需求增长快，而国内有效资金供应不足，所以利用外商直接投资是弥补国内资金缺口的重要渠道。因此，吸收和利用外商直接投资，可以加速我国资本的形成，大大提高我国的投资水平。如表5-13所示，改革开放以来，尤其是20世纪90年代以来，外商直接投资在我国固定资产中占据了相当大的比重，为补充我国经济建设资金发挥了积极作用。1990—1994年外商直接投资流量占我国社会固定资产投资额的比重一直上升。1990年外商直接投资占我国全社会固定资产投资的比重仅为3.76%，到1994年这个比重高达17.08%。随后几年该比重虽然有所下降，但仍然占有相当大的比重，而且绝对值呈不断上升的趋势。

表5-13 1990—2013年实际使用外资金额占全社会固定资产投资比重

年份	全社会固定资产投资		实际使用外资金额（亿美元）	占固定资产投资比重(%)
	（亿元）	（亿美元）		
1990	4 517.0	926.91	34.87	3.76
1991	5 594.5	1 050.95	43.66	4.15
1992	8 080.1	1 465.22	110.08	7.51
1993	13 072.3	2 268.71	275.15	12.13
1994	17 042.3	1 977.34	337.67	17.08
1995	20 019.3	2 397.23	375.21	15.65
1996	22 974.0	2 763.22	417.26	15.10
1997	25 300.0	3 059.97	452.57	14.79
1998	28 457.0	3 437.29	454.62	13.23
1999	29 876.0	3 608.00	403.18	11.17
2000	32 619.0	3 944.26	407.15	10.32
2001	36 898.0	4 458.11	468.46	10.51
2002	43 202.0	5 223.94	527.43	10.10
2003	55 118.0	6 664.81	535.05	8.03

续表

年份	全社会固定资产投资		实际使用外资金额（亿美元）	占固定资产投资比重(%)
	（亿元）	（亿美元）		
2004	70 477.4	8 515.05	606.30	5.59
2005	88 773.6	10 837.02	603.25	5.57
2006	109 998.2	13 798.41	630.21	4.57
2007	137 323.9	18 059.43	747.68	4.14
2008	172 828.4	24 884.94	923.95	3.71
2009	224 598.8	32 879.34	900.33	2.74
2010	278 121.9	41 084.56	1 057.35	2.57
2011	311 485.1	48 226.40	1 160.11	2.41
2012	374 694.7	59 357.57	1 117.16	1.88
2013	446 294.0	72 061.11	1 175.00	1.63

资料来源：国家统计局，《中国统计年鉴》，1980—2014 年，http://www.stats.gov.cn；商务部，经济数据，http://www.mofcom.gov.cn。

外商直接投资还可以通过投资乘数作用推动我国国民经济的增长。外商直接投资存量(FDK)占国内生产总值(GDP)的比重(FDK/GDP)，是衡量吸收利用外商直接投资对经济增长重要性的重要指标之一。从表 5-14 可以看出，外商直接投资对于我国经济增长做出了主要贡献。但外商直接投资的快速增长也会对我国经济发展产生"挟持效应"。我国改革开放 30 多年的经济发展过程说明，外商直接投资已成为推动我国经济增长的重要因素，但是外商直接投资的比例过高也导致我国经济发展对外商直接投资的依存度过高。

表 5-14　1990—2013 年外商直接投资对我国经济增长的贡献度　单位：亿美元、%

年份	GDP	FDK	FDK/GDP
1990	3 873.98	189.82	4.90
1991	4 061.02	233.48	5.75
1995	6 913.42	1 331.58	19.26
1996	8 250.22	1 748.83	21.20
1997	8 982.48	2 201.40	24.50
1998	9 462.99	2 656.03	28.07

续表

年份	GDP	FDK	FDK/GDP
1999	9 894.66	3 059.22	30.92
2000	10 799.62	3 466.94	32.10
2001	11 600.12	3 935.40	33.93
2002	12 381.86	4 479.66	36.18
2003	14 110.52	5 014.70	35.54
2004	19 316.44	5 621.00	29.10
2005	22 576.19	6 224.25	27.57
2006	27 134.95	6 854.46	25.26
2007	34 956.64	7 602.14	21.75
2008	45 218.27	8 526.09	18.86
2009	49 847.30	9 426.42	18.91
2010	60 410.00	10 483.81	17.35
2011	73 011.09	11 643.92	15.95
2012	82 268.83	12 761.08	15.51
2013	94 167.42	13 935.78	14.79

资料来源：国家统计局，《中国统计年鉴》，1980—2014 年，http://www.stats.gov.cn；商务部，经济数据，http://www.mofcom.gov.cn。

(二)对外商直接投资依存度过高影响了我国的产业安全

目前，我国产业在一定程度上出现了对外商直接投资过度依赖的现象，这主要表现在产业资本的形成、出口产业的发展和生产技术的研究开发等方面。①

1. 在资本形成方面对外商直接投资的依赖

外商直接投资一直是我国产业资本的重要来源，在我国社会总投资中所占的比例不断上升。如表 5-14 所示，1990 年，外商直接投资存量占国内生产总值的比重为 4.90%，在 2000 年左右，该比例一直处于高位徘徊，其中

① 吴凡：《全球化背景下外商直接投资与中国产业结构优化研究》，西南财经大学出版社 2008 年版，第 248—251 页。

2002年更是达到了一个36.18%的峰值。其后，该比例有所下降，但仍处于较高的水平。到2013年，这个比例仍然达到14.79%。这说明外商直接投资已在我国产业资本形成中占有了比较重要的地位。

另外，外商直接投资主要集中在第二、第三产业，尤其是投资周期短和效益见效快的加工制造业以及消费热点行业。前面分析的是外商直接投资存量对我国国内生产总值的比例，如果分析外商对我国第二、第三产业直接投资存量与我国第二、第三产业的产值的比例，则该比例还要高。外商在这些产业的投资对于这些产业的迅速发展起了积极的推动作用，但外商投资企业在这些特定行业的大量聚集，也蕴含着潜在的风险：一方面很有可能形成境外资本对这些行业的垄断，损害我国国民福利；另一方面也很容易受到国际政治经济形势变化的干扰，危害我国相关产业的安全。

2. 在出口方面对外商直接投资的依赖

出口企业的快速发展是拉动我国经济持续增长的重要力量。近年来，我国企业出口经历了一个持续增长的阶段，对外贸易依存度也屡创新高。作为世界出口大国，外资企业在我国出口产业中扮演主力军的角色。表5-15说明了1990年以来外商投资企业出口在我国出口所占比例的情况。从表中可以看出，1990年以来，外商投资企业出口所占比例不断上升。特别是自2000年以来，外商投资企业出口商品总量一直占全国出口商品总量的半壁江山，在2005—2006年还一度达到接近60%的超高水平。另据中国投资指南网“全国出口200强”排行榜显示，在全部最大的200家出口企业中，外商投资企业数量约占70%。在我国主要的出口产业中，无论是传统优势的纺织、服装和机电产品等产业，还是近几年迅速崛起的计算机、移动通信设备和电脑显示器等高新技术产业，外商投资企业都是主要出口力量。在我国经济发展对国际贸易依赖程度居高不下的情况下，我国出口企业对外商直接投资的依赖程度又不断提高，这种现象不能不引起我们高度关注。

表5-15　1990—2013年外商投资企业出口占全国总出口统计　单位：亿美元、%

年份	全国出口额	外资企业出口额	所占比例
1990	620.9	78.14	12.58
1991	719.1	120.47	16.75

续表

年份	全国出口额	外资企业出口额	所占比例
1992	849.4	173.56	20.43
1993	917.4	252.37	27.51
1994	1 210.1	347.13	28.69
1995	1 487.8	468.75	31.51
1996	1 510.5	615.06	40.72
1997	1 827.9	748.99	40.98
1998	1 837.1	809.62	44.07
1999	1 949.3	886.27	45.47
2000	2 492.0	1 194.41	47.93
2001	2 661.0	1 332.18	50.06
2002	3 256.0	1 699.85	52.21
2003	4 382.28	2 403.05	54.84
2004	5 933.3	3 385.91	57.07
2005	7 619.5	4 441.82	58.30
2006	9 689.8	5 637.79	58.18
2007	12 204.6	6 953.70	56.98
2008	14 306.9	7 904.91	55.25
2009	12 016.1	6 720.74	55.93
2010	15 777.54	8 622.28	54.65
2011	18 983.8	9 952.27	52.40
2012	20 487.1	10 226.20	49.90
2013	22 090.0	10 437.24	47.25

资料来源：国家统计局，《中国统计年鉴》，1980—2014 年，http://www.stats.gov.cn；中国对外贸易经济合作企业协会，《中国对外贸易经济合作企业年鉴》，中国商业出版社，1991—2014 年。

3. *在技术的研究开发方面对外商直接投资的依赖*

产业技术的自主研究开发能力是保持一个国家产业安全和可持续发展的基础。跨国公司对外直接投资，无论海外投资的规模有多大，所转移的技术有多少，“无国籍化”经营程度有多高，流入东道国的技术总是服从于跨国公司自身的全球经营战略的。① 改革开放30多年的实践证明，我们开放市场无法也不可能换来核心技术，其中较高水平技术的溢出效应也很难实现。其结果是投资于我国的跨国公司一方面掌握着核心技术和关键部件以及终端销售渠道；另一方面只将生产链条中附加值较低的加工环节转移至我国进行。这样，我国的加工贸易形成了“两头在外、大进大出”的局面，这在一定程度上削弱了我国企业自主研究开发能力，影响了我国产业安全。

四、外商直接投资结构不合理

(一)基本概况

产业结构的合理化是产业结构调整的重要目标。它包括产业结构的协调化和高度化两个方面，实质是协调化基础上的高度化。合理的产业结构首先体现在与本国科学技术和生产力发展水平应该互相适应，在不同的历史时期有不同的主导技术和主导产业。合理的产业结构还体现在各部门之间能够协调发展。在长期中，产业结构中三个产业的比重应呈现这样的变化规律：工业比重略有上升后保持稳定或略有下降；农业比重持续下降然后基本稳定；服务业比重持续上升。

外商对我国直接投资的目的是尽可能获取高额利润，它们主要涌进能够利用我国优势社会资源的产业。2013年，外商直接投资在我国的产业分布情况如下：制造业占比为38.7%；房地产业为24.5%；租赁和商务服务业为8.8%；批发和零售业为9.8%；交通运输、仓储和邮政业为3.5%。

虽然外商直接投资的目的是获取利润，但是在产业发展规律的作用下，它在一定程度上也促进了我国产业结构的调整。外商在我国各个产业中的直接投资总量增加的同时，在产业的格局上也发生了变化。表5-16列出了1991—2013年外商直接投资在我国三个产业中的比重。从表中可以看出，外商直接投资在第一产业中的比重一直没有很大的变化，基本维持在2%左右；在第二产业中的比重从2000年开始经历了连续五年的提高之后有所回落，但是整体比重在三个产业中仍然是最高的；在第三产业中的比重则逐年上升。这说明外商直接投资在一定程度上顺应了产业结构调整的规律。

---

① 陈明森：《产业升级外向推动与利用外资战略调整》，科学出版社2004年版，第190—191页。

但是，外商对我国第一产业的直接投资比例明显偏低，对第二产业的直接投资无论在项目数还是合同金额上，所占比例都远大于第一产业和第三产业。外商直接投资结构的形成主要有下述原因：第一，我国第一产业没有明显的比较优势，以家庭联产承包责任制为主体的农业经营体制无法满足外商直接投资在规模经济上的要求，而作为我国外商投资主要来源的中国港澳台地区企业多从事制造业，经营第一产业的企业很少。第二，我国在制造业有较大的比较优势，低廉的劳动力成本吸引了大量外资集中于纺织、服装、电子元器件和轻工业等劳动密集型部门。第三，我国服务业的开放程度较低，金融保险等行业对利用外资的限制较为严格，吸收外商直接投资的数额仍相对有限。

从经济周期性的角度考察，可以发现外商直接投资的产业分布变化具有周期性的特点。在经济扩张的年份，如 1991—1993 年、2001—2002 年，第三产业的外商直接投资比重大幅提高，其中 1993 年第三产业利用外商直接投资甚至超过了第二产业，而同一时期第二产业的外商直接投资则迅速下降，第一产业吸收的外商直接投资亦有所减少。在经济紧缩的年份，如 1990—1991 年、1994—1996 年、1998—2001 年，第三产业的外商直接投资比重趋于下降，第二产业外商直接投资比重则相应上升，第一产业的外商直接投资亦有所增加。

利用有关数据进行分析后还可以发现，我国国内生产总值增长率和外商直接投资在第一产业、第二产业和第三产业所占比重的相关系数分别为 -0.81、-0.68 和 0.72。这个结果说明，外商对第一、第二产业直接投资的比重和经济增长具有较强的负相关性，对第三产业直接投资比重和经济增长则有较强的正相关性。外商直接投资产业分布这种周期性变化特点反映了我国第三产业在经济扩张时期供不应求的状况比较突出，市场相对广阔。尤其是房地产和社会服务业等对外商直接投资进入限制相对较少的第三产业部门，在经济扩张时期往往成为外商直接投资优先进入的领域。

表 5-16 利用外商直接投资金额在三大产业的变动情况 单位：%

年份	第一产业	第二产业	第三产业
1979—1990	2.9	60.3	36.8
1991	1.8	84.4	13.8

续表

年份	第一产业	第二产业	第三产业
1992	1.2	60.1	38.7
1993	1.1	49.4	49.5
1994	1.2	56.0	42.8
1995	1.9	69.6	28.5
1996	1.6	71.6	26.8
1997	2.1	66.7	31.2
1998	2.3	68.0	29.7
1999	3.6	66.2	30.2
2000	2.4	75.1	22.5
2001	2.5	77.3	20.2
2002	2.0	73.9	24.1
2003	2.0	73.5	24.5
2004	1.9	73.2	24.8
2005	1.8	75.8	22.3
2006	0.99	61.72	37.28
2007	0.86	61.19	37.95
2008	1.23	57.32	41.45
2009	1.58	55.62	42.8
2010	1.81	50.94	47.25
2011	1.79	48.05	50.16
2012	1.84	46.94	51.22
2013	1.53	42.15	56.32

资料来源：商务部，中国投资指南，统计数据，《全国利用外资统计年报》，http://www.fdi.gov.cn；商务部，《中国外资统计》，2008—2014年，http://www.mofcom.gov.cn；国家统计局，《中国统计年鉴》，1990—2014年，http://www.stats.gov.cn。

从细分行业来看，外商对第二产业的直接投资大部分投向了一般加工制造业和劳动密集型制造业。2000年，采矿业和建筑业利用外商直接投资的项目数和合同金额只占总数的0.99%和4.14%，而制造业所占项目数和合同利用外资金额的比重分别为72.62%和71.95%。到2013年，流向采矿业和建筑业的外商直接投资金额所占比例为 1.34%，流向制造业的外商直接投资金额大幅下降，但所占比例仍高达 38.7%。从外商直接投资金额看，第二产业内部制造业吸收的外商直接投资项目数和利用外商直接投资金额的比例仍占主导地位，所占比例高达 97.17%和 92.07%。由此可见，制造业在我国利用外商直接投资中占据重要地位。

在细分行业上，外商在加工工业直接投资上的比例较高，对原料工业直接投资比例较低；对轻加工业直接投资比例较高，对重加工业直接投资比例较低；对资源性行业和垄断性行业直接投资比例很小。近年来，外商对资金和技术密集型行业的直接投资呈现逐渐加快的趋势。目前外商投资企业主要集中在食品加工业、化学原料及化学制品制造业、非金属矿物制品业、普通机械制造业、专用设备制造业、交通运输设备制造业和电子及通信设备制造业等；外商投资较少的部门则有石油和天然气开采业、石油加工及炼焦业、黑色金属冶炼及压延加工业、煤炭采选业、烟草加工业、自来水生产与供应业和电力蒸汽热水的生产与供应业等。

外商直接投资的产业结构分布对于我国技术水平的提高以及经济可持续发展可能产生不利影响。我国政府还需要利用产业政策发挥外商直接投资在国内产业结构调整中的带动作用，促进整个产业结构的升级换代，才有可能真正实现经济的可持续发展。

(二)外商直接投资结构不合理造成的负面效应

不合理的外商直接投资结构产生了下述负面效应：

第一，加剧我国三大产业的结构性偏差。改革开放以来，我国产业结构逐渐趋于合理化，三大产业之间以及各产业内部结构有了明显的改善。第一产业所占比重不断下降，而第二、第三产业比重不断上升，劳动力的比重也具有相同的变化趋势。但与经济发达国家相比，我国第一、第二产业所占比重偏高，第三产业发展严重滞后。在工业内部，轻工业比重偏高，重工业没有得到相应的发展；在第三产业内部，高附加值的生产性服务业比重低，而生活服务业比重高。同时，我国产业结构还存在整体效益水平低、高加工度化的程度较低和高技术化水平偏低等问题。

外商在不同产业之间直接投资加大了我国产业的结构偏差。首先，外商对我国工业的结构倾斜助长了我国消费品工业的过度扩张。近几年，我国工业消费品相对过剩，生产能力大量闲置，除了城乡消费需求相对趋缓的原因之外，外商直接投资过度集中于消费品工业也是主要的原因。长期以来，在外商对我国的直接投资中，轻工业的比重为58%，重工业的比重为42%。其次，在第三产业中，外商直接投资过多地流向商业、房地产和金融保险业等利润较高的产业，而很少流向通信、交通运输和地质勘探等基础设施部门以及科教文卫部门。外商直接投资在我国不同产业之间的结构性倾斜对我国的经济发展将产生不利的影响。

第二，加剧了对外商技术的依赖性。发达国家转移技术的动因在于发达国家国内产业结构调整与本国技术升级换代的需要，而发达国家通过对外直接投资延长所开发技术的生命周期，实现了所开发技术的持续价值增值。许多事例表明，发达国家向我国转移的技术是相对过时的。即使跨国公司出于开拓市场的需要，将部分高新技术转移到我国，也往往附带各种制约条件。

在跨国公司研究和生产全球一体化的大背景下，我国国内企业在跨国公司全球制造网中只是一个代工工厂。这些公司将研究和开发的主要机构设在母国和其他发达国家，核心零部件和产品的核心生产过程放在母国进行，而将技术含量低的零部件和产品的最终成品组装生产放在我国进行。它们在我国的子公司很多是单一的成品加工型企业，生产单一的产品。即使是高科技产品的加工，由于现代高科技产品的加工工序多，有些产品的生产工序上百道，即使我国国内企业掌握了该产品的生产工艺技术，也无法生产出类似产品，这样通过产业的前后关联而提高我国的技术进步作用就非常有限。

近年来，外商进入我国市场的方式越来越多样化，其中并购投资成为外商选择的重要方式。而外商以并购形式进入我国后，出于市场竞争的考虑，往往把国内原企业的技术开发机构给予撤销，我国企业不再进行相关技术开发，而由外方的母公司提供技术支持。即使有些企业建立了技术开发机构，但是新产品的设计只能按照外方的意愿进行，或者只是将外方的产品进行适应性改造。外商的这种做法，削弱了我国企业自主进行技术开发的能力，造成我国在核心制造技术和关键性中间投入产品方面对外方的依赖。

第三，扩大三大产业内部发展水平与国际竞争力的差距。外商投资企业的进入也带来了来自外部的挑战和冲击，加大了国内产业的竞争程度，而竞争机制对产业的技术进步和生产率提高具有重要的调节作用。外商直接投资的产业结构分布特点之一是明显向工业部门尤其是制造业倾斜，从而导致工业内部竞争激烈，竞争又促进了技术进步和生产率的提高。而第一、第三产业在外资企业进入较少而外部冲击度较低的条件下，产业内部的竞争程度也较低，竞争机制没有对产业生产率的提高发挥有效的调节作用，使工业与第一、第三产业的发展水平差距趋于扩大。与产业发展水平和生产率相联系的是产业国际竞争力的变化。在工业尤其是制造业部门，外商大规模投资带动了对外贸易尤其是出口量的迅速增长，国内企业在熟悉国际市场和从事国际经营方面取得了较大进展，同时也在扩大对外开放和迎接国际挑战中得到了锻炼，因而第二产业中的大多数企业的国际竞争力增强；而在第一产业和第三产业的一些部门，由于外商投资较少，来自外部的冲击度较低，缺乏国际挑战和竞争的锻炼，加上产业发展水平和生产率提高缓慢，国际竞争力没有得到明显提高。

利用外商直接投资的诸多问题引起政府部门和学者的反思。特别是经过30多年改革开放的发展，我国经济环境发生很大变化，利用外商直接投资弥补经济建设资金缺口和解决外汇短缺问题已得到很大改观，传统的利用外商直接投资弥补“双缺口”战略值得我们重新审视。因此，在坚持引进外商投资的同时，关于调整利用外商直接投资战略，优化外商直接投资结构，提升利用外商直接投资质量的呼声不断增强。

我国政府在《中华人民共和国国民经济和社会发展第十一个五年规划纲要》中明确提出，今后我国利用外商直接投资注重从数量型向质量型的转变。这意味着我国利用外商直接投资的目标、方式、方法将发生战略性调整，提升外商直接投资质量将成为我国引进外商直接投资战略关注的重点问题。可喜的是，近年来我国引进外商直接投资正朝着进一步提升质量的方向发展并且取得积极的成效。笔者将分析我国利用外商直接投资过程中存在的问题，就进一步提升引进外商直接投资的质量，推动外商技术转让和引进外商长期的投资，推动产业结构升级和优化，实现利用外商直接投资发展方式的转变等提出相应的建议。

第四节　以提高质量为主的引进外商直接投资发展战略

一、提高引进外商直接投资质量的必然性和可能性

外商直接投资对我国的经济发展做出了重要贡献，但也存在着外商直接投资技术含量不高、环境污染严重、投入结构畸形等问题。在改革开放 30 多年后的今天，是我国政府需要认真总结引进外商直接投资的经验教训，调整我国引进外商直接投资发展战略的时候了。

当前，我国经济结构正处于结构调整和优化阶段，转变经济增长方式，节约自然资源，保护生态环境，走内涵式发展道路成为我国经济结构调整的重要目标。在利用外商直接投资的过程中，提高引进外商直接投资的质量，特别是注意引进技术含量高、产业带动能力强、有利于我国经济结构调整的外商直接投资，已经成为我国转变经济发展方式的必然要求。

在改革开放初期，我国存在着严重的外汇资金和经济建设资金“双缺口”，急需引进外商直接投资。正是在这种形势下，我国采取极为优惠的政策措施，引进外商直接投资。但是，改革开放 30 多年来，随着我国经济规模的日益扩大，我国的外汇储备和建设资金不再短缺，而是变得相对充裕了，“双缺口”的矛盾已经得到明显改善。在这样的情况下，更加注重引进外商直接投资的质量成为可能。

另外，引进高质量的外商直接投资不仅取决于我国政府的意愿，而且还取决于跨国公司的意愿。在我国科学技术水平不高和经济发展水平不高的条件下，难以引进高质量的外商直接投资。但是，经过改革开放 30 多年的发展，我国的科学技术水平和经济发展水平不断提高，新兴产业不断产生。如果跨国公司还以原来的技术来参与我国市场的竞争，将越来越难以在我国市场占据一定的地位。在这样的情况下，跨国公司在我国市场上投入更高的技术也成为可能。

党和政府清楚地意识到调整我国引进外商直接投资发展战略的必要性。《中国共产党第十六次全国代表大会报告》指出：“今后应进一步吸引外商直接投资，提高利用外资的质量和水平。”2006 年 11 月，国家发展和改革委员会公布了《利用外资“十一五”规划》，提出将利用外商直接投资的重点从弥补资金

和外汇不足，切实转到引进先进技术、管理经验和高素质人才上来，更加注重地区平衡、生态建设、环境保护和资源能源节约与综合利用。党和政府制定的一系列政策，指出了我国调整引进外商直接投资发展战略的方向。2015年3月，国家发展和改革委员会、商务部发布了新的《外商投资产业指导目录》(2015年修订)。明确规定了鼓励类、限制类的外商投资项目以及禁止外商投资的领域，并就特别行业规定了外商投资的股比限制及其与中国企业的合作模式，新目录鼓励外资投向先进制造业、现代服务业、科技研发等高新技术领域。

因此，我国需要构建可持续发展的利用外商直接投资发展战略。在战略目标上，要改变过去过于注重弥补“双缺口”状况，而是适应经济全球化战略的要求，从全球竞争的角度出发，积极参与国际分工，优化资源配置，推动技术进步和产业结构升级，实现各地区协调发展。在具体策略上，要改变过去粗放的管理模式，坚持有所为有所不为，引进外商直接投资要有选择性和针对性，引进外商直接投资工作的重点要放在促进外商直接投资由数量型向质量型转变。另外，增强环境保护意识，注重资源节约，处理好引进外商直接投资促进经济发展与保护自然资源和生态环境之间的关系。

二、改善投资环境以提高外商直接投资的质量

进入21世纪后，特别是加入世界贸易组织以后，随着我国政策法规的透明度进一步加强，外商进入行业投资比例等限制进一步减少，我国的投资环境进一步改善，这有利于我国引进更高质量的外商直接投资。虽然我国的投资环境有了很大的改善，但仍存在一些不尽如人意的地方。我国投资环境存在的问题主要有：法律制度不健全，不同的法规相互抵触，相关政策经常变化，政府有关管理部门办事效率不高，高素质劳动者供给不足，与外商投资企业配套产品供给不足等。因此，我国要改善外商直接投资的质量，还需要进一步改善投资环境。

(一)改善外商直接投资的法律环境

1. 完善关于外商直接投资的法律、法规体系

(1)完善有关保护知识产权的法规。关于知识产权保护与对外直接投资的关系，已有学者对此做过探讨。马斯科斯(Keith E. Maskus)研究美国流向发展中国家的对外直接投资发现，东道国加强知识产权保护对外商直接投资流

动产生了正向效应①；努内坎普(Peter Nunnenkamp)和斯帕茨(Julius Spatz)研究认为，技术含量相对较低的产品或技术，对知识产权保护水平的要求较低；那些难以被模仿的产品或技术，则对知识产权保护水平的要求相对较高。② 杨(Yang)和马斯科斯经过实证研究表明，知识产权保护对不同产业外商直接投资的影响有着显著差异。医药、化工和软件业等技术含量较高，产品容易被复制的行业的外商直接投资会十分依赖东道国的知识产权保护水平。而对纺织业和电子产品加工等技术含量较低的商品或服务的外商直接投资则对知识产权保护水平关注较少。③ 由此可见，加强知识产权保护力度有利于维护外商直接投资的利益，一方面，可以推动我国利用外资规模进一步提高；另一方面，有利于鼓励外资在华的研发活动和技术创新，一定程度上提升引进外资的质量。

我国在保护知识产权方面做过许多工作，知识产权保护取得了一定的成绩。但是也应看到存在的问题，如知识产权保护意识不强，保护水平不高，相关法律缺失，执法力度不够等。为进一步提升我国利用外商直接投资的质量和水平，我国政府还需要在下述三个方面努力：第一，强化知识产权保护意识。全社会要树立尊重知识，尊重创造，尊重知识产权所有人的劳动，反对剽窃，反对违法使用别人创造的知识产权。其实，树立知识产权的保护意识，不仅是对引进国外技术的尊重，也是维护国内企业自主创新的动力。第二，政府机构加大对侵犯知识产权的打击力度。知识产权的保护工作应从商标法和专利法等知识产权保护法的执法力度入手，坚持与国际惯例接轨，严厉打击侵犯知识产权行为，保护外资与知识产权相关的合法权益，消除跨国公司担心技术泄露的后顾之忧，增强它们的投资信心。第三，根据相关研究，

---

① Maskus, Keith E., "The International Regulation of Intellectual Property", *Review of World Economics*, 1998, 134(2), pp. 186-208.

② Nunnenkamp, Peter and Julius Spatz, "Intellectual Property Rights and Foreign Direct Investment: A Disaggregated Analysis", *Review of World Economics*, 2004, 140(3), pp. 393-414.

③ Guifang, Yang and Keith E. Maskus, "Intellectual Property Rights, Licensing, and Lnnovation in an Endogenous Product Cycle Model", *Journal of International Economics*, 2001, 35, pp. 1025-1045.

由于知识产权保护存在行业特征，为进一步提高我国利用外资的质量，应该利用知识产权的行业特征引导外资流向。具体说就是那些对知识产权保护程度要求较高的行业比如化工、医药和通信技术等，要不断提高知识产权保护水平，推动外资对国内相关产业的流入，从而起到优化我国外资产业结构、提升利用外资水平的作用。

(2)认真实施与执行《反垄断法》。我国政府要加强对外商并购国内重点行业和重点企业的审查与监督，对关系国计民生和国家安全的特殊行业与主要企业加以控制，防止外商直接投资对我国经济安全造成不利影响。

从国际先进经验来看，反垄断法是一个完善的法律、法规体系，除了包括正式的反垄断主法之外，还包括极为详尽的配套法律文件，并佐以大量的经典案例和操作指南。相比之下，我国于 2008 年 8 月 1 日生效的《反垄断法》显得过于单薄，其法律文本仅有八章 57 条，内容极具原则性，缺乏实施细则。比如“经营者集中”“营业额”这样基本的概念都需要进一步地明确；反垄断法的对象是否包括行政性垄断以及电信、石油和保险等特殊行业，也没有明晰的界定。从管理机构和程序上看，我国反垄断法设计的执法体制不尽合理，我国采取了“双层次多机构”的执法体制，在反垄断执法过程中极有可能出现“错位”“缺位”和“越位”的现象。欧盟法反垄断法体系在实施机制方面的做法是以行政机关为主，法院为辅，属于行政主导型的反垄断机制，这一点值得我国借鉴。

我国的反垄断事业起步较晚，2008 年可口可乐收购汇源案是自《反垄断法》实施以来第一个被中国商务部禁止的案件，被称作我国《反垄断法》打响的第一枪。2010 年 3 月 18 日，中国商务部根据我国《反垄断法》的相关规定，从市场份额及市场控制力、市场集中度、集中对市场准入和技术进步的影响等方面对此案例进行了审查，并最终做出禁止收购的决定。中国商务部的决定虽然严格按照我国《反垄断法》来做，也因为保护了民族品牌而受到国内舆论支持，但仍然遭到了诸多质疑。这表明我国在如何界定垄断的法律和技术方面经验明显不足，既体现出我国反垄断的特殊性，也反映出我国在反垄断制度层面上仍存在缺失，需要进一步细化实施细则，例如，垄断行业的反垄断规则、知识产权适用反垄断法的适用细则和反垄断法的域外适用规则等。

但在反垄断的过程中，应当注意的是，国家利益和经济安全往往被置于更加优先的地位。美国“波音兼并麦道案”可以给我国反垄断立法一些启示。波音与麦道曾分别是美国第一和第二大飞机制造企业，1996 年 12 月，波音公司宣布兼并麦道公司。新波音公司不仅在干线客机市场上成为全球最大的制造商，而且成为美国市场唯一的供应商，占美国国内市场的份额几乎达百分之百。美国政府支持波音对麦道的兼并原因之一就是合并有助于国家安全。波音兼并麦道案揭示了大企业之间的竞争，有可能直接影响到国家经济、技术和军事发展的战略行动能力。所以，在一些战略性产业的企业兼并立法中应考虑到：对面向国内市场竞争而又处于垄断地位的行业如邮电、交通和能源等应加大反垄断力度，维护有效竞争，使社会资源得到合理配置；对面向国际市场竞争的企业，应给予优惠政策，鼓励兼并改组并扩大规模，以提高国际竞争力。①

从我国总体经济发展来说，很多行业还属于起步阶段，很多新兴产业的竞争模式还在探索中，相比发达资本主义国家，我国的市场经济还存在发展不均衡的现象，市场中同时存在竞争不够和竞争过度的倾向，对垄断协议的规制应该更多地积累执法经验，积极探寻符合我国国情的规制原则。我们可以学习美国和欧盟在初期制定相对严厉的政策，使企业充分了解垄断协议行为的违法性，之后随着经济形势的变化发展及执法经验的累积，联系实际，更多地考虑从经济效率和公众福祉出发，对其豁免政策予以适度放宽。② 例如美国在 20 世纪 90 年代后期，在高新技术领域的反垄断规制方式由严厉、复杂化转向了较为温和、易于操作的行为规制，这一转变在美国“微软垄断案”中得以体现，2002 年该案件以美国联邦法院批准微软公司与美国政府及 9 个州达成和解协议为结果。

建立健全反垄断法律、法规体系，提高反垄断法的可操作性，处理好反垄断和效率的关系，国家经济安全和市场竞争的关系，才能为提高我国外商投资质量提供公平、公正与合理的法制保障，更好地促进我国市场经济健康和有序地发展。

---

① 杜飞轮：《国内外反垄断典型案例的启示》，《中国物价》2013 年第 4 期，第 29 页。

② 杨东：《我国反垄断法实施以来垄断协议规制情况分析》，《中国物价》2013 年第 10 期，第 39 页。

(3)改变内外资企业处于不对称竞争的制度性问题。改革开放以后，针对经济建设中遇到的资金和技术难题，我国对外资企业制定了一系列的优惠政策，尤其是涉外企业税收优惠政策，成为吸引外资的重要因素。1991 年 4 月我国公布的《外商投资企业与外国企业所得税法》及《外商投资企业与外国企业所得税法实施细则》，长期成为我国对外资企业税收的依据。而我国内资企业长期适用的是《企业所得税暂行条例》(自 1994 年 1 月 1 日起施行)。从税率来看，内资企业的基本税率和两档优惠税率分别为 33%、27%和 18%；外资企业则分别为 30%、24%和 15%。从应纳税所得额来看，外资企业享有“免二减三”的待遇，即对生产性外商投资企业，经营期在十年以上的，从开始获利的年度起，第一年和第二年免征企业所得税，第三年至第五年减半征收企业所得税。① 以上种种的税收优惠政策形成了对外资企业税收方面的“超国民待遇”。但同时，出于维护本国经济发展的目的，我国在国家法律和地方法规中，对外资进入的领域及生产经营等方面也做出了一些限制，这样又造成了外资企业的“次国民待遇”。

我国对外资企业长期实施的“超国民待遇”税收优惠政策，在政策实施初期，确实起到了弥补资金短缺、加速技术进步和推动外贸发展的作用。但同时，其负面影响也不断显现，长期外资引进中的“重数量、轻质量”导致政府间的恶性税收竞争以及环境污染问题；对外资企业的优惠政策形成了对内资企业的“挤出效应”；巨额的贸易顺差使我国陷入日益增多的贸易纠纷，还带来人民币升值的压力等。这一系列的负面影响说明，对外资企业的税收优惠政策已不适应我国对外资引进的需求和经济发展的需要，对外资企业在税收上应由“超国民待遇”向“国民待遇”转变。于是，2008 年 1 月 1 日，新《企业所得税法》正式实施，统一了纳税主体、税率、税收优惠政策、税前扣除项目和标准，在所得税政策上实现了内外资企业税收的横向公平。至此，内外资企业所得税法从分立走向统一，我国对外资企业的税收优惠逐步由“超国民待遇”向“国民待遇”回归。至 2010 年，在我国现行税收体系中，增值税、消费税、营业税、企业所得税、城镇土地使用税、车船税、耕地占用税和房产税

① 杨盛惠：《关于我国对外资企业税收政策演变的思考》，《黑龙江史志》2010 年第 21 期，第 134 页。

等原来内外资企业分设的制度均已先后实现了统一，但城市维护建设税和教育费附加仍然实行内外有别的制度。2010 年 4 月，伴随着国务院的《关于进一步做好利用外资工作的若干意见》(以下简称《意见》)的出台，外资企业在我国境内所享有的所有“超国民待遇”正式终结。《意见》决定于 2010 年 12 月开始对在华外商投资企业、外国企业及外籍个人征收城市维护建设税和教育费附加，至此，我国境内的所有内外资企业统一了全部税制，内外资企业展开了公平竞争。《意见》中扩大了开放领域，鼓励外资投向高端制造业、高新技术产业、现代服务业、新能源和节能环保产业，严格限制“两高一资”和低水平、过剩产能扩张类项目；鼓励外商在中西部地区发展符合环保要求的劳动密集型产业，对符合条件的西部地区内外资企业继续实行企业所得税优惠政策，保持西部地区吸收外商投资好的发展势头。

当前，我国利用外商直接投资已经到了一个新阶段，因而有必要对涉及外资企业的各项政策进行调整。在外商直接投资政策取向上，一方面严格执行《刑法》《反垄断法》和《国家安全法》等法律；另一方面要朝着“轻审批”“严监管”的方向转变，实行更加宽松的外商投资政策。同时，要制定更加明确的重点体现产业导向和区域导向的税收优惠和其他优惠政策，引导外商投资企业向基础设施和技术资金密集项目流动，向经济欠发达的中西部流动。为此，我国政府需要采取下面的措施：第一，调整外商投资产业目录，对于国家支持的重要产业给予更多税收优惠和政策扶持，引导外资流向战略性和基础性的节约资源的行业部门。第二，鼓励外资企业在国内从事技术研发活动。对于外资企业从事的高技术研发可以从税收和财政补贴等政策上予以支持，还可以从人力资源、制度建设和信息服务等多方面予以配合。例如，结合国家创新驱动战略，积极支持外商投资企业增强自身创新能力。支持外商投资企业与国内外科研院所和相关企业联合开展技术研发和产业化推广，通过外资企业的研发创新的溢出效果，可以提高我国利用外资的质量。进一步完善外商投资研发中心发展政策，鼓励外商投资企业引进高端人才。第三，进一步控制低端外资的流入，实施适时适度的外资调控措施。对于低附加值、高污染和高能耗的投资项目实施严格审查，提高外资的准入门槛，同时逐步降低对于这些产业和相关企业的政策优惠和支持。对于已建成投资运作的项目，鼓励外资加快技术升级步伐。为此政府可以给予外企一定资金支持，帮助这些企业尽快完成技术升级。第四，制定的外资鼓励政策，应当与全球产业调整趋势保持一致，这样可以顺其自然，以较低的代价换来较高水平的外资投入。资本的国际流动有其必然的规律，弗农的生命周期理论说明国际资本转移的趋势就是从创新国到技术先进的国家再到发展中国家。因此，如果我们能够抓住国际资本转移规律，顺时而动，可以收到事半功倍的效果。“亚洲四小龙”的成功与这些国家或地区能够抓住国际市场机遇是分不开的。

(4)增强相关法规条文的可操作性。例如，外资法是我国规范调节外资行为的法规。但由于历史原因，我国的外资法针对不同企业形式分别立法，《中外合资经营企业法》《中外合作经营企业法》和《外资企业法》三部法律中重复内容多且缺乏协调性，造成了三种不同形式外资企业之间的不平等待遇。从外资法与其他国内法之间的关系看，我国内资企业的投资关系由国内经济法调整，而外商投资企业的投资关系则由涉外法律规范来调整，造成了我国外商投资企业法与国内经济法之间法律适用的矛盾。例如《中外合资经营企业法》明确规定将有限责任公司作为合营企业唯一组织形式。而 1993 年 12 月颁布的《公司法》规定了以有限责任公司、股份有限公司作为合营企业的组织形式，却并未对外商投资企业是否适用做出明确规定。随着时代的发展，这种内外资分别立法的“双轨制”方式已经不能适应社会发展的需要，有必要加以完善和改进。

(5)要改变我国外商投资立法权分散、法出多门的制度性问题。1979 年至今，我国由全国人大和国务院制定的外商投资法律、法规有 200 多部，各部委、地方政府颁布的法规达 1 000 多部，纷繁庞大的外资法体系造成了我国外商投资法律规范交叉、矛盾冲突等问题。其中，上述三个外商投资企业法立法结构和形式基本相似，近乎一半的内容存在重复交叉的问题。中央和地方在外商投资立法主体方面的多元化和立法层次的多极化，导致外资立法缺乏长远规划，立法行为从部门或地区出发，难以统筹兼顾。例如，在有关外资审批的相关规定上，许多地方法规与中央法规存在明显的矛盾。在加入世界贸易组织的新形势下，我国外商投资立法面临更多新的挑战。只有在现有法律基础上逐步整合，建立较为统一的外资管理法律，进一步完善我国外商投资立法体制，营造公平、高效的投资环境，才能为外商投资在我国的进一步发展保驾护航。

2. 加强涉及外商直接投资的环境保护立法

外商对我国的污染转移既涉及国家内部关系，又涉及国家间的关系。因此，控制污染转移的法律涉及国际和国内立法两个方面。在国际方面，1989年生效的《控制危险废物越境转移及其处置巴塞尔公约》(以下简称《巴塞尔公约》)确认任何国家有权禁止来自境外的危险废物和其他废物进入其领土内处置的权利。但是《巴塞尔公约》并没有涉及污染产品和污染企业的转移问题。我国应积极参与相关国际法律、法规的讨论，进一步充实《巴塞尔公约》和其他有关国际公约的内容，进一步规范调整国际资本在全球范围内转移污染产品和通过投资转移污染企业的行为，从国际法的角度切实维护我国在环境与发展问题上的合法权益。

在国内方面，保护环境和控制外国污染转移的法律、法规主要有《固体废弃物污染环境防治法》《进出口商品检验法实施条例》《中外合资经营企业法》和《关于加强外商投资建设项目环境保护管理的通知》等。这些法律、法规相对较完善，但是部分条款需要进一步充实。例如，关于污染产品转移的法律、法规标准不明确，导致检验标准的不统一。因此，有必要吸收借鉴相关国家的法律、法规，结合我国实际，完善我国的外商投资环境法，制定专项法规和实施细则，并强化法律的执行力度，做到有法可依、有法必依。

另外，还要进一步完善环境标准评价体系。目前我国在大气污染、水污染和固体废弃物方面建立了较全面的法律规定及标准，但关于土壤污染和高新科技污染的法律规定及标准还远远不够，其中许多标准低于发达国家。例如，土壤环境标准和地下水标准中许多污染物的排放标准远远低于日本。政府应尽快提高这些标准，尽量与国际标准或发达国家接轨，避免国外限制性的高污染产业乘虚而入。

3. 制定统一的《外商直接投资基本法》

从结构上讲，我国还没有制定一部统一的《外商直接投资基本法》。现行的外资法律、体系由各种专项立法及相关的单行法律与法规相互联系综合而形成的一个法律框架体系。应该承认，现行的多层次的外资法律、法规所组成的我国外资法体系，是一个相互联系、相互制约和相互补充的综合统一的有机整体，它为创造我国良好的投资环境，为实现国家外商直接投资政策和对外经济发展战略以及现代化建设目标，提供了有效的法律保证。但是，也应该看到，在我国的外资法体系结构中，也存在着诸多的问题和不足，其中最大的缺陷是缺少一个统一的《外商直接投资基本法》。由于缺乏统一的外资基本法，造成我国外商直接投资法律、法规分散和零乱的状态，不利于明确体现国家外商直接投资政策，常常使外商觉得我国的法律政策捉摸不透、变化无常。这种状况也不利于执法人员掌握外商直接投资立法的基本精神和要义，影响外商直接投资法律制度的具体实施和利用外商直接投资发展战略目标的实现。这对我国的改革与发展是十分不利的，应当引起足够的重视。

另外，目前我国的涉外民商法律体系不完备，不仅整体性的概念、准则和制度缺乏一定的稳定性和明确性，而且还存在着很多的空白，这都给外资关系的调整造成极大的困难，有必要对现行的外资法体系结构进行相应的调整。从长远看，由于社会主义市场经济体制的逐步健全和完善，我国经济与世界经济的日趋融合，现行的外资单独立法模式应逐步退出，大部分涉外法律、法规将与国内相关法律、法规合并，从而实现现行内外资立法的统一融合。

因此，建议我国的立法机构在现行的《中外合资经营企业法》《中外合作经营企业法》和《外资企业法》等法律、法规的基础上进行逐步融合，即将现行的三部外商投资企业法的内容进行分离归并。例如，将外商投资企业法中企业组织的部分，如关于外商投资企业的设立、终止和组织机构及经营管理等内容，分别划归《公司法》《合伙企业法》和《独资企业法》。因为组织法是赋予企业以市场主体资格的法规，对境外投资者与国内投资者不应有区别，应该统一立法。另外，将国家有关经济管理机关对外商投资企业的管理关系的部分内容可以直接划归国内相关的部门法，例如外商投资企业的税收划归税法调整，外汇管理划归外汇管理法调整，海关进出口管理划归海关法调整，信贷管理划归金融法，财务与会计划归会计法调整，工会划归工会法调整，职工划归劳动法调整等。还有关于外商投资方向、投资要求，对外资的指导、管理和监督，外资的法律保护以及法律责任等内容，纳入《外商直接投资基本法》。

4. 规范相关法律和法规的执法行为

完善的法律制度还离不开完善的执法环境，良好的执法环境是贯彻外商直接投资政策、优化外商直接投资软环境的重要体现。首先，规范执法人员的行为，监督有权执法部门和单位，既保证依法行政，又保障外商投资企业经营管理自主权，维护投资各方的合法权益不受侵犯，依法保护劳动者的正当权益。其次，提高政府部门的办事效率，减少管理层次，做到制度公开和政策透明，结合深化投融资体制改革，改进外资项目的审批方法，简化审批程序，加快和完善口岸管理体制改革。最后，加快建设统一开放和竞争有序的市场环境，对外商投资企业逐步实行国民待遇，严厉打击走私、仿冒、骗税、逃套汇和侵犯知识产权等不法行为。

在对外商直接投资的过程中，提高外资主管部门工作的透明度和效率至关重要。首先，与外商直接投资相关的工作部门，要进一步完善政务公开制度，公开相关涉外内容，包括各部门职能、办事程序、办事标准和时限，尽量简化办事手续，改善服务工作态度，提高办事效率。其次，要及时公布相关政策法规及其调整情况。政府部门可以通过新闻发布会以及网络形式及时向外商传达有关法规规定及其调整。最后，加强与外商的沟通交流，努力获取外商的认可，增强工作的透明度。例如，条件允许的情况下，外商投资企业管理部门可以定期或不定期地召开涉外政策说明会，广泛邀请外商及时参与，将应公开的政策性文件及时传送到外资企业，推动涉外政策的落实。利用发达的网络通信，通过网上调查和网上受理投诉等方式，及时了解外商的各类意见、建议和需求，并及时反馈。

随着我国社会主义市场经济体制的建立和完善及外商直接投资自由化程度的不断提高，我国原有的内外资分别立法的状况将得到根本改变。市场经济体制的建立和完善，要求市场主体的平等，也要求为市场主体提供适合市场经济的法律秩序，为改善利用外资水平，提升利用外资质量，提供政策法律保障。

(二)改善外商直接投资的市场环境

1. 提高劳动力的质量

进入21世纪以来，高素质的劳动力成为发展中国家吸引外商直接投资尤其是欧美技术密集型外商直接投资的重要因素，也是发展中国家推动产业结构、提升利用外商直接投资质量的重要途径。当前我国利用外资进入更加重视质量的关键时期，那些技术含量高、技术带动能力强和污染程度低的外商直接投资成为我国引进的重点，而高素质的劳动力是吸引这些高质量外商直接投资的关键因素。

因此，提高劳动力素质以增强对外资吸引力成为我国改善投资软环境的一个十分重要的方面。就目前情况而言，在全国范围内实现九年义务教育的背景下，可以继续加大对基础教育特别是中西部地区基础教育的投入力度；完善高等教育培养模式，大力开展职业技术教育，提升熟练劳动力素质；积极开展在职人员的继续教育，形成终身学习的良好风气，不断提高职业素养和水平。具体举措如下：

第一，加大对教育的投入力度。要建立规模适当、布局合理、层次结构和专业比例合理的教育系统，做好宏观调控，合理规划教育事业的规模、税收、社会集资和学生缴费等教育财源，要加大教育财务改革力度，建立有效的聚财、理财和用财机制，调整教育经费的分配结构，实现教育经费的合理配置。①

第二，巩固基础教育成果，促进基础教育均衡发展。尽管我国已经全面普及九年义务教育，但仍需进一步巩固和发展。同时，由于种种历史和现实原因，群体间受教育机会不均等，区域之间和城乡之间教育资源配置不均衡的现象广泛存在。未来一段时间内，教育财政投入的增加要多照顾中西部地区和农村，从而缩小区域和城乡之间的教育水平，特别是基础教育水平的差距。对于“民工潮”现象引发的进城务工人员子女的义务教育问题，应当重视，可通过如下措施解决：改革户籍制度；坚持流入地政府负责、以公办中小学为主，将农民工子女纳入本地“普九”教育范围；取消借读费、择校费，切实减轻农民工子女教育负担。

第三，科学定位高等教育的发展方向。自从 1999 年教育部颁布的《面向 21 世纪教育振兴行动计划》中明确提出到 2010 将中国高等教育毛入学率由当时的 10.5％提高到 15％，中国就拉开了高校扩招的序幕。随着大学扩招，更多人获得了高等教育机会，但也带来很多问题，比较突出的是高等教育与市场需求、产业结构调整方向不一致，学生质量下降等问题。因此，未来的高等教育应综合考虑市场需求及自身发展规律，通过调整专业结构，优化课程

---

① 靳文志：《加快转变经济发展方式必须解决的三个关键问题》，《天津行政学院学报》2009 年第 9 期，第 80 页。

设置等手段，分阶段满足当前的市场需求，同时又准确把握学科专业的自身规律，避免因过度迎合短期市场需求导致的“学历教育”与“过度教育”。

第四，大力发展职业技术教育。职业教育是提高劳动者素质的有效途径，具有针对性强和收益快的特点。对于诸如农民工一类的特殊群体，与学历教育相比，对职业技术培训的需求更强烈。目前，中国高级技工等熟练劳动力缺乏，需求却不断增加。因此，我国应在统筹规划与整合现有资源的基础上，重点建设一批骨干职业教育培训机构，形成覆盖城乡、布局合理和灵活开放的职业培训组织体系。实施以城乡新生劳动力为对象的劳动预备制培训项目，以城市下岗失业人员为对象的再就业和创业培训项目，以进城农民工为对象的技能提升培训项目，以农村富余劳动力为对象的转移就业培训项目，提高培训针对性。①

第五，充分发挥继续教育在提高劳动力质量中的作用。继续教育通过改进受训者的知识、技能和态度，从而达到开发受训者的潜能，提高组织效能的目的。它既是对以前所接受的教育的补充和完善，克服知识老化的弊端，同时又以学习新理论、新知识、新技术和新方法与补充、扩展和深化更新知识为主，注重提高人的综合素质和理解力，不断开发人的潜力和创造力，不断修正受教育者的思维方式，从而提高劳动力素质。② 同时，我国应当努力建设全民学习和终身学习的学习型社会，以终身教育体系为基础，以各类学习型组织为主要载体，帮助全民树立终身学习意识，为劳动者的不断学习创造条件。

2. 发展中间产品市场

降低生产成本和占领东道国市场是跨国公司对外直接投资的战略目标，而逐步实现中间产品供给的当地化是跨国公司实现这个战略目标的重要途径。但是，目前跨国公司在我国直接投资存在的制约因素之一，是中间产品市场不发达，无法满足跨国公司对中间产品供给的基本要求。受全球生产网络分

---

① 靳文志：《加快转变经济发展方式必须解决的三个关键问题》，《天津行政学院学报》2009 年第 9 期，第 80 页。

② 张学江：《产业结构优化升级与提高劳动力素质》，《商业研究》2009 年第 2 期，第 84 页。

工的影响，跨国公司在我国需要采购大量中间产品，但国内合格的中间产品供应商却寥寥无几，中间产品的本地采购率很低。根据近十年的统计，在我国的进口贸易中，中间产品进口占我国进口总额的50%—70%。① 在华日资制造业企业中间产品从中国当地采购率仅为29.1%，从日本进口为49.1%，从第三国采购率为21.8%。我国中间产品市场不发达的主要原因可以归结为以下几个方面：首先，跨国公司实现了经营一体化后，往往更愿意从公司内部或母国采购中间产品。跨国公司一般采取内部贸易转移定价的方法，这种方法可以帮助跨国公司转移利润，利用各国关税和税收差异及其他政策差异的手段赢得竞争优势，有利于克服国际经营障碍，避开东道国政策管制和降低经营风险。同时，从公司内部或母国采购中间产品也可以防止跨国公司的技术优势扩散。其次，我国国内企业缺乏适当的激励机制和畅通的融资渠道生产中间产品，国产中间产品规格和质量不稳定，达不到出口品生产要求，国内中间产品与进口品在质量、技术含量以及价格上仍存在差异，不能完全替代。如果使用国产中间产品，可能会造成整个产品出现不配套，或降低了产品的质量，从而影响了出口产品的国际竞争力。最后，现行加工贸易政策，包括免征加工贸易进口品关税的政策和免征出口产品增值税的政策，更加偏向鼓励加工贸易中间产品进口，而不利于从本地采购。②

那么，如何提高一个国家中间产品市场的本地化率？不少发展中国家和地区的经验表明，通过适当的政策引导，中间产品的本地化率会逐步提高，从而会更加充分地发挥跨国公司的波及效应。比如，最早设立出口加工区开展加工贸易的中国台湾地区，为了通过出口加工带动岛内整体工业的发展，采取了“逆向整体性发展策略”，即通过扩大在岛内采购原料以带动岛内工业的发展。由于出口加工区对原材料的要求较高，这就促进了岛内相关工业改进技术以满足出口加工区的需求。另一方面，随着出口加工区在岛内采购的数量不断增加，也为中国台湾地区的农业和工业提供了产品市场。

要进一步完善我国中间产品市场，需要政府从以下几方面做出努力：第

---

① 胡小娟、龙国旗：《我国中间产品进口与经济增长的相关性分析》，《国际商务——对外经济贸易大学学报》2008年第5期，第22页。

② 廖涵：《论我国加工贸易的中间品进口替代》，《管理世界》2003年第1期，第63页。

一，政府在制定产业政策的时候，要根据我国产业发展战略的总体安排，适当注意发展重点产业的中间产品供应产业，国内的配套投资要向与外资配套的中间产品供应企业和现有中间产品供应企业技术改造倾斜，形成与跨国公司产业链相关联的产业群，逐步完善重点产业的中间产品市场，为进一步吸引更高质量的外商直接投资创造条件。通过跨国公司投资的前后相互联系效应，带动国内系列相关产业发展和经济增长。第二，继续实行鼓励跨国公司进行加工贸易发展的政策，将加工贸易的中间产品从境外改为从出口加工区外保税进口。进一步简化手续，对供给加工贸易的国产中间产品的有关税收不征不退，并给予外汇结算。第三，鼓励外资投资上游产业，引进国外先进技术和管理方法，提升国内中间产品产业的科技水平和竞争力。第四，加强对我国中间产品产业和生产经营企业的自身改造，深化经营体制改革，深化企业改革，提高国产中间产品的质量和技术含量，努力提高加工贸易中间产品进口替代率，增强加工贸易的发展对我国经济增长的波及效应。①

3. 提高环境保护标准，完善环境效应评价体系

一般来说，外商投资企业的生产工艺、生产技术和治污设备都较为先进，在国外严格的环境政策的约束下，也养成了较强的环保意识。但由于我国环境保护体系不完备，环境保护标准不高，外商投资企业为了节约成本，一般只按我国的标准排污和治污。另外，在我国改革开放初期急需外国资本加快资本形成的情况下，部分发达国家的跨国公司借此机会将本国难以维持的高污染产业转移到我国，加剧了我国的污染。

此外，我国对外商投资的环境标准内容分散，不够完备，在外资准入污染转移的问题上没有形成专门的、详尽的立法，地方政策各成体系，缺乏有效统一性，可操作性低；现行的环境标准中缺少具体产品标准；对外商的投资审批制度不健全，有些规定不具体和不明确，造成地方自由裁量权扩大，致使对外资污染产业、落后技术设备的审批形同虚设，不能很好地发挥控制作用。

对此，我国政府应采取以下各种措施，积极应对外商将污染产业转移到我国：

---

① 廖涵：《论我国加工贸易的中间品进口替代》，《管理世界》2003 年第 1 期，第 63 页。

第一，完善环境保护法律、法规，健全外资审批的相关立法。例如进一步发挥政府职能部门的作用，建立可评估和考核的环境指标体系；在外资准入中地方政府针对环境审查的自由裁量权适度限制；规定环保部门参与外资审批的制度，杜绝地方政府对外资的不良引入；建立专业技术人员队伍，加强外商投资中的环境技术监督。

第二，构建和完善环境保护的相关制度。完善环境标准体系，提高我国环境质量标准和污染排放标准，建立我国的产品环境标准体系，促进有关监管环境的标准与国际接轨，对于资本输出国的环境标准高于我国的，以资本输出国的环境标准为依据；建立环境影响评价制度，在我国的招商引资过程中引入政策环境评价，并强化环评中的公众参与；征收环境税，采用税收的方式将环境污染和破坏的社会成本计入产品的生产成本中，使其外部成本内部化。

第三，优先引进具有先进技术的外资，强化外资的技术外溢作用。例如利用企业排污权交易平台等发挥环境资源配置的市场调节机制，来促进这些外资企业通过优化生产工艺过程，采用更加先进环保的技术与生产设备减少生态环境污染物的排放量；对于即将引进的外资，应全面衡量区域对于外资投入的环境实际容量和承载量，结合区域的产业现状合理引入。

第四，追究外资准入中污染转移行为主体的责任。建立严格追究行为主体的法律责任制度，对造成污染的企业，明确赔付责任和赔付范围，对外商的投资和我国地方政府的外资引进具有威慑作用，有利于减少污染密集型产业和落后技术设备在我国的投资和引进。同时建立外商直接投资环境效应的评价指标，如外资企业主要污染物排放达标水平，“三废”治理、处理水平指标，主要污染物排放量发展速度，主要污染物排放量综合发展速度指标和治理污染投入水平等，积极引导外资企业以更高的标准要求自己，把最先进的环保技术和环保管理手段引进来。

第五，加强国际合作，促成相关国际条约的缔结。积极开展环境外交，构筑国际转移防线，监督发达国家遵守国际公约。认真研究国际环境壁垒政策，找出差距，提高标准，防止国际环境污染向我国转移。同时，我国应积极地推进国际环境保护的双边或者多边条约的签订，对发达国家不利于我国环境保护的政策持反对意见，坚决抵制。

三、利用外商直接投资推动我国产业结构的升级

一个国家自身的产业结构状况对外商投资的产业结构有着重要的影响，一个国家的优势产业或者高利润产业往往是外商投资关注的产业。因此，我国产业结构的合理性会直接影响到外商投资产业结构布局的合理性。受我国产业结构和利益最大化动机的影响，外商直接投资在我国主要投向第二、第三产业，而且在第二、第三产业内部的外资资源的配置不尽合理。在第二产业内部主要投向制造业，第三产业内部主要投向房地产等少数行业。产业流向的非合理性对我国产业结构升级产生不利的影响。例如，外商投资企业高度集中在制造业，而在制造业中又主要集中在加工工业，使我国的产业结构出现加工工业化的特征。

目前，我国政府正致力于产业结构的升级调整，外商直接投资的流向显然不符合我国产业调整结构的目标。我国产业结构升级关键是要从过去引进外国技术进行模仿与接受境外产业转移的经济活动，升级到主要通过技术创新实现新产品和新产业的发展。产业政策的调整方向应有利于调整改造加工工业，振兴支柱产业，加速高新技术的发展，大力发展第三产业。在这种情况下，我国政府需要通过各种政策和措施，吸引境外资本密集型和技术密集型高新技术产业，使外商直接投资服务于我国产业结构的调整和升级。

(一)加大对外商直接投资的产业导向力度

我国政府应该通过各种政策和措施，引导外商投资的产业方向。

第一，积极引导外商投资农业，相对降低对工业的投资比重。20 世纪 90 年代以来，我国第二产业，尤其是工业的比重过大，第三产业的比重过小，产业结构偏差变得更加突出。因此，在政策导向上应引导外商加大对第一、第三产业的投资力度，相对降低对第二产业的投资比重。在第一产业上，我们吸引外资调整的重点和难点就是对农业新技术的开发、农产品的深加工、农产品品种的优化这些高风险、高技术含量和高附加值的项目。这样，在国务院利用外资产业政策的框架内就需要明确外商投资农业的重点领域，大力鼓励外商直接投资于农业新技术和综合开发项目，引进农作物优良品种和先进的种植管理技术，加快我国农业产业化发展的进程。

第二，引导外商对技术密集的主导产业投资，实施创新发展战略，相应减少对一般加工工业的投资。从推动我国工业结构升级的角度看，要引导外

商直接投资流向技术密集型产业以及高新技术产业。对于我国缺乏国际竞争优势的高新产业如光纤制造装备、集成电路制造装备、数控机床以及部分高端生产型服务业等给予重点政策引导，同时适度控制外资对于一般加工工业的投资规模。

第三，鼓励外商加大对第三产业的投资，促进第三产业发展和结构优化。与现代工业相比，现代服务业资源消耗低，对环境破坏少，有利于提升国民经济的可持续发展能力。但我国服务业基础较为薄弱，国际竞争力不足。通过鼓励外商向服务业投资，尤其是现代服务业投资，加快服务业发展，可以改变外资产业结构的不合理性，推动我国产业结构优化升级。为此，加快推进和完善服务行业的改革，重点是放宽服务市场准入，逐步放宽服务领域对外商投资在地域、股权和业务范围等方面的限制，推动垄断性行业和领域对内外资统一和有序开放。加入世界贸易组织以来，我国开始允许外资控股交通运输业和零售批发业，允许外资参与银行服务，设立的独资铁路货运企业也进入了重要商品(成品油等)领域。在这个过程中：一要简化管理体系，调动外商投资的积极性，而且当出现阻碍服务业发展的狭隘的部门利益之争时，政府应当出面解决，以提高外商投资的积极性。二要加大文化领域的开放力度，促进我国人力资源的开发，鼓励外资教育结构以合资与合作的形式投资我国的教育事业；其他服务业以旅游业为例，可以利用外商投资完善旅游设施建设，改善旅游业的经营管理，积极推进旅游业发展。

(二)引导外商向中西部地区直接投资

长期以来，外资在我国中西部地区投资规模偏小，进一步导致我国产业结构的不合理性。为此，应合理引导外资到中西部地区投资，努力改善中西部地区的产业结构现状。例如，积极落实《中西部地区外商投资优势产业目录》，进一步扩大中西部地区对外开放的产业领域。政府在制定产业政策上对中西部地区进行适当倾斜，为该地区扩大吸引外资创造良好的政策条件。在利用外商直接投资方式上，采用灵活多样的形式，鼓励外商参与中西部开发，改善中西部地区外商的产业结构。中部地区自身而言可以充分发挥本地区劳动力丰富、自然资源充足和较大市场规模的优势，积极承接来自世界以及东部发达地区的产业转移；西部地区可进一步扩大对周边国家的开放水平，吸引周边外商直接投资带动产业结构升级。从短期来看，可以发展西部比较有特色和竞争优势的产业吸引外资，比如特色农业、旅游业和能源与矿产的开发等行业。投资城市的选择也可以从西部发展较好的大中型城市先行，比如重庆、成都和西安等城市。西部地区的投资软环境和基础设施建设也是需要关注的。

(三)建立公平合理的税制结构

为了更好地吸引外商投资，我国一直对外资企业实施超国民优惠税收政策，无形中加重了我国内资企业的税收负担，所以影响和妨碍了公平市场竞争。因此，我国实施了两税合一的税收政策改革，消除了外资企业的“超国民待遇”。但两税合一并不是完全地消除优惠政策。内外资企业的所得税实现统一后就需要我们制定一系列能够促进产业结构调整、实现产业结构优化升级、推动东西部地区均衡发展的税收优惠。根据国家产业调整的需求，遵循“产业优化为主，区域优化为辅”的税收优惠原则，旨在鼓励创新和技术开发；加大农业投资力度，提高农业生产科技化，推进产业结构升级；完善基础设施建设，优化经济运行环境；拓展环保节能、新能源等产业的投资渠道；全面覆盖中小型企业、国家需要重点扶持的战略新兴产业、社会公益性企业及高科技企业等。

同时，税收优惠政策还应该考虑产业优化升级和全局性的产业发展战略，大力以各种税收优惠的方式鼓励外资企业加大对重点行业的技术转移和新产品的升级；为跨国公司在国内设立技术研发机构提供便利的程序和审核制度，促进中外合资联合开发新产品。政府在税收政策上也应该考虑强化税收政策对引资质量的影响。税收优惠政策应当对外资的去向有导向作用，例如战略新兴产业、支柱产业以及高新技术产业等，税收优惠条例可以吸引技术先进、拉动力强和产业链长的外资项目。

(四)通过外商直接投资引进先进技术

前面的分析表明，引导外商对我国的新兴产业或技术密集型产业直接投资，可以推动我国产业结构的调整和升级。但是，如果外商仍然严格地控制着这些产业的核心技术，从我国的经济利益考虑，外商对我国的新兴产业或技术密集型产业直接投资只会导致下述结果：最不好的情况是仅仅在产值意义上导致我国产业结构的升级，即我国高科技产业的产值比重增加，但是这部分产值是外商投资企业创造的。稍好一点的情况是外商投资企业提高了我国就业者的技能，使我国的管理者和劳动者学习到一些普通技术。再好一点的情况是外商投资企业的竞争促进了我国企业的技术进步。但是，我国不能通过外商直接投资掌握先进的技术，我国的产业结构不能得到实质性的升级。因此，还必须考虑如何通过外商直接投资引进先进技术的问题。

另外，前面的分析还表明，我国在改革开放初期引进外商直接投资的初衷之一是“以市场换技术”，但是35年过去了，我国在外商直接投资中没有做到以市场换技术。其中最失败的例子是我国汽车产业引进外商直接投资的例子。不能否认，我国汽车产业引进外商直接投资对于我国汽车产业以及经济的发展做出了巨大的贡献，但从引进外国先进汽车制造技术这个角度来看无疑是失败的。

以市场一定不能换技术吗？我国三峡总公司通过引进外国先进的70万千瓦水电机制造技术，使我国水电设备生产企业用7年时间就跨越了与国外30年的技术差距①；我国高速铁路产业通过引进外国先进的技术并且进行消化创新，使我国高速铁路技术跃居世界前列②，都是以市场换技术的成功案例。

在以技术换市场的过程中，拥有技术的一方是发达国家的企业，它们是追求利润的商业机构，并对我国企业具有明显的优势；拥有市场的一方是我国的某个行业，如果不能将整个行业的市场整合起来并利用提供技术方的相互竞争来引进技术，以市场是换不来技术的。而对行业市场进行整合和促使提供技术方的竞争只能依靠政府。

我国汽车行业之所以没有能够实现以市场换技术，是因为仅仅规定了中外汽车生产企业合资的比例而没有将我国汽车行业的市场整合起来以及利用外国汽车生产企业间的相互竞争。结果，外国汽车生产企业各自寻找自己的合作伙伴并分享我国的汽车市场。试想一下，如果当时我国工业部将庞大的汽车行业市场整合起来，规定外国汽车生产企业要进入这个市场，必须建立合资企业，必须将整车核心技术转让给合资企业，必须在合资企业建立研究与开发部门，等等，我国汽车工业的现状将会怎样？

---

① 参看本专著第一章第四节第三部分。

② 参看本专著第二章第四节第三部分、第三章第四节第二部分以及第四章第四节第三部分。

我国的水电行业和铁路行业之所以能够实现以市场换技术，是因为通过三峡总公司和铁道部将该行业的市场整合起来并充分利用外国企业的相互竞争：要么答应条件，要么得不到市场。试想一下，当时三峡总公司和铁道部以巨大的市场为条件压低价格全部进口外国产品也是一种选择，这样将会出现“进口—过时—再进口”的局面。但是，三峡总公司和铁道部却选择了引进技术。前一种选择属于短期的商业上的考虑；后一种选择属于长期的国家利益方面的考虑。

当然，当时汽车行业的情况与水电行业以及铁路行业的情况可能有所不同，但是这些案例给予我们重要的启示：我国能否以市场换来技术，政府的统筹协调是决定成功与失败的一个重要因素。

第　六　章

构建渐进式的人民币国际化发展战略

第一节　人民币国际化战略的提出与相关文献的回顾

一、人民币国际化战略的提出及其意义

（一）人民币国际化战略的提出

一个国家的对外经济活动主要包括国际贸易、直接投资、国际金融活动。所谓国际金融活动是指国家之间的资金融通活动。与国内金融服务于国内商品的生产和交换相似，国际金融则是服务于一个国家的对外经济活动的。

随着我国国际贸易和直接投资活动的发展，我国的国际金融活动也有了很大的发展。据国家外汇管理局的统计，到 2014 年 12 月，我国对外证券投资为 2 625 亿美元，其中股权类 1 613 亿美元，债券类 1 012 亿美元。我国的对外贸易信贷、对外贷款和对外存款分别为 4 677 亿美元、3 747 亿美元和 5 541 亿美元。同时，境外对华证券投资是 5 143 亿美元，其中以股权类证券投资为主，为 3 693 亿美元。境外对华贸易信贷、贷款和存款分别为 3 344 亿美元、5 720 亿美元和 5 030 亿美元。与 2004 年相比，我国对外证券投资增长了 180％，年均递增速度为 15.62％；对外贸易信贷和对外贷款分别增长了 575％和 186％，年均增速分别为 31.36％和 16.19％。同时，对华证券投资增长了 310％，年均增速为 22.31％；对华贸易信贷和贷款分别增长了 217％和

306%，年均增速分别为 17.92%和 22.14%。①

尽管我国在国际金融活动中表现活跃，但是，人民币地位却是一个不容忽视的问题。目前，人民币还不是一种可自由兑换的货币，人民币交易市场还不是一个完善的市场，人民币汇率制度还不是一种稳定的制度。相对于我国的对内和对外经济来说，我国处于“大经济、小货币”的尴尬境地。改革开放以来，我国经济保持高速增长，年均增长率达到 9%以上。根据国际货币基金组织的统计资料，如果用汇率的方法计算，2014 年美国的国内生产总值(GDP)是 174 189.31 亿美元，我国的 GDP 是 103 803.80 亿美元，这两大经济体的 GDP 占世界 GDP 的比重分别是 22.53%、13.43%。但是，如果用购买力平价的方法计算，2014 年美国的 GDP 是 174 189.30 亿美元，我国的 GDP 是 176 173.21 亿美元，这两大经济体的 GDP 占世界 GDP 的比重分别为 16.14%和 16.32%。②

根据历史经验，经济大国的货币往往会成为主要的国际货币。然而，当前人民币在国际货币体系中的作用远不能与我国的经济规模相匹配。我国目前 80%左右的贸易额使用美元计价与结算。尽管中国人民银行已经批准国际金融公司和亚洲开发银行在国内发行人民币债券，但在国际金融市场上流通的以人民币计价的债务工具微乎其微。虽然我国已成为世界第二经济大国和第一贸易大国，但是人民币在国际外汇市场的交易量只处在第 9 位，还不如墨西哥比索。伴随着我国经济的持续发展，这种“大经济、小货币”的结构性矛盾将更加突出，人民币国际化问题将显得愈加迫切。

我国人民币的地位已经严重影响了我国对外经济活动的效益，从而影响到我国对外经济发展方式的转变。

从企业的对外经济活动来看，我国企业的对外贸易不得不以美元计价和结算，从而承受着汇率变化的风险，并经常为此而遭受损失。如果企业利用外汇类的金融衍生工具来规避汇率风险，又要付出额外的代价。正如前面的分析所示，我国的对外贸易方式是以加工贸易为主，我国企业本来在对外贸易活动中得到的利益就很小，却还要因为汇率的变化遭受损失或者付出额外的代价。

---

① 国家外汇管理局：国际投资头寸，统计数据，http://www.safe.gov.cn。

② IMF，World Economic Outlook databases，April 14，2015，http://www.imf.org.

从政府的对外经济活动来看，由于人民币还不是国际储备货币，我国政府不得不保留外汇储备。我国对外贸易的利益本来就不大，但是当我国政府将对外经济活动中辛辛苦苦积累起来的美元作为国际储备时，又常常要遭受美元汇率贬值的损失。我国作为一个发展中大国，不得不保留大量的外汇储备，这实际上是在向发达国家交纳“国际铸币税”。

再从我国整体的对外资产负债的币种结构看，到2014年年末，我国对外资产余额为64 087亿美元，其中储备资产38 993亿美元，所占比例为61%，而储备资产中的主体又是以美元计价的外汇储备。从负债角度看，截至2014年年末，我国对外负债为46 323亿美元，其中外商直接投资为26 779亿美元，占总负债的58%。总的来看，我国对外资产以美元计价为主，而对外负债以本币为主，以美元计价的对外资产大于对外负债，存在较为严重的“债权型货币错配”。① 美国经济长期存在的国际收支和财政收支双赤字使得美元持续贬值。进入21世纪以来，美元针对16种大宗商品的购买力已贬值75.6%，对人民币贬值23.9%。尤其是美国金融危机发生之后，美国政府为了刺激经济连续使用扩张的货币政策，导致全球流动性泛滥，我国对外资产也将面临更加突出的汇率风险。

因此，要提高我国对外经济发展的效益，减少我国对外经济发展的风险，为转变我国对外经济发展方式提供一个良好的国际金融环境，我国政府应该实行人民币国际化的发展战略。只有加快推进人民币国际化进程，实现国际贸易、直接投资发展战略与国际货币发展战略的融合与统一，才能最终实现我国对内和对外经济有效、健康、持续地发展。

(二)人民币国际化的战略意义

1. 降低国家债权债务的汇率风险

(1)我国的双顺差与对外资产结构。

20世纪90年代中期以来，我国的经常项目和资本与金融项目出现了持续的双顺差。图6-1表明，进入21世纪以来，顺差规模加速扩大，经常项目顺差于2008年达到阶段性高点4 206亿美元，资本与金融项目顺差于2010年高达2 868亿美元。与世界其他经济大国相比，像我国这样国际收支持续十多年

① 汤凌霄、黄泽先、皮飞兵：《新兴大国债权型货币错配测度研究》，《经济学动态》2012年第9期，第63—69页。

的双顺差现象是少见的，尤其是在资本与金融项目开放的经济体，其资本与金融项目差额与经常项目差额往往呈现互逆的对冲关系，即当经常项目顺差时资本与金融项目净流出，经常项目逆差时资本与金融项目净流入。例如，从 1992 年到现在，美国的国际收支一直是资本与金融项目顺差和经常项目逆差相结合；1991—2000 年，德国的国际收支基本呈现资本与金融项目顺差和经常项目逆差的格局，2001 年以来，转变为资本与金融项目逆差和经常项目顺差的组合；1991 年以来，日本仅在个别年份出现过短暂的双顺差，其他时间均是资本与金融项目逆差和经常项目顺差相结合。

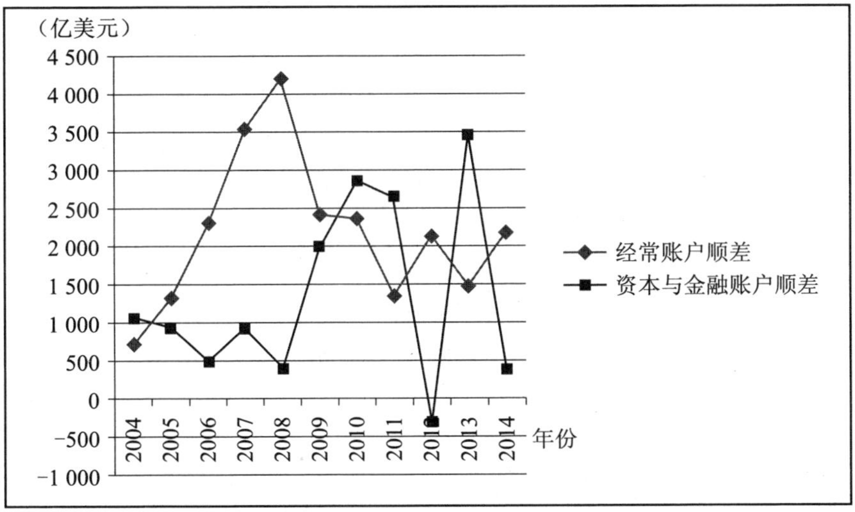

图 6-1　我国的经常账户和资本与金融账户顺差

资料来源：国家外汇管理局，统计数据，http://www.safe.gov.cn。

持续的双顺差使我国的对外资产不断增长。如图 6-2 所示，2004—2011 年，我国对外资产年均增长率为 26%。截至 2014 年年末，我国对外资产余额为 64 087 亿美元。从构成看，我国对外资产中储备资产(包括外汇储备、特别提款权、在 IMF 的头寸以及黄金储备等)比重较高，其中外汇储备占总资产的 61%。在外汇储备中，美国国债所占比例较高。从图 6-3 可以看出，我国投资者(以政府为主)持有的美国国债规模，从 2000 年的 714 亿美元迅猛增至 2015 年 7 月的 12 408 亿美元。2012 年 1 月底，我国持有的美国国债数量占美国境外持有者所持美国国债的 23%，是美国国债总量的 8%。除外汇储备外，

2014 年年末，我国对外直接投资额为 7 443 亿美元，占对外资产的 12%；对外证券投资额为 2 625 亿美元，所占比例为 4%；以对外贷款及存款为主的其他对外投资资产额为 15 026 亿美元，所占比例为 23%。

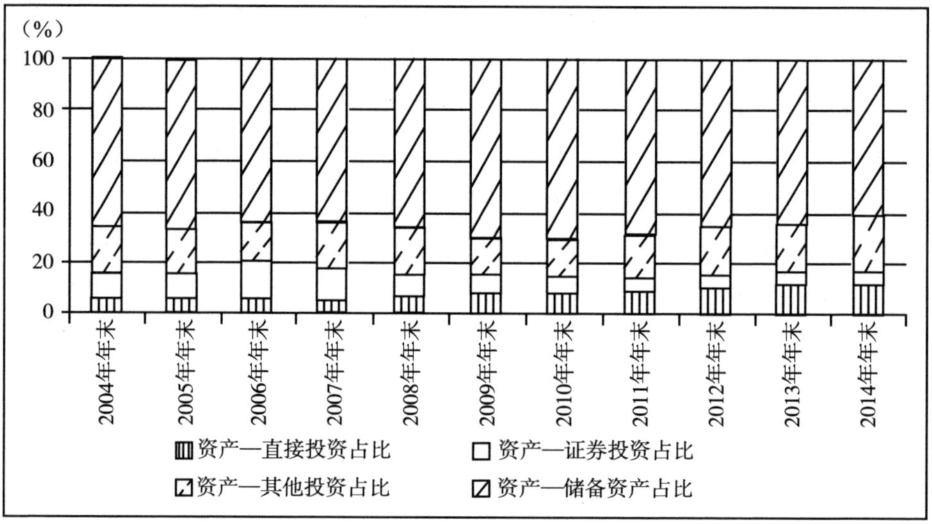

图 6-2　我国对外资产状况

资料来源：国家外汇管理局，统计数据，http://www.safe.gov.cn。

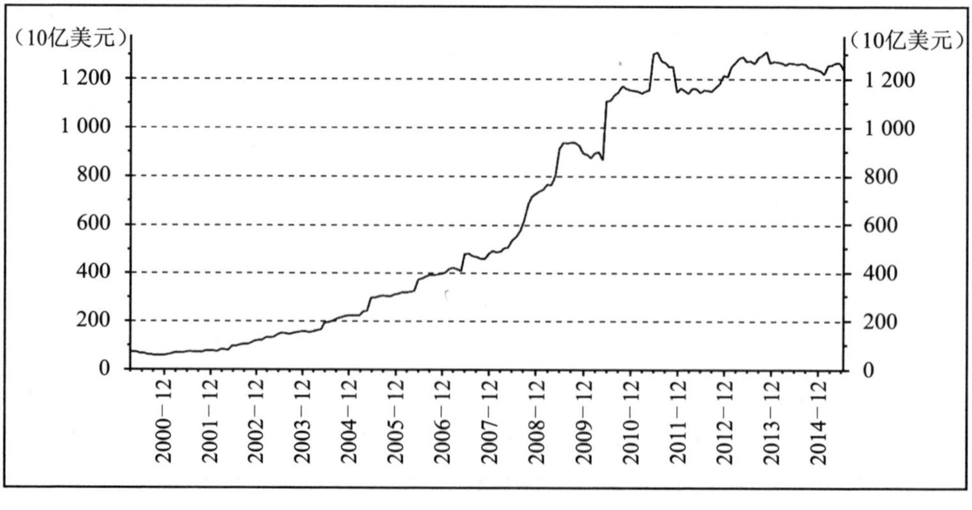

图 6-3　我国投资者持有美国国债存量

资料来源：司尔亚司数据信息有限公司(CEIC)全球数据库，http://www.ceicdata.com。

(2)我国的对外负债与资产。

在我国对外资产日益膨胀的同时，我国的对外负债也持续增长。2004—2014 年，我国对外负债年均增长率高达 24%。截至 2014 年年末，我国对外负债总额达到 46 323 亿美元。从负债结构看，我国对外负债以外商直接投资(FDI)为主。图 6-4 表明，近年来外商直接投资占总负债的比率一直维持在 60%左右，2009 年曾高达 68%。截至 2014 年年末，外商直接投资总额为 26 779 亿美元，为总负债的 58%；外来其他投资总额 14 402 亿美元，所占比例为 31%；境外对我国的证券投资总额为 5 143 亿美元，所占比例为 11.1%。

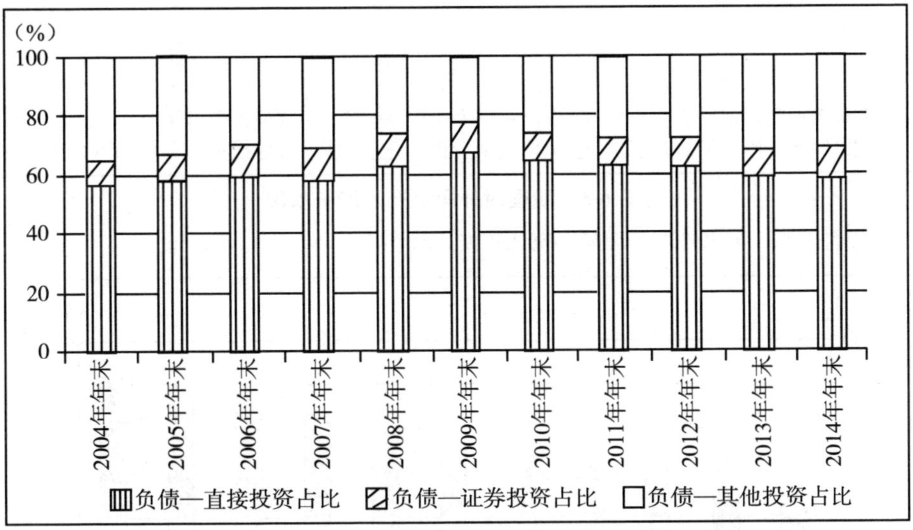

图 6-4 我国对外负债状况

资料来源：国家外汇管理局，统计数据，http://www.safe.gov.cn。

从 2004 年开始，我国成为对外净资产国，而且净资产规模增长迅速。如图 6-5 和图 6-6 所示，2004—2014 年间，我国对外净资产年均增长率为 30%，到 2014 年年末，其规模已增至 1.77 万亿美元。

(3)我国对外资产负债的汇率风险。

根据上述分析，我国对外资产规模庞大，并且以美元标价的外汇资产为主，而对外负债却以外商直接投资为主，这种资产负债结构存在显著的汇率风险。自布雷顿森林体系解体后，美元兑主要货币汇率虽有所反复，但总体呈

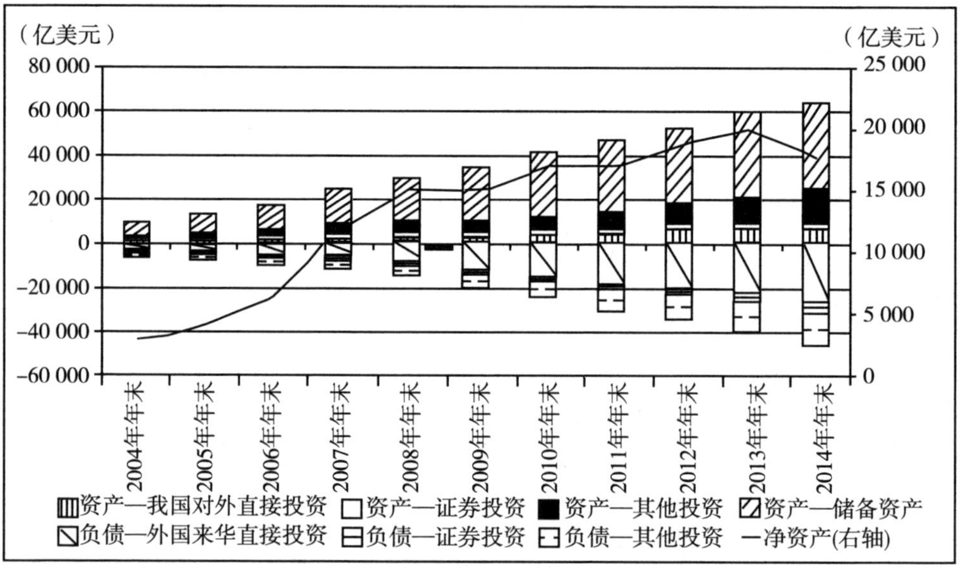

图 6-5　我国对外净资产及增长状况

资料来源：国家外汇管理局，统计数据，http://www.safe.gov.cn。

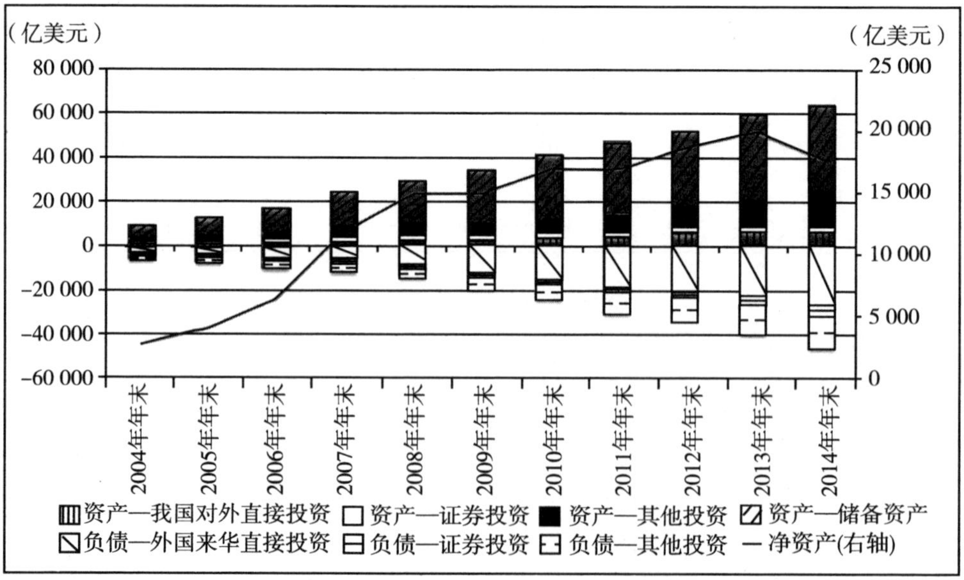

图 6-6　2004—2014 年我国国际投资头寸状况

资料来源：国家外汇管理局，统计数据，http://www.safe.gov.cn；国家统计局，统计数据，http://www.stats.gov.cn。

现明显的贬值趋势，仅 2001—2011 年间，美元兑特别提款权已累计贬值 24%。2005—2012 年年末，美元兑人民币累计贬值 31.68%，如图 6-7 所示。由于美国的贸易及财政赤字持续增长，可以预见美元在长期内仍将难以扭转贬值趋势。在这种背景下，我国持有规模巨大的美元储备资产已经并且将继续承受严重的价值损失。根据李翀的测算，如果将 2005 年中国的外汇储备规模设为适度规模，那么 2006—2010 年，我国超出适度规模的外汇储备账面损失巨大，如表 6-1 所示。我国外汇储备的购买力损失初步估计已累计接近 900 亿美元，如果加上我国外汇储备的账面汇兑损失，则损失额将会更大。

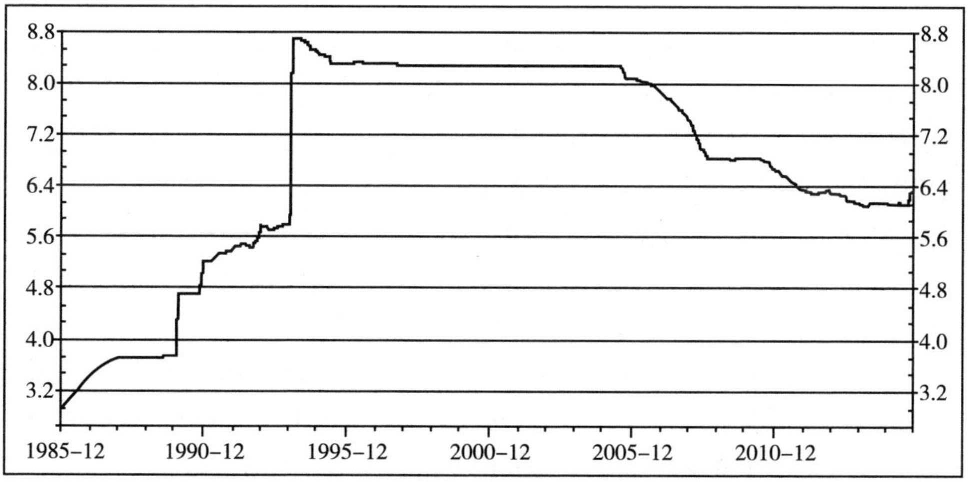

图 6-7　人民币兑美元汇率

资料来源：国家外汇管理局，统计数据：人民币汇率中间价，2005—2015 年，http://www.safe.gov.cn。

表 6-1　人民币汇率的变化与账面损失　　单位：亿美元

年度	2006	2007	2008	2009	2010
人民币/美元	7.808 7	7.304 6	6.834 6	6.828 2	6.622 7
升值幅度(%)	3.24	6.46	6.43	0.09	3.01
美元账面损失	56.13	320.78	507.33	14.22	427.40
人民币/欧元	10.266 5	10.666 9	9.610 4	9.783 6	8.767 7
升值幅度(%)	−7.36	−3.90	9.90	−1.80	10.38

续表

年度	2006	2007	2008	2009	2010
欧元账面损失	−36.43	−55.33	223.18	−56.89	421.11
人民币/日元	0.065 6	0.064 1	0.075 2	0.074 2	0.081 4
升值幅度(%)	4.23	2.29	−17.32	1.33	−9.70
日元账面损失	10.47	16.24	−195.22	21.02	−196.76
总账面损失	30.17	281.69	525.29	−21.65	651.75

资料来源：李翀，《论我国外汇储备的性质和损益》，《中山大学学报》(社会科学版)2012年第2期，第176页。

由此可见，当前我国的对外负债以外商直接投资或股权投资为主，而我国的对外资产以美元标价的债券为主，随着美元汇率的贬值，我国对外资产面临极大的价值损失风险。另外，从对外债权的可控性来看，由于我国对外债权以美元标价为主，其购买力价值很大程度上取决于美国的货币政策。美国根据自己的国情及战略意图采取的政策，会直接影响到我国主权财富的价值稳定，导致我国丧失对主权财富的控制权与主动性，这是对外债权以美元标价更深层次的风险。

从更广泛的视角看，如果我国在未来某一时期成为净债务国，在债务使用美元标价的情况下，一旦美元汇率出现升值，我国的债务负担将加重，甚至有可能引发债务危机。1997年爆发的东南亚金融危机就是在这种情况下发生的。以泰国为例，在危机爆发之前，泰国商业银行借入大量美元短期债务，并在国内发放本币贷款，导致严重的货币错配。随着美元汇率的升值，银行对外美元负债的本币价值急剧上升，最终因债务无法偿还而走向破产，进而引发金融危机。韩国和其他东南亚国家先后出现类似的金融危机，这场危机的根源之一就在于发展中国家的对外债务使用外币标价，在本外币汇率出现动荡尤其是外币剧烈升值时，本国债务价值剧增而导致金融混乱。

总之，随着我国对外资产与负债规模日益扩大，如果标价货币仍然以外币为主，我国将在诸多方面受制于人，最终面临主权财富损失或者债务负担加重的双向汇率风险。

(4)人民币国际化对降低国家资产负债汇率风险的意义。

从理论上说，要降低我国对外资产的汇率风险，主要有两条途径：一是改变对外资产的持有形式，例如将部分外汇储备置换为黄金、战略资源等，也可拓宽私人对外投资渠道，提高对外直接投资、股权类投资在对外总资产中的比重；二是改变固定收益类债权(如持有的美国债券)的标价货币，使用人民币作为标价货币，这样对外债权的购买力价值将不再受制于他国的货币政策，从而降低主权财富损失的风险。由于一个国家在对外经济活动中不可能不持有固定收益类对外债权，尤其是作为发展中国家在短期内对外直接投资与股权投资尚不能成为对外投资的主要部分，所以单靠第一种改变对外资产结构的途径并不能完全解决问题。作为净资产大国，我国政府需要从战略高度谋求对外资产的本币标价，以获取主权财富价值的控制权，而这正是人民币国际化的要义之一。

从对外负债的角度看，如果通过人民币国际化而实现境内居民使用人民币对外融资，则会使得我国的部分对外负债尤其是固定收益类债务由外币标价转换为人民币标价，这将降低我国对外负债的汇率风险。同时，如果人民币在境外的使用是持续而稳定的，则相当于我国对境外居民征收了同等规模的国际铸币税，这在一定程度上将增加我国的国民福利。

上述分析表明，通过人民币的国际化，进而实现我国对外债权债务的人民币标价，能够从根本上降低我国对外资产负债的汇率风险，并获得持续的国际铸币税，对我国经济的稳定发展与主权财富的安全保障具有重要的战略意义。

2. 增强我国国际支付能力及对世界经济的影响力

人民币实现国际化有助于提升我国国际支付的能力，并增强国内宏观经济政策的灵活度。对于非国际货币国家，当出现临时性国际收支逆差时，由于本币不是国际支付手段，需要动用外汇储备进行融资，因此非国际货币国家往往需保持一定规模的国际储备，这会影响到本国的对外贸易及汇率政策取向。① 另一方面，如前文所述，大量外汇储备将面临汇率风险以及由此带来的主权财富损失；当本国出现持续性甚至是根本性国际收支逆差时，需要本国政府通过货币政策、财政政策、供给政策以及直接管制政策等方式进行国内经济调节，而这些方式往往需要较长周期，同时对经济的负面影响较大。

---

① 这也是许多发展中国家实施汇率管制并持续保持贸易顺差的原因之一。

如果人民币成功实现了国际化，意味着我国可以方便地使用人民币进行对外融资。① 当我国面临临时性国际收支逆差时，可以直接使用人民币作为支付手段，这将降低我国对外汇储备的依赖，从而减少主权财富损失，并为降低汇率干预创造条件；当我国面临持续性国际收支逆差时，由于具备了人民币对外融资的优势，到时可以根据我国具体情况，延缓国内经济调整，甚至还可以将外部失衡调整的压力转嫁给其他国家，从而提升宏观经济政策的灵活性与操作空间，保证其以国内经济发展为目标，促进我国经济平稳发展。

同时，人民币成功实现国际化意味着我国获得了一定的国际货币发行权利，那些较多使用人民币的国家与地区将会增加对中国经济及宏观经济政策的依赖性，我国在世界经济与国际货币体系中的地位与发言权将随之增强。

3. 获取大宗商品计价权，赢得国际竞争主动性

随着全球经济一体化的发展以及我国对世界能源依赖程度的提高，是否使用人民币作为国际大宗商品的标价货币，将通过影响进口成本的稳定性而间接影响我国的国际竞争力。从目前情况来看，美元仍然是世界大宗商品的主要计价货币。在联合国贸易与发展会议（United Nations Conference on Trade and Development，UNCTAD）公布的 81 种原材料标价币种中，只有 5 种是以非美元计价的。表 6-2 显示，在罗杰斯国际商品指数的构成中，仅有个别所占比例比较低的原材料不以美元为计价货币，而所有能源类的商品均以美元计价。由此可见，在世界原材料和能源的标价货币中，美元几乎处于完全垄断地位。这种格局意味着美国政府可以通过使用货币与汇率政策间接影响甚至部分控制世界原材料和能源价格，从而在国际经济竞争处于优势地位。

表 6-2　罗杰斯国际商品指数原材料计价货币

商品	交易所	货币	占比(%)	商品	交易所	货币	占比(%)
原油	NYMEX	美元	21	银	COMEX	美元	2.00
	ICE	美元	14	金	COMEX	美元	3.00
燃用油	NYMEX	美元	1.8	铂	COMEX	美元	1.80

① Genberg，Hans，“Currency Internationalization：Analytical and Policy Issues”，HongKong Institute for Monetary Research，Working Paper No. 31，October 2009.

续表

商品	交易所	货币	占比(%)	商品	交易所	货币	占比(%)
无铅汽油	NYMEX	美元	3	玉米	CBOT	USD	4.75
天然气	NYMEX	美元	3	红豆	TGE	日元	0.15
铝	LME	美元	4	原毛	SFE	澳元	0.10
铜	LME	美元	4	橡胶	TOCOM	日元	1.00
锌	LME	美元	2	大麦	WCE	加元	0.10
铅	LME	美元	2	菜籽油	WCE	加元	0.67

资料来源：陈志斌、钱利珍，《能源计价结算货币选择和货币国际化》，《统计与决策》2012年第5期，第152页。

从我国的现实情况来看，随着我国经济的发展，我国对外部能源与原材料的依赖程度越来越高。表6-3显示了2000—2008年间我国各类贸易商品的竞争力指数，从表中可以看出，初级产品SITC2(非食用原料)、SITC3(润滑油、矿物燃料及有关原料)和SITC4(动植物油)基本上都是资源密集型产品，我国在这些商品上的竞争力指数小于零，而且整体上处于下降趋势。这表明，国内的能源及原材料供应与国内需求之间的缺口正日益扩大，今后我国需要进口越来越多的国际原材料和能源。从这个角度看，我国有必要尽早使部分国际大宗商品标价中体现人民币因素，以减少现行国际大宗商品标价体系对我国涉外经济的制约，获取国际经济竞争上的战略主动权。

表6-3　2000—2008年我国对外贸易竞争力指数

年份	初级产品	SITC0	SITC1	SITC2	SITC3	SITC4	工业制成品	SITC5	SITC6	SITC7	SITC8
2000	−0.29	0.44	0.34	−0.64	−0.45	−0.74	0.11	−0.43	0.01	−0.05	0.74
2001	−0.27	0.44	0.36	−0.68	−0.35	−0.75	0.10	−0.41	0.02	−0.06	0.70
2002	−0.27	0.47	0.44	−0.68	−0.40	−0.89	0.09	−0.44	0.04	−0.04	0.67
2003	−0.35	0.49	0.35	−0.74	−0.45	−0.93	0.09	−0.43	0.04	−0.01	0.59
2004	−0.49	0.35	0.38	−0.81	−0.54	−0.93	0.11	−0.43	0.15	0.03	0.51
2005	−0.50	0.41	0.20	−0.81	−0.57	−0.85	0.16	−0.37	0.23	0.10	0.52
2006	−0.56	0.44	0.07	−0.83	−0.67	−0.83	0.20	−0.32	0.34	0.12	0.54

续表

年份	初级产品	SITC0	SITC1	SITC2	SITC3	SITC4	工业制成品	SITC5	SITC6	SITC7	SITC8
2007	－0.60	0.46	0.00	－0.86	－0.68	－0.92	0.24	－0.28	0.36	0.17	0.55
2008	－0.65	0.40	－0.11	－0.87	－0.69	－0.90	0.27	－0.20	0.42	0.21	0.55

资料来源：李超，《中国的贸易基础支持人民币区域化吗?》，《金融研究》2010 年第 7 期，第 8 页。

4. 降低我国企业对外经济活动的汇率风险及汇兑成本

从微观角度看，人民币国际化有利于我国涉外企业降低汇率风险、汇兑与风险管理成本，从而增强其国际竞争力。近年来，我国进出口贸易依存度已接近 70％，对外贸易的 90％以上通过美元进行结算①，这增加了我国企业所承担的汇率风险、汇兑成本以及规避汇率风险的管理成本。

首先，从理论上说，在足够深度与广度的外汇市场上，进出口商可以通过外汇类金融衍生工具的交易来对冲这种汇率风险。但在现实经济中，并非利用金融衍生工具都能规避所有的汇率风险，有时甚至会产生更大的汇率风险。以韩国造船业为例，由于船舶生产工期较长，造船企业接受的购船订单需要在一年后才能结清货款。韩国的出口订单大多以美元计价结算，韩国造船商为了规避汇率风险在远期外汇市场上卖出一年期美元。如果后来境外进口商由于自身原因出现了违约，即不再按照订单采购韩国出口商的船舶，对于造船企业而言，到了远期美元交割日期，将被迫在即期外汇市场买入美元以平仓。如果此时恰逢美元升值韩元贬值，则造船商将因此而承受更大损失。在这一过程中，由于订单以美元作为结算货币，韩国出口商不仅要承担常规的违约风险，而且要承担额外的汇率风险。如果合同以韩元结算，则出口商将不会遭受货币汇兑损失。由此可见，即便存在金融衍生工具，也不能消除非结算货币一方所面临的汇率风险。在实践中，如果我国的对外贸易不能用人民币进行计价与结算，我国进出口商面临着类似韩国造船商一样的汇率风险。

① 在跨境贸易人民币结算试点推行之后，对外贸易中人民币结算份额增长较快，截至 2013 年 9 月，人民币在我国跨境贸易结算货币中的份额突破 10％，详见本章第六节。

其次，即便有些汇率风险可以通过金融衍生工具进行规避，由此而产生的管理与汇兑费用也会增加企业的财务负担。例如，我国向中国银行买入三个月的远期美元，所缴纳的费用为交易金额的2.5%；卖出三个月的远期美元，所缴纳的费用为交易金额的5%。再如，如果我国企业的贸易伙伴所使用的本币也非美元，此时若使用美元结算，则需要经过"人民币—美元—贸易伙伴国货币"两次兑换才能完成交易。在现实经济中，仅人民币兑换美元一次交易，就需向银行缴纳交易金额的1.25%作为汇兑费用。这些高昂的交易成本无疑将直接影响我国外贸企业的对外竞争力。当然，从理论上讲，汇兑费用及避险成本可以由贸易双方的任意一方来承担或分摊，这取决于交易双方的相对议价能力及竞争力①，并不必然落在中国企业身上。但是，如果贸易双方由原来使用第三方货币(即并非任何一方的本币)改为使用其中一方货币，则无疑会降低双方共同承担的避险与货币兑换成本，从而产生净福利。这种福利可以再进行分配，这也正是我国这样的非国际货币国家进行货币国际化的意义之一。②

总之，推进人民币在贸易中的使用，能够有效降低我国涉外企业的汇率风险、避险及汇兑成本，尤其是在我国企业与美国以外国家的企业进行贸易时，这种好处将更为明显。

5. 提高我国金融体系发展水平

人民币国际化的推进将从多个层面促进我国金融体系的发展。从银行盈利的角度看，人民币走出国门，在国际范围充当媒介、计价与投资货币，将直接给我国的商业银行带来更多的结算业务与收益。同时，境外离岸人民币市场中各国银行的开户、兑换、清算和融资等业务均需要在我国银行办理，这也将给我国银行带来相应的盈利机会。从金融市场发展的角度看，不管是作为投资方还是负债方，境外居民对人民币资产市场的参与，都将促进该市场需求与供给的多元化，有利于提高人民币资产池的质量及容量。

---

① Genberg, Hans, "Currency Internationalization: Analytical and Policy Issues", HongKong Institute for Monetary Research, Working Paper No. 31, October 2009.

② 比如中国同韩国之间的贸易，由原来的美元结算变为人民币结算，则将降低双方的避险及货币兑换成本，这种节省的交易费用可以通过降低价格的形式使双方受益。

二、货币国际化理论研究的进展情况

(一)货币国际化的含义与度量

货币国际化现象由来已久，但国内外经济学界真正深入研究货币国际化的历史并不长。为了更加深入地探寻人民币国际化这一重大现实问题，下面先从梳理货币国际化的一般理论入手，然后在此基础上围绕目前学术界关于人民币国际问题的各种文献进行归纳和总结，并就相关的观点进行评述。

经济学界对货币国际化概念及其功能进行较早系统探讨的主要是凯南(Peter Kenen)①及克鲁格曼(Paul R. Krugman)②。凯南率先对货币国际化进行了定义，认为货币国际化是指一国货币在境外被本国居民或外国居民所使用。随后克鲁格曼又进一步细化了上述定义。钦和弗兰克尔(Menzie Chinn and Jeffrey Frankel)③针对不同的使用对象，又从货币国际功能的角度进行了归纳和总结，并将这些功能编制成表格，如表 6-4 所示。从表中可以看出，国际货币主要为使用者提供价值储藏、交易媒介与计价单位功能。对政府而言，国际货币主要用作国际储备、外汇干预以及钉住汇率；对于私人而言，则主要用于国际投资、贸易中的计价与结算。甘博文(Genberg Hans)④则从居民对外负债币种结构的角度，通过比较货币国际化与资本账户开放，给出了不同层次货币国际化的定义。他认为，货币国际化有多种表现形式，主要包含资本与金融项目对外开放、部分货币国际化和完全货币国际化三种层次。所谓资本与金融项目开放是指本国居民可以对外发行以外币标价的债券；所谓部分货币国际化是指本国居民可以用本币在国际市场上发行债券；而完全货币国际化则是指第三方之间采用本币进行贸易和金融交易。按照这一思路，

---

① Kenen，P. B.，*The Role of the Dollar as an International Currency*，New York，Group of Thirty，1983.

② Krugman，P. R.，“The International Role of the Dollar：Theory and Prospect”，*Exchange Rate Theory and Practice*，Chicago，University of Chicago Press，1984，pp. 261-278.

③ Chinn，M. and Frankel，J. A.，“Will the Euro Eventually Surpass the Dollar as Leading International Reserve Currency?”，*G7 Current Account Imbalances：Sustainability and Adjustment*，Chicago，University of Chicago Press，2007，pp. 283-338.

④ Genberg，Hans，“Currency Internationalization：Analytical and Policy Issues”，HongKong Institute for Monetary Research，Working Paper No. 31，October 2009.

张和麦考利(Y. W. Cheung and R. McCauley)①指出，当非居民能够借入或者借出本币时，就可以认为本币实现了国际化，这种国际化包括债权的本币标价与债务的本币标价两个方面。

表 6-4　国际货币的职能

货币职能	官方用途	私人用途
价值储藏	国际储备	货币替代(私人美元化)与投资
交易媒介	外汇干预载体货币	贸易和金融交易结算
计价单位	钉住的锚货币	贸易和金融交易计价

资料来源：高海红、余永定，《人民币国际化的含义与条件》，《国际经济评论》2010 年第 1 期，第 48 页。

基于货币国际化的定义，田口(Hirro Taguchi)②从进出口贸易结算货币比率、国际银行贷款计价货币比率、国际债券计价货币比率、国家外部债务的货币构成、官方储备计价货币比率以及外汇交易计价货币比率六个方面来考察日元及美元、马克、英镑等主要货币的国际化程度。与之相类似，欧洲中央银行(European Central Bank，ECB，2005—2010)从官方储备与干预货币、外汇市场交易货币、进出口结算货币、钉住汇率的锚货币以及私人证券投资标价货币五个方面比较了欧元与美元的国际地位。

在此基础上，人民币国际化研究课题组③使用 7 个指标即官方储备货币使用比率、国际贸易计价货币比率、国际贷款计价货币比率、国际债券计价货币比率、直接投资标价货币比率、货币境外流通的范围、货币境外流通的数量，构建了货币国际化指数，并测算了 2002 年部分主要货币的指数值，其中美元指数为 100、欧元为 39.4、日元为 28.2，而人民币的指数仅为 2。上

① Cheung, Y. W., Ma, G., and McCauley, R., "Why does China Attempt to Internationalise the Renminbi?", *China Rising: Global Challenges and Opportunities*, Australian National University Press and Social Sciences Research Press (China), 2011, pp. 45-68.

② Taguchi, Hirro, "On the Internationalization of the Japanese Yen", *Macroeconomic Linkage: Savings, Exchange Rates, and Capital*, Chicago, University of Chicago Press, 1994, pp. 335-357.

③ 人民币国际化研究课题组：《人民币国际化的时机、途径及其策略》，《中国金融》2006 年第 5 期，第 12—13 页。

述指标虽然较为全面地测度了人民币与其他主要货币的国际化程度，但对于“货币境外流通范围”以及“货币境外流通数量”这两个指标，由于国际组织没有提供相关数据，因此指标数值的计算只能通过估计得出，与其他有公开数据的指标相比，其准确性与可靠性显得有些不足。

陈元东(Chen-yuan Tung)等①利用官方公布的数据，构建了7个指标来测度主要货币国际化程度的现实指数及前景指数。这些指标主要包括储备货币比率(RCR)、外汇交易比率(FETCR)、国际债券投资货币比率(IBICR)、银行外币资产比率(BAFCR)、银行外币负债比率(BLFCR)、钉住货币比率(PCR)、国际贸易计价货币比率(TICR)等。其中前5个指标指某货币在世界总量中的比率，PCR指某货币在所有采用固定汇率制经济体中的比率；TICR指的是国际贸易使用某货币计价的数量除以该国对外贸易总量。根据这些指标，人民币国际化的现实指数远低于其他四种货币，2009年在全球中排名第18位，但其前景指数较高，仅次于美元与欧元。

此外，在钦和弗兰克尔②、萨勃拉曼尼亚(Arvind Subramanian)③等规范的实证研究中，基于年度数据的完整性，其计量模型均以特定货币在全球官方外汇储备中的比例作为衡量该货币国际化程度的主要指标。

(二)货币国际化的收益与成本

1. 货币国际化的收益

对货币国际化收益的研究文献主要从宏观和微观两个方面进行了探讨。从微观角度探讨货币国际化的收益，认为货币国际化对于微观主体而言，一是能够降低本国出口商所承担的汇率风险，尤其是当货款支付与订单签订之间时间间隔较长时，这种优势更加明显；二是能够使国内企业和金融机构在

---

① Chen-yuan Tung, Guo-chen Wang, and Jason Yeh, “Renminbi Internationalization: Progress, Prospect and Comparison”, *China & World Economy*, 2012(5), pp. 63-82.

② Chinn, M. and Frankel, J. A., “Will the Euro Eventually Surpass the Dollar as Leading International Reserve Currency?”, *G7 Current Account Imbalances: Sustainability and Adjustment*, Chicago, University of Chicago Press, 2007, pp. 283-338.

③ Arvind Subramanian, “Renminbi Rules: The Conditional Imminence of the Reserve Currency Transition”, Working Paper Series WP11-14, Peterson Institute for International Economics, 2011.

不承担汇率风险的前提下，从国际金融市场上获取较多的低成本融资；三是为国内金融部门提供了新的金融业务及盈利机会，有利于增强国内金融机构在国际市场上的竞争力。

甘博文①对上述本币国际化有助于降低出口商汇率风险的观点提出了质疑。他的分析主要是围绕美元展开的。他认为，美元计价与结算并不必然降低美国出口商的货币风险。从表面上看，在订购合同与货款支付的时间段内，汇率变化会引起非美元本币交易方的汇率风险，对冲这种风险需要支付成本，因此美元标价对美国出口商有利而对其他国家的进口商不利。但事实上，套期保值成本并不必然落在缴纳对冲费用的一方，就如同税负不一定落在缴纳税款的一方一样。现实中，套期保值成本可以包含在商品价格中，由进口或出口中的任意一方来承担，这最终结果取决于双方的议价能力。他指出，应从交易成本的角度来理解货币国际化对贸易主体的效率意义。毋庸置疑，货币国际化有助于降低包括本国居民在内的双方的交易费用，但这种好处依赖于本国货币外汇市场的发展程度。

他同时分析了本币国际化对本国居民对外借款的福利效应，认为一国货币国际化在这方面的利益体现在对外发行本币债券方面：第一，使国外居民购买本国债券成为可能，从而增加这种债券的需求，降低本国居民的借款成本；第二，更大的投资者群体增加了债券交易量，增强了本国抗冲击的能力；第三，降低国内企业货币错配风险，因为通过本币负债能够使得企业的收入与负债在币种上保持一致。

对货币国际化收益研究的第二个方面是从宏观角度展开的，具体而言，一是可以通过向国际市场发行本币国债为政府赤字进行融资，从而获取国际铸币税收益；二是有利于提高本国在世界范围内的经济、政治影响力；三是增加本国金融业的收益。陈雨露、王芳、杨明②以国家战略竞争为视角，认为除了铸币税收益，储备货币发行国运用其他国家外汇储备所获得的金融业

① Genberg, Hans, "Currency Internationalization: Analytical and Policy Issues, HongKong Institute for Monetary Research", Working Paper No. 31, October 2009.

② 陈雨露、王芳、杨明：《作为国家竞争战略的货币国际化：美元的经验证据——兼论人民币的国际化》，《经济研究》2005 年第 2 期，第 35—43 页。

收益也是重要的利益来源。他们以美元为例进行了实证研究，结果表明，1981—2002年间，美元国际化的收益累计高达9 530亿美元。

事实上，对货币国际化的收益无论是从国家层面还是企业层面分析，都最终聚焦于汇率风险的降低，可以使发行国在控制汇率风险方面获得主动权。在美元为主导的国际货币体系下，一国的货币国际化程度越高，则其面临的汇率风险就越小。就国家层面而言，如果该国是净债权国，则其以本币标价的债权规避了外汇贬值的风险；反之，如果其是净债务国，其以本币标价的债务可以规避外汇升值的风险，甚至还可通过发行货币弥补逆差或稀释债务，从而获取铸币税；就企业层面而言，进出口贸易的本币计价至少可以降低签订订单与支付货款期间的汇率风险。

2. 货币国际化的成本

由于货币国际化的过程往往伴随着不同程度的资本账户开放，所以学者们探讨货币国际化成本与风险时，多以资本账户开放为视角，分析其对汇率制度及货币政策的影响。

钦和弗兰克尔认为货币国际化存在三项成本：一是增加了货币需求的波动性，这种波动性要么提高了央行控制货币存量的难度，要么加大了汇率的不稳定性。二是增加了货币的平均需求量，进而导致本币升值，影响本国出口。这既是20世纪六七十年代德国和日本不愿意增加本国货币境外使用的原因，也是当今中国推进人民币国际化所面临的问题之一。三是需要承担更多的国际责任，国际货币发行国的货币当局需要关注货币政策对世界市场的影响，这就削弱了制定本国货币政策的自由度。凯南总结了货币国际化的三项潜在成本：一是汇率稳定和独立的国内货币政策不可兼得，在维持汇率稳定的前提下，货币国际化增加了货币政策执行的成本，这类似于弗兰克尔提到的第一项成本。凯南强调，这种成本对美国或欧元区影响有限，因为他们的国债市场规模足够大，但对于债券市场规模相对较小的经济体，该项成本是可观的。二是由于外国投资者持有大量本币标价的债权，当他们认为这种资产价格将下跌时，将导致集中的资本外逃，从而使本币迅速贬值。贬值的程度取决于央行用于干预外汇市场的储备资产数量以及外国债权相对本国经济的规模，但无论程度如何，最终都会损害国内投资者及宏观经济。三是外国在本国发行的本币债务将增加本国金融系统的风险。类似于2008年的金融危机，这种风险主要来自外国债务人的违约，从而损害本国债权人偿还国内其他金融机构债务的能力，进而形成系统性风险。甘博文①在区分资本与金融项目开放与货币国际化的基础上，认为由货币国际化所导致的汇率利率波动、金融条件变化乃至实体经济动荡等现象，本质上属于资本与金融项目开放对国内金融与经济的影响。金融波动和经济动荡是否会发生取决于国内具体情况，包括国内金融体系的效率、监管的完善程度、经济规模等因素。

(三)货币国际化的决定因素

国外关于货币国际化决定因素的研究是这一主题的重心，其思路大致可以分为两个方面：一是通过经验分析，发现影响货币国际地位的显著因素。该分析结论明确，但缺乏对影响机制的严谨推导与模型构建。二是对外贸企业计价货币选择的微观行为分析，目前已形成了较为成熟的理论模型。② 以下重点对第一个方面进行介绍。

1. 影响货币国际化程度的一般因素

艾琴格林和马蒂森(Eichengreen and Mathieson)③、钦和弗兰克尔等通过计量回归模型，发现影响货币国际化程度的因素有四类：庞大的经济和贸易规模、发展良好的金融体系、网络外部效应、对货币价值的信心。其中，经济与贸易规模、金融体系发展程度等因素，通过计算货币发行国相关数据(如国内市场总值、债券余额、贸易总额、对外直接投资总额)占世界总量的比重来衡量；对货币价值的信心通过计算发行国的通货膨胀率、汇率波动率等指标来表示；而网络外部效应则以上期货币国际化程度指标的一阶滞后项来作为代理变量。值得一提的是，艾琴格林和马蒂森的研究表明，一国国内生产总值占世界国内生产总值总量的份额每提高 1 个百分点，则其货币占全球官

---

① Genberg，Hans，“Currency Internationalization：Analytical and Policy Issues”，HongKong Institute for Monetary Research，Working Paper No. 31，October 2009.

② 关于贸易领域的货币选择，存在较多理论模型，如 Giovannini(1988)、Donnenfeld and Zilcha(1991)的局部均衡模型、Johnson and Pick(1997)、Friberg(1998)、Novy(2006)及 Goldberg and Tille(2008)的三国三货币模型等，由于这些分析不是笔者关注的重点，此处不做介绍。

③ Eichengreen，Barry and Donald Mathieson，“The Currency Composition of Foreign Exchange Reserves：Retrospect and Prospect”，International Monetary Fund Working Paper No. wp/00/131，International Monetary Fund，Washington，DC，2000.

方外汇储备的份额就会提高大约1.3个百分点。

此外，萨勃拉曼尼亚对于储备货币影响因素的经验分析表明，一国对外净资产头寸也是显著因素之一，净头寸规模越高，越有利于该国货币成为储备货币，但该文并没有进一步说明对外净资产头寸的结构是否重要。与此相关的是，白钦先、张志文①对于日本外汇储备规模与日元国际化关系的经验研究发现，日本国际储备中畸高的外汇储备占比对日元国际化具有显著的负面影响，原因有可能是美元作为外汇储备的主要构成部分，其贬值的趋势影响了外汇储备的价值，进而影响了日本对外净资产的价值。

2. 资本与金融项目开放对货币国际化的影响

哥德堡和蒂耶(Goldberg and Tille)②等普遍认为，一国资本与金融项目③的开放是其货币实现较高程度国际化的必要条件，如果一国资本与金融项目未能充分开放，将影响其金融市场的广度与深度，使市场中缺乏足够的投资及汇率风险对冲工具，增加使用这种货币的交易成本，从而限制该货币的使用。帕克(Y. Park)④对金融与贸易计价货币的使用进行了比较，认为相对而言，金融计价比贸易计价更能推动一国货币国际化。经验表明，如果金融市场不够开放与发达，该国货币在贸易和金融中都不会被作为计价货币；但是，如果资本与金融项目开放及金融市场发展的条件成熟，则该国货币即便未能

---

① 白钦先、张志文：《外汇储备规模与本币国际化：日元的经验研究》，《经济研究》2011年第10期，第137—147页。

② Goldberg, Linda S. and Cédric Tille, "Vehicle Currency Use in International Trade", *Journal of International Economics*, 2008(2), pp. 177-192.

③ 关于国际收支项目的划分方法发生过多次变化。根据国际货币基金组织1977年公布的《国际收支手册》(第四版)，国际收支划分为经常项目、资本项目、官方储备项目三大项目。根据国际货币基金组织1995年公布的《国际收支手册》(第五版)，国际收支划分为经常项目、资本与金融项目两大项目。根据国际货币基金组织2009年公布的《国际收支手册》(第六版)，国际收支划分为经常项目、资本项目、金融项目三大项目。第四版《国际收支手册》中的资本项目和官方储备项目、第五版《国际收支手册》中的资本与金融项目以及第六版《国际收支手册》中的金融项目的主要内容是相似的。为了兼顾不同时期关于资本流动管制或开放的表述，笔者在理论和计量分析中采用资本与金融项目这种折中的表述方法，在对相关国家政策实践的分析中根据所在的时期采用该时期的表述方法。

④ Park, Y., "RMB Internationalization and Its Implications for Financial and Monetary Cooperation in East Asia", *China and World Economy*, 2010, 18(2), pp. 1-20.

成为贸易结算货币，也很可能被用于金融标价。例如，英镑和瑞士法郎更多地用于储备而非贸易计价；澳元和新西兰元也主要在金融领域用作借入货币。

与哥德堡等观点有所不同，何东和麦考利(Dong He and R. McCauley)①重点分析了本币离岸市场在货币国际化中的功能，认为如果货币发行国实施恰当的方法对境外本币的回流采取控制，那么即便本国资本与金融项目不开放，依靠离岸市场同样可以实现本币国际化，即资本与金融项目开放既不是货币国际化的必要条件，也不是充分条件。

上述研究对资本与金融项目与货币国际化之间的关系进行了深入的逻辑分析，但遗憾的是，这些文献并没有对此进行规范的实证检验，同时也未对资本与金融项目开放的内容与程度进行更具体的区分。而事实上，资本与金融项目管制恰恰是像我国这样的发展中国家谋求货币国际化所面临的一项重要制度背景。因此，今后的研究有必要对这一问题给予足够的关注。

三、人民币国际化的动因、条件与风险研究

(一)人民币国际化的动因

关于人民币国际化的动因，当前文献主要从其给我国带来多种战略收益的角度展开，其中有共识，也存在分歧。

第一，可以降低汇率风险。各个主要经济发达国家之所以不遗余力地推行本国货币的国际化，一个重要的动因就是前面所述的避免汇率波动对本国经济造成冲击。张和麦考利②通过对比中国和日本的国家资产负债结构，发现中国目前所具有的本币短头寸及外币长头寸的资产结构与日本经济腾飞阶段的资产结构极其类似。而世界经济发展的历史经验表明，这种资产结构面临着巨大的汇率风险。所以，20 世纪 70 年代，日本就着手推动日元国际化进程，虽然最终并未完全达到日本政府的预期目的，甚至某些政策也为世界各国金融界人士所诟病，但日元国际化进程无疑在一定程度上实现了让其他国家来分摊日本外汇储备风险的目的。因此，他们认为，中国通过推动人民币

---

① He, Dong and Robert McCauley, "Offshore Markets for the Domestic Currency: Monetary and Financial Stability Issues", BIS Working Paper No. 320, 2010.

② Cheung, Y. W., Ma, G., and McCauley R., "Why does China Attempt to Internationalise the Renminbi?", *China Rising: Global Challenges and Opportunities*, Australian National University Press and Social Sciences Research Press (China), 2011, pp. 45-68.

国际化，以实现国家对外资产的本币标价，使对外净债权避免美元汇率变动造成的损失，从而摆脱目前中国最大债权国的困境。潘英丽、吴君①指出，在经济全球化时代，发展中国家参与全球分工过程中，普遍面对的一个“原罪”问题，就是本国在国际市场买卖的商品和服务以及本国持有的海外资产或负债都是用美元等国际货币计价的，因而国际汇率的大幅波动往往会对这些发展中国家的经济运行形成巨大冲击和造成严重伤害。这种威胁随着中国经济的快速发展表现得愈加明显和突出。因此，实施人民币国际化战略的核心利益就在于摆脱“原罪”，在国际贸易和国际金融投资过程中通过商品和资产的人民币计价，让中国政府、金融机构和企业能有效避免汇率波动的风险，从而全面赢得国际竞争的优势和主动权。

关于企业汇率风险，许祥云、吴烨②通过实证研究发现，日元国际化有效降低了日本企业在金融危机中所面临的汇率风险。他们结合中国的出口竞争力和出口标价结构，认为在中国走向浮动汇率制的大背景下，推进人民币国际化是降低出口企业汇率风险的重要途径。

第二，铸币税及金融收益。钟伟③、陈雨露等从国际铸币税角度对人民币国际化的收益进行了估算，后者将国外央行持有的人民币储备资产视为国际铸币税收益，认为若 2010 年实现人民币区域化，则 10 年内可实现 7 500 亿元的货币国际化收益。另外，他们还指出，运用境外人民币储备投资的金融业净收益也是人民币国际化的重要收益。刘仁伍、刘华④假定若 1998 年起人民币成为储备货币，估算出 1998—2007 年我国可实现约 14 000 亿元的狭义国际铸币税收益和 1 700 亿元的金融收益，广义国际铸币税收益可达 15 700 亿元，占同期 GDP 的 1.1%。

第三，倒逼国内金融改革。黄海洲⑤认为中国改革开放的推进器经历了

① 潘英丽、吴君：《体现国家核心利益的人民币国际化推进路径》，《国际经济评论》2012 年第 3 期，第 99—109 页。

② 许祥云、吴烨：《货币国际化降低了出口汇率风险吗？——以金融危机中的日本为例》，《金融研究》2011 年第 2 期，第 17—30 页。

③ 钟伟：《略论人民币的国际化进程》，《世界经济》2002 年第 3 期，第 56—59 页。

④ 刘仁伍、刘华：《人民币国际化风险评估与控制》，社会科学文献出版社 2009 年版。转引自博源基金会：《人民币国际化：缘起与发展》，社会科学文献出版社 2011 年版，第 31 页。

⑤ 黄海洲：《人民币国际化：新的改革开放推进器》，《国际经济评论》2009 年第 4 期，第 5—7 页。

“包产到户”“招商引资”“加入世界贸易组织”等从内到外的过程，而人民币国际化可以成为推动国内改革的新的推进器。从政策执行的角度看，人民币国际化事关我国的国际声誉，是一种较强的政策承诺，一旦推行，在相当一段时期内便具有政策刚性，只能前进不便后撤。这将会引导和统一国内对有关改革的认识，进而推动甚至倒逼一系列重要的、困难的相关改革，包括增加内需、理顺资源价格、开放服务业、加速城镇化、打破垄断市场、技术升级换代等。

此外，王信①等也持有类似观点。王信认为，以开放促改革是我国改革开放中的一条基本经验，人民币国际化的推进将给国内金融改革提供压力和动力。在此过程中，国内经济金融中的结构性问题将得到更充分地暴露，以此为契机可深化对相关问题的研究讨论，凝聚共识以推动改革。例如，境外人民币回流投资的需求将促进国内金融市场的广度、深度的提升，以防止资本流动冲击。再如，香港人民币离岸市场的发展，将给上海金融中心建设造成压力，两地的良性竞争可促使内地放松不必要的金融管制，便利金融机构根据市场原则推出更多金融业务和产品，进一步发挥上海金融中心的作用。与上述观点不同，张斌②指出，利率市场化改革的阻力在于地方政府、大企业和银行，一旦存款利率上调，一方面会侵蚀银行的利润，另一方面会加重地方政府和企业的负担；汇率市场化改革的症结在于对出口和就业的担心，根本问题是缺乏内需导向型经济发展模式的配套制度。因此，这两项改革都不是通过人民币国际化所能“倒逼”成功的。至于离岸市场对人民币定价功能的影响，由于内地市场还保持强大的外汇干预，所以香港所谓的自由市场最终还是听从于内地的政策市场。

(二)人民币国际化的条件

按照世界主要货币国际化的历史经验，学者们对人民币国际化乃至成为主要储备货币的基础条件进行了分析与评估，基本结论是中国的经济与贸易

---

① 王信：《人民币国际化进程中的问题和收益研究》，《国际贸易》2011年第8期，第51—55页，65页。

② 张斌：《香港离岸人民币市场发展的困惑》，2011年11月17日，http://www.cf40.org.cn。

规模、稳中有升的人民币汇率以及巨大的对外净资产头寸等因素有利于人民币成为国际货币。与此同时，制约条件也是明显的，主要体现在利率汇率受到严格管制、资本与金融项目开放程度过低、银行等金融机构竞争力薄弱、金融市场建设滞后、外贸企业缺乏定价权等方面。

1. 经济与贸易总量条件

多数学者从定性的角度分析了我国经济与贸易规模对人民币国际化的基础性作用。对这一问题进行实证研究的代表性文献是李稻葵、刘霖林①，他们构建了货币国际化与影响因素之间的回归模型，按照这一模型，假定人民币资本与金融项目完全可兑换，在我国既有经济规模基础上，按照国内生产总值前 4 年增速为 9%，后续 11 年增速为 8%的乐观情况，估算出到 2020 年人民币在国际储备和国际债券中的比例可能超过 20%。陈红宜和彭温申(Hongyi Chen and Wensheng Peng)②使用类似的方法，运用 1999 年第一季度至 2006 年第三季度数据，在线性(不存在货币惯性)和非线性(存在货币惯性)两种情况下模拟出人民币所应占世界储备货币的份额分别是 10%和 3%。萨勃拉曼尼将一国对外净资产头寸作为重要变量，论证了中国高额的净资产头寸对人民币国际化的促进作用。上述实证研究从不同角度测算了我国经济规模所决定的人民币国际化潜力，但这些文献的不足之处是，其所构建的模型均未考虑我国资本账户开放及金融市场发展程度对人民币国际化的制约作用。

2. 金融制度与市场条件

第一，多数学者认为资本与金融项目开放是人民币国际化的必备条件之一，而我国目前资本与金融项目以及金融开放程度水平较低，制约了人民币国际化的推进。普瑞赛德和叶磊(Eswar Prasad and Lei Ye)③比较了中国资本

① 李稻葵、刘霖林：《人民币国际化：计量研究及政策分析》，《金融研究》2008 年第 11 期，第 1—15 页。

② Chen, Hongyi and Wensheng Peng, "The Potential of the Renminbi as an International Currency", HongKong Institute for Monetary Research Working Paper, February 2009.

③ Prasad, Eswar and Lei(Sandy) Ye, "The Renminbi's Role in the Global Monetary System", Federal Reserve Bank of San Francisco Conference on Asia's Role in the Post-Crisis Global Economy, 2012.

账户名义的和实际的开放程度，认为近年来虽然实际开放程度明显提高，但绝对水平依然较低，这是影响人民币国际使用的重要制约因素。马骏①认为如果人民币在资本与金融项目下不可兑换，人民币国际化只能完成不到10%的程度。另外，当前推动人民币跨境资本流动与扩大资本账户开放实质是具有相互替代性，多数资本项目下的人民币跨境使用相当于允许这些项目下的货币可兑换。例如，允许境外三类机构使用人民币投资境内银行间债券市场的政策，等同于扩大合格的境外投资者的投资额度。再如，允许境内居民在一定额度内汇出人民币，相当于提高了境内居民换汇并汇出外汇的额度。周小川②从政策制定的层面考虑，在人民币跨境使用的初步阶段，不必要求人民币在资本与金融项目下可兑换，但人民币发展到大规模跨境使用时，必然要求人民币在资本与金融项目下可兑换。余永定③认为从过去一年多实践来看，人民币国际化的实质是资本与金融项目自由化。资本与金融项目自由化是人民币国际化的必要条件，人民币国际化的每步进展都要以资本与金融项目自由化的相应进展为条件。

与以上观点有所不同的是，何东和麦考利认为，理论上，如果离岸金融机构在境内银行保持清算账户并可以自由支取，那么即便在资本与金融项目管制的条件下，人民币国际化也可以通过香港离岸市场得以发展。但麦考利④对人民币离岸市场的进一步研究发现，近期香港人民币离岸市场的发展实践表明，由于部分离岸人民币通过债券等形式流入大陆，这在一定程度上确实助推了事实上的资本与金融项目开放。

第二，关于利率、汇率形成机制对人民币国际化的制约作用，现有文献主要是从这些因素对资本与金融项目开放的限制这一角度来考虑的。如周小川认为货币可兑换与汇率有必然的关系。如果要推动货币可兑换，不管采用

---

① 马骏、徐剑刚：《人民币走出国门之路》，中国经济出版社2012年版，第122页。

② 周小川：《人民币资本项目可兑换的前景和路径》，《金融研究》2012年第1期，第1—19页。

③ 余永定：《人民币国际化还是资本项目自由化》，中国社会科学院世界经济与政治研究所国际金融研究中心，工作论文系列，No. 2012.002，2012年1月5日。

④ McCauley, Robert, "Renminbi Internationalization and China's Financial Development", *BIS Quarterly Review*, December 2011.

自由浮动汇率制度还是有管理的浮动汇率制度，其汇率均要反映并接近均衡值，否则将有大量的投机资本进行套利，从而对国内金融市场形成冲击。余永定认为在利率和汇率不能对资金流动做出有效反应的前提下，与人民币相伴随的资本账户开放将导致长期的套利空间存在。

第三，部分学者分析了我国金融市场与机构的滞后发展对人民币国际化的影响。普瑞赛德和叶磊对比了我国国内与国际金融市场的发展水平，认为中国的金融市场还不发达，尤其是政府和企业债券市场发展过于滞后。因此，如何发展金融市场将构成对推行人民币国际化的重要挑战，包括完善银行体系、发展政府与企业债券市场的深度与流动性，以及推进外汇与金融衍生品交易市场。郝宇彪、田春生①分别从软指标和硬指标两个方面比较了上海金融中心与国际上其他金融中心之间的差距，发现我国外汇即期及衍生品交易市场、债券市场发展尤其滞后。例如，2010 年 4 月，伦敦的日均外汇交易量达到 1.854 万亿美元，占全球日均交易量的 37.0%。与之相比，我国的日均外汇交易量仅仅达到 200 亿美元，占全球外汇日均交易额的 0.4%。全球的债券市场 2010 年末清偿余额为 94.84 万亿美元，而我国作为世界第二大经济体，其国际债券余额仅仅占全球的 0.27%。

3. 贸易结构与外贸企业竞争力

徐奇渊②通过分析日元国际化受阻的贸易原因，并比较中国与日本的贸易结构，认为一方面中国进口商品中大宗商品所占比例较高；另一方面中国企业的产品定价权较弱，这种贸易格局不利于人民币的国际使用。例如，根据中国人民银行 2008 年的调查，中国只有约 40%的企业具有较强的定价能力，而其中又有相当数量为外资企业，基于这种情况，人民币国际化之路必将任重道远。李超结合中国对外贸易状况，从多个方面分析了贸易因素对人民币国际化的影响，发现在贸易诸因素中，有利条件包括：贸易总量在全球的比重不断提高、出口中工业制成品产品差异化程度较高、进出口占东亚地

① 郝宇彪、田春生：《人民币国际化的关键：基于制约因素的分析》，《经济学家》2011 年第 11 期，第 64—71 页。

② 徐奇渊：《日元国际化的经验及其对人民币的启示》，《金融评论》2010 年第 2 期，第 114—121 页。

区市场份额较高；不利条件包括：对外贸易总体竞争力不强、出口市场过于依赖美日欧等发达国家、进口中原材料及能源所占比例较大、以“两头在外”的加工贸易为主的贸易方式。

(三)人民币国际化的风险与成本

在上述制约条件影响下，目前对人民币国际化的成本与风险认识比较一致，主要是从与人民币国际化相伴随的资本与金融项目开放的角度展开的。学者们认为，随着人民币国际化及资本与金融项目开放程度的提高，我国的货币政策独立性将会削弱、遭受投机性冲击的风险将会加大以及金融体系的脆弱性将更充分暴露。普瑞赛德和叶磊比较了各国外债水平并分析了中国的资产负债结构，认为中国具有充足的资产储备来应对外债，并且中国的债务形式主要是外商直接投资，具有相对稳定性，因此人民币国际化所带来的主要风险并非传统的债务风险，而是资本与金融项目开放后对国内货币政策的挑战。人民币国际化课题组①从汇率制度的角度分析了相关成本，认为人民币国际化将约束我国汇率政策的灵活性，包括限制实施人民币贬值政策的能力以及削弱人民币贬值政策的效果。由于币值稳定是该货币成为国际货币的重要条件，如果实行持续贬值的汇率政策，将损害人民币持有者的利益，降低人民币信誉，最终导致人民币国际化的逆转。同时，人民币国际化有可能使其成为部分国家汇率钉住的“锚货币”，从而降低贬值政策的效果。

四、人民币国际化发展模式与演进路径研究

(一)对当前人民币跨境使用的评价

自从2009年跨境贸易人民币结算试点启动以来，人民币跨境使用和香港人民币离岸中心建设取得了显著进展。然而，面对这种进展，学术界褒贬不一，争论主要集中在以下两个方面：

第一，关于跨境贸易人民币结算业务及香港离岸市场迅速发展的驱动力问题，一些学者认为人民币升值预期以及由此带来的两岸套利交易是其核心因素。张多航、赵行安②通过构建神经网络模型，指出在人民币升值背景下，

---

① 博源基金会：《人民币国际化：缘起与发展》，社会科学文献出版社2011年版，第35页。

② 张多航、赵行安：《人民币跨境结算中的进口商套利方式研究》，*China's Foreign Trade* 2011年第10期，第23—25页。

允许跨境贸易之后，进口商通过人民币结算所获得的套汇收益基本上是无风险的。加伯(P. Garber)①分析了离岸人民币(CNH)市场上的供给与需求因素，并描述了CNH市场促使市场平衡的人民币交易机制，认为包括进出口贸易、外商直接投资在内的人民币跨境结算，都是由于在岸与离岸人民币汇差引起的。余永定②从套利和套汇两个方面，初步构建了一个两地人民币供需分析框架，认为内地利息率由中央银行控制，高于香港利率，利差的存在导致套利交易，进而使香港外汇市场上对CNH需求增加、CNH升值，两地汇差促使人民币流出大陆进行套汇交易。如果内地人民币汇率可以自由调整，则这种套汇最终将消失，但由于央行大规模干预抑制了在岸人民币(CNY)的升值势头，使得套利套汇空间长期持续存在。张斌、徐奇渊③更具体地分析了离岸、在岸人民币市场之间套利交易的基本逻辑：在人民币汇率升值预期背景下，内地进口商在离岸市场以较低价格购入美元支付货款，从而套取两岸汇差；而以银行为主体的从事离岸人民币业务的金融机构，主要交易目的是获取人民币即期与远期汇差，以及人民币和美元利差。由于无本金交割远期外汇交易价格折算出的人民币升值幅度低于市场普遍预期的人民币升值幅度，境外对冲基金利用高杠杆，在NDF市场上进行人民币投机交易。当人民币升值预期逆转时，上述套利较易将中断甚至反向进行，正如2011年9月以后的情形。总之，在香港离岸人民币市场上，进出口商、金融机构以及对冲基金构成了一个相互依存的交易链条，共同分食两岸汇差与利差利润，而这一链条得以维持的基本条件，主要是人民币跨境贸易结算、离岸市场的存在以及内地大量的外汇市场干预。

---

① Garber, P., "What Currently Drives CNH Market Equilibrium?", Paper Presented to a Council on Foreign Relations/China Development Research Foundation Symposium, The Future of the International Monetary System and the Role of the Renminbi, Beijing, 1 November 2011.

② 余永定：《从当前的人民币汇率波动看人民币国际化》，中国社会科学院世界经济与政治研究所国际金融研究中心，工作论文系列，No. 2012.006，2012年2月6日。

③ 张斌、徐奇渊：《汇率与资本项目管制下的人民币国际化》，中国社会科学院世界经济与政治研究所国际金融研究中心，工作论文系列，No. 2012.002，2012年3月5日。

另一方面，王信①等认为不能夸大人民币升值预期在跨境贸易结算中的作用，因为随着人民币升值预期的减弱，虽然收付比随之变大，但结算总量仍在不断攀升，这说明升值预期并非影响跨境贸易人民币结算的主要因素。巴曙松②认为现阶段人民币国际化的快速发展是周边国家真实的货币交易、储备需求带动的，但这种需求得益于国际金融危机带来的主要储备货币的大幅波动，因此这一时间的快速发展是阶段性的，随着欧美经济的复苏，人民币国际化推进的难度势必加大。

李波③从实证角度分析了影响跨境贸易人民币结算的若干因素，并测算了不同影响因素的相对重要性。结论表明，进出口贸易总额、跨境人民币业务扩展程度、相关政策的推进以及离岸市场人民币升(贬)值预期与贸易项下人民币收支均存在长期均衡关系，就影响重要程度来看，跨境人民币业务扩展程度、相关政策推进以及进出口贸易总额是影响该业务的主要因素，离岸市场人民币升(贬)值预期虽然与该项业务存在相关关系，但实证结果表明其并不是影响我国跨境贸易人民币结算业务的主导因素。

第二，关于人民币跨境使用的福利与经济影响，学界至今尚未取得共识。

从国民福利的角度看，余永定④指出以人民币贸易结算为突破口的国际化将导致美元外汇储备的增加。从国家境外资产负债的币种结构看，这种国际化将增加我国美元标价资产和人民币标价负债。由于人民币相对美元长期升值，上述资产负债的币种结构变化将造成中国福利的损失。这显然违背了人民币国际化的初衷。加伯⑤认为在人民币香港离岸市场发展过程中，由于

① 王信：《人民币国际化过程中的问题和收益研究》，《国际贸易》2011年第8期，第51—55、65页。

② 巴曙松：《人民币国际化：进程、挑战与路径》，2012年3月27日，http://www.cf40.org.cn。

③ 李波：《升值预期与跨境贸易人民币结算》，2012年4月17日，http://www.cf40.org.cn。

④ 余永定：《再论人民币国际化》，《国际经济评论》2011年第5期，第7页。

⑤ Garber, P., "What Currently Drives CNH Market Equilibrium?", Paper Presented to a Council on Foreign Relations/China Development Research Foundation Symposium, The Future of the International Monetary System and the Role of the Renminbi, Beijing, 1 November 2011.

进口商的购汇需求转移到了香港市场，中央银行为了维持既定汇率，被动买入美元，进口商所获得的套汇收益与央行的汇率损失相对应，交易的本质是央行对进口商的补贴。但加伯同时认为，从另一个角度看，中央银行的这种补贴也是对人民币国际化所需的金融基础设施的一种投资。

从对国内货币量的影响看，麦考利①提出中国境内存在管制（如银行存贷）与非管制（如同业拆借）两种形式的金融市场，结合现在快速发展的香港人民币离岸市场，共同形成了一个三轨制（three-track）金融发展战略，这种模式是中国政府在资本管制的前提下推行人民币国际化的一种尝试。由于存在人民币升值预期，国外借款者不愿用人民币负债，境外人民币主要靠购买中国国债及企业债券的形式回流境内，这一方面降低了境外人民币债券的评级（因为发行主体过于集中）；另一方面增加了中国政府执行货币政策的难度。从根本上讲，人民币离岸市场的发展就是资本管制的一种放松，势必会对国内货币政策构成挑战。

马骏②指出，人民币跨境使用后，是否会增加境内广义货币供应量（M_2），取决于离岸的人民币是否回流以及该种回流是否替代其他流动性的产生。对于那些原本无法或不愿在境内获得融资的境内机构，其到离岸市场通过贷款或发债获取人民币，然后回流境内使用。这部分回流将导致境内货币量的增加。而境外人民币其他形式的使用，比如购买境内商品、第三方使用等，并不会影响境内货币供给量。

（二）对人民币国际化路径的探讨

关于人民币国际化路径的研究目前较集中地体现在改革次序的争论上。李稻葵、刘霖林③提出，在人民币资本与金融项目不允许自由兑换的前提下，采取渐进式、双轨制的人民币国际化步骤，在境内推进渐进的资本与金融项

① McCauley, Robert, "Renminbi Internationalization and China's Financial Development", *BIS Quarterly Review*, December 2011.

② 马骏、徐剑刚：《人民币走出国门之路》，中国经济出版社 2012 年版，第 36—38 页。

③ 李稻葵、刘霖林：《人民币国际化：计量研究及政策分析》，《金融研究》2008 年第 11 期，第 1—15 页。他们提出的渐进式方式和笔者定义的渐进式路径含义略有不同，前者主要指境内外两个金融市场，笔者分析的渐进式除了包含上述含义外，还强调境内外两种汇率机制。

目开放，并逐步提高金融市场的效率；在境外依靠香港离岸金融市场，扩大人民币证券市场规模。余永定、张斌、伊图(T. Ito)①等学者认为应先进行国内利率与汇率市场化改革，然后再推进资本账户开放和人民币国际化。王信、马骏、中国人民银行调查统计司课题组等认为人民币国际化与利率汇率市场化改革、资本与金融项目开放不应有绝对的先后次序，应根据具体条件，协调推进。相对而言，中国金融40人论坛②的观点更为折中与务实，他们认为与人民币国际化相伴随的资本与金融项目开放和利率市场化、汇率市场化在很大程度上同时存在、交叉进行，但仍然要有一定次序，只不过这种次序需要一分为二地来看。具体而言就是要将利率市场化分为存款利率市场化与贷款利率市场化，将资本账户开放分为资本流入的开放与资本流出的开放，将资本分为长期资本与短期资本。在改革次序上，贷款利率市场化先行，以便促进银行竞争；资本流入流出方面，下一阶段应重点鼓励长期资本的流出(对外直接投资)。同时，应该在减少长期资本流出限制的基础上增加汇率弹性，使汇率更接近均衡水平，然后进一步开放短期资本的流入与流出。

与上述争论的视角不同，殷剑峰③认为现行人民币国际化的模式是：通过跨境贸易结算将人民币输出境外，然后再通过香港离岸市场回流境内，这种模式与当年日元不成功的国际化模式相似，值得警惕。更合理的做法应是通过人民币对外直接投资，打造具有产业链控制权与定价权的跨国公司，以此实现人民币国际化的长远发展。帕克④在分析了金融因素在推进货币国际化中的关键作用之后，认为中国金融发展滞后，但决策者不会单纯为了人民币国际化而贸然进行金融改革并开放资本与金融项目，而如果坐等条件成熟，

① Ito, Takatoshi, "The Internationalization of the RMB: Opportunities and Pitfalls", Paper Presented to a Council on Foreign Relations/China Development Research Foundation Symposium, The Future of the International Monetary System and the Role of the Renminbi, Beijing, 1 November 2011.

② 中国金融40人论坛研究部：《一分为二看资本账户及利率汇率改革次序》，2012年4月7日，http://www.cf40.org.cn。

③ 殷剑锋：《人民币国际化："贸易结算＋离岸市场"，还是"资本输出＋跨国企业"？——以日元国际化的教训为例》，《国际经济评论》2011年第4期，第53—68页。

④ Park, Y., "RMB Internationalization and Its Implications for Financial and Monetary Cooperation in East Asia", *China and World Economy*, 2010, 18(2), pp. 1-20.

人民币国际化的过程将会比较漫长。一个可行的思路是“ASEAN＋New 3”方案，即在国内金融条件满足之前，先以人民币为锚货币，构建中国香港、澳门、台湾地区与东盟地区的货币合作，包括在区域内部实现金融开放与自由化，以此推动人民币在东亚地区贸易与金融的跨境使用。这种方案能够在中国保持有限金融开放的情况下，渐进地推进人民币国际化。张和麦考利①也提出了类似的建议，他们认为人民币在东亚地区存在市场需求与合作基础，因为除了贸易因素外，人民币存在两方面的优势，使其在该地区存在吸引力：第一，近年来人民币并非像人们普遍认为的那样紧随美元，从有效汇率的角度看，自从2005年人民币汇率制度改革以来，人民币有效汇率与美元出现了明显的背离，这种情况使得人民币具有与美元不同的风险收益特征，从而为其他国家提供了多元化金融计价货币选项。第二，中国政府一贯的渐进式改革，使得人们相信人民币汇率不会急剧升值，因此人民币有可能成为借入货币被其他国家使用。为有效推进中国对外净资产的人民币计价，他们建议中国进一步改革汇率机制，实行以贸易为权重的篮子货币钉住机制，以此增加其对东亚各国货币的稳定性与吸引力。

第二节　货币国际化的影响因素及其实证分析

一、国际货币使用领域及其币种结构的现状

(一)货币国际化的含义

人民币国际化是货币国际化的一种特例，对这一问题的研究既要充分结合我国的具体国情与时代背景，也要以广阔的历史与国际视野，将其置于更一般的分析框架之中。为此，下面从货币国际化的含义与现状入手，探讨影响货币国际化的主要因素，为后面的分析提供理论基础。

按照多数文献的定义，货币国际化是指一国主权货币的使用范围超出本

① Cheung, Y. W., Ma, G., and McCauley R., “Why does China attempt to Internationalise the Renminbi?”, *China Rising*: *Global Challenges and Opportunities*, Australian National University Press and Social Sciences Research Press (China), 2011, pp. 45-68.

国国界，被本国居民或非本国居民使用和持有的过程。一国货币是否实现国际化，没有严格的界限与标准，只有程度上的差别。同时，部分实现国际化的货币，其重点应用的领域可能有所不同。例如，日元更多地用于国际储备货币，而较少用作媒介货币。总之，货币国际化是一种相对的、动态的过程，而非绝对的、静止的状态。

如果一国货币实现了一定程度的国际化，则可以被称为“国际货币”。国际货币在世界范围内执行价值尺度、交易媒介及储藏手段三大职能。对应于这三大职能，国际货币在实践中的应用表现如下：一是作为价值尺度，被用作国际贸易、国际金融中的商品、资产标价，以及被各国中央银行用于汇率基准货币或货币锚，作为执行汇率政策的参照。二是作为交易媒介，便于国际贸易与金融投资过程中的价值交换，也可充当政府调节外汇市场的金融工具。三是作为价值储藏手段，被个人及官方持有，以实现对外资产的多元化配置。

(二)现行主要国际货币使用概况

为了把握当今主要国际货币的使用情况和国际化程度，下面考察近年来国际官方外汇储备、国际贸易计价结算、外汇交易、国际债券标价等领域的币种结构。

1. 官方外汇储备的币种结构

从表 6-5 可以看出，21 世纪以来，国际官方外汇储备币种结构中，美元所占份额有所下降，从 71％左右下降至 62％左右，欧元所占比重整体上处于上升趋势，由 18％左右上升至 25％左右，成为世界第二大储备货币，但最近两年略有下降。同时，日元的国际储备地位持续下降，由 6.4％降至 3％左右，逐渐被英镑赶上甚至超越，瑞士法郎的份额一直维持在较低水平。值得注意的是，自 2008 年开始，包括人民币在内的“其他货币”所占比重有了较为明显的上升，由 2％左右上升至 5％以上。

表 6-5 1999—2014 年已分配世界外汇储备(Allocated Reserves)的币种结构 单位：%

年份	美元	欧元	日元	英镑	瑞士法郎	其他货币
1999	71.0	17.9	6.4	2.9	0.2	1.6
2000	71.1	18.3	6.1	2.8	0.3	1.5
2001	71.5	19.2	5.0	2.7	0.3	1.3
2002	67.1	23.8	4.4	2.8	0.4	1.6
2003	65.9	25.2	3.9	2.8	0.2	2.0
2004	65.9	24.8	3.8	3.4	0.2	1.9
2005	66.9	24.0	3.6	3.6	0.1	1.7
2006	65.5	25.1	3.1	4.4	0.2	1.8
2007	64.1	26.3	2.9	4.7	0.2	1.8
2008	64.1	26.4	3.1	4.0	0.1	2.2
2009	62.1	27.4	3.0	4.3	0.1	3.1
2010	61.8	26.0	3.7	3.9	0.1	4.4
2011	62.2	25.0	3.5	3.8	0.1	5.4
2012	61.3	24.2	4.1	4.0	0.2	3.3
2013	61.1	24.4	3.8	4.0	0.3	2.9
2014	63.1	22.1	3.9	3.9	0.3	3.2

资料来源：International Monetary Fund，Annual Report：Currency Composition of Official Foreign Exchange Reserves(COFER)，http://www.imf.org。

2. 全球外汇交易市场币种结构

全球外汇交易市场的币种结构较为稳定，美元基本保持在 42%—45%，欧元的份额为 19%左右，日元的比重高于英镑，保持在 10%左右。在 2010 年之前，人民币在国际外汇市场上的交易可以忽略不计，到了 2010 年，人民币交易量猛增为 171 亿美元，所占比重为 0.4%，如表 6-6 所示。

表 6-6 部分货币在全球外汇交易市场中的比重 单位：10 亿美元、%

货币	2001 年		2004 年		2007 年		2010 年	
	交易额	份额	交易额	份额	交易额	份额	交易额	份额
美元	556.7	44.9	851.0	44.0	1493.5	44.9	1689.0	42.4
欧元	234.9	19.0	361.8	18.7	630.1	19.0	777.6	19.5
日元	145.8	11.8	201.4	10.4	391.1	11.8	377.7	9.5

续表

货币	2001 年		2004 年		2007 年		2010 年	
	交易额	份额	交易额	份额	交易额	份额	交易额	份额
英镑	80.8	6.5	159.5	8.2	216.8	6.5	256.3	6.4
人民币	0.0	0.0	0.9	0.0	0.1	0.0	17.1	0.4

资料来源：Frankel，Jeffrey，"Historical Precedents for Internationalization of the RMB"，Maurice R. Greenberg，Center for Geoeconomic Studies and International Institutions and Global Governance Program，Council on Foreign Relations，November 2011。

3. 国际债券及货币市场工具标价货币的币种结构

根据国际清算银行(Bank for International Settlements，BIS)的定义，国际债券及票据包括以下三种类型的债券：一是以 A 国货币标价、在 A 国境内发行的针对境外投资者的债券；二是在 A 国境内由境内外机构发行的非 A 国货币标价的债券；三是在 A 国境内由境外机构发行的以 A 国货币标价的债券。表 6-7 显示，21 世纪以来美元作为国际债券及货币市场工具标价货币的比重一直低于欧元，维持在 36%—42%，而欧元得益于货币市场的发展，其作为标价货币的份额始终占 40%以上。由此可见，在国际债券与短期融资工具标价领域，美元的地位已被欧元所超越。英镑作为标价货币的份额高于日本，并呈现出缓慢上升趋势。日元份额则持续下降，由 21 世纪初的 4.3%下降为 2011 年第一季度的 2.6%。人民币标价的国际债券与货币市场工具数量虽有所增长，但所占比重仍然很低。

表 6-7　部分货币在国际债券及货币市场工具标价货币中的比重　单位：%

货币	2001—2005 年均值	2006—2010 年均值	2009 年	2010 年	2011 年 Q1
美元	41.2	36.6	36.1	39.2	38.3
欧元	42.2	46.9	47.5	44.0	45.2
日元	4.3	2.8	2.6	2.8	2.6
英镑	7.6	8.2	8.3	8.0	7.8
人民币	0.0	0.0	0.1	0.1	0.1

资料来源：Frankel，Jeffrey，"Historical Precedents for Internationalization of the RMB"，Maurice R. Greenberg，Center for Geoeconomic Studies and International Institutions and Global Governance Program，Council on Foreign Relations，November 2011；表中数据包括国际债券、票据及国际货币市场工具。

4. 国际贸易计价货币的币种结构

20 世纪 70 年代至 90 年代，美元在国际贸易计价货币中的比重持续下降，由 60%降至 40%左右。欧元诞生之际，美元所占份额迅速上升至 60%以上，在 2001 年之后又降至 50%左右。而欧元在诞生后经过两年的适应，在贸易计价中的比例维持在 30%左右。① 英镑与日元在贸易计价中的份额一直不高，其中英镑的地位略高于日元。从全球各区域的具体情况看，欧元区国家的进出口贸易使用美元的比例远低于亚太地区，如图 6-8、图 6-9 所示。

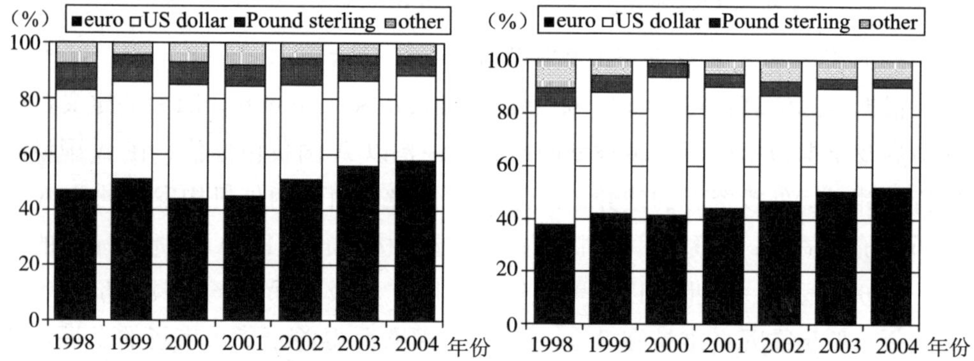

图 6-8 欧元区国家出口(左图)与进口(右图)贸易结算币种结构

资料来源：Kamps，Annette，"The Euro as Invoicing Currency in International Trade"，European Central Bank Working Paper No. 665，European Central Bank，Frankfurt，2006。

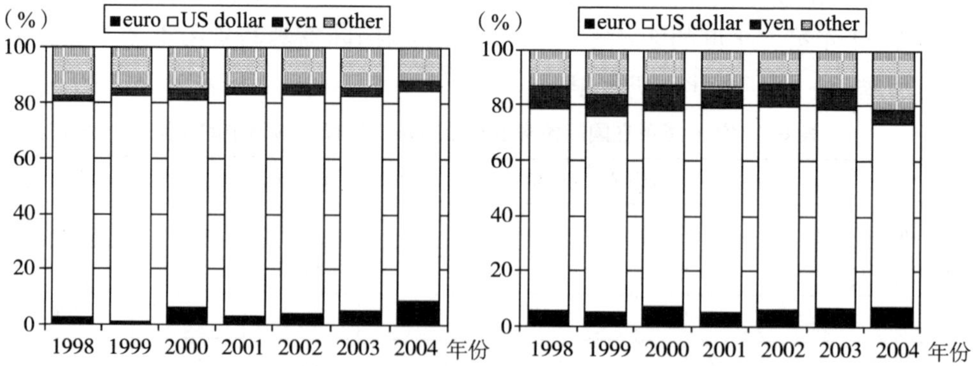

图 6-9 亚太地区出口(左图)与进口(右图)贸易结算币种结构

资料来源：Kamps，Annette，"The Euro as Invoicing Currency in International Trade"，European Central Bank Working Paper No. 665，European Central Bank，Frankfurt，2006。

---

① Kamps，Annette，"The Euro as Invoicing Currency in International Trade"，European Central Bank Working Paper No. 665，European Central Bank，Frankfurt，2006.

从国际货币在以上各个领域的应用情况看，美元的地位虽有所下降，但仍然是无可争议的最重要的国际货币，尤其是在国际外汇储备、外汇交易、贸易计价等方面占据绝对优势。而欧元地位上升迅速，整体实力仅次于美元，日元与英镑在各领域的比重相对较低。

二、基于供求关系视角的货币国际化影响因素分析

对于影响一国货币国际化的主要因素，既有文献已经研究的较多，本部分从供给与需求的角度对这些因素做进一步的梳理，并重点探讨货币可兑换、资本与金融项目开放等因素与货币国际化之间的关系以及政府在推动本币国际化中的作用。

(一)从需求角度看影响货币国际化的主要因素

国际货币的需求方面主要考虑国际货币发行国具有哪些优势，使得其货币在执行价值尺度、交易媒介及储藏手段时更有竞争力，从而更容易被国际使用者接受；供给方面主要考虑货币发行国是否愿意向境外提供本币流动性以及本币资产，即在世界范围内本币的可得性问题。

1. 货币发行国的经济与对外贸易规模

货币发行国较大的经济与对外贸易规模可以通过多种渠道提升本币在世界范围的吸引力：一是为货币提供坚实的购买力基础。在当今信用货币时代，货币的价值最终体现为货币发行国的偿付能力，只有发行国的经济与对外贸易规模足够大，才能支撑更多的货币在境外流通，这是该国货币被广泛接受的价值与信誉基础。二是有利于货币价值的稳定。毫无疑问，较大规模的经济体在抵御经济波动与危机方面的能力更强，因此其货币在金融、经济乃至政治危机面前暴露的风险相应较低。三是通过规模效应降低货币流通成本。一国经济与对外贸易规模越大，越有利于培育具有较大容量的金融市场，增强该货币的流动性，并节省交易成本。四是为投资者提供更多的投资机会。一国货币的国际使用，首先是从本国与外国的经济交往中开始的，然后才可能发展到脱离发行国，在第三方之间进行使用的高级阶段。如果发行国一开始没有足够的经济容量与投资空间，其货币很难在国际范围得以推广。

总之，货币发行国的经济与对外贸易规模是其货币走向国际化的最根本的条件，是后面要讨论的其他因素的基础。国际货币发展的历史经验充分证明了这一点。早在 18 世纪末期，英国率先进行工业化，经济实力与国际贸易

发展迅速，伦敦成为当时世界上最主要的国际金融中心，英镑也相应成为当时世界的主导性货币。20 世纪初，美国的经济规模超越英国，尤其是第二次世界大战之后，美国在国内产出与对外贸易规模方面处于绝对优势，美元借助于布雷顿森林体系，成为国际中心货币。到 20 世纪 90 年代，世界三大经济体美国、德国及日本的货币都先后成为主要的国际货币。在欧元诞生之时，美国的国内生产总值占世界的比重为 20.18%，欧元区占 15.15%；美国的出口总额世界占比为 15.0%，而欧元区的世界占比为 19.6%。由此可见，从已有的世界货币发展史来看，世界主要货币的发行国均是经济与对外贸易相对规模具有明显优势的国家。

当然，在分析经济贸易规模对货币国际化的影响时，不仅要注重现实存在的规模，还应考虑经济体的增长潜力与发展趋势，尤其是在一国货币国际化处于上升阶段的时期。同时，日元国际化的经验教训也表明，货币国际化的程度并非与发行国的经济贸易规模严格对应，经济规模只能是影响货币国际化的必要条件，而非充分条件，这一点对于研究人民币国际化尤其值得重视。

2. 货币币值的稳定

货币币值的稳定包括对内价值稳定与对外汇率稳定两个方面。对内价值稳定要求货币发行国保持较低的通货膨胀率，以维持相对不变的实际购买力。在现代市场经济的制度框架下，一国政府要想长期保持较低的通胀率，需要以较低的财政赤字以及中央银行较强的独立性作为基础。对外汇率稳定又可以分为两个方面：一是货币不能存在持续的贬值趋势，这进一步要求该国不能存在持续的国际收支尤其是经常项目的逆差。二是货币的有效名义汇率不应有较大波动幅度。前者是货币执行价值尺度与储藏手段职能的要求，后者是其交易媒介职能的要求，因为如果名义汇率经常剧烈波动，将不利于进出口商核算成本与收益，同时增加规避汇率波动风险的套期保值成本。另外，从货币储备者的角度看，发行国较高的利率水平也有助于其货币国际地位的提升。

就货币的储藏手段职能而言，可以将上述通货膨胀率、名义汇率以及利率等变量统一起来考虑，并用货币收益率这一概念来概括这几方面的影响。货币收益率可以表示为：名义利率扣除通货膨胀率，然后再加上(减去)货币升值率(贬值率)。显然，若其他条件不变，某货币收益率持续高于其他货币，则该货币将更受国际社会的青睐。以美元与日元的竞争为例，1994—2001年期间，尽管日本对美国存在持续顺差，但由于日本实行低利率的货币政策，导致日元的平均收益率显著低于美元的平均收益率，这一原因部分解释了此期间国际外汇储备币种结构中，美元所占份额上升而日元份额下降的现象。当然，较高的货币收益率并不意味着较小的价格波动，在收益率一定时，价格波动幅度越小，越有利于交易者使用。

3. 金融市场的广度与深度

(1)在岸金融市场。

一个国家成熟开放的在岸金融市场能够通过多条途径影响该国货币国际化的程度：一是为国际投资者提供广泛的、多元化的金融投资品种，使投资者根据自身的风险收益函数进行多样化资产配置成为可能。二是较大规模的资产池能够有效抵御或降低金融风险的冲击。较高程度的货币国际化意味着允许国际资本自由买卖本币资产，此时较小的资产池将不能容纳与吸收国际巨额资本的进出。本币资产池越大，参与者越多，其平抑价格波动的能力越强。三是为交易者提供货币兑换及风险对冲上的便利，节省交易成本，增强货币流动性。这既是交易者对金融市场与交易货币的基本要求，也同时符合一定的规模效应，参与者越多，单位成本越低。①

从实践上看，在英镑、美元、马克、日元等主要货币国际化的进程中，分别伴随着伦敦、纽约、法兰克福、东京等国际金融中心的兴起，其外汇、证券交易品种与数量在国际上均具备明显优势。可见，货币国际化与金融市场发展之间确实存在较大相关性。

(2)离岸金融市场。

在各主要货币国际化的过程中，本币离岸金融市场也发挥了重要作用。例如，世界范围内美元的流通以及美元资产的交易主要通过欧洲美元市场以及美国境内离岸市场(IBF 市场)来实现。日元国际化与日本境内离岸金融市

① 金融市场的建设与运行具有显著的规模效应，其投入成本主要是交易结算系统及相关装置费用，类似于固定成本，随着交易规模的增加，边际成本几乎为零，总的平均成本将不断降低。

场(JOM市场)、境外离岸市场相辅相成，大部分的日元交易同样是通过离岸市场来完成。遍布世界的欧元离岸市场，包括伦敦、纽约、东京、中国香港、新加坡等金融中心，在欧元的交易中起到了不可或缺的作用。表6-8显示，2010年，当今最主要的国际货币美元、欧元、日元的外汇交易地区分布中，境外交易量远超过境内交易量，其中美元在境外交易的比重为79%，欧元为77%以上，日元为72%。由此可见，在国际货币的使用上，境外离岸金融市场的作用甚至超过了境内金融市场。

离岸金融市场之所以能够在国际货币的交易中发挥重要作用，至少有以下几个方面的原因：

一是离岸市场为国际货币使用者提供了交易上的便利性。由于离岸市场分布在世界各地，不同的离岸金融中心在时区、地理位置、法规制度、语言环境等方面为不同的投资者提供了适合自身特点的选择。例如，不同时区的离岸市场交易时间连接起来，共同构成了全球24小时连续交易机制，方便不同地区的交易者。

二是离岸市场有利于投资者分离国家风险与货币风险。① 货币风险是指货币本身汇率与价值变动的不确定性，而国家风险是指货币持有者在某主权辖区内不能自由使用其所拥有资金的可能性。事实上，正是由于苏联对美元的国家风险存在担忧，其将美元存款由美国境内转移至伦敦的银行，才导致后来欧洲美元市场的兴起。② 除了政治原因，货币发行国境内的金融基础设施或运营系统遭到非常规破坏时，同样会影响正常交易，比如美国“9·11”事件使得美国国债交易突然中断，导致货币使用者受损。由于上述国家风险的存在，投资者会倾向于将资金存储在不同地区的离岸市场，以分散过于集中的国家风险。

三是离岸市场能够降低境外货币对发行国货币政策的影响。作为国际货币，本币流出境内后，如果再经由商品贸易、直接投资、证券投资等形式全

---

① He, Dong and Robert McCauley, “Offshore Markets for the Domestic Currency: Monetary and Financial Stability Issues”, BIS Working Paper No. 320, 2010.

② Einzig, P., *The Eurodollar System*, 5th edition, New York, St Martin's Press, 1970.

部回流境内，则将导致大规模的资金进出，对本国境内货币量产生较大冲击，增加本国利率、汇率的波动性以及货币政策制定的难度。但如果能够有一部分货币不再回流境内，而是留存在境外，供发行国之外的第三方之间结算与投资使用，货币的供给与需求在离岸市场上相互抵销，这一方面使得境外本币不再对本国境内货币供给量与货币政策产生冲击；另一方面，长期滞留在境外的本币恰恰体现了本国货币国际化的一大收益——国际铸币税，只要这部分货币不通过贸易渠道回流境内，就等同于本国向境外使用者征收了铸币税。实践中，成功实现国际化的货币，其大量境外交易存在于第三方之间，而不是局限于境外居民与本国居民之间的国际交易。例如，世界美元外汇交易总额中，多于一半的交易发生在美国境外的非居民之间，即“第三方交易”来完成。据统计，2011 年美国对外投资之和占世界投资总额的 20%—25%，美国国际贸易总额占世界国际贸易总额的 10%左右，而美元交易量在全球外汇交易中所占比例达到 42%。正是由于大量第三方交易的存在，才使得美元等主要国际货币发行国在输出本币、享受巨额国际铸币税的同时，国内货币供给量却未受到大的冲击。因此，从货币发行国的角度看，本币离岸市场的发展也是利大于弊。

表 6-8　2010 年三大货币外汇交易的地区分布　　单位：%

所在地	美元交易量	欧元交易量	日元交易量
美国	21	22	17
英国	47	52	42
日本	6	3	28
其他	26	23	13

资料来源：马骏、徐剑刚，《人民币走出国门之路》，中国经济出版社 2012 年版，第 8 页。

4. 货币的网络外部性

网络外部性是指某种商品对使用者的价值随着使用人数的增加而增大，国际货币的使用具有典型的网络外部性特点。某种货币的使用网络越大，其外部性就越强。广泛的使用网络意味着潜在的交易者较多，货币资产持有者更容易找到交易对手，也就是该种货币资产的流动性会较强，交易成本较低，于是更多的交易者愿意使用这种货币，这就进一步增强了其网络外部性，形成一种自我循环。由于货币网络外部性的作用，某种货币如果已经成为世界主导性货币，那么即便其发行国的经济、贸易、金融等实力有所下降，这种货币的主导地位在短期内也不会被其他货币所取代，这种现象即表现为货币“粘性”(inertia)或“惰性”。从这一角度看，即便大国之间的综合实力出现兴衰交替，货币之间的替代也需要较长的历程。

历史上，早在20世纪20年代，美国的经济规模已超越英国，但英镑在当时的国际使用与储备中依然保持主导地位。第二次世界大战末期，英国的经济与贸易实力一落千丈，伦敦作为之前最主要的国际金融中心其影响力也大大下降，而美国当时的经济实力在世界上占据绝对优势，但即便如此，到20世纪40年代初，英镑在国际金融资产标价中的使用仍然是美元的两倍。①直到布雷顿森林体系运行之后的50年代，美元在官方储备货币中的比重才持续超过英镑。通过这段历程可以看出，从美国经济实力超越英国到美元真正取代英镑，共用了30年左右的时间。在美元成为核心国际货币以后，美国从20世纪70年代初期开始出现了持续的经常项目逆差，美国经济总量占世界经济比重一度下降，美元面临贬值压力，布雷顿森林体系随之解体。与此相对应，德、日经济实力突飞猛进，货币地位有所提高。虽然国际货币竞争格局有所变化，然而时至今日，美元仍然是世界上最主要的国际货币，其在国际储备、结算、投资等领域的使用仍具有压倒性优势。由此可见，网络外部性在货币的国际竞争与使用中具有重要作用。

(二)从供给角度看影响货币国际化的主要因素

如果一个国家具备较强的经济实力、稳定的物价与汇率、完善的金融市场等基础性条件，从而使得该国货币在世界范围内具有潜在的市场需求，但由于政府的限制，该货币不能大规模地流出境外，即国际交易者无法获取这种货币，则其同样不能成为国际货币。因此，货币的境外供给也是影响其实现国际化的一个方面。

1. 本币流出境内的方式

本币流出境内的方式，主要包括三种类型：一是国际收支中经常项目跨境交易的本币结算，例如境内居民使用本币支付进口；二是资本与金融项目

---

① 黄梅波：《货币国际化及其决定因素——欧元与美元的比较》，《厦门大学学报》(哲学社会科学版)2001年第2期，第48页。

跨境交易的本币结算，例如境内企业使用本币进行对外直接投资或证券投资；三是本国央行同外国央行之间进行的货币互换。根据历史经验，前面两种方式是本币流出的主要方式。在实践中，本币是否能够通过这些渠道流出境外，除了受前面需求因素的影响外，还取决于政府是否允许本币在经常项目和资本与金融项目下自由兑换。

2. 货币自由兑换与货币国际化

经常项目、资本与金融项目自由兑换是指一国政府对本国居民与非居民的经常项目、资本与金融项目下的交易不予限制，允许居民将本币自由兑换成外币使用。笔者认为，从是否允许境内居民使用本币进行对外结算这一角度，可以将货币的“自由兑换”分为狭义与广义两种层次。狭义的自由兑换是指本国居民需要外汇时只能将本币兑换给本国商业银行，再由商业银行与本国中央银行进行兑换。事实上，这种“自由兑换”涉及的交易双方都是境内居民，最终并不产生本币的境外供给。在2009年我国实行跨境贸易人民币结算试点之前，通常所说的“我国已实行经常项目下人民币的自由兑换”，应该指的是这种狭义的“自由兑换”。狭义“自由兑换”机制的存在是由于中央银行对外汇市场及汇率的干预，中央银行担当境内外汇市场最终的做市商，在通过买卖外汇影响汇率的同时，保证本币不流出境内。而广义的自由兑换，除了允许居民与本国商业银行进行兑换外，还允许居民与非居民之间直接进行货币兑换，即允许使用本币进行跨境交易。显然，只有在广义的自由兑换机制下，本币才有可能流出境外，被非居民在境外使用①，从而实现不同程度的货币国际化。

3. 资本与金融项目开放与货币国际化

在广义自由兑换机制下，本币通过经常项目流出境内的主要渠道是商品与服务进口，通过资本与金融项目下流出的渠道包括对外直接投资、对外贷款、对外证券投资等。现实中，如果不能实现一定程度的资本与金融项目自由兑换，货币的流出将受到极大限制。这主要是因为：第一，根据历史经验，在当今主要货币国际化的初期，都伴随着发行国持续的贸易顺差。只有以贸

---

① 从这个角度看，本国央行与外国央行之间的货币互换，也属于这种广义的货币兑换。

易顺差为基础，其货币才具有升值趋势，从而有利于走出国门。然而，在贸易顺差的背景下，不易通过经常项目使本币持续净流出境内。从美元、日元以及马克国际化的历程看①，在这些货币国际化的初期，都伴随着大量的资本输出，通过对外直接投资、援助以及商业贷款等形式，在输出本币的同时带动了对本国商品和服务的进口需求。第二，从数量与规模上看，由于国际资本流动在全球经济中日益重要，货币在金融领域进行的交易量远大于实体经济。如果一国货币想实现较大规模的境外供给，仅仅通过经常项目是不够的。通过以上分析可以看出，仅仅从货币供给的角度看，允许一国货币在资本项目下实现不同程度的自由兑换，是实现该货币国际化尤其是程度较高的国际化的重要条件之一。然而，由于资本与金融项目的自由兑换涉及规模巨大的短期资本流动，对一国宏观经济冲击较大。因此，即便货币发行国意识到本国货币国际化的潜在好处，也可能会顾及经济稳定而不愿全面开放资本与金融项目，从而影响到本币的境外供给。② 事实上，从政府决策的角度看，与货币国际化最为直接相关的问题即是资本与金融项目开放问题。

既然资本与金融项目是否开放直接影响到本币的境外供给，那么那些影响资本与金融项目开放的因素也会间接地从供给层面影响本币的国际化。这些因素主要包括：本国的债务结构、金融发展水平以及汇率制度。在债务结构与金融发展水平既定的条件下，汇率制度是影响一国资本账户开放的重要制度变量。根据三元悖论，一国货币政策独立性与固定汇率制、资本与金融项目开放三者不可兼得，而作为谋求货币国际化的经济大国，一般不愿放弃货币政策独立性，因此会在固定汇率和资本与金融项目开放之间进行选择或折中考虑。进一步看，汇率制度的选择又取决于本国的经济结构、对外贸易结构以及贸易竞争力等更为基础的因素。由此可见，在一国货币国际化的过程中，伴随着本币的跨境流动，许多潜在的问题都将暴露、相互影响与牵制，这正是一国货币国际化战略复杂性、系统性的体现。

---

① 详见本章第四节的分析。

② 如20世纪七八十年代的德国就因担心马克的境外流通影响国内货币政策，而对马克国际化采取消极态度；六七十年代的日本也因担心资本流入、本币升值而不鼓励日元国际化。

需要说明的是，上面将影响货币国际化的因素从需求与供给两个角度进行的划分，只是为了理清思路而进行的大致归类。事实上，许多因素同时影响国际货币的需求与供给。例如，一国较大的经济与贸易规模既会从需求角度影响人们对货币的信心与交易便利性，也会从供给角度提供更多的国际货币；一国开放的资本与金融项目，在为境外提供本币的同时，也拓展了本币资产池的容量，为投资者提供更多的交易便利性与投资机会。

（三）政府在货币国际化中的作用

关于政府是否应该以及是否有能力干预货币国际化进程这一问题，多数学者认为货币国际化是一国经济实力发展到一定程度之后市场自然选择的结果，笔者对这个观点表示赞同。但笔者同时也认为，在货币国际化的进程中，政府的作用仍然不可忽略。政府之所以有必要出台政策以推进货币国际化，是因为一国货币国际化对该国的经济发展和福利具有正的溢出效应和市场外部性。例如货币国际化后，本国的大部分资产与负债能够使用本币标价，从而降低货币错配的程度。

政府为推进货币国际化而有所作为的领域可以分为两个层次。第一个层次是改善货币国际化的基础性条件，增强本国经济实力，以提升本币在国际上的吸引力。例如，扩大经济贸易规模、增强国内金融市场的完善性、维持较低的通货膨胀率和汇率波动幅度等。从长远看，这些条件的改善从根本上影响着货币国际化的进程。但是，这些方面本身就是一个国家值得追求的长期战略目标，其重要性与复杂性甚至超越了货币国际化。事实上，在研究货币国际化这个主题时，应将上述条件作为前提性条件或外生变量，而不是直接的政策选项。

第二个层次是与货币国际化直接相关的政策领域。笔者认为有两个方向值得关注。一是在合理的范围内减少管制，释放市场存在的自发性需求。当然，是否放松管制还应放在更广泛的政策框架中去权衡利弊，如果没有明显的弊端则应顺应市场。例如，考虑到我国进出口商与周边地区贸易时，如果双方存在人民币结算需求，就可以出台政策以满足这种需求。二是在存在正溢出效应的领域，政府应发挥应有的公共职能，以提供或培育市场性供给。例如，境外本币债券市场的发展有利于增强本币的流动性，促进本币的境外使用，但在市场建立的初期，高昂的交易成本与有限的市场流动性成为本币债券离岸市场及在岸本币债券市场发展的阻碍。此时，政府可以采取措施，例如允许本币债券作为央行窗口贴现担保等，以降低本币债券的国际市场建设成本，并增加债券的流动性，从而促进市场的发展。

以上从理论上对影响货币国际化的需求与供给因素进行了分析。为了进一步验证这种分析，下面将进入实证研究。

三、基于日元数据的货币国际化影响因素计量分析

(一)货币国际化计量研究的文献回顾

关于货币国际化影响因素的定量分析，近年来国内外学者分别从不同角度进行了颇有价值的研究，如艾琴格林和马蒂森(Eichengreen and Mathieson)①、哈特曼和伊辛(Hartmann and Issing)②等根据影响货币国际化程度的四类因素即庞大的经济和贸易规模、发展良好的金融体系、网络外部效应、对货币价值的信心，构建了10多个指标来评估不同因素对货币国际化程度的影响，包括资本市场比率(MCR)、国内债券比率(DBR)、银行贷款比率(BLR)、外汇交易比率(FETR)、国内生产总值比率(GDPR)、贸易比率(TR)、外商直接投资比率(FDIR)、对外直接投资比率(ODIR)、通货膨胀率(InflationR)、汇率波动率(ERV)、上期货币国际化程度指标($CIDI_{-1}$)等。③实证结果显示，这些指标对国际储备货币、贸易计价货币以及国际债券标价货币的币种结构均产生不同程度的显著影响。李稻葵、刘霖林、吴(Wu)④分别选取上述部分指标，使用不同时期的数据构建模型，对主要国际货币的影响因素进行考察，得出了基本相同的结论。他们进一步使用模型中的回归参数，在人民币自由兑换的假设下，对不同情景下人民币国际化的前景进行了

---

① Eichengreen, Barry and Donald Mathieson, "The Currency Composition of Foreign Exchange Reserves: Retrospect and Prospect", International Monetary Fund Working Paper No. wp/00/131, International Monetary Fund, Washington, DC, 2000.

② Hartmann, Phillip and Otmar Issing, "The International Role of the Euro", *Journal of Policy Modeling*, 2002(4), pp. 315-345.

③ 其中前8个指标是货币发行国数据与世界总量之比，InflationR是消费物价指数增长率，ERV指每种货币相对SDR汇率在一年内的标准差，($CIDI_{-1}$)是衡量网络外部性的替代指标。

④ Wu, Friedrich, Rongfang Pan, and Di Wang, "Renminbi's Potential to Become a Global Currency", *China & World Economy*, 2010(1), pp. 63-81.

预测。白钦先、张志文同样以日元为例，重点考察了外汇储备占比(FOREXR，即本国外汇储备/世界外汇储备总额)这一新的指标对一国货币在国际储备货币中所占比重的影响，发现二者之间存在显著的负相关。

以上研究在取得显著成果的同时，均忽略了一个重要因素，即一国资本账户开放程度对货币国际化的影响。而根据前面的理论分析，资本与金融项目开放对货币的国际需求与供给两个方面均产生重要影响，是影响货币国际化走向高级阶段的主要因素之一。然而，对于像中国这样的新兴市场国家，由于国内金融发展相对滞后以及汇率制度等条件的制约，资本与金融项目过快开放又可能会带来各种风险，甚至会冲击实体经济进而阻碍货币国际化进程。那么，究竟应该如何认识资本与金融项目开放这把“双刃剑”和货币国际化之间的具体关系？这对于谋求本币国际化战略的新兴大国而言，显得尤为重要。

纵观世界主要国家货币国际化的历程，可以发现自 20 世纪 70 年代至今，日元在国际中的使用从无到有，从快速发展到明显退步，其国际地位可谓跌宕起伏。同时，这一过程恰恰伴随着日本资本与金融项目由封闭走向全面开放①，这为从实证角度研究资本与金融项目开放和货币国际化之间的关系提供了较好的样本。正是基于此，下面以日本为对象，利用其 1977—2011 年期间相关的年度数据，对资本与金融项目开放和日元国际化程度进行实证研究。相对于已有文献，本部分实证研究所做的主要工作是：在构建资本与金融项目开放程度指标的基础上，考察其与日元国际化之间的相关关系，并发现二者呈现显著的倒“U”型关系。

(二)变量的选择、定义与数据来源

1. 关于资本与金融项目开放程度代理指标的构建与说明

对于资本与金融项目开放程度的度量，学术界从不同角度对其展开探讨，但目前仍未形成一种公认的方法。根据现有文献，大致可以区分为定性与定量两类方法。定性方法主要是对各国关于资本流动的政策法规赋予数值来构建指数，以此衡量资本管制或开放的程度，如 IMF 指标法、比例指标法等。除此之外，钦和伊藤(Chinn and Ito)②使用主要构成分析法(PCA)，根据货币

① 关于日本资本项目开放和日元国际化的具体历程，详见本章第三节的阐述。

② Chinn，Menzie and Hiro Ito，The Chinn-Ito index，online，cited June 2012，Available from：http://web.pdx.edu/-ito/Chinn-Ito_website.htm.

基金组织《汇率安排和汇率管制年度报告》(Annual Report on Exchange Arrangements and Exchange Restrictions, IMF, 2000—2011)计算4个资本账户指标权重①，然后利用每个经济体指标的分值，测量4个指标的数值，为189个经济体构建了资本与金融项目开放(KAOPEN)指标，并每年在网站发布KAOPEN指数。近年来有许多文献使用KAOPEN指标来衡量各国资本与金融项目开放的程度。② 指标法从法律、法规角度出发，比较清晰地描述了资本账户开放的状况，然而，这种方法对于那些没有发生重大政策调整，但事实上又确实出现的资本流动却无法及时跟踪与反映。例如，如表6-9所示，根据钦和伊藤公布的KAOPEN指数，自2000年以来中国的资本与金融项目开放程度几乎没有变化，这显然与事实不符。考察资本与金融项目开放程度的定量方法，主要是将一国的对外资本流动相对规模来作为观测变量，如克雷(Kraay)③使用资本流出、流入量之和(包括直接投资、证券投资与其他投资)与国内生产总值的比重来度量资本与金融项目开放程度。陶然④运用这种方法，对中国的资本与金融项目开放程度进行了测算。除此之外，莱恩和费雷蒂(Lane and Milesi-Ferretti)⑤则使用对外投资及负债与国内生产总值之比作为衡量资本项目开放程度的长期指标。殷剑锋根据这种思路测算了2008年部分国家的金融开放程度。⑥

鉴于定性指标法的指数值未能充分反映一国资本与金融项目开放程度的变动，下面将按照定量法来构建变量。在资本与金融项目各项目中，“证券投

① 这4个指标是复合汇率情况、经常账户交易的限制、资本账户交易的限制、强制结汇制度。

② Chen-yuan Tung, Guo-chen Wang, and Jason Yeh, “Renminbi Internationalization: Progress, Prospect and Comparison”, *China & World Economy*, 2012(5), pp. 63-82.

③ Kraay, Aart, “In Search of the Macroeconomic Effects of Capital Account Liberalization”, unpublished, Washington, World Bank, 1998.

④ 陶然：《资本账户开放度及对中国的度量》，《江西财经大学学报》2007年第6期，第20—24页。

⑤ Lane, Philip and Gian Maria Milesi-Ferretti, “The External Wealth of Nations: Measures of Foreign Assets and Liabilities for Industrial and Developing Nations”, *Journal of International Economics*, 2001(2), pp. 163-94.

⑥ 殷剑峰：《中国金融发展水平的国际比较与上海金融中心建设》，《金融评论》2011年第1期，第44—60页。

资"项的开放程度是衡量资本与金融项目开放的最核心指标。同时基于我国资本与金融项目开放的现实状况①，以及对于证券投资项目开放这一主题的关注，笔者采用国际收支平衡表中证券投资项目下的资金流动金额与 GDP 比值(EXSTOCK)，来代理一国资本与金融项目的开放程度指标，其中的资金流动额由以下方式计算而得：

$$FPI=AES+ADS+LES+LDS \tag{6-1}$$

其中，FPI 表示国际收支平衡表中金融项目(Financial Account)中证券投资项目(Portfolio Investment)下的资金流动总额，包括流出与流入量；AES 为证券投资项目下以股票形式进行的对外投资(Assets：Equity Securities)；ADS 为证券投资项目下以债券形式进行的对外投资(Assets：Debt Securities)；LES 为证券投资项目下以股票形式进行的对外负债(Liabilities：Equity Securities)；LDS 为证券投资项目下以债券形式进行的对外负债(Liabilities：Debt Securities)。上述对外投资与负债数据来自 CEIC 数据库。

表 6-9　金融开放度指标的国际比较：KAOPEN 指数

国别	1990 年	2000 年	2009 年
美国	2.48	2.48	2.48
英国	2.48	2.48	2.48
瑞士	N. A.	2.48	2.48
日本	2.48	2.48	2.48
德国	2.48	2.48	2.48
巴西	−1.84	−1.15	0.43
俄罗斯	N. A.	−0.79	0.17
南非	−1.84	−1.15	−1.15
印度	−1.15	−1.15	−1.15
中国	−1.84	−1.15	−1.15

注：指标根据 IMF《汇兑安排与汇兑限制 2011》数据，通过反映跨境金融交易限制的二元虚拟变量计算得出。N. A. 表示数据不可得。

资料来源：Chinn，Menzie and Hiro Ito，The Chinn-Ito index，online，cited June 2012，Available from：http://web. pdx. edu/-ito/Chinn-Ito_website. htm。

---

① 当前我国在人民币跨境使用方面，已经放开了直接投资以及银行境外项目贷款，而对于是否进一步推进证券投资项目的开放存在较大争议。

2. 关于其他变量的说明

(1)日元国际化程度 SHARE：为衡量日元国际化程度，可以用其在国际储备货币以及贸易、金融交易中的使用比重来表示。基于数据的可得性与连续性，笔者遵照常用的方法，使用某货币标价的外汇储备占世界各国外汇储备总额(已分配币种)的比重来表示该货币国际化的程度。数据来自国际货币基金组织(IMF)的历年年报，各年年报给出了全球官方外汇储备的币种结构。

(2)经济规模 GDPSH：为衡量日本的经济实力，笔者按照通常的做法，以日本的国内生产总值占同期世界国内生产总值的比重来表示其经济相对规模及经济实力。数据来自世界银行的 WDI-GDF 数据库。

(3)金融业发展程度 FIN：理论上，一国金融发展应包含债券市场、股票市场、银行业、外汇市场以及国际借贷等多个市场的发展。在有关货币国际化的实证研究中，较多使用特定国家的股票市值或债券余额与国内生产总值之比来作为代理变量，如白钦先、张志文①，钦和弗兰克还将不同国际金融中心的外汇交易额占国内生产总值比重包含在金融市场发展指标中。② 除此之外，也有一些文献使用广义货币供给量(M2)与国内生产总值(GDP)的比值来衡量一国的金融业发展水平。③ 基于数据的可得性④，笔者采用 M2/GDP 作为代理日本金融业发展程度的指标。由于日本的金融体系以银行为主，笔者认为这一指标能够基本反映其金融发展水平。有关 M2/GDP 的数据来自世界银行的 WDI-GDF 数据库。

(4)日元升值 FOREX：对于处于升值趋势下的货币，现有文献通常对该货币的汇率水平值取对数来代理其汇率升值程度，如索贝克和史密斯

① 白钦先、张志文：《外汇储备规模与本币国际化：日元的经验研究》，《经济研究》2011 年第 10 期，第 137—147 页。

② Chinn，Menzie and Jeffrey A. Frankel，“Will the Euro Eventually Surpass the Dollar as Leading International Reserve Currency?”，*G7 Current Account Imbalances Sustainability and Adjustment*，Chicago，University of Chicago Press，2007.

③ 在其他研究金融发展的文献中，使用 M2/GDP 作为衡量一国金融深化程度指标的做法较为常见，如贾春新：《金融深化：理论与中国的经验》，《中国社会科学》2000 年第 3 期，第 50—59 页。

④ 可得的数据库如世界银行的 WDI-GDF 数据库、CEIC 数据库等，只提供 1988 年之后各国的股票市值。

(Thorbecke and Smith)等。① 基于样本期内日元兑特别提款权基本处于升值趋势，笔者采取同样的方法，对日元兑特别提款权的汇率取对数，以此反映日元升值状况。日元兑特别提款权的汇率数据来自 CEIC 数据库。

(5)通货膨胀 INFDIF：对于通货膨胀率，笔者使用样本期内消费者价格指数年度变化率作为代理指标，这一数据来自 CEIC 数据库。

(6)汇率波动性 EXVAR：对于汇率波动性的衡量，现有文献的处理方法主要分为两种：一是对汇率的水平值取对数后进行一阶差分，以此代理汇率波动性，如多明格斯(Dominguez)等。② 二是先对样本期内的月度数据取对数并进行一阶差分，然后再计算差分值的标准离差，作为衡量年度汇率波动性指标，如克拉克(Clark)。③ 笔者采用第一种处理方法，即对日元兑 SDR 的汇率水平值取对数后进行一阶差分，来代理日元汇率波动性。

(7)货币惯性 SHARE(－1)：为衡量货币惯性在日元国际化中的作用，笔者按照钦和弗兰克的方法，使用日元国际化程度 SHARE 的一阶滞后项来表示日元的货币惯性。

(8)国际金融危机虚拟变量 DUM：由 2007 年美国次贷危机引发的全球金融危机，使各国进一步意识到以美元为中心的国际货币体系的内在缺陷与不稳定性，并纷纷倡导国际货币多元化。为考察这一事件对日元国际化的影响，笔者加入国际金融危机虚拟变量 DUM，并设定其在 2007 年之前取值为 0，2007 年及之后取值为 1。

上述指标的定义及数据来源可用表 6-10 来概括。

---

① Thorbecke, Willem and Gordon Smith, "How Would an Appreciation of the Renminbi and Other East Asian Currencies Affect China's Exports?", *Review of International Economics*, 2011(1), pp. 5-108.

② Dominguez, Kathryn M., "Central Bank Intervention and Exchange Rate Volatility", *Journal of International Money and Finance*, 1998(17), pp. 161-190.

③ Clark, Peter, Natalia Tamirisa, Shang-Jin. Wei, Azim Sadikov, and Li Zeng, "Exchange Rate Volatility and Trade Flows-Some New Evidence", International Monetary Fund, May 2004, http://www. imf. org.

表 6-10 计量指标定义及数据来源

变量	含义	数据来源
SHARE	日元在国际储备货币中所占比例	IMF 历年年报
EXSTOCK	日本证券投资项目下的资金流入流出总额与国内生产总值的比值	CEIC 数据库
GDPSH	日本国内生产总值占世界国内生产总值的比重	世界银行 WDI-GDF 数据库
FIN	广义货币供给量 M2 与国内生产总值 GDP 的比值	世界银行 WDI-GDF 数据库
FOREX	日元升值程度	对日元兑 SDR 的汇率水平值取对数，CEIC 数据库
INFDIF	消费者价格指数年度变化率	CEIC 数据库
EXVAR	汇率波动程度	对日元兑 SDR 的汇率水平值取对数后进行一阶差分，CEIC 数据库
SHARE(−1)	货币惯性	SHARE 的一阶滞后项，IMF 历年年报
DUM	国际金融危机虚拟变量	

(三)模型设定与估计方法

钦和弗兰克认为，由于货币国际化程度是一个小于 1 的比值，与经济规模之间呈现线性关系的可能性较小，因此需要进行 LOGISTIC 转换。笔者遵循这一方法，对 SHARE 进行 LOGISTIC 转换，设定转换后的日元国际化程度为 CSHARE。CSHARE 与 EXSTOCK 之间的变化趋势如图 6-10 所示。从图中可以看出二者之间存在先同步增长，之后又具有反向变化的趋势。根据这种趋势，笔者猜测 EXSTOCK 与 CSHARE 存在倒“U”型关系，因此引入 EXSTOCK 的二次项形式，并设定如下计量估计模型：

$$CSHARE_t = C + \beta_1 CSHARE(-1)_t + \beta_2 \ln GDPSH_t + \beta_3 \ln FIN_t + \beta_4 \ln EXSTOCK_t + \beta_5 EXSTOCSQR_t + \beta_6 CONTROL_t + \varepsilon_t \quad (6\text{-}2)$$

其中，t 为时间，C 为常数项，β_i(其中 $i=1, 2, 3, 4, 5, 6$)为待估计参数，CSHARE = LOG(SHARE/(1 − SHARE))(SHARE 为小数形式)，CONTROL 为控制变量，包括 ln(INFDIF+1)，FOREX，EXVAR 和 DUM，

ε_t为扰动项。EXSTOCSQR 为资本与金融项目开放程度取对数之后的平方，以系数β_5检验资本与金融项目开放程度和货币国际化之间的非线性关系。模型所用数据的描述性统计如表 6-11、表 6-12 所示。

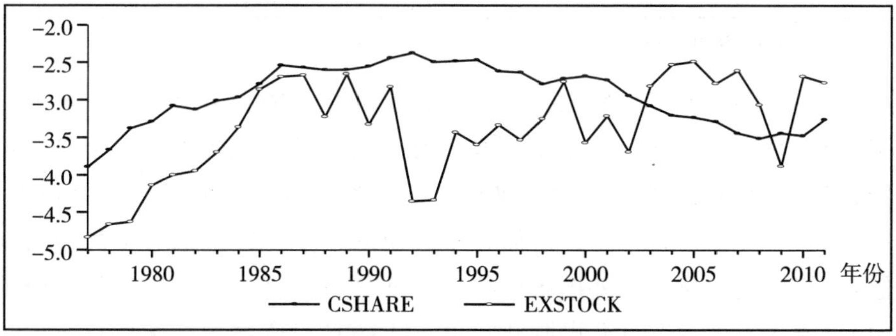

图 6-10 日本资本与金融项目开放度与日元国际化之间的趋势

注：图中 EXSTOCK 为对数形式，取对数前为百分数。

表 6-11 各变量的描述统计

	CSHARE	GDPSH	FIN	EXSTOCK	EXVAR	FOREX	INFDIF
均值	−2.95379	−2.107	5.236	−3.397	−0.028	5.233	0.015
最大值	−2.37627	−1.711	5.483	−2.489	0.105	5.748	0.078
最小值	−3.89182	−2.55	4.882	−4.835	−0.203	4.897	−0.02
标准差	0.40484	0.239	0.165	0.672	0.083	0.241	2.27
样本量	35	35	35	35	35	35	35

注：变量 GDPSH、FIN、INFDIF 和 EXSTOCK 为对数形式，且取对数前均为百分数，CSHARE = LOG(SHARE/(1−SHARE))(SHARE 为小数形式)，INFDIF 取对数前加 1，下同。

表 6-12 各变量相关系数表

	CSHARE	GDPSH	FIN	EXSTOCK	EXVAR	FOREX	INFDIF
CSHARE	1.000	0.858	0.178	0.162	0.005	(0.221)	(0.136)
GDPSH	0.858	1.000	0.181	(0.043)	(0.074)	(0.309)	(0.137)
FIN	0.178	0.181	1.000	0.566	0.111	(0.936)	(0.830)
EXSTOCK	0.162	(0.043)	0.566	1.000	0.134	(0.518)	(0.585)
EXVAR	0.005	(0.074)	0.111	0.134	1.000	0.001	(0.040)

续表

	CSHARE	GDPSH	FIN	EXSTOCK	EXVAR	FOREX	INFDIF
FOREX	(0.221)	(0.309)	(0.936)	(0.518)	0.001	1.000	0.844
INFDIF	(0.136)	(0.137)	(0.830)	(0.585)	(0.040)	0.844	1.000

注：带括号的数值为负值。

日元的国际储备货币地位与日本证券投资项下的资金流动之间可能存在双向因果关系。一方面，证券投资资金流动规模较大说明资本与金融项目开放程度较高，有利于增强日元的供给与流动性，从而提升其储备货币地位；另一方面，日元资产在外国外汇储备中地位的改变往往是通过证券项目流出或流入其境内的。例如，外国政府增持日元债券，将导致日本证券投资项目下的资金流入，这说明日元国际化程度 SHARE 对资本与金融项目开放程度也存在一定影响。同时，由于模型中引入了被解释变量的一阶滞后项，以及模型中的 GDPSH、FIN 等指标也可能和扰动项相关，这些情况的存在将导致模型的内生性问题。此时，OLS 方法将导致估计结果的不一致。为克服这一问题，需要使用工具变量法。由于本模型未做球形扰动项的假设，同时观察值数量(35 个)大于 30，在这种情况下，使用 GMM 估计比 2SLS 方法效果更好。因此，笔者采用 GMM 估计量，将工具变量设定为被解释变量、解释变量及其 1－3 阶滞后项，为获得异方差自相关稳健的标准误，笔者使用 Newey-West(1987)的方法设定带宽。同时，笔者依据 Eviews6.0 报出的 J-statistic 计算出 Sargan 统计量和 P 值来对工具变量进行有效性检验，以有效估计日本资本与金融项目开放程度对其货币国际化的数量影响。

(四)平稳性检验

在估计之前，为保证数据为平稳的时间序列数据，首先需要对其进行平稳性检验。笔者采用扩展迪克富勒(Augmented Dickey-Fuller，ADF)检验法对各变量进行单位根检验(滞后阶数的选择以 AIC 为准)，检验结果如表 6-13 所示。在所有变量中，只有 CSHARE、GDPSH 和 FIN 三个变量不平稳，而其他变量都是平稳的。两个或两个以上非平稳时间序列的线性组合可能是平稳的，加上其他平稳变量后形成的线性组合也可能是平稳的。因此，不必将上述非平稳序列转变为平稳序列就可以直接进行回归。

表 6-13　Augmented Dickey-Fuller(ADF)单位根检验结果

Models	CSHARE	GDPSH	FIN	EXSTOCK	EXVAR	FOREX	INFDIF
Intercept		−1.202 981 (0.893 9)		3.099 0** (0.036 01)			
Trend and Intercept			1.921 8 (0.621 4)				
None	−1.870 763 (0.341 4)				4.741 3*** (0.00)	1.975 8** (0.047 4)	3.504 8*** (0.000 9)

注：括号内为相应统计量的 P 值。***、**、*分别表示在 1%、5%、10%的置信水平下通过检验。

(五)实证结果分析

为了估计日本资本与金融项目开放程度对日元国际化的影响，笔者首先不考虑控制变量 CONTROL，仅对影响日元国际化的主要因素货币惯性 CSHARE(−1)、经济规模 GDPSH、金融业发展程度 FIN、资本与金融项目开放程度 EXSTOCK 以及 EXSTOCK 的平方项 EXSTOCSQR 进行回归，并称这一模型为“基本模型”；然后再引入控制变量 CONTROL，对原模型的稳健性进行检验，并称新的模型为“扩展模型”。笔者使用 Eviews6.0 进行广义矩(GMM)估计，在 GMM 方程设定中选择“time series”，在 HAC optons 的 Kernel potions 中选择 Quadratic，并在 Bandwidth 中选择 Newway-West，基本模型回归结果汇报如下：

表 6-14　基本模型回归结果

变量	估计结果			主要检验结果	
C	1.257 717*** (0.367 9)	Adjusted R-squared	0.828 077	Q(−3)	2.005 4
CSHARE(−1)	0.246 082*** (0.071 3)	J-statistic	0.223 977	P-value	0.571
GDPSH	0.905 724*** (0.100 4)	Q(−1)	1.399 2		
FIN	0.668 737*** (0.063 7)	P-value	0.237		

续表

变量	估计结果			主要检验结果	
EXSTOCK	−1.323 294*** (0.346 8)	Q(−2)	1.556 4		
EXSTOCSQR	−0.216 454*** (0.053 4)	P-value	0.459		

注：***、**、*分别表示在1%、5%、10%置信水平下通过相应检验。括号内数值表示相应变量的标准差。Q(−1)、Q(−2)、Q(−3)分别用来检验残差滞后1−3阶是否存在序列相关性。P-value给出了相应的P值。

表6-14给出了各变量对日元国际化影响的相关实证结果。从中可以看出，资本与金融项目开放程度的平方项EXSTOCSQR的估计系数为负(−0.216 454)，并且在1%统计水平上通过检验，由此可以判定，日本的资本与金融项目开放与日元国际化呈现倒“U”型关系，这验证了笔者之前的猜测。具体来看，由于在样本期内，日元国际化程度CSHARE先升后降，而资本与金融项目开放程度EXSTOCK整体上呈现上升趋势，如图6-11所示。由此可以推断：在日元国际化的前期，随着资本账户开放程度的提高，日元的国际储备货币地位也随之上升，但到了后期，资本账户程度的进一步提高反而导致日元国际化的倒退。笔者对此的解释是，在日本资本与金融项目开放的初期，政府采取渐进措施逐步扩大开放程度，这在不影响宏观经济稳定的同时，扩大了日元资金流出境内的渠道，同时也为境外日元提供了更丰富的投资品种，便于日元的流动与增值，从而有利于增强日元的国际竞争力。但到了中后期，资本与金融项目加速开放，如果当时国内相关的宏观经济条件不相匹配，则大规模日元资金剧烈的跨境流动，有可能造成对日本金融与经济基本面的冲击，损害日本经济实力，最终导致日元国际化的倒退。

从回归结果还可以看出，日本的经济规模指标GDPSH对日元国际化的影响显著，在1%统计水平上通过检验，并且估计系数较大(对数值为0.905 724)，这表明日本经济规模的增长有助于其货币国际化程度的提高，与笔者前面的理论分析相一致。日本金融业发展程度指标FIN的估计系数为0.668 737，表明日本金融业的发展对其货币国际化产生正面影响。此外，衡量货币惯性的CSHARE(−1)指标估计系数虽然不大(0.246 082)，但也在1%水平上通过检验，说明在日元国际化的历程中，货币惯性同样起到了一定的作用。

此外，表 6-14 还显示，检验模型工具变量过度识别约束的 J-statistic 值为 0.223 977，由此计算出 Sargan 统计量为 7.39，在 5%的显著水平下，自由度为 16－5＝11 的 x^2分布的临界值为 19.675，不拒绝过度识别的矩条件为真的假设，这说明模型所选取的工具变量是有效的，而且调整的 R^2 值比较高(0.855 806)，表明拟合度较好。

为了防止模型出现“伪回归”问题，笔者对模型的残差序列进行了相关性检验。检验结果显示，检验残差序列相关性的 Q 统计量比较显著，表明模型的残差序列不存在自相关性，同时，回归残差也在 1% 水平上显著通过平稳性检验，说明本模型的回归不存在“伪回归”问题。

(六)稳健性检验

为了考察上述回归结果的稳健性，笔者在上述基本模型中引入控制变量通货膨胀率 INFDIF、日元升值 FOREX、汇率波动性 EXVAR 和虚拟变量 DUM，形成新的扩展模型，以对原有模型进行稳健性检验。扩展模型的回归结果如表 6-15 所示。

从表 6-15 中可以发现，加入控制变量以后，资本与金融项目开放程度 EXSTOCK 及其平方项 EXSTOCSQR 的估计系数仍然为负，且在 1%统计水平上通过检验，同时原有变量 CSHARE(－1)、GDPSH 及 FIN 的系数大小虽有所改变，但符号仍然未变，并且均通过显著性检验，这说明原有模型的回归结果是稳健可靠的。

另外，新加入的变量中，通货膨胀率 INFDIF、日元升值 FOREX、汇率波动性 EXVAR 和虚拟变量 DUM 的估计系数均在 1%水平上通过显著性检验。其中通货膨胀率 INFDIF 的估计系数为－0.040 620，说明日元对内贬值将对日元的国际地位产生一定的影响；日元兑 SDR 升值指标 FOREX 对日元国际化产生积极影响，估计系数为 0.590 456；汇率波动性 EXVAR 的估计系数为－0.851 826，表明日元汇率波动幅度越大，其对外价值越不稳定，越不利于日元国际地位的提升。这些结果验证了笔者前面的理论分析，也与白钦先、张志文等人的研究基本一致。

从对工具变量的检验结果看，检验其过度识别约束的 J-statistic 值为 0.220 501，由此计算出 Sargan 统计量为 7.056，在 5%的显著水平下，自由度为 25－9＝16 的 χ^2 分布的临界值为 26.296，不拒绝过度识别的矩条件为真的假设，这说明所选取的工具变量是有效的，较高的 R^2 值(0.897 114)也表明模型的拟合度较好。

表 6-15 扩展模型 GMM 估计结果

变量	估计结果	主要检验结果	
C	3.161 681** (1.442 5)	Adjusted R-squared	0.855 024
CSHARE(－1)	1.074 319*** (0.100 6)	J-statistic	0.220 501
GDPSH	0.239 416** (0.178 4)	Q(－1)	0.524 7
FIN	0.746 706*** (0.173 7)	P-value	0.469
EXSTOCSQR	－0.299 534*** (0.030 5)	Q(－2)	0.655 4
EXSTOCK	－1.961462*** (0.203 9)	P-value	0.721
INDIF	－0.040 620*** (0.005 8)	Q(－3)	1.234 1
FOREX	0.590 456*** (0.148 6)	P-value	0.745
EXVAR	－0.851 826*** (0.134 5)		
DUM	－0.204 796*** (0.039 8)		

注：***、**、*分别表示在 1%、5%、10%置信水平下通过相应检验。括号内数值表示相应变量的标准差。Q(－1)、Q(－2)、Q(－3)分别用来检验残差滞后 1－3 阶是否存在序列相关性。P-value 给出了相应的 P 值。

为了防止扩展模型出现“伪回归”问题，笔者同样对该模型的残差序列进行了相关性检验。检验结果显示，检验残差序列相关性的 Q 统计量比较显著，表明模型的残差序列不存在自相关性。同时，回归残差也在1%水平上显著通过平稳性检验，说明本模型的回归不存在“伪回归”问题。

(七)结论

本部分的实证分析以日本1977—2011年的数据为基础，根据影响日元国际化的主要因素即经济规模、金融业发展程度、资本账户开放程度以及货币惯性设定基本模型并使用GMM方法进行估计，重点考察了日本资本与金融项目开放程度对日元国际化的影响，发现两者呈现显著的倒“U”型关系，即在资本与金融项目开放初期，日元国际化地位持续提升，然而随着资本与金融项目下证券投资相对规模的进一步提高，日元国际地位反而出现倒退。笔者对此结果的初步解释是，日本资本与金融项目的过快开放有可能会影响其经济与金融稳定，削弱货币国际化的经济基础，导致日元的国际竞争力下降。此外，基本模型还验证了笔者前文有关货币国际化其他影响因素的理论分析。

为检验基础模型估计的稳健性，笔者进一步引入日本通货膨胀、日元升值、汇率波动性及国际金融危机等控制变量，对原模型加以扩展，扩展后的模型回归结果显示，资本与金融项目开放程度和日元国际化之间的倒“U”型关系仍然成立。

然而，资本与金融项目和货币国际化之间的这种倒“U”型关系是否具有普遍性，还有待于使用其他货币国际化的数据进行检验。但由于当前我国推进人民币国际化的经济背景与20世纪七八十年代的日本具有一定的相似性，上述结论对于我国谨慎把握资本与金融项目开放和人民币国际化之间的关系，显然具有一定的启示意义。

第三节　基于资本项目视角的主要货币国际化的经验分析

一、美元国际化的历程与经验

前面关于货币国际化影响因素的理论与实证分析表明，庞大的经济规模、成熟开放的金融市场以及稳定的币值等因素是一国实现货币国际化的基础条件。除此之外，资本与金融项目开放将从供给与需求两个方面对货币国际化产生重要影响。由于一国资本与金融项目开放往往会由于国内配套条件的缺乏而导致宏观经济风险，它与货币国际化之间的关系更为复杂。这样，在历史上主要国际货币是如何在资本与金融项目管制与开放的不同背景下实现国际化的？在资本与金融项目由管制（或渐进开放）走向完全开放的过程中，各国货币国际化的效果怎样？其中有哪些经验与教训值得我国借鉴？围绕这些问题，下面以资本与金融项目为视角，对美元、马克及日元国际化的历程进行剖析，提炼出不同时期、不同国家货币国际化的主要模式，以充实前面第二节的理论分析，并为后面对人民币国际化的分析提供历史依据。

20 世纪 40 年代以来，美元国际化的过程大致可以分为两个阶段：第一阶段是第二次世界大战后到 20 世纪 70 年代中期，美元的国际地位快速上升，在世界储备货币中的比重由不足 30％上升到 80％①；第二阶段是 20 世纪 70 年代后期至今，这个阶段美元国际地位整体下降，但其间有所反复，80 年代末其在国际储备货币中的比重降至 50％左右，90 年代末回升至 71％，之后又出现下降。截至 2014 年年底，占全球储备货币的份额为 63.1％，仍然保持了全球第一储备货币的地位，如图 6-11 所示。

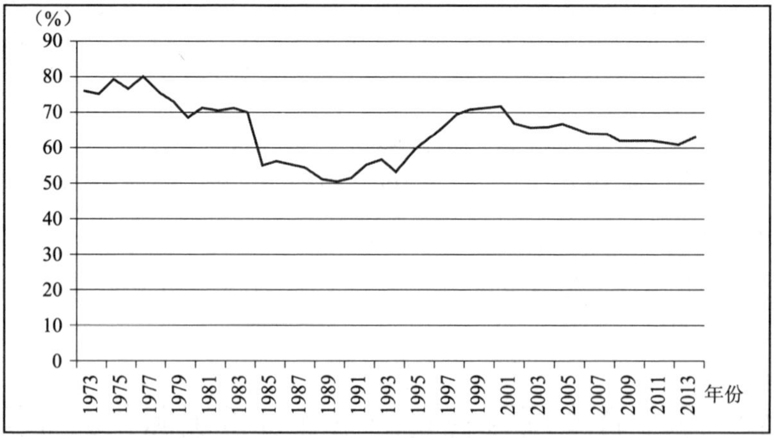

图 6-11　美元占世界储备货币比重

资料来源：International Monetary Fund，Annual Report：Currency Composition of Official Foreign Exchange Reserves(COFER)，1973—2014，http://www.imf.org。

---

① Chinn，Menzie and Jeffrey A. Frankel，“Will the Euro Eventually Surpass the Dollar as Leading International Reserve Currency?” *G7 Current Account Imbalances Sustainability and Adjustment*，Chicago，University of Chicago Press，2007.

(一)资本项目管制下的美元国际化

第二次世界大战结束后至 20 世纪 70 年代中期，在布雷顿森林体系下，各国货币之间实行固定汇率制，同时各国普遍实施资本项目尤其是短期资本流动管制。在这种背景下，美元的国际化主要通过政府援助、直接投资等形式流出境内，同时离岸市场的兴起在客观上增强了境外美元的流动性。

1. 美元国际化的背景

(1)经济基础。

早在 19 世纪末期，美国的经济总量已超越英国，人均国内生产总值也于 20 世纪初排名世界第 1 位，成为名副其实的全球经济大国。第二次世界大战期间，欧洲与日本经济受到严重摧残，美国则通过战争进一步增强了自身实力。到第二次世界大战结束时，美国经济在世界各国中占据绝对优势。例如，美国的工业产值占世界的 50%，对外贸易额占世界 30%以上，黄金和外汇储备占全球的 70%左右。同时，美国在政治、军事等领域的影响力在西方国家中也是首屈一指。总之，特殊历史时期造就的美国超级强势地位，为美元快速国际化奠定了坚实基础。

(2)制度保障。

美国借助第二次世界大战后自身的强势地位，充分把握金属本位制让位于信用货币制的历史机遇，通过政治努力，成功构建了以美元为中心的全球货币汇率联系制度，即布雷顿森林体系，在国际货币史上首次以制度的形式确立了美元独一无二的地位。在该体系下，美元按照 35 美元/盎司的平价钉住黄金，各国货币再依照事先确立的汇率钉住美元，美元事实上替代了黄金。布雷顿森林体系通过制度的形式解决了美元的币值稳定问题，赋予美元国际社会价值尺度的功能与地位，而这正是货币三大基本职能中最为核心的职能。只要美国能够进一步解决世界范围内美元供给与流动性问题，美元就完全具备了国际货币的基本属性。现实情况也确实如此，在布雷顿森林体系解体前，国际经济中的贸易计价与结算，金融领域的交易与投资等活动，几乎全部使用美元来完成。更为重要的是，布雷顿森林体系还奠定了全球美元使用网络与交易习惯，由于货币的使用存在明显的网络外部性，所以即便在该体系崩溃以及美国经济实力明显下滑的今天，美元的网络效应依然发挥着重要作用。

2. 美元的境外供给与流通

美国强大的经济实力以及布雷顿森林体系的构建，使得世界对美元产生了巨大的需求。然而，就美元的供给而言，在20世纪70年代以前，美国国际收支中的经常项目基本保持顺差，美元的输出主要依靠政府对外援助、贷款以及以直接投资为主的私人资本输出等方式来实现。从图6-12可以看出，在20世纪70年代中期之前，美国的对外资产中，直接投资与信贷资产占比远高于股票资产。而美元的回流则主要通过贸易顺差以及银行对外负债。同时，欧洲美元市场的产生与发展促进了境外美元的供给，并为持有者提供了交易与投资平台。

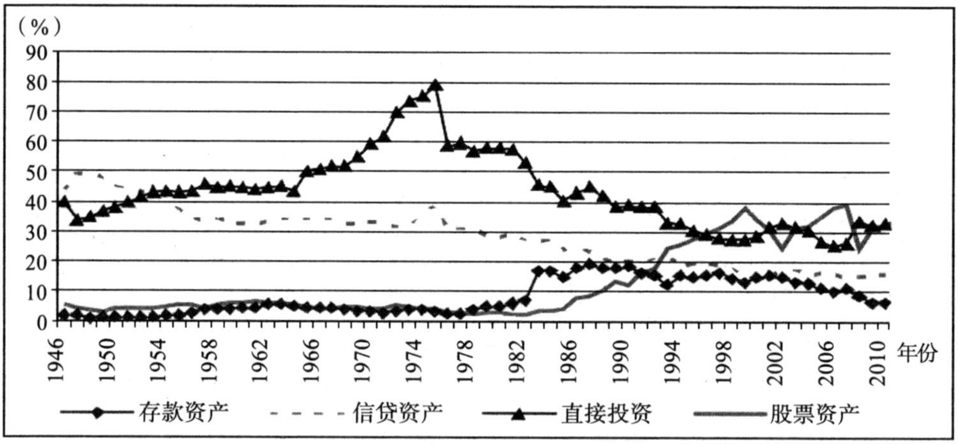

图6-12 美国对外资产的结构

资料来源：王志军，《资本管制到金融全球化时代的美国对外投资》，《南开学报》(哲学社会科学版)2012年第2期，第136页。

(1)提供政府援助。

第二次世界大战之时，西欧各国生产能力遭到严重破坏，基本生活生产资料极度匮乏，急需大量进口美国商品进行补充，但是，各国又缺乏储备资产，国际清偿能力严重不足，普遍面临美元短缺问题。为了尽快恢复这些国家的经济建设，为美国充裕的商品提供持续的国际市场，同时出于政治上的考虑，美国制订并实施了“马歇尔计划”。美国政府在20世纪40年代中后期，为西欧国家提供了数额巨大的对外援助与政府投资，同时也允许私人资本流出境外，但其数额小于政府援助，如表6-16、表6-17所示。伴随着巨额的美元流入，西欧国家的清偿与购买能力大幅提高，开始大量从美国进口商品，美国经常项目顺差迅速增长，如表 6-16 所示。

表 6-16　1946—1949 年美国政府和私人对外国的援助与投资　　单位：百万美元

			1946	1947	1948	1949
政府	单方面转移(A)		2 279	1 812	3 761	5 243
	长期贷款和投资	包括 IBRD 和 IMF	3 230	6 891	1 142	492
		不包括对 IBRD 和 IMF(B)	2 908	3 828	1 142	492
	短期资本外流(C)		−134	73	−245	126
	总额(A+B+C)		5 053	5 713	4 658	5 861
私人	汇款		598	568	648	537
	长期和短期资本		335	727	1 017	374
	私人资本总额		933	1 295	1 665	911
政府和私人对外资本合计			5 986	7 008	6 323	6 772

资料来源：National Bureau of Economic Research，U. S. Economic Accounts，http://www.bea.gov。

表 6-17　1950—1960 年美国国际收支平衡表　　单位：10 亿美元

年份	余额	经常项目	私人资本项目	政府项目	错误和遗漏	融资	
	1+2+3+4	(1)	(2)	(3)	(4)	黄金	美元
1950	−36	2.4	−1.7	−4.3	−(x)	−1.7	−1.9
1951	−0.3	5.0	−1.3	−4.5	0.5	0.1	−0.4
1952	−1.1	4.3	−1.4	−4.5	0.5	0.4	−1.5
1953	−2.0	3.0	−0.6	−4.7	0.3	−1.2	−0.9
1954	−1.5	4.5	−1.9	−4.3	0.2	−0.3	−1.2
1955	−1.1	4.9	−1.3	−5.2	0.4	−(x)	−1.1
1956	−1.0	6.8	−3.0	−5.5	0.6	0.3	−1.3
1950—1956 年平均	−1.5	4.4	−1.6	−4.7	0.4	−0.4	−1.2
1957	0.4	9.0	−3.4	−5.9	0.7	0.8	−0.3
1958	−3.5	5.7	−3.4	−6.2	0.4	−2.3	−1.2
1959	−3.8	3.0	−2.3	−5.3	0.8	−0.7	−3.1
1960	−3.8	6.9	−3.8	−6.0	−0.9	−1.7	−2.1
1958—1960 年平均	−3.7	5.2	−3.2	−5.8	0.1	−1.6	−2.1

注：(x)和(−x)数额少于 5 千万美元。

资料来源：National Bureau of Economic Research，U. S. Economic Accounts，http://www.bea.gov。

美国政府在这一时期所实行的援助计划，帮助美国进一步拓展了国际市场，消化了相对过剩的社会产出，避免了可能出现的经济衰退，同时，客观上促进了美元的流出，解决了在经常项目顺差背景下本币的境外供给与流通问题。

表 6-18 1946—1949 年美国商品和服务进出口情况 单位：10 亿美元

	1946	1947	1948	1949
商品和服务出口	14.97	19.74	17.09	15.95
商品和服务进口	7.17	8.46	10.35	9.71
出口余额	7.80	11.28	6.74	6.24

资料来源：齐秀丽，《冷战与美国的国际收支调节政策(1945—1969)》，东北师范大学博士学位论文，2008 年。

(2)私人海外投资。

这段时期，美国的私人海外投资虽然持续增长，但以对外直接投资和银行信贷为主要形式，而对外证券投资规模较小。美元之所以没有通过证券投资账户大规模流出境外，主要是因为当时各国对短期资本流动的管制。一方面，随着 20 世纪 60 年代资本项目收支逆差的持续出现，美国政府采取多种措施控制资本外流。例如，1963 年开始对境内公司和个人持有的境外债权与股票征收利息平衡税，1965 年要求金融机构实施对外自愿信贷限制计划，并设置了其对外放贷的额度上限。另一方面，当时的发达国家普遍实行对资本项目尤其是短期资本流动的严格管制，如日本在这个时期的对外金融交易需要行政审批，而德国 1965 年实行对境外居民债券利息支付征收高达 25%的预扣税，均是为了防止境外短期资本的大规模流入。发展中国家除了实行更严格的资本管制外，还普遍缺乏功能齐全的证券市场，同样限制了国外金融资本的流入。在这种背景下，美国境内私人资本主要通过银行信贷和直接投资方式向外输出。①

(3)欧洲美元市场：境外美元流动性的重要补充。

20 世纪 50 年代初期，在美元输出以及美国资本管制背景下，欧洲美元市

① Hausmann, R. and E. Fernandez-Arias, "Foreign Direct Investment: Good Cholesterol?", IADB Working Paper No. 417, 2000.

场开始出现，并发展迅速。根据国际清算银行(BIS)的估算，1957 年欧洲美元市场规模约为 15 亿美元，到 1973 年年末已上升至 1 321 亿美元。长期数据表明，离岸市场在美元存贷款、债券发行与投资等领域均占有相当比重，如表 6-19、表 6-20、表 6-21 所示。① 尤其是对于境外居民而言，其美元资产主要存放于欧洲美元市场。

表 6-19 全球存款市场中的美元(截至 2008 年年底) 单位：10 亿美元

非银行储户	银行户在地		总计
	美国	离岸	
美国居民	11 743	1 520	13 263
非美国居民	809	2 580	3 389
总计	12 552	4 100	16 652

资料来源：He，Dong and Robert McCauley，“Offshore Markets for the Domestic Currency：Monetary and Financial Stability Issues”，BIS Working Paper No. 320，2010。

表 6-20 美元官方存款的地区分布及银行国籍分布 单位：10 亿美元

银行国籍	2004 年 12 月存款所在地			2007 年 12 月存款所在地			2008 年 12 月存款所在地		
	美国	离岸	总计	美国	离岸	总计	美国	离岸	总计
美国	73.6	7.8	81.4	143.1	28.1	171.3	127.6	32.5	160.1
其他	73.0	268.2	341.2	73.1	475.0	548.1	59.7	269.4	329.1
总计	146.6	276.0	422.6	216.2	503.1	719.4	187.3	301.9	489.2

资料来源：He，Dong and Robert McCauley，“Offshore Markets for the Domestic Currency：Monetary and Financial Stability Issues”，BIS Working Paper No. 320，2010。

表 6-21 全球债券市场中的美元债券(截至 2008 年年底) 单位：10 亿美元

美元债券发行商	市场位置		总计
	美国	离岸	
美国发行商	19 206	4 567	23 773
其他	466	3 191	3 657
总计	19 672	7 758	27 430

资料来源：He，Dong and Robert McCauley，“Offshore Markets for the Domestic Currency：Monetary and Financial Stability Issues”，BIS Working Paper No. 320，2010。

---

① 表中数据虽然为近期存量数据，但也能在一定程度上反映早期欧洲美元市场对美元流动性的促进作用。

从美元资产的分布情况可以看出，欧洲美元市场对美元国际化起到了重要的推动作用。一方面，在这个市场上，银行体系通过货币乘数创造了大量境外美元，有效弥补了美元的不足；另一方面，欧洲美元市场为境外居民提供了方便的美元存放、交易与投资场所，增强了美元的流动性与收益性，这在一定程度上缓解了资本项目管制对美元国际化的制约。在现实中，境外居民使用美元进行贸易或投资时，多数交易是通过离岸市场来进行的。如果没有发达的欧洲美元市场，美元不会获得当今国际货币体系中的统治地位。①

3. 资本项目管制下美元国际化模式总结

根据前面的分析可以看到，在固定汇率制、资本项目的管制以及经常项目顺差的基本条件下，从资金循环的角度看，该时期美元国际化的模式可用图 6-13 加以概括。其中，美元的流出主要依靠政府援助、对外直接投资以及银行贷款。美元的回流则通过经常项目顺差及银行吸收存款或借款来实现。同时，欧洲美元市场的兴起与发展促进了境外美元的流动与使用，部分弥补了资本与金融项目管制对第三方使用美元的制约。

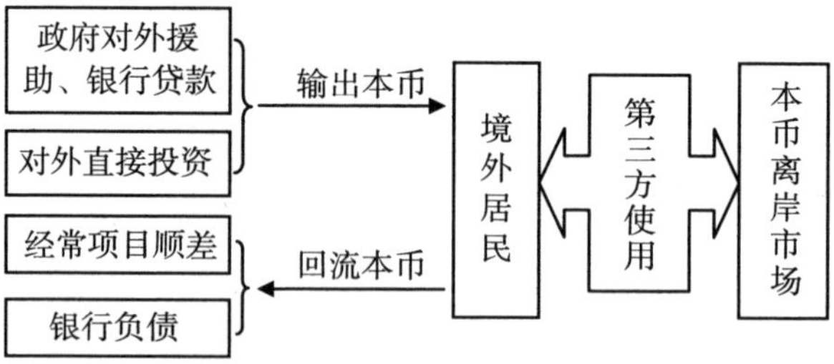

图 6-13　资本与金融项目管制阶段的美元国际化模式

(二)资本项目开放阶段美元的国际化

20 世纪 70 年代中期开始，美国经常项目由顺差转为逆差，并一直持续至今，如图 6-14 所示。面对美国规模日益扩大的经常项目逆差，各国对美元的信心不断下降，并将持有的美元兑换为黄金，使得美国黄金储备快速下降，美国最终于 1971 年宣布不再履行 35 美元/盎司黄金的兑换承诺。1973 年，各

① He, Dong and Robert McCauley, "Offshore Markets for the Domestic Currency: Monetary and Financial Stability Issues", BIS Working Paper No. 320, 2010.

主要国家货币实行对美元的浮动汇率制，布雷顿森林体系全面崩溃。同期，美国先后废除了“利息平衡税”“国内金融机构自愿限制对外贷款与投资”等资本管制措施，基本实现了资本项目的开放。

1. 资本项目开放条件下美元的输出与回流

在这个阶段，美元主要依靠经常项目逆差、对外直接投资、对外存贷款以及证券投资等多种渠道流出境内，如图 6-14 所示。其中，对外直接投资与银行贷款比重持续下降，但至今对外直接投资依然维持在对外资产的 30%左右。而同期以股票为主的对外证券投资增长迅速，由 20 世纪 70 年代末的不足 5%上升至当前的 30%左右。由此可见，自布雷顿森林体系解体以来，美元资本对外输出的方式除了贸易逆差外，更多地依赖于股权性质的对外投资，包括直接投资与股票投资。

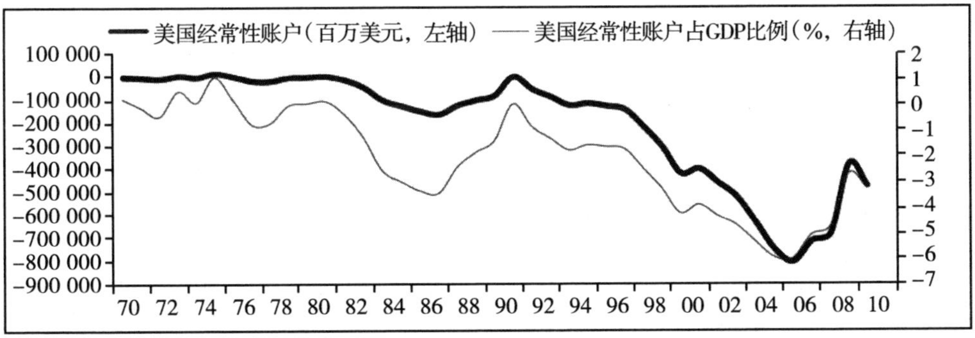

图 6-14　20 世纪 70 年代以后美国经常项目出现大规模逆差

资料来源：司尔亚司数据信息有限公司(CEIC)全球数据库，http://www.ceicdata.com。

在资金回流方面，伴随着美国资本市场的发展以及资本项目的全面开放，美国通过证券项目的对外负债迅速增长。与其对外证券投资的结构不同，美国证券项目下的负债主要是债券融资为主，股票融资所占比率较小。同时，银行负债(以吸收存款及贷款为主)及外商直接投资比率持续下降，如图 6-15 所示。

总的来看，在这一阶段，美国主要依靠贸易逆差以及对外股权投资输出美元，并通过发行债券来筹集资金，使美元回流境内，同时，离岸金融市场的繁荣进一步助推了境外美元的使用。上述资金循环的模式可用图 6-16 加以概括。

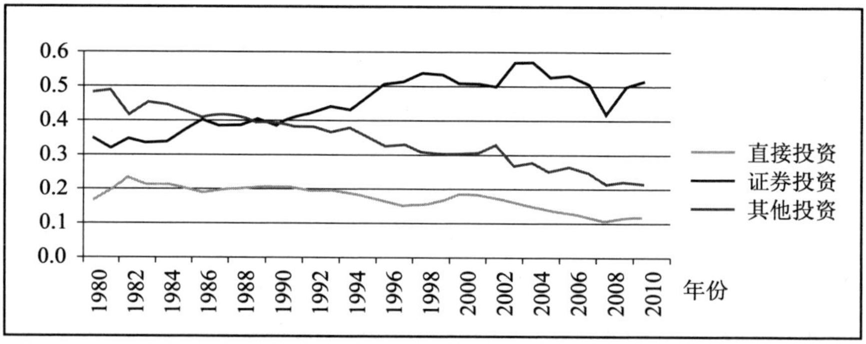

图 6-15 20 世纪 80 年代以来美国对外负债的构成

资料来源：司尔亚司数据信息有限公司(CEIC)全球数据库，http://www.ceicdata.com。

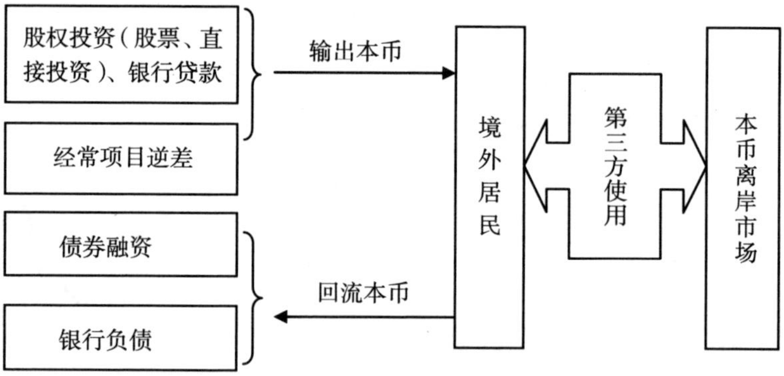

图 6-16 资本项目开放阶段的美元国际化模式

2. 资本项目开放条件下美元国际地位的维持及其原因

20 世纪 80 年代以来，伴随着美国经常项目逆差加剧，人们对美元产生强烈的贬值预期。同时，图 6-17 表明，美国通货膨胀率也显著高于日本与德国。在这种背景下，美元在国际储备货币中的份额由 1981 年的 71.4%降至 1990 年的 50.6%，而同期日元与马克的地位迅速上升。

然而，进入 20 世纪 90 年代之后，虽然美国经常项目逆差仍然存在，甚至在 90 年代末期后出现了加剧趋势，但美元的国际储备地位并没有继续下降，反而又出现了回升，它在国际储备货币中所占的份额在 2001 年时高达 71.5%。如果仅从美国贸易逆差的角度看，似乎很难解释美元国际地位的维

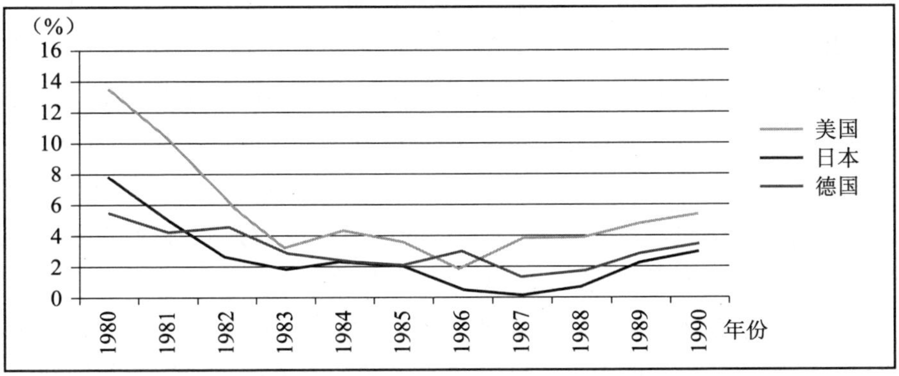

图 6-17　20 世纪 80 年代美日德三国消费者价格指数增长率比较

资料来源：司尔亚司数据信息有限公司(CEIC)全球数据库，http://www.ceicdata.com。

持。但是影响货币国际地位的因素是多方面的，需要从美国经济的其他方面去探讨背后的原因。按照笔者的分析框架，笔者认为导致 20 世纪 90 年代以后美元地位恢复的原因主要有以下几个方面。

第一，美国新经济的兴起及有效的宏观调控机制缓解了美国经济实力的衰退。自 20 世纪 80 年代至 21 世纪初期，美国经历了深刻的产业结构调整，以信息业为中心的高科技产业取得了快速发展，传统产业也进行了有效变革，其国际竞争力显著提升，同时伴之以宏观经济调控政策的有效配合，这些因素共同造就了美国长达十余年的经济繁荣。

高科技产业的发展大幅提高了劳动生产率，为美国经济的持续增长奠定了坚实基础。同时，高科技产业较高的投资回报率也吸引大量资金投入股市，股市的繁荣进一步通过财富效应刺激了美国的个人需求，为经济的发展注入了新的动力。另一方面，新兴产业的发展拓展了美国的就业空间，使得该时期美国的就业率一直保持较低水平。另外，高科技产业具有显著的规模效应。随着投资与产量的增加，产品平均成本与价格会随之下降，这使得产业带动经济增长的同时，对物价上涨并不产生直接的压力。因此，20 世纪 90 年代的美国经济保持了高增长低通胀的良好局面。

从宏观经济政策来看，克林顿政府针对日益严重的财政赤字，没有按照传统的政策削减支出，而是对财政收支结构进行了有效的结构性调整，有所侧重地对相关领域进行财政收支增减，同时通过减税来刺激总供给。通过一系列的努力，美国于 1998 年摆脱了持续多年的财政赤字，实现了 30 多年来政府财政的首次平衡。另一方面，这个时期美国联邦储备系统的货币政策也同样有效，联邦储备委员会主席格林斯潘（A. Greenspan）坚持以控制通货膨胀为目标，实施了稳健的货币政策，即保持利率对宏观经济的中性作用，使经济按照潜在增长率稳步发展。总之，由于美国在这个时期采取了适当的宏观调控政策，使得美国经济在保持增长的同时，政府财政赤字也得以改善，这种良好的经济基本面为美元地位的重新提升奠定了坚实的基础。

第二，美国金融市场的快速发展增强了美元资产的吸引力。20 世纪 70 年代以后，美国通过金融改革，不断完善其金融市场体系，加快金融创新步伐，金融业在其国民经济中所占比重由 20 世纪 70 年代初的 4%提高至 2009 年的 8%，其世界金融强国的地位得到进一步强化。首先，政府从立法层面为金融业的发展松绑。《1980 年银行法》的颁布，意味着美国转变了其金融管理指导思想，对于金融业的态度由保守转为自由，由强化干预转向鼓励竞争。20 世纪 80 年代初，在本土设立美国境内离岸市场（IBF），改善国内银行参与美元国际业务时的被动局面，强化美国银行在全球中的优势地位。随后，美国联邦储备系统在 1987 年对《格拉斯—斯蒂格尔法案》进行修订，允许商业银行设立分支机构开展部分证券业务，如承销市政债券、商业票据、抵押担保债券等。1999 年，美国颁布《1999 年金融服务现代化法案》，正式准许金融机构实行混业经营。其次，受益于美国信息产业的发展以及互联网技术的普及，金融机构与市场的创新能力大大提高，各类金融创新产品层出不穷，交易的便利性进一步推动了美国金融市场的国际化。最后，美国政府对外努力推动全球金融自由化，对德日等国家施加压力推动它们开放资本项目与金融市场，以方便国内资本自由进出。同时，充分运用信用等级评估机构、国际金融机构开展“金融外交”，影响甚至控制其他国家金融经济政策，通过主导世界金融格局，来维护美元霸权地位。

在上述多种因素的作用下，美国资本市场交易量迅猛增长，以股票市场为例，从 20 世纪 70 年代至 90 年代末美国股票价格指数增幅在主要发达国家中排名第 1 位，如表 6-22 所示。美国金融市场成为世界最有吸引力的投资场所，包括各国政府外汇储备在内的大量境外美元投资美国，如图 6-18 所示。总之，美国发达的金融市场在客观上增强了美元在世界范围的供给与流通能力，这成为美元国际地位得以维持的重要原因。

表 6-22　1973—1999 年主要发达国家股票价格指数(1989=100)

年份	日本	美国	法国	德国	意大利	英国
1973	14.1	32.6	19.8	33.5	15.0	15.2
1989	100.0	100.0	100.0	100.0	100.0	100.0
1992	53.1	132.6	104.6	100.8	71.0	112.6
1998	45.9	344.4	209.7	238.7	211.8	217.4
1999	54.0	435.5	260.0	247.4	238.5	—

资料来源：[英]安格斯·麦迪森，《世界经济千年史》，伍晓鹰等译，北京大学出版社 2003 年版，第 132 页。

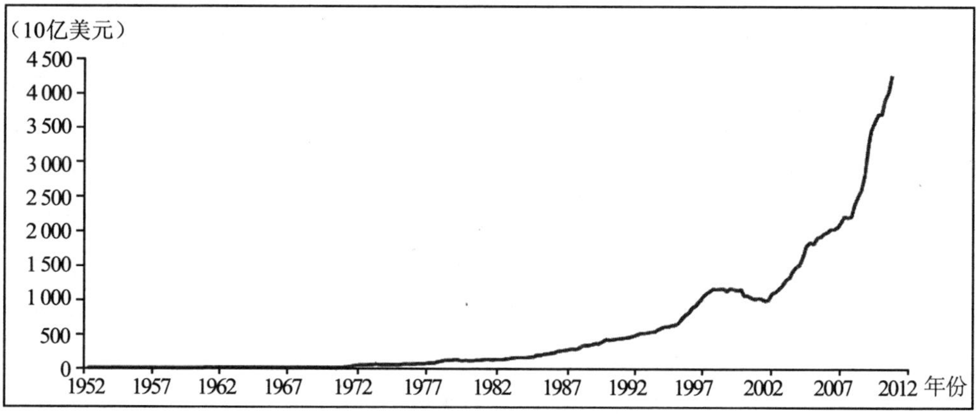

图 6-18　国外居民持有的美国资产

资料来源：司尔亚司数据信息有限公司(CEIC)全球数据库，http://www.ceicdata.com。

第三，全球经济失衡并由此形成了短期内难以摆脱的“美元陷阱”。自 20 世纪 80 年代以来，伴随着美国经常项目的持续逆差，日德等部分发达国家、亚洲新兴国家及石油输出国的贸易盈余不断增长，形成了所谓的“全球失衡问题”。在这种格局下，包括中国在内的多数贸易顺差国积累了巨额的以美元资产为主的外汇储备。随着全球失衡程度的加剧以及世界美元外汇储备规模的增大，美元储备持有国逐步陷入一种进退两难的“美元陷阱”。

一方面，20 世纪 90 年代末期以后，美国加速增长的贸易逆差与政府债务使得美元长期贬值的风险不断积累，如果贸易顺差国继续维持或增加美元资产，则这些国家的主权财富将不断缩水。但另一方面，如果这些国家大规模抛售美元资产，则必然导致美元汇率大幅贬值以及本币的剧烈升值，这既会造成顺差国储备资产价值的迅速损失，还会影响国内的出口及经济稳定。同时，由于美元资产的规模过于庞大，当今国际上只有美国金融市场的深度才足以容纳这些资金。如果数量巨大的美元资金流出美国转向其他金融市场，势必会对这些金融市场形成强烈冲击，并有可能引发资产泡沫。当泡沫达到一定程度，如果美国联邦储备系统大幅度提高基准利率，又会引起资金在短期内迅速抽逃并回流美国，从而导致泡沫破裂以及经济衰退。① 基于对以上后果的担忧，各国政府都不敢贸然大规模减持美元资产，共同坠入美元陷阱从而进退两难。总之，正是由于这种“刀刃上的平衡”，帮助美元在贬值的趋势下依然保持了全球第一货币的强势地位。

第四，美元的网络外部效应。由于货币的使用具有显著的网络外部性，交易范围越广泛，交易成本就越低。自 20 世纪 50 年代美元成为国际主导货币以来，在世界范围已经形成了庞大的美元网络效应。即便美国经济的衰退降低了美元这种货币资产的收益性并加大了持有成本，但由于其交易便利性及流通性明显优于其他货币，在这种优势消失之前，使用者在成本收益的权衡下，仍然可能会选择美元作为交易与储备货币。从这个角度看，即便欧元、日元、人民币等其他竞争货币发行国或地区的经济基本面保持强劲，它们对美元的替代仍然需要较长的时间。

总之，20 世纪 70 年代末以来美元地位的反复，既受到美国经济基本面的影响，又得益于其金融市场的发展及货币网络外部性的作用。尤其是进入 21 世纪以来，美元地位的维持或许更多来自金融因素以及美元惯性的贡献。

(三)美元国际化的启示

从美元国际化的历程来看，除了一国的经济实力、金融发展程度对货币地位的影响外，还得到如下启示：

第一，在贸易顺差及短期资本流动被管制的条件下，一国货币可以通过政府援助、信贷以及对外直接投资等与实体经济相关的渠道流出境内，被境外居民使用与持有。在这个阶段，境外离岸市场的发展能够创造境外货币供给，并为本币使用者提供交易与投资便利性，从而弥补本国资本项目管制对

① 20 世纪 90 年代日本资产泡沫的破裂及随后的经济衰退即是如此。

货币国际化的限制。

第二，某种货币一旦被确定为多数国家持有的储备货币，即便该国经济实力有所下降，但由于存在类似于“美元陷阱”一样的两难困境，这种货币仍将在一定时期维持其原有地位，货币之间的替代需要较长时间。同时，由于货币具有网络外部性，货币本身的吸引力除了取决于发行国的经济基本面外，还会受到使用范围的影响，使用范围越广，越有利于降低交易成本，从而推动货币其他功能的发挥。因此，一种货币要想提高其国际地位，需要尽早扩大其使用网络，以吸引更多的潜在使用者。

二、马克国际化的历程与经验

(一)马克国际化的基础条件

1. 经济高速增长

第二次世界大战之后，德国经济迅速恢复增长，国内生产总值增长比率除了在 20 世纪 70 年代中期受经济危机影响而出现负数外，其余年份基本保持在 4%以上，如表 6-23 所示。德国的经济总量长期位居世界第 3 位，成为欧洲最大的经济体，如表 6-24 所示。这种强劲的经济增长势头以及相对庞大的经济规模，为马克的国际化奠定了坚实的经济基础。

表 6-23 1950—1999 年德国国内生产总值年增长速度 单位：%

年份	增长速度	年份	增长速度	年份	增长速度
1950—1960	8.0	1981	4.0	1990	14.0
1960—1970	4.9	1982	3.5	1991	8.0
1970—1973	2.9	1983	4.5	1992	6.0
1975	−1.9	1984	4.6	1993	1.0
1976	5.2	1985	4.8	1994	4.3
1977	2.7	1986	2.3	1997	4.0
1979	4.4	1987	1.7	1998	4.2
		1988	3.6	1999	4.7

资料来源：司尔亚司数据信息有限公司(CEIC)全球数据库，http://www.ceicdata.com。

表 6-24 主要国家 GDP/世界 GDP 单位：%

国家	1980 年	1985 年	1990 年	1995 年	2000 年	2005 年	2010 年
德国	7.7	5.4	7.0	8.5	5.9	6.1	5.2
日本	10.0	11.4	13.8	17.7	14.5	10.0	8.7

续表

国家	1980 年	1985 年	1990 年	1995 年	2000 年	2005 年	2010 年
美国	26.0	35.3	26.1	24.9	30.9	27.7	23.1
英国	5.1	3.9	4.6	3.9	4.6	5.0	3.6
中国	1.9	2.6	1.8	2.4	3.7	5.0	9.3
法国	6.5	4.6	5.6	5.3	4.1	4.7	4.1
意大利	4.3	3.7	5.1	3.8	3.4	3.9	3.3
加拿大	2.5	3.0	2.6	2.0	2.3	2.5	2.5

资料来源：司尔亚司数据信息有限公司(CEIC)全球数据库，http://www.ceicdata.com。

2. 贸易规模庞大且持续顺差

德国不仅经济规模较大，而且经济开放度较高，其进出口规模均占世界较高比重。表 6-25 显示，自 20 世纪 80 年代以来，德国出口占世界出口总额的比重保持在 10%左右，进口规模世界占比维持在 8%左右，进出口规模仅次于美国，位居世界第 2 位。但与美国不同的是，德国的对外贸易除了在 20 世纪 90 年代受两德统一影响而出现逆差外，其余时期均基本保持顺差，如图 6-19所示。庞大的贸易规模拓展了马克的使用空间，同时，贸易顺差的格局使得马克在长期内保持强劲，增强了其对境外居民的吸引力，这些构成了马克国际化的贸易基础。

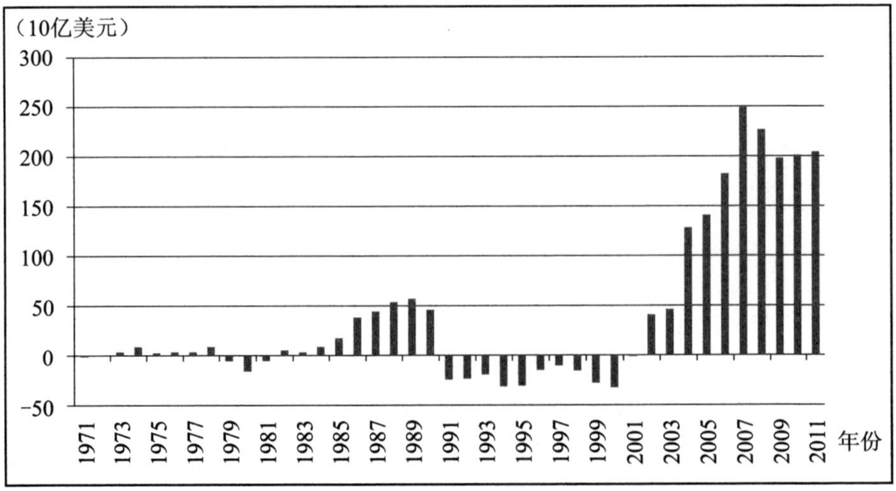

图 6-19　1971—2011 年德国经常账户盈余

资料来源：司尔亚司数据信息有限公司(CEIC)全球数据库，http://www.ceicdata.com。

表 6-25　主要国家出口、进口占世界出口、进口份额

单位：%

国家	出口/世界出口						进口/世界进口					
	1980—1984 年	1985—1989 年	1990—1994 年	1995—1998 年	1980—1998 年	1999—2010 年	1980—1984 年	1985—1989 年	1990—1994 年	1995—1998 年	1980—1998 年	1999—2010 年
德国	9.34	11.31	11.08	10.00	10.45	9.33	8.37	8.68	9.82	8.55	8.87	7.53
日本	7.79	9.54	9.16	7.91	8.64	5.96	6.99	6.36	6.41	6.07	6.48	4.94
美国	11.70	11.33	12.08	12.23	11.81	9.74	14.45	16.88	15.02	15.92	15.55	16.08
英国	5.22	5.24	5.12	5.01	5.16	3.71	5.39	6.12	5.72	5.44	5.68	4.62
瑞士	1.41	1.73	1.69	1.44	1.57	1.26	1.59	1.86	1.68	1.38	1.64	1.17
中国	1.17	1.60	2.31	3.15	2.00	6.87	1.13	1.94	2.17	2.57	1.92	5.80
法国	5.38	5.90	6.03	5.55	5.72	4.37	6.00	6.05	6.01	5.23	5.85	4.60
意大利	3.97	4.56	4.75	4.62	4.47	3.67	4.60	4.77	4.58	3.91	4.50	3.62
加拿大	4.01	4.29	3.77	3.90	4.00	3.45	3.43	3.9	3.52	3.47	3.59	3.11

资料来源：司尔亚司数据信息有限公司(CEIC)全球数据库，http://www.ceicdata.com。

3. 币值稳定

币值稳定包括对内物价稳定与对外汇率稳定两个方面。第二次世界大战后马克在这两个方面均表现突出，为马克国际化的成功奠定了重要的价值及信誉基础。在国内物价稳定方面，表 6-26 显示，20 世纪 60 年代中期至 70 年代末，德国的通货膨胀率在主要发达国家中是最低的。在 20 世纪 80 年代之后，通货膨胀水平略高于日本，但明显低于美国。其中在 20 世纪 90 年代初期，受到两德统一的影响，政府支出急剧扩大，推动其通货膨胀率达到 3.5%，但随后很快降至 2%以下。在 1961－2010 年长达 50 年的时期内，德国通货膨胀率均值为 2.9%，成为通货膨胀率最低的工业化国家。另外，从物价的波动程度看，表 6-26 的下半部分以各国季度通货膨胀率的标准差来反映通货膨胀率的波动性，从中可以看出，1961—2010 年期间，德国通货膨胀率的标准差为 1.8，远低于日本(6.8)及英国(5.2)，在主要发达国家中最为稳定。

表 6-26　主要国家通货膨胀与通货膨胀波动率

国家	1961—1965 年	1966—1970 年	1971—1975 年	1976—1980 年	1981—1985 年	1986—1990 年	1991—1995 年	1986—1990 年	1996—2000 年	2001—2005 年	2006—2010 年
均值(%)											
德国	2.7	2.4	6.1	4.0	3.9	1.4	3.5	1.4	1.5	1.6	2.9
日本	6.1	5.6	9.3	6.7	2.8	1.3	1.4	0.1	－0.4	－0.1	3.3
美国	1.3	4.3	6.8	8.9	5.5	4.0	3.1	2.5	2.6	2.2	4.1
英国	3.6	4.6	13.1	14.5	7.2	4.9	3.8	1.5	1.4	2.7	5.7
瑞士	3.2	3.5	7.7	2.3	4.3	2.5	3.2	0.8	0.9	0.9	2.9
中国						12.0	13.1	1.6	1.4	2.9	6.0
法国	3.7	4.4	8.8	10.5	9.7	3.1	2.2	1.3	1.9	1.5	4.7
意大利	4.9	2.6	11.5	16.6	14.2	5.7	5.0	2.5	2.4	1.9	6.7
加拿大	1.6	3.9	7.4	8.7	7.5	4.5	2.3	1.9	2.3	1.7	4.2
波动											
德国	0.6	1.0	0.9	1.1	1.7	1.3	1.4	0.6	0.4	0.9	1.8
日本	1.8	13.5	13.1	2.4	1.3	1.3	1.2	1	0.4	1.1	6.8
美国	0.3	1.3	3.2	3.2	2.8	1.4	0.7	0.7	0.8	1.8	2.9
英国	1.3	1.6	6.6	4.4	2.9	1.5	2.2	0.6	0.4	0.8	5.2

续表

国家	1961—1965年	1966—1970年	1971—1975年	1976—1980年	1981—1985年	1986—1990年	1991—1995年	1986—1990年	1996—2000年	2001—2005年	2006—2010年
波动											
瑞士	1.0	1.1	1.7	1.4	1.7	1.8	1.8	0.5	0.4	1.1	2.4
中国						9.0	8.1	3.5	1.7	2.8	7.6
法国	1.3	1.5	3.5	1.7	3.0	0.5	0.6	0.6	0.3	1.0	3.8
意大利	1.9	1.5	6.5	3.8	4.0	0.9	0.9	0.9	0.3	0.9	5.8
加拿大	0.7	0.7	3.4	1.3	3.6	0.5	1.9	0.8	0.9	0.9	3.2

注：波动指季度通货膨胀率的标准差，中国通货膨胀均值和波动的样本期间为1986—2010年。

资料来源：马骏、徐剑刚，《人民币走出国门之路》，中国经济出版社2012年版，第205页。

稳定的物价水平表明马克具有较强的对内价值稳定性，这为马克赢得了良好的声誉。欧洲各国普遍认同德国的货币政策效果，纷纷效仿德国的货币政策，或者将本国货币钉住马克，使得马克进一步成为欧洲货币体系的关键货币。

在对外汇率方面，自20世纪50年代以来，虽然马克兑美元如图6-20所表示的那样持续升值，但其有效名义汇率和实际汇率的波动性却保持了较低水平。表6-27显示了部分发达国家货币的实际与名义有效汇率月度指数的标准差，以此反映汇率的波动情况。从表中的数据可以看出，1974—1998年期间，无论是名义有效汇率还是实际有效汇率，马克的波动幅度在这些国家中都是最低的。

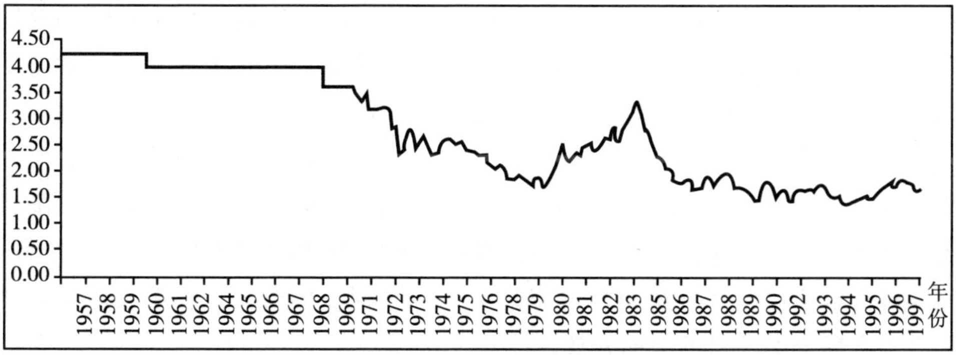

图6-20　马克对美元汇率

资料来源：司尔亚司数据信息有限公司(CEIC)全球数据库，http://www.ceicdata.com。

表 6-27 部分国家货币汇率波动情况

年份	德国马克	日元	美元	英镑	瑞士法郎	人民币	法国法郎	意大利里拉	加元
名义有效汇率指数									
1971—1980	1.28	2.07	1.18	1.59	1.62	1.71	1.17	1.50	1.03
1981—1990	0.91	2.37	1.74	1.93	1.45	3.03	0.95	0.69	1.01
1991—1998	0.91	2.65	1.50	1.73	1.38	3.6	0.76	1.86	1.07
1974—1998	0.98	2.45	1.54	1.80	1.55	3.01	1.01	1.42	1.07
1999—2011	0.71	2.34	1.68	1.52	1.35	1.22			1.78
实际有效汇率指数									
1971—1980	1.33	2.22	1.20	1.77	1.67		1.17	1.47	1.12
1981—1990	0.92	2.5	1.68	2.07	1.41	1.68	0.96	0.73	1.06
1991—1998	0.91	2.68	1.40	1.74	1.39	1.40	0.79	1.87	1.14
1974—1998	1.00	2.53	1.48	1.92	1.54	1.57	1.02	1.41	1.15
1999—2011	0.83	2.42	1.53	1.56	1.36	1.93	0.58	0.60	1.72

注：表中数值为月度名义有效汇率指数变动的标准差。

资料来源：司尔亚司数据信息有限公司(CEIC)全球数据库，http://www.ceicdata.com。

(二)马克国际化的历程

从20世纪70年代开始，伴随着德国实行浮动汇率制度，马克逐步流出德国境内，在贸易结算、国际债券标价、外汇储备等领域被广泛应用。基于数据的连续性，笔者以马克标价资产在世界外汇储备中的份额来反映马克国际化的程度与历程。图6-21描述了1973—1998年期间马克在世界外汇储备中的地位变化。从图中可以看出，20世纪70年代初期至80年代初期，马克占国际外汇储备的份额持续上升，由1973年的7.1%升至1981年的12.7%。进入80年代之后，马克的地位出现反复，在1989年达到最高值18%，随后有所下降，但基本保持在14%左右。从资本项目开放的角度看，在第一阶段，德国对资本项目尤其是短期资本流动保持不同程度的管制。在第二阶段，德国逐步实现资本项目的全面开放。

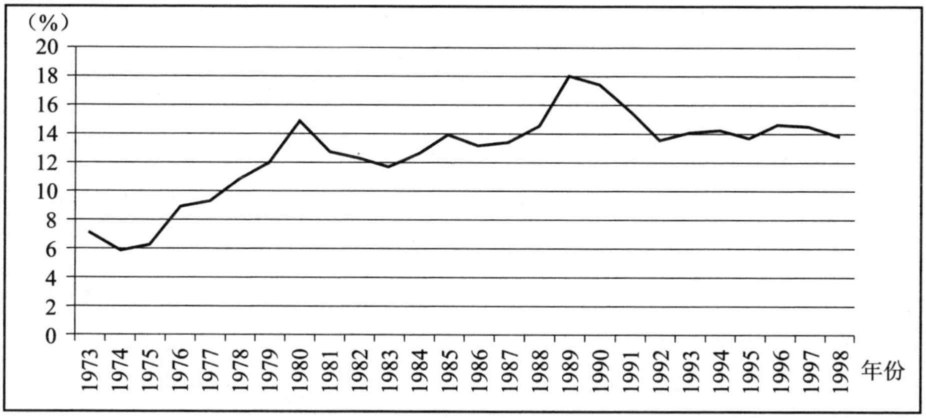

图 6-21 马克在国际储备货币中的比重

资料来源：International Monetary Fund，Annual Report：Currency Composition of Official Foreign Exchange Reserves(COFER)，1973—1999，http://www.imf.org。

1. 资本项目渐进开放时期马克的国际化

(1)德国资本项目及汇率管制状况。

从 20 世纪 50 年代至 80 年代初，德国资本项目从完全封闭逐步走向开放，但期间又根据本国汇率及资本流动情况进行多种干预与限制。1952 年，德国允许居民对欧洲部分国家进行直接投资，1956 年放松居民购买外国证券的限制，1958 年德国宣称马克基本实现经常项目和资本项目可自由兑换，基本取消了对欧共体国家资本输出的限制。1959 年德国进一步放松了对资本流入的限制。

然而，随着资本流入的增加，在固定汇率制度下，德国的货币政策受到干扰。在六七十年代，德国为了保持货币政策独立性、维持国内物价的稳定，重新开始对短期资本流动进行限制。1960 年，德国再次禁止向境外居民的马克存款支付利息，并限制向非居民销售货币市场工具。1968 年，德国为限制对外借款，对境内银行新增的对外负债提取 100%的特别法定准备金，随后在 1969 年马克汇率重估后，又取消了这一规定。进入 20 世纪 70 年代，德国实行了浮动汇率制，但为了避免马克的剧烈升值影响国内经济，德国依然保持了对资本项目间断性的管制。例如，1972 年德国要求非银行境内居民从境外筹集资金的 40%须存入中央银行的免息账户，同时，进一步实施特别法定准备金。

总之，80 年代之前，德国采取了渐进开放资本项目的方法，随时根据具体情况对其进行非对称干预。由于马克持续存在升值压力，所以对资本流入的管制要多于资本流出。

(2)马克输出与回流的方式。

从马克输出的方式看，在这个时期，由于德国经常项目整体上保持顺差，同时国内外又存在不同程度的资本管制，所以马克的流出主要是通过银行信贷、对外直接投资等方式实现的。当然，对外证券投资尤其是债券投资也是其中一个重要渠道。图 6-22 显示了 1971—1980 年德国对外投资的主要方式。① 在 20 世纪 80 年代之前，各种类型的对外投资总体规模平稳增长，银行信贷从 1971 年的 1.13 亿美元增至 1981 年的 72.4 亿美元，对外直接投资从 12 亿美元增至 45 亿美元，对外证券投资(包括股票与债券)从 1.6 亿美元增至 26.7 亿美元。三种投资方式按照总体规模排序依次是银行对外信贷、对外直接投资、对外证券投资。由此可见，在经常项目顺差与资本项目管制时代，本国资金(在一定程度上代表了本币)的对外输出主要是通过银行信贷及对外直接投资方式来实现的，这个方面与美国在 70 年代中期之前的状况类似。

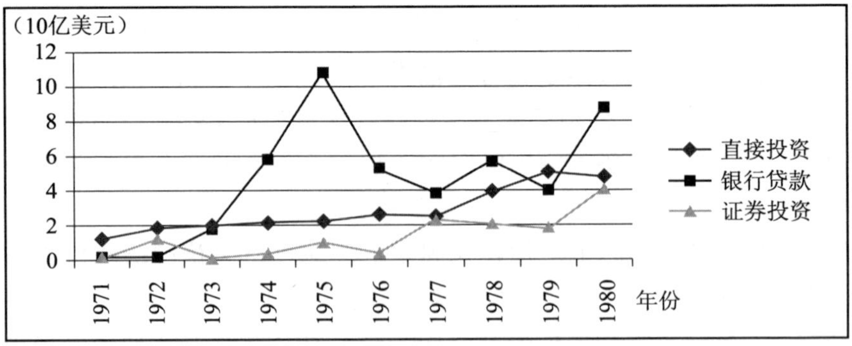

图 6-22　1971—1980 年德国的对外投资(流量)

资料来源：司尔亚司数据信息有限公司(CEIC)全球数据库，http://www.ceicdata.com。

① 虽然对外投资中只有一部分是用马克进行标价与结算的，但由于笔者无法获得关于币种结构的确切数据，这里通过分析对外投资的整体结构来间接估计马克的流出方式，马克回流的方式采取同样的思路。

从马克回流境内的方式看，除了净出口、外商直接投资(FDI)以及非居民对本国的股权投资外，主要是通过银行对外负债以及非居民投资本国债券来实现的。1971年，德国通过债券对外融资额为4.7亿美元，银行对外融资额为15.6亿美元。1980年，德国通过债券对外融资额为5.6亿美元，银行对外融资额为35亿美元。图6-23表明，在20世纪70年代，德国通过银行对外负债的规模显著高于债券融资规模。

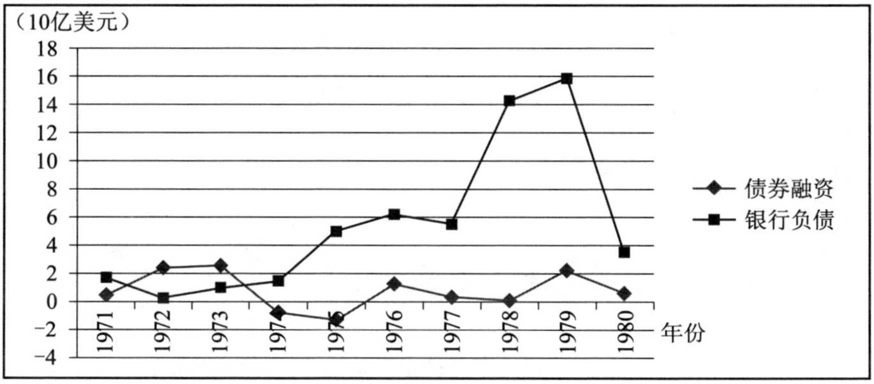

图6-23　1971—1980年德国的银行融资与债券融资(流量)

资料来源：司尔亚司数据信息有限公司(CEIC)全球数据库，http://www.ceicdata.com。

以上分析表明，在经常项目顺差与资本项目不完全开放的背景下，德国马克的净输出与回流主要是通过银行信贷、直接投资等方式进行的，证券投资项目所起的作用并不显著，而这种状况并没有影响到马克国际化进程。事实上，正是在这一阶段，马克的国际化程度迅速提高，马克在国际储备货币中的比重增长幅度接近一倍。

2. 资本项目开放时期马克的国际化

由于第二次石油危机以及马克汇率的持续升值，德国经常项目在1979—1981年出现阶段性逆差，这引起马克在1980—1985年期间对美元贬值。针对这种情况，德国政府于1981年解除了对资本流入的大部分管制，允许境外居民购买国内债券及货币市场工具。至此，德国资本项目全面开放，境内外资金开始通过证券项目大规模进出。图6-24、图6-25显示，进入20世纪80年代之后，德国对外资产与负债中证券项目占比迅速提升。与之相对应，银行贷款占比持续下降。这表明，德国资本项目的全面开放为马克提供了更加顺畅的流出渠道，也为马克的境外持有者提供了更大的投资空间。但是，马克在国际储备中的比重并没有因此而迅速增加，直到 1989 年马克所占份额才超越 1981 年的最高值，进入 90 年代以后又有所回落。由此可见，证券投资项目的开放与货币国际化程度的提高并非简单的线性关系。

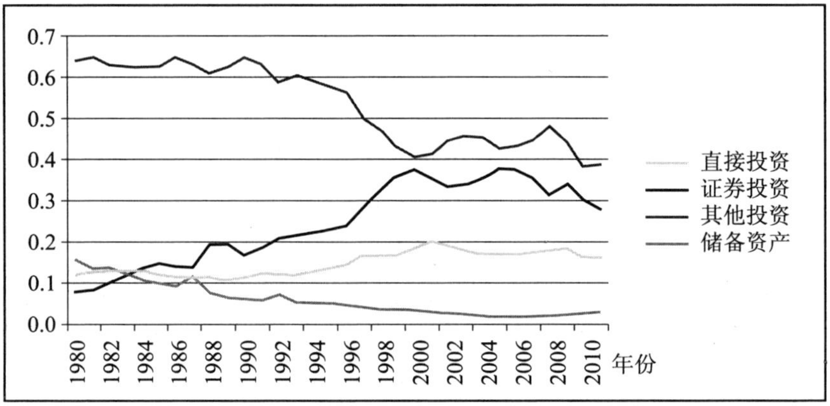

图 6-24 1980—2011 年间德国对外资产(存量)的构成

资料来源：司尔亚司数据信息有限公司(CEIC)全球数据库，http://www.ceicdata.com。

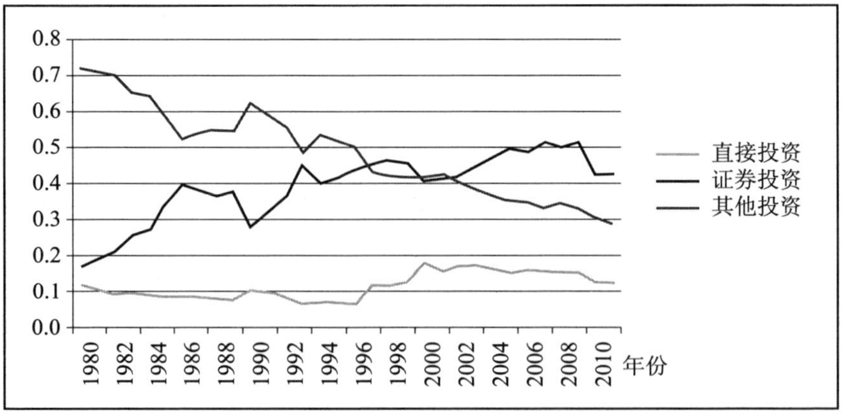

图 6-25 1980—2011 年间德国对外负债(存量)的构成

资料来源：司尔亚司数据信息有限公司(CEIC)全球数据库，http://www.ceicdata.com。

(三)马克国际化成功的原因

在德国从资本项目管制走向全面开放的过程中，德国的经济以及马克的国际地位没有像日本一样受到冲击，马克一直保持了世界第二大中心货币的地位，并成为日后欧元诞生的基础。总的来看，马克国际化的历程是相对成功的。

1. 马克国际化相对成功的表现

在欧元诞生之前，马克成为仅次于美元的国际货币，在多个领域均被广泛使用。首先，作为贸易计价与结算货币，表 6-28 显示，20 世纪 80 年代，马克占世界出口计价货币的份额为 13%以上，是德国出口所占世界出口份额的 1.4 倍左右。从德国自身进出口的计价与结算货币结构看，表 6-29 显示，80 年代德国出口中的 80%以上使用本币作为结算货币，而进口中本币的使用率为 43%以上，远高于除美国以外的其他各国。作为锚货币，马克被欧洲各国所钉住，如表 6-30 所示。其次，作为媒介货币，从表 6-31、表 6-32 可以看出，1998 年之前，马克在全球外汇市场中交易的份额基本维持在 30%—40%，在各货币中排名第 2 位；在全球每对货币日均交易量中，马克兑美元的交易量稳居第 1 位。最后，作为价值储藏手段，自 1973 年以来，马克一直是第二大储备货币。另外，从德国对外资产负债的币种结构看，表 6-33 显示，德国对外资产中，将近 50%使用马克标价，而对外负债中马克的份额要远高于外币。这说明德国通过马克国际化，有效地提高了对外资产负债中本币标价的比率，进而降低了国民财富的汇率风险。

表 6-28　世界出口计价的货币份额

币种	1980 年		1987 年		1992 年	
	世界出口计价的货币份额(1)	(1)/该国出口在世界出口中的份额	世界出口计价的货币份额(1)	(1)/该国出口在世界出口中的份额	世界出口计价的货币份额(1)	(1)/该国出口在世界出口中的份额
马克	13.6	1.4	16.1	1.3	15.3	1.4
美元	56.1	5.0	47.8	4.6	47.6	4.0
英镑	6.5	1.2	5.5	1.0	5.7	1.1
日元	2.1	0.3	4.0	0.4	4.8	0.5
法国法郎	6.2	1.1	6.5	1.1	6.3	1.0
里拉	2.2	0.6	3.2	0.7	3.4	0.7

资料来源：Kamps，Annette，“The Euro as Invoicing Currency in International Trade”，European Central Bank Working Paper No. 665，European Central Bank，Frankfurt，2006；司尔亚司数据信息有限公司(CEIC)全球数据库，http://www.ceicdata.com。

表 6-29 德国对外贸易中的各计价货币所占比重 单位：%

币种	1980 年	1981 年	1982 年	1983 年	1984 年	1985 年	1986 年	1987 年	1988 年
出口									
马克	82.5	82.2	83.2	82.6	79.4	79.5	81.5	81.5	
美元	7.2	7.8	6.7	7.0	9.7	9.5	7.7	7.4	
英镑	1.4	1.3	1.3	1.5	1.7	1.8	1.7	1.8	
日元	0.0	0.0	0.0	0.0	0.0	0.0	0.0	0.0	
法国法郎	2.8	2.8	2.8	2.8	2.8	2.7	2.7	2.5	
瑞士法郎	0.5	0.5	0.5	0.5	0.5	0.5	0.5	0.6	
其他	5.6	5.6	5.5	5.8	5.7	5.7	5.5	5.7	
进口									
马克	43	43	44.6	46.1	47	47.8	51.7	52.7	52.6
美元	32.3	32.3	31.3	28.8	29.2	28.1	23.1	22	21.6
英镑	3.4	3.7	2.5	2.7	2.4	3.0	2.3	2.5	2.4
日元	0.0	0.0	0.0	0.0	0.0	1.8	2.6	2.5	2.5
法国法郎	3.3	3.0	3.4	3.5	3.6	3.8	4.1	3.9	3.6
瑞士法郎	1.6	1.6	1.6	1.5	1.5	1.5	1.7	1.8	1.7
其他	15.4	16.4	16.6	17.4	16.5	14.0	14.5	14.9	15.6

资料来源：马骏、徐剑刚，《人民币走出国门之路》，中国经济出版社 2012 年版，第 213—214 页。

表 6-30 部分中东欧国家的汇率制度

国家	汇率制度	篮子货币
保加利亚	货币局	马克
爱沙尼亚	货币局	马克
捷克	钉住篮子货币(1991—1997.5)	1991—1993.5(45%马克、31%美元、12%奥地利先令、7%瑞士法郎、4%英镑)
		1993.5—1997.5(65%马克、35%美元)
匈牙利	爬行钉住	70%马克、30%美元
	到 1995.3 可调整钉住	1991—1993.7(50%ECU、50%美元)
		1993.8—1994.8(50%马克、50%美元)
		1994.9—1997.1(70% ECU、30%美元)
波兰	爬行钉住	45%美元、35%马克、10%英镑、5%法国法郎、5%瑞士法郎
斯洛伐克	固定钉住	60%马克、40%美元

资料来源：马骏、徐剑刚，《人民币走出国门之路》，中国经济出版社 2012 年版，第 215 页。

表 6-31　外汇市场交易的币种结构　　单位：%

币种	1989 年	1992 年	1995 年	1998 年
美元	90	82	83	87
马克	27	40	37	30
日元	27	23	24	21
英镑	15	14	10	11

注：本表币种份额总和为 200%，例如，美元对马克的日交易量为 10 亿美元，10 亿美元同时记入美元和马克的交易量中。

资料来源：Bank for International Settlements，http://www.bis.org。

总之，在欧元诞生之前的国际货币体系中，虽然马克与美元仍存在较大差距，但其地位已明显超越包括日元在内的其他货币，其在各领域的使用份额也远远超过德国经济占世界的比重。从这个角度看，马克国际化可谓是相对成功的。

表 6-32　每对货币平均每天交易量　　单位：10 亿美元、%

	1992 年		1995 年		1998 年	
	金额	份额	金额	份额	金额	份额
美元/马克	192	25	254	22	290	20
美元/日元	155	20	242	21	256	18
美元/英镑	77	10	78	7	117	8
美元/瑞士法郎	49	6	61	5	79	5
美元/加元	25	3	38	3	50	3
美元/澳元	18	2	29	3	42	3
美元/其他 EMS 货币	43	6	104	9	172	12
马克/日元	18	2	24	2	24	2
马克/英镑	23	3	21	2	31	2
马克/瑞士法郎	13	2	18	2	18	1
马克/其他 EMS 货币	21	3	38	3	34	2
其他	123	16	179	17	259	20
总计	776	100	1 137	100	430	100

资料来源：Bank for International Settlements，http://www.bis.org。

表 6-33　德国对外资产、负债以及币种结构　　单位：10亿马克

年份	资产	马克	外币	负债	马克	外币	净资产	马克	外币
1984	767.0	357.8	409.3	637.7	502.9	134.8	129.4	−145.1	274.5
1985	847.8	418.8	429.0	724.6	599.9	124.7	123.3	−181.1	304.3
1990	1 633.4	855.0	778.3	1 108.3	907.2	201.1	525.1	−52.2	577.2
1995	2 384.6	1 159.1	1 225.5	2 184.4	1 704.8	479.5	200.3	−545.7	746.0
1996	2 641.3	1 220.5	1 420.8	2 484.6	1 916.9	567.7	156.7	−696.4	853.1
1997	3 190.9	1 291.9	1 899.1	3 037.1	2 269.8	767.3	153.8	−977.9	1 131.8

资料来源：马骏、徐剑刚，《人民币走出国门之路》，中国经济出版社 2012 年版，第 207 页。

2. 马克国际化成功的原因

马克国际化之所以能够取得相对成功，除了德国雄厚的经济基础之外，以下几个方面的经验值得我们重点关注。

(1)以国内经济为主，保持货币政策独立性。

长期以来，德国坚持以国内经济为着眼点，尤其是以控制通货膨胀为目标，始终保持货币政策的独立性。在布雷顿森林体系时期，德国经常项目持续出现顺差，马克存在升值压力。在固定汇率制度下，要维持汇率不变，就需要中央银行投放本币回购美元，但这会增加国内货币供给量，引发通货膨胀。这个时期，德国多次采取渐进式、非对称的资本项目开放政策，即允许资本流出但限制资本流入、允许直接投资等长期资金但限制证券投资等短期资本流动，以降低马克升值压力。同时，当国际收支面临逆差时，政府又会适时放松对资本流入的限制。直到 20 世纪 80 年代，马克的汇率充分浮动，德国才全面放开了对资本项目包括短期流动资金的限制。另一方面，德国政府在资本管制政策效果不明显时，选择主动调整汇率，允许马克兑美元升值以缓解货币政策压力，进而维持物价稳定。例如，1961 年和 1969 年，德国两次重估马克，使马克兑美元分别升值 5%和 9.2%。1971 年，德国政府宣布放弃固定汇率，单方面实行有管理的浮动汇率制，德国官方汇率由 3.66 马克/美元升至 3.222 5 马克/美元，升值幅度达 13.6%。经过几次调整，马克汇率由 4.2 马克/美元升值到布雷顿森林体系崩溃时的 3.222 5 马克/美元，累计升值 30.4%。1973 年布雷顿森林体系解体后，马克汇率开始自由浮动。随后，虽

然马克升值压力不断，但由于之前其升值压力已得到了一定的释放，其升值的过程是小幅、渐进的，没有出现类似日元在“广场协议”后汇率的剧烈波动，减少了对国内经济尤其是出口的冲击。

总之，德国面对国内货币政策、汇率以及资本项目开放的三角选择，坚持以国内物价稳定为目标，优先保持货币政策独立性，适时调整汇率以及资本项目管制，在服务于国内目标的同时，成功实现了汇率制度及资本项目开放的渐进转型，保持了物价稳定及经济持续增长，为马克国际化的成功奠定了全面基础。

(2)积极发展与欧洲各国的区域合作。

德国对外贸易的区域结构为其开展合作奠定了基础。从贸易伙伴的地区分布看，德国的对外贸易尤其是出口市场以欧洲国家为主，对美国以及东亚的出口份额较少，表 6-34 显示了 1980—2011 年间德国出口的地区分布。数据表明德国对欧盟国家的出口占其总出口的比重基本保持在 60%以上，对美国出口的比率低于 10%，低于亚洲新兴市场国家与发展中国家。德国出口的地区分布表明其对美国及美元区的市场依赖性较低。

以此为基础，德国主动与欧洲各国建立广泛的区域合作，在促进经济增长的同时，也分散与化解了经济金融风险，实现了稳步发展及区域共赢。早在 1948 年，欧洲各国就成立了欧洲经济合作组织，以促进经济交流与合作。1965 年，欧洲共同体成立，20 世纪 70 年代，欧洲货币合作基金以及欧洲货币单位诞生。1972 年开始，欧共体成员国货币之间的汇率实行联合浮动，汇率波幅不超过 2.25%。1979 年 3 月，德国、法国、意大利等欧共体八国建立欧洲货币体系(European Monetary System，EMS)，区域内各国货币之间仍然采用汇率联合浮动机制。由于德国在控制通货膨胀方面具有良好的声誉，马克在事实上成为欧洲货币体系的中心货币。另外，欧洲货币体系汇率联动机制的形成，缓解了马克升值对德国出口带来的冲击，相对稳定的汇率有利于德国出口的增长以及马克的强势地位，增强了德国对抗外部冲击的能力。另外，从国际资金流动的角度看，汇率联动机制在一定程度上化解了马克升值的压力，将短期流动资本对马克的投机转移到区域内其他弱势货币上，有效分散了德国的金融风险。

正是基于这种有效的区域合作，德国政府在制定经济政策时才不用过于忌讳汇率及外部平衡问题，从而在处理国内经济增长、物价稳定等问题上拥有更大的独立性与主动性。在“广场协议”之后，面对资本流入与马克升值压力，德国央行仍然以国内物价为目标，连续加息以控制流动性，从而避免了类似日本的经济泡沫，成功维持了经济的持续增长，最终捍卫了马克在国际中的竞争力。

表 6-34　德国出口的地区分布比例

年份	欧盟	美国	亚洲新兴与发展中国家
1980	0.627 761	0.061 288	0.021 599
1985	0.603 345	0.103 554	0.030 82
1990	0.647 25	0.070 777	0.024 182
1995	0.613 659	0.072 883	0.044 46
2000	0.645 602	0.102 519	0.031 897
2005	0.643 092	0.088 018	0.045 215
2011	0.591 819	0.052 711	0.071 506

资料来源：司尔亚司数据信息有限公司(CEIC)全球数据库，http://www.ceicdata.com。

(四)马克国际化模式的启示

与美元国际化的初期历程相似，德国在经常项目顺差的条件下，进行渐进可控的资本项目开放，主要通过直接投资与银行信贷的方式输出马克，取得了马克国际化的初步成功。同时，德国积极参与区域货币合作，降低了全面开放资本项目对国内经济的冲击，维持了马克较高的国际货币地位。德国成功的货币国际化模式可以用图 6-26 加以概括。

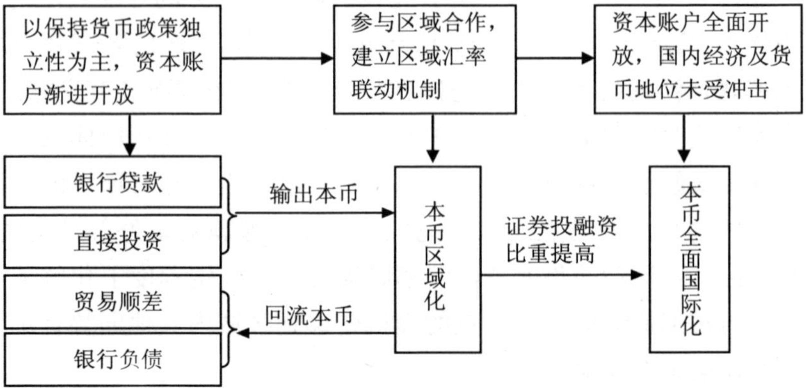

图 6-26　马克国际化模式

从马克国际化的历程以及成功经验中，可以得到如下启示：

第一，作为谋求货币国际化的经济大国，经济政策应以国内经济发展、物价稳定为目标，保持货币政策的独立性与有效性，这将有利于境内居民对本国货币建立信心。为此，面临内外均衡冲突时，可主动调整、渐进推进汇率及资本项目管制制度，使其服务于国内经济，但最终资本项目的全面开放需要以本币汇率的灵活调整为条件。

第二，为扩大本币使用并降低本币升值对出口的冲击，应积极参与区域经济及金融合作，努力构建汇率联动机制，并力争使本币成为区域中心货币，当然，合作的基础在于本国与区域内其他国家存在较高的贸易依存度。

三、日元国际化的历程与经验

(一)日元国际化的基础条件

1. 经济快速发展

第二次世界大战以后，日本政府努力控制物价，国内经济形势逐步稳定，随着现代化投资的增加，日本经济高速发展，并逐步具备了较高的技术水平与生产效率，出口也随之稳步增长。20 世纪 80 年代以后，日本国内生产总值超越德国，成为世界第二经济大国，如表 6-35 所示。日本庞大的经济规模为日元的坚挺以及国际化奠定了坚实的经济基础。

表 6-35　1980—1990 年主要发达国家的国内生产总值　单位：10 亿美元

	美国		德国		日本		英国		法国	
	1980	1990	1980	1990	1980	1990	1980	1990	1980	1990
GDP	25 082	52 008	7 604	11 943	10 123	28 899	4 237	8 407	5 852	9 563
世界排名	1	1	3	3	2	2	5	6	4	4
增长幅度	107.4%		57.1%		185.5%		98.4%		63.4%	

资料来源：司尔亚司数据信息有限公司(CEIC)全球数据库，http://www.ceicdata.com。

2. 较低的通货膨胀率

在第二次世界大战刚刚结束的时候，日本通货膨胀严重，经济秩序混乱，针对这种情况，日本政府采取强力措施控制通胀，颁布金融紧急措施，发行新钞取代旧钞。20 世纪 50 年代，日本实施“道奇方案”，通过限制贷款、平衡总预算、加强物价管理等措施有效维持了物价稳定。进入 60 年代以后，在经济快速发展的过程中，每当投资与经济过热时，日本政府都会通过紧缩政策实施干预与调节。80 年代之后，日本一直保持了较低的通货膨胀率，实现了日元对内价值的稳定，如表 6-36 和图 6-27 所示。

表 6-36 主要国家通货膨胀与通货膨胀波动率

国家	1961—1965 年	1966—1970 年	1971—1975 年	1976—1980 年	1981—1985 年	1991—1995 年	1986—1990 年	1996—2000 年	2001—2005 年	2006—2010 年
均值(%)										
德国	2.7	2.4	6.1	4.0	3.9	1.4	3.5	1.5	1.6	2.9
日本	6.1	5.6	9.3	6.7	2.8	1.3	1.4	−0.4	−0.1	3.3
美国	1.3	4.3	6.8	8.9	5.5	4.0	3.1	2.6	2.2	4.1
英国	3.6	4.6	13.1	14.5	7.2	4.9	3.8	1.4	2.7	5.7
中国						12.0	13.1	1.4	2.9	6.0
波动										
德国	0.6	1.0	0.9	1.1	1.7	1.3	1.4	0.4	0.9	1.8
日本	1.8	13.5	13.1	2.4	1.3	1.3	1.2	0.4	1.1	6.8
美国	0.3	1.3	3.2	3.2	2.8	1.4	0.7	0.8	1.8	2.9
英国	1.3	1.6	6.6	4.4	2.9	1.5	2.2	0.4	0.8	5.2
中国						9.0	8.1	1.7	2.8	7.6

注：波动指季度通货膨胀率的标准差，中国通货膨胀均值和波动的样本期间为 1986—2010 年。

资料来源：马骏、徐剑刚，《人民币走出国门之路》，中国经济出版社 2012 年版，第 205 页。

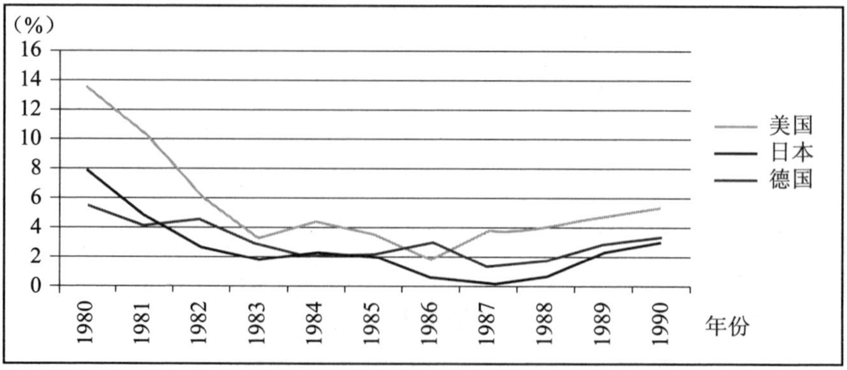

图 6-27 20 世纪 80 年代美日德三国消费者价格指数增长率比较

资料来源：司尔亚司数据信息有限公司(CEIC)全球数据库，http://www.ceicdata.com。

3. *贸易顺差*

第二次世界大战以后，日本曾一度出现国际贸易逆差。进入 20 世纪 60 年代，日本国际贸易开始出现顺差。随后由于受到两次石油危机冲击，日本经常项目再度出现逆差，但在 80 年代之后，日本经常项目出现持续顺差，并且顺差规模不断扩大，如图 6-28 所示。这与美国的贸易逆差形成鲜明对比，如表 6-37 所示。持续增长的贸易顺差使得日元长期存在升值预期，这推动了日元国际化。

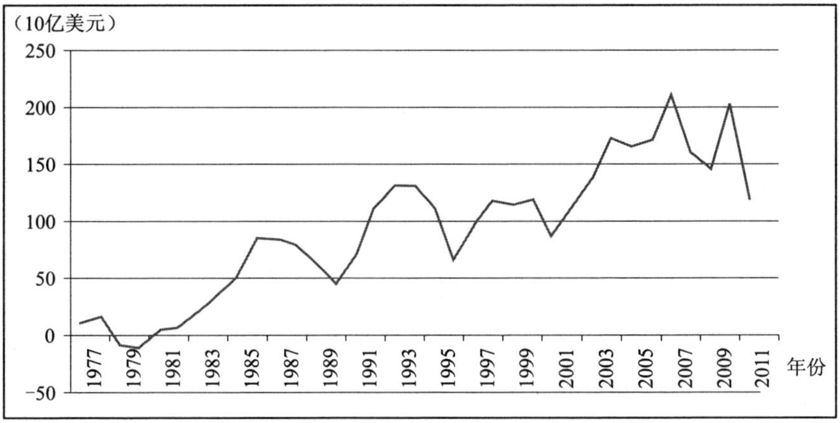

图 6-28 1977—2011 年日本经常项目顺差

资料来源：司尔亚司数据信息有限公司(CEIC)全球数据库，http://www.ceicdata.com。

表 6-37 1982—1991 年美、日经常项目收支比较 单位：亿美元

国家	1982	1983	1984	1985	1986	1987	1988	1989	1990
美国	−70.0	−443.1	−1 042.1	−1 127.5	−1 332.3	−1 437.0	−1 265.8	−1 059.0	−927.6
日本	68.5	208.0	350.0	491.7	858.34	870.2	796.1	567.8	358.7

资料来源：司尔亚司数据信息有限公司(CEIC)：全球数据库，http://www.ceicdata.com。

(二)日元国际化的历程

根据日本资本项目开放以及日元国际化状况，可以将日元国际化进程大致分为两个阶段：第一个阶段是 20 世纪 70 年代初期至 80 年代中期；第二个阶段是 80 年代中期至今。

在第一个阶段，随着日本 1973 年开始实行浮动汇率制，日本资本项目由

封闭到逐步开放，日元国际化处于上升势头，日元占全球储备货币份额由几乎为零上升至7%左右，如图6-29所示。第二阶段日本加速推进资本项目开放与金融自由化，日元国际地位经过短期上升，日元占世界储备货币份额于1991年达到8.7%，之后开始出现倒退，所占份额降至3%左右。在20世纪90年代亚洲爆发金融危机后，日本政府以区域金融合作为基础，启动日元国际化新战略，但至今效果并不显著。

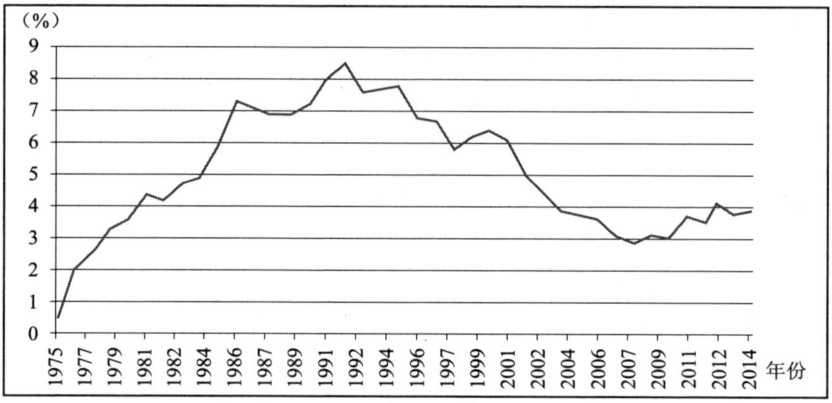

图6-29 日元在国际储备货币中的比重

资料来源：International Monetary Fund，Annual Report：Currency Composition of Official Foreign Exchange Reserves(COFER)，1973—2014，http://www.imf.org。

1. 资本项目渐进开放时期的日元国际化

(1)1984年以前日本资本项目的渐进开放。

在这个阶段，日本资本项目开放的特征是渐进式推进。在资金流出方面，1969年日本开始允许国内企业对外直接投资，1970年进一步允许居民在有限制的条件下进行对外证券投资。在长期资金流入方面，1960年批准部分行业的外商直接投资(FDI)，至1975年完全开放FDI。对于短期资本流入，这个阶段日本与德国的情况较为相似，同样根据国内汇率及资金流动情况，经历了限制与放松的反复过程。例如，1967年日本放宽了对境外居民投资日本证券市场的限制，将机构投资者收购部分产业的比例上限由10%提高至15%，个人投资者的上限由5%提升至7%。随着大量短期资本流入境内，日本于1968年开始限制资本通过证券账户流入。1970年，日本重新启动“外国资本自由化政策”，允许境外资本投资日本政府与企业债券，并放松对境内居民举借外债的限制，等等。随着这些措施的实施，日本短期资金流入规模迅速增加，于是日本于1978年又开始对其进行严格限制。1980年12月，日本颁布新的《外汇法》，将以前关于资本交易“原则上禁止”的规定修改为“原则上自由”，允许外汇自由兑换成日元，并取消对境内居民向非居民提供日元贷款的限制。①

总的来看，20世纪80年代中期以前日本对于资本项目的开放是比较谨慎的，尤其是对短期资本流入方面一直保留着实质性的控制，但对于外商直接投资以及对外直接投资等长期实体资本的流入与流出基本保持完全开放。

(2)资本项目渐进开放时期日元的输出与回流。

从日元输出的方式看，面对经常项目顺差与证券投资项目的管制，日元在这个阶段的净流出主要是通过银行信贷、政府对外援助与贷款以及部分对外债券投资的方式来实现的。图6-30显示了1977—1984年日本对外资本输出的主要方式。② 从图中可以看出，日本对外银行信贷规模远大于债券投资与

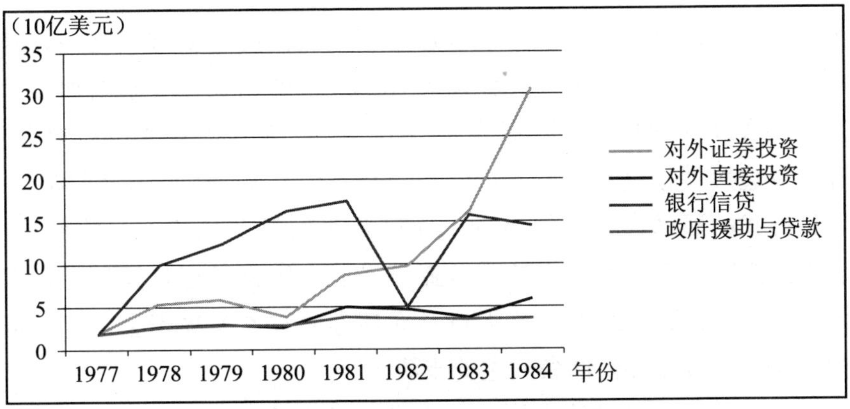

图6-30　1977—1984年日本对外投资(流量)的主要方式

资料来源：司尔亚司数据信息有限公司(CEIC)全球数据库，http://www.ceicdata.com。

① 黄继炜：《日本资本项目开放与汇率政策研究》，《现代日本经济》2010年第2期，第15—20页。

② 虽然对外投资中只有一部分是用日元进行标价与结算的，但由于笔者无法获得关于币种结构的确切数据，这里通过分析对外投资的整体结构来间接估计日元的流出方式，日元回流的方式采取同样的思路。

对外直接投资，而对外证券投资规模略高于对外直接投资，这表明日本在这个时期一定程度上允许本国居民通过证券项目输出资本，其中债券投资规模远大于股票投资，如图 6-31 所示。

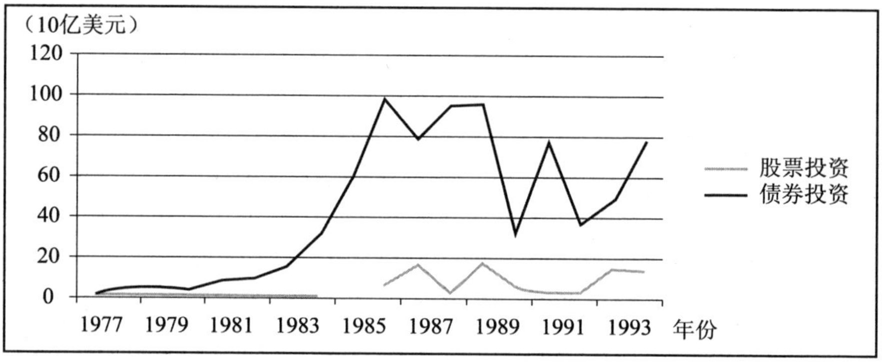

图 6-31　1977—1994 年日本对外证券投资(流量)的构成

注：图中 1985 年、1986 年的数据缺失。

资料来源：司尔亚司数据信息有限公司(CEIC)全球数据库，http://www.ceicdata.com。

另外，日本政府对外援助与贷款也是资金流出的主要方式之一，其规模与日本对外直接投资不相上下。伴随着日本经济的增长，日本增加了对外援助以及日元贷款的规模。尤其是在 70 年代至 80 年代，主要针对亚洲国家，日本开展双边发展援助计划(Official Development Assistance，ODA)。ODA 包括多种方式的援助，如无偿援助、项目及非项目低息贷款、债务重组等。同时，借助国际金融组织，支持部分亚洲发展中国家发行日元债券，例如通过亚洲开发银行，各国政府发行大量日元债券向日本筹集资金，这些资金成为各国政府获取日元外汇储备的主要来源。①

在这个时期，日本对外直接投资规模平稳增长，由 1977 年的 16.5 亿美元增长至 1984 年的 59.6 亿美元。从投资的地区结构看，前期日本的对外直接投资以发展中国家为主，20 世纪 80 年代后以发达国家为主。20 世纪 70 年代日本对发展中国家(包括亚洲、非洲、中南美、中近东等地区)的投资额为 179.6 亿美元，占总投资额的 54.6%。对发展中国家规模巨大的直接投资使

① 许祥云：《日元国际化及其对人民币的启示》，复旦大学博士学位论文，2011 年。

得这些国家获得了较多的日元资金，从供给角度为这些国家使用及储备日元提供了可能性。

从日元回流境内的方式看，这一时期日元与马克类似，主要是依靠净出口、银行对外负债以及居民对外债券融资等方式来实现的。图 6-32 显示，从总体上看，日本通过银行进行对外负债的规模远超过证券融资，这表明当时日本证券账户在资金流入方面开放的程度有限，日本对外负债还主要是通过银行体系来完成的。

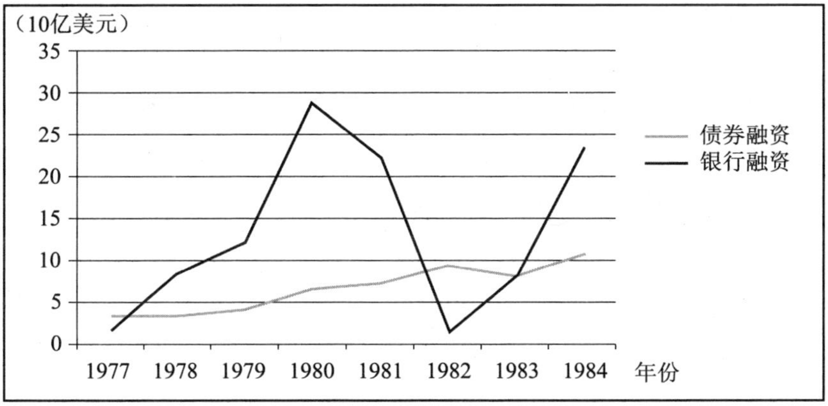

图 6-32　1977—1984 年日本对外融资(流量)方式比较

资料来源：司尔亚司数据信息有限公司(CEIC)全球数据库，http://www.ceicdata.com。

总之，在经常项目顺差及资本账户尤其是证券账户不完全开放的背景下，日元的净输出方式主要有银行信贷、债券投资、政府援助与贷款以及对外直接投资，负债方式主要是银行负债，与马克国际化前期的状况类似，这种资金循环模式并没有阻碍日元国际化程度的提高，日元在全球外汇储备币种中的比重由 1973 年的几乎为 0 迅速提高到 20 世纪 80 年代中期的 7%左右。

2. 资本项目加速开放后的日元国际化

从 1984 年开始，日本资本项目加速开放。1984 年 5 月，日元与美元委员会发布《日元与美元委员会报告书》，日本政府同时发布《关于金融自由化、日元国际化的现状及展望》，两份报告共同对日本外汇交易的规则进行了重大修订，实施了关于外汇交易的“实际需求原则”及“外币兑换日元原则”。前者允许任何居民可以不受实体贸易的约束，自由进行外汇期货交易；后者允许企业自由进行本币与外币的兑换，并可将欧洲日元市场上筹集的资金带回境内。随后，日本加快了金融自由化与日元国际化的进程。1984—1985 年间日本允许国内外企业发行欧洲日元(Euro-yen)债券，使得原有国内企业债券发行需要抵押的规定失效，并允许境内外国银行对日本居民发放欧洲日元短期贷款以及外国企业在日本境内发行外币债券。随后，日本放开了居民购买外国债券限制，提高了日本银行购买外国债券的额度。1986 年 12 月，日本设立境内离岸金融市场(JOM)，进一步取消了对资金跨境流动的限制。①

上述一系列资本项目自由化措施的出台，使得短期资本流动规模迅速增长。图 6-33 显示，日本通过包括股票与债券投资在内的证券项目进行的资金跨境流动规模与国内生产总值之比在 1983 年时为 2.4%，到 1987 年时剧增至 6.9%，4 年内增长近两倍，表明日本资本项目尤其是证券项目加速开放。与此相对应，日本对外资产中证券投资项目的所占比例迅速提高，并于 90 年代末超过以对外贷款及存款为主的其他对外投资，如图 6-34、图 6-35 所示。从图 6-34 还可以看出，与美国、德国相比，日本的对外直接投资占比较低，而储备资产所占比例较高。

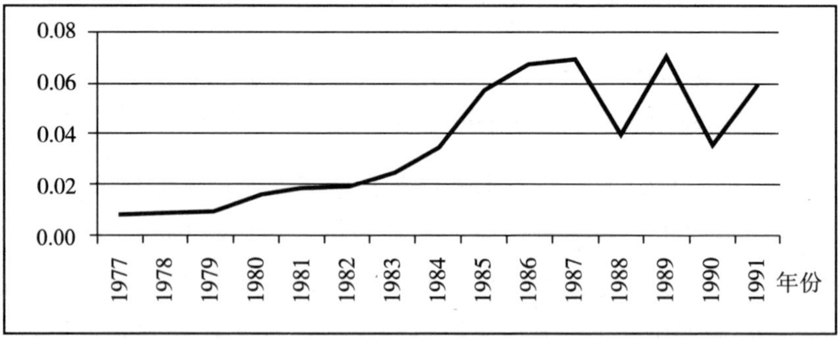

图 6-33 1977—1991 年日本证券项目交易额占国内生产总值比重

注：证券项目交易额为国际收支平衡表中证券投资项目下(包括债券投资与股票投资)的资金流动总额(包括流入与流出)。

资料来源：司尔亚司数据信息有限公司(CEIC)全球数据库，http://www.ceicdata.com。

---

① Takagi, S., "Internationalization of the Yen: Unfinished Business or Mission Impossible?", In Y. W. Cheung and G. Ma(eds.), *Asia and China in the World Economy*, World Scientific Publishing, 2011.

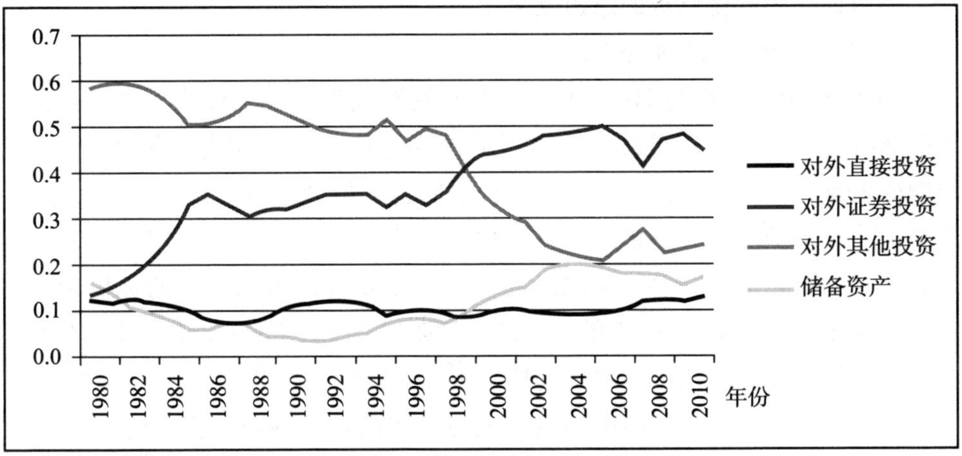

图 6-34 1980 年以来日本对外资产的构成

资料来源：司尔亚司数据信息有限公司(CEIC)全球数据库，http://www.ceicdata.com。

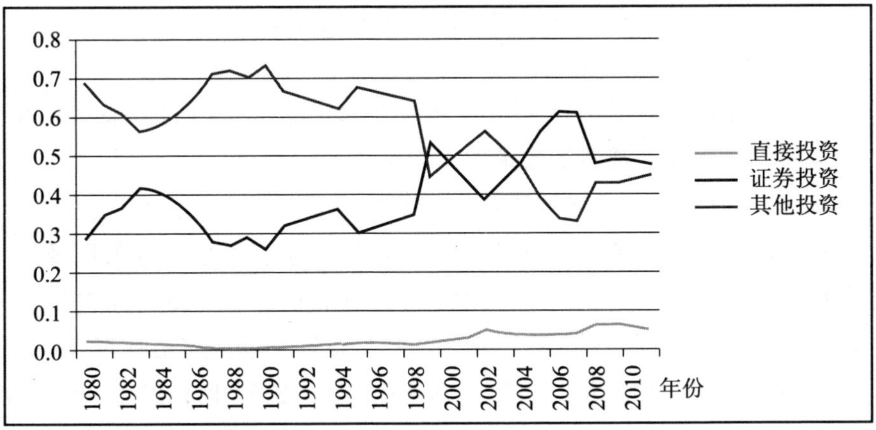

图 6-35 1980 年以来日本对外负债的构成

资料来源：司尔亚司数据信息有限公司(CEIC)全球数据库，http://www.ceicdata.com。

伴随着日本资本项目的加速开放，日元国际化程度出现了短暂的上升，日元占世界外汇储备的份额由 1985 年的 7.3%升至 1991 年的 8.7%，但随后开始持续下降，至今仅仅维持在 20 世纪 70 年代末时的水平。由此可见，日本资本项目的加速开放并没有在中长期内促进日元国际化程度的稳步提高。

(三)日元国际化倒退的原因及启示

1. 日元国际化倒退的表现

虽然日元在20世纪70年代以后迅速发展成为世界主要货币之一，但日元在90年代之后在多个领域的使用比例迅速下降，其国际化进程出现了公认的倒退现象。从日元占世界各国官方外汇储备的份额来看，该比例从1991年的8.7%下降到2014年的3.9%，低于英镑(4.29%)，更是远低于美元(62.2%)和欧元(27.3%)。从国际债券、票据及货币市场工具的标价货币份额看，日元的比例从1996年的18.08%下降到2011年的2.8%。日元在国际贸易计价与结算中的使用比率也远低于美元、欧元甚至英镑。

另外，日元在国际货币中的地位也与日本的经济地位不相匹配。20世纪90年代，日本的国内生产总值在世界所占比重一直保持在10%以上，甚至高达17.9%。即便在日本经济出现持续衰退后，其相对规模仍然庞大。2014年，日本国内生产总值占世界份额为5.91%，远高于其货币在全球外汇储备中的地位。从这个角度看，日元国际化的历程是相对失败的。

2. 日元国际化倒退的原因

日元国际化出现倒退是日本国内外多种因素综合作用的结果，笔者在此仅从资本项目开放及宏观经济政策两个角度进行分析。

(1)过快开放资本项目导致资产泡沫及经济衰退。

1984年之后，日本在美国压力下过快地推进了资本项目开放以及日元国际化进程，巨额短期资本的进出导致日元汇率剧烈波动。1985年“广场协议”后，日元兑美元剧烈升值，由1985年的238.54日元/美元升至1987年的168.52日元/美元，升幅达29.4%。到1988年，达到128.15日元/美元，3年升幅达46.3%，如图6-36所示。日元的巨幅升值导致日本出口下降，货物出口额由1986年的910亿美元下降至1990年的690亿美元，经常项目顺差明显下滑，如图6-37所示。1986年，日本国内生产总值增长率也由1985年的4.6%下降至2.9%，失业率由2.6%升至2.8%，日本出口导向型经济受到强烈冲击。

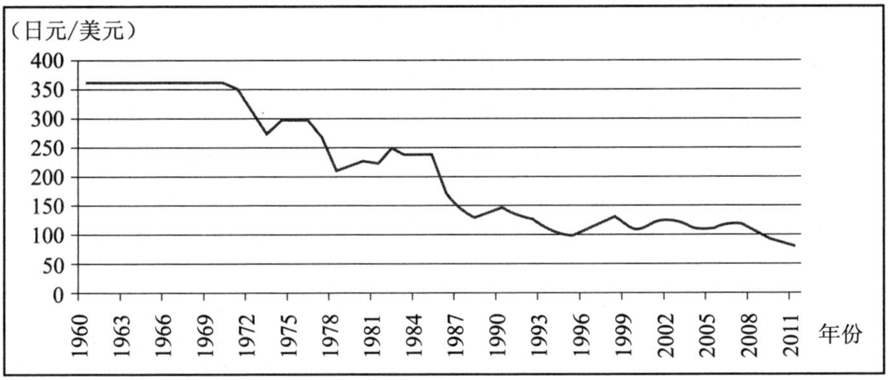

图 6-36　1960—2011 年日元兑美元名义汇率

资料来源：司尔亚司数据信息有限公司(CEIC)全球数据库，http://www.ceicdata.com。

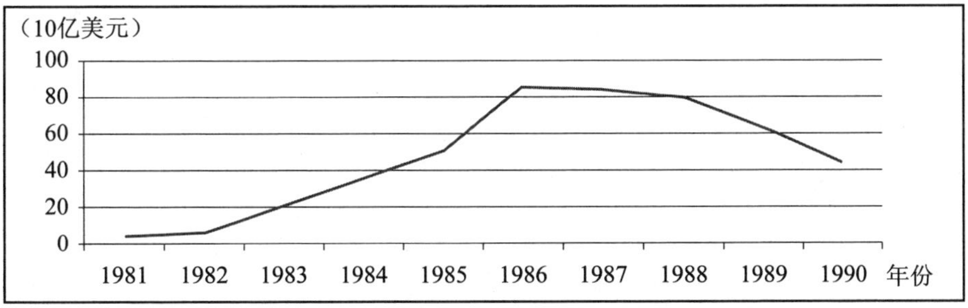

图 6-37　20 世纪 80 年代日本经常项目顺差状况

资料来源：司尔亚司数据信息有限公司(CEIC)全球数据库，http://www.ceicdata.com。

为了抵销出口下降带来的经济衰退，日本政策采取了扩展性的财政货币政策。1986—1987 年，日本中央银行连续 5 次降低官方贴现率，在一年内由 5%降至 2.5%，并维持至 1989 年。日本广义货币量增速从 1987 年的 8%增至 1990 年的 12%。同时，为扩大内部需求，1987 年 5 月日本政府推出了 1 万亿日元的减税计划与 4 万亿日元的公共投资。在极度宽松的财政货币政策刺激下，大量资金涌向资本市场，导致股票及土地价格飙升。日经 225 股票指数从 1985 年的 13 000 点上涨至 1989 年的 39 000 点，同期土地价格由 4.2 万亿美元增长至 10 万亿美元，其中六大城市的商业用地价格指数在此期间增长 3 倍，日本出现了一种泡沫经济。

随着泡沫经济的加剧，日本政府逐渐意识到问题的严重性，并于 1989 年开始急转货币政策，于15个月内连续5次提高官方贴现率，由1989年的2.5%升至1990年的6%。泡沫经济在短期内迅速破灭，日经指数由1990年2月的39 000点暴跌至1992年8月的14 000点。1993年年底，6个大城市的平均地价在1993—1990年期间跌幅达36%。经济泡沫的破裂使大量企业破产，银行不良资产率急剧攀升，整个金融体系接近瘫痪，日本经济全面衰退。20世纪90年代，日本经济年均增长率仅为1.3%，个别年份出现负增长，失业率居高不下，2000年达4.7%。日本消费者价格指数持续走低，1995年和1999年甚至出现负增长。迄今为止日本仍未走出通货紧缩、经济低迷的状态。

日本经济的停滞导致日元名义利率显著低于多数发达国家，扣除日本较低的通货膨胀率之后，日元的实际利率仍然低于其他主要货币，如图6-38所示。日本国内债券利率的下降，也带动国际金融市场上日元债券的利率走低，降低了包括各国政府在内的长期投资者对日元债券的需求，最终导致日元国际化程度的降低。

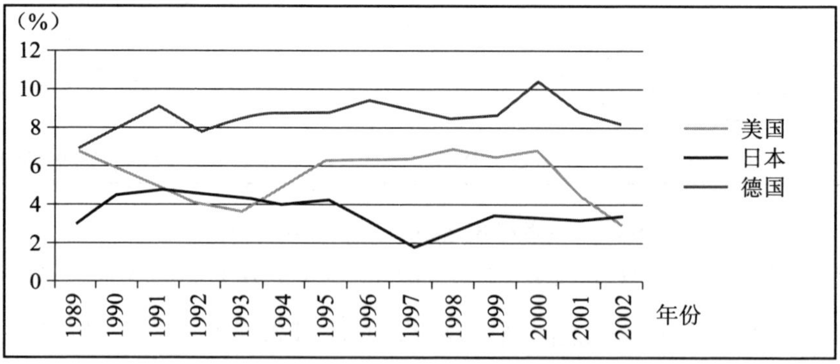

图6-38 美日德三国实际利率比较

注：图中实际利率为一年期贷款利率减去本国消费者价格指数增长率。

资料来源：司尔亚司数据信息有限公司(CEIC)全球数据库，http://www.ceicdata.com。

(2)未能实现以本币为主导的区域货币合作。

从20世纪八九十年代日本的对外贸易区域结构看，日本不具备像德国一样主导区域合作的贸易基础。第二次世界大战之后，日本一直实行出口导向型经济发展模式。同时，日本贸易出口对象以美国及欧洲为主，亚洲地区所占比重较低。表6-38显示，在整个20世纪80年代，美国及欧盟占日本出口市场的50%左右，而亚洲主要国家仅占10%左右。与德国相比，日本与区域内国家的贸易依存度过低，导致其无法实现较高程度的区域合作，日元更无法成为亚洲各国的钉住或篮子货币。

表 6-38 日本出口市场的地区分布

年份	欧盟	美国	亚洲新兴与发展中国家
1980	0.157 795 478	0.244 632	0.133 777
1985	0.134 012 588	0.376 416	0.136 660
1990	0.207 813 478	0.316 854	0.116 496
1995	0.161 312 162	0.275 400	0.186 394
2000	0.168 186 257	0.300 459	0.172 693
2005	0.146 315 099	0.228 629	0.242 714
2010	0.113 155 437	0.156 518	0.327 834
2011	0.116 504 005	0.155 336	0.334 765

资料来源：司尔亚司数据信息有限公司(CEIC)全球数据库，http://www.ceicdata.com。

由于日本未能像德国一样形成本币与区域内货币的汇率联动机制，当日本资本项目加速开放并导致日元兑美元名义汇率出现剧烈升值时，日元的实际有效汇率也随之上升，形成对出口企业的严重冲击。与此形成对比的是，1985年"广场协议"以后，马克对美元也出现了幅度较大的升值，但由于出口市场并不集中于美元区，马克的实际有效汇率升值幅度要小得多，如图6-39所示。由于日本出口在经济增长中占有重要地位，面对出口下滑，日本政府

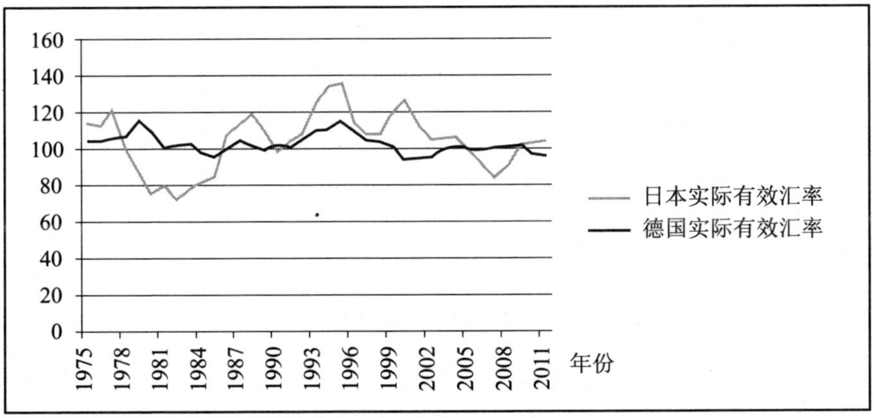

图 6-39 日元和马克实际有效汇率对比

资料来源：司尔亚司数据信息有限公司(CEIC)全球数据库，http://www.ceicdata.com。

不得不运用相应的宏观经济政策以抵销出口所受到的冲击，这使得本国的宏观经济政策受到外部平衡的牵制。这样，日本不能像德国一样保持货币政策的独立性，从而造成经济泡沫的膨胀与破裂，最终影响了经济发展以及货币的国际化进程。

3. 日元国际化模式总结及启示

纵观日元国际化的历程，笔者发现，在日元国际化的初期，日本实施了渐进的资本项目开放政策，通过对外直接投资、银行信贷、政府援助以及有限制的证券投资等渠道，日元得以流出境内并被非居民所使用与持有，顺利地完成了日元国际化的初级阶段。然而，日本出口导向型的经济模式，使得日本长期压低日元汇率，在这种格局没有发生实质性转变之前，又过快地实施了资本项目的全面开放以及金融自由化，导致国内宏观经济政策的被动与失误，最终阻碍了日元国际化进程。日元国际化的模式与进程可以用图 6-40 加以概括。

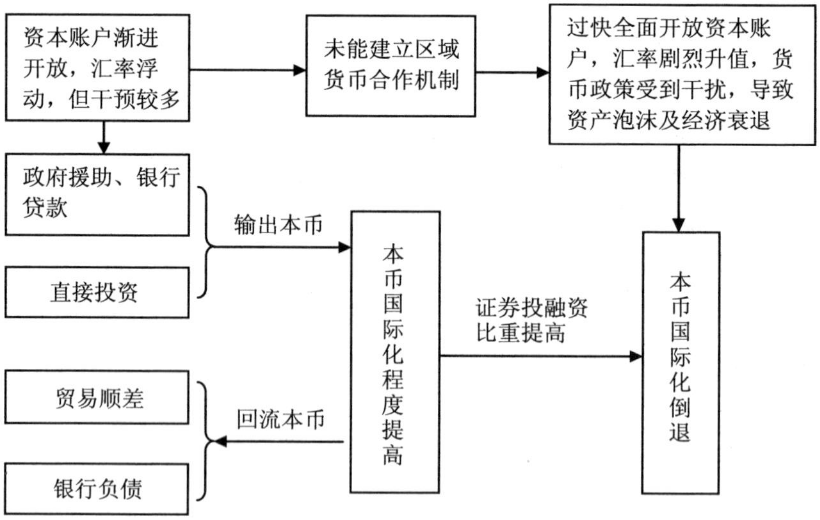

图 6-40　日元国际化模式

由此可见，与国内经济状况相匹配的、渐进的资本项目开放有助于推进本国货币的国际使用。然而，在国内条件尚不成熟时，迫于外界压力而过快推进的资本项目开放及金融自由化改革，不仅不能提升本币国际化程度，甚至还会影响到国内经济发展与稳定。

第四节　人民币国际化的影响因素与渐进式路径的形成

一、人民币国际化的优势条件与制约因素

(一)人民币国际化的优势条件

1. *庞大的经济规模与较快的增长速度*

按照货币国际化的定义，人民币国际化是指人民币在我国境外被使用和持有。具体而言，就是人民币在国际贸易、国际金融和直接投资领域成为计价、结算和储备货币。这既是人民币国际化的含义，也是要实现的长远目标。理论分析与历史经验表明，货币国际化目标的成功实现，最终依靠货币发行国综合国力的提升，但政府对路径的选择以及相关政策的把握也极其重要。在探讨具体路径之前，首先需要厘清人民币国际化对我国长远发展所具备的优势条件以及制约因素，这是进一步深入研究该问题的逻辑与现实起点。

自 1978 年改革开放以来，我国经济取得快速发展。尤其是进入 90 年代以来，我国国内生产总值保持了年均 9%的经济增长率。伴随着经济的持续高速增长，我国的经济总量也不断扩大，国内生产总值占世界份额迅速提升，如表 6-39 所示。2010 年，我国国内生产总值超越日本，位居世界第 2 位。2014 年，我国国内生产总值总额为 10.36 万亿美元。根据货币基金组织的测算，至 2015 年我国国内生产总值占世界份额将增至 17%，与美国的差距进一步缩小。我国庞大的经济规模与较快的增长速度为人民币国际化奠定了坚实的基础。

表 6-39　主要国家国内生产总值/世界国内生产总值　　单位：%

国家	1980 年	1985 年	1990 年	1995 年	2000 年	2005 年	2010 年	2014 年
德国	7.7	5.4	7.0	8.5	5.9	6.1	5.2	4.6
日本	10.0	11.4	13.8	17.7	14.5	10.0	8.7	5.91
美国	26.0	35.3	26.1	24.9	30.9	27.7	23.1	22.3
英国	5.1	3.9	4.6	3.9	4.6	5.0	3.6	3.5
中国	1.9	2.6	1.8	2.4	3.7	5.0	9.3	13.3
法国	6.5	4.6	5.6	5.3	4.1	4.7	4.1	3.5

资料来源：司尔亚司数据信息有限公司(CEIC)全球数据库，http://www.ceicdata.com。

2. 对外贸易与顺差规模巨大

改革开放以来，我国进出口总额占世界进出口份额持续上升，如表 6-40 所示。2010 年，我国出口的世界份额为 9.31%，进口的世界份额为 8.3%，同时经常项目长期保持顺差如图 6-41 所示。巨大的贸易及顺差规模一方面增加了人民币在国际贸易领域的需求；另一方面为人民币币值稳定提供了保障，增强了人民币在国际交往中的吸引力，这是促进人民币国际化的又一有利因素。

表 6-40　主要国家出口、进口占世界出口、进口份额　　单位：%

国家	出口/世界出口						进口/世界进口					
	1980—1984 年	1985—1989 年	1990—1994 年	1995—1998 年	1980—1998 年	1999—2010 年	1980—1984 年	1985—1989 年	1990—1994 年	1995—1998 年	1980—1998 年	1999—2010 年
德国	9.34	11.31	11.08	10.00	10.45	9.33	8.37	8.68	9.82	8.55	8.87	7.53
日本	7.79	9.54	9.16	7.91	8.64	5.96	6.99	6.36	6.41	6.07	6.48	4.94
美国	11.70	11.33	12.08	12.23	11.81	9.74	14.45	16.88	15.02	15.92	15.55	16.08
英国	5.22	5.24	5.12	5.01	5.16	3.71	5.39	6.12	5.72	5.44	5.68	4.62
中国	1.17	1.60	2.31	3.15	2.00	6.87	1.13	1.94	2.17	2.57	1.92	5.80
法国	5.38	5.90	6.03	5.55	5.72	4.37	6.00	6.05	6.01	5.23	5.85	4.60

资料来源：司尔亚司数据信息有限公司(CEIC)全球数据库，http://www.ceicdata.com。

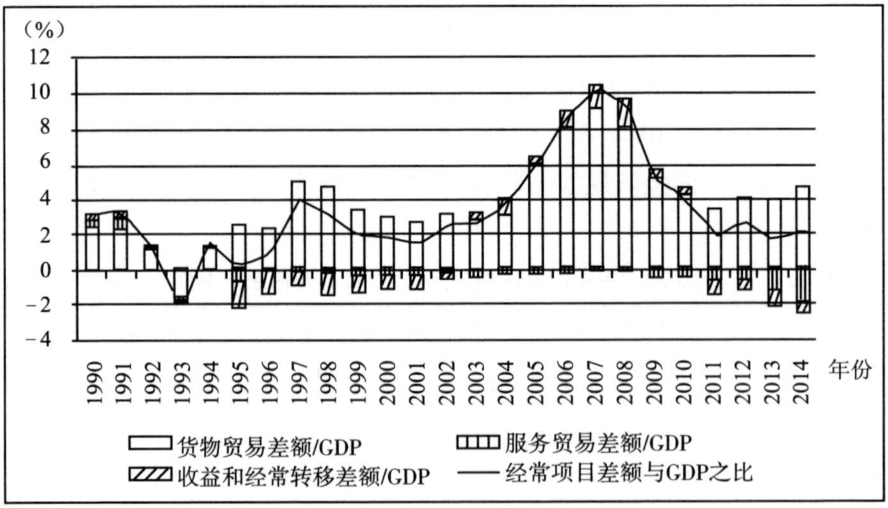

图 6-41　我国经常项目差额变化情况

资料来源：国家外汇管理局，统计数据，http://www.safe.gov.cn；国家统计局，统计数据，http://data.stats.gov.cn。

3. 人民币对外价值稳中有升

1994 年人民币汇率制度改革以后，人民币对外价值稳中有升。图 6-42 显示，1994—2011 年，人民币兑特别提款权汇率虽有所反复，但整体保持升值趋势。尤其是 2004 年以来，人民币汇率持续稳步升值，由每单位特别提款权兑换 12.26 元人民币升至 2015 年 9 月末的 8.9 元。另外，从汇率波动性看，表 6-41 显示，1999—2011 年，人民币月度名义有效汇率指数变动的标准差为 1.22，低于同期其他主要货币。美元变动的标准差为 1.68，日元为 2.34，英镑为 1.52。这表明近年来人民币汇率波动较小①，对外价值较为稳定。人民币汇率稳中有升的汇率走势显然有利于境外居民使用并持有人民币资产，这是人民币国际化的重要基础条件之一。

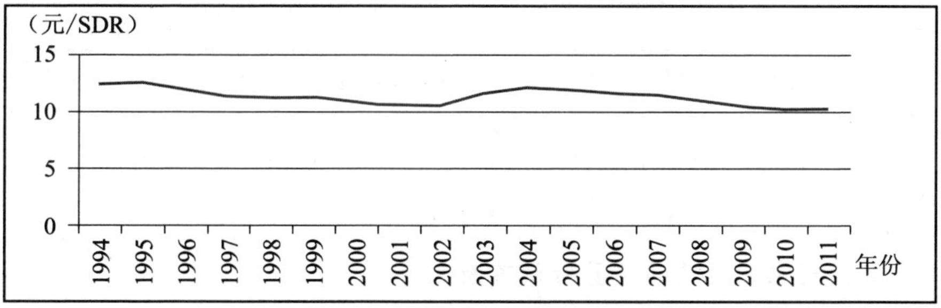

图 6-42　1994—2011 年人民币兑 SDR 汇率

资料来源：司尔亚司数据信息有限公司(CEIC)全球数据库，http://www.ceicdata.com。

表 6-41　主要国家通货膨胀与通货膨胀波动率

国家	1961—1965 年	1966—1970 年	1971—1975 年	1976—1980 年	1981—1985 年	1986—1990 年	1991—1995 年	1986—1990 年	1996—2000 年	2001—2005 年	2006—2010 年
均值(%)											
德国	2.7	2.4	6.1	4.0	3.9	1.4	3.5	1.4	1.5	1.6	2.9
日本	6.1	5.6	9.3	6.7	2.8	1.3	1.4	0.1	−0.4	−0.1	3.3
美国	1.3	4.3	6.8	8.9	5.5	4.0	3.1	2.5	2.6	2.2	4.1

① 与德国马克汇率波幅较小的情况不同，人民币汇率波幅较小主要是由于我国政府还保持着对汇率的较多管制与干预。从汇率制度的角度看，这是一个制约性条件(见后文分析)；但从名义汇率稳定的角度看，这无疑有助于人民币的国际使用。

续表

国家	1961—1965 年	1966—1970 年	1971—1975 年	1976—1980 年	1981—1985 年	1986—1990 年	1991—1995 年	1986—1990 年	1996—2000 年	2001—2005 年	2006—2010 年
均值(%)											
英国	3.6	4.6	13.1	14.5	7.2	4.9	3.8	1.5	1.4	2.7	5.7
中国						12.0	13.1	1.6	1.4	2.9	6.0
波动											
德国	0.6	1.0	0.9	1.1	1.7	1.3	1.4	0.6	0.4	0.9	1.8
日本	1.8	13.5	13.1	2.4	1.3	1.3	1.2	1.0	0.4	1.1	6.8
美国	0.3	1.3	3.2	3.2	2.8	1.4	0.7	0.7	0.8	1.8	2.9
英国	1.3	1.6	6.6	4.4	2.9	1.5	2.2	0.6	0.4	0.8	5.2
中国						9.0	8.1	3.5	1.7	2.8	7.6

注：波动指季度通货膨胀率的标准差，中国通货膨胀均值和波动的样本期间为 1986—2010 年。

资料来源：马骏、徐剑刚，《人民币走出国门之路》，中国经济出版社 2012 年版，第 205 页。

4. 我国对东亚地区的贸易份额不断上升

近年来，我国与亚洲地区的进出口贸易占我国对外贸易总额中的比重持续上升，其中出口比重维持在 45%以上，进口比重占 50%以上。尤其是进入 21 世纪以来，我国与东盟地区的贸易规模增长较快，其中与东盟的货物贸易额占我国货物贸易总额的比重已达 10%，东盟已超过日本成为我国的第三大

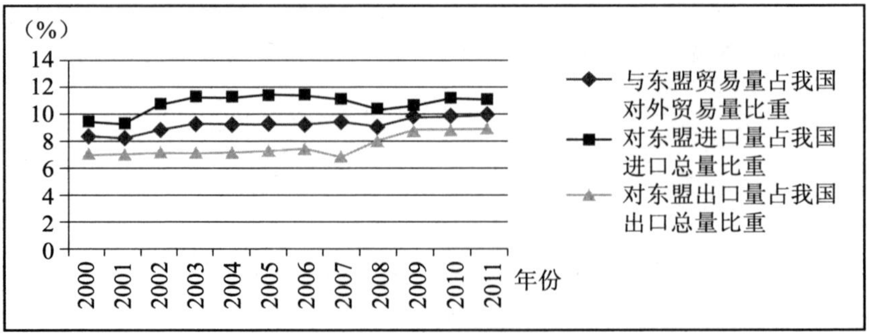

图 6-43 2000—2011 年与东盟十国贸易量占我国贸易总量的比重

资料来源：国家统计局，统计数据，http://data.stats.gov.cn/。

贸易伙伴，如图 6-43 所示。在我国与主要贸易伙伴国(地区)的贸易差额中，对美国、中国香港地区、欧盟等保持顺差，而对日本、韩国、中国台湾地区、东盟等亚洲国家与地区保持逆差，且逆差规模不断增大。总体上，我国形成了对欧美等发达国家顺差而对东亚国家与地区逆差的贸易格局。从长期看，随着我国对能源进口的进一步增加，以及"中国—东盟自由贸易区"的建立与发展，我国对东亚地区贸易逆差的份额将得以保持并持续增长，我国作为东亚地区"市场提供者"的地位将不断提升。

由于东亚地区除了日元之外，没有真正意义上的国际货币，这种格局为人民币在区域贸易中作为结算货币提供了发展空间。而我国作为"市场提供者"，有利于通过贸易渠道输出人民币，并成为对中国贸易顺差国家(地区)的储备货币。同时，与东亚地区日益密切的贸易往来，也为人民币成为区域中心货币甚至锚货币提供了可能性。

5. 对外净资产及储备资产规模庞大

前面的分析意见指出，随着我国对外经济的快速发展，我国已积累了庞大的储备资产及对外净资产。2011 年年末，我国的外汇储备资产规模为 32 500亿美元，对外净资产规模为 17 700 亿美元。虽然巨额的储备资产存在种种弊端，但在当今国际游资频繁流动的背景下，作为发展中国家，拥有足够数量的外汇储备有利于抵御金融风险，保持汇率及币值稳定，增强国际社会对人民币的持有信心。另外，我国的对外负债以外商直接投资为主，资本在短时间内外逃的可能性较小，这表明我国出现传统债务与货币危机的风险较小。① 总的来说，以上因素为我国避免金融动荡，保持经济稳定提供了有利条件，进而为人民币国际化奠定了重要基础。

(二)人民币国际化的制约因素

虽然我国具备上述推进人民币国际化的优势条件，但与当今世界主要发达经济体相比，我国在许多方面也存在明显不足，诸如外贸企业定价能力不强、产业结构有待升级等实体经济方面的因素，但基于研究需要，笔者重点

① Prasad, Eswar and Lei(Sandy) Ye, "The Renminbi's Role in the Global Monetary System", Federal Reserve Bank of San Francisco Conference on Asia's Role in the Post-Crisis Global Economy, 2012.

对与资本项目开放相关的制约因素进行分析。

1. 人民币汇率形成机制尚未实现市场化

(1)我国目前的汇率形成机制。

近年来，我国虽然在逐步提高人民币汇率的波动幅度，但从整体看人民币依然缺乏足够的弹性，人民币汇率形成机制尚未完成市场化。2005年之前，我国实行单一钉住美元的固定汇率制度。2005年之后，人民币不再单一钉住美元，开始实行以市场供求为基础、参考一篮子货币调节、有管理的浮动汇率制度。从2007年5月开始，银行间即期外汇市场人民币兑美元交易价浮动幅度由3‰扩大至5‰。从2012年4月起，该幅度进一步扩大至1%。自2014年3月17日起，银行间即期外汇市场人民币兑美元交易价浮动幅度由1%扩大至2%。2015年8月11日，央行推出新的关于人民币汇率中间价报价机制的改革。这是汇率定价权从央行向市场让渡的重大改革举措：新的人民币汇率中间价报价机制下，央行维持持续既定目标汇率的难度显著提高，市场对汇率决定的影响力有望增强。虽然人民币兑美元波幅不断增大，但从整体看，我国对汇率仍然保留着较多干预。截至2011年，人民币兑美元的日汇率波幅在主要新兴市场国家中是最低的。

(2)制约人民币汇率机制改革的深层次原因。

从国内经济的角度看，制约人民币汇率形成机制市场化改革的最主要原因在于我国劳动力就业对汇率的敏感性。一方面，由于短期甚至中期内人民币汇率可能依然明显低于均衡汇率水平。① 人民币汇率一旦全面放开，在短期内存在人民币汇率过快升值或者剧烈波动的风险。② 另一方面，中短期内我国劳动力就业对出口及汇率还存在较强的依赖性。

虽然改革开放30多年以来，我国出口商品的要素结构不断优化，资本与技术密集型商品所占比例逐步增长。但从总体看，劳动密集型产品占比仍然

---

① 张明：《人民币汇率已经达到均衡水平了吗?》，2012年5月4日，http://www.cf40.org.cn。

② 已有文献对于人民币汇率均衡水平的估计结果差别很大，从经常项目视角看，目前人民币汇率渐趋于均衡水平，但从利率平价视角看，仍存在升值压力，详见张明：《人民币汇率已经达到均衡水平了吗?》。

较高，长期保持在 40%以上。① 根据何玉梅与孙艳青②等的实证研究，人民币汇率升值以后，对我国不同行业的利润影响明显不同。其中因汇率升值而受到负面冲击最严重的前 10 个行业基本集中于劳动密集型产业，而且这些产业多属于生存环境较差的民营经济，而主要受益的行业是在资本与技术密集型产业，它们大多属于国有垄断性行业。也就是说，人民币升值虽然对出口总量未必造成较大影响，但会对我国的劳动力就业产生剧烈冲击。基于此，在我国经济与产业结构转型之前，尤其是国内服务业尚未对民营资本大规模开放之前，从就业的角度看，保持汇率的相对稳定还是有必要的。

(3)当前汇率机制对人民币国际化的制约。

非市场化的人民币汇率形成机制将从三个方面影响人民币国际化程度的提高。

第一，严格的汇率管制与本币的跨境使用本身存在矛盾。在严格的人民币汇率管制下，境内居民的对外支付首先要用人民币在境内兑换为外汇，而与之进行换汇的对象是境内商业银行，商业银行最终再将人民币向中央银行兑换，在这个过程中人民币始终没有流出境内，更谈不上国际化。要实现人民币流出境外，除了中央银行货币互换这种官方行为外，需要依靠境内居民与境外居民之间人民币与外币的直接兑换，而这种直接兑换必然会根据供需力量形成市场化的汇率。从这个角度看，允许人民币的跨境使用，就必然导致市场汇率的形成，这与目前的人民币汇率管制制度存在一定矛盾。

第二，制约我国资本与金融项目的进一步开放。前面理论与经验分析表明，要实现较高程度的人民币国际化，最终需要资本与金融项目的适时开放。然而，根据“三元悖论”，货币政策独立性、汇率稳定以及资本自由流动三者不能同时兼顾。我国作为经济大国，从长期看必须保持货币政策的独立性，在这个前提下要同时保证汇率稳定，只能继续对资本与金融项目尤其是金融证券项目实施管制，从而限制人民币在国际范围内更广泛的使用。

第三，长期以来的汇率管制已经并将继续干扰我国货币政策的独立性，

---

① 李超：《中国的贸易基础支持人民币区域化吗?》，《金融研究》2010 年第 7 期，第 7 页。

② 何玉梅、孙艳青：《人民币汇率变动影响劳动力就业的再检验：一个微观的视角》，《东南大学学报》(哲学社会科学版)2011 年第 6 期，第 25—29 页。

进而影响物价稳定，最终损害人民币的信用基础。由于我国已经实现经常项目下人民币的自由兑换以及资本与金融项目部分项目（主要是直接投资）的开放，在我国长期保持双顺差的格局下，中央银行为保持汇率稳定，需要大量购买外汇抛出本币，这进一步导致国内货币供给量增长及输入型通货膨胀的出现。从图 6-44 可以看出，2002 年以来，我国通货膨胀率出现了较明显的上升，通货膨胀水平整体上高于美国、德国与日本等主要国际货币发行国，同时波动也较为剧烈。这种状况表明由于受到输入型通胀的影响，人民币对内不断贬值，其价值稳定性受到损害，这显然不利于人民币在国际范围内的竞争力。

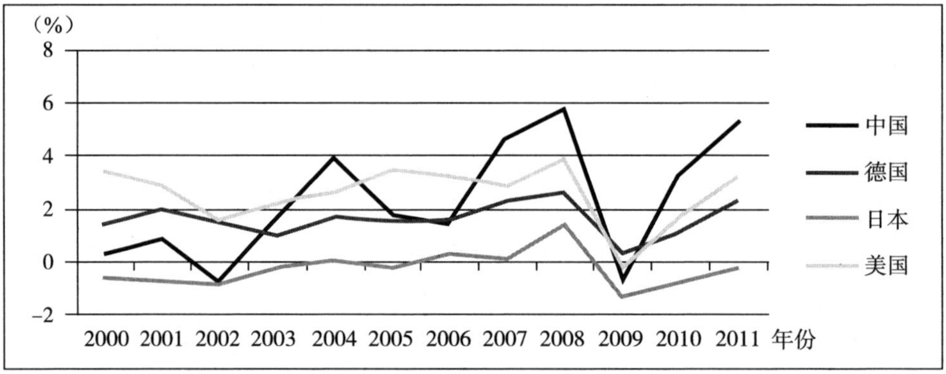

图 6-44 2000—2011 年我国与美、德、日通胀率比较

资料来源：司尔亚司数据信息有限公司(CEIC)全球数据库，http://www.ceicdata.com。

2. *金融市场体系发展相对滞后*

对于金融市场尤其是国际金融中心发展程度的衡量，根据现有研究，可将衡量指标大致分为软指标和硬指标两类。① 软指标主要包括：制度环境指标、人力资源指标、市场准入指标、基础设施指标及综合竞争力指标等。其中制度环境指标主要包括行政管理、税收制度、市场公平与自由程度等内容。人力资源指标主要包括专业人才的相对数量、人才的文化水平及创新能力、人才流动成本等内容。市场准入指标主要包括金融机构的聚集程度、资本准

① 郝宇彪、田春生：《人民币国际化的关键：基于制约因素的分析》，《经济学家》2011 年第 11 期，第 66 页。

入制度、证券化程度以及国际金融交易活跃程度等内容。基础设置指标主要包括办公经营空间是否充足、城市建筑物租金是否适中以及交通、通信设施是否便利等内容。综合竞争力指标指金融中心所在城市的整体竞争力，主要包括该城市在国际上的知名度、生活条件及自然环境方面的吸引力等内容。硬指标主要指国际金融中心的市场规模及相对重要性，主要包括股票与债券市场交易情况、外汇市场交易情况以及金融机构数量等内容。

(1)我国金融市场软指标的相对状况。

2011年3月，“伦敦金融城”发布了新的世界金融中心发展指数报告，综合评估了全球主要国际金融中心在软指标方面的最新变化，并根据指标值进行排名。表6-42列出了排名结果。从表中可以看出，上海金融中心各项指标的排名较2009年有了明显提高，2011年的总排名为第5位，在人力资源与市场准入方面表现更好，而商业环境与基础设施排名稍微靠后。从总体上看，上海金融中心在软指标方面具备了一定的全球竞争力，但与伦敦、纽约等国际金融中心相比，仍然存在明显的差距。另外，香港在全球国际金融中心中排名第3位，而且地位一直较为稳固，这为其成为离岸人民币金融中心提供了条件。

表6-42　主要国际金融中心软指标评分排名

地区/排名	总排名	人力资源	商业环境	市场准入	基础设施	综合竞争力
伦敦	1	1	1	1	1	1
纽约	2	2	2	2	2	2
香港	3	3	3	3	3	3
新加坡	4	4	4	4	4	4
上海	5(10)	5(17)	7(22)	5(26)	8(33)	6
东京	5	6	6	6	5	5
芝加哥	7	7	5	8	6	7
苏黎世	8	8	8	7	7	9
日内瓦	9	9	11	11	9	11
深圳	15	15	27	33	46	

注：括号中的数值为2009年上海在世界中的排名。

资料来源：郝宇彪、田春生，《人民币国际化的关键：基于制约因素的分析》，《经济学家》2011年第11期，第66页。

(2)我国金融市场硬指标的相对状况。

第一，我国债券市场发展程度较低。表6-43的数据显示，截至2010年年末，全球未清偿债券余额为9 484万亿美元，其中国内债券余额67.15万亿美元，国际债券余额27.69万亿美元。作为世界第二大经济体，我国国内债券余额为3.03万亿美元，占全球国内债券的4.5%，而国际债券规模更小，仅有755亿美元，占全球的0.27%。国际主要货币发行国(地区)如美国、欧元区与日本，债券发行规模都数倍于我国。欧元国际债券余额占全球的40%以上，美国份额也高达26%。由此可见，在债券市场发展方面，我国确实与其他主要经济体存在较大差距。

表6-43　2010年年末全球债券市场余额分布　单位：10亿美元

地区	国际债券余额	国内债券余额	债券总余额
全球	27 688.5	67 153.7	94 842.2
美国	7 185.5	25 349.0	32 534.5
英国	3 135.3	1 647.0	4 782.3
日本	419.1	13 734.4	14 153.5
欧元区	11 648.1	13 073.7	24 721.8
中国	75.5	3 031.4	3 106.9

资料来源：Bank for International Settlements，Annual Report 2011，http://www.bis.org。

第二，我国的股票市场规模增长较快，但结构不够合理。就股票市场规模而言，表6-44显示，2010年，我国上海证券交易所和深圳证券交易所的市场交易量分别位居全球第3位和第5位，总交易量已超过日本、德国、法国等发达国家，成为仅次于美国的第二大股票交易市场。但从结构上看，尚存在较多缺陷。主要表现为上市公司数量较少，缺乏适合大中小企业上市融资的多层次市场体系。另外，与美、欧、日及新加坡等发达经济体相比，我国与股票相关的金融衍生品市场还处于起步阶段。

表6-44　2010年全球十大证券交易所股票融资和交易情况

	交易所名称	市场交易量(亿美元)	市值(亿美元)	上市公司数目		
				总数	国(地区)内公司	国(地区)外公司
1	纽约—泛欧交易所(美国)	177 956	133 940.8	2 238	1 787	451
2	纳斯达克—OMX交易所	126 592	38 893.7	2 778	2 480	298

续表

	交易所名称	市场交易量（亿美元）	市值（亿美元）	上市公司数目		
				总数	国（地区）内公司	国（地区）外公司
3	上海证券交易所	44 864.8	27 164.7	894	894	0
4	东京证券交易所	37 927.2	38 277.7	2 293	2 281	12
5	深圳证券交易所	35 637.9	13 113.7	1 169	1 169	0
6	伦敦证券交易所	27 495.3	36 130.6	2 966	2 362	604
7	纽约—泛欧交易所(欧洲)	20 222.1	29 300.7	1 135	983	152
8	德意志交易所	16 320.6	14 297.2	765	690	75
9	韩国证券交易所	16 045.5	10 919.1	1 798	1 781	17
10	香港证券交易所	14 962.2	27 113.2	1 413	1 396	17

资料来源：郝宇彪、田春生，《人民币国际化的关键：基于制约因素的分析》，《经济学家》2011 年第 11 期，第 67 页。

第三，我国外汇市场发展相对滞后。如表 6-45 所示，虽然近年来我国外汇市场交易规模快速发展，交易额由 2004 年的 10 亿美元迅速增长至 2010 年的 2 000 亿美元，但和世界主要发达经济体相比，其相对规模仍然较低。2010 年全球主要的外汇市场所在地英国、美国、日本和新加坡的日均外汇交易量分别占全球的 37%、18%、6%和 5%，而同期我国外汇交易比重仅为 0.6%，世界排名第 22 位，可见在外汇交易市场发展水平上，我国与发达国家的差距之大，这与我国全球第二大经济体的地位极不匹配。除了即期外汇市场发展滞后，我国远期外汇交易、外汇期货交易、外汇期权交易等衍生品市场发展更是处于初级阶段。

总之，我国金融市场的发展程度还相对较低，市场容量及结构层次与发达经济体还存在较大差距。这一方面限制了人民币在国际投融资方面的使用效率与规模；另一方面所标明出来的金融体系的脆弱性，以及金融机构较低的风险管理能力也制约着我国金融与资本与金融项目开放的进程，进而影响人民币国际化的进展与成效。

表 6-45 部分国家和地区外汇市场日均交易量情况 单位：亿美元、%

国家/地区	1998 年		2001 年		2004 年		2007 年		2010 年	
	金额	占比	金额	占比	金额	占比	金额	占比	金额	占比
英国	6 370	32.4	5 040	31.2	7 530	31.3	13 590	34.1	18 540	37.0
美国	3 510	17.9	2 540	15.7	4 610	19.2	6 640	16.6	9 040	18.0
中国香港	790	4.0	670	4.1	1 020	4.2	1 750	4.4	2 380	5.0
新加坡	1 390	7.1	1 010	6.2	1 250	5.2	2 310	5.8	2 660	5.0
德国	940	4.8	880	5.5	1 180	4.9	990	2.5	1 090	2.0
日本	1 360	6.9	1 470	9.1	1 990	8.3	2 380	6.0	3 120	6.0
中国内地	0	0.0	0	0.0	10	0.0	90	0.2	200	0.4
全球	19 690	100	16 160	100	24 080	100	39 890	100	50 560	100

注：数据为当年 4 月日均交易量。

资料来源：Bank for International Settlements，Annual Report 1998—2011，http://www.bis.org。

3. 我国对利率依然保持管制

(1)我国目前的利率形成机制。

从利率形成机制看，近年来我国利率市场化程度不断提高，但在存贷款领域仍然保留着较为严格的管制。1996 年以来，我国先后放开了同业拆借利率、国债及政策性金融债发行利率、回购利率等 6 个品种的批发性市场利率。到目前为止，我国的货币市场、债券市场利率管制已基本放开。同时，民间借贷市场及银行理财产品、表外创新业务也基本按照自发的市场供求关系运行。然而，占金融资产超过一半份额的银行存贷款资金仍然以官定利率为基础运行。其中贷款利率市场化程度有所提高，存款利率管制仍未取得实质性突破，如表 6-46 所示。由于存款利率决定了商业银行的资金成本，从而对贷款利率、上海银行间同业拆借利率(SHIBOR)报价、金融产品利率及其他金融市场利率也产生直接影响。对存款利率上限的管理，成为我国各类利率运行的基础或决定因素。从这个角度看，我国的利率体系距离完全的市场化仍有较大差距。

表 6-46　2011 年年末我国利率产品市场化状况　　单位：亿元

货币市场		债券市场		存贷款市场	
市场状况	余额	市场状况	余额	市场状况	余额
同业拆借（1996 年放开）	8 852	金融债（1998 年放开）	74 598	外币贷款（2000 年放开）	33 917
回购（1997 年放开）	22 942	国债（1999 年招标发行）	73 827	外币存款（2004 年放开）	17 333
贴现（2005 年与再贴现利率脱钩，实现市场化）	15 120	企业债（2007 年参照 SHIBOR 利率报价）	51 628	人民币存款利率管上限（2004 年）	809 369
				人民币贷款利率管下限（2004 年）	532 820
				同业存款（市场化定价）	23 018
				委托存款（市场化定价）	52 118
				委托贷款（市场化定价）	51 968
				信托贷款（市场化定价）	17 579
				理财产品（市场化定价）	31 732

资料来源：中国人民银行调查统计司课题组，《协调推进利率汇率改革和资本账户开放》，《中国金融》2012 年第 9 期，第 12 页。

（2）制约利率市场化的主要原因。

我国之所以在存贷款利率市场化方面进展缓慢，至少源于以下两个原因：一是我国商业银行主要依靠存贷款利差维持运营与生存。图 6-45 显示，2010 年我国六大商业银行利差收入占总收入的 70%以上。根据 2011 年季报数据，中间业务占比较高的招商银行，其营业收入中的 77%仍然属于净利息收入，可见我国银行业对利差依赖性之强。在这种盈利模式没有改变之前，贸然放开存贷利率管制，将给商业银行的营业收入及稳定运行带来巨大冲击。二是我国地方政府及国有企业贷款规模巨大，占金融机构总贷款规模的比重高达 30%左右。长期以来，地方政府及部分国有企业依靠银行贷款来为其所承担的基础设施建设项目融资，这些项目普遍周期长但收益低，在一定程度上以社会效益为主，它们无法承受较高的利率水平。如果过快推进利率市场化改革，将大幅提高这些资金的使用成本，很可能造成项目中断，进而给银行带来大量呆账、坏账，甚至引发金融风险。

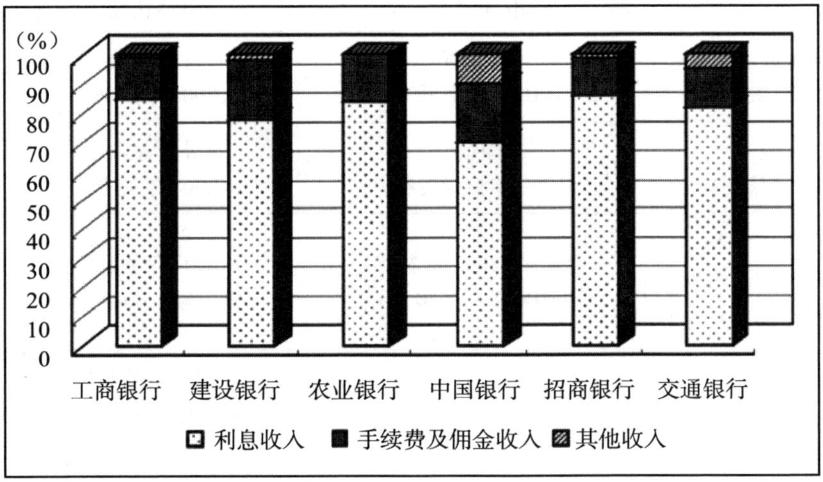

图 6-45　2010 年我国六大银行各项营业收入来源占比

资料来源：郝宇彪、田春生，《人民币国际化的关键：基于制约因素的分析》，《经济学家》2011 年第 11 期，第 69 页。

(3)利率管制对人民币国际化的制约。

利率管制对人民币国际化的影响主要体现为其制约了资本与金融项目开放的进程。在存在利率管制的情况下，国内利率不能灵活反映资金供求关系，人民币境内利率与国际资本市场利率往往会形成显著差异。如果完全开放资本与金融项目尤其是证券投资项目，将引起大量短期套利资金的频繁进出。这一方面会给金融体系造成冲击；另一方面将降低我国央行对利率及货币量的控制能力，同时还会引起汇率的剧烈波动。因此，在完成利率市场化之前，我国有必要保留对资本与金融项目的部分管制，从而不利于人民币国际化程度的提高。

4. 我国当前资本与金融项目开放程度依然过低

(1)我国资本与金融项目开放的基本状况及国际比较。

近年来，我国按照循序渐进、先长期后短期的原则稳步推进资本与金融项目开放，但基于前面所述条件的限制，其开放程度依然较低。根据 2011 年国际货币基金组织《汇兑安排与汇兑限制年报》，目前我国资本与金融项目基本可兑换项目及部分可兑换项目有 36 项，主要是股票市场交易、债券市场交易、个人资本交易和房地产交易等领域；不可兑换项目有 4 项，主要集中在非居民投资国内货币与基金信托市场及衍生金融工具等领域，如表 6-47 所示。具体情况概括如下：

第一，对外直接投资管制较少。我国在外商来华直接投资方面已基本实现可兑换，对于符合来华投资法规要求，并获得商务部门批准的非居民均可来境内投资。在居民对外直接投资方面，近期放松管制的步伐进一步加快，自 2009 年 8 月开始，对用于境外直接投资的资金来源(包括自由外汇、用人民币购汇、在国内获得的外汇贷款、境外利润及有形、无形资产等)事先不再审查，只需进行事后备案，并且投资所需资金汇往境外时不再审批。

表 6-47　我国资本账户可兑换限制明细表

	不可兑换	部分可兑换	基本可兑换	完全可兑换	合计
资本和货币市场工具交易	2	10	4		16
衍生品及其他工具交易	2	2			4
信贷工具交易		1	5		6
直接投资		1	1		2
直接投资清盘			1		1
房地产交易		2	1		3
个人资本交易		6	2		8
小计	4	22	14		40

资料来源：中国人民银行调查统计司课题组，《协调推进利率汇率改革和资本账户开放》，《中国金融》2012 年第 9 期，第 12 页。

第二，对跨境信贷限制较多。在贸易信贷项目下，金融机构经中国银行业监督管理委员会的批准，可贷款给境外机构或从境外机构贷款；经国家外汇管理局批准，跨国经营的本国企业可安排境内银行向其境外关联企业贷款，也可用自有资金直接向境外关联企业贷款，外资企业的短期外债和中长期外债余额不得超过总投资和资本金额之间的差额。在金融信贷项目下，经国家外汇管理局批准，获中国银行业监督管理委员会授权的金融机构可向境外居民发放贷款。但在现实中，对外发放贷款主要依靠政策性银行进行，国内商业银行对外放贷额几乎是空白。

第三，对跨境证券投资管制较为严格。由于资本与金融项目中的证券投资项目涉及短期资金的频繁进出，对一国金融体系及宏观经济影响较大，长期以来我国对该项目的管制比较严格，目前主要是通过合格境外机构投资者(QFII)及合格境内机构投资者(FDII)制度来允许少部分资金跨境流动。在QFII方面，截至2011年年底，国家外汇管理局累计批准了110家外资机构共216亿美元的境内证券投资额度，QFII共汇入投资资金205亿美元，汇出资金44亿美元，净汇入资金161亿美元。从投资分配情况看，虽然近几年国内证券市场整体呈下跌趋势，但QFII机构的资产依然以股票投资为主。截至2011年年底，QFII配置的股票资产占总投资的70%左右。在QDII方面，截至2011年年底，国家外汇管理局共批准96家机构，对外证券投资额度累计749亿美元，QDII项下已累计汇出资金915亿美元，汇入资金623亿美元。①资产配置中股票仍占主要部分，占比达64%，其次是基金、黄金、地产、石油等新型产品。总体而言，虽然近年来QFII和QDII发展迅速，但其规模仍然相对较小，且对其资格的审核还较为严格。

与世界其他主要经济体相比，我国资本与金融项目开放程度明显较低。为衡量各国金融账户整体的开放程度，此处借鉴莱恩和费雷蒂(Lane and Milesi-Ferretti)②的方法，使用一国扣除官方储备资产之后的对外金融资产、对外金融负债之和与本国国内生产总值的比值，来表示该国金融项目的开放程度。扣除储备资产项目后，这里金融账户主要包括证券项目(股票与债券)、其他投资或负债项目(银行金融项目贷款或借款、贸易信贷、货币存款或负债等)。

表6-48显示了截至1983年及2010年我国与美、德、日三国金融项目开放程度。从表中可以看出，目前我国金融项目开放的程度，不仅与其他三国在2010年时的水平差距巨大，而且与这些国家1983年时的状况相比，仍然存在一定的差距。

---

① 中国人民银行：《2011年第四季度中国货币政策执行报告》，http://www.pbc.gov.cn。

② Lane，Philip，and Gian Maria Milesi-Ferretti，“The External Wealth of Nations: Measures of Foreign Assets and Liabilities for Industrial and Developing Nations”，*Journal of International Economics*，2001(2)，pp. 163-194.

表 6-48　中美德日四国金融账户开放程度对比

	美国		德国		日本		中国
	1983 年	2010 年	1983 年	2010 年	1983 年	2010 年	2010 年
对外金融资产/GDP	0.21	1.07	0.24	2.10	0.18	0.91	0.15
对外金融负债/GDP	0.20	1.39	0.26	1.94	0.19	0.66	0.14
合计占比	0.41	2.46	0.50	4.04	0.37	1.57	0.29

注：表中“对外金融资产”指扣除储备资产后的对外金融资产余额。

资料来源：司尔亚司数据信息有限公司(CEIC)全球数据库，http://www.ceicdata.com。

除此之外，还应注意一个问题，即资本与金融项目下本币是否完全可兑换。根据前面第三节的分析，只有允许居民与非居民之间直接进行货币兑换，即允许使用本币进行跨境交易的情况下，本币才可能流出境内，成为国际货币。但在 2010 年之前，我国并未允许在资本与金融项目下进行人民币跨境交易。因此，事实上表 6-48 显示的我国资本与金融项目开放程度与人民币国际化基本无关，此前我国非常有限的资本与金融项目开放并不能够促进人民币的国际使用。基于此，笔者认为，从本币跨境流动的视角看，2010 年之前我国的资本与金融项目基本处于完全封闭状态，这与其他三大经济体在 20 世纪 70 年代中期至 80 年代中期时的状况还是存在显著差异的。

(2)资本与金融项目开放程度过低对人民币国际化的影响。

目前我国过低的资本与金融项目开放程度将通过影响人民币的境外供给与需求，进而制约人民币的国际化进程。

从供给的角度看，人民币如果不能从资本与金融项目中各子项目流出境内，则只能通过进口实现境外供给。但在贸易顺差的格局下，通过商品进口输出本币将在数量及可持续性上受到制约。从需求的角度看，如果不允许境外人民币通过资本与金融项目投资境内，将不利于国际范围内人民币资产池的建立与成长。而较小的人民币资产池将不能满足海外投资者对本币流动性、投资性及风险对冲的要求。即便只是在贸易领域，由于贸易信贷、汇率风险对冲工具的缺乏，也会增加使用人民币的交易成本，从而限制人民币的使用。近年来，虽然我国对东南亚地区持续增长的进口需求，为人民币通过贸易渠道走出国门奠定了基础，但这同样需要适度资本与金融项目开放的支持。只有在人民币具备基本的投资保值功能及较强流动性的前提下，境外贸易商才更愿意接受人民币。

上述分析表明，我国作为当前世界第二大经济体，积极推进人民币国际化具有重要战略意义，包括降低国家对外债权债务的汇率风险、增强我国国际支付能力及对世界经济的影响力、获取大宗商品计价权以赢得国际竞争主动性、降低涉外企业汇率风险及汇兑成本以及提高国内金融体系发展水平等诸多方面。尤其是伴随着全球经济与金融一体化的快速发展，我国对外资产与负债规模将与日俱增，如果国家庞大的债权继续以外币(主要是美元)标价为主，则我国宏观经济与主权财富将始终不能摆脱日益突出的汇率风险。因此，实施人民币国际化战略，以最终实现对外资产与负债的本币计价，具有长远战略意义与现实迫切性。

从我国推进人民币国际化的基础看，既有优势条件也有制约因素。其中优势条件主要包括：庞大的经济与对外资产规模、较快的增长速度、对外贸易与顺差规模巨大、人民币对外价值稳中有升以及对东亚地区的贸易份额不断上升等。这些优势条件决定了人民币成为国际重要货币的内在潜力。

然而，在具备上述优势条件的同时，人民币国际化的制约因素也较为突出：一是人民币汇率形成机制尚未实现市场化，而其根源在于我国现阶段以劳动力密集型产业为主导的出口导向型经济，决定了劳动力就业对汇率的敏感性。在我国成功实现经济结构转型之前，政府仍然需要对汇率保持不同程度的管制。对汇率的管制一方面限制了资本与金融项目的开放程度；另一方面导致国内输入型通货膨胀，有损人民币的价值稳定，从而不利于人民币的国际竞争力。二是金融市场体系发展相对滞后并且利率依然保持较严格的管制，同样会制约资本账户的开放及非居民对人民币金融投资功能的使用。三是资本与金融项目开放程度过低，这将从供给与需求两个方面限制人民币国际化程度的提高。

(三)人民币国际化的政策困境

作为崛起中的经济大国，我国既有推进人民币国际化的战略需要与优势条件，同时也受到诸多因素的明显制约，而这些制约因素又非短期内可以解除。面对这种情况，人民币国际化战略是否需要等待条件完全成熟再行推进？事实上，2009 年 7 月开始的跨境贸易人民币结算试点已经对这一问题做出了否定回答。那么，人民币跨境使用政策推行的逻辑是什么？可否用中国一贯的渐进式改革思维进行解读？遵循这一思路，本部分对当前人民币国际化路径的实施背景及渐进式路径特征进行解析。

前面已经论述了从长期看实现人民币国际化的战略意义，从以下几个方面的现实情况看，人民币国际化战略的启动宜早不宜迟。

1. 贸易顺差具有阶段性

从历史经验看，在一国货币国际化的初期，往往需要该国的贸易顺差作为基础，如表 6-49 所示。在未来一定时期内，人民币的国际化同样要以我国的贸易顺差为基础，这有利于人民币币值稳定及境外居民对其保持信心。①近年来人民币在周边地区吸引力的增强，以及现阶段人民币国际化取得的初步成果，主要得益于贸易顺差所形成的人民币坚挺表现。但是，伴随着中国经济结构转型、人民币升值、劳动力成本增加、社会保障体系的完善(将促使储蓄下降进而降低储蓄率)等因素的变化，近年来我国经常项目顺差逐步降低。我国的经常项目将有可能在未来数年内由顺差转向平衡甚或逆差。马骏等运用 CGE 模型进行测算的结果表明②，5 年之内，我国的经常项目顺差平均每年将减少 500 亿美元(约为 2011 年顺差额的 25％)，至 2016 年前后，我国经常项目顺差有可能转变为逆差。届时再开始启动人民币国际化战略，将丧失来自贸易顺差的优势条件。因此，应趁人民币处于上升通道的阶段，尽早推动人民币走出国门。

表 6-49　美、德、日、欧货币国际化时期经常项目顺差占 GDP 比重

国家/货币	储备货币地位上升阶段	贸易顺差占GDP 平均比重	该货币占全球储备比重的变化
美国(美元)	1949—1962 年	2.2％	从不到 30％上升到接近 70％
德国(马克)	1969—1989 年	1.4％	从不到 1％上升到接近 20％
日本(日元)	1974—1991 年	1.3％	从基本为零上升到接近 10％
欧元区(欧元)	2000—2010 年	1.7％	从 19％左右上升到 26％左右

资料来源：马骏、徐剑刚，《人民币走出国门之路》，中国经济出版社 2012 年版，第 29 页。

① 李稻葵、尹兴中：《国际货币体系新架构：后金融危机时代的研究》，《金融研究》2010 年第 2 期，第 40 页。

② 马骏、徐剑刚：《人民币走出国门之路》，中国经济出版社 2012 年版，第 29 页。

2. 我国进出口贸易中存在使用人民币交易的市场性需求

随着我国与亚洲各国尤其是东盟之间双边贸易的发展，我国在该地区作为“市场提供者”的地位会不断提升。同时，由于人民币对外汇率较为稳定，贸易双方使用人民币作为结算的需求将逐步增加。因为相对于使用美元结算，使用人民币降低贸易双方之间的汇兑及风险管理成本，理论上这种收益可以通过价格机制在双方之间进行分配。伴随着贸易规模的增长，这种交易费用的节省将越来越突出，从而形成客观的市场需求。本节后面关于跨境贸易人民币结算的计量分析也验证了上述推断。计量结果显示，区域内贸易规模是影响人民币结算使用量的重要因素，人民币结算的贸易性需求随着贸易规模的增长而增加。

事实上，在我国允许跨境贸易人民币结算之前，人民币在周边国家与地区已广泛使用，存在一定规模的市场基础。一是在韩国、新加坡、泰国、马来西亚等国，伴随着旅游业的兴起，人民币的流通量逐步上升。中国“银联卡”在这些地区已开展业务，人民币兑换当地货币的银行和兑换店也日益增多。二是在中国同越南、俄罗斯、缅甸、老挝等国的边境贸易中，人民币的使用也逐步普及，人民币基本上可以同这些国家的货币自由兑换。在这些地区，人民币逐渐成为一种被广泛接受的区域性货币。三是由于我国内地和中国香港、澳门地区之间存在紧密的经济联系，而且之间相互旅游及探亲的人数不断增多，人民币在这些地区的使用已相当普遍，人民币在香港已成为仅次于港币的流通货币。

因此，政府有必要从政策层面顺应、满足这种需求，以促进贸易增长，提升企业竞争力。

3. 金融基础设施建设的需要

为拓宽人民币在国际上的使用，需要建立一个有一定深度和广度的人民币资产市场，其中金融市场的基础设施建设至关重要。该金融市场的基础设施包括：高效的人民币支付结算系统、完善的法律和法规及监管制度、丰富多样的人民币金融工具以及能够充分反映市场风险的资产收益曲线等。如公路、港口等其他实体基础设施一样，金融基础设施的建设也应有一定的前瞻性，并且需要在市场环境中经过长期摸索才能不断完善。从这个角度看，尽早在区域范围内推进人民币的使用，有助于建立人民币资产市场的基础设施，并积累金融监管经验。

除了以上因素之外，由于国际货币的使用具有显著的网络外部性，交易成本会随着使用范围的扩大而降低。基于货币的这一特性，人民币应尽早走出国门，培育使用网络，为将来更大规模的国际使用奠定基础。①

上述分析表明，在2009年跨境贸易人民币结算试点推出之前，我国在推进人民币国际化问题上面临着一定程度的政策困境。一方面，人民币国际化符合我国的长期战略利益，同时也存在尽快启动的必要性；另一方面，推进人民币国际化首先就需要允许人民币的跨境结算使用，根据前面的分析，这必然会导致跨境交易中市场化汇率的形成。在我国国际收支双顺差的背景下，汇率的市场化极有可能表现为人民币迅速升值，进而对出口部门尤其是其中的劳动密集型产业造成冲击，影响就业与经济稳定。同时，为提高境外人民币的供给量以及流动性，也有必要适度扩大资本与金融项目的开放。而在目前汇率管制及金融体系脆弱的条件下，这又可能干扰我国的货币政策以及金融经济稳定。在这种两难选择中，如何协调人民币国际化与汇率及资本与金融项目管制之间的矛盾，给政策制定提出了挑战。

二、人民币国际化渐进式路径的形成及其均衡分析

(一)人民币国际化渐进式路径的含义及其制度逻辑

1. 人民币国际化渐进式路径的含义

面对上述政策挑战，为了同时兼顾国内经济、金融稳定与人民币国际化的推进要求，我国政府遵循30多年来渐进式改革逻辑，走出了一条特有的渐进式货币国际化路径。渐进式路径是指：一方面在境内仍然保留中央银行干预的汇率制度以及严格的资本与金融项目管制，以维护汇率及金融市场的相对稳定，为经济转型、产业升级以及金融市场、金融机构的自我完善争取时间；另一方面采取措施，允许境内外居民使用人民币进行跨境贸易、直接投资及项目信贷结算，同时大力建设境外人民币离岸市场，扩大境外人民币债券发行规模，丰富人民币离岸产品，支持第三方使用境外人民币进行贸易与投资结算，并允许部分境外机构在一定额度内使用境外人民币开展境内证券

---

① 宋晓玲：《人民币国际化：基于历史惯性视角的实证分析》，《上海金融》2010年创刊30周年征文，第45—49页。

投资，不断拓宽人民币回流渠道。这种渐进式路径的基本含义可以用图 6-46 进行概括。

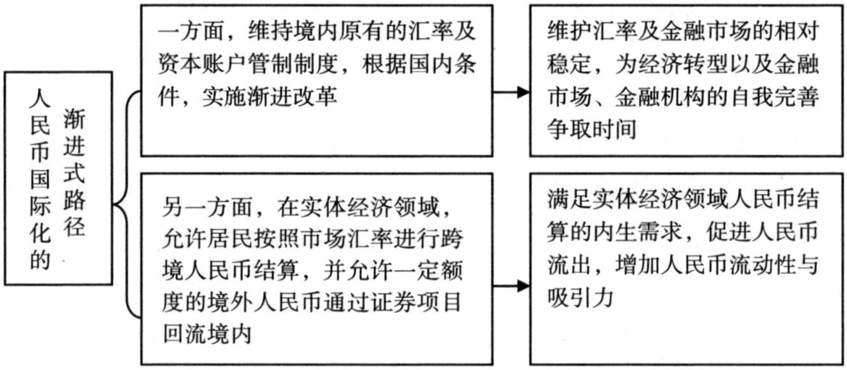

图 6-46　人民币国际化的渐进式路径

2. 人民币国际化渐进式路径的制度逻辑

在上述制度背景下，从汇率和资本与金融项目管制的角度看，渐进式路径的实质是允许境内居民在一定范围内同境外居民按照市场化的汇率进行交易，同时逐步开放部分资本与金融项目，但新开放的资本与金融项目只能按照市场化汇率进行交易。下面以跨境贸易人民币结算为例，从货币兑换的角度，剖析人民币国际化现行路径的制度逻辑。①

假设境内人民币(CNY)兑美元即期汇率为 6.4，香港离岸人民币(CNH)兑美元为 6.3，现有某境内进口商从香港进口货物，货物报价是 100 万美元，贸易双方可以协商选择用美元或人民币支付。若选择用美元结算，则进口商需按照 CNY 价格在境内换汇，其需要支付 640 万元人民币，以获得 100 万美元支付款；若选用人民币结算，由于出口商可以在 CNH 市场上按照 6.3 兑换美元，所以进口商只需支付 630 万元人民币，其所结余的 10 万元人民币可以与出口商进行分成。出口商获得人民币后，可以将其存入香港银行人民币账

---

① 需要说明的是，笔者这里的分析侧重于境内进出口商通过境内外套利而输出人民币的交易逻辑。事实上，对于我国同美国以外的国家进行的贸易，使用人民币替代美元将节省双方共同的汇兑与汇率风险管理成本，所以即便没有套利空间，仍然会有境内企业选择使用人民币结算。

户以持有人民币头寸，也可以在 CNH 市场将其兑换为美元。在这个过程中，虽然进口商使用人民币支付，并没有直接参与具体的外汇兑换，但出口商接受人民币后再去换汇，和进口商在 CHN 市场换汇后再支付给出口商，两者并无实质差别。对于进口商而言，不管贸易合同采用何种币种标价，只要能够使用人民币进行结算，就等同于其可以在 CNH 市场上进行进口换汇。

同理，当前人民币跨境流动的其他参与者，包括境内出口商、直接投资者和证券投资者，在使用人民币进行结算和交易时，遵循与进口商人民币结算同样的逻辑，都可以理解为通过不受干预的境外人民币市场进行了货币兑换。例如，当 CNH 比 CNY 便宜时，境内出口商出口特定美元价值的货物，如果用美元结算，然后在境内结汇，则所得人民币数额较少；而用人民币结算，则境外进口商可用同样数额的美元兑换更多的人民币，再支付给出口商，则相对于美元结算，出口商获得更高的人民币数额，这一过程可视为出口商利用境外人民币市场完成了更有利的货币兑换。

从统计数据看，2011 年 9 月之前，人民币存在显著的升值预期，随后出现贬值预期，与此相对应，跨境贸易人民币收付比呈现先降后升的走势，尤其是 2011 年 9 月至 12 月，伴随着人民币贬值预期，该比率由 50%迅速提升至 140%，如图 6-47 所示。这说明当存在人民币贬值预期进而导致 CNY 更贵时，境内进口商倾向在境内市场换汇以支付货款，而出口商倾向于用人民币结算(或在境外将外汇兑换为人民币带回境内)，从而导致收付比提高。人民币汇率预期与收付比高度的相关性印证了笔者前文的理论分析。

渐进式路径的形成，使得境内参与者同时面对在岸、离岸两类人民币市场和两种汇率。在境内人民币(CNY)市场①，主要参与者包括中国人民银行、国内金融机构、外贸企业以及境外金融机构在我国的分支。由于中央银行的持续干预，CNY 汇率长期维持了较狭窄的浮动幅度。在香港人民币(CNH)市场，主要参与者包括内地和香港外贸企业、从事人民币业务的境外金融机构、对冲基金以及一般投资者，汇率由市场供需决定。在渐进式下，相对稳定的 CNY 汇率对境内参与者的利益起到了保护作用，使得他们不会因为 CNH 的出现而受损，而且他们中的一方还可以通过选择境外汇率交易而获利。因此，

① 这里只讨论即期外汇市场。

这种制度不会直接破坏境内经济的稳定性，同时又在增量上纠正了外汇干预所导致的市场扭曲，符合中国一贯的渐进式与增量改革逻辑。更为重要的是，渐进式路径培育了人民币使用网络，建立了货币国际化所必需的金融基础设施，为人民币更长远的发展奠定了基础。

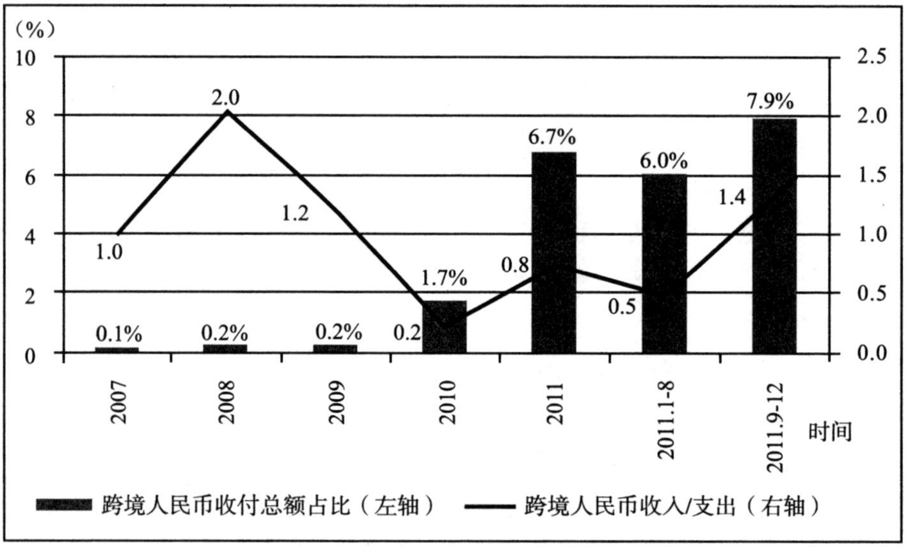

图 6-47　2007—2012 年跨境人民币收付情况

资料来源：国家外汇管理局，《2011 年中国跨境资金流动监测报告》，http://www.safe.gov.cn。

(二)渐进式路径下人民币跨境流动的均衡分析

人民币国际化的渐进式路径实施以来，跨境贸易人民币结算规模迅猛增长，这一方面源于本币结算降低了贸易商的交易费用与汇率风险；另一方面由于渐进式导致境内外汇率差别，为贸易商提供了一定的套汇空间，助推了相关主体使用人民币进行结算的行为。本部分暂不考虑第一个方面的因素，仅从套汇的角度对人民币的跨境流动机制进行分析。

假定在跨境贸易人民币结算推行之前，人民币的供需均衡状况如图 6-48 所示，s 代表人民币供给曲线，d 代表需求曲线，长期供需均衡点为 E，均衡时名义汇率(人民币的美元价格)为 P_1，假设央行将汇率目标定为 P_2，$P_2 < P_1$，则在此汇率水平下，人民币需求为 Q_2，供给为 Q_1，供需缺口由央行

弥补。

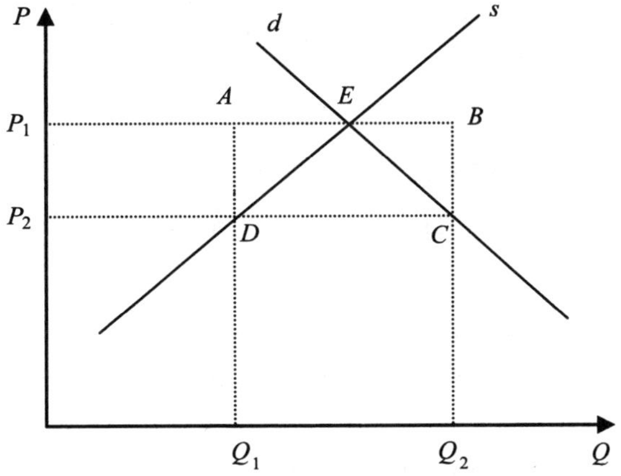

图 6-48 跨境使用之前的人民币均衡

跨境贸易人民币结算推出后，人民币在离岸市场上的供需状况如图 6-49 所示，以下分两种情况来讨论。

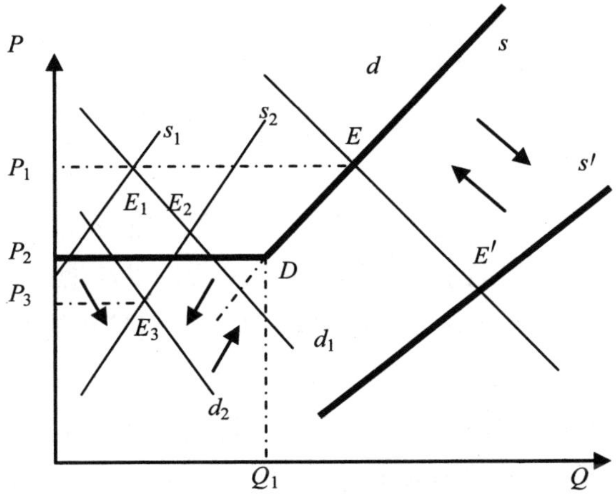

图 6-49 跨境使用之后的人民币均衡

1. *存在升值预期时的均衡*

当境外市场对人民币存在升值预期时，假设预期长期供求均衡点为 E，对应人民币价格为 P_1，此时对人民币的投资或投机需求将会出现，这种需求用需求线 d_1 表示，其与境外短期供给曲线 s_1 相交与 E_1 点，此时境外人民币价

格高于境内价格 P_2，境内进口商及 ODI 投资者将更多地使用人民币跨境结算。在不变的价格下，这种行为为境外市场提供了更多的人民币，短期供给曲线 s_1 将向右下方移动至 s_2，并与 d_1 相交于 E_2。随着源源不断的境内人民币流向境外市场，供给曲线不断右移。只要境内固有的人民币供给大于境外需求，这个过程将持续，直至均衡价格降至 P_2 上方附近(略高于 P_2)。此时，境外人民币汇率向境内趋同，境内人民币停止单边流动。另一方面，境外人民币需求曲线也会移动，这取决于两个因素：一是人民币升值预期，当升值预期强劲时，需求增加，需求曲线右移，反之左移；二是我国资本项目开放的程度，当开放程度较高时，投资性需求可以介入的渠道增多，将使需求曲线右移。

短期内，我国允许的人民币回流渠道较少而且受到严格监管，境外人民币需求规模受到限制，此时即便存在一定程度的升值预期，在 P_2 价格附近，境外需求尚不足以超过境内人民币供给 Q_1，此阶段供给曲线表现为水平线 P_2D，均衡价格保持在 P_2 以上部分，均衡数量取决于需求线的移动。2011 年 9 月之前基本保持这种均衡。长期内，随着人民币资本项目开放程度的提高，需求曲线不断右移，金融性投资需求超过境内原有供给量，最终供求均衡点推至 E 点，从而实现长期均衡。

2. *存在贬值预期时的均衡*

当境外存在人民币贬值预期时，境外增量金融投资性需求减少，需求曲线左移至 d_2，同时，境外居民出售手中的人民币，供给增加，此时形成新的均衡点 E_3，对应于较低的境外人民币价格 P_3。此时境内进口商和 ODI 投资者不再倾向于使用人民币结算，供给减少。另一方面，境内出口商和境外 FDI 投资者面对较便宜的境外人民币价格，将倾向于在境外用人民币结算，导致人民币需求增加，这会使均衡点由 E_3 移至 E_2 附近，从而恢复原有的短期均衡，促使境外人民币价格再次与境内趋同。

短期内，由于人民币跨境使用处于初级阶段，境外人民币数量有限，远低于境内出口商和境外 FDI 投资者结算需求，所以即使存在贬值预期，强劲的出口人民币结算需求也会使境外均衡价格保持在 P_2 下方附近(略低于 P_2)。在长期内，随着境外人民币存量的增加，当存在持续的人民币贬值预期时，境外金融投资性需求转化为供给，供给曲线右移，供给数量有可能大于境内出口商和境外直接投资投资者结算需求，从而在较低的价格上形成长期均衡点 E'。

综上，在短期内，由于人民币资本项目开放程度较低，境外人民币存量较少，无论境外存在升值或是贬值预期，境外金融投资性需求或供给均低于境内交易主体的套利性供给或需求，所以境内人民币价格将主导境外价格，使境内外汇率逐渐趋同。现实中，近期人民币在岸汇率、离岸汇率以及一年前无本金交割远期外汇（NDF）价格走势也印证了笔者的上述判断，如图 6-50 所示。在图中，一年期 NDF 代表境外人民币升值（贬值）预期。可以看出，在 2012 年 1 月至 3 月期间，人民币存在升值预期（代表 NDF 的曲线低于代表在岸汇率的曲线），此时人民币离岸价格高于在岸价格；其余时间基本存在贬值预期，与之相对应的是在岸价格高于离岸价格。但整体来看，二者存在趋同趋势。根据前文的分析，如果境内汇率一直保持管制状态，则随着人民币资本项目的逐步开放、人民币境外存量的增加，境外人民币价格有可能长期偏离境内价格。

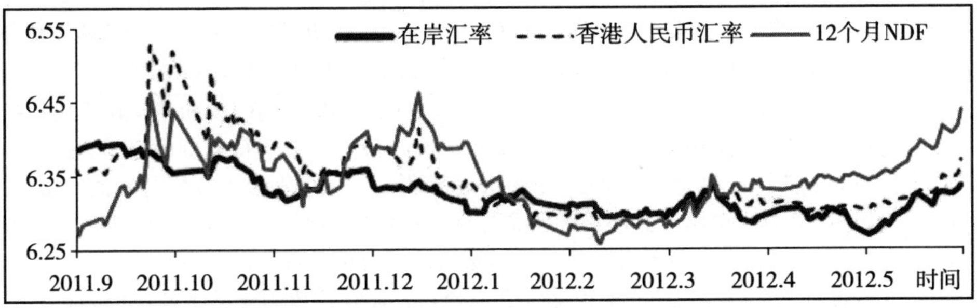

图 6-50　人民币在岸、离岸及 NDF 价格走势

资料来源：林崑，《人民币国际化专题报告》，2012 年，莫尼塔投资发展有限公司。

三、渐进式路径下人民币国际化的进展

在上述渐进式路径下，自 2009 年 7 月开始，我国政府分别针对跨境贸易、直接投资、银行信贷以及证券投资等领域，先后出台多项政策，支持人民币的跨境使用，并取得了初步成效，如表 6-50 所示。

表 6-50 人民币跨境使用主要政策一览表

类别	政策内容
跨境贸易结算	2009 年 7 月《跨境贸易人民币结算试点管理办法》发布，标志着人民币跨境贸易结算正式启动，随后，试点地区和企业范围逐步拓宽，2010 年 6 月境内试点地区进一步扩大至北京等 20 个省(自治区、直辖市)，境外地域范围由港澳及东盟等地拓展至所有国家和地区，2011 年 8 月颁布《关于扩大跨境贸易人民币结算地区的通知》，将跨境贸易人民币结算境内地域范围扩大至全国。至 2012 年 3 月，我国从事进出口货物贸易、服务贸易、其他经常项目的企业均可选择以人民币进行计价、结算和收付。2014 年 6 月 11 日，中国人民银行发布《中国人民银行关于贯彻落实〈国务院办公厅关于支持外贸稳定增长的若干意见〉的指导意见》(银发〔2014〕168 号)，简化跨境人民币结算流程，开展跨境人民币资金集中运营业务、个人跨境贸易人民币业务、跨境电子商务人民币业务，促进外贸和企业“走出去”发展。
直接投资	自 2011 年 1 月起，境内机构经境外直接投资主管部门批准，可以使用人民币进行对外直接投资；2011 年 10 月，境外居民经商务部批准，可以以人民币到境内开展直接投资。2013 年 12 月，中国人民银行发布《关于金融支持中国(上海)自由贸易试验区建设的意见》，支持试验区建设，促进试验区实体经济发展，加大对跨境投资和贸易的金融支持。2014 年 6 月 11 日，中国人民银行发布《中国人民银行关于贯彻落实〈国务院办公厅关于支持外贸稳定增长的若干意见〉的指导意见》(银发〔2014〕168 号)，简化跨境人民币结算流程，开展跨境人民币资金集中运营业务、个人跨境贸易人民币业务、跨境电子商务人民币业务，促进外贸和企业“走出去”发展。
证券投资	2010 年 8 月，中国人民银行发布《关于境外人民币清算行等三类机构运用人民币投资银行间债券市场试点有关事宜的通知》，允许境外中央银行或货币当局、港澳人民币业务清算行和境外参加银行使用依法获得的人民币资金投资银行间债券市场。2011 年 12 月，中国证券监督管理委员会、中国人民银行、国家外汇管理局联合发布《基金管理公司、证券公司人民币合格境外机构投资者境内证券投资试点办法》，允许符合一定资格条件的境内基金管理公司、证券公司的香港子公司作为试点机构，运用其在港募集的人民币资金在经批准的人民币投资额度内开展境内证券投资业务。2013 年 3 月 1 日，中国证券监督管理委员会、中国人民银行、国家外汇管理局联合发布《人民币合格境外机构投资者境内证券投资试点办法》。
银行贷款	2011 年 10 月颁布的《关于境内银行业金融机构境外项目人民币贷款的指导意见》，允许商业银行开展境外项目人民币贷款业务，其中“境外项目”包括境外直接投资、对外承包工程及买方信贷等。2013 年 1 月深圳前海跨境人民币双向贷款启动。
第三方使用	2012 年 6 月 27 日，中央出台措施支持第三方利用香港办理人民币贸易投资结算，进一步丰富香港人民币离岸产品。

资料来源：中国人民银行，《中国货币政策执行报告》，2009—2012 年，http://www.pbc.gov.cn。

(一)跨境贸易人民币结算金额快速增长

从 2009 年 7 月首批跨境贸易人民币结算试点获批，到 2012 年 3 月我国从事进出口货物贸易、服务贸易、其他经常项目的企业均可选择以人民币进行计价、结算和收付，人民币结算金额快速攀升，如图 6-51 所示。2009 年结算金额为 35.8 亿元人民币，2014 年银行累计办理跨境贸易人民币结算业务 6.55 万亿元，同比增长 42%。其中，货物贸易结算金额为 5.9 万亿元；服务贸易及其他经常项目结算金额为 0.65 万亿元。跨境贸易人民币结算实收 2.73 万亿元，实付 3.82 万亿元，收付比为 1∶1.4。2015 年上半年，跨境人民币收付金额合计 5.67 万亿元，同比增长 18%，其中实收 3.02 万亿元，实付 2.65 万亿元，收付比为 1∶0.88。经常项目下人民币收付金额合计 3.37 万亿元，其中，货物贸易收付金额 3 万亿元，同比增长 2%。

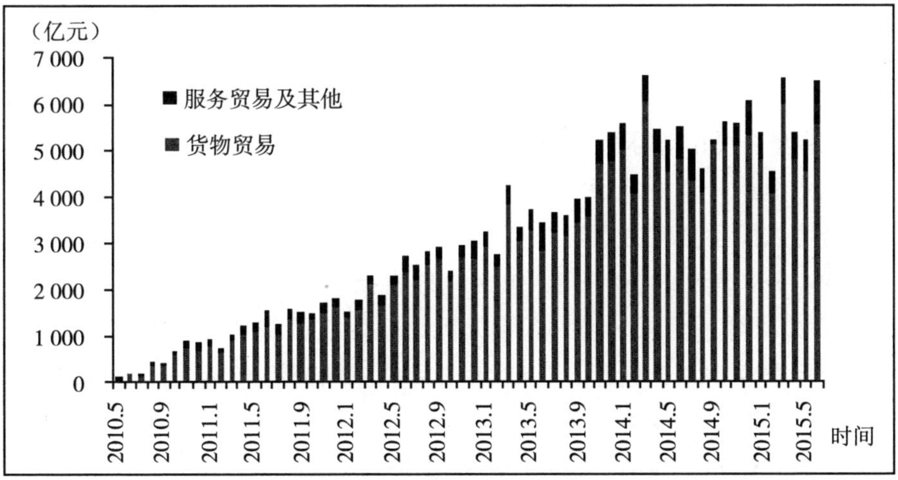

图 6-51　跨境人民币结算规模高速增长

资料来源：中国人民银行，《中国货币政策执行报告》，2015 年第二季度，http://www.pbc.gov.cn。

服务贸易及其他经常项目下收付金额 3 711 亿元，同比增长 14%。从境外地域分布情况看，试点以来至 2012 年 6 月末，与境内发生人民币实际收付业务的境外国家和地区为 202 个。其中中国香港地区人民币实际收付累计结算量所占比例平稳降至 61.8%，新加坡所占比例为 8.3%，其次是日本(2.9%)、中国澳门地区(2.6%)、中国台湾地区(2.6%)等。

(二)资本与金融项目下人民币业务范围不断拓展

资本与金融项目下的人民币业务包括跨境直接投资、证券投资及银行信贷三个方面。

在跨境直接投资方面，2010 年 10 月，新疆成为第一个直接投资人民币结算试点地区。2011 年 1 月和 10 月，我国先后允许境内外企业可以按规定使用人民币进行跨境直接投资。2012 年 1—6 月，银行累计办理跨境直接投资人民币结算业务 1 105.5 亿元，其中外商直接投资结算金额 918.1 亿元，对外直接投资结算金额 187.4 亿元。

在跨境证券投资方面，2010 年 8 月我国允许境外中央银行、港澳清算行及境外参加行三类机构运用依法取得的人民币资金投资境内银行间债券市场。2011 年年底，人民币合格境外机构投资者(RQFII)试点启动，获得资格的境内基金管理公司及证券公司在香港的子公司，可以使用在香港获得的人民币投资境内证券市场。到 2012 年 6 月末，已累计批准 85 家境外机构获准进入银行间债券市场，包括 14 家境外央行、3 家国际金融机构、1 家主权财富基金、2 家港澳人民币清算行、42 家境外参加银行、4 家境外保险机构和 19 家 RQFII 试点机构，总批复额度为 3 681.5 亿元。

在跨境人民币贷款方面，2011 年 10 月我国允许商业银行开展境外项目人民币贷款业务，其中“境外项目”包括境外直接投资、对外承包工程及买方信贷等。至 2012 年 6 月末，境外项目人民币融资已批贷项目金额 977 亿元，已发放贷项目金额 530.5 亿元。2013 年 1 月，深圳前海跨境人民币双向贷款正式启动，首批双向贷款协议总金额为 26.2 亿元人民币，其中内地银行向香港企业贷款 6.2 亿元，香港银行向内地企业贷款 20 亿元。

(三)香港人民币离岸市场迅速发展

首先，香港人民币存款规模不断增加。自跨境贸易人民币结算试点至今，香港人民币存款规模虽有所起伏，但总规模仍不断增长，由 2009 年的不足 560 亿元增至 2015 年 8 月底的 9 790 亿元，如图 6-52 所示。人民币在香港已成为除港元及美元之外的第三大货币。

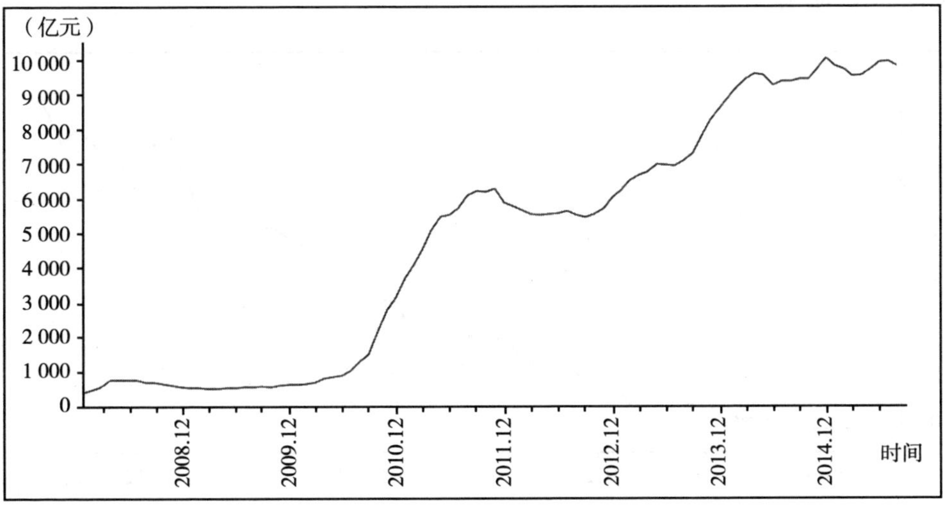

图 6-52　香港人民币存款

资料来源：香港金融管理局，Annual Report 2009—2015，http://www.hkma.gov.hk。

其次，香港人民币金融产品日益丰富。在香港人民币存款规模持续扩张的同时，人民币债券规模也不断增长。到 2012 年 6 月末，香港累计发行人民币债券 2 618.3 亿元，其中内地机构在港累计发债 710 亿元，财政部在港累计发债 570 亿元，境外机构在港累计发债 1 338.3 亿元。同时，其他人民币金融业务也不断推出。2012 年 5 月，为进一步推动境内证券市场对外开放，拓宽境外人民币投资渠道，经国务院批准，RQFII 试点额度增加 500 亿元人民币，用于开发人民币 A 股 ETF 产品。到 2012 年 6 月末，在香港发行的人民币公募基金为 6 只，人民币股票 1 只，为 2011 年 4 月上市的汇贤产业信托，募集资金 104.8 亿元。

(四)人民币的国际货币职能初步体现

从贸易结算货币职能看，自从试点开展以来，人民币在我国对外贸易结算货币中的比重不断提升。以货物贸易为例，货物贸易人民币结算额占同期海关货物进出口总额的比例，由 2009 年的几乎为零上升至 2014 年年末的 19.8%。同时，作为交易媒介，人民币在我国周边国家与地区使用范围逐步扩大，人民币在日常支付与贸易结算中被普遍使用，其流通总量不断增长。

如图 6-53 所示。

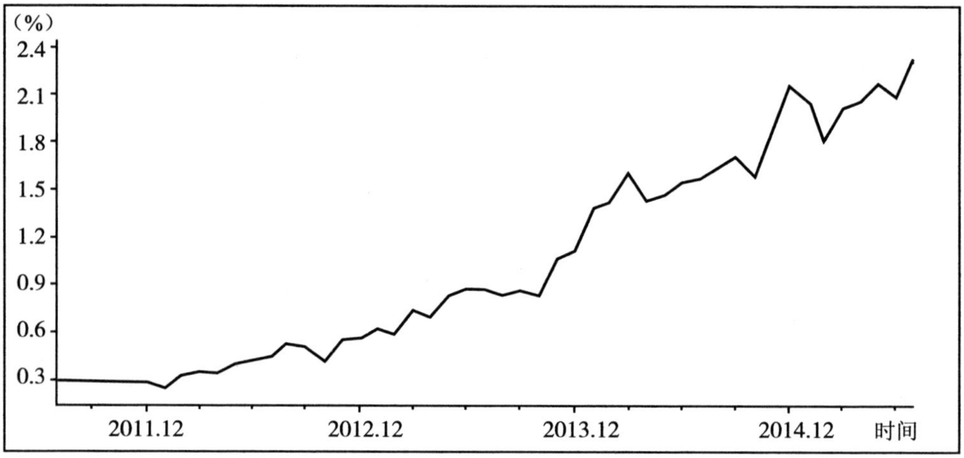

图 6-53　人民币在全球交易支付中的市场份额

资料来源：Wind 资讯。

从价值储藏职能看，目前已有部分国家开始将人民币作为储备货币。俄罗斯、韩国、马来西亚、菲律宾、泰国、柬埔寨等国中央银行已宣布将人民币纳入其外汇储备货币。虽然人民币在这些国家的外汇储备中占比较低，但这意味着国际社会已经对人民币的价值储藏功能有所认同。

四、对渐进式路径下跨境贸易人民币结算的实证分析

前面从境内进出口商套汇的角度解释了人民币跨境流动的均衡机制，但这个理论分析还需要进一步实证检验。现实中，影响跨境贸易人民币结算的因素是多方面的，除了前面提到的套汇交易因素外，理论上贸易商汇兑及汇率风险管理费用的节省也应是重要原因之一，而影响这一成本大小的基础是相关的贸易规模。此外，根据笔者对货币国际化影响因素的分析，我国境内利率水平、通货膨胀率以及汇率波动性等因素都可能会影响持有人民币的收益，进而影响人民币的需求。在上述因素中，究竟哪些在推动跨境贸易人民币结算中起到显著作用？另外，在跨境贸易结算中，人民币的收入和支出的影响因素是否有所不同？不同政策对收入与支出影响效应有何不同？对于这些问题，现有文献多以定性分析为主，实证研究的文献不多。

蔡晓辉、李珍①运用 ECM 模型，以 2009 年 11 月—2011 年 3 月的月度数据为基础，实证分析了影响跨境贸易人民币结算的若干因素，发现稳定的物价、人民币汇率以及贸易规模有利于人民币结算规模的增长。但这篇文献没有考虑境内外的汇率差异以及贸易主体的套汇行为，这导致其分析结果对当前有关人民币跨境使用的争议缺乏足够的解释力。李波②运用 2009 年 7 月—2012 年 2 月期间跨境贸易人民币结算的月度数据，对其影响因素进行了偏相关分析，结论表明跨境人民币业务扩展程度以及进出口贸易总额是影响该业务的主要因素，离岸市场人民币升(贬)值预期虽然与该项业务存在相关关系，但并不是影响我国跨境贸易人民币结算业务的首要因素。该研究对影响因素的分析为我们提供了思路，但其并没有进行规范的计量回归分析，同时也没有对人民币支出与收入的影响因素做出区分。

为了更加具体地分析当前跨境贸易人民币结算规模的影响因素，并检验前文的理论分析，笔者使用 2009 年 11 月—2012 年 6 月的相关数据，从实证角度考察汇率升值预期、贸易规模、相关政策、利率及物价水平等因素与人民币收入及支出的相关关系。相对于既有文献，笔者实证研究所做的工作主要有两点：一是分别构建独立的跨境贸易人民币收入与支出模型，区分出口、进口以及政府政策对收入与支出的不同影响，这种区分可以更加清晰地认识到贸易项下人民币流出与回流的主要决定因素；二是既考虑了渐进式下贸易商套汇行为这一特殊因素，也考虑了影响国际货币使用的常见因素，如贸易规模、通货膨胀、利率与汇率波动等，这使得分析更加全面、客观。

(一)变量的选择、定义与数据来源

跨境贸易人民币实收额 in：根据中国人民银行《跨境人民币业务月报》的统计数据，跨境贸易人民币收入包括三类数据：一是货物贸易项下的出口结算金额；二是服务贸易及其他经常项目下的出口结算金额；三是跨境贸易人民币实收金额，是前两项的总和。由于可获得的数据中只有第一项(货物贸易

① 蔡晓辉、李珍：《跨境贸易人民币结算影响因素的实证分析——基于 ECM 模型》，《时代金融》2011 年第 30 期，第 77—79 页。

② 李波：《升值预期与跨境贸易人民币结算》，2012 年 4 月 17 日，http://www.cf40.org.cn。

项下的出口结算额)比较完整，而其他两项的数据缺失较多，同时货物贸易占总贸易的比重一般在70%以上，因此笔者选择跨境货物贸易项下的出口结算额来代理跨境贸易人民币实收金额。各月数据来源于中国人民银行《跨境人民币业务月报》。

跨境贸易人民币实付额out：按照与实收额同样的思路，笔者选取跨境货物贸易项下的进口结算额来代理跨境贸易人民币实付金额。

出口规模exp：理论与经验研究表明，一国对外贸易的相对份额越大，其货币作为结算货币的可能性就越大。① 因此，我国出口规模的扩大将对人民币在出口结算中的使用起到积极作用，进而增加跨境贸易的人民币实收金额。在实践中，我国目前使用人民币进行跨境贸易结算的地区结构与我国整体的进出口结构并不相同。如表6-51所示，截至2012年6月末，跨境人民币实际收付累计结算量的地区分布中，中国香港地区、新加坡等地区与国家所占比重较大。如果在模型中以中国对外出口总额为变量，则不能很好地考察二者之间的真实关系。因此，笔者选择结算比重排名前十位的国家和地区(中国香港、新加坡、日本、中国澳门、中国台湾、德国、越南、澳大利亚、委内瑞拉与美国)，计算我国对其货物出口总额，以此代理出口规模exp指标。对各国与地区的出口数据来源于CEIC数据库。

表6-51 境外人民币实际收付累计结算量和占比 单位：亿元、%

国家/地区	结算量	占比
中国香港	26 202.1	61.8
新加坡	3 529.5	8.3
日本	1 225.2	2.9
中国澳门	1 119.3	2.6
中国台湾	1 086.8	2.6
德国	897.1	2.1
越南	718.2	1.7

① Bacchetta, Philippe and Eric van Wincoop, "A Theory of the Currency Denomination of International Trade", *Journal of International Economics*, 2005(2), pp. 295-319.

续表

国家/地区	结算量	占比
澳大利亚	692.9	1.6
委内瑞拉	680.7	1.6
美国	604.3	1.4
英国	560.7	1.3
法国	458.3	1.1
韩国	457.0	1.1
合计	38 232.2	90.1

注：表中仅列示占比在1%以上的国家和地区。

资料来源：中国人民银行，《跨境人民币业务月报》，http://www.pbc.gov.cn。

进口规模imp：按照与出口规模同样的思路，笔者选择上述10个国家和地区，计算我国对其货物进口总额，以此代理进口规模imp指标。

人民币升(贬)值预期er：根据前面的分析，当人民币存在升值预期时，境外人民币汇率将高于境内(即香港离岸市场人民币CNH更贵)，此时境内进口商更倾向于使用人民币进行结算，出口商则更愿意使用美元结算，导致人民币实付额增加，而实收额减少；当人民币存在贬值预期时，情况则恰恰相反。为检验这一分析，笔者将人民币升(贬)值预期er引入模型。按照李波的做法，笔者采用境内银行间市场中间价月度均价(直接标价法)减去离岸市场人民币一年期NDF日终收盘价的月度均值所得出的差值，来反映离岸市场人民币升(贬)值预期er。该值为正数时，说明人民币存在升值预期；为负数时，说明存在贬值预期。上述银行间汇率数据来自中国人民银行，NDF数据来自Reuters。

境内人民币利率rate：境内利率水平有可能通过两种机制影响跨境贸易人民币的收付。一是在现行政策下，境外企业(以香港为主)需要将贸易项下获得的人民币，通过指定的清算银行(中银香港)转存到境内的人民银行，其所适用的存款利率不同于境内。但由于境内利率会间接影响境外人民币债券价格，进而对境外人民币投资需求产生影响，这种影响可能更多取决于人民币回流渠道的开放程度。二是利率提高将增加进口商支付人民币的机会成本，从而不利于其使用人民币。因此，利率对人民币跨境结算使用的最终影响具有不确定性。为考察这一影响，笔者选择三个月期的上海银行间同业拆放利率(SHIBOR)作为衡量境内利率变量 rate 的指标，这一数据来源于中国人民银行。

通货膨胀率 cpi：一国较高的通货膨胀率将降低该国货币的价值稳定性，从而不利于境外居民持有该货币。因此，笔者将通货膨胀率引入模型，并以居民消费价格指数(CPI)的增长率作为其代理变量。该数据来自国家统计局。

人民币汇率波动程度 var：从境内外进出口商的角度看，作为交易媒介的结算货币，其汇率越稳定，就越利于贸易商进行价格与成本核算，因此，人民币汇率的波动性将影响到贸易主体对其使用的意愿。为此，笔者将境内人民币汇率波动 var 引入模型，遵循常见的做法，笔者通过对人民币兑美元汇率取对数后一阶差分来构造该变量。

政策变量 $zc1$，$zc2$，$zc3$：由于在样本期内，人民币的结算使用整体上处于起步阶段，这种情况下政府的支持与引导政策将起到较大作用。为了更全面地分析跨境贸易人民币结算的影响因素，笔者也将政策因素引入模型。在跨境贸易中自 2009 年 7 月跨境贸易人民币结算试点开展以来，我国政府陆续出口多种措施推进人民币的跨境使用。这些政策可以分为三类：一是逐步扩大人民币结算的试点范围，如 2010 年 6 月底，跨境贸易人民币结算试点扩大至 20 个省、自治区、直辖市，境外地域扩至所有国家，结算业务范围扩大到服务贸易和其他经常项目结算业务。笔者预期这一政策将同时影响人民币的实收与实付额。二是拓展境外人民币回流境内的投资渠道，如 2010 年 8 月颁布《中国人民银行关于境外人民币清算行等三类机构运用人民币投资银行间债券市场试点有关事宜的通知》，笔者预期这一举措将增加境外人民币的吸引力，提高境外人民币的价格，进而有利于进口商使用人民币结算。三是为卖方信贷与对外直接投资提供人民币融资便利，如 2011 年 10 月中国人民银行颁布了《关于境内银行业金融机构境外项目人民币贷款的指导意见》，允许商业银行开展境外项目人民币贷款业务，其中“境外项目”包括境外直接投资、对外承包工程及买方信贷等。这将有利于境外进口商获得需要的人民币，促进人民币在出口结算中的使用。为了考察上述政策对跨境贸易人民币结算的影响，笔者设定如下三个政策变量：

$$zc1=\begin{cases}0 & \text{2010 年 6 月扩大试点范围之前}\\ 1 & \text{2010 年 6 月扩大试点范围之后}\end{cases}$$

$$zc2=\begin{cases}0 & \text{2010 年 8 月拓宽人民币回流渠道之前}\\ 1 & \text{2010 年 8 月拓宽人民币回流渠道之后}\end{cases}$$

$$zc3=\begin{cases}0 & \text{2011 年 10 月开展人民币境外贷款业务之前}\\ 1 & \text{2011 年 10 月开展人民币境外贷款业务之后}\end{cases}$$

(二)模型设定与估计方法

根据前文对各变量之间关系的分析，笔者建立跨境贸易人民币收入模型和跨境贸易人民币支出模型：

$$\ln in = c_1 + \alpha_1 \times er + \alpha_2 \times \ln exp + \alpha_3 \times control + zc1 + zc3 \qquad (6\text{-}3)$$

$$\ln out = c_2 + \beta_1 \times er + \beta_2 \times \ln imp + \beta_3 \times control + zc1 + zc2 \qquad (6\text{-}4)$$

其中，式(6-3)表示人民币收入模型，式(6-4)表示人民币支出模型，笔者对跨境贸易人民币实际收入与实际支付量以及贸易进出口额取对数，因为对数变换不影响变量之间的长期均衡关系同时减少了变量之间的差异程度，减少了异方差的影响。式中 c_1、c_2 为常数项，α_i、β_i(其中 $i=1$，2，3)为待估计参数；*control* 为控制变量，包括 cpi、rate 及 var。模型所用数据的描述性统计如表 6-52 所示。

在上述各变量中，实收额 realinc 取决于跨境贸易人民币结算规模，而这一规模本身就是我国出口的一部分，所以 realinc 与 exp 之间的双向因果关系将导致模型(6-3)的内生性问题，同理，实付额 realpay 与 imp 之间的关系也将导致模型(6-4)的内生性问题，此时，OLS 方法将导致估计结果的不一致，为克服这一问题，需要使用工具变量法。由于本模型未做球形扰动项的假设，同时存在 32 个观测值(大于 30 个)，在这种情况下，使用 GMM 估计比 2SLS 方法效果更好。因此，笔者采用 GMM 估计量，将工具变量设定为被解释变量、解释变量及其 1－3 阶滞后项，使用 Newey-West(1987)的方法设定带宽以获得异方差及相关文件的标准误差。同时，笔者依据 Eviews6.0 报出的 J-statistic 计算出 Sargan 统计量和 P 值来对工具变量进行有效性检验，以有效估计各变量对跨境贸易人民币实收与实付额的影响。

表 6-52　主要变量的描述性统计

变量	最大值	最小值	均值	标准差
ln*in*	6.592 359	0.712 950	4.390 796	1.757 378
ln*out*	7.216 732	2.830 268	6.103 440	1.251 535
ln*exp*	11.437 02	10.776 62	11.235 92	0.171 010
ln*imp*	11.062 70	10.479 76	10.887 51	0.144 428
cpi	1.871 802	—0.510 826	1.303 713	0.491 142
er	0.226 700	—0.130 800	0.093 444	0.103 929
rate	4.560 000	1.160 000	2.580 000	1.016 487

(三)平稳性检验

为了避免伪回归的问题，需要对各变量进行平稳性检验。这里对除政策性变量之外所有变量进行单位根检验。平稳性检验常用的方法有扩展的Dichey-Fuller(ADF)和非参数 Phillip-Perron 法。笔者使用 ADF 检验，并根据图 6-54 各个变量的趋势选择不同的估计方式。

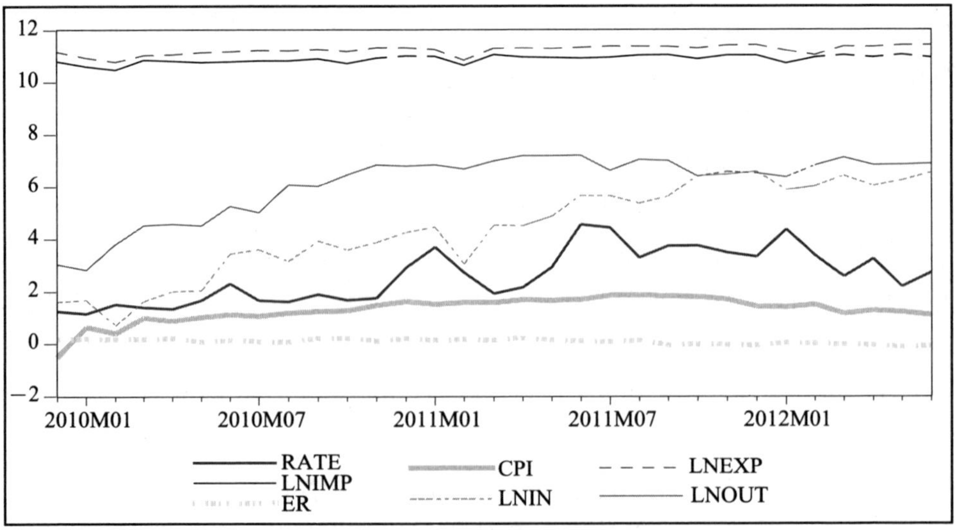

图 6-54　各个变量的时序图

从图 6-54 可以看到各个变量的趋势是不同的，因此要选择不同的估计方式。单位根检验的滞后阶数依据 SC 信息准则。结果见表 6-53。

表 6-53　各变量平稳性检验结果

变量	检验结果	结论
ln*in*	−3.276* (0.089 7) [C，T，0]	平稳
ln*out*	−3.717* (0.073 4) [C，T，1]	平稳
ln*exp*	−4.197** (0.012 6) [C，T，0]	平稳
ln*imp*	−4.734*** (0.003 7) [C，T，1]	平稳
er	−3.717* (0.073 4) [C，T，1]	平稳
rate	−3.403* (0.070 0) [C，T，0]	平稳
cpi	−3.901** (0.024 5) [C，T，0]	平稳
var	−1.826* (0.065 2) [C，0，1]	平稳

注：检验形式(*c*，*t*，*k*)表示单位根检验中包含截距项、趋势项和滞后阶数的选择。***、**、*分别表示在1%、5%、10%的置信水平下通过检验。统计值下面括号中的数值表示相应的临界值。

(四)回归结果及分析

为了估计进出口规模、汇率升值预期以及政策变量对跨境贸易人民币结算额的影响，笔者首先使用不包含控制变量的模型(6-3)、(6-4)形式进行回归。为便于说明，笔者称这种形式的模型为基础模型。然后，在基础模型上依次引入利率、通货膨胀率以及汇率波动性，以检验模型的稳健性。同时，考察这些因素对被解释变量的影响。表 6-54、表 6-55 分别给出了模型(6-3)(收入模型)与模型(6-4)(支出模型)的所有回归结果。

表 6-54 模型(6-3)(收入模型)的回归结果

解释变量	被解释变量：ln*in*				
	(1)	(2)	(3)	(4)	(5)
er	−1.610* (0.964)	−0.358* (0.931)	−1.328* (1.228)	−0.055* (0.835)	−0.093* (0.788)
ln*exp*	2.705*** (0.544)	3.303*** (0.605)	2.557*** (0.420)	3.233*** (0.407)	3.864*** (0.460)
rate		0.388*** (0.114)		0.376*** (0.089)	0.446*** (0.062)
cpi			1.277** (0.595)	0.370* (0.180)	0.235* (0.235)
var					−1.425 (0.889)
*zc*1	1.462*** (0.172)	1.310*** (0.226)	1.184*** (0.339)	1.026*** (0.139)	0.941*** (0.159)
*zc*3	0.960*** (0.082)	0.988*** (0.104)	1.397*** (0.280)	1.198*** (0.148)	1.137*** (0.100)
常数项	−28.432*** (1.007)	−35.195*** (1.932)	−27.367*** (0.583)	−34.733*** (0.587)	−41.750*** (0.086)
Adj-R^2	0.87	0.95	0.95	0.97	0.96
obs	29	28	29	30	29
Sargan stat	2.56	1.42	1.06	0.77	1.86
p-value	0.96	0.99	0.99	0.99	0.99
Q-statistics(−1)	0.859	0.925	1.26	1.08	1.31
P-value	0.003	0.017	0.082	0.071	0.093
Q-statistics(−2)	10.619	18.730	14.807	18.108	13.089
P-value	0.905	0.962	0.911	0.933	0.948

注：括号内为标准差。Sargan 检验的原假设为工具变量有效。Q-statistics 的原假设为序列不相关。*、**、*** 分别表示在 10%、5%、1% 统计水平上显著。

表 6-55　模型(6-4)(支出模型)的回归结果

解释变量	被解释变量：ln*out*				
	(1)	(2)	(3)	(4)	(5)
er	0.057** (0.750)	0.535* (0.878)	0.837* (0.827)	0.925* (0.894)	0.842* (0.747)
ln*imp*	1.669*** (0.462)	0.812* (0.406)	1.556*** (0.421)	1.207*** (0.335)	1.220*** (0.416)
rate		−0.194** (0.082)		−0.133** (0.059)	−0.156* (0.078)
cpi			−0.346 (0.250)	−0.342 (0.262)	−0.311 (0.210)
var					−1.346 (0.752)
*zc*1	0.918*** (0.166)	0.922*** (0.135)	0.827*** (0.126)	0.962*** (0.119)	1.061*** (0.239)
*zc*2	1.589*** (0.087)	1.957*** (0.213)	1.678*** (0.192)	1.967*** (0.235)	1.835*** (0.236)
常数项	−13.766*** (1.972)	−4.154* (1.489)	−12.176** (1.528)	−8.299** (0.718)	−8.409* (1.609)
Adj-R^2	0.87	0.80	0.90	0.81	0.81
obs	30	29	29	29	29
Sargan stat	2.38	2.87	3.28	3.12	3.15
p-value	0.97	0.97	0.95	0.96	0.96
Q-statistics(−1)	1.63	1.40	1.53	1.35	1.48
P-value	0.905	0.911	0.891	0.903	0.890
Q-statistics(−2)	1.64	1.72	1.98	1.62	1.85
P-value	0.932	0.921	0.908	0.913	0.911

注：括号内为标准差。Sargan 检验的原假设为工具变量有效。Q-statistics 的原假设为序列不相关。*、**、***分别表示在 10%、5%、1% 统计水平上显著。

表 6-56 模型(6-3)的残差水平值平稳性检验

	(1)	(2)	(3)	(4)	(5)
ADF 统计量	−3.246	−3.147	−4.131	−4.669	−4.450
P-value	0.002 1	0.002 8	0.000 2	0.000 0	0.000 1

注：原假设为存在单位根。检验形式均为无截距无趋势。

表 6-57 模型(6-4)的残差水平值平稳性检验

	(1)	(2)	(3)	(4)	(5)
ADF 统计量	−4.749	−2.020	−2.448	−2.326	−2.187
P-value	0.000 0	0.043 3	0.016 4	0.021 8	0.030 0

注：原假设为存在单位根。检验形式均为无截距无趋势。

在表 6-54 中，回归(1)显示了基础模型中各变量对跨境贸易人民币实收额的影响，从中可以看出，升值预期 er 的相关系数为−1.610，并且在 5%统计水平上通过检验，说明其与被解释变量存在显著负相关关系，即人民币升值预期增强时，人民币实收额减少，升值预期减弱甚至为贬值时，人民币实收额增加，这与笔者的理论分析相一致。另外，出口规模对人民币实收额的影响更大，估计系数为 2.705，并且在 1%水平上通过检验，这说明就人民币在出口结算领域的使用而言，贸易规模因素比人民币升值预期因素更加重要。此外，两项政策变量(扩大结算试点范围与允许人民币买方信贷)均对 ln*in* 产生积极影响，说明上述政策在促进人民币在出口结算中的使用方面具有重要作用。

从工具变量的有效性检验结果来看，Sargan 统计量比较显著(P 值为 0.96)，这说明模型选取的工具变量是有效的。为了防止模型出现“伪回归”问题，笔者对模型的残差序列进行了相关性检验，检验结果显示，用于检验残差序列相关性的 Q 统计量比较显著，表明模型的残差序列不存在自相关性，同时，回归残差也在 5% 水平上显著通过平稳性检验，说明本模型的回归不存在“伪回归”问题，如表 6-56 所示。

在表 6-55 中，回归(1)显示了基础模型中各变量对跨境贸易人民币实付额的影响，从中可以看出，升值预期 er 的相关系数为 0.057，并且在 5%统计水平上通过检验，说明其与被解释变量存在显著正相关关系，即人民币升值预期增强时，人民币实付额增加，升值预期减弱甚至为贬值时，人民币实付额减少，这与笔者的理论分析相一致。但该变量的估计系数仅为0.057，说明汇率升(贬)值因素对跨境贸易人民币实付额的影响不是很大，这与李波的研究结论基本一致。另外，进口规模对人民币实付额的影响更大，估计系数为1.669，并且在1%水平上通过检验，这说明就人民币在进口结算领域的使用与出口领域相似，贸易规模因素比人民币升值预期因素更加重要。此外，两项政策变量(扩大结算试点范围与扩大人民币回流渠道)均对ln*out*产生积极影响，其中*zc*2的估计系数较大(1.589)。这说明允许境外机构投资境内债券市场的政策有效增强了人民币的吸引力，进而推动了人民币在进口结算中的使用。

检验模型工具变量有效性的Sargan统计量比较显著(P值为0.96)，这说明该模型选取的工具变量也是有效的。同时，检验残差序列相关性的Q统计量也比较显著，表明模型的残差序列不存在自相关性，同时，回归残差也在5%水平上显著通过平稳性检验，说明该模型同样不存在“伪回归”问题。

(五)稳健性检验

为了考察上述回归结果的稳健性，笔者在上述基础模型中依次引入控制变量利率rate、通货膨胀率cpi以及汇率波动性var，形成新的扩展模型，以对原有模型进行稳健性检验，同时考察这些因素的影响。

从表6-54中的回归(2)可以看出，在模型1中加入rate变量后，原有模型变量的系数没有发生改变，但汇率升(贬)值预期er的估计系数绝对值变小，说明考虑利率因素后，汇率预期对人民币实收额的影响变小，同时，笔者发现利率变量本身的估计系数为正(0.388)，并且在1%统计水平上通过检验，这表明境内利率水平的变动与人民币实收额存在正向关系，对此，笔者的解释是，利率的提高一方面使出口商更愿意接受人民币，提高了人民币的结算需求，另一方面利率提高后虽然会导致境外人民币供给减少，但由于我国资本与金融项目开放非常有限，使得境外人民币持有者对境内利率变动并不如境内出口商一样敏感，所以供给下降的幅度有限，最终导致出口领域人民币结算额的提高。

笔者随后依次加入通货膨胀率以及汇率波动率，发现新的回归结果(3)、(4)、(5)中，基础模型变量的估计系数符号均保持不变，这说明模型(6-3)的回归结果是稳健和可靠的。另外，表 6-56 表明，各项回归结果中的 Sargan 统计量及 Q 统计量均比较显著，回归残差也都在 5%水平上显著通过平稳性检验，说明扩展模型的工具变量也是有效的，同时残差序列不存在自相关性，模型不存在伪回归问题。

值得注意的是，同时加入 3 个控制变量后，er 的估计系数绝对值明显变小，由最初的－1.61 变为－0.093，说明综合考虑通货膨胀率、利率等因素后，境外人民币升值预期因素对人民币的实收额影响变小。同时笔者发现，通货膨胀率 cpi 与人民币实收额之间呈正向关系，这可能是由于通胀率的提高降低了人民币的购买力，以致境外持有者更愿意使用人民币进行进口支付。但汇率波动性 var 对被解释变量的影响并不显著，表明虽然理论上汇率波动不利于人民币作为结算货币的使用，但笔者所使用的模型与数据并没有对此提供实证支持。

从表 6-55 中的回归(2)、(3)、(4)、(5)结果可以看出，加入控制变量后，原有模型中变量的估计系数符号均未发生改变，表明模型(6-4)也是稳健和可靠的，另外，Sargan 统计量及 Q 统计量也比较显著，回归残差同样通过平稳性检验，如表 6-57 所示。这说明模型的设置是恰当的。但与模型(6-3)不同的是，模型(6-4)的 cpi 变量并未通过显著性检验，这表明在进口结算领域，人民币的使用比率与境内通货膨胀率关系不大，这与笔者的理论预期不太一致，其背后的原因有待进一步探讨。

(六)初步结论

本部分分别构建了跨境贸易人民币实收额与实付额模型，利用 2009 年 11 月—2012 年 6 月的月度数据，采用 GMM 估计方法，较为具体地实证分析了影响跨境贸易人民币结算额的主要因素。结果表明，对于出口中人民币的结算使用，显著因素包括：出口规模、相关推动政策(扩大结算试点地区的政策、允许境内银行为境外出口商提供人民币买方信贷的政策)、人民币升(贬)预期值、利率水平以及通货膨胀率；对于进口中人民币的结算使用，显著因素包括：进口规模、相关推动政策(扩大结算试点地区的政策、扩大境外人民币回流渠道)、人民币升(贬)预期值以及利率水平。

总的来说，上述实证分析的结果与笔者的理论分析基本一致：第一，人民币升(贬)值预期确实对跨境贸易人民币结算产生影响。第二，除了汇率因素外，跨境人民币结算也受到贸易本身因素的影响，具有市场自发性，而且其作用更为重要。这表明即便不存在套利空间，随着贸易规模的增长，人民币的跨境使用也同样会得到发展。第三，现阶段资本账户开放程度的提高，对跨境贸易人民币结算的使用具有推动作用。

第五节　人民币国际化渐进式路径的宏观效应与福利影响分析

一、渐进式人民币国际化对我国宏观经济的影响

当前人民币国际化的渐进式路径，使我国在保持境内汇率相对稳定的前提下，人民币有效流出境内并初步发挥相应的国际货币职能，人民币国际化战略平稳起步。然而，在这种特殊路径下，人民币的跨境流动将对我国的宏观经济造成哪些影响？是否会如余永定等学者所担忧的那样损害国民福利？本节以此为视角，对渐进式路径可能造成的上述经济风险进行探讨。

为分析当前人民币国际化对国内货币与经济均衡的影响，本节首先对国内产品市场均衡方程(IS 方程)加以调整，使其体现渐进式汇率特征；然后结合我国汇率制度及货币政策现实，设定内生化的货币供给函数，形成新的货币市场均衡方程(LM 方程)，从而构建出渐进式下的 IS-LM 模型；在此基础上探讨不同假设条件下人民币国际化的宏观经济效应。

(一)渐进式路径下 IS-LM 模型的调整

1. IS 方程及其调整

IS 方程表示产品市场均衡时国内利率 r 与国民收入 y 之间的关系，在开放经济条件下，IS 方程的线性形式可以表示为：

$$y = c + i + g + \omega \tag{6-5}$$

$$c = \alpha + \beta y \tag{6-6}$$

$$i = e - dr \tag{6-7}$$

$$\omega = q - \gamma y + n\frac{EP_f}{P} \tag{6-8}$$

其中，式(6-5)表示开放条件下的产品市场均衡等式，式(6-6)为消费函数，式(6-7)为投资函数，式(6-8)为净出口函数，c 表示国内消费，i 为投资，ω 为净

出口量，α、e 及 q 为参数，β 表示边际消费倾向，γ 为边际进口倾向，n 表示进出口对汇率的敏感程度，E 为直接标价法下的名义汇率，P_f 为国外价格水平，P 为国内价格水平。

由于传统的模型没有考虑境内外不同的汇率问题，所以在构造净出口函数时并未具体地区分进口与出口函数，但是在笔者所分析的双轨汇率制下，需要对进出口汇率及其函数加以区分。为此笔者设定渐进式下的出口与进口函数：

$$x = q + n_1 \frac{E_1 P_f}{P} \tag{6-9}$$

$$z = \gamma y - n_2 \frac{E_2 P_f}{P} \tag{6-10}$$

$$\omega = x - z = q - \gamma y + \frac{(n_1 E_1 + n_2 E_2) P_f}{P} \tag{6-11}$$

其中，式(6-9)为出口函数，式(6-10)为进口函数，式(6-11)为净出口函数，n_1、n_2分别表示出口、进口对汇率的敏感程度，E_1、E_2分别表示出口商与进口商所面临的名义汇率。将式(6-6)、(6-7)、(6-11)代入式(6-5)，得出渐进式之下的 IS 方程：

$$y = \frac{\alpha + e + g + q - \beta}{1 - \beta + \gamma} - \frac{dr - \dfrac{(n_1 E_1 + n_2 E_2) P_f}{P}}{1 - \beta + \gamma} \tag{6-12}$$

2. 经济开放与汇率管制条件下的 LM 方程

传统的 LM 模型中，假定货币供给具有外生性，然而在开放经济及汇率管制条件下，一国的货币政策及货币供给量将受到国际收支的影响。蒙代尔(Robert A. Mundell)等开创的国际收支货币分析法，指出国际收支失衡将引起货币供给量的变化。戈斯林和帕伦特(Gosselin and Parent)①利用亚洲主要新兴市场经济体的面板数据进行计量分析，发现随着外汇储备的增长，这些国家普遍面临着货币政策独立及汇率稳定的两难选择。曲强等②运用协整检

① Gosselin，M. A. and Parent，N.，"An Empirical Analysis of Foreign Exchange Reserves in Emerging Asia"，Bank of Canada，2005.

② 曲强、张良、扬仁眉：《外汇储备增长、货币冲销的有效性及对物价波动的动态影响——基于货币数量论和 SVAR 的实证研究》，《金融研究》2009 年第 5 期，第 47—59 页。

验、脉冲响应及格兰杰因果检验等计量手段实证检验了货币供给与外汇储备直接的关系，指出我国剧增的外汇储备导致外汇占款以及基础货币的增长。

以上研究表明，在对外开放经济以及汇率管制条件下，当一国国际收支出现顺差时，央行为稳定汇率而形成的外汇占款与该国基础货币供给量存在高度正相关性，基于此，笔者修正 LM 模型中关于货币供给外生性的假定，并假定货币供给量 m 与国际收支盈余存在简单的线性关系。国际收支盈余由经常项目和资本与金融项目的顺差总和构成，根据蒙代尔—弗莱明模型的假设，经常项目顺差以净出口函数来表示，资本与金融项目顺差以(私人)净资本流出函数来表示，而净资本流出受到资本账户开放程度、国内外利差的影响，在资本与金融项目开放程度一定的前提下，相对于国外利率，国内利率越低，则资本流出越多。当国内利率低于国外利率时，净资本流出为正值，资本与金融项目出现逆差，此时国际收支顺差数额为经常项目顺差减去净资本流出值；当国内利率高于国外利率时，净资本流出值为负，资本与金融项目出现顺差，国际收支盈余数额为经常项目顺差加上资本与金融项目顺差。

根据以上分析，笔者设定新的货币供给函数为：

$$m=\frac{M+\eta R}{P} \tag{6-13}$$

$$R=\omega-f \tag{6-14}$$

$$f=\sigma(r_w-r) \tag{6-15}$$

其中，式(6-13)为货币供给函数，式(6-14)为国际收支顺差函数，式(6-15)为净资本流出函数，M 为初始名义货币供给量，η 为反映国际收支与货币供给相关性的系数，ω 为净出口量，σ 为衡量资本与金融项目开放程度的系数，r_w 为国外利率水平，将式(6-11)、(6-14)、(6-15)代入式(6-13)得到：

$$m=\frac{M+\eta\left\{q-\gamma y+\frac{(n_1E_1+n_2E_2)P_f}{P}-\sigma(r_w-r)\right\}}{P} \tag{6-16}$$

式(6-16)即为经济开放与汇率管制条件下的货币供给函数。

同时设定凯恩斯货币需求函数为：

$$L=ky-hr \tag{6-17}$$

其中，k 与 h 分别表示货币需求对收入及利率的敏感程度。由式(6-16)、(6-17)得出新的 LM 方程为：

$$m=\frac{M+\eta\left\{q-\gamma y+\frac{(n_1E_1+n_2E_2)P_f}{P}-\sigma(r_w-r)\right\}}{P}=ky-hr \tag{6-18}$$

联立式(6-12)、(6-18)得出渐进式下的IS-LM模型：

$$y=\frac{\alpha+e+g+q-\beta}{1-\beta+\gamma}-\frac{dr-\frac{(n_1E_1+n_2E_2)P_f}{P}}{1-\beta+\gamma}$$

$$m=\frac{M+\eta\left\{q-\gamma y+\frac{(n_1E_1+n_2E_2)P_f}{P}-\sigma(r_w-r)\right\}}{P}=ky-hr \tag{6-19}$$

为简化方程表达形式，令 $P=1$，$\mu=\frac{\alpha+e+g+q-\beta}{1-\beta+\gamma}$，$\theta=\frac{d}{1-\beta+\gamma}$，$\delta=\frac{1}{1-\beta+\gamma}$，代入式(6-19)，得到IS-LM模型的简化形式：

$$\text{IS：}y=\mu-\theta r+\delta(n_1E_1+n_2E_2)P_f \tag{6-20}$$

$$\text{LM：}m=M+\eta\{q-\gamma y+(n_1E_1+n_2E_2)P_f-\sigma(r_w-r)\}=ky-hr \tag{6-21}$$

(二)不同条件下人民币国际化的宏观效应

在实施渐进式人民币国际化之前，境内进出口商面临同一汇率，此时 $E_1=E_2$。在实施渐进式人民币国际化之后，有两个方面的情况发生改变：一是进出口商面临的汇率有所改变。① 根据前文分析，当存在人民币升值预期时，境外汇率低于境内(反之则反是)，即境外人民币更贵。此时境内进口商倾向于使用人民币结算，相当于其所面临的汇率 E_2 降低。二是资本账户开放程度有所改变。目前我国允许少部分离岸人民币通过资本账户尤其是证券投资项目回流境内，这可能会提高我国资本账户开放的程度。为了具体地分析汇率和资本账户开放程度改变对我国经济的宏观效应，笔者以存在人民币升值预期为例②，区分以下四种情况进行考察。

① 当然还包括直接投资者等使用人民币进行跨境结算的主体，但此处重点以贸易主体为例进行分析。

② 当存在人民币贬值预期时，推导思路与之相似。

1. *不存在进口增长效应和资本与金融项目开放扩大效应*

这种情况是指，假定人民币的跨境使用虽然导致境外人民币汇率高于境内(境外人民币更贵)，使得部分原来使用美元结算的进口商改为人民币结算，但由于汇率差价较小，这种差价不足以对国内进口总量产生影响，即 E_2 的微小变化并不导致进口量的改变。另一方面，假定不允许境外人民币通过证券投资项目回流境内，或者允许人民币回流的同时，等额减少境外投资者使用外汇资金投资中国资本市场(如 QFII)的额度，这一假定使得资本与金融项目开放程度 σ 保持不变。

在这种情况下，方程组(6-20)、(6-21)保持不变，渐进式对境内的产出 y、利率 r 及货币供给量 m 不产生影响，但会导致央行外汇储备变动以及国家对外资产负债表币种结构的改变，详见本节第二部分的分析。

2. *存在进口增长效应，但不存在资本账户开放扩大效应*

这种情况是指，人民币的跨境使用导致境外人民币汇率高于境内(境外人民币更贵)，这不仅导致部分进口商选择使用人民币进行结算，而且导致国内总的进口数量有所增加。另一方面，仍然假定不允许境外人民币通过证券投资项目回流境内，或者允许人民币回流的同时，等额减少境外投资者使用外汇资金投资中国资本市场(如 QFII)的额度，这一假定使得资本与金融项目开放程度 σ 保持不变。

此时，境内进出口商使用的汇率 E_2 降低，为考察这一变化对国内经济变量的影响，以下分两步进行：一是推导出 E_2 变化对 r、y 及 m 影响的表达式；二是讨论 E_2 变化与 r、y 及 m 变化的方向性。

(1)E_2 变化对 r、y 及 m 影响的表达式。

分别对式(6-20)、(6-21)中的两个方程两边取微分：

$$\mathrm{d}y = -\theta \mathrm{d}r + \delta n_2 P_f \mathrm{d}E_2 \tag{6-22}$$

$$k\mathrm{d}y - h\mathrm{d}r = -\gamma\eta \mathrm{d}y + \gamma n_2 P_f \mathrm{d}E_2 + \sigma\eta \mathrm{d}r + \eta(r - r_w)\mathrm{d}\sigma \tag{6-23}$$

将式(6-22)代入式(6-23)可得：

$$(k+\gamma\eta)(\delta n_2 P_f \mathrm{d}E_2 - \theta \mathrm{d}r) - (h+\sigma\eta)\mathrm{d}r = \gamma n_2 P_f \mathrm{d}E_2 + \eta(r - r_w)\mathrm{d}\sigma \tag{6-24}$$

式(6-24)两边同时除以 $\mathrm{d}E_2$ 并且令 $\mathrm{d}\sigma = 0$：

$$\frac{\mathrm{d}r}{\mathrm{d}E_2}=\frac{(k\delta+\gamma\eta\delta-\eta)n_2P_f}{(k+\gamma\eta)\theta+h+\sigma\eta} \tag{6-25}$$

上式表示汇率变化对境内人民币利率所产生的影响。

式(6-22)两边同时除以 $\mathrm{d}E_2$ 并且将式(6-25)代入，可得：

$$\frac{\mathrm{d}y}{\mathrm{d}E_2}=-\theta\frac{(k\delta+\gamma\eta\delta-\eta)n_2P_f}{(k+\gamma\eta)\theta+h+\sigma\eta}+\delta n_2P_f \tag{6-26}$$

上式表示汇率变化对境内产出的影响。

进一步，

$$\frac{\mathrm{d}m}{\mathrm{d}E_2}=k\frac{\mathrm{d}y}{\mathrm{d}E_2}-h\frac{\mathrm{d}r}{\mathrm{d}E_2}=-(k\theta+h)\frac{(k\delta+\gamma\eta\delta-\eta)n_2P_f}{(k+\gamma\eta)\theta+h+\sigma\eta}+k\delta n_2P_f \tag{6-27}$$

式(6-27)即表达货币量随 E_2 变化的情况。

(2)E_2 变化与 r、y 及 m 变化的方向性。

根据式(6-21)，当：

$$k\geqslant(\frac{1}{\delta}-\gamma)\eta,\ \text{i. e.}\ k+\gamma\eta\geqslant\frac{1}{\delta}\eta \tag{6-28}$$

且

$$(k+\gamma\eta)\theta+h+\sigma\eta\geqslant h+(\frac{\theta}{\delta}+\sigma)\eta>0 \tag{6-29}$$

时，从式(6-25)可以看出：

$$\frac{\mathrm{d}r}{\mathrm{d}E_2}\geqslant 0 \tag{6-30}$$

利用式(6-26)则得到：

$$\frac{\mathrm{d}y}{\mathrm{d}E_2}=(1-\frac{(k+\gamma\eta)\theta}{(k+\gamma\eta)\theta+h+\sigma\eta})\delta n_2P_f+\frac{1}{(k+\gamma\eta)\theta+h+\sigma\eta}\theta\eta n_2P_f>0 \tag{6-31}$$

由式(6-27)变形得：

$$\frac{\mathrm{d}m}{\mathrm{d}E_2}=\frac{k(\theta+\sigma\delta)+h(1-\gamma\delta)}{(k+\gamma\eta)\theta+h+\sigma\eta}\eta n_2P_f \tag{6-32}$$

利用式(6-28)和(6-29)，有：

$$k(\theta+\sigma\delta)+h(1-\gamma\delta)=\delta[k(\frac{\theta}{\delta}+\sigma)+h(\frac{1}{\delta}-\gamma)]\geqslant$$

$$\delta(\frac{1}{\delta}-\gamma)[(\frac{\theta}{\delta}+\sigma)\eta+h]>0 \tag{6-33}$$

即

$$\frac{\mathrm{d}m}{\mathrm{d}E_2}>0 \tag{6-34}$$

由此可见，当 $\frac{\mathrm{d}r}{\mathrm{d}E_2}\geqslant 0$，则 $\frac{\mathrm{d}m}{\mathrm{d}E_2}>0$，即 r 和 m 的变化具有同方向性。

由上述讨论结果可知，当 E_2 降低，即境内进口商可以使用升值后的人民币进行结算时，国内产出将有所降低，但利率与货币供应量的变化方向具有不确定性，取决于公式中各系数的相对大小。但值得注意的是，由于 r 和 m 的变化具有同方向性，所以当 E_2 的降低导致利率降低时，境内货币供给量 m 也将降低。

3. 不存在进口增长效应，但存在资本与金融项目开放扩大效应

这种情况是指，假定人民币的跨境使用虽然导致境外人民币汇率高于境内(境外人民币更贵)，使得部分原来使用美元结算的进口商改为人民币结算，但由于汇率差价较小，这种差价不足以对国内进口总量产生影响，即 E_2 的微小变化并不会导致进口量的改变。另一方面，假定在允许部分境外人民币通过证券投资项目回流境内的同时，并不减少境外投资者使用外汇资金投资中国资本市场(如 QFII)的额度，这使得我国资本与金融项目对外开放程度扩大。事实上，这种情况等同于不考虑渐进式及人民币国际化的影响，直接扩大资本与金融项目开放。这使得资本与金融项目开放程度 σ 增大。

为考察 σ 变化对国内经济变量的影响，将式(6-25)两边同时除以 $\mathrm{d}\sigma$ 并且令 $\mathrm{d}E_2=0$：

$$\frac{\mathrm{d}r}{\mathrm{d}\sigma}=\frac{\eta(r_w-r)}{(k+\gamma\eta)\theta+h+\sigma\eta} \tag{6-35}$$

将式(6-23)两边同时除以 $\mathrm{d}\sigma$ 并且将式(6-35)代入式(6-23)，令 $\mathrm{d}E_2=0$：

$$\frac{\mathrm{d}y}{\mathrm{d}\sigma}=-\theta\frac{\eta(r_w-r)}{(k+\gamma\eta)\theta+h+\sigma\eta} \tag{6-36}$$

类似的：

$$\frac{\mathrm{d}m}{\mathrm{d}\sigma}=k\frac{\mathrm{d}y}{\mathrm{d}\sigma}-h\frac{\mathrm{d}r}{\mathrm{d}\sigma}$$

$$=-(k\theta+h)\frac{\eta(r_w-r)}{(k+\gamma\eta)\theta+h+\sigma\eta} \tag{6-37}$$

式(6-35)、(6-36)、(6-37)表明当国外利率 r_w 小于国内利率 r 时，σ 与 r 反方向变化，而与 y 及 m 同方向变化，此时随着 σ 的增大，r 将降低，y 与 m 将增加。

4. 同时存在进口增长效应及资本与金融项目开放扩大效应

这种情况是指，人民币的跨境使用导致境外人民币汇率高于境内(境外人民币更贵)，这不仅导致部分进口商选择使用人民币进行结算，而且导致国内总的进口数量有所增加。另一方面，假定在允许部分境外人民币通过证券投资项目回流境内的同时，并不减少境外投资者使用外汇资金投资中国资本市场(如 QFII)的额度，这一假定使得我国资本与金融项目对外开放程度扩大。

由式(6-22)和式(6-23)可得：

$$\mathrm{d}y+\theta\mathrm{d}r=\delta n_2P_f\mathrm{d}E_2$$

$$(k+\gamma\eta)\mathrm{d}y-(h+\sigma\eta)\mathrm{d}r=\gamma n_2P_f\mathrm{d}E_2+\eta(r-r_w)\mathrm{d}\sigma \tag{6-38}$$

那么

$$\mathrm{d}y=\frac{(\delta h+\delta\sigma\eta+\theta\eta)n_2P_f\mathrm{d}E_2+\theta\eta(r-r_w)\mathrm{d}\sigma}{h+\sigma\eta+\theta(k+r\eta)}$$

$$\mathrm{d}r=\frac{(k\delta+\delta r\eta-\eta)n_2P_f\mathrm{d}E_2-\eta(r-r_w)\mathrm{d}\sigma}{h+\sigma\eta+\theta(k+r\eta)} \tag{6-39}$$

式(6-39)即为 $\mathrm{d}y$、$\mathrm{d}r$ 依赖 $\mathrm{d}E_2$、$\mathrm{d}\sigma$ 的规律，即 y、r 的增量随 E_2、σ 的增量的近似变化情况。由一阶微分形式不变性可得：

$$\mathrm{d}m=k\mathrm{d}y-h\mathrm{d}r=\frac{[(k\theta+h)+(k\sigma-hr)\delta]\gamma n_2P_f\mathrm{d}E_2+(k\theta+h)\eta(r-r_w)\mathrm{d}\sigma}{h+\sigma\eta+\theta(k+r\eta)} \tag{6-40}$$

由式(6-39)、(6-40)可知，当国外利率 r_w 大于国内利率 r 时，人民币的升值(E_2减小)与资本与金融项目开放程度的提高(σ 增大)，将导致 y 的减少，而 r 与 m 的变化具有不确定性。

(三)初步结论

本部分根据人民币国际化的渐进式特征，在区分境内进出口商面临不同汇率的基础上调整了 IS 方程，并将国际收支顺差对境内货币供给量造成的影响纳入 LM 方程中，构建出渐进式下新的 IS-LM 线性模型。在线性假设下，笔者以存在人民币升值预期为例，区分四种情况讨论了汇率及资本与金融项目开放程度变化对国内利率、产出以及货币供给量的影响，现将各情形下的变化结果通过表 6-58 总结如下。

表 6-58　渐进式对我国宏观经济的影响(以人民币升值预期为例)

假定情形	进口商使用汇率(E_2)及资本与金融项目开放程度(σ)的变化	对国内利率 r 的影响	对国内产出 y 的影响	对国内货币供给量 m 的影响
情形 1：不存在进口增长效应和资本账户开放扩大效应	E_2变小 σ不变	无影响	无影响	无影响
情形 2：存在进口增长效应，但不存在资本账户开放扩大效应	E_2变小 σ不变	不确定，取决于各系数的相对大小	变小	不确定，与利率 r 具有同方向变化
情形 3：不存在进口增长效应，但存在资本账户开放扩大效应	E_2不变 σ变大	当国外利率 r_w 小于国内利率 r 时，r 变小	变大	变大
		当国外利率 r_w 大于国内利率 r 时，r 变大	变小	变大
情形 4：同时存在进口增长效应及资本账户开放扩大效应	E_2不变 σ变大	不确定，取决于各系数的大小	不确定，取决于各系数的大小	不确定，取决于各系数的大小

从表 6-58 可以看出，当不考虑汇率变动对进口数量的影响时，资本与金融项目开放程度提高对国内宏观经济变量的影响主要取决于境内外利率水平的比较。根据笔者设定的模型，净资本流出函数为 $f=\sigma(r_w-r)$，由于我国资本与金融项目收支的现实情况是持续顺差，即净资本流出 f 为负值，由此可以间接推断国外利率 r_w低于国内利率 r，这里利率 r 也可以理解为包括直接投资与股权回报率在内的资金回报率。在国内回报率高于国外回报率的条件下，扩大资本账户开放将提高国内货币供给量，造成对国内货币政策的干扰，

这是笔者通过上述分析得出的相对明确的结论，当然，这一推断还有待于规范的实证研究加以检验。

二、渐进式人民币国际化对我国外汇储备的影响

在上一部分中，笔者分析了渐进式人民币国际化对国外宏观经济的影响。从中不难发现，变量间的传导机制主要来自汇率变动及资本与金融项目开放程度扩大对经济基本面的调整。事实上，人民币国际化的渐进式路径不仅改变了汇率与资本与金融项目开放程度等常见的经济变量，更重要的是改变了交易中的货币币种使用，以及由此形成的国家对外资产负债币种结构。本部分从币种转换的角度分析渐进式对我国外汇储备以及国家对外资产负债结构的影响。

(一)人民币国际化之前外汇储备增量的形成

在我国持续存在"双顺差"条件下，中央银行为维持汇率稳定，需要在外汇市场上买入外汇并抛出本币，由此形成外汇储备的年度增量，这一增量基本等同于我国经常账户与资本与金融项目年度顺差额的总和，上述关系可用如下等式来表示：

$$\triangle RA = CA + KA \tag{6-41}$$

其中，$\triangle RA$ 表示外汇储备增量，CA 表示当期经常项目顺差额，KA 表示当期资本与金融项目顺差额，为了更具体地说明经常项目及资本与金融项目各子项目变动对外汇储备及货币供给量的影响，笔者将 CA 与 KA 项进行如下分解：

$$CA = EX - IM \tag{6-42}$$

$$KA = (FDI - ODI) + (FPI - OPD) + (FOI - OOI) \tag{6-43}$$

其中，EX、IM 表示经常项目下的出口与进口量，FDI、ODI 分别表示外商来华直接投资与境内企业对外直接投资，FPI、OPD 分别表示证券项目下的资本流入与流出，FOI、OOI 分别表示"其他投资"项目下的资金流入与流出，主要包括银行对外存、贷款等项目。将式(6-42)、(6-43)代入式(6-41)得出：

$$\triangle RA = (EX - IM) + (FDI - ODI) + (FPI - OPD) + (FOI - OOI) \tag{6-44}$$

上式表示，在人民币国际化推进之前，我国外汇储备的增量等于经常账户、直接投资、证券投资及以银行贷款为主的其他投资项目下的资金净流入额。

(二)人民币国际化之后外汇储备增量的变化

1. 人民币的流出及其影响

在目前渐进式下，人民币的流出主要依靠商品与服务进口项目下人民币结算、人民币对外直接投资以及人民币境外项目贷款三种渠道①，在允许人民币跨境流动之前，这些交易需要通过在境内购买外汇，然后再支付给境外居民，但使用人民币结算之后，情况有所不同。

以进口为例，假设我国进口商进口价值 100 万美元的货物，汇率为 6.3 元人民币/美元，央行为保持汇率稳定需要承担做市商功能，在市场上进行外汇买卖。若原来使用美元结算，则进口商需支付 630 万元人民币向央行购买美元，此时外汇储备减少 100 万美元。假定进口商现在改用人民币结算，则需直接支出 630 万元人民币②，由于这些人民币流出了境内，所以此时与当初使用美元结算的情况相比，整个交易过程没有消耗任何央行的外汇储备。从净结果看，使用人民币代替美元支付进口，增加了央行的外汇储备增量。另外，使用人民币进行对外直接投资以及境外项目贷款，在理论上与进口的影响应该是相同的。

上述过程可以通过对式(6-44)进行调整后加以说明。人民币国际化推行后，在境外存在人民币升值预期的条件下，我国进口、对外直接投资以及境外项目贷款采用人民币结算，同时对外证券投资项目下的人民币流出受到限制，因此式(6-44)中的 IM=0，ODI=0，OPD=0，但 OOI 保持不变。将上述条件代入式(6-44)，得出渐进式下外汇储备增量等式：

$$\triangle RA_1 = EX + FDI + FPI + (FOI - OOI) \qquad (6\text{-}45)$$

与人民币国际化之前相比，此时外汇储备增量的增加量为：$\triangle RA_1 - \triangle RA = IM + ODI + OPD$，即伴随着人民币的流出，我国外汇储备的增量将进一步增加。

2. 境外人民币的回流及其影响

目前境外人民币的回流渠道主要有货物与服务出口项目下人民币结算、

---

① 除此之外，中国人民银行与部分国家央行之间进行的货币互换也是人民币流出的重要渠道。

② 此处忽略境内外汇率差价对计算结果的影响。

外商使用人民币来华直接投资、境外三类机构投资境内银行间债券市场、人民币合格境外机构投资者(RQFII)境内证券投资、境内企业在香港发行人民币债券以及境外银行向境内企业提供项目贷款六种形式。

(1)出口、外商直接投资及银行项目贷款渠道下人民币回流的影响。

由于出口、外商直接投资及银行项目贷款等经济行为更大程度上取决于实体经济中的长期因素，因此这里假定结算币种的改变并不影响其真实的业务量，使用人民币结算的业务量对原有业务量产生完全替代效应。此时，在这些渠道下人民币的回流将减少我国外汇储备增量。以出口为例，假定某出口商出口价值100万美元的商品，在不允许使用人民币结算时，该出口商收到100万美元货款时，需要将其向国内银行兑换为人民币，假定汇率仍然为6.3元人民币/美元，由于央行要维持汇率稳定，所以这100万美元最终将被央行以外汇储备的形式持有。现在该出口商若以人民币结算，忽略境内外汇率差价，则直接在境外收取630万元人民币并流入境内，此时外汇储备却没有相应增加100万美元。总的来看，与使用美元结算时的情况相比，这种形式的回流最终减少了外汇储备增量。上述过程用等式表示为：

$$\triangle RA_2 = -IM - ODI + (FPI - OPD) + (FOI - OOI) \quad (6\text{-}46)$$

与人民币国际化之前相比，此时外汇储备增量的变化量为：$\triangle RA_2 - \triangle RA = -(EX + FDI)$。可见，伴随着出口及FDI项目下人民币的回流，我国外汇储备的增量将有所减少。

(2)证券账户及银行贷款项目下人民币回流的影响。

境外三类机构投资境内银行间债券市场、人民币合格境外机构投资者境内证券投资、境内企业在香港发行人民币债券属于证券账户下人民币的回流，这种回流对外汇储备增量的影响，可以分两种情况来讨论。

一是在允许人民币通过证券账户回流的同时，通过管制减少等额外汇资金通过证券账户流入境内，也就是使用人民币的证券投资对使用外汇的证券投资产生了完全的替代，比如在汇率为6.3元人民币/美元时，增加RQFII630万元人民币的投资额度，同时减少QFII100万美元的额度。此时，与原来资金通过QFII流入境内相比，人民币通过RQFII投资境内，会减少等额的外汇储备，这种情况与人民币通过出口结算流入境内的影响相同。

二是在允许人民币通过证券账户回流的同时，并不减少外汇资金通过证券账户流入境内，比如新增加 630 万元人民币的 RQFII 投资额度，同时，原计划批准的 100 万美元 QFII 投资额度如期进行，此时，通过证券账户回流的人民币对外汇储备不产生影响。这种情况用等式表示为：

$$\Delta RA_3=(EX-IM)+(FDI-ODI)+(FPI-OPD)+(FOI-OOI) \quad (6\text{-}47)$$

其中，FPI、FOI 分别为境外人民币通过证券账户及银行贷款项目回流境内的数量。

此时外汇储备增量的变化量为：$\Delta RA_3-\Delta RA=0$，即伴随着证券账户及银行贷款项目下人民币的回流，我国外汇储备的增量不受影响。

根据以上分析，可以用表 6-59 来总结不同情况下人民币的流出与回流对我国外汇储备增量的影响。从表中可以看出，人民币的流出将引起外汇储备增量的增长；而人民币的回流对外汇储备的影响取决于这种回流是否对原有业务存在替代效应。

从现实情况看，自 2009 年 7 月我国通过渐进式推进人民币国际化以来，由于大部分时间境外存在人民币升值预期，人民币境外价格高于境内价格，使得跨境贸易人民币结算收付比一直低于 1，即通过跨境贸易结算人民币流出规模大于回流规模，从而形成人民币净流出，显然，这种净流出将最终导致我国外汇储备资产的增长。

表 6-59　不同情况下人民币国际化对外汇储备与货币供给增量的影响

<table>
<tr><th colspan="3">不同情况下的人民币流出与回流</th><th>对外汇储备增量 ΔRA 的影响</th></tr>
<tr><td>人民币流出</td><td colspan="2">进口、对外直接投资、银行境外项目贷款</td><td>增加</td></tr>
<tr><td rowspan="3">人民币回流</td><td colspan="2">出口、外商直接投资、境外银行对境内企业项目贷款（假定存在完全替代效应）</td><td>减少</td></tr>
<tr><td rowspan="2">证券投资项目下的回流（RQFII、境内企业发行离岸债券、三类机构投资境内债券市场）</td><td>对原有使用外汇结算下的投资额度产生完全替代</td><td>减少</td></tr>
<tr><td>对原有使用外汇结算下的投资额度未产生完全替代</td><td>不变</td></tr>
</table>

三、渐进式人民币国际化对我国对外资产负债结构及国民福利的影响

（一）人民币的净流出对国家对外资产负债结构的影响

在目前渐进式导致人民币净流出的情况下，我国的对外资产负债表结构将发生改变。

根据上文分析，相对于渐进式之前的情况，人民币的流出使得我国外汇储备增量为：$\triangle RA_1 - \triangle RA = IM + ODI + OPD$，对应于这一增量，我国以人民币标价的对外负债将增加：$\triangle L = (IM + ODI + OPD) \times E$，其中 E 为直接标价法下人民币兑美元汇率。上述结果可以用表 6-60 表示。

表 6-60 渐进式对国家资产负债表的影响

外汇储备资产	对外人民币负债
增加(IM+ODI+OPD)	增加(IM +ODI+OPD)×E

由此可见，随着人民币净流出境内，与初始状态相比，我国对外资产及负债都将增加，但对外资产的增量以外币标价，而对外负债以人民币标价。

(二)人民币的净流出对我国国民福利的影响

伴随着渐进式下人民币的跨境使用，不少学者担忧在人民币长期升值而美元贬值的背景下，我国对外资产负债表出现的上述变化，将最终导致国民福利的损失。对此，笔者试图从不同的角度进行更加具体的分析。

本部分以人民币预期升值的情况为例进行分析。① 在允许人民币跨境使用之前，如图 6-55 所示，假设 E 点代表市场均衡点，P_1表示人民币不受干预时的均衡价格，央行的干预使得境内人民币维持在 P_2价格，人民币供需缺口 Q_1Q_2由央行通过购买外汇来弥补，央行所积累的储备为等值 Q_1Q_2外汇量，相对于人民币长期均衡价格，央行所遭受的外汇储备潜在损失为 $S_{\square ABCD}$，这种损失可以视为对出口商的补贴成本。

允许人民币跨境使用之后，如图 6-55 所示，在短期内境外市场均衡于 E_1，均衡价格 P_3略高于境内价格 P_2，境内进口商以及 ODI 投资者基于套汇动机而进行的跨境人民币结算数量为 Q_3，在准许人民币跨境使用之前，这部分进口数量需要在境内向央行购汇结算，而现在减少了这部分购汇需求，相当于央行增加了同等数量的外汇储备，由此将增加外汇储备潜在损失 $\square P_1HGP_2$，这部分新增的损失又可以分解为 $\square P_3E_1GP_2$ 和 $\square P_1HE_1P_3$ 两部分，其中前者表示境内交易主体的套汇收益，后者表示境外投资者的预期投资收益。实践中，当境外存在升值预期时，境内进口商与 ODI 投资者使用人

① 在人民币预期贬值的条件下，基本分析逻辑与升值时相同。

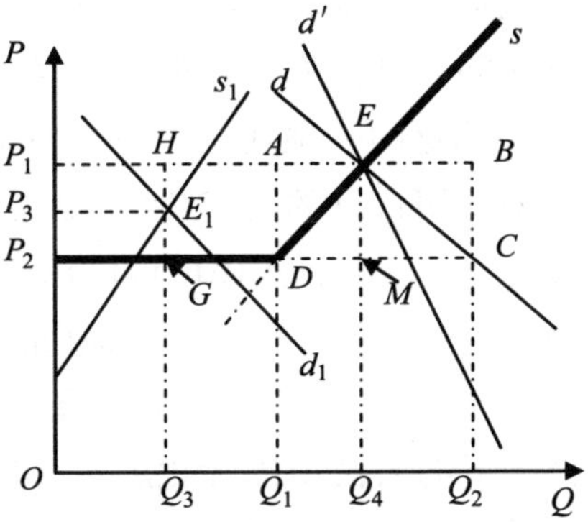

图 6-55　人民币跨境使用对我国居民福利的影响

民币跨境结算，以获取汇差收益，而境外人民币买方(主要从事人民币业务的金融机构)一方面买入即期人民币，同时以更高价格卖出远期人民币，以获取人民币即期与远期价差。① 本质上，境外买方获得的这种确定性收益来源于资本项目开放初期的配额制以及由此导致的需求限制。

长期内，随着境外人民币需求的增加，需求曲线 d_1 不断右移至 d'，最终形成长期均衡点 E，境外人民币价格达到长期均衡价格 P_1。在新的均衡状态下，央行新增储备数量为 Q_1，潜在储备损失为□P_1ADP_2，但这些损失实质上全部转移给了参与人民币跨境结算的进口商和 ODI 投资者，除此之外，这些交易者还获得了生产者剩余△ADE，因此，从总的国民福利角度看，此时境内总收益增加而非减少。另一方面，境外人民币买方并没有获得类似短期均衡时的额外收益。

可见，目前的渐进式虽然增加了我国的外汇储备量，但并没有造成严重的福利损失。短期内，央行损失的利益部分转移给了境内进口商及对外直接投资者；长期内，当境外汇率趋向于长期均衡值时，央行的福利损失全部转移给境内主体。

另外，值得注意的是，如果净流出的人民币能够长期滞留在境外，不管是以银行存款还是以人民币债券的形式存在，只要没有通过购买商品、直接

① 张斌、徐奇渊:《汇率与资本项目管制下的人民币国际化》，中国社会科学院世界经济与政治研究所国际金融研究中心，工作论文系列，No. 2012. 002，2012 年 3 月 5 日。

投资或股权投资的形式回流境内，则这些净流出的人民币可以理解为中国对外进行了人民币负债，进而购买外国商品，即中国对境外居民征收了国际铸币税，这本身就是人民币国际化的一项题中之意。换个角度看，这一过程也可以理解为，之前我们需要动用自身的资产(外汇储备)来购买外国商品，而现在只需要流出人民币即可实现，并且人民币负债在长期不必真正偿还(通过不断发行新债而稀释旧债，如同美元一样)，那么由此节省下来的外汇储备对于央行是一种收益而非损失，至于如何运用外汇储备，则属于另外一个问题。

综上分析，渐进式路径下的人民币国际化虽然会导致我国对外人民币标价负债与外汇标价资产的同时增加，但从国民福利的角度看，并不会如余永定等所担心的那样①，造成福利损失，甚至在人民币能够持续留存境外的前提下，反而能使我国获取相应的铸币税收益。

第六节 推进人民币国际化的政策建议

一、优化人民币国际化渐进式路径的政策建议

(一)对人民币国际化渐进式路径的总结

自从 2009 年我国实行人民币国际化渐进式路径以来，在保持国内经济与金融稳定的前提下，人民币国际化取得了阶段性成果：一是促进了人民币在我国对外贸易结算、直接投资等领域的使用，降低了企业汇兑与风险管理成本。二是扩大了境外人民币的使用网络，丰富了境外人民币金融产品，为今后人民币国际化的进一步发展奠定了初步的金融基础。然而，如果着眼于人民币国际化的可持续性发展，仅仅依靠当前模式是不够的。

首先，从人民币资金循环的角度看，当前模式可以概括为“经常项目下流出本币＋资本与金融项目下部分回流本币”。基于我国目前的经济条件，在中短期内，这种模式的进一步发展的空间将受到限制。一是我国经常项目顺差的格局限制了人民币流出的规模，随着出口项目下人民币回流的增加，跨境贸易人民币收付比逐步提高，人民币的净流出量将逐步下降。二是根据前面的分析，境外人民币通过证券项目回流将增加境内货币供给量，影响国内货

① 余永定：《再论人民币国际化》，《国际经济评论》2011 年第 5 期，第 7—13 页。

币政策的独立性，因此中短期内加快开放的政策空间有限。

其次，从我国对外资产负债的汇率风险防范角度看，由于我国处于净债权国地位，人民币国际化的目标更应侧重于对外资产的本币标价，即将经常项目顺差所积累的财富用人民币或对外股权的形式来表示，这样才有利于规避对外资产所承受的汇率风险。要实现这一目标，人民币需要更多地通过资本与金融项目输出，并通过经常项目回流，而目前"经常项目下流出本币＋资本账户下部分回流本币"的模式显然不能满足这种要求。

(二)贸易顺差条件下人民币国际化的总体方向

根据美德日三国货币国际化的经验，一国在资本与金融项目管制与经常项目顺差背景下的货币国际化，需要以对外直接投资、对外银行贷款以及对外援助等形式为主输出本币，以此带动本国的商品出口并实现本币回流。在这个过程中，由于境外离岸市场的发展，即便本国证券账户受到较多管制，境外本币仍然可以通过离岸市场获得流动性及投资性。

我国目前的国际收支及资本与金融项目管制状况，与这些国家，尤其是与德国和日本货币国际化之初的情况具有相似性。① 因此，在一定时期内，人民币国际化的大方向应该是：一方面，在维持境内汇率及经济稳定、资本与金融项目渐进开放的前提下，主要通过人民币对外直接投资、商业性与援助性银行对外贷款等方式输出本币，并通过经常项目部分回流人民币，实现"直接投资项目下流出本币＋经常项目下回流本币"为主的模式。同时，为了增强境外人民币的流动性及投资性，需要积极发展离岸人民币市场、促进人民币体外循环，以弥补我国资本与金融项目开放不足的缺陷。另一方面，借鉴德国经验，保持人民币的价值稳定以增强其在东南亚地区的吸引力，争取使人民币成为区域中心货币甚至钉住货币，待国内条件成熟时再实现人民币对美元的自由浮动，并全面放开资本与金融项目，以实现人民币更高程度的国际化。

① 所不同的是，德日在货币国际化开始时已基本实现汇率浮动，也正是由于这种不同，需要我国通过"渐进式"在维持境内汇率稳定的前提下推动人民币跨境流动。

(三)促进人民币国际化可持续发展的政策建议

1. 支持人民币离岸金融市场的发展，增强人民币的流动性

支持人民币离岸金融市场发展的基本目的是提高境外人民币的流动性与交易便利性，并为人民币的使用者提供风险管理工具与投资保值空间，促进人民币的体外循环与第三方使用。在增强境外人民币竞争力的同时，弥补我国证券项目开放不足对人民币使用所形成的制约。

(1)构建多层次的境外人民币离岸金融市场。

从长远看，我国政府应在全球范围内主动布局多层次的人民币离岸市场，根据中国香港地区、新加坡、伦敦、纽约等国际金融中心不同的优势条件及其与我国内地的贸易金融关系，给予不同的功能定位，并在提供支持政策时有所侧重，共同构建全球离岸人民币市场体系。

第一，可以将中国香港地区定位为全球离岸人民币的“批发”市场，并支持其发展成为境外人民币的存贷款中心、人民币汇率与资产的定价中心以及资产管理中心。给予香港市场这种定位不仅源于其与内地紧密的经贸往来关系，还在于其现在所具备的离岸人民币市场基础。目前香港的人民币存款占全部境外人民币存款的75%左右，全球几乎所有的人民币资产做市商都位于香港，人民币债券的定价也基本都在香港进行。另外，境外资本对中国股权投资的99%通过香港实现，在获批的人民币合格境外投资者(RQFII)及三类机构投资境内银行间市场的额度中，香港的金融机构持有比率最高。

为了进一步发展香港离岸市场，可以考虑放宽对中银香港以及香港本地商业银行持有人民币净头寸的额度限制。目前通过跨境贸易流入香港的人民币存款，需要通过指定的清算银行(中银香港)转存到境内的中国人民银行，并对中银香港的人民币净头寸设置了每季度80亿元的额度限制。如果放宽这个限制，将通过货币乘数为香港离岸市场注入更多的人民币流动性。此外，为增强香港市场人民币资产的定价及资产管理功能，在建立多种人民币衍生金融工具市场时，可率先在香港开展试点。

第二，将新加坡离岸人民币市场定位为东南亚人民币中心，支持其成为为东南亚各国贸易、直接投资提供人民币金融服务以及投资人民币资产的区域性平台。与世界其他金融中心相比，新加坡有其独特的区位优势，它是东南亚大宗商品和贸易的交易中心，是亚洲仅次于东京的第二大外汇交易中心，

同时是连接亚非拉三地区的贸易和资本市场的枢纽。由于我国与东南亚的贸易往来日益密切，尤其是对该地区的贸易逆差持续增长，并且华侨经济一直占据主导地位。伴随着我国同东盟自由贸易区的发展，这些有利条件将更加突出，这为人民币在东南亚地区用于贸易结算、投资和融资提供了基础，也为新加坡成为区域人民币中心提供了可能性。另外，由于新加坡与多家东南亚企业具有银行业务关系，这也有助于其提供人民币金融服务。从新加坡国内的经济政治条件看，其司法与行政透明廉洁、政局稳定、税收与租金成本较低，这些都体现了其相对于其他东南亚国家的优越性。

为了支持新加坡成为区域性离岸人民币中心，我国应加强与其金融体系的合作与市场渗透，支持我国商业银行在其境内设立分支机构及清算行①，以推动人民币的贸易结算。同时，还可充分利用新加坡作为东南亚大宗商品交易中心的优势，推动大宗商品，如棕榈油、天然橡胶等以人民币进行计价与结算。

第三，将伦敦定位为人民币在欧洲的离岸市场中心。作为欧洲最重要的金融与外汇交易中心，伦敦具有以下优势：一是欧洲作为中国最大的贸易伙伴，对跨境贸易项下人民币结算存在一定需求，同时全球大批对亚洲和中国投资的机构投资者聚集于此，这些条件为伦敦成为欧洲人民币业务中心提供了需求基础。二是根据欧洲美元的历史惯例，英国对离岸货币采取较为宽松的监管政策，同时由于历史原因，香港和伦敦联系紧密，这有利于人民币产品在欧洲的推广。为推动伦敦离岸市场的发展，一方面可考虑通过设立人民币清算银行为当地提供更多的人民币流动性及清算便利；另一方面应鼓励欧洲企业及金融机构发行与投资人民币债券，以促进人民币债券市场参与主体的多元化。

此外，由于美国同我国的贸易规模巨大，其在我国的跨国公司较多，同时人民币兑美元存在较为稳定的升值趋势，因此人民币在美国应该存在一定的市场需求，纽约也有成为区域性人民币离岸中心的潜力。对此，我国可以发挥其金融设施及时区优势，促进其为进出口人民币结算及第三方使用服务。

---

① 2013 年 2 月，中国人民银行已授权工商银行新加坡分行担任新加坡人民币业务清算行。

(2)完善人民币离岸市场基础设施建设。

为促进人民币离岸市场的发展，需要建立并完善高效、安全、低成本的跨境支付清算系统。为此，需要我国央行加强与更多国家和地区的金融合作，在当地建立人民币业务清算行的同时，支持清算行建立区域性的人民币结算体系，共同构建全球范围的清算网络。

为便于人民币汇率风险管理，需要进一步丰富人民币交易品种，建立境外人民币汇率及利率衍生工具市场。如建立标准化和高透明度的交易所场内交易合约，以补充现行的人民币非交割远期场外交易市场；鼓励香港联合交易所发展人民币汇率期货市场，以发现自由市场环境下人民币的均衡汇率；在离岸市场建立政府债券的回购市场，以提高债券市场的流动性；还可发展债券期货市场，与债券回购市场形成良性互动，以增强市场的深度与广度。

2. 进一步拓宽人民币流出渠道，审慎增加回流渠道

根据其他主要货币国际化的经验，在贸易顺差时期推进本币国际化，主要依靠对外资直接投资与信贷的形式输出本币。鉴于我国的实际情况，在现阶段我国应重点支持人民币对外直接投资，拓宽银行对外信贷渠道，适度开放人民币对外证券投资，但对境外人民币通过证券渠道回流境内，应根据国内条件进行审慎管理。

(1)鼓励使用人民币对外直接投资。

人民币对外直接投资的推进，有利于增强企业的国际竞争能力，推动产业升级。同时，对外直接投资往往会带动本国商品与设备的出口，有利于形成“投资—出口”的良性循环。从人民币国际化的角度看，对外直接投资过程中输出的人民币被境外居民持有，不管是作为储备与投资货币，还是通过购买我国商品回流国内，都体现了人民币的国际货币职能，这意味着人民币国际化程度的提高。由此可见，使用人民币对外直接投资具有多重正面效应。

为鼓励人民币对外直接投资，从金融的角度看，可提供以下两个方面的支持政策：

第一，加大对境内企业对外直接投资的人民币信贷支持，并对海外投资风险提供适当担保。一方面，借鉴日本20世纪70年代以来的对外投资与信贷经验，进一步放松对海外直接投资的人民币信贷限制，并考虑通过政策性银行设置专门经营该项业务的机构，为企业项目融资提供便利；另一方面，

针对投资者可能遇到的各种风险，政府可采取适当形式对其提供担保服务，担保的风险范围包括：境外货币无法正常兑换的风险，投资者的境外资产被东道国政府没收或充公的风险，由于东道国政治动乱、战争等原因引起的海外资产受损的风险等。

第二，放松对外直接投资企业在离岸市场发行人民币债券的限制，但所筹集资金必须用于海外投资。由于现阶段境外利率较低，允许这些企业在境外进行人民币债券融资，相当于降低了它们的融资成本，同时，也降低了境外人民币回流境内的压力。

(2)继续推进人民币对外贷款。

一方面，以服务实体经济为原则，适度放松境内商业银行对外人民币贷款的限制，进一步增加贷款额度，并拓宽贷款范围；另一方面，在我国对外援助的战略框架下，适当增加人民币贷款援助的比重，尤其是针对那些对我国商品及机械设备具有潜在进口需求的发展中国家。例如，在发展中国家的基建工程等方面，通过人民币商业贷款以及政府援助贷款，在带动我国商品出口的同时，增加人民币在出口结算领域的使用，降低出口企业汇率风险，进一步培养人民币的国际使用网络。

(3)适度增加人民币在证券投资项目下的流出。

关于证券投资项目下的人民币流出，可以重点考虑在以下三个方面有所突破：

第一，加快发展熊猫债券。熊猫债券是指国外政府、金融机构、企业及国际组织在中国境内发行的以人民币计价的债券，类似于美国的扬基债券和日本的武士债券。从 2005 年 10 月开始，我国已批准熊猫债券的发行，但规模较小。截至 2010 年年底，只有三家机构合计发行了 50 亿元的熊猫债券。同时，我国规定境外机构或企业通过发行熊猫债券募集的人民币只能用于中国境内，不允许换汇后汇往境外。笔者认为，从人民币国际化的角度看，熊猫债券使本币通过购买债券而流出境内，从而实现本国对外债权的本币标价，即便募集的人民币重新以对华直接投资或购买中国商品的形式回流境内，也仍然符合人民币国际化的基本方向。因此，应进一步扩大熊猫债券发行规模，支持更多的境外企业参与其中。另外，在我国境内证券项目没有进一步开放之前，现行的关于熊猫债券筹集资金不能换汇的规定应继续保留，这样可以避免境外机构通过熊猫债券进行套汇交易，但可以允许这部分人民币资金流出境内在离岸市场上使用，这有利于增加境外人民币的供给与流动性。

第二，尝试推进国际板股票市场建设。近年来，我国一直在酝酿境外企业在国内A股市场上市发行人民币股票，即建立国际板股票市场，但因相关配套制度的制约，国际板尚未正式启动。上海证券交易所国际板股票市场的推出，一方面将有利于我国多层次资本市场的建设与发展；另一方面从人民币国际化的角度看，有利于人民币的流出与境外使用。对于境外企业上市募集的人民币资金，可以允许其在境内或境外离岸市场上使用，但应暂时限制其在境内换汇并汇出境内。

第三，适时推出人民币合格境内机构投资者(RQDII)制度。目前我国已推出RQFII制度，但RQDII制度尚未启动。伴随着境外人民币离岸市场的发展，更多的境外企业将在离岸市场上发行人民币债券及股票，人民币投资品种将日益增多，RQDII制度将逐步具备现实意义。通过RQDII，境内居民使用人民币投资境外证券市场，会形成人民币的持续流出。同时，还可允许RQDII在国内筹集的人民币资金在离岸市场上换汇，再以外汇形式对外进行证券投资。从汇率渐进式的角度看，这种行为类似于国内进口商或对外直接投资企业，在离岸市场上以更高的价格出售人民币，再使用外汇进行支付。总之，与QDII相比，RQDII更有利于人民币的流出以及人民币离岸市场的发展，我国应将其作为拓展本币流出的一项重要政策选项。

(4)审慎管理人民币在证券项目下的回流。

根据前面的分析，在目前人民币渐进式国际化的格局下，人民币通过证券项目回流将增加境内货币供给量，形成对国内货币政策的干扰。另外，从当前国内外经济形势看，中短期内也不适合过快开放证券项目下的人民币回流渠道。一方面，受到欧洲支付债务危机的影响，全球金融市场依然动荡，世界主要发达国家经济增长持续低迷，各国普遍实行极度宽松的货币政策，由此造成全球流动性泛滥，新兴市场国家有可能再次成为国际游资投机的主要目标。另一方面，我国正处于经济结构转型的关键时期，一定时期内，经济货币化、人口老龄化、产能过剩、环境与资源约束等因素将导致原有经济增长模式难以持续。同时，地方政府债务规模不断加大以及外部需求萎缩，使得我国经济增长在短期内面临较大风险。在这种背景下，我国政府要同时兼顾保增长、控通胀并加快经济结构调整实属不易。①

因此，我国当前对待人民币在证券项目下的回流可以考虑两种处理方式：一是控制回流规模，以减轻其对国内货币量的影响，但这会降低人民币对境外居民的吸引力。二是在适度放开回流渠道的同时，等额减少境外机构使用外币(然后在境内兑换人民币)投资中国证券市场的额度，这样既不增加境内货币供给量，又不会增加外汇储备，同时还有助于提高人民币在境外的吸引力。

3. 积极参与区域货币合作及国际货币体系改革，为人民币国际化营造良好环境

(1)加强与东盟之间的货币合作，争取构建汇率联动机制。

随着中国—东盟自由贸易区的发展，各国之间的贸易依存度进一步提高，这为区域内的货币合作奠定了基础。为了提高人民币的使用程度，我国政府应加快推动区域货币合作的步伐。一方面，通过与更多国家的货币互换机制以及双边清算协议，增加人民币在贸易投资结算领域的使用；另一方面，应积极推动与东盟国家之间的汇率政策协调，争取与之建立钉住共同货币篮子的汇率机制，为人民币退出钉住美元制奠定基础。

从更广泛的视角看，构建中国—东盟汇率协调机制对人民币国际化具有多重意义。一是区域内各货币之间稳定的汇率有利于双边贸易的发展以及人民币结算的使用。二是稳定的汇率有利于人民币作为借出货币②，从而实现我国对外资产的本币标价，而这本身就是人民币国际化的主要初衷之一。目前我国人民币国际化的成果，更多表现为经常项目下净输出本币而证券项目下净回流本币。之所以形成这样的格局，除了人民币对外证券投资尚未开放这个原因外，更重要的在于人民币在多数时期存在升值预期，致使境外机构不愿到香港人民币离岸市场发行债券。也就是说，在人民币升值预期的影响下，境外居民更愿意持有人民币资产而不愿意以人民币负债，这阻碍了我国使用人民币来标价对外债权这一目标的实现。从长远看，人民币汇率最终要

① 张明：《中国的资本账户开放仍应审慎渐进》，《国际金融》2012年第7期，第4页。

② Cheung, Y. W., Ma, G., and McCauley, R., "Why does China Attempt to Internationalise the Renminbi?", *China Rising: Global Challenges and Opportunities*, Australian National University Press and Social Sciences Research Press (China), 2011, pp. 45-68.

走向完全浮动才有利于其在国际债权债务中双向标价的使用，但在人民币对美元完全浮动之前，作为一个过渡，可以考虑首先在中国—东盟自由贸易区内实现汇率联动，各国可以以贸易权重为基础，构建共同的钉住货币篮子，从而实现相对的汇率稳定。三是有利于人民币对美元实现浮动，并为资本与金融项目全面开放提供条件。根据德国的经验，实现本币与区域内的货币汇率联动，将降低本币对美元升值以及资本与金融项目开放以后，对本国出口及国内经济造成的冲击。人民币同东盟各国货币之间的汇率若能实现联动，将为其日后实现兑美元的完全浮动进而全面开放资本与金融项目奠定基础。

(2)推动大宗商品的人民币计价。

实现大宗商品的人民币计价是人民币国际化的战略目标之一。为此，政府应主动与相关国家进行政策协调，尽力推动人民币在大宗商品交易中的计价与结算。例如，在支持新加坡离岸人民币市场发展的过程中，可以提出建立以大宗商品交易为基础的人民币商品指数。中国同俄罗斯之间的石油与天然气贸易、与巴西及南非之间的铁矿石贸易、与马来西亚及印尼之间的农产品贸易，都可尝试通过政府间的战略对话来促进人民币在这些领域的使用。

(3)争取将人民币纳入超主权国际货币。

随着现行国际货币体系内在缺陷的日益暴露，国际上要求对之进行改革的呼声越来越高。改革的思路主要有两种：一是通过各国密切合作，构建超主权国际储备货币体系，其中，超主权国际储备货币可以以特别提款权为基础，也可以重新构建由美元、欧元、日元、英镑以及人民币资产组成的新型超主权货币。① 二是形成以美元、欧元、人民币三足鼎立的多元化货币体系。事实上，对于人民币国际化而言，两种思路并不矛盾。② 我国政府应主动参与国际金融新格局，通过推动国际货币体系改革，争取将人民币纳入超主权货币，将有助于人民币执行国际货币价值尺度与储藏手段职能，加速人民币国际化进程。

---

① 这种新型货币与SDR的最大区别在于前者的发行以现实的货币资产为基础，详见李翀、王立荣：《超主权国际货币构建方案的比较和设想》，《北京师范大学学报》(社会科学版)2011年第2期，第109—115页。

② 李稻葵、尹兴中：《国际货币体系新架构：后金融危机时代的研究》，《金融研究》2010年第2期，第38页。

4. 加快国内经济转型与金融改革，增强人民币国际化的根本潜力

从长期看，人民币国际化的根本潜力取决于我国经济的持续稳定增长。我国应在保持经济稳定的前提下，加快收入分配与经济结构调整，实现以国内需求为主导的经济增长方式，同时引入竞争机制，增强金融机构的自生能力，并在完成利率、汇率等生产要素价格市场化的前提下，全面放开资本与金融项目，推动人民币走向更高程度的国际化。

二、关于推进人民币在金融项目下可兑换的政策建议

(一)在资本与金融项目下可兑换的含义

在资本与金融项目下可兑换是一种货币国际化的基本条件。要推进人民币的国际化，在近期需要迈出的一个较大的步伐是实现人民币在资本与金融项目下基本可兑换。

国际货币基金组织关于国际收支的定义发生过多次变化。按照国际货币基金组织最新的定义，国际收支分为三大项目：经常项目、资本项目和金融项目。经常项目反映一个国家的居民与非居民进行物品、劳务和收益的交易所带来的外汇收支的变化。资本项目反映一个国家的居民与非居民之间非金融资产的交易和资本类的转移、支付所带来的外汇收支的变化。非金融资产交易包括土地等自然资源、特许权等技术资产、品牌等营销资产的交易。资本类的转移支付是指赔款、罚没、债务豁免等。金融项目则反映一个国家对外金融资产和债务的变化，主要包括直接投资、证券投资、国际借贷、政府储备资产的变化等。

国际货币基金组织是一个以维护国际货币制度正常运转为宗旨的国际经济组织，实现本国货币在经常项目下可兑换是国际货币基金组织成员国的基本义务。目前，绝大多数国际货币基金组织成员国都接受《基金组织协定》第八条款的义务，实现本国货币在经常项目下可兑换。但是，国际货币基金组织不要求成员国的货币在资本与金融项目下可兑换。

世界贸易组织作为一个以推进贸易以及与贸易有关的投资自由化为宗旨的国际经济组织，实行与国际货币基金组织相似的原则。它要求成员不能用限制汇兑的方式来限制贸易以及与贸易有关的投资，但不要求成员的货币在资本与金融项目下可兑换。

目前，要求成员国承诺逐步取消对资本交易管制的国际经济组织只有主

要由发达国家组成的经济合作与发展组织。该组织制定了《资本流动自由化通则》，其中第二条规定各成员国逐步取消对资本流动的限制，以实现相互间有效的经济合作。

虽然本国货币在资本与金融项目下可兑换不是全球性的经济组织的要求，但却是一种货币走向国际化的基本要求。不难设想，如果一种货币在资本类和金融交易中都不能可兑换，它如何能够被各国接受为贸易货币、借贷货币、投资货币和储备货币？

但与此同时，也应该指出，世界上没有一个国家已经完全实现本国货币在资本与金融项目下的全部交易都可以自由兑换。由于各个国家对资本与金融交易实行不同程度的限制，它们的货币在这些交易中实际上是不可兑换的。因此，一种货币在资本与金融项目下可兑换只是一个相对的概念，也就是程度的概念。

按照国际货币基金组织的分类，对非居民参与的资本与金融交易的管制主要包括下述类型：第一，资本市场和货币市场金融工具的交易，如商业票据、国库券、债券、股票等金融工具的交易。第二，国际信贷业务，如本国银行向境外贷款或从境外借款的业务。第三，金融衍生工具和其他金融工具的交易，如互换、金融期货、金融期权以及前面没有提及的金融工具的交易。第四，外商直接投资和对外直接投资，即双向的直接投资导致的资本流动。第五，外商直接投资和对外直接投资的清算，即已经形成的直接投资的资本金的转移。第六，个人资本转移，包括个人的财产或赠予的跨国转移。第七，不动产交易，即与直接投资无关的如自用或投资的不动产的交易。第八，商业银行和其他信贷机构的交易，如这些金融机构所从事的除了信贷以外的外汇等金融资产的交易。第九，其他机构投资者的交易，如共同基金、养老基金、保险公司从事金融资产的交易。根据国际货币基金组织的统计，在发达的高收入国家中，直到 2006 年实行上述九类管制的比例仍然分别达到 46.4%、14.3%、17.9%、67.9%、3.6%、7.1%、429%、57.1%、57.1%。①

① IMF, "Review of Exchange Arrangements, Restrictions, and Controls", Prepared by Monetary and Capital Markets Department, November 27, 2007, p. 35.

由此可见，按照国际货币基金组织的看法，一种货币在经常项目下可兑换与在资本与金融项目下可兑换的含义是不同的。一种货币在经常项目下可兑换主要是指本国货币在经常项目下可以兑换为外国货币，而不管经常项目的交易是否受到限制。例如，一个国家实行进口限额制度，但在限额内本国货币可以兑换为外国货币，仍然可以看作是本国货币可兑换。但是，一种货币是否实现在资本与金融项目下可兑换则还要考虑该国的跨国资本与金融交易是否受到限制。

国际货币基金组织的这种看法是可行的。在世界各国的努力下，现在国际贸易的障碍已经大大减少，对国际贸易的管制已经逐渐被取消。但是，对跨国的资本与金融类交易的严格管制还普遍存在。如果不结合着对跨国的资本与金融交易的管制来考虑一种货币在资本与金融项目下的可兑换，那么任何国家都实现了本国货币在资本与金融项目下的可兑换，所谓在资本与金融项目下可兑换这句话就失去意义了。

(二)人民币在资本与金融项目下可兑换的现状

要实现人民币在资本与金融项目下的可兑换应该从两个方面去理解：一个方面是程度问题。在资本与金融项目下的可兑换并不是指在全部项目可兑换，而是指资本与金融项目下主要的或重要的项目可兑换。另一个方面是内容问题。在资本与金融项目下的可兑换并不是指被批准资本与金融的交易可兑换，而是指对主要的或重要的资本与金融交易没有限制。

如果按照国际货币基金组织的分类，在2000年以前，我国对九种资本与金融交易在不同程度上都实行管制：

第一，在资本市场和货币市场金融工具交易方面，我国只允许非居民在境内投资B股，不允许非居民在境内购买A股、债券和货币市场工具。另外，居民到境外发行和交易资本市场和货币市场工具必须经过批准。

第二，在国际信贷业务方面，境内金融机构按照外汇资产负债比例管理规定可以对外贷款，但境内企业不能对外贷款。境内金融机构或企业向外借款均需要经过批准，并且还要受到借款指标的限制。

第三，在金融衍生工具和其他金融工具的交易方面，我国不允许非居民参与境内金融衍生工具的交易，居民参与境外金融衍生工具的交易要经过批准。

第四，在外商直接投资和对外直接投资方面，我国对外商直接投资基本没有管制，只要符合我国的产业政策，外商都可以对我国进行直接投资。但是，我国金融机构对外直接投资需要经过批准。

第五，在外商直接投资的清算方面，我国对外商直接投资以后的撤资、转股等交易需要经过外汇管理部门的核准。只要属实，基本上不加以限制。

第六，在个人资本转移方面，我国对居民退休金和财产的汇出只需办理核准手续，基本上没有限制，但对个人资金的汇出有数量上的限制。

第七，在不动产交易方面，外商在我国进行与直接投资有关的不动产的交易不受限制，但非居民在我国进行住房的交易受到数量的限制。居民到外国进行不动产的交易需要经过外汇管理部门的批准。

第八，在商业银行和其他信贷机构的交易方面，外国商业银行在我国设置的分支机构可以从事经过批准的商业银行业务，可以参与我国外汇市场的交易，但是不能参与我国资本市场或货币市场金融工具的交易。

第九，在其他机构投资者的交易方面，外国的投资银行、共同基金、保险公司等机构投资者在我国设置的分支机构可以从事经过批准的金融业务，但不能参与我国资本市场或货币市场金融工具的交易。

由此可见，在上述九项资本与金融交易中，我国在第四、第五、第七项交易比较宽松，对其他交易项目的管制比较严格。但是，2000 年以后，我国在放宽对资本与金融交易限制方面已经迈出了重要的步伐。

2002 年，我国开始实施合格境外机构投资者(QFII)制度，允许符合条件的境外机构投资者投资境内证券市场。到 2013 年 12 月，我国政府共批 228 家 QFII 机构，投资额度达到 507.58 亿美元。

2006 年，我国开始实施合格境内机构投资者(QDII)制度，允许符合条件的境内金融机构投资于境外证券市场。到 2013 年 12 月，我国政府共批准 116 家 QDII 机构，境外投资额度达到 850.43 亿美元。

从 2006 年起，我国政府逐步取消对境外直接投资购买外汇额度的限制，在全国范围内实现了境外直接投资按照需要提供外汇。2009 年，我国政府在行政手续上把境外直接投资外汇资金来源审查和资金汇出核准两项行政审批改为事后登记，方便了对境外直接投资。

2009 年，我国政府允许符合条件的各类企业经批准在一定限额内使用自有外汇和人民币购汇等多种方式进行境外放款。境外放款专用外汇账户的开立、资金的境内划转以及购买外汇等事宜均由外汇指定银行直接办理。

这意味着在21世纪头10年结束的时候，人民币在对外直接投资方面已经基本实现了可兑换，在非居民对我国证券投资方面在QFII制度下实现了可兑换，在居民对外国证券投资方面在QDII制度下实现了可兑换，在对外贷款方面实现了可兑换。

(三)实现人民币在资本与金融项目下可兑换的方法

从近几年的情况来看，实现人民币在资本与金融项目下可兑换已经提到了政府的议事日程。2010年10月20日，国家外汇管理局官方网站发表了题为“国家外汇管理局深入学习贯彻十七届五中全会精神”的报道稿，提出在“十二五”时期要稳妥有序地推进人民币资本项目可兑换。2011年2月1日，国家外汇管理局官方网站以转载《金融时报》报道的方式发表了题为“构建跨境资本双向流动机制 有序推进资本项目可兑换”的文章，提出依照统筹规划、循序渐进、先易后难、分步进行的原则稳步推进资本项目可兑换。显然，这样的原则是全面和正确的。

在考虑如何推进人民币在资本与金融项目下可兑换的时候，必须考虑到可能由此产生的金融风险。人们列举了人民币在资本与金融项目下可兑换的风险，如可能导致人民币汇率剧烈的波动，使货币政策的独立性和汇率的稳定性发生冲突，增加国内经济和金融的不稳定性，使保持国际收支平衡的难度增大。① 笔者认为，在各种可能产生的金融风险中，国际资本的投机性冲击是最主要的风险。

在人民币实现资本与金融项目可兑换的条件下，国际资本流动将更加方便。资本的本质是追求利润，一旦我国内部或外部经济出现某些问题，国际资本就会在我国掀起投机浪潮。20世纪90年代以来的许多国家的经历表明，最容易受到国际资本冲击的市场是外汇市场、股票市场和房产市场。在国际资本的投机性冲击下，被冲击国的货币汇率、股票价格、房产价格将发生剧烈波动，并有可能爆发金融危机。

因此，从开放项目的角度看，应该首先开放金融风险比较小的项目，然

① 王雅范等：《走向人民币可兑换》，经济科学出版社2002年版，第292—293页。

后开放金融风险比较大的项目。在开放重要的资本与金融项目的时候，必须充分考虑到可能产生的影响以及如何去减少这种影响。也就是说，实行国家外汇管理局提出的统筹规划、循序渐进、先易后难、分步进行的原则。

在国际货币基金组织提出的九项资本与金融交易中，在次序上可以先考虑外商直接投资和对外直接投资及其清算、不动产交易的开放，其次考虑信贷业务、商业银行和其他信贷机构交易、个人资本转移的开放，再次考虑资本市场和货币市场金融工具交易的开放，最后考虑金融衍生工具以及其他金融工具的交易、其他机构投资者交易的开放。

在直接投资的开放中，首先考虑外商直接投资的开放，其次考虑对外直接投资的开放。在信贷业务的开放中，首先考虑贸易信贷的开放，其次考虑对金融机构信贷和对企业信贷的开放。在资本市场和货币市场金融工具交易的开放中，首先考虑债务工具的开放，其次考虑股权工具的开放。在金融衍生工具的开放中，首先考虑利率类的金融衍生工具的开放，其次考虑外汇类和股权类的金融衍生工具的开放。另外，考虑到我国目前存在人民币汇率升值压力，在资本与金融项目的开放中，首先考虑开放资本流出的项目，其次考虑开放资本流入的项目。

当然，这仅仅是基本次序。在实际的资本与金融项目的开放中，各类项目不存在截然的先后之别，它们是相互交错的。另外，这些项目的开放也不是完全开放，而是不同程度的开放。例如，股票市场和股票类的金融衍生工具的开放在相当长的时间里仍然应该采用 QFII 的方式进行。

另外，资本与金融项目的开放不仅存在开放项目的问题，还存在着开放方式的问题。从发展趋势来看，应该从对资本与金融交易具体项目逐项行政审批过渡到对交易者的资质管理和对交易风险的防范。例如，在信贷开放中，应该确定可以办理国际信贷业务的金融机构的资质，同时按照监管法规对这些金融机构从事国际信贷的信用风险和汇率风险等进行评估和监管。

在推进人民币资本与金融项目可兑换过程中，需要关注防范国际资本的投机性冲击。我国还是一个发展中国家，市场经济体制还不够健全，金融体系还不够完善，驾驭跨国资本流动的能力还不够强。考虑到在人民币实现在资本与金融项目下可兑换的过程中可能会遇到各种突发事件和投机风潮，因而需要建立各种预警体系和应对方案，在必要的时候以制度的方式对市场进行干预。20 世纪 90 年代以来，不少发展中国家如泰国等在推进金融开放和本币在资本与金融项目可兑换的过程中都遭遇到这样的冲击，对本国金融和经济带来巨大的不利影响。我国政府在推进金融开放的过程中必须高度警惕这种投机性冲击。我国政府拥有世界第一的外汇储备和世界第五的黄金储备，这也为我国政府应对各种突发事件和投机风潮提供了重要的资金上的保证。

三、关于推进人民币汇率形成机制改革的政策建议

(一)2005 年以来人民币汇率形成机制的改革

建立比较完善的人民币汇率形成机制，是使我国避免在人民币汇率问题的博弈中处于不利地位，从而避免我国对外经济活动受到不利影响的保证。另外，我国政府正在推进人民币的国际化。建立比较完善的人民币汇率形成机制，是使人民币得到国际社会认可而走向国际化的重要前提。

一种货币的汇率是由这种货币在外汇市场上的供给与需求决定的。一种货币汇率的形成机制，包括在外汇市场上这种货币的供给机制、需求机制、定价方式。也就是说，按照一个国家的汇兑和汇率制度，它的货币的汇率是如何形成的。笔者探讨的推进人民币汇率形成机制的改革主要是指推进人民币汇率定价方式的改革，也就是国际货币基金组织语言中的“汇率安排”(Exchange Rate Arrangements)的改革。

在 2005 年以前，我国长期实行的人民币汇率制度是以市场供求为基础的、参考美元进行调节的、有管理的浮动汇率制度。中国人民银行在每个工作日按照前一个工作日我国外汇市场人民币成交汇率的加权平均数，确定本工作日人民币对若干种外汇的基准汇率，本工作日人民币对若干种外汇的汇率可以以该基准汇率为基础上下在 0.15%的幅度内波动。

从 2005 年开始，我国政府不断地推进以市场化为导向的人民币汇率制度改革，这些改革的措施是正确的。

在改革外汇的供给或人民币需求机制方面，我国政府在逐渐取消强制结汇制。以 2005 年和 2006 年为例，国家外汇管理局 2005 年 2 月 4 日《关于调整经常项目外汇账户限额管理办法的通知》、2005 年 8 月 2 日《关于放宽境内机构保留经常项目外汇收入有关问题的通知》、2006 年 4 月 13 日《关于调整经常项目外汇管理政策的通知》等，都是在朝着自由结汇制的方向发展。在 2010 年 3 月召开的全国人民代表大会上，国家外汇管理局称已经取消了强制结汇制。

在改革外汇需求或人民币供给机制方面，我国政府在不断地放宽对购汇的限制。以 2005 年和 2006 年为例，国家外汇管理局 2005 年 5 月 22 日《关于扩大境外投资外汇管理试点有关问题的通知》、2005 年 8 月 3 日《关于调整境内居民个人经常项目下因私购汇限额及简化相关手续的通知》、2005 年 8 月 25 日《关于下放部分资本项目外汇业务审批权限有关问题的通知》、2006 年 4 月 13 日《关于调整经常项目外汇管理政策的通知》、2006 年 8 月 30 日《关于基金管理公司境外证券投资外汇管理有关问题的通知》等，都在放宽对人们购买外汇的限制。

在改革人民币汇率形成方式方面，2005 年 7 月 21 日，中国人民银行发布《完善人民币汇率形成机制改革的公告》，开始实行以市场供求为基础、参考一篮子货币进行调节、有管理的浮动汇率制度。中国人民银行每个营业日公布当日银行之间外汇市场有关货币对人民币的收盘价，作为下一个营业日这些货币对人民币汇率的中间价格。从 2006 年 1 月 4 日开始，人民币汇率中间价进一步改为由中国外汇交易中心确定。

在建立更有弹性的汇率制度方面，2005 年 9 月 23 日，中国人民银行发布《关于进一步改善银行间外汇市场交易汇价和外汇银行挂牌汇价管理的通知》，决定将非美元货币对人民币交易价格的浮动幅度从原来的上下 0.15％扩大到上下 0.3％。2006 年 1 月 3 日，中国人民银行发布《关于进一步完善银行间即期外汇市场的公告》，决定将中元对美元交易价格的浮动幅度也扩大到上下 0.3％的幅度内浮动。2007 年 5 月 18 日，中国人民银行决定，人民币对美元交易价格浮动幅度扩大到上下 0.5％。2012 年 4 月 16 日，中国人民银行决定，人民币对美元交易价格浮动幅度继续扩大到上下 1％。自 2014 年 3 月 17 日起，银行间即期外汇市场人民币兑美元交易价浮动幅度由 1％扩大至 2％。2015 年 8 月 11 日，央行推出新的关于人民币汇率中间价报价机制的改革。这是汇率定价权从央行向市场让渡的重大改革举措：新的人民币汇率中间价报价机制下，央行维持既定目标汇率的难度显著提高，市场对汇率决定的影响力有望增强。

经过一系列的人民币汇率形成机制的改革，人民币汇率形成变得更加市场化了。

(二)进一步改革人民币汇率形成机制的必要和选择

但是，从推进人民币国际化的角度来分析，我国现行的人民币汇率形成机制就显得不足了。渐进地推进人民币的国际化，改变我国对外经济发展受制于美元的现状，改善我国对外经济发展环境，提高我国对外经济发展的绩效，应该成为我国转变对外经济发展方式的发展战略。目前我国所采用的人民币汇率参考一篮子货币进行调节的汇率安排还不是一种走向国际化的货币所采用的汇率安排。因此，建立更加完善的人民币汇率形成机制，是人民币走向国际化必须迈出的一步，也是使人民币得到国际社会认可的重要前提。

我国政府在 2005 年选择参考一篮子货币确定人民币汇率的定价方式是正确的。当时，保持人民币汇率相对稳定从而保持我国对外经济活动的稳定是我国政府的主要任务。在中美两国政府关于人民币汇率问题的博弈变得比较激烈、人民币汇率不能参考美元定价的情况下，转向参考一篮子货币调节人民币汇率，对于稳定人民币汇率发挥了重要的作用。

但是，参考一篮子货币进行调节的人民币汇率定价方式存在两个问题：第一，人民币汇率的定价方式是参考一篮子货币调节，不是严格地钉住一篮子货币，但我国政府没有公开公布货币篮子的种类、权重等信息，这样使我国政府与美国政府在人民币汇率问题的博弈中处于不利地位，有可能给我国的对外经济活动带来不利影响。第二，不论是刚性的还是弹性的钉住汇率制度，都是依赖某种货币或某组货币定价而不能自主地形成本国货币的汇率，实行这种制度的货币是不可能成为国际货币的。参考一篮子货币进行调节人民币汇率的定价方式将成为人民币走向国际化的障碍。

根据国际货币基金组织的最新划分方法，现行的汇率制度有九种形式，它们分别是：第一，外国货币化，即直接使用外币作为本币。第二，货币局，即建立本币与某种外币的平价，并按照这个平价以外币为基础发行本币。第三，钉住单一货币，即保持本币与某种外币汇率的稳定，并随着这种外币浮动。第四，钉住一组货币，即建立本币与一组外币加权平均值的比价，并随着该加权平均值的变化而调整。第五，在一定范围内钉住外币，即建立本币与某种外币汇率的比价，但这个比价可以在一定区间内调整。第六，爬行钉住，既可以按照一定的规则调整钉住汇率。第七，在一定范围内爬行钉住，既只能在一定的区间内调整钉住汇率。第八，管理浮动，让本币的汇率随着市场供求而浮动，但政府加以一定的管理。第九，单独浮动，让本币的汇率随着市场供求而浮动，政府较少进行管理。

根据我国经济的现状，比较适宜的人民币汇率定价方式是国际货币基金组织列举的第八种形式：管理浮动的汇率安排。按照国际货币基金组织2007年公布的汇率安排划分方法，管理浮动(Managed Floating)汇率安排的特征是：汇率主要由市场决定，货币当局没有按照某种特定的汇率变化路径或者某个特定的汇率目标来影响汇率。①

后来，国际货币基金组织货币与资本市场部职员哈伯梅勒(Kar Habermeier)等人对管理浮动汇率安排又做了更为具体的描述：汇率主要由市场决定，不存在着可确定或可预测的汇率变化路径。对外汇市场的干预可以是直接的也可以是间接的，但这种干预主要是缓和汇率的变化幅度和防止汇率过度波动。如果利用政策将汇率确定在某种特定的水平上，则是与这种汇率安排不相容的。对汇率进行管理的指标体系是广泛的和可判断的，如国际收支状况、外汇储备、平行市场的发展等。管理浮动的汇率安排会或多或少出现汇率的动荡，这取决于对经济造成影响的冲击力的大小。②

选择管理浮动汇率安排的好处在于：第一，人民币汇率采取了自主定价的方式，既不参考美元定价，也不参考一篮子货币定价，从此告别依赖某种或某组货币定价的历史，为人民币走向国际化奠定基础。第二，管理浮动汇率安排是国际货币基金组织认可的汇率安排，我国选择这种安排可以在一定程度上避免以美国为首的西方发达国家关于我国政府操纵人民币汇率的指责，从而减少对我国对外经济带来的不利影响。第三，管理浮动汇率安排与我国现行的汇率安排比较接近，实行汇率安排转换的成本和风险不大。第四，我国是发展中国家，经受不起人民币汇率大幅波动的冲击，目前还不能采取单独浮动的汇率安排。因此，管理浮动汇率安排就成为我国最合适的制度选择。

(三)进一步改革人民币汇率形成机制的可能与方法

我国政府2005年在人民币汇率存在升值压力的情况下采用参考一篮子货

---

① IMF, "Review of Exchange Arrangements Restrictions and Controls", Prepared by Monetary and Capital Markets Department, November 27, 2007, p. 9.

② Kar Habermeier, "Revised System for the Classifications of Exchange Rate Arrangements", IMF Working Paper Wp/09/211, September 21, 2009, p. 14.

币进行调节的人民币汇率制度是正确的。但到了现在，我国已经具备转向实行管理浮动汇率安排的基础。

首先，我国已经建立了制度比较完善和规模不断扩大的外汇市场。1994年4月，我国建立了我国银行之间的外汇市场——中国外汇交易中心。该中心提供外汇集中交易系统，组织外汇交易品种上市买卖，办理外汇交易的清算交割，提供外汇市场的信息服务。到2012年9月，中国外汇交易中心人民币与外汇即期交易的会员有348家商业银行和金融机构，人民币与外汇远期交易的会员有75家商业银行和金融机构。

中国外汇交易中心采用集中竞价与双边询价两种交易模式。集中竞价交易是指会员通过现场或远程交易终端自主报价，交易系统按"价格优先、时间优先"的原则撮合成交。询价交易是指会员选择有授信关系的做市商，双边协商交易的币种、金额、价格、期限等要素，达成交易后双方自行清算。会员也可以同时向不多于五个有授信关系的非做市商会员进行询价交易。

到2013年12月，中国外汇交易中心已经开办了人民币对10种外币(美元、欧元、日元、港币、英镑、澳元、加元、马来西亚林吉特、俄罗斯卢布、泰铢)的即期交易、7种人民币对外汇的远期交易、外汇互换交易(掉期交易)、货币互换交易(货币掉期交易)、外汇期权交易，以及9组外币对外币(欧元/美元、澳元/美元、英镑/美元、美元/日元、美元/加元、美元/瑞士法郎、美元/港元、欧元/日元、美元/新加坡元)的即期交易、远期交易和外汇互换交易。

由于人民币还没有实现在资本与金融项目下可兑换，我国外汇交易量在世界外汇交易量中所占的比例不大，但是我国外汇交易量的增长速度却很高。根据国际清算银行(BIS)的统计，到2013年4月，人民币在外汇市场上的日交易量为1 200亿美元，在外汇交易中所占的比例达到2.2%，成为世界上第九大最活跃的货币。①

其次，人民币汇率的形成已经逐渐市场化，汇率制度的运行已经逐渐成熟。2005年以前，人民币汇率的形成方式是中国人民银行根据前一个工作日银行之间外汇市场的成交汇率用成交量进行加权平均计算确定的。虽然人民币

① BIS, Triennial Central Bank Survey, September 2013, http://www.bis.org.

的形成已经由外汇市场决定，但仍然是由中央银行确定的。2005 年以后，对人民币汇率的形成方式进行了调整。中国外汇交易中心根据中国人民银行授权，在每个工作日上午 9 时 15 分发布人民币对美元等主要外汇币种汇率中间价。

人民币兑换美元汇率中间价的形成方式为：中国外汇交易中心于每日银行之间外汇市场开盘前向外汇市场做市商询价，并将全部做市商报价作为人民币兑换美元汇率中间价的计算样本，去掉最高和最低报价后，将剩余做市商报价加权平均，得到当日人民币兑换美元汇率中间价，权重由中国外汇交易中心根据报价方在银行间外汇市场的交易量及报价情况等指标综合确定。

人民币兑换欧元、日元、英镑和港币汇率中间价由中国外汇交易中心分别根据当日人民币兑换美元汇率中间价与上午 9 时国际外汇市场欧元、日元、英镑和港币兑换美元汇率套算确定。人民币兑换马来西亚林吉特、俄罗斯卢布汇率中间价的形成方式与人民币兑换美元汇率中间价的形成方式相似，中国外汇交易中心于每日银行之间外汇市场开盘前向银行之间外汇市场相应币种的做市商询价，将做市商报价平均，得到当日人民币对林吉特、卢布汇率中间价。

应该指出，早在 2007 年，采用单独浮动汇率安排的国家有 35 个。除了发达国家以外，像巴西、南非、智利、菲律宾、墨西哥等发展中国家也采用了这种汇率安排。采用管理浮动汇率安排的国家有 48 个，除了新加坡是属于比较富裕的国家以外，很多发展中国家像印度、马来西亚等都采用了这种汇率安排。相比而言，我国对外经济的发展情况以及我国对对外经济的调控能力都好于这些发展中国家。另外，我国还拥有 33 000 亿美元的外汇储备，对外汇市场具有很强的调控能力。由此可见，我国转向采取管理浮动汇率安排是谨慎的。

另外，人民币汇率已经结束了 2005 年以来单边升值的变化趋势，在未来一段时间将呈现双向波动的趋势，这给人民币汇率定价方式的改革提供了良好的时机。显然，在人民币汇率存在较大升值压力的情况下，如果实行管理浮动汇率安排，减少对外汇市场的干预，有可能导致人民币汇率大幅度升值。在人民币双向波动的情况下，实行管理浮动汇率安排不会对我国经济造成明显的不利影响。

我国实行的参考一篮子货币进行调节的汇率制度并不是严格地钉住一篮

子货币的汇率制度，货币篮子的加权平均值只是我国货币当局通过调节外汇市场的供给或需求来调整人民币汇率的参考目标值，这实际上与管理浮动汇率安排只有一步之遥了，我国转向采取管理浮动的汇率安排制度转换成本并不高。

我国货币当局可以通过下述措施实现向管理浮动汇率制度的转变：

第一，由中国人民银行公开发布公告，明确取消一篮子货币加权平均值的参考目标，实行管理浮动的汇率安排。人民币汇率主要由外汇市场的需求和供给决定，货币当局将减少对外汇市场的干预。货币当局对外汇市场调节不是使人民币汇率保持在某一个水平，而是致力于缓和人民币汇率的过度波动。

第二，实行管理浮动汇率安排并不排斥货币当局通过各种直接或间接的手段对外汇市场进行干预。国际上通行的直接干预手段是货币当局通过在外汇市场买卖外汇来影响外汇的供求，通行的间接干预手段是货币当局通过利率的变化、外汇管制的调整、对外汇交易商进行道义上的劝告等方法去影响外汇市场。我国货币当局仍然可以采用这些直接和间接的干预手段来保持人民币汇率的相对稳定。

第三，基本保持现行人民币汇率的其他制度不变，如人民币兑换美元汇率中间价的形成方式、人民币对美元交易价格上下1%浮动幅度等。但是，不再使用“中国人民银行授权中国外汇交易中心发布人民币汇率中间价”等字眼。另外，基本保持我国外汇市场的交易方式和交易制度不变，如中国外汇交易中心的交易形式、竞价与询价的交易方式等。这就是说，我国人民币汇率安排转向管理浮动主要是进一步发挥外汇市场的调节作用，适当减少货币当局对人民币汇率的干预。

目前转向管理浮动的汇率安排的风险主要是“热钱”即国际投机资金的流动。2002年以来，“热钱”大量流进我国。2011年年底，“热钱”又出现大量流出的迹象。“热钱”将成为影响我国人民币汇率形成机制进一步改革的重要因素。如果“热钱”大规模流进，人民币汇率将出现升值压力；如果“热钱”大规模流出，人民币汇率将产生贬值压力。2011年年底人民币汇率连续7个工作日接近跌停，就是明显的证明。因此，人民币国际化的次序应该是首先推行汇率安排的改革，其次才是推进人民币在资本与金融项目下的可兑换。这就是说，对于“热钱”的流动，我国外汇管理当局还需要努力利用现行的外汇管制制度加以限制，以保证我国人民币管理浮动的汇率制度较为稳定地运行。

第 七 章

构建以防范风险为目的的宏观审慎金融监管体系

第一节 人民币国际化面临的金融风险

一、货币国际化过程中所产生的金融风险

美元、马克和日元已经走过了国际化的道路①，通过分析这三种主要货币的国际化进程以及所出现的金融风险，可以得到下述启示：

第一，一种货币的国际化最终要实现这种货币在资本与金融项目下可自由兑换。虽然马克以及日元在国际化之初都没有实现本币的可自由兑换，但是随着本币国际化进程的推进，本币可自由兑换这个步骤还是无法避免的。一种货币不可自由兑换主要从以下三个方面对该货币的国际化形成障碍：首先，会影响持有该货币的国家对该货币的处置便利，降低这些国家根据实际情况调整该货币头寸的灵活性。其次，会影响该货币回流到本国，从而降低外国持有该货币的意愿。最后，会形成境内与境外两个分离的货币市场，影响该货币的流通和定价，也对该货币发行国的货币政策造成不利影响。值得注意的是，如果一个国家在实行资本与金融项目货币可兑换之前积累的金融问题越严重，一旦实行资本与金融项目货币可兑换，这个国家金融风险激化的可能性也就越大。

① 关于美元、马克和日元国际化的过程，可参看本专著第六章第三节的内容。

一种货币在资本与金融项目下可自由兑换意味着本国金融市场完全暴露于外国资本冲击之下，本国宏观经济政策也将受到世界经济的直接影响。因此，一个国家金融市场扭曲程度以及宏观政策的反应能力将直接影响该国货币在资本与金融项目下可兑换所产生的结果。从美元、马克和日元国际化的进程来看，在实现本币在资本与金融项目下可自由兑换前后，无论是从资本流动的绝对值来说，还是从资本流动对国内生产总值的相对值来说，都发生过大量资本流动的现象，从而有可能对该国经济造成冲击。

第二，一个国家有深度的金融市场是该国货币走向国际化的支柱。一个国家发达的资本市场，尤其是可以充当“蓄水池”作用的债券市场的发展程度，决定了该国货币持有者获取收益和规避风险能力的强弱，也就决定了别的国家持有该国货币的意愿。美国正是凭借有深度、有效率的金融市场，能够适应美元持有者的投资需求，从金融市场方面为美元国际化提供强有力的支撑，使美元成为世界最主要的国际货币。相对应的是，日元国际化进程之所以相对迟缓，日元的国际地位不高，一个重要原因就是日本的金融市场没有能够为日元的持有者提供一个自由活跃的投资场所。

一个国家金融市场的深度和广度不仅是该国货币国际化的保证，而且还是该国货币走向国际化的过程中抵御国际资本流动冲击的缓冲机制。新兴市场经济体发生的多次金融危机表明，新兴市场经济国家金融市场制度不完善，深度和广度不足，再加上政府宏观调控能力有限，在这些经济体的货币走向自由兑换以后，一旦出现某些经济问题，国际资本流动对这些经济体的金融市场并进而对这些经济体的经济造成了冲击。

第三，一种货币的国际化需要该国政府宏观政策的有效调节。一种货币走向国际化以后，就具有超越主权货币的性质。因此，该国政府的货币政策、财政政策、汇率政策、利率政策等均要进行调整，政府对宏观经济的调节必须同时考虑内部、外部两个方面的均衡，否则有可能受到国际资本的投机性冲击。

以日本为例。为了刺激经济，日本从 1999 年 2 月开始采取了接近于零利率的货币政策，图 7-1 显示了 1995—2012 年间日本和美国的借贷利率。在国际资本自由流动的情况下，国际资本的自然反应是：以低利率大量借入日元，兑换成其他国家的货币，再投放到高利率国家以获取利差。表 7-1 是国际货币基金组织对 2010 年全球十大投资来源及去向国家进行的统计。数据显示，日本作为一个经济大国，在投资吸引力上表现并不出众，在投资去向上仅排第 9 位。但日本廉价的资金使其成为第二大投资国。尤其值得注意的是，日本有超过 5 000 亿美元资金被投向了开曼群岛这个众所周知的“离岸避风港”。虽然日本货币政策在一定程度上刺激国内经济，但使本国货币受到国际资本的投机性冲击。

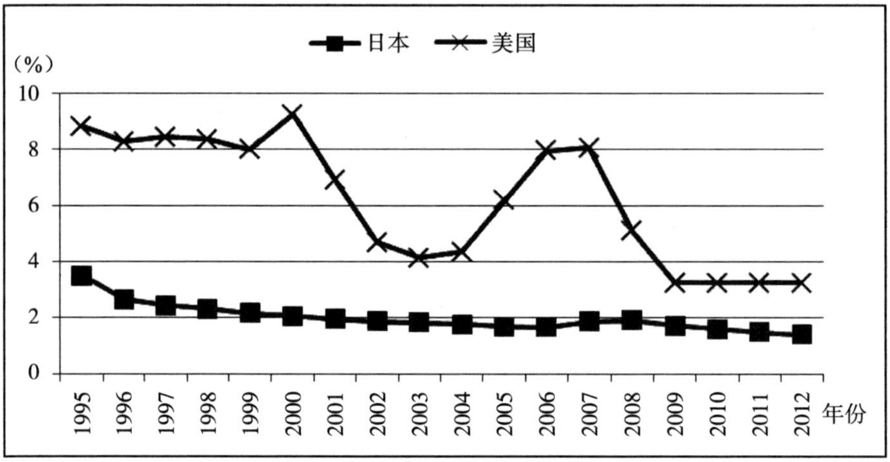

图 7-1　美国、日本国内借贷利率

资料来源：IMF，International Financial Statistics，http://www.imf.org。

表 7-1　2010 年全球十大投资来源、去向国(地区)　　单位：亿美元

资金来源 资金流向		1	2	3	4	5	6	7	8	9	10
		美国	日本	英国	卢森堡	法国	德国	爱尔兰	荷兰	意大利	瑞士
1	美国	—	11 380	8 530	5 000	2 200	2 110	5 330	3 420	990	1 610
2	英国	10 010	2 080	—	2 230	2 520	2 050	3 430	1 230	650	680
3	德国	2 950	2 020	1 850	3 440	3 450	—	1 240	1 890	720	1 050
4	法国	3 610	1 520	1 740	2 790	—	2 960	1 400	1 930	1 130	980
5	卢森堡	1 000	990	950	—	1 690	4 380	440	850	2 880	1 600
6	荷兰	2 330	900	1 820	1 440	2 990	2 340	780	—	830	720
7	开曼群岛	3 660	5 230	1 030	610	430	260	290	250	40	370
8	意大利	660	750	1310	1 530	3 190	2 040	1 170	700	—	80

续表

资金流向＼资金来源		1	2	3	4	5	6	7	8	9	10
		美国	日本	英国	卢森堡	法国	德国	爱尔兰	荷兰	意大利	瑞士
9	日本	5 030	—	1 530	690	920	310	440	250	40	200
10	加拿大	6 950	640	320	470	330	210	220	130	30	260

资料来源：IMF，DOTS数据库，2010年，http://www.imf.org。

美元、马克和日元的货币国际化经验表明，货币的国际化将使国内经济的矛盾进一步显现。正如美国经济学者艾琴格林(B. Eichengreen)所指出的："开放就像把一个跑车的引擎放在一个破车的躯壳，在开动前却不检查轮胎或训练司机……"①如果在本国货币开放的时候，国内经济与金融扭曲的情况未能消除，那么货币的国际化、贸易结算自由化、资本与金融项目的开放将会把国内经济与金融问题进一步暴露甚至放大。同时，如果政府监管不能及时跟上，将出现金融市场紊乱的现象，甚至爆发金融危机。下面将针对我国金融体系的现状，分析人民币国际化的过程中各种潜在的金融风险。

二、我国金融体系存在的风险

(一)外汇市场的不足

20世纪90年代以来，我国外汇市场有了很大发展，广度和深度都有了很大的提高。首先，我国外汇市场的交易量不断增加。根据国家外汇管理局的统计资料，2015年8月，我国外汇市场交易量达到20 700亿美元，其中银行对客户成交量为5 306亿美元，银行间外汇市场交易量为15 400亿美元。②其次，我国外汇市场的交易工具不断增加，市场结构日趋合理。目前，我国外汇市场有即期外汇交易、远期外汇交易、外汇掉期交易、外汇期权交易。2015年8月，我国即期外汇交易量为10 900亿美元，外汇衍生工具交易量为9 804亿美元。③ 再次，我国外汇市场已经形成了比较完善的交易制度，如询

① Eichengreen, Barry, "Capital Account Liberalization: What Do Cross-Country Studies Tell Us?", *The World Bank Economic Review*, 2001(15).

② 国家外汇管理局：2015年8月中国外汇市场交易概况数据，2015年9月30日，http://www.safe.gov.cn。

③ 国家外汇管理局：2015年8月中国外汇市场交易概况数据，2015年9月30日，http://www.safe.gov.cn。

价交易规则、中间汇率形成规则等。

但是，现阶段我国外汇市场仍然存在不足，主要体现在下述方面：

第一，外汇市场交易量仍然较小。尽管我国外汇市场的交易量在不断扩大，但相对于发达国家来说，我国外汇市场的规模仍然偏小。如表 7-2 所示，根据国际清算银行数据①，2013 年 4 月，美元在外汇市场交易量中占比接近 45%，而人民币交易量所占的比例略高于 1%。

表 7-2 1998—2013 年全球主要货币外汇市场交易情况 单位：%

币种	1998 年		2004 年		2010 年		2013 年	
	份额	排名	份额	排名	份额	排名	份额	排名
美元	86.8	1	88.0	1	84.9	1	87.0	1
欧元	—	32	37.4	2	39.1	2	33.4	2
日元	21.7	2	20.8	3	19.0	3	23.0	3
英镑	11.0	3	16.5	4	12.9	4	11.8	4
澳元	3.0	6	6.0	6	7.6	5	8.6	5
瑞士法郎	7.1	4	6.0	5	6.3	6	5.2	6
加元	3.5	5	4.2	7	5.3	7	4.6	7
墨西哥比索	0.5	9	1.1	12	1.3	14	2.5	8
人民币	0.0	30	0.1	29	0.9	17	2.2	9

注：由于外汇市场交易为双边贸易，份额相加总和为 200%。

资料来源：BIS，Statistics，http://www.bis.org。

第二，外汇市场受中央银行影响过大。在 2005 年以前，人民币汇率实行参考美元定价的汇率制度。2005 年以后，人民币改为实行参考一篮子货币定价的汇率制度。由于我国很长的一段时间存在经常项目顺差和资本流入的情况，为了稳定人民币汇率制度，我国中央银行不得不大规模买进外汇。我国外汇储备从 2000 年年末的 1 655.74 亿美元增加到 2014 年 6 月的 39 932.13 亿美元。这样，我国中央银行成为我国外汇市场主要的净买入者。

从 2014 年开始，资本大量流出我国。我国中央银行为了稳定人民币汇

① 国际清算银行数据的公布有较长时间的滞后，到 2015 年的最新数据仍然是 2013 年的数据。

率，又不得不大量卖出外汇。2014年6月—2015年6月，我国外汇储备从39 932.13亿美元减少到36 938.00亿美元，在一年中约减少了3 000亿美元①，这样，我国中央银行又成为外汇市场主要的净卖出者。

由此可见，我国中央银行实际上还承担着在外汇市场上买卖外汇供求差额的责任。在这种情况下，我国外汇市场对中央银行依赖性很强，市场机制的发育还不够成熟。

显然，随着人民币的国际化，我国外汇市场将暴露在国际资本的冲击之下，在我国外汇市场目前广度和深度的情况下，我国外汇市场能否承受这种冲击，就成为我国外汇市场面临的一种风险。另外，随着人民币的国际化，人民币不可能再参考某种货币或者某组货币定价，在我国外汇市场机制不健全的情况下，人民币汇率是否会发生剧烈波动，也成为我国外汇市场面临的一种风险。

(二)资本市场的不足

资本市场主要包括股票市场和债券市场。20世纪90年代以来，我国资本市场有了很大发展，广度和深度同样有了很大提高。首先，到2015年9月30日，我国上海证券交易所的市场价值为250 107亿元②，深圳证券交易所的市场价值达到168 454亿元③，上海证券交易所已经跃居世界各国证券交易所第5位。另外，到2015年7月，我国尚未偿还的各类债券余额为417 264亿元。④ 2015年9月，我国全国银行间同业拆借中心债券交易量达到76 583亿元。⑤ 其次，我国资本市场的资产结构也不断完善。我国股票市场已经建立了主板市场、创业板市场、新三板市场，权益类金融衍生工具已经有股票指数期货、股票指数期权等。另外，在我国债券市场已经有各种期限的债券可供交易，债务类金融衍生工具已经有远期利率协议、利率互换交易、国债期

---

① 国家外汇管理局：年度数据，2015年6月中国国际收支头寸，http://www.safe.gov.cn。

② 上海证券交易所：数据统计，2015年9月30日，http://www.sse.com.cn。

③ 深圳证券交易所：交易统计，2015年9月30日，http://www.szse.cn。

④ 中国人民银行：金融市场统计，2015年7月，http://www.pbc.gov.cn。

⑤ 全国银行间同业拆借中心：统计月报，2015年9月，http://www.chinamoney.com.cn。

货交易等。最后，我国资本市场制度的建设也在不断推进，已经建立了各种法律和法规以及各种交易规则。

但是，现阶段我国资本市场仍然存在不足，主要表现在下述方面：

第一，我国股票市场仍然是一个投机性很强的市场。我国股票市场自从建立以来，内幕交易、操纵市场等行为一直是市场顽疾。尽管2008年以后，我国证券监管当局加大了对内幕交易和操纵市场的打击力度，但是我国股票市场内幕交易和操纵市场的情况仍然比较严重。

第二，我国政府对股票市场的干预仍然过多。以2015年的情况为例。从2014年8月开始，我国股票市场价格在经历了多年的低迷以后开始迅速上涨。到2015年3月5日，沪深300种股票平均动态市盈率为12.98倍，尚属正常。① 但是，中小板股票平均动态市盈率为50.48倍，创业板股票平均动态市盈率为82.50倍，已经出现泡沫。② 但是，我国政府媒体则连篇累牍地发表文章，称这是"改革牛市"，结果助长了股票市场的泡沫继续膨胀。到6月12日，股票市场的泡沫终于破裂。到8月27日，上海证券交易所综合指数下跌了43.34%，深圳证券交易所创业板指数下跌了51.53%。在我国股票市场价格急剧下跌的时候，我国政府又采取了包括注入资金买进股票以及禁止持股5%以上大股东减持股票这样激烈的干预政策。

第三，我国债券市场还需要进一步规范。在人民币国际化的过程中，由于股票投资的风险比较大，债券市场将成为人民币跨境流动的"蓄水池"。因此，如何规范和发展我国的债券市场也是一个重要问题。目前，我国的债券市场在以下两个方面还需要改进：一个方面是严格债券信用等级的评级制度，债券的信用等级将是投资者投资债券的重要参考指标；另一个方面是严格执行监管制度，防止类似1995年国债期货"327风波"的事件重演。

随着人民币的国际化，境外机构投资者参与我国股票市场投资的规模将不断扩大。如果我国股票市场不规范的情况得不到改善，很可能出现境内机构投资者和境外机构投资者相互勾结操纵股票市场的情况，我国股票市场存在着崩溃的风险。另外，如果我国政府还像2015年3月前后那样宣传"改革

① 《证券时报》，行情栏目，2015年3月27日。

② 深圳证券交易所：交易统计，http://www.szse.cn。

牛市”，无异于给境外机构投资者提供一个获取暴利的机会，股票市场将存在暴跌的风险。还有，如果我国债券市场不能发挥人民币流动“蓄水池”的作用，我国债券市场也有可能出现动荡的风险。

(三)银行体系的问题

20 世纪 90 年代中期，我国泡沫经济的破裂使我国银行业出现严重的呆账、坏账。我国政府不得不成立了资产管理公司，并向资产管理公司注入资金，由它们去收购主要国有商业银行的不良资产，使我国银行体系度过了艰难时期。随着我国经济的迅速发展，我国银行业也迎来了一个大发展的时期。

2008 年美国金融危机的激化，对世界银行业造成了冲击。但是，由于我国银行业开放度不高，与发达国家银行业的联系并不十分密切，我国银行业受到的不利影响不是很大。到 2015 年，如果按照一级资本计算，我国的中国工商银行、中国建设银行、中国银行、中国农业银行在世界银行业居第 1、第 2、第 7、第 9 位。①

但是，我国银行体系还存在下述问题：

第一，银行业的不良资产率上升。2013 年我国商业银行不良贷款率从 2012 年年底的 0.95%上升到 1.00%，上升了 0.05 个百分点。2014 年，我国商业银行不良贷款率又从 2013 年年底的 1.00%上升到 1.25%，上升了 0.25 个百分点。到 2014 年年末，我国银行业金融机构的不良贷款为 14 300 亿元，其中商业银行的不良贷款为 8 426 亿元。② 值得注意的是，在 2015 年第三季度末，我国商业银行的不良贷款达到 11 863 亿元，不良贷款率进一步上升到 1.59%。③

更加令人担忧的是，我国房地产市场已经出现严重泡沫。2014 年以来，三、四线城市房产价格趋向下降，部分二线城市房产价格下降。在房地产业不景气的 2014 年，我国商业银行新增贷款中尚有 13.40%是投向房地产业。④如果计算我国商业银行尚未偿还的贷款余额，投向房地产业贷款所占的比例

---

① 英国：《银行家杂志》2015 年 6 月 30 日；转引自《深圳晚报》2015 年 7 月 15 日。

② 中国银行业监督管理委员会：2013 年年报、2014 年年报，http://www.cbrc.gov.cn。

③ 中国银行业监督管理委员会：2015 年商业银行主要监管指标情况表，2015 年 11 月 12 日，http://www.cbrc.gov.cn。

④ 中国银行业监督管理委员会：2014 年年报，http://www.cbrc.gov.cn。

就更高了。假如我国房地产市场泡沫破裂，将对我国银行业造成严重的影响，我国商业银行的不良贷款率将迅速上升。

第二，我国国有商业银行在建立之初就承担起大量的政策性贷款任务，这些贷款部分投向盈利能力较低甚至是亏损的国有企业，从而对商业银行造成不利影响。多年来，我国政府一直在推进商业银行体制的改革，通过建立政策性银行来承担政策性贷款业务。但是在现实的经济里，我国商业银行仍然受到各种各样的行政干预，再加上其他类型企业信息不对称和信息不充分的影响，国有大型商业银行的主要贷款对象仍然是国有大中型企业，这就造成了常见的"宏观松、微观紧"的局面：一方面是货币大量发行；另一方面中小企业仍然找不到贷款。这种效率偏低的商业银行体系不利于社会资源的有效配置，也阻碍了货币政策对实体经济的传导机制的作用。

随着人民币国际化的不断推进，国际资本的流动将更加频繁，国际资本流动的规模也将更大。这种频繁的和大规模的流动一方面会对我国的外汇市场和资本市场造成冲击；另一方面也会对我国的银行业造成冲击，从而有可能激化我国银行业本来就存在的风险。

三、国际资本流动带来的风险

(一)"虚假贸易"导致的短期资本流动

人民币在资本与金融项目下可兑换是逐步推进的，人民币的国际化是一个长期的过程。这意味着在人民币国际化的过程中，会有这样一段时间：即使管制是逐渐放宽的，政府仍然对资本和金融项目实行管制。在这样的阶段中，也存在短期资本流动的风险。

一种货币的国际化首先会体现在跨境贸易结算上。在我国存在对外金融管制的情形下，企业或者个人有可能通过跨境贸易结算绕开管制，实现资本的对外流动。具体而言，他们通过在进口和出口两个维度"非对称"地选择使用人民币或者其他外币进行结算，实现套利。因此，在人民币作为国际货币的地位尚未稳固之前，如果人民币汇率偏离均衡水平，人民币很容易成为投机者的工具，进而引发虚假贸易，造成短期资本的流入与流出。

回顾一下人民币在经常项目下可兑换以后短期资本流动的情况，有助于加深对这个问题的理解。我国的经常项目可兑换开始于 1996 年，与货物和服务贸易、职工报酬、投资收益和经常转移相关的货币交易在很大程度上已经可以自由兑换并出入我国关境。尽管如此，但由于当时我国境内银行不能为境外银行开立人民币同业往来项目，人民币并不能直接进行跨境结算，人民币经常项目下的可兑换仅指在我国境内可以用人民币和外币进行交换。这就是说，我国进口商需将人民币兑换成外汇进行对外支付，我国出口商收到的外汇可以兑换为人民币。

2009年7月，我国货币当局颁布了《跨境贸易人民币结算试点管理办法》。2010年6月，我国货币当局进一步放宽了上述管理办法。另外，我国境内银行可以为境外银行开立人民币同业往来项目。这样，通过中国人民银行大额支付系统，人民币可以进行货物和服务贸易的直接跨境结算，实现了人民币在经常项目下的自由兑换。

自从2009年4月人民币结算试点业务在上海、广州、深圳、珠海、东莞5个城市开展以来，人民币的跨境贸易结算迅速发展。在2008年美国金融危机激化以后，我国货币当局在短时间内将人民币跨境结算业务在全国范围内铺开，境内试点地区扩大到20个省市，试点业务范围包括跨境货物贸易、服务贸易和其他经常项目人民币结算，境外地域则扩大到所有国家和地区。如图7-2所示，到2012年2月人民币结算金额已经超过28 000亿元人民币，而且人民币结算金额的比例在不断提高，到2011年已经达到8.9%。

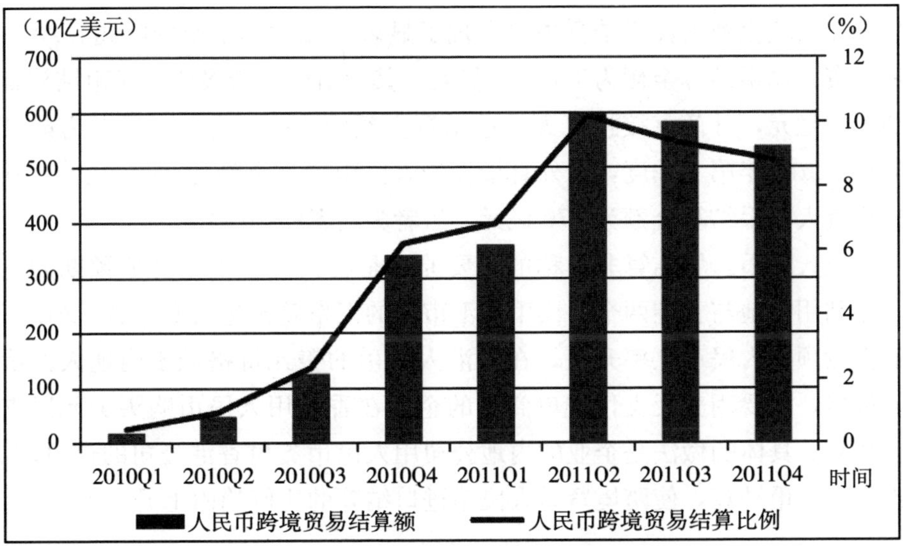

图7-2 人民币跨境贸易结算额和结算比例

资料来源：中国人民银行，货币统计概览，2010—2011年，http://www.pbc.gov.cn。

实际上，部分人民币结算额迅速增加是人们预期人民币汇率升值而进行套利造成的。由于人民币预期汇率与名义汇率的差距增大，人民币与美元又存在较大的利率差异，客观上形成较大的利率和汇率套利空间。在这种情况下，企业、机构和个人就会将持有的国外资产转移回来结汇，一些境外资金也会通过各种渠道进行投机套利，导致我国国际收支出现较大顺差。

正是在这种情况下，在人民币跨境结算迅速发展的同时，出现了进出口人民币结算收付严重不平衡的问题。这种结算的非对称性表现为：在进出口贸易中，用人民币的进口结算远高于人民币的出口结算；在国际投资中用人民币结算的外商直接投资远高于用人民币结算的对外直接投资。

表 7-3 根据中国人民银行发布的 2009—2012 年《中国货币政策执行报告》中关于人民币跨境结算部分整理得到。从表中可以看出，2010 年前 9 个月，货物贸易进口人民币结算金额与货物贸易出口人民币结算金额两者之差为 2 054.9 亿元，前者是后者的近 9 倍之多。2011 年，跨境贸易人民币结算中的不平衡状况有所改善，2011 年第一季度至第三季度跨境贸易人民币结算收付比分别为 1∶5、1∶2.9、1∶1.7，2012 年第一季度下降为 1∶1.4。

另外，自从 2011 年 8 月全面开展对外直接投资和外商直接投资人民币结算后，在跨境投资人民币结算中也出现了显著的收付不平衡的问题。2011 年跨境投资人民币结算金额为 1 108.7 亿元，其中对外直接投资人民币结算金额为 201.5 亿元，外商直接投资人民币结算金额为 907.2 亿元，后者为前者的 4.5 倍。2012 年第一季度，对外直接投资人民币结算金额为 28.7 亿元，外商直接投资人民币结算金额为 470 亿元，后者为前者的 16 倍。

造成人民币跨境结算非对称的重要原因是在人民币汇率升值预期的情况下企业利用内地与香港两个人民币现汇市场的汇率差价进行套利。① 2010 年，人们仍然预期人民币汇率升值，在香港人民币的美元价格低于内地人民币的美元价格，需要用美元支付进口商品的企业在香港用人民币购买美元以支付进口商品。具体的做法是企业的内地公司用人民币支付香港公司的进口商品，即进行人民币结算，使跨境贸易人民币进口结算的比例趋向上升。2011 年下

① 张明、何帆：《人民币国际化进程中在岸离岸套利现象研究》，《国际金融研究》2012 年第 10 期，第 47—54 页。

表 7-3　2009—2012 年跨境人民币结算情况

单位：亿元

	跨境贸易	货物贸易		服务贸易及其他经常项	跨境贸易人民币结算				对外直接投资	外商直接投资
		出口	进口		收付	实收	实付	收付比		
2000 年累计	36									
2010 年 3 月末	219	19	181	20						
2010 年 1 季度累计	183									
2010 年 6 月末	706	65	564	77						
2010 年 2 季度累计	487									
2010 年 9 月末	1 970	177	1 571	223						
2010 年 3 季度累计	1 264									
2010 年累计	5 063									
2011 年 1 季度累计	3 603	202	2 854	547	2 584	392	2 192	1∶5		
2011 年 2 季度累计	5 972	4 556		416	4 090	1 037	3 052	1∶2.9		
2011 年 3 季度累计	5 834	3 969		1 865	4 196	1 569	2 626	1∶1.7		
2011 年累计	20 800								201	907
2012 年累计	5 804	4 166	1 638	5 500				1∶1.7	29	470

资料来源：中国人民银行，《中国货币政策执行报告》，2009—2012 年，http://www.pbc.gov.cn。

半年，人们开始预期人民币汇率贬值，跨境贸易进口人民币结算规模趋向下降，从而使跨境贸易人民币结算收付比例下降，人民币跨境结算的非对称现象得以改善。但是，这种改善不是实质性的改善，而是基于人民币汇率预期变化的改善。一旦人们重新预期人民币汇率升值，则人民币跨境结算非对称问题就会重现。

人民币跨境结算中的非对称现象会导致两个严重后果：一是进口支付人民币使进口购汇的美元需求减少，导致我国外汇储备的增加并进而导致我国的货币供给增加，加剧我国的通货膨胀。二是外商直接投资的人民币金额远高于对外直接投资的人民币金额，这意味着外商用外币资产与人民币资产进行置换，对我国来说是用预期升值的资产去置换预期贬值的资产，在未来的人民币汇率升值过程中，我国将遭受福利损失。

关于中国隐藏在贸易顺差中的虚假贸易规模，经济学者采用不同的统计口径得到了不同的估计结果。渣打银行的王志浩利用中国贸易伙伴的进口额和中国的出口额数据结果计算得到：2005 年中国贸易顺差 1 020 亿美元中有 670 亿美元为虚假贸易资金流入，占到贸易顺差的 65.7%。① 李东平认为，2004 年以前我国基本没有虚假贸易，而 2005 年之后的真实出口额与真实进口额之比，应该与 2004 年之前大致保持相同水平。沿着上述思路，李东平的测算表明，2005 年的虚假顺差在 595 亿—630 亿美元之间；2006 年的虚假顺差在1 234亿—1 307 亿美元之间；2007 年的虚假顺差在 1 940 亿—2 055 亿美元之间；2005—2007 年虚假顺差占名义顺差比率的中值分别为 60%、72%和 76%。② 张明假定 2005—2007 年各年的贸易顺差增长率等于 2004 年的贸易顺差增长率即 25%，那么高于 25%的贸易顺差增长额即为通过贸易渠道的热钱流入。基于以上假设，他估算出 2005—2007 年通过贸易渠道流入的热钱规模分别为 617 亿美元、1 276 亿美元和 1 996 亿美元。③

尽管估计数值因方法不同而有所不同，但它们反映了在人民币与外国货

---

① 搜狐财经：《渣打银行资深经济师称去年中国顺差仅 350 亿美元》，2006 年 4 月 21 日，http://business. sohu. com。

② 李东平：《近年中国贸易顺差虚假程度及其对货币政策的影响简析》，《国际经济评论》2008 年第 3 期，第 21—28 页。

③ 张明：《当前热钱流入中国的规模与渠道》，《国际金融》2008 年第 11 期，第 59—64 页。

币存在汇率差额和利率差额情况下的套利现象。这种现象在人民币走向国际化的过程中，在人民币尚未实现在资本与金融项目下自由兑换以前将存在。

(二)"热钱"导致的短期资本流动

所谓"热钱"是指国际投机性资金。虚假贸易资金属于热钱，但热钱不仅限于虚假贸易资金。离岸金融市场涌动的这些投机性资金大量用于套汇和套利活动，在若干种货币之间来回频繁移动，使汇率发生剧烈波动，不仅扰乱了正常的金融市场秩序，而且可能对一国经济甚至国际经济产生严重的不利影响。

黄益平和王勋曾经将累积外汇储备扣除贸易平衡与实际利用外商直接投资之后的剩余部分定义为热钱，测算了 2002—2009 年我国热钱流动的规模与方向，如图 7-3 所示。从图 7-3 可以看出，热钱的波动性很大，而且近年来还出现了波动幅度增加的趋势。热钱在 2008 年上半年大量流入我国，2008 年下半年至 2009 年上半年大量流出我国以后又大量流入我国。① 热钱流动如此频

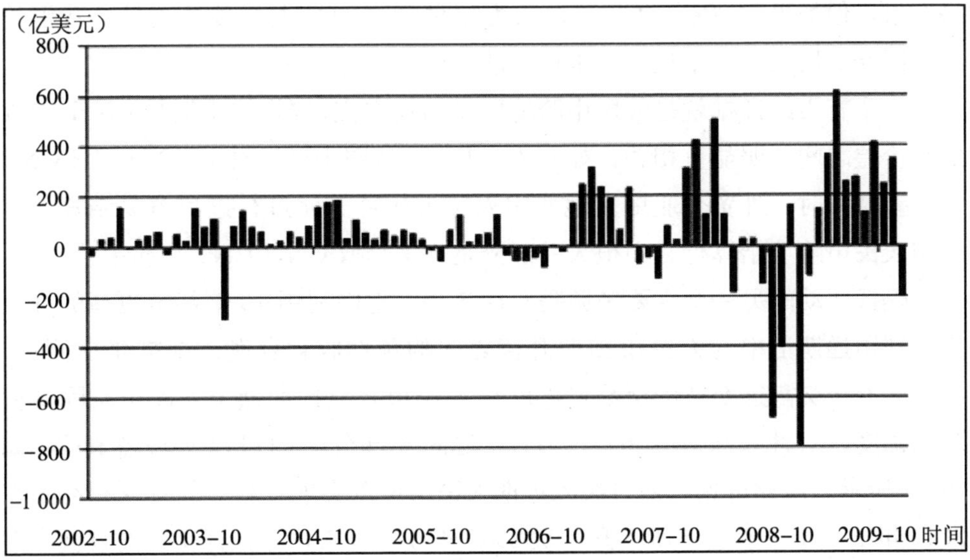

图 7-3　热钱流动的方向与规模

资料来源：黄益平、王勋，《中国资本项目管制有效性分析》，《金融发展评论》2010 年第 6 期，第 119 页。

① 黄益平、王勋：《中国资本项目管制有效性分析》，《金融发展评论》2010 年第 6 期，第 107—132 页。

繁，规模如此之大，给我国的宏观经济政策和金融稳定带来了很大的困难，也使得我国资本管制的成本越来越大。

在现阶段，热钱一般是从香港人民币离岸市场进入我国内地，主要参与者包括：内地和香港进出口贸易企业、从事人民币业务的境外金融机构、对冲基金、一般投资者，其中以前三类投资者为主。

对于内地和香港进出口贸易企业，它们主要谋取的是人民币离岸价(CNH)与人民币在岸价(CNY)的汇率差价。自从CNH市场建立以来，很长的一段时间香港人民币汇价与内地人民币汇价相比更贵，这就使得进口商可以通过使用人民币贸易结算获得两国市场汇价差。例如，假定CNY市场人民币/美元价格为6.5，CNH市场人民币/美元价格为6.4，那么进口企业在CNH市场购入美元支付货款可以减少成本。正是汇差的存在，吸引贸易商选择绕开内地而在香港进行人民币结算。尽管这些人民币结算部分具有真实贸易背景，但加贝尔(Peter Garber)认为这种交易的最主要目的还是寻找汇价差，因此实质还是基于投机需求进行的人民币结算交易。①

一个有力的证据就是人民币跨境贸易结算中支付/收款比例与CNH-CNY的汇价差之间的明显负相关，如图7-4所示。从图中可以看出，当CNH-CNY汇价差越大时，外贸企业更多地使用人民币代替美元进行进口贸易结算，这表明人民币跨境结算行为中很大一部分是为了套取CNH-CNY汇价差。

热钱流动的另一个主要来源是对冲基金，它们利用10倍甚至更高的杠杆率，利用远期汇率与人民币预期升值之间的预期收益获利。根据张斌测算，由于无本金交割远期外汇交易(NDF)中人民币升值预期低于人民币实际升值预期幅度，对冲基金在2005—2011年之间大部分时间可以实现盈利②，如图7-5所示。由此可见，通过买入远期人民币可以实现获利，并且获利空间在2010年下半年之后还有所上升。从2005年6月以来，无杠杆交易的收益率期望值为0.227 1%。若以10倍的杠杆率计算，收益率可以达到9.084%。

---

① 新浪财经：《中国汇率安排的选择：具有弹性的固定中心汇率制度——访国际著名经济学家、美国斯坦福大学教授罗纳德·麦金农先生》，2005年1月20日，http://finance.sina.com.cn。

② 张斌等：《人民币在岸与离岸市场协调发展研究》，中国社会科学院，2012年。

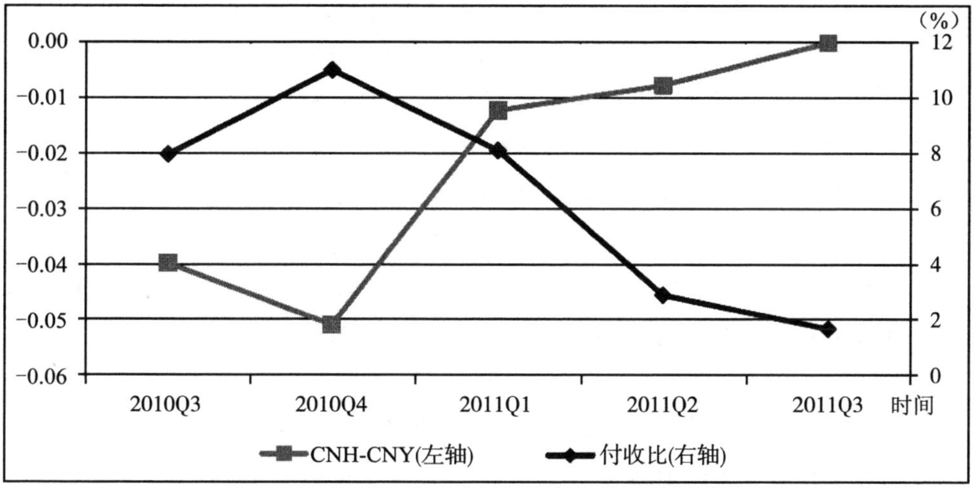

图 7-4　人民币跨境付收比与 CNH-CNY 价差负相关

注：CNH 和 CNY 原始数据来自彭博社(Bloomberg)，CNH-CNY 等于－0.06 代表 CNH 市场美元的人民币价格比 CNY 市场的人民币价格低 0.06 元人民币；付收比率根据中国人民银行各个季度《货币政策报告》整理得到。

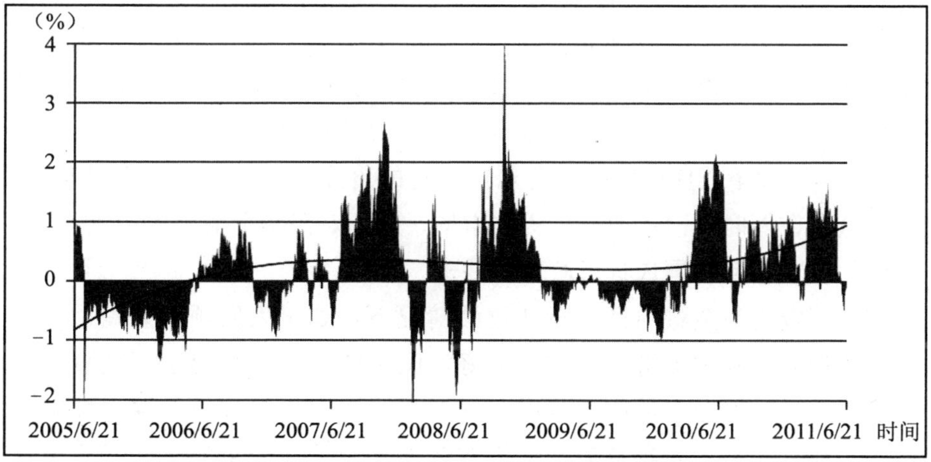

图 7-5　对冲基金在人民币 NDF 市场收益率情况

资料来源：张斌等，《人民币在岸与离岸市场协调发展研究》，中国社会科学院，2012 年。

从热钱流入渠道来看，主要有外商直接投资、合格境外机构投资者（QFII）、对外债务和地下钱庄几种形式，而其中最为容易的当属外商直接投资。由于我国地方政府一直对外商直接投资采取鼓励与吸引的政策，以外商直接投资形式进来的外汇既可以在银行开立现汇保留，也可以通过银行卖出，这就给予外商处置资金较大的自由度。

另外，热钱还可以通过QFII渠道对中国A股市场进行证券投资，该渠道是法律允许的。但值得注意的是，现在有些机构投资者通过购买具有QFII资质的海外金融机构未使用的投资余额，使热钱通过该渠道流入我国资本市场。

热钱流入我国的其他渠道还包括外商投资企业的对外债务和地下钱庄，这些方式的主要功能在于满足一些资金无法通过合法渠道进出我国关境的需要，如洗钱和毒品交易引起的资金流动和大额换汇交易等。目前使用地下钱庄向境内注入资金的，以港台投资者居多。然而一个令人担忧的趋势是某些外资银行甚至内资银行，也开始提供类似于地下钱庄的服务。它们具体操作程序是：首先，境外投资者将一笔美元存入某外资银行的离岸项目；其次，该外资银行的中国大陆分行以上述美元存款为抵押，为境外投资者在我国国内的关联机构提供相应金额的人民币贷款。由于以上两笔关联操作隐藏在外资银行庞大的存贷款业务中，很难被甄别出来。由于外资银行不承担任何信贷风险，还可以赚取稳定的存贷款利差，因此外资银行提供此类服务的热情很高。① 由于地下钱庄的“灰色”背景，监管的难度很大。一旦出现风吹草动，这些资金会在短时间内迅速撤离资本市场，从而对我国金融市场造成破坏。

（三）资本流动对国内货币政策的冲击

在我国资本与金融项目逐渐开放的情况下，如果人们预期人民币汇率升值以及预期未来我国经济发展前景良好，国际资本无论是出于短期投机或是长期投资的目的都会大量流入我国，这无疑给我国货币政策的独立性带来严峻考验。在人民币汇率参考美元定价或者参考以美元为主的一篮子货币定价的前提下，大量国际资本流入就会迫使中央银行购买外汇，这样外汇占款就会增加。为了控制市场上的流动性，中央银行不得不进行大量的冲销操作，

---

① 张明：《当前热钱流入中国的规模与渠道》，《国际金融》2008年第11期，第64页。

冲销成本越来越高，难度越来越大，货币政策的操作空间不断受到挤压。如果冲销力度不足，会造成货币投放过多，货币政策目标难以贯彻，从而对宏观经济的稳定性造成不利影响。

国际资本流入导致近年来我国外汇储备快速增加。在现行人民币汇率定价机制下，中央银行被迫投放基础货币，外汇占款大幅上升，最终影响中央银行对于货币政策变量尤其是流动性的控制能力。这种影响从 2001 年以来的货币供给变量中表现得很明显。如图 7-6 所示，外汇占款对货币供给量 M2 的比例由 2001 年 1 月的 12.2%上升到 2009 年 12 月的 31.8%。2005 年 1 月到 2010 年 8 月间，中央银行平均每月在外汇市场净购入 295 亿美元。由于受到美国金融危机的影响，2008 年 11 月后外汇占款比例略有下降。但是随着经济的复苏，这个比例已经从 2009 年第三季度开始再次上升。

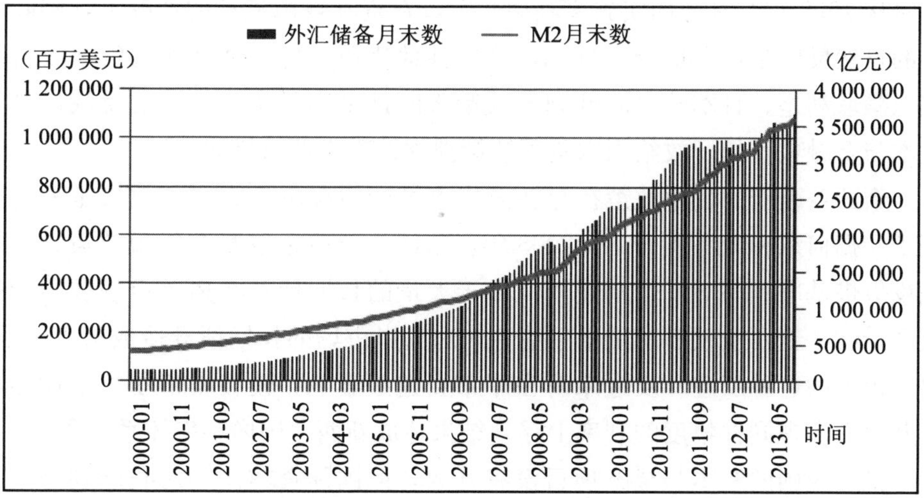

图 7-6　外汇占款及占广义货币 M2 规模

资料来源：中国人民银行，货币统计概览，2000—2013 年，http://www.pbc.gov.cn。

然而，2014 年以来，人们预期人民币汇率贬值以及预期我国经济下行压力增大，国际资本开始流出我国。我国中央银行又不得不卖出外汇，从而造成我国外汇储备大量减少和外汇占款迅速下降。

由此可见，这种流进和流出的国际资本对我国货币政策造成了不利影响。

（四）资本流动对国内利率的冲击

在我国资本与金融项目逐渐开放的情况下，短期资本在在岸市场和离岸市场之间的流动变得更加自由，利率差异产生的套利空间将会驱使资金在两地游走，这不但会引发短期资本流动风险，同时会对在岸市场的利率水平形成压力，进而影响中央银行的货币政策制定与执行效果。例如，当中央银行制定扩张性货币政策刺激经济时，利率降低，这将会扩大在岸和离岸两个市场之间的利差。在资本流动变得比较自由的情况下，大量短期资本将会从在岸市场流向离岸市场以追求较高的收益率，货币当局不得不采取包括提高利率水平等在内的一系列措施来抑制资本外流，这样政府的扩张性货币政策效果将受到不利影响。

日本政府的低利率政策遭遇国际资本的冲击就是一个明显的例子。日本政府从 1999 年 2 月开始实施零利率政策，在资本自由流动的情况下，国际资本的自然反应是：大量借入日元，换成其他货币，再投到其他高资本收益国家以赚取利差。日本政府的低利率政策不断遭受国际资本套利的挑战，日本资本与金融项目的开放给国内货币政策独立性带来严重挑战。

新西兰政府的货币政策在存在离岸市场的情况下失去应有效果是另一个例子。据何东和麦考利介绍，2005 年，新西兰政府采取紧缩货币政策，提高隔夜拆借基准利率 300 个基点。但由于大量的长期债券在离岸市场被国际投资者持有，新西兰政府的货币紧缩并未对离岸市场的长期债券造成很大影响，离岸市场的这种反应却反过来对在岸市场造成影响，使在岸市场长期债券利率并没有出现同样幅度的利率上浮，结果造成新西兰国内利率体系的紊乱。①

虽然我国的资本与金融项目没有开放，但国际资本流动对我国利率的影响也已表现出来。2008 年 9 月美国金融危机激化以后，美国政府实现的长期低利率政策，致使美国的贷款利率远低于我国，如图 7-7 所示。由于国内利率高于国外利率，热钱流入我国进行套利。同时，伴随着我国利率市场化程度不断深化，其国际传导效应不断增强，热钱流入后其收益大约为人民币升值幅度加上利率的差异。

---

① He, Dong and Robert McCauley, "Portfolio and Risk Management for Central Banks and Sovereign Wealth Funds", BIS Papers No. 58, November 2010.

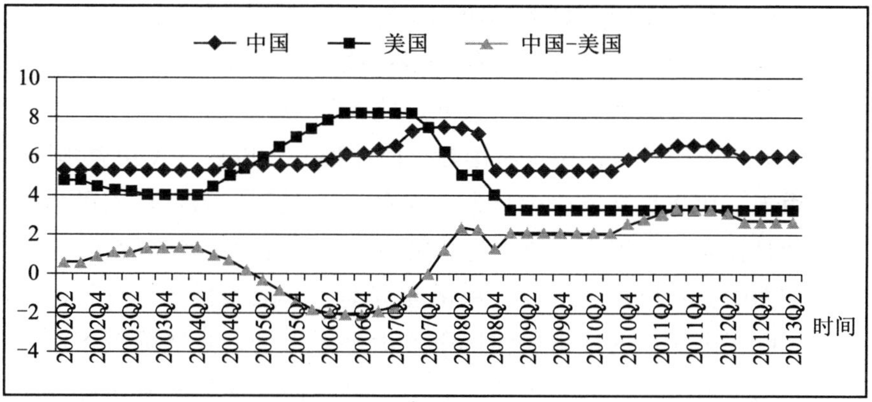

图 7-7　中美贷款利率及利差

资料来源：IMF，International Financial Statistics，http://www.imf.org。

因此，离岸市场对一个国家利率的影响机制主要表现为：当离岸市场和在岸市场发生利率差异时，将通过资本的自由流动熨平二者之间的差异，从而影响该国的货币政策执行效果。这种国际资本套利活动不但会冲击国内的利率体系，同时也会对该国货币的汇率水平产生相应影响。因此，在资本与金融项目逐渐开放的过程中，只要存在利差，就会吸引大量国际资本进入进行套利活动。如果资本与金融项目开放前汇率和利率存在的扭曲不能得到纠正，一旦资本与金融项目开放，必然导致这个国家汇率和利率的动荡。

第二节　有序推进金融体制改革以降低金融风险

一、金融市场的培育

国际经验表明，一个国家货币的国际化往往涉及多个层次的金融制度改革。不同层次的制度改革的次序，会对金融风险的抑制产生不同的作用。魏尚进曾经提出人民币国际化应遵循“五部曲”顺序，即一是进行银行体系改革，二是进行汇率制度改革，三是进一步实行利率市场化，四是放开资本与金融项目管制，五是实行人民币国际化。① 屈宏斌也提出了类似的改革路线图。②

① 魏尚进：《中国金融改革“五部曲”》，《资本市场》2013 年第 1 期，第 72—73 页。

② 屈宏斌：《中国金融改革路径分析》，金融时报中文网，2012 年 12 月 13 日，http://www.ftchinese.com。

应该指出，尽管国内金融体制改革不存在严格排序的问题，但是应该先纠正国内金融市场扭曲，培育健康的金融机构，再逐渐推动资本与项目的开放，则是大多数经济学者的共识。另外，笔者认为，人民币国际化是一个过程，不存在哪一天以前人民币没有国际化而在哪一天以后人民币就国际化了，所以人民币国际化将贯穿于金融体制改革的整个过程。当然，人民币真正的国际化必然是在实现人民币在资本与金融项目下可自由兑换之后。

正如前面的分析所指出的，人民币在资本与金融项目下可兑换的风险主要发生在国际资本流动的冲击的情况下，而金融市场则是国际资本流动的主要载体，如何培育制度比较完善的金融市场将是涉及如何减轻国际资本流动冲击的一个重要问题。

首先来分析我国的外汇市场。前面在分析我国外汇市场不足的时候，曾经指出我国外汇市场存在广度和深度不足的问题。笔者认为，这个问题涉及我国对外经济活动的规模问题，涉及我国对外经济活动在多大程度上用人民币结算的问题，所以这个问题可以通过人民币渐进国际化的进程得到解决。

我国外汇市场最重要的问题是如何培育外汇市场的机制，逐渐摆脱中央银行是外汇供求差额的承购者或者承销者的状况。显然，如果这种局面不改变，一旦在人民币国际化的过程中发生国际资本流动冲击，我国中央银行的外汇储备就会急剧增加或减少，货币供给就会急剧扩张或收缩。这样，国际资本的冲击不仅对汇率等外部经济造成影响，而且还会将冲击迅速传递到国内经济。

然而，要培育外汇市场机制，就要对人民币汇率制度进行改革，使人民币汇率的变化更有弹性。一旦在人民币国际化的过程中发生国际资本冲击，人民币汇率的变化将成为抵御这种冲击的第一道防线，中央银行就可以比较自如地根据具体情况来考虑是否需要对外汇市场进行干预以保持汇率相对稳定。

2005 年 7 月以前，人民币汇率主要参考美元定价。2005 年以后，我国政府对人民币汇率的定价方式进行改革，人民币汇率改为参考一篮子货币定价。当时，美国政府一直在对中国政府施加压力，迫使人民币汇率升值。我国政府为了维护出口企业的利益和我国宏观经济的稳定，采取参考一篮子货币定价这种能够保持人民币汇率相对稳定的制度是正确的。尽管我国的经常项目顺差和资本大量流入造成我国外汇储备增加和外汇占款增加，使中央银行不得不通过发行中央银行票据来抵销基础货币的增加，从而产生了冲销成本。但是笔者认为，相对于所取得的维护出口企业利益、稳定宏观经济的收益来说，所付出的代价是值得的。

但是，如果要推动人民币的国际化，必须要对现行的汇率制度进行改革。显然，一种不能自主定价的货币是不可能成为国际货币的。另外，一种相对刚性的汇率制度也不能应对人民币逐渐走向国际化以后可能导致的国际资本的投机性冲击。人民币汇率参考一篮子货币定价，而我国经济的变化又不可能与这一组国家的经济变化保持一致，人民币汇率的低估或高估必然不断产生。如果我国中央银行要保持人民币汇率的稳定，将给境外机构投资者不断地提供获取套利的机会，也就是将不断地诱发国际资本的投机性冲击。只有让人民币汇率保持足够的弹性，不断地消除人民币汇率低估或高估的现象，才能减少国际资本投机性冲击的可能性。

应该指出，如果人民币汇率存在着比较严重的低估或高估的现象，那么必须先消除这样的低估或高估的现象，才能从相对刚性的汇率制度过渡到相对弹性的汇率制度。但是，我国的国际收支差额已经处于合理水平，人民币汇率不存在严重的低估或高估的现象，人民币汇率制度从参考一篮子货币定价的汇率制度调整为管理浮动汇率制度的条件已经成熟。我国政府应该取消一篮子货币加权平均值的参考目标，实行管理浮动的汇率安排。人民币汇率主要由外汇市场的需求和供给决定，货币当局将减少对外汇市场的干预。货币当局对外汇市场调节不是使人民币汇率保持在某一个水平，而是致力于缓和人民币汇率的过度波动。①

2014 年，国家外汇管理局局长易纲曾在《求是》杂志发表文章指出，应该研究在外汇市场上使用“托宾税”等手段来抑制短期套利投机资金的流动。2015 年，易纲在《中国金融》杂志再次发表文章，提出应该通过对外汇交易征税的方式，来限制短期套利投机资金的流动。② 笔者认为，在外汇市场存在

① 参看本专著第六章第六节的内容。

② 易纲：《外汇管理改革：一项重要而紧迫的任务》，《求是》2014 年第 1 期；《外汇管理改革开放的方向》，《中国金融》2015 年第 19 期。

套利机会的时候，对为了套利而进行的外汇交易征收赋税在理论上是可行的，问题在于如何确定哪些外汇交易是套利行为而哪些外汇交易不是套利行为?如果统一对外汇交易征税，将会增加进出口企业以及金融机构买卖外汇的成本。

再来分析我国的股票市场。在人民币走向国际化的过程中，国际资本的流动将越来越自由，我国股票市场有可能成为我国金融风险产生的来源。

应该指出，我国股票市场的现状不能适应人民币走向国际化的要求。正如前面的分析所指出的，我国的股票市场是一个投机性很强的股票市场。各种势力相互勾结，利用内幕交易和操纵市场的方法来获取暴利。尽管我国证券监管当局从 2008 年开始加大了对内幕交易和操纵市场行为的打击力度，但是可以预料这样的现象将长期存在。因此，如何严格地执行《证券法》，严厉打击内幕交易和操纵市场的不良行为，将是我国证券监管当局的长期任务。

另外，我国政府应该对 2015 年我国股票市场的经历进行反思。笔者认为，政府的职责是管理股票市场的行为而不是管理股票市场的价格。政府严格执行《证券法》，保护投资者的利益，维护股票市场健康发展，就是对实体经济最大的支持。除了在股票市场估值过高的情况下对投资者发出风险警示以外，政府官员和政府部门应该避免对股票市场价格的走向、特别是对所谓“牛市”发表意见。

还应该指出，在我国，股票价格上升的财富效应是弱效应。政府应该重视股票市场融通资金的功能而不要过于重视股票价格的财富效应。对于投资者来说，股票市场是实现投资价值的途径。对于企业来说，股票市场是融通资金的渠道。只有稳定和健康的股票市场才有可能使投资者的金融财富不断增加，使企业更有效率地融通到资金。政府千万不可采用人为推动股票市场价格上涨的方法去提振实体经济。

目前，我国政府正准备推行股票初次上市交易(IPO)的注册制。这就是说，证券当局不再对 IPO 进行审批，符合上市条件的公司可以自行决定是否上市，上市股票具有多大的投资价值将由投资者来决定，证券监管当局注重过程的监管。这是一项重要的制度改革。笔者认为，注册制能否成功，关键在于证券监管当局能否实行有效的监管。如果证券监管当局能够实行有效监管，注册制将使我国股票市场脱胎换骨；如果证券监管当局不能实行有效监管，我国股票市场将沦为赌场。

考虑到我国股票市场的现状，考虑到我国股票市场成为一个规范的金融市场还需要相当长的时间，笔者建议在人民币国际化的过程中，在相当长的一段时间里仍然要保留合格境外机构投资者(QFII)的制度，以防范境外机构投资者对我国股票市场的蓄意攻击，减少国际资本流动冲击的风险。

二、银行体系的改革

关于银行体系的改革，部分学者提出要对我国“大而不倒”的银行进行改革。这里涉及两个问题：一个问题是“大”，另一个问题是“不倒”。

所谓“大”是指我国国有商业银行的规模大。我国工、建、中、农四大国有商业银行均居世界银行业前十位。有的学者指出，规模大并不意味着效率高，超过最优规模反而会降低效率。姚树洁对我国银行业效率进行了实证分析，在利润模型和贷款模型中，国有银行的平均效率非常低，大约为63%。①但是，据美国学者估算，美国银行业的平均效率大约是80%。②

所谓“不倒”是指当银行的规模很大时，如果银行出现问题，将影响整个银行体系和整个经济，政府不得不出手相救，结果产生了道德风险的问题，即银行不顾风险地追求利益，一旦出现问题可以得到政府帮助。

关于如何解决“大”和“不倒”的问题，部分学者提出了拆分方案，即通过将大银行拆分成若干家小银行的方式，再通过在国内外股票市场上市而成为上市银行。由于大银行已经拆分为小银行，如果银行经营不善而破产，政府不必出手相助，从而可以避免道德风险的产生。

笔者不同意这些学者的看法：确实，规模大不意味着效益高，但是规模大也并不必然意味着效率低。由于管理技术的进步和管理手段的发展，最优规模的边界在不断扩大。

从世界范围来看，美国花旗银行曾经是世界最大的商业银行。2002年，英国《银行家》杂志对世界前1 000家银行各项指标排名中，花旗集团以一级资

---

① 姚树洁等：《中国银行业效率的实证分析》，《经济研究》2004年第8期，第4—14页。

② Berger, A. N. and D. B. Humphrey, “Efficiency of Financial Institutions: International Survey and Directions for Future Research”, *European Journal of Operational Research*, 1997(2).

本 590 亿美元、总资产约 10 970 亿美元、利润约 152.8 亿美元三项指标在世界银行业中排名第 1 位，盈利水平占 1 000 家大银行总盈利 2 524 亿美元中的 6.1%。花旗银行规模不可谓不大，但是花旗银行的效率并不低。另外，在 2015 年，按照一级资本计算位居世界银行业前十位的银行有美国摩根大通银行、美国银行、英国汇丰银行、美国花旗银行、美国富国银行、日本三菱银行，难道这些银行的效率都很低吗?

从我国的情况来看，同样可以说明规模大并不必然意味着效率低。银行监管当局从 2014 年开始公布我国境内商业银行资产利润率的统计资料。所谓资产利润率是指利润总额与资产平均占有额之比，它是反映银行资产盈利能力的指标。从表 7-4 可以看到，我国大型商业银行的效益并不差。

表 7-4　不同类型商业银行资产利润率情况　　单位：%

时间	大型商业银行	股份制商业银行	城市商业银行	农村商业银行	外资银行
2014 年第一季度	1.47	1.25	1.30	1.60	1.09
2014 年第二季度	1.45	1.23	1.27	1.55	1.07
2014 年第三季度	1.42	1.22	1.24	1.52	0.93
2014 年第四季度	1.30	1.10	1.12	1.38	0.74
2015 年第一季度	1.37	1.18	1.19	1.40	0.57
2015 年第二季度	1.32	1.11	1.12	1.32	0.55

资料来源：中国银行业监督管理委员会，商业银行主要指标分机构类情况表，2012—2015 年，http://www.cbrc.gov.cn。

还应该指出，在我国这样一个以公有制为主导的国家里，在重要的经济领域里保持国有企业居于主导地位是需要的，因而在银行业中有若干家大型国有商业银行居于中流砥柱的地位也是需要的。另外，我国金融业在不断地走向对外开放，我国的商业银行面临着发达国家商业银行的竞争。规模是商业银行核心竞争力之一，我国建有若干家大型国有商业银行也是应付国际银行业竞争的需要。

至于“大而不倒”的问题，则是世界银行业普遍遇到的问题。2008 年美国金融危机激化，美国政府和中央银行同样向出现问题的美国花旗银行提供资金上的支持。随着银行业的发展，必然发生资本的集中，出现了规模巨大的商业银行。一旦这些规模巨大的商业银行出现问题，将会给整个经济和社会造成冲击。为了维持经济和社会的稳定，政府不得不出手相救。面对这个实际问题，各个发达国家政府的选择是不鼓励商业银行通过兼并和重组的方式继续扩大规模，加强事前的监管如保持资本充足率等措施，但还没有发现哪个发达国家政府的选择是拆分大型商业银行。因此，笔者对国内学者提出的拆分我国大型国有商业银行的方案提出严重质疑。如果要拆分我国大型国有商业银行，不但在付出了高额的拆分成本以后，未必能提高效率，也未必能解决“不倒”的问题，而且还有可能严重削弱我国银行在国际银行业的竞争力。如果在拆分大型国有商业银行过程中出现一些预料不到的事情，将会对我国银行体系造成严重破坏。

我国银行体系改革的问题仍然是政府要减少对国有商业银行的干预问题。经过多年的国有企业的改革，加上商业银行逐渐实行发放贷款终身责任制，国有商业银行经营管理的自主性越来越强，市场化的程度越来越高。据笔者调查，中央政府对国有商业银行的干预已经几乎不存在。但是，中央银行、财政部、银监会为了配合政府的经济政策，仍然保留窗口指导的手段。另外，有的地方政府仍然存在着以利益关系相威胁干预国有商业银行的情况。只要存在政府过多的干预，国有商业银行不良贷款率偏高的问题就难以解决。

要推进银行体系的改革，一方面政府要继续转变经济职能，减少对国有商业银行的干预；另一方面可以推进股权多元化。关于股权的多元化，我国国有商业银行已经尝试过引进境外战略投资者的方法，后来境外战略投资者在获取高额利润以后纷纷撤离，引起了银行界和学术界的激烈争论。笔者认为，经过总结经验教训，可以探讨更好地继续引进境外战略投资者的方法。不仅要考虑引进境外战略投资者，还要考虑引进境内战略投资者。通过股权的多元化，有可能改善国有银行的公司治理结构。

另外，关于银行体系的改革，近年来我国政府采取的一些措施是正确的。第一，我国政府向民营资本开放银行业，鼓励民营资本开办中小银行。这样既可以改变在我国银行业国有银行一统天下的局面，还可以在一定程度上缓和中小企业“贷款难”这个世界性难题。随着我国银行所有权形式的多元化，随着我国银行业竞争的展开，将会改善我国货币政策到实体经济的传导机制。第二，我国政府建立了存款保险制度，这样一方面可以使银行更加注重如何去改善经营管理；另一方面也可以避免一旦银行出现问题将把风险全部集中在政府身上这种情况的发生。第三，推进利率的市场化。在利率市场化条件下，银行的竞争将加强，有利于银行业效率的提高。

三、利率体系的改革

利率是使用资金的价格，利率随着资金供给和需求的变化而变化，才能够实现资金资源的有效配置，从而实现社会资源的有效配置。多年来，我国政府一直在推进利率的市场化，现在距离利率市场化已经为期不远了。

2011年，中国人民银行行长周小川提出了利率市场化条件、路径和方法①，周小川的这些分析是正确的。

首先，使利率能够真正体现金融机构在竞争性市场中的自主定价权。在金融业，除个别政策性金融机构外，目前我国金融机构都是按照企业来运行的，反映金融企业自主经营权的一个重要环节正是其对自身产品和服务的自主定价权。利率作为一种价格也应该由提供服务方即商业银行根据自身资金情况、风险承担能力自主决定。同样的，利率市场化也意味着客户也要有选择权。他们对金融机构提供的服务和价格，可以表示满意或不满意，可以选择这家或那家，也可以选择不同价格的近似金融产品作为替代。通过利率市场化，金融机构会提供差异化的金融产品和服务，使得利率作为一种价格能够真实反映银行对于项目未来收益评估及客户风险承担能力。

其次，是"硬化"银行资金约束。长期以来，一些商业银行因承担政策性任务而不服从资本充足率的约束。由于政策性银行和一般商业银行财务约束和目标函数完全不一样，两类银行的竞争就会有问题。特别是我国，优胜劣汰的市场退出机制尚未建立起来，对存款人的隐性担保还普遍存在。往往是有问题的机构更加愿意冒险，用不正常的利率进行竞争。尤其是在2008年国际金融危机发生以后，一些金融机构已经出现了通过高息揽储或发行一些高收益产品获取资金，以掩盖资产负债表出现的问题，并寄希望未来有机会缓过气来，这种因约束不同而带来的不平等竞争严重扰乱了正常的市场秩序。因此，须将政策性指标和一般商业银行业务严格区分，商业目的的经营必须在硬约束下进行，以保证市场竞争的公平性，同时也是防范地方、中央财政

① 周小川：《坚定不移推进利率市场化改革》，中国新闻网，2011年1月4日，http://www.chinanews.com。

风险的必要举措。

再次，要推动整个金融产品与服务价格体系的市场化。在一般商品领域，企业定价面对的是一个包括了多个上、下游产品和替代品的价格体系。如果这个价格体系中有些价格是固定的，或是由政府高度管制的，而有些价格是市场化的，企业就难以真正进行市场化定价。同样，商业银行在经营中要逐步降低利差收入在总收入中的比重，就需要不仅考虑存贷款利率的确定，还要考虑与存贷款有关联或有替代性的中间业务金融产品和服务的定价。因此，如果利率名义上市场化了，而与中间业务相关的产品和服务定价却不放开，则会出现新的扭曲，商业银行也没有足够的激励去发展中间业务。可见，利率本身是涉及由多种价格构成的整体，改革应是对这个相互关联的定价体系进行整体改革。

从日元国际化的经验教训中也可以清楚地看到，一个国家货币国际化后扭曲的利率、汇率体系将留给国际资本很大的套利空间，从而造成金融市场动荡。因此，汇率、利率体系的改革应先于资本与金融项目开放进行。

四、资本与金融项目的开放

在货币国际化的进程中，即便是在开始的时候实行严格的资本与金融项目管制，最终也难免在内部和外部经济双重压力之下开放资本与金融项目。以日本为例，日本原来希望通过资本与金融项目管制来避免国际资本流动的冲击，延缓国内金融体系改革的压力。但是，当外部经常项目顺差积累至一定程度，不仅外部的国际收支平衡调整压力陡增，国内通货膨胀的压力也在增加，日本最终还是被迫开放资本与金融项目。

因此，在推行人民币国际化的进程中，资本与金融项目开放是迟早的事情。应该指出，资本与金融项目开放本身并不必然提高效率，相反资本与金融项目开放将面临更大的系统性风险，这种情况在发展中国家更有可能发生。图 7-8 是卡明斯基(G. L. Kaminsky)和舒勒(S. L. Schmukler)根据国际货币基金组织在 2012 年汇总各国(地区)资本与金融项目开放后发生金融危机情况绘制而成的。① 从图 7-8 可以看到，灰色方框标记的是金融危机发生区间，只有

① Kaminsky, Graciela L. and Sergio L. Schmukler, "Short-run Pain, Long-run Gain: The Effects of Financial Liberalization", NBER Working Paper No. 9787, 2003.

加拿大、哥伦比亚、西班牙、丹麦少数几个国家在资本与金融项目放开后还能在相对长的一段时间内保持金融市场的稳定，而绝大多数国家(地区)在资本与金融项目开放五年内都遭遇了金融危机。由此可见，资本与金融项目开放后给金融市场、宏观经济稳定带来的巨大冲击绝非杞人忧天。

因此，在国内金融体系的扭曲尚未解决的情况下，一旦资本与金融项目开放，国内金融体系的扭曲会放大。因此，在资本与金融项目开放前，必须先纠正国内金融体系扭曲，完善金融监管机制。对于资本与金融项目开放，既要认识到其必要性，也要重视其可能带来的风险。

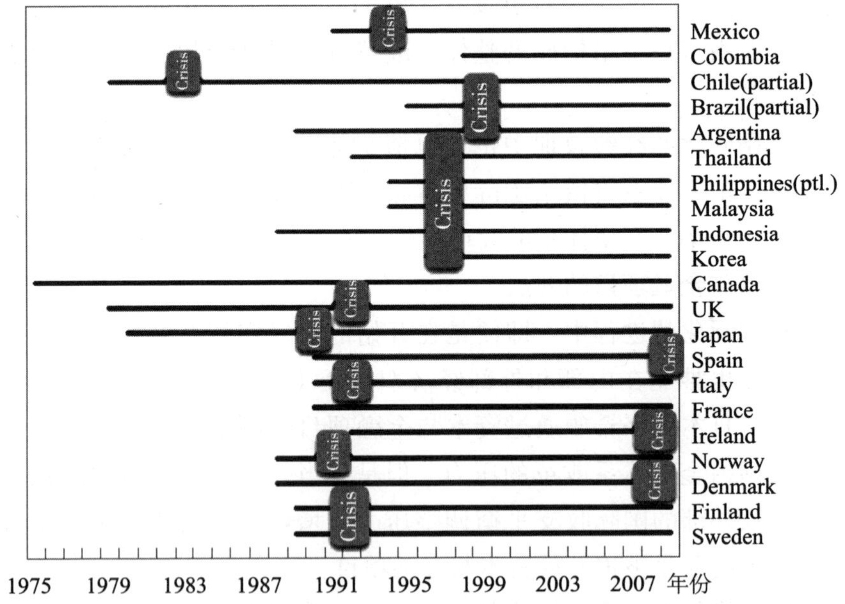

图 7-8 各国(地区)资本与金融项目开放后金融危机情况

资料来源：Kaminsky and Schmukler(2003)，IMF(2012)。

应该指出，资本与金融项目的开放是一个过程，是众多具体项目中逐个项目的逐渐开放。在次序上可以考虑首先放宽对长期资本流动的限制，如直接投资、股权投资、房产投资、长期国家借贷等，最后才放宽对短期资本流动的限制，如证券投资、短期国际借贷等。

第三节　强化宏观审慎监管以控制金融风险

一、宏观审慎监管发展的新趋势

(一)建立逆周期监管框架

一种货币的国际化意味着这种货币在国际贸易、国际金融和直接投资中被广泛使用。因此，一种货币的国际化必然要求这个国家的资本与金融项目开放，而资本金融项目开放将带来国际资本流动冲击的风险。要减少国际资本流动冲击的风险，一方面要在资本与金融项目开放前纠正金融体系的扭曲问题；另一方面要在资本与金融项目开放的过程中加强对金融体系的监管。当然，建立宏观审慎监管体系的目的是防范国内系统性风险的发生。但是，在人民币走向国际化的过程中，建立客观审慎监管体系被赋予了更多的使命。

2008 年美国金融危机激化并蔓延到世界各国，使各国货币和金融监管当局认识到了稳定的宏观环境的重要性，2009 年 4 月结束的 20 国集团峰会宣布成立金融稳定理事会(Financial Stability Board，FSB)，作为全球金融稳定的宏观审慎监管国际组织。加强宏观审慎性监管，强化对系统性风险的预防和管理，成为国际金融监管改革的新趋势。发达国家的这些改革的新思路和新举措也为人民币国际化过程的宏观审慎管理提供了借鉴与指导。

在这次国际金融危机发生以后，各主要国家都对自身监管制度进行了反思，形成了新的金融监管改革思路。这种思路主要体现在下面五个方面：建立逆周期监管框架；重视系统性风险防范，尤其是大型金融机构风险预警机制；强化中央银行监管职能；拓宽监管业务范围；深化国际协作。

2008 年国际金融危机的爆发说明了现行金融监管标准和手段在一定程度上具有顺周期性，即信用风险产生于快速扩张时期，显现于经济衰退时期。这种金融监管的顺周期主要源于以往的数量模型或是会计准则制约多具有顺周期性质。例如，按照资本监管要求，经济上行时期资本要求下降，银行大量发放贷款，风险不断积累，结果助长了经济泡沫；经济衰退时期资本要求却上升，银行实施信贷紧缩，结果加剧了经济的衰退。这种顺周期的监管特点扩大了经济周期的波动幅度，金融变量和金融主体行为对经济周期波动的这种加强和放大作用，最终加剧和导致金融体系的系统性风险爆发。

逆周期监管和顺周期监管正好相反，它是指在经济景气时期，严格控制银行放贷规模，严格对银行的监管，减少贷款风险；在经济萧条时期，适度放宽对银行的监管，减少银行压力，让银行有更多生存空间。实践表明，实施跨周期的监管机制可以削弱经济周期的振幅，缓解银行融资渠道、融资成本与经济周期平行的传统规律，分散不同经济阶段的压力，从而可以缓和经济的波动。

为降低银行体系与实体经济之间的这种正反馈效应，巴塞尔委员会决定建立逆周期资本监管框架，提出了克服顺周期性效应的一揽子措施。这些措施主要有：使用长期违约概率、估算经济衰退期的方法对风险函数重新进行校正，以降低最小资本要求的周期性波动；采用前瞻性的损失准备金制度；建立缓冲资本；控制信贷的过度扩张。虽然学术界和实践中对巴塞尔资本协议Ⅲ在改变巴塞尔资本协议Ⅱ的顺周期性的程度上尚存一定争议，但构建逆周期金融监管体系以降低金融市场的波动性，减少对经济的顺周期效应，已成为国际金融组织和各国金融监管当局的共识，并成为国际金融宏观审慎监管的发展趋势。

(二)强化对系统性风险的预防和管理

系统性风险(systemic risk)一般定义为金融市场一个事件对许多金融机构连续造成一系列损失的可能性。夏默(M. Summer)认为：系统性风险第一层含义是事件或风险的传染性(contagion)。① 由于金融系统之间的高度关联，单个风险很容易通过信贷链条扩散到整个银行体系，最终通过溢出效应扩散到实体经济。第二层含义是金融系统的脆弱性(fragility)。高杠杆经营和借短贷长的期限错配使银行处于一种高风险状态，信贷合同的巨大不确定性以及违约引起一连串的后果把银行机构推到破产的边缘，再进一步传播和放大，使整个金融系统都暴露于风险之中。因此，金融系统尤其是银行业天然存在着内生脆弱性。高度的信息不对称、公众的恐慌心理和挤提行为、危急时刻的羊群效应将加速风险传播，使金融体系陷入流动性危机，最终酿成系统性风险，从而波及实体经济。

① Summer, M., "Banking Regulation and Systemic Risk", *Open Economies Review*, 2003(2).

2008 年国际金融危机的实质是系统性金融风险的爆发，尤其体现为那些“大而不倒”企业间风险的扩散。美国政府为应对这次金融危机，不得不实行史无前例的救援措施。布什政府出台了总规模为 7 000 亿美元的问题资产疏解计划，主要向包括大型金融机构在内的金融体系注入紧急流动性。其后奥巴马政府出台的总规模为 8 250 亿美元的经济刺激计划中，也有很大一部分是用于处置大型金融机构的问题资产。根据国际货币基金组织的测算，在这次金融危机中，美国有毒资产规模为 41 000 亿美元，其中主要是大型金融机构形成的问题资产。与单个金融机构风险相比，系统性风险具有复杂性、突发性、传染性、波及广、危害大等基本特征。

在金融危机爆发以后，美国政府于 2009 年 6 月 17 日公布了金融监管改革的白皮书，拟成立一个包含主要金融监管机构成员在内的“金融稳定监督委员会”(Financial Stability Oversight Council，FSOC)，专职负责美国金融体系宏观审慎监管，同时防止未来再次出现“大而不倒”的情况。

美国政府出台了一系列法案，意在通过限制金融机构的规模来降低其系统重要性及其潜在的系统风险，具体措施包括：一是政府和监管当局不鼓励大型金融机构进行兼并重组，形成金融“巨无霸”实体，特别是形成巨型、复杂的金融控股公司。政府和监管当局甚至要对这样的金融控股公司进行限制。美国新的金融监管法案也制定了相关条款：银行进行重组并购时，收购后的关联负债不得超过所有金融机构负债的 10%。二是缩小大型复杂重要机构的业务范围和业务规模。投资银行业务与传统商业银行业务应相对隔离。一旦某个机构的规模达到一定程度，可以考虑强行拆分。切实提高系统性风险防范能力，维护金融体系稳定成为这一轮金融监管改革的重点。

(三)突出中央银行在金融稳定中的作用

从历史的角度看，中央银行最初是为银行体系提供“保险”职责而产生的。基于金融市场有效性的传统理论认为，中央银行只需保证利率水平的稳定，金融体系能够如同其他市场一样自动进行调节、实现稳定。但现实中爆发的金融危机一次次否定了这种理论，并证明了金融系统并非有效的。价格水平的稳定往往伴随着长期低利率、金融体系的高杠杆率及资产价格泡沫等特征，这些都有可能导致金融危机。

2008 年国际金融危机发生以后，各国纷纷认识到金融稳定也应是中央银行的关注目标之一。在具体实践中，中央银行应加强对流动性的监管，控制信贷规模，自上而下地参与到金融监管当中。美国正试图把美国联邦储备系统打造成为“金融监管超级警察”；欧盟赋予欧洲中央银行总体负责并决定欧盟系统风险委员会(European Systemic Risk Board，ESRB)的运作和决策的权力；改组后的英格兰银行对宏观和微观审慎监管职责实现“一肩挑”，主要行使监管职责的是英格兰银行的两个下属机构，即独立金融政策委员会(Financial Policy Committee，FPC)和英格兰银行下属审慎监管局(Prudential Regulatory Authority，PRA)。英国政府废除了原有的英国财政部、英格兰银行和英国金融服务局的三方监管体系，将英格兰银行唯一地置于保持金融稳定框架的中心。英国政府还认识到，以这种方式将权力集中于英格兰银行，并赋予其在宏观审慎监管方面的新的政策工具，这将建立一个对英国金融体系与经济影响力显著增加的强有力的监管机构。

虽然国际金融危机发生以后各国政府推出的金融监管体制改革方案对宏观审慎监管的组织安排各有不同，但都是改善同一级别监管机构之间的协调，切实加强了宏观审慎分析和信息共享所需要的沟通和协调机制。可以说，各国政府在建立宏观审慎监管体系的决心方面体现了共同思想：只有建立正式的机制和组织安排来强化中央银行和各监管机构之间的协调和合作，将中央银行的宏观经济分析和监管机构的微观监管信息有机结合，才能真正形成对系统性风险的分析、监测和评估。将中央银行纳入金融宏观审慎监管框架，并在其中发挥主导作用，已经成为国际金融组织和各国金融监管改革的关键内容。

(四)更严格和更大范围实施监管

美国对场外交易市场(OTC)、对冲基金、投资银行、私募股权投资基金和风险投资基金等类银行金融机构(又称影子银行体系)的监管松懈所导致的系统性风险的失控和危机处理过程的“信息失明”，也是这次金融危机快速恶化、扩散和蔓延的重要原因之一。这类金融机构的一个共同特点是杠杆率偏高、存在较大的流动性风险、与传统金融机构综合业务交织，很容易引发系统性风险。

在金融危机发生以后，各国金融监管当局和国际监管机构均开始强调监管的“全面覆盖”，将原来游离在监管体系之外的处于监管盲点的机构和业务置于公开的监管之下。美国政府已经要求对冲基金和其他私募机构必须在证券交易委员会(Securities and Exchange Commission，SEC)注册后方可开展业务，资产管理规模超过一定限额的所有金融衍生工具交易都要按规定保存记录并定期汇报。英国则规定中央银行监管范围应包括在伦敦金融城营业的国外公司。20 国集团伦敦峰会报告《强化稳健监管和提高透明度》明确提出，应将金融监管的范围扩大至所有具有系统重要性的金融机构、市场和工具。即使是那些不具有系统重要性影响的金融机构、市场和工具，也应具备注册资格或接受适当监督，还要特别考虑到非系统重要性机构的同质性行为潜藏的系统性风险。同时 20 国集团峰会宣布成立金融稳定理事会(FSB)作为全球金融稳定的宏观审慎监管国际组织，加强宏观审慎性监管，现已制定了包括减少金融机构倒闭概率和影响、提高处置问题金融机构能力、减少关联性和风险传染等措施在内的政策框架。

2009 年 7 月，巴塞尔银行监管委员会(Basel Committee on Banking Supervision，BCBS)发布了《新资本协议市场风险修订案》和《交易项目新增风险资本计算指南》，明确规定了市场风险计量对证券化产品、再证券化产品、交易项目的资本要求，以解决以往这些产品的市场风险估计不足的问题。宏观审慎监管范围应覆盖所有具有系统重要性的机构、产品和市场，已经成为危机后各国宏观审慎监管改革的普遍共识和重要手段。

(五)加强国际金融监管合作和协调

2008 年国际金融危机的爆发凸显出国际金融监管合作的重要性和必要性。在经济全球化的同时，也扩大了金融危机的传播范围，加速了金融危机的传导速度，没有任何国家能够独善其身。目前，欧盟建立的泛欧金融监管框架已经成为超主权范围内宏观审慎监管的重要典范。现已成立的欧盟系统风险委员会(ESRB)加强了各成员国监管机构之间的合作。在微观层面上，通过设立三局即“欧洲银行局”“欧洲保险与职业养老金局”“欧洲证券与市场局”，实现了欧盟范围内跨监管机构的信息共享平台。此外，一些大型跨境金融机构还采取了监管团制度，即以金融机构母国监管者为主导者，联合其他东道国监管机构共同监管该机构。国际货币基金组织也明确指出要加强政府与金融监管部门间的协调，国际会计制度也在逐步统一之中，世界主要经济体已经开始采用国际财务报告准则或发布趋同资本监管路线图。加强同一级别监管机构之间的协调，深化宏观审慎分析所需信息共享以共同应对系统性风险，已经成为大势所趋。

二、建立我国的宏观审慎监管体系

(一)明确宏观审慎的目标和监管指标

发达国家金融监管方面的改革举措为人民币国际化提供了前瞻性思考。根据我国的经济发展状况和国际经济形势，依据人民币国际化的进程，确立适时适度的动态监管目标和监管内容，对提高金融监管的针对性和监管效率无疑具有重要意义。

宏观审慎监管是从整体宏观环境视角对潜在的金融风险进行监管。但是，金融风险可以分为内部风险和外部风险两个方面。内部风险主要是指国内金融机构和金融市场出现波动所产生的风险，外部风险则是指货币汇率变动与国际收支失衡所产生的风险。内部和外部的风险并不是相互独立的，而是相互依存、相互影响。但是，在内部和外部的风险中，内部风险是矛盾的主要方面。在人民币走向国际化的过程中，即使人民币汇率和国际收支出现一定的波动，也不一定导致金融危机的爆发或对我国经济产生破坏性的影响。但是，如果我国金融机构和金融市场出现动荡，就会诱发国际资本的投机性冲击，不但人民币汇率和国际收支会出现剧烈的波动，而且还会增大我国金融机构和金融市场的动荡幅度，从而引起金融危机的爆发并对我国经济产生破坏性的影响。

因此，我国的宏观审慎监管目标应该同时包括外部监管和内部监管两个方面。外部监管在不同阶段实行不同的监管措施。在资本与金融项目尚未开放的人民币国际化的初级阶段，需要严格控制金融层面的资本流入和流出。目前实行资本与金融项目的管制在一定程度上防止了大规模的资本流出流入对我国金融和经济带来的冲击。但是，表现为人民币非对称结算的虚假贸易也必须引起货币监管当局注意。通过加强海关统计中的人民币跨境流通情况的统计，有助于掌握人民币在周边国家的流量和存量，为金融监管和货币政策的制定提供参考依据。未来随着资本与金融项目开放，我国监管机构必须密切注视资本与金融项目的流动，防止出现日本资产泡沫现象或拉美国家资本项目开放后导致金融危机的情况。关于资本与金融项目开放过程中的外部监管，将留待本节第三部分进行分析。

内部监管的核心是传统的系统性风险控制，实施更加严格的审慎标准，如要求金融机构保持高质量资本和充足的流动性缓冲，对可能引发系统性风险的行为进行限制。借鉴发达国家的经验，通过考核信贷增长、杠杆水平、资产价格、到期期限、货币错配、机构之间风险暴露相关性等指标，测度金融机构的脆弱性。通过识别金融风险，有效实施逆周期操作。另外，金融机构的适度信息公开也应成为宏观审慎监管的重要考核目标。只有通过公开信息，才能形成足够的市场约束，无形之中也会对国内金融机构的行为产生影响。

(二)完善宏观审慎的监管法律、法规

宏观审慎监管是从整体宏观环境视角对潜在的金融风险进行监管，需要协调各方利益变化，必须依靠强有力的制度建设才能得以有效推动。在这个方面，英国、美国、欧盟从 2008 年国际金融危机爆发后都做了许多完善工作。以英国为例，当初成立金融服务管理局的目标就是实现跨平台监管，但金融危机的爆发恰好说明缺乏一个统一的制度框架。在这个背景下，英国在 2008 年、2009 年两次修改银行法，并在 2010 年正式推出金融服务法案，其目的就是进一步强化宏观审慎监管的制度保障。

但是，我国目前在金融监管的法律、法规建设还相当不完全，缺乏支撑监管业务健康发展的法律、法规。针对系统性风险，中国银行业监督管理委员会也发布了一系列规范文件，包括《关于完善商业银行资本补充机制的通知》(2009 年)、《商业银行资产证券化风险暴露监管资本计量指引》(2010 年)、《商业银行市场风险资本计量内部模型法监管指引》(2010 年)、《中国银行业实施新监管标准的指导意见》(2011 年)，显示监管部门将建立系统重要性银行的评估方法和持续评估框架。但是，这一系列监管文件仍然存在诸多不足：一是没有明确设定系统重要性银行的评估标准，因而缺乏可操作性，不利于规范监管；二是仅局限于银行业，缺乏对系统重要性金融机构的整体考虑；三是文件仅是行业法规，不具有普遍的法律约束力。

因此，我国审慎监管法律、法规的完善应该重点从以下几个方面着手：第一，出台更高阶的法律文档，使其能够同时覆盖金融机构——包括非正式金融机构如影子银行；第二，制定金融监管法律的实施细则，只有对基本法律进行进一步的阐释细化才能减少法律疏漏；第三，避免法律、法规中特别是规章条款之间的重叠与冲突。

（三）完善监管体系

首先，要建立与完善预警系统和检测体系，加大支付、清算、结算体系建设，扩大监管范围。从前面的分析可以看到，一个国家货币国际化后金融危机的产生都或多或少伴随着国内金融监管失察，只有审慎的监管才能有效应对货币国际化带来的风险。我国应吸取美国2008年金融危机的教训，将国内私募股权投资基金、股权转让市场等新型市场纳入全国统一监管框架，建立电子交易平台，集中清算场外衍生工具交易，并建立场外衍生产品的定向报告制度；建立起完善的金融安全网，建立存款保险制度，稳定消费者信心，引导金融机构建立有序的退出机制，确保金融市场有序、平稳、健康运行；培育中小金融机构，建立多层次的金融服务体系。存款保险制度可以强化存款金融机构的市场纪律，防范系统性风险的发生。这些保险措施有助于提高自身金融稳定性，同时给金融市场以积极信号，减少投机行为的发生。

其次，要完善中央银行与金融监管部门以及其他政府管理部门的协调机制，促进成员机构信息共享，建立逆周期的宏观审慎监管的机制。目前，我国金融监管采用的是分业监管模式，银监会、证监会、保监会分别对银行业、证券业、保险业实施监督管理。这种监管体系存在监管成本较高、部分监管领域界限模糊等问题。未来应借鉴欧盟、美国等跨部门合作监管模式，推动建立统一的监管标准，加强信息共享；定期评估监管结构，减少重复监管，降低监管复杂性。要防止监管套利，识别系统重要性金融机构、金融市场和金融工具，对可能引发系统性风险的金融机构和金融活动提出限制性措施。

（四）强化金融监管的国际合作

随着国内外金融市场的互动和联系日益增强，国内金融体系的风险更容易在国际金融体系的影响下暴露出来。在人民币国际化的过程中，作为市场影响不断扩展的国际货币其外部性也不断增加。如何协调可能的政策目标冲突，使人民币在保护本国经济利益的同时更好地担负起国际货币的义务，也是货币监管部门无法回避的新课题。因此，加强金融监管的国际合作，是实施有效监管的必然选择。

加强金融监管国际合作有三种方式：一是建立双边或区域性经济合作组织；二是加入国际性金融组织；三是积极参与和履行金融监管的国际性协议。

到 2014 年 7 月 11 日，中国证券监督管理委员会已经与 59 个国家和地区的金融监管机构签署了双边合作监管备忘录。上海合作组织中专门设立的经贸部长会议，为亚洲主要国家的经济合作提供了一个正式渠道。自 2003 年 6 月“清迈倡议”通过建立备用贷款基金作为区域危机解救机制以来，东盟与中日韩(10＋3)自由贸易区的经济金融合作有了实质性进展，加强了贸易投资合作和金融市场开放，建立了亚洲债券基金，签订了双边货币互换协定，从而搭建了一个初步的合作框架。

另外，我国于 1999 年加入 20 国集团，就国际经济、货币政策和金融体系等问题进行对话、寻求合作。我国也通过国际货币基金组织、世界银行、国际互换与衍生工具协会(International Swaps and Derivatives Association，ISDA)和国际证监会组织(International Organization of Securities Commissions，IOSCO)等机构，与世界各国和地区就金融监管展开对话与合作，审慎、合理地采纳国际通行的监管标准。这些都是加强金融监管国际合作的重要形式。参与和履行金融监管的国际性协议，如巴塞尔新资本协议、有效银行监管核心原则以及世界贸易组织的相应规定，推动了我国金融行业在经营和监管方面的变革，对在国际视野下实现有效的金融监管、防范金融风险、加强金融监管的国际合作具有重要意义，可以提高我国金融监管的水平。

三、防范国际资本的投机性冲击

(一)建立国际资本冲击的预警体系

随着资本与金融项目的开放，国际资本跨境流动将成为常态，防范国际资本的投机性冲击将成为我国对外监管的主要内容。

从 20 世纪 90 年代以来许多国家遭受国际资本投机性冲击的实际情况来看，国际资本的投机性冲击主要发生在外汇市场和股票市场上。由于我国在相当长的一段时间里可以用合格境外机构投资者(QFII)的方式防范国际资本对股票市场的冲击，在我国资本与金融项目逐步开放以后如何防范国际资本对外汇市场的投机性冲击，就成为对外监管重点关注的问题。为此，需要建立国际资本冲击的预警系统。

20 世纪 90 年代世界范围内频繁发生金融危机以后，许多经济学者都试图建立金融危机的预警模型，其中主要是货币危机模型。比较重要的模型有：

第一，弗朗科尔(J. Frankel)和罗斯(A. Rose)在 1995 年第 41 卷《国际经

济学杂志》上发表了题为“新兴市场的货币崩溃：一种经验的处理”的论文，提出了弗朗科尔—罗斯模型，简称 FR 模型。FR 模型主要运用了概率分析法来预测货币危机的发生，即将各种指标数值同时代入模型来计算出货币危机发生的概率。

第二，萨切斯(J. Sachs)、托内尔(A. Tornell)和维拉斯科(A. Velasco)在 1996 年出版了著作《新兴市场的金融危机：1995 年的教训》，提出了萨切斯—托内尔—维拉斯科模型，简称 STV 模型。该模型主要利用指标体系来预测货币危机的发生。

第三，卡敏斯凯(G. Kaminsky)、林康多(S. Licondo)和雷哈特(C. M. Reinhart)在 1998 年 7 月国际货币基金组织的系列工作论文中发表了题为“货币危机的主要指标”的论文，提出了卡敏斯凯—林康多—雷哈特模型，简称 KLR 模型。① 该模型也是主要利用指标体系来预测货币危机的发生。

这些模型主要从货币投机的角度分析短期资本的投机性冲击，具有一定的借鉴意义。这里主要介绍 KLR 模型。

KLR 模型主要利用指标来反映货币危机前的反常变化。按照这种模型，货币危机被定义为按每月加权平均计算的汇率贬值以及按每月变化率计算的外汇储备的下降超过它们的中值的 3 个标准差。

首先，KLR 模型选择了 15 个指标，包括以美元表示的外汇储备、以美元表示的进口、以美元表示的出口、贸易条件、实际汇率对变化趋势的偏离、国内外实际存款利率的差异、实际 M1 余额的超过额(超过额是指根据实际国内生产总值和通货膨胀进行回归计算所得到实际 M1 余额的残差)、M2 的货币乘数、国内信贷对国内生产总值的比率、存款的实际利率、名义贷款利率对存款利率的比率、商业银行的存款存量、广义货币供给量对总国际储备的比率、产量指数、股票价格指数。对这些指标的观察期为 24 个月。

当每个指标的变化超过了某个特定的标准时，就认为发出了一种信号。“好”信号意味着在随后 24 个月内会发生危机。该模型使用了阿根廷、玻利维亚、巴西、智利、哥伦比亚、丹麦、芬兰、印度尼西亚、以色列、马来西亚、

① Kaminsky, Graciela L., Saul Licondo, and Carmen M. Reinhart, “Leading Indicators of Currency Crises”, IMF Working Paper, July 1998.

墨西哥、挪威、秘鲁、菲律宾、西班牙、瑞典、泰国、土耳其、乌拉圭、委内瑞拉 20 个国家 1970—1995 年的资料，从经验上分析哪些指标可以较好地预测货币危机的发生。

接着，KLR 模型对各种指标发出信号的“好”和“坏”进行分类。如表 7-5 所示，A 表示指标发出信号以后在 24 个月内发生危机，这属于好的信号。B 表示指标发出信号以后在 24 个月内没有发生危机，这属于坏的信号或噪声。C 表示指标没有发出信号但在 24 个月内发生危机。D 表示指标没有发出信号但在 24 个月内也没有发生危机。

表 7-5　货币危机的信号

	24 个月内发生危机	24 个月内没有发生危机
发出信号	A	B
没有发出信号	C	D

根据 A、B、C、D 的含义，KLR 模型提出了若干比率：第一，噪声—信号比率：$\frac{B/(B+D)}{A/(A+C)}$。第二，危机—信号比率：A/(A+C)。第三，危机比率：(A+C)/(A+B+C+D)。

然后，KLR 模型利用 20 个国家长达 25 年的资料得到了这些指标的经验结果，如表 7-6 所示。

表 7-6　各个比率的经验结果

指标	噪声—信号比率	(危机—信号比率)一危机比率	危机的次数
实际汇率	0.19	39	72
(M2/储备)增长率	0.48	17	70
出口增长率	0.42	20	70
国际储备增长率	0.55	16	72
M1 余额的超过额	0.52	15	66
国内信贷/GDP 增长率	0.62	11	62
实际利率	0.77	6	44
M2 的乘数的增长率	0.61	11	70
进口增长率	1.16	−3	71

续表

指标	噪声—信号比率	(危机—信号比率)—危机比率	危机的次数
工业生产增长率	0.52	16	57
贸易条件变化率	0.77	6	58
贷款利率/存款利率	1.69	−9	33
银行存款增长率	1.20	−4	69
股票价格指数增长率	0.47	18	53
实际利率差额	0.77	6	44

KLR 模型做出的预测结果如表 7-7 所示。

表 7-7 KLR 模型对危机预测的结果

发出危机信号的指标/总指标数	预测的危机月份数	预测危机的月份数/危机月份数	预测的平静月份数	预测的平静月份数/平静月份数
80%—100%	22	32%	788	12%
60%—79%	24	35%	1 627	26%
40%—59%	13	19%	1 755	28%
20%—39%	8	12%	1 577	25%
20%以下	2	3%	610	10%

根据定义，噪声—信号比率小于 1 的指标才是好指标。从表 7-7 可以看出，按照 KLR 模型进行历史的回溯，在 67%的危机(=32%+35%)中，有 60%以上的指标都发出了货币危机的信号。但是，在 38%的平静时期(=12%+26%)中，也有 60%的指标发出了货币危机的信号。

我国可以参考 KLR 模型，根据我国的国情建立适合于我国的货币危机预警体系，争取做到预先发现金融风险并及时控制金融风险。

(二)抑制短期国际资本流动的政策选择

根据国际货币基金组织关于资本与金融项目中子项目的划分方法，已经取消了短期资本流动和长期资本流动的子项目。但是，在现实的世界里，短期资本流动是一个客观事实。在这里，所谓的短期资本是指从性质上看在一年内可逆转的资本，它包括短期国际借贷、跨境证券投资等。经济学者们和许多国家的政府一直关注短期国际资本流动所造成的冲击，并形成了各种关于限制短期国际资本流动的政策主张。

1. 米德的政策主张

经济学者历来关注大规模的短期国际资本流动对一个国家的不利影响。早在 1953 年，英国经济学者米德(J. E. Meade)在他所著的《国际收支》第 22 章中就讨论了短期资本突然地和大规模地从一种通货转换为另一种通货的问题，即所谓的“热币”问题。按照米德的分析，这种“热币”问题可能产生于人们预期该国的货币会贬值，或者该国的社会会发生动荡，或者该国会对资本征税，或者该国会发生战争等。米德认为，要对付“热币”外逃的问题，可以采用下述三种方法：第一，让价格机制发挥调节作用；第二，实行外汇管制以阻止资本外逃；第三，使用外汇储备来抑制投机。在这里，所谓价格机制的调节是指允许资本外流，由此造成的该国汇率下降将会产生贸易盈余，从而抵销资本外流的影响。一旦人们预期该国货币汇率已过分低估，资本便会转向流入。

在米德看来，采用第一种方法的结果在不同的汇率制度下有所不同。如果实行自由的浮动汇率制度，该国货币汇率将迅速降值，但从汇率降值到贸易出现盈余需要一段时间，该国货币汇率要大幅度地降值才能使贸易产生足够的盈余，贸易条件将发生不利于该国的变化，该国生活水平下降。如果实行可调整的钉住汇率制度，货币当局将不得不用外汇买进该国货币。在钉住汇率终究要调整的情况下，投机者将获得利润而货币当局将遭受损失。另外，钉住汇率向下调整同样使该国的贸易条件发生不利的变化，该国的生活水平同样出现下降。米德提出，如果采用第二种方法，可以避免第一种方法的弊端，但它需要设立庞大的官僚体系对该国的所有国际收支进行管理，因而需要耗费较高的社会成本。这样，第三种反投机的方法成为最好的解决方法。但是，这种方法能否成功还需要取得对方国家的合作。当投机者卖出该国货币买进对方国家货币时，如果该国在耗尽外汇的情况下对方国家可以无限量地提供本国的货币，那么可以对付“热币”外逃的问题。但是，如果对方国家不愿意合作，这种方法是否可行就取决于这个国家的外汇储备。假如这个国家没有足够的外汇储备，就只有求助于外汇管制。①

① ［英］米德：《国际收支》，李翀译，首都经济贸易大学出版社 2001 年版，第 356—361 页。

2. 托宾的征税建议

美国经济学者托宾(J. Tobin)很早就主张用税收的方式来限制大规模的短期国际资本流动。1972年，托宾在普林斯顿大学詹尼维(Janeway)讲座首次提出应该对外汇交易征税的看法。同年，他在《十年来的新经济学》一书中重申了这种看法。他认为，由于各国的商品市场、劳动力市场、资本市场、财政政策存在差异，各国货币政策的效果受到金融市场日益国际化的影响。为了维护各国货币政策的自主权，应该在欧洲美元市场的流通渠道中撒一些沙子。撒沙子的方法之一是实现彻底的浮动汇率制度，或者可以根据情况调整汇率平价以及扩大货币当局干预汇率的范围，以增加汇率投机的风险。撒沙子的方法之二是对即期外汇交易征收如1%的各国认可的统一税。对外汇交易增加了短期资本流动的成本，从而有助于抑制短期资本的流动。例如，对于投资3个月期限的英国国库券的美国投资者来说，如果他在3个月后需要美元，那么他将美元兑换为英镑并购买英国国库券要支付1%的税，在3个月后又将英镑兑换回美元还要支付1%的税。这样，与投资美国国库券相比，该投资者需要多支付2%的税，也就是多支付2个百分点的成本，按年率计算就是多支付8个百分点的成本。① 托宾建议征收的这个税种被称为“托宾税”。

由于“托宾税”是按外汇交易次数来征收的，如果人们要进行套利，必须要有足够大的利差，否则套利无利可图。例如，假定不考虑交易费用，国内年利率为4%、“托宾税”为1%，套利所需要的利差将因投资期限的缩短而增加：当投资期限为1个月时，国外年利率必须高于28%；当投资期限为3个月时，国外年利率必须高于12%；当投资期限为6个月时，国外年利率必须高于8%；当投资期限为1年时，国外年利率必须高于6%。

20世纪90年代以来频繁发生的金融危机使人们对“托宾税”产生浓厚的兴趣，对“托宾税”的讨论多了起来。1995年，美国经济学家艾琴格林(B. Eichengreen)、托宾和威普罗茨(C. Wypbsz)再次主张对外汇交易和跨境短期银行贷款征税，他们认为对短期资本流动征税可以减少国际资本流动对国内货币政策的影响，增强政府实行货币政策的自主权；也可以增加冲击固定汇率制度的投机成本，降低发生投机性冲击的可能性；还可以使投资者更

① [美]托宾：《十年来的新经济学》，商务印书馆1980年版，第80—88页。

加重视长期的投资而不是短期的投机。①

1996年，斯潘(P. B. Spahn)在国际货币基金组织出版的《金融与发展》刊物上发表了题为“托宾税和汇率的稳定”的论文，对如何征收托宾税提出了新的见解。他认为，征收“托宾税”存在四个政策难题：第一，难以区分保持金融市场有效和稳定的正常交易与造成金融市场波动的噪声交易。这样，难以有效地对后者征税。第二，仅仅对即期外汇交易征税不足以抑制外汇投机。如果仅对即期外汇交易征税，人们可以转向远期外汇、外汇互换、外汇期货和外汇期权交易。第三，实行不变的税率缺乏弹性。如果制定的税率偏低，在发生外汇投机时不能发挥应有的作用。如果制定的汇率偏高，在正常的情况下将严重地伤害金融机构的利益。第四，税收利益的分配难以做到合理公平。如果各国自行征税，金融中心所在国将得到巨额的税收收益。如果由国际金融组织来分配，则要耗费巨额的协调成本。他还认为，“托宾税”还可以有其他的征收方式，如对外国金融资产的存量征税，对资本的流入或流出征税，对资本的收益征税等。

斯潘根据他对“托宾税”的政策难题的研究，建议实行两级“托宾税”(two-tier Tobin tax)的税制。他认为，可以以有效汇率的变化作为决定征收哪一级税率的标准。具体地说，应该事先确定目标汇率以及汇率波动的上限和下限，如果以50天移动平均方法计算的有限汇率没有超过汇率上限和下限，那么可以对外汇交易征收较低的交易税，如2个基点(交易额的0.02%)，对外汇类金融衍生工具交易征收更低的交易税，如1个基点(交易额的0.01%)。如果超过了汇率上限和下限，那么将征收较高的交易附加税。这样，在正常的情况下，“托宾税”不会影响外汇市场的效率。在发生外汇投机性的条件下，“托宾税”可以发挥抑制的作用。②

3. 智利与巴西模式

如前所述，对国际资本流动管制有效性的讨论由来已久。在20世纪90

① Eichengreen, Barry, J. Tobin, and C. Wypbsz, “Two Cases for Sand in the Wheels of International Finance”, *Economic Journal*, 105, 1995, pp. 162-172.

② Spahn, P. B., “The Tobin Tax and Exchange Rate Stability”, IMF, *Financial and Development*, June 1996, pp. 21-27.

年代以前，讨论的重点是如何防止资本外逃。在 20 世纪 90 年代以后，讨论重点是放在如何控制资本流入的数量和结构上。智利对资本流入的控制被认为是可以选择的一种管制方式。

在 20 世纪 90 年代初期，智利发生了大规模的资本流入浪潮，给政府带来了内部目标和外部目标的冲突的问题，即如何在不影响智利出口商品竞争力的条件下实行收缩性的货币政策。1991 年，智利中央银行为了解决这个两难问题对外国贷款实行一年期的没有补偿的储备要求方案（Unremunerated Reserve Requirement，URR），希望在不影响外国长期投资的条件下限制短期信贷。按照这个方案，智利的厂商和居民取得外国的贷款后，每年要把一定比例的贷款作为储备存入中央银行，中央银行对这部分储备不支付利息。1991—1997 年，要求的储备率提高了若干次，需要缴交储备的范围覆盖了除外商直接投资以外的大多数国际资本流动的形式。智利不仅要求短期银行信贷和持有美国存单缴交储备，10 000 美元以上的除了外商直接投资以外的各种形式的资本流入也要缴交储备。这种没有补偿的储备要求方案所规定的缴交储备的比率在 1992 年 5 月为 30%，到 1998 年 6 月降到 10%。智利对国际资本流动的管制情况如表 7-8 所示。

表 7-8　智利对国际资本流动的管制

资本交易	管制方法
外国证券投资，包括对银行存单的投资和其他证券的投资	持有证券的时间不能少于 1 年，缴交 10%的没有补偿的储备(URR)，初次发行的银行存单可以不用缴交储备，但发行者必须满足最低国际信用评级的要求
外商直接投资	投资时间不能少于 1 年，投资数量不能少于 10 000 美元，不必缴交没有补偿的储备
进出口信贷	不必缴交没有补偿的储备
其他形式的资本流入	缴交 10%的没有补偿的储备(URR)
信贷机构	管制方法
持有外汇头寸	不得超过银行资本和储备的 20%，外国对本国借贷票据的投资不得超过银行资本和储备的 25%
国内外汇贷款	只允许发放与对外贸易相联系的外汇贷款
其他贷款	银行可以持有其他证券但不允许持有股票

资料来源：IMF，*International Capital Market*，Washington DC，Sep. 1998，p. 178。

除了智利以外，许多发展中国家都实行这样或那样的限制短期国际资本流动的措施，其中有代表性的措施有：巴西 1994 年 1 月对外国投资本国股票征收 1%的税，后于 1995 年 1 月取消；对巴西企业在国外发行债券征收的发行税从 3%提高到 7%，后于 1995 年 3 月取消；对外国人在巴西投资固定收益证券征收的收入税从 5%提高到 9%，后于 1995 年 3 月又降回到 5%。印度尼西亚于 1991 年 3 月规定银行从国外取得的贷款占银行资本的最高比例从 25%降到 20%，对外汇互换交易的手续费增加 5 个百分点；于 1991 年 10 月规定本国所有的商业借款活动都要经过政府批准。马来西亚在 1994 年 1 月到 8 月禁止本国居民向非居民出售短期借贷票据，在 1994 年 2 月到 1994 年 8 月禁止本国银行作为买方与外国客户进行与贸易无关的远期外汇交易和外汇互换交易。

4. 其他限制短期国际资本流动的措施

除了发展中国家以外，欧洲货币体系成员国在 1992 年为了维护欧洲汇率机制也曾经实行限制资本流动的措施。爱尔兰在 1992 年 11 月规定：除非与贸易有关，否则超过 25 万爱尔兰镑的资本交易必须向中央银行申报；从爱尔兰镑兑换来的外汇必须存满 3 个月才能使用，居民向非居民提供一年以下的爱尔兰贷款必须得到中央银行的许可；禁止从事投机性的爱尔兰镑远期外汇交易，非投机性的爱尔兰镑远期外汇交易的期限不能少于 21 天，外汇互换交易必须经过中央银行批准。这些限制措施于 1993 年 1 月取消。葡萄牙在 1992 年 9 月规定：银行持有具有汇率风险的资产必须经过中央银行批准，保持对非居民购买本国短期借贷票据、本国居民对非居民发放短期埃斯库多贷款的限制。这些限制措施于 1992 年 12 月取消。西班牙在 1992 年 9 月规定：通过外汇市场卖出比塞塔所取得的外汇，以及向非居民发放比塞塔贷款所取得的外汇，其增值部分无息存入中央银行一年；本国或外国设在国内的信贷机构，对其分行、附属行、国外母公司的比塞塔负债的增长的准备金要求提高到 100%。上述措施于 1992 年 10 月取消。

5. 我国政府的政策选择

归纳上述控制短期国际资本流动的措施，主要有下述五种类型：第一，缴交无息储备。第二，对短期资本交易征税或收费。第三，限制短期外汇信贷或持有外汇头寸的规模。第四，经过中央银行批准才能进行某种类型的外汇交易或金融资产交易。第五，对某些类型的金融资产交易提出最低持有期限的要求。

笔者认为，在资本与金融项目开放的条件下，上述措施主要是在已经发生大规模短期国际资本流动情况下的临时措施。在人民币走向国际化的过程中，如果我国面临着发生大规模短期国际资本流动的可能性，我国政府可以考虑参考经济学者们的建议和相关国家实践的经验教训。但是，要应付短期国际资本流动的冲击，米德的第一和第三个政策主张具有重要意义。

首先，在人民币国际化的条件下，我国人民币汇率必须具有足够的弹性，让人民币汇率发挥价格机制的作用。一种货币汇率严重高估将会导致短期国际资本卖出外汇买进该货币的投机性冲击，一种货币汇率严重低估将会导致短期国际资本卖出该货币买进外汇的投机性冲击，从而导致外汇市场的动荡。20 世纪 90 年代以来多个国家发生短期资本流动的投机性冲击，如 1992 年的英镑危机、1997 年的泰铢危机等，都是因为这些国家货币的汇率缺乏弹性。在这些国家货币汇率应该调整而不能调整的情况下，隐藏的问题逐渐积累到比较严重的程度，终于爆发了短期资本的投机性冲击，进而导致这些国家的货币危机。

其次，要保持充足的外汇储备。在国际经济学的课程中一直讲授一个规则，即能够应付 3 个月进口的外汇储备是适度的外汇储备。这个规则最初是由美国经济学者特里芬(Robert Triffin)于 1947 年提出的，后来由世界银行在 1985 年重申。① 笔者认为这个规则已经过时了。随着对外经济的发展，一个国家的对外经济活动远不止国际贸易活动，国际金融活动和直接投资活动在不断发展。显然，不仅进口需要外汇，对外贷款、对外证券投资和对外直接投资也需要外汇，适度外汇储备已经不能以进口额来度量了。另外，一个国家遭受短期国际资本的投机性冲击时，主要依靠外汇储备来保持外汇市场和货币汇率的稳定。1997 年，中国香港地区正是凭借这比较充足的外汇储备，抑制了短期国际资本的投机性冲击。

(三)消除短期国际资本投机性冲击的诱因

1. 短期国际资本投机性冲击的诱因

应该指出，逆周期的宏观审慎监管措施主要从制度上保证金融机构和金

① World Bank, *World Development Report*, 1985, p. 83.

融市场的稳定。但是，如果一个国家内部经济或外部经济出现较为严重的问题，即使这个国家实施逆周期的宏观审慎监管措施，这些问题也会诱导国际资本的投机性冲击，从而导致这个国家金融危机的爆发。因此，在人民币走向国际化的过程中，随着资本与金融项目的开放，我国政府不可能再用资本和金融项目管制的方法来限制国际资本的流动，除了在已经发生大规模短期国际资本流动的情况下可以采用上述临时措施加以抑制以外，外部监管的重点应该提前放在消除短期国际资本投机性冲击的诱导因素上。根据20世纪90年代以来多个国家的实际经历，诱导国际资本投机性冲击主要有下述三个因素：

第一个诱导因素是泡沫经济。泡沫经济是指过度投机所形成的一种虚假的经济繁荣景象。它会像肥皂泡一样迅速膨胀，因而被人们称为泡沫经济。在现代经济中，由于房地产和股票是投机性最强的资产，泡沫经济往往产生于房地产市场和股票市场。房地产价格和股票价格像普通商品价格一样是受供给和需求影响的，供不应求价格上涨，供过于求价格下降。或者是实际需求增加推动，或者是过于宽松的货币政策推动，或者是过于宽松的信贷政策推动，一旦房地产价格和股票价格形成上升的趋势，投资者或投机者将纷纷买进房地产或股票，从而推动着房地产和股票价格的不断上涨，最终形成泡沫经济。

泡沫经济产生的体制原因是不健全的金融体制。健全的金融体制具有两个基本特征：存在有效的机制使金融机构保持较强的自律性，建有完善的规章制度使金融管理当局能够对金融机构实行有效的监督。然而在许多国家里，金融体制并不是健全的。例如，在金融机构的自律性方面，往往不同程度存在道德风险。道德风险(moral hazard)是指一个人或一个机构对他的行为不需要承担全部成本而造成他对行为的后果没有完全负起责任的现象。在部分发展中国家，存款保险不是由存款保险公司提供，而是隐含着由货币当局担保。另外，在部分发达国家和发展中国家里，作为最后贷款者的中央银行不是让银行股东承担银行经营不善的损失，而是把公共资金注入私人银行以维持私人银行的生存。还有，在部分发展中国家里，由于没有建立有效的公司内部治理结构，银行的所有者不能有效地对银行的经营者进行监督，经营者可以分享经营的收益而不承担经营的损失。这一切都产生了金融机构的道德风险，削弱了金融机构的自律性。20世纪90年代以来，部分亚洲国家之所以形成泡沫经济，正是因为这些国家的金融机构不负责任地向房地产投资者和股票投资者发放贷款，助长泡沫经济的产生。2007年美国房地产市场泡沫形成和破裂，也是美国的金融机构不负责任地大规模发放次级抵押贷款，即向信用等级过低的借款者发放贷款以及以过低的首付比例发放贷款造成的。

泡沫经济产生的政策原因是过于宽松的货币政策。如果一个国家的中央银行实行过于宽松的货币政策，很容易导致资金进入房地产市场和股票市场，从而导致泡沫经济的形成。日本的泡沫经济都是由过于宽松的货币政策促成的。1985年，美、日、德、英、法五国财政部长达成"广场协议"，推动美元对日元和马克汇率贬值。在各国中央银行的联合干预下，美元对日元和马克的汇率趋于贬值。为防止日元汇率升值引发经济的收缩，日本政府不得不实行扩张性货币政策，在1986年四次下调贴现率，使利率降低到2.5%的历史最低水平，并保持到1989年。货币供给量(M2)从1985—1990年每年以10%左右的速度递增。利率的下降产生了资产的替代效应，刺激人们把存款转换为股票，从而助长了股票价格的上升。同时，充足的资金和低廉的资金成本又带动了房地产的投机，从而导致房地产价格的上涨。股票异常的收益率使企业的生产资金和金融机构的信贷资金通过各种渠道流入股票市场，高涨的房地产价格又扩大了以房地产作为抵押资产的金融机构的信贷规模，如此循环往复，形成了泡沫经济。

在房地产价格和股票价格上升的初期，如果国际投机者预期房地产和股票价格将继续上升，短期国际资本将涌入房地产市场和股票市场，从而助长了泡沫经济的形成。一旦国际投机者判断房地产和股票价格难以继续上升，他们将抛售房地产和股票而撤离资本，泡沫经济将会破裂。由于在房地产和股票价格上升期间，投机者从银行取得贷款进行房地产和股票的投机，在泡沫经济破裂的情况下，投机者无法偿还银行的贷款，银行坏账大量增加，从而爆发银行危机。如果一个国家爆发表现为银行危机的金融危机，将导致部分银行破产，银行信贷收缩，从而导致部分企业破产和整个国家经济的衰退。

20世纪90年代以来，在13个国家或地区发生的14次比较严重的金融危机或金融风潮中，有4个国家或地区发生的4次金融危机或金融风潮与泡沫经济有关。这些国家或地区泡沫经济的形成和破裂都受到了短期国际资本流动的影响，其中有 2 个国家或地区发生的 2 次金融危机或金融风潮是在短期国际资本的投机性冲击下促成的。这些金融危机或金融风潮是：1997 年 7 月泰国等东南亚国家的金融危机，1997 年 10 月中国香港地区的金融风潮。

第二个诱导因素是国际收支逆差。对于广大的发展中国家来说，在国际资本流动的影响下，资本与金融项目的收支是不稳定的，决定它们汇率走势的往往是经常项目的收支。一旦这些国家出现比较严重的经常项目收支逆差，在它们的货币汇率没有得到及时调整的情况下，外汇投机的风潮就会掀起。国际投机者将在外汇市场上抛售这些国家的货币，买进美元或者其他坚挺的货币，这些国家的货币汇率将大幅度下跌，从而爆发表现为货币危机的金融危机。在爆发金融危机的情况下，股票市场做出反应而出现股票价格下跌，导致投资股票的居民和厂商遭受损失。接着，在“财富效应”的影响下，这些国家经济将陷入衰退。

经常项目出现严重逆差的内部经济原因是粗放型的经济发展方式。不少发展中国家由于科学技术落后而主要采用粗放型的经济发展方式来促进经济的发展，它们往往依靠资本和劳动的高投入来维系产品的高产出。由于发展中国家在国际分工体系中处于不利地位，它们主要出口一些比较单一的劳动密集型产品。另外，粗放型经济发展方式维持一段时间以后，将会出现两种不利的后果：一是由于缺乏技术创新，劳动生产率增长不快。但由于经济发展速度较快，货币工资增长较快。当货币工资的增长率超过劳动生产率的增长率时，单位产量的工资成本上升，出口商品的竞争力减弱。二是随着经济以较快速度发展，对外国投资品的需求将大量增加。另外，随着收入的增加，对外国消费品的需求也将大量增加。因此，进口将会出现明显的扩张过程。这样，当国际市场的需求发生变化时，或者出口的减少和进口的增加发展到一定程度时，将会出现经常项目逆差。但是，由于发展中国家采用各种措施吸引外国投资，资本与金融项目往往是顺差的，国际收支可能还会出现盈余。然而，国际资本的流动是不稳定的，一旦有什么风吹草动，国际资本将会外流，这些国家的货币汇率将会出现波动。

泰国的情形就是一个例证。在 20 世纪 90 年代，从数量上看，泰国经济的增长速度是相当高的。1985—1996 年，泰国国内生产总值增长率平均达到 8.5%。但是，泰国的高产出是通过廉价劳动力和外国资本的高投入取得的，技术创新不多，劳动生产率的增长率并不高。这种高数量低质量的经济增长使泰国的货币工资增长率长期超过劳动生产率增长率，结果泰国出口商品工资成本上升，价格竞争力减弱。另外，泰国出口商品结构单一，过分倚重电子产品的出口。1996 年前后，国际市场对电子产品的需求有所下降。在出口商品竞争力减弱和国际市场发生变化这两方面因素的影响下，泰国出现了严重的经常项目逆差。结果在国际资本外逃和外国机构投资者的投机性冲击下，泰国爆发了货币危机。

国际收支或经常项目出现严重逆差的外部经济原因是缺乏弹性的汇率制度。某些发达国家由于条约的原因而不得不实行某种形式的钉住汇率制度，而广大发展中国家由于经济和货币地位较低而不得不实行钉住单一货币或一组货币的汇率制度。在一个国家实行钉住汇率制度的条件下，该国政府难以调节经常项目或国际收支的逆差。当逆差积累到一定程度时，该国货币汇率出现高估，这样将很容易引起外国机构投资者的投机性冲击。投机风潮一旦形成，根据钉住汇率制度，该国货币当局将不得不动用外汇储备来干预外汇市场。如果该国货币终究要降值，该国货币当局无异于成为外国机构投资者的“提款机”，并可能导致货币危机。

1992 年英镑危机和 1997 年泰铢危机就是典型的案例。1992 年，英国出现了严重的国际收支逆差。但是英国是欧洲货币体系的成员国，英国政府有责任维持英镑与马克和法郎汇率的稳定。结果，英镑的汇率出现高估的情况，导致国际资本的投机性冲击，最终爆发了货币危机。1997 年，泰国出现严重的经常项目收支逆差。但是，泰国实行的是钉住一篮子货币的汇率制度，同样，泰铢的汇率出现高估的情况，结果遭受了国际资本的投机型冲击，泰国爆发了货币危机。

20 世纪 90 年代以来，在 13 个国家或地区发生的 14 次比较严重的金融危机或金融风潮中，有 5 个国家或地区发生的 6 次金融危机或金融风潮与各种形式的钉住汇率制度有关，而且都是由外国机构投资者的投机性冲击所造成的。这些金融危机或金融风潮是：1992 年英国的英镑危机、1994 年墨西哥的比索危机、1997 年泰国的金融危机、1997 年香港的金融风潮、1998 年香港的金融风潮、2001 年阿根廷的金融危机。

第三个诱导因素是过重的对外债务负担。长期以来，经济学者们对发展中国家利用国际贷款推动国内经济发展持肯定的态度。美国经济学者纳克斯(R. Nurkse)在1953年出版了《不发达国家的资本形成问题》，指出了包括国际贷款在内的国际资本流动对发展中国家经济发展的重要意义。纳克斯认为，发展中国家存在着贫穷的恶性循环，核心问题是资本不足。发展中国家要摆脱贫穷的恶性循环，必须要加速资本形成；而要加速资本的形成，应该利用外商直接投资和外国贷款与赠款。纳克斯强调，外国贷款可以由政府统筹使用，建设公共服务事业和构造社会经营资本，以奠定国家发展的基础。① 与此同时，一些发展中国家的经济学者指出利用外债的消极作用。埃及经济学者阿明(S. Amin)在他的著作《不平等发展——论外国资本主义的社会形态》中提出了发展中国家借入外债会加强发展中国家对发达国家的依附。阿明的结论是：资本和技术转移到发展中国家的历史结果只是在短暂的非常迅速的增长时期之后，出现发展受阻、停滞甚至退步的时期，出现没有任何前途的奇迹和已经失败的起飞。②

20世纪80年代初期在拉丁美洲发展中国家爆发的债务危机，开始使人们认识到外债的两面性。利用外国贷款可以弥补本国资金不足的缺口，从而推动本国经济的发展。但是，如果外国贷款运用不好，将会背上严重的债务负担，从而对本国的金融和经济产生不利影响。如果一个国家的外债规模过大已经到了无法按时偿还贷款本息的程度，那么表现为债务危机的金融危机将会爆发。债务危机会诱导国际资本的投机性冲击，造成金融市场的剧烈动荡，导致债务危机和货币危机的爆发。

对外债务负担过重形成的原因是粗放型经济发展方式所产生的对资金持续和大量的需求。长期以来，发展中国家的发展受到了资本形成的严重约束。由于发展中国家人均国内生产总值较低，即使储蓄率较高，国内储蓄的数量也远远不能满足投资的需求。为了促进经济的迅速发展，许多发展中国家大力引进外国资本，包括借入外债，依靠劳动和资本的高投入来推动产品的高

---

① Nurkse, R., *Problems of Capital Formation in Underdeveloped Countries*, Oxford, Oxford University Press, 1953.

② [埃及]阿明：《不平等的发展——论外国资本主义的社会形态》，商务印书馆1990年版，第155、211、219页。

产出，走上粗放型的增长方式。在这种情况下，由于劳动和资本的效率不高，这些发展中国家普遍患有投资饥饿症，不断地大量借入外债来加快经济的发展，结果造成对外债务规模的失控。

韩国就是一个典型的例证。韩国是一个发展速度比较快的国家。在韩国的经济发展过程中，外国贷款发挥了重要作用。这样，在韩国的企业里普遍形成一种发展战略，即只要投入大量的资本，扩大企业的规模，就一定能够在竞争中处于有利地位，就可以有力地推动产品的出口。韩国是一个储蓄率较高的国家，但韩国的高储蓄率仍然满足不了韩国企业的投资需求，结果韩国企业大举借入外债，使韩国背上沉重的外债负担。据统计，在 1997 年 11 月，韩国外债高达 1 530 亿美元，其中在一年内要偿还的对外债务达 800 亿美元，但是韩国中央银行实际可以动用的外汇储备只有 100 亿美元。这样，韩国政府和企业无力偿还外债，爆发了 20 世纪 80 年代南美洲国家发生债务危机以来最令人瞩目的一次债务危机。在债务危机的影响下，紧接着韩国爆发了货币危机。

20 世纪 90 年代以来，在 13 个国家或地区发生的 14 次比较严重的金融危机或金融风潮中，韩国、泰国、阿根廷、冰岛和希腊爆发的金融危机与对外债务规模过大有关。尽管韩国没有因过重的对外债务负担引起机构投资者大规模的投机性冲击，泰国招致外国机构投资者的投机性冲击的因素也不仅仅是过重的对外债务负担，但是对外债务规模过大确实会给外国机构投资者提供有利可图的投机机会。

2. 加强对国际资本投机性冲击诱因的监管

导致国际资本投机性冲击的诱因是复杂的，不是作为金融监管当局的中央银行所能控制和消除的。但是，导致国际资本投机性冲击的诱因的形成或结果都与金融体制或金融市场有关，在将外部监管推前到控制导致国际资本投机性冲击方面，中央银行应该而且能够发挥重要的作用。

第一，完善我国的金融体制。前面所分析的导致国际资本投机性冲击的诱因的形成、发展到激化，都与金融机构和金融制度有关。我国货币当局除了实施本章第二节所分析的逆周期的宏观审慎的监管措施来维护金融机构和金融市场的稳定以外，还需要在下述两个方面加强监管：

首先，继续保持我国银行的分业经营原则。1995 年我国颁布了《商业银行法》，确立了我国商业银行分业经营的原则。虽然目前世界各国商业银行都在走向混业经营，但在我国国有商业银行内部治理结构不是很完善的情况下，起码在我国资本与金融项目开放后的一段时间里面，还需要继续保持我国商业银行的分业经营原则，以维护我国商业银行体系的相对稳定。

另外，我国货币当局在任何情况下都要限制商业银行向股票市场融通资金，在房地产市场过热的情况下控制银行向房地产业以及抵押贷款者发放贷款。20 世纪 90 年代以来许多国家的经历表明，诱导国际资本投机性冲击的资产价格波动主要是股票价格、房地产价格和外汇汇率的波动。

限制商业银行向股票市场融通资金是指限制商业银行在股票市场上进行投机以及限制银行贷款被用于股票投机，这样既可以防止在股票市场泡沫形成初期助长泡沫的膨胀，又可以防止在股票市场泡沫破裂的情况下对银行体系和对宏观经济的破坏性冲击。这样，就会减少国际资本对股票市场形成投机性冲击的机会。

在房地产市场过热的情况下控制商业银行向房地产业以及抵押贷款者发放贷款不一定能控制房地产市场的泡沫。2006 年以来，我国货币当局不断颁布政策，控制商业银行向房地产业以及抵押贷款者发放贷款，但是我国的房地产价格仍然在上涨。但是，我国货币当局这样做仍然是必要的，这至少在一定程度上抑制了房地产市场的泡沫，并且在未来在一定程度上减少房地产泡沫破裂对商业银行体系和宏观经济的破坏性冲击。这样，同样会减少国际资本对房地产市场形成投机性冲击的机会。

其次，要加强对影子银行体系的监管。所谓影子银行的全称是影子银行体系(the Shadow Banking System)，最早于 2007 年由美国太平洋投资管理公司执行董事麦卡利(Paul McCulley)提出。

2011 年，由发达国家组成的金融稳定理事会(FSB)对影子银行做了严格的界定："银行监管体系之外，可能引发系统性风险和躲避监管进行套利等问题的信用中介体系。"①影子银行体系是行使着银行的职能却不受银行监管当局监管或少受监管的非银行金融机构，包括投资银行、对冲基金、私募股权基金、货币市场基金。它们办理的业务主要包括资产证券化以及各种信贷类

① FSB，Shadow Banking：Scoping the Issues，http://www.baidu.com.

的金融衍生工具投资。

因此，影子银行体系主要有两个特征：第一个特征是没有受到银行监管当局的监管。第二个特征是在商业银行之外办理贷款业务。我国的国情与西方发达国家不同，我国对影子银行体系还没有明确的定义，一般将银行的表外业务和民间借贷称为我国的影子银行系统。属于影子银行系统的银行的表外业务包括委托贷款、银信合作、信贷理财产品等，其中主要是银信合作。

银信合作是指银行通过出售信托理财产品的方式隐蔽地为企业提供贷款。其运作模式为：假定某房地产商出现资金短缺，银行因监管等政策原因不能直接向其发放贷款，信托公司便以中间人出现，以房地产商待开发项目为抵押，设计基于该项目现金流的理财产品，委托银行代销。这样，房产商获得项目资金，房产商将支付给银行托管费、信托公司服务费以及投资者收益。通过银信合作，银行通过发行信托理财产品募集资金向企业发放贷款。由于信托理财产品属于银行的表外资产而非表内资产，可以少受甚至不受银行监管部门的监管。

民间借贷是指通过小额贷款公司、典当行、地下钱庄等机构进行的借贷，这种借贷同样没有受到银行监管部门的监管。

由于我国的影子银行体系没有受到监管部门的监管，影子银行体系的规模难以准确统计。在 2014 年前后，经济学者们对影子银行体系的借贷数额有着各种各样的估计，较高的估计数额达到 300 000 亿元。影子银行体系的发展对于提高资金融通的效率发挥了一定的作用，但是也存在不少问题：

问题之一是地方的民间借贷一般都是高利率的借贷，一些无法向银行取得贷款又急需资金的中小民营企业、房地产商不得不通过这个途径筹集资金。一旦资金链条断裂，将会造成企业破产、投资者损失、社会动荡。

问题之二是如此巨大的贷款游离在监管部门以外，产生了巨大的系统风险。一旦出现比较普遍的违约，我国将爆发金融危机。国际货币基金组织也提醒我国中央银行要注意影子银行体系的风险。

我国的影子银行体系隐藏着巨大的金融风险。一旦我国在人民币国际化的过程中逐渐开放资本与金融项目，将很容易导致国际资本的投机性冲击，从而导致我国金融危机的爆发。

要防范银信合作的风险，必须对银行的表外业务进行监管。中国银行业监督管理委员会已经发布了《中国银监会关于进一步规范银信理财合作业务的通知》，要求各商业银行将银信合作业务从表外转入表内，受存贷比的限制；未转入表内的，信托公司则应按10.5%的比例计提风险资本。

要防范民间借贷的风险，要努力使它从地下转为地上以增加透明度，政府可以采取宽松的监管政策，但要严禁高利贷。中国银行业监督管理委员会主席刘明康在2011年指出：坚决打击高利贷、非法集资、金融诈骗等行为，严防民间融资成为诈骗、洗钱、炒卖外汇等非法活动的“温床”。

除了上述两项措施以外，还要建立民间借贷与银行信贷的隔离带，严禁银行资金进入民间借贷，同时也防止民间借贷的风险转移到银行。目前，部分银行将资金以各种形式转移民间借贷以获取利率之差，扰乱了我国的金融秩序，我国银行监管当局应该坚决予以打击。

第二，保持货币政策的稳定性。多个国家出现泡沫经济的经历表明，不适当的货币政策是导致泡沫经济的重要原因。在货币政策的实施过程中，实施什么货币政策是比较容易决定的，但是实施货币政策的力度则是很难掌握的。笔者认为，我国货币当局近年两次重要的货币政策的实施过程都出现了对经济做出过度反应的情况。

2008年9月，美国金融危机激化，我国经济出现收缩的迹象。在这样的宏观经济形势下，我国政府实行了高强度的宏观货币政策。2008年第四季度货币供给量(M2)的季度增加幅度为4.9%。① 2009年，我国货币供给量(M2)年增长率达到27.6%。② 根据国家统计局各年《国际统计年鉴》的数据，2001—2008年，我国货币供给量(M2)的增长率一直比较稳定，最高没有超过20%，最低没有低于15%，平均每年增长率为17.1%。这意味着2009年我国货币供给量(M2)比多年的平均增长率高出10.5个百分点。可以肯定的是，我国中央银行扩张性的宏观货币政策与财政政策相结合，有力地刺激了我国的总需求，对我国宏观经济在2009年3月以后逐渐走向复苏做出了贡献。但与此同时也为2010年的通货膨胀埋下了隐患。

2010年，我国开始出现通货膨胀的趋势。我国中央银行连续实行了高强

① 中国人民银行：统计数据，http://www.pbc.gov.cn。
② 中国人民银行：《中国货币政策执行报告》，2009年，http://www.pbc.gov.cn。

度的收缩性的宏观货币政策。在2010—2011年中期，在1年半的时间里，我国中央银行12次提高法定准备金比率，4次提高基准利率。2010年，我国货币供给量(M2)增长率同比下降了8个百分点，下降到19.7%。2011年，我国货币供给量(M2)增长率同比下降了6.1个百分点，下降到13.6%。① 如果说2010年是在2009年货币供给大规模增加的基础上向下调整，19.7%的货币供给的增长率并不算低，那么2011年继续大幅度向下调整，13.6%的货币供给的增长率就显得力度偏大了。

笔者认为，在运用宏观货币政策去努力实现政策目标的时候，中央银行要很明确地意识到什么是宏观货币政策可以做到的，什么是宏观货币政策不能做到的。在发生经济衰退时期，投资需求不仅是信贷数量和信贷利率的函数，而且还是预期利润率的函数，不能指望足够廉价和充裕的货币就能克服经济衰退。因此，宏观货币政策的目标是适当地注入流动性以缓和经济衰退时期往往出现的信贷收缩的情况。在发生通货膨胀时期，还要区分是需求扩张造成的通货膨胀还是成本上升造成的通货膨胀，不能指望足够昂贵和稀缺的货币就能克服成本推进通货膨胀。因此，宏观货币政策的目标是适当地收缩流动性以防止由于货币的因素而助长通货膨胀。

借鉴经济学界关于宏观货币规则的分析以及根据我国现实的宏观货币政策目标的分析，笔者认为，我国宏观货币政策的规则是：稳定货币供给的增长率和利率水平，使货币供给和利率随着实际国内生产总值增长率与国内生产总值目标增长率的差额以及实际通货膨胀率与目标通货膨胀率的差额进行适度调整。具体的操作方法是：根据实际经济情况制定现实可行的正常货币供给(M2)增长率、国内生产总值目标增长率和目标通货膨胀率。例如，现阶段可以将正常货币供给(M2)增长率确定为15%，国内生产总值目标增长率确定为6.5%，目标通货膨胀率确定为3%。在基本可以实现国内生产总值目标增长率和目标通货膨胀率的情况下，保持正常货币供给(M2)增长率的稳定和利率水平的稳定；在实际国内生产总值增长率偏低的时候，一般通货膨胀率也偏低，可以适当地增加货币供给和降低利率；在实际国内生产总值增长率

① 中国人民银行：《中国货币政策执行报告》，2011年第四季度，http://www.pbc.gov.cn。

偏高的时候，一般通货膨胀率也偏高，可以适当地减少货币供给和提高利率。在这里，所谓“适当”是采用尝试的方法，即小幅度调整以后等待一段时间观察效果，而不要连续地进行大幅度的调整。如果发生了实际国内生产总值增长率偏低而通货膨胀率也偏高，这个时候的通货膨胀往往不是需求拉上通货膨胀，仍然需要保持货币供给和利率的稳定。

稳健的宏观货币政策将对我国的金融市场的稳定发挥着重要作用。

第三，其他维护金融体系稳定的措施。要将外部监管推前到控制导致国际资本投机性冲击的诱因，除了完善我国的金融体制和保持我国货币政策的稳定性以外，还要关注下面两个问题：

首先，建立弹性汇率制度。如前所述，诱导国际资本投机性冲击的资产价格波动主要是股票价格、房地产价格和外汇汇率的波动。前面已经对股票价格和房地产价格波动的问题进行了分析，现在来分析外汇汇率波动的问题。20 世纪 90 年代以来多个国家爆发过金融危机，主要原因都是这些国家货币的汇率没有能够及时地对国际收支的变化做出调整而导致国际资本的投机性冲击。

本国货币汇率高估和低估都有可能导致国际资本的投机性冲击，但本国货币汇率低估所导致的国际资本投机性冲击更具破坏性。如果本国货币汇率低估，本国货币当局可以通过买进外汇的方式稳定汇率，外汇储备的增加导致货币供给的增加可以通过收缩货币供给进行冲销。尽管这样会使该国付出代价，但一般不会导致该国的货币危机。但是，如果本国货币汇率高估，本国货币当局只能通过卖出外汇的方式稳定汇率，外汇储备一旦耗尽，将导致这个国家的货币危机。

关于如何建立有弹性的人民币汇率制度在本专著第六章第六节以及第七章第三节已经进行了分析，在这里就不再赘述了。

其次，控制对外债务规模。对于发展中国家来说，易于导致国际收支逆差的因素是经常项目的逆差和对外债务的偿还。在资本和金融项目开放的条件下，经常项目的逆差不是货币当局所能调整的，或者货币当局要付出国内经济衰退的代价才能进行调整，但是货币当局对于控制对外债务规模可以发挥一定的作用。20 世纪 90 年代以来，多个国家由于没有很好地控制对外债务的规模，造成本国机构和企业需要购买外汇以偿还对外债务的数量超过了外汇市场和外汇储备可以出售的外汇的数量，结果爆发了债务危机。债务危机的发生引起国际资本的投机性冲击，最终导致货币危机和经济衰退。

应该关注的是，我国的对外债务近年来迅速增加。表 7-9 说明了我国尚未偿还的对外债务的情况。从表中可以看出，长期以来，我国政府对我国对外债务规模的控制情况一直很好。但在 2010 年以后，我国对外债务的规模迅速扩大。2014 年与 2001 年相比，我国对外债务余额增加了 3.40 倍。

表 7-9　我国对外债务余额的情况　　单位：亿美元

年份	2001	2002	2003	2004	2005	2006	2007
外债余额	2 033.0	2 026.3	2 193.6	2 629.9	2 965.4	3 385.9	3 892.2
年份	2008	2009	2010	2011	2012	2013	2014
外债余额	3 901.6	4 286.5	5 489.4	6 950.0	7 369.9	8 631.7	8 954.6

资料来源：国家外汇管理局，中国外债数据，http://www.safe.gov.cn。

我国的对外债务管理实行"统一领导、分工负责、加强管理、从严控制"的政策，由国家发展和改革委员会确定对外债务的规模和下达对外债务的项目，国家外汇管理局负责审批对外借债机构的财务状况，借款机构负责对外债务的具体使用。这种管理体制存在条块脱节的现象：作为决策机构的国家发展和改革委员会不熟悉我国的国际收支状况，它主要根据国内经济情况确定对外债务的规模和项目。作为外汇管理机构的国家外汇管理局则没有对外债务方面的决策或参与决策的权力，只是办理相关手续以及对外债进行事后统计监测。对借入外债的机构，国家发展和改革委员会以及国家外汇管理局都没有进行监管。

在人民币走向国际化的过程中，外部监管需要提前到消除国际资本投机性冲击的诱因方面，对外债进行有效的监管就显得更为重要。首先，由国家发展和改革委员会牵头建立由国家发展和改革委员会和国家外汇管理局组成的联席会议，定期根据我国经济发展情况和国际收支情况决定对外债务的规模的结构，由此决定我国对外债务的项目。其次，由国家外汇管理局审核对外债务借款机构的财务状况和还款能力，办理相关手续。最后，由国家外汇管理局对借款机构的使用对外债务的过程进行监管。在我国资本与金融项目开放以后，我国货币当局不能在汇兑环节对外债进行限制，但是对外债务管理联席会议仍然可以对借入外债的项目进行一定的控制。

在人民币走向国际化的过程中，我国货币当局必须加强对内和对外的监管，才能保证人民币国际化的顺利推进。

参考文献

导论参考文献

[1]陈文玲：《中国需要主动对国际贸易策略进行调整》，《对外经贸务实》2007 年第 1 期。

[2]程恩富：《加快转变对外经济发展方式须实现“五个控制和提升”》，《经济学动态》2009 年第 4 期。

[3]戴翔：《战略机遇期新内涵与我国对外经济发展方式转变》，《经济学家》2013 年第 8 期。

[4]高虎城：《努力提升我国品牌国际竞争力》，《经济日报》2006 年 11 月 6 日。

[5]霍建国：《外贸增长方式转变路径》，《中国对外贸易》2006 年第 3 期。

[6]贾根良：《转变对外经济发展方式的实质及政策建议》，《社会科学辑刊》2012 年第 1 期。

[7]江小涓：《中国对外开放进入新阶段：更均衡合理地融入全球经济》，《经济研究》2006 年第 3 期。

[8]李翀：《论国际贸易中的超绝对利益》，《国际贸易问题》2005 年第 3 期。

[9]李翀：《超绝对利益学说的构建以及与相关学说的比较》，《福建论坛》2005 年第 3 期。

[10]李翀：《比较优势与超比较优势——论我国经济的发展战略》，《学术

研究》2006 年第 3 期。

[11]李翀：《发展中国家在国际贸易中创建竞争优势的途径》，《北京师范大学学报》2006 年第 3 期。

[12]隆国强：《全球化背景下的产业升级新战略——基于全球生产价值链的分析》，《国际贸易》2007 年第 7 期。

[13]宋宪萍：《对外经济发展方式转变中技术引进的理论逻辑及其批判》，《求实》2011 年第 1 期。

[14]王冉冉：《外贸结构转型促进经济增长方式转变机理分析》，《山东工商学院学报》2009 年第 1 期。

[15]闻潜：《论外贸增长方式的转变》，《经济经纬》2005 年第 5 期。

[16]杨正位：《加快转变我国外贸增长方式探讨》，《经济前沿》2005 年第 7 期。

[17]张楠：《转变外贸增长方式下的政策调整分析》，《求是》2008 年第 6 期。

[18]张远：《试论我国对外经济发展方式转变的制约因素》，《南京政治学院学报》2007 年第 6 期。

第一章参考文献

[1]Fosfuri, A. and M. Motta, "Foreign Direct Investment and Spillovers through Workers' Mobility", CEPR Discussion Paper Series No. 2194, 1999.

[2]IMF, World Economic Outlook databases, April 16, 2013, http://www.imf.org.

[3] Kogut, B. and U. Zander, "Knowledge of the Firm and the Evolutionary Theory of the Multinational Corporation", *Journal of International Business Studies*, 1993, 24(4).

[4]OECD, Main Science and Technology Indicators, 2013, http://stats.oecd.org.

[5]Schumpeter, J. A., *The Theory of Economic Development*, Mass, Harvard University Press, 1934.

[6]WIPO, PCT Yearly Review, 2013, http://ipstatsdb.wipo.org.

[7][美]埃里克·S. 赖纳特：《富国为什么富 穷国为什么穷》，杨虎涛等译，中国人民大学出版社 2010 年版。

[8]陈海华、谢富纪：《日本技术创新模式的演进及其发展战略》，《科技进步与对策》2008 年第 1 期。

[9]国家科学技术部：科技规划，http://www.most.gov.cn。

[10]国家统计局：《中国统计年鉴》，http://www.stats.gov.cn。

[11]国家外汇管理局：统计数据与报告，http://www.safe.gov.cn。

第二章参考文献

[1] Bernard, Andrew B., Stephen J. Redding, and Peter K. Schott, "Multi-product Firms and Trade liberalization", NBER Working Paper No. 12782, 2006.

[2] Lall, Sanjaya, "The Technological Structure and Performance of Developing Country Manufactured Exports, 1985—1998", *Oxford Development Studies*, 2000, 28(3).

[3] Lee, Jong-Wha, "Capital Goods Imports and Long-run Growth", *Journal of Development Economics*, 1995, 48.

[4]Melitz, M. J., "The Impact of Trade on Intra-industry Reallocations and Aggregate Industry Productivity", *Econometrica*, 2003, 71(6).

[5] Porter, Michael E., "The Competitive Advantage of Nations", *Harvard Business Review*, March-April 1990.

[6]Rivera-Batiz, Luis A. and Paul Michael Romer, "International Trade with Endogenous Technological Change", National Bureau of Economic Research Working Paper No. 3594, 1991.

[7]Schultz, Theodore William, *Investing in People: The Economics of Population Quality*, California, University of California Press, 1982.

[8] Verhoogen, Eric A., "Trade, Quality Upgrading and Wage Inequality in the Mexican Manufacturing Sector", *The Quarterly Journal of Economics*, 2008, 123(2).

[9]陈迎、潘家华、谢来辉：《中国外贸进出口商品中的内涵能源及其政

策含义》，《经济研究》2008 年第 7 期。

[10]代谦、别朝霞：《人力资本、动态比较优势与发展中国家产业结构升级》，《世界经济》2006 年第 11 期。

[11]高吉喜、范小杉：《中国工业产品进出口贸易污染足迹对比分析》，《中国环境科学》2009 年第 1 期。

[12]韩民春、徐姗：《国外动态比较优势理论的演进》，《国外社会科学》2009 年第 3 期。

[13]韩秋：《韩国产业结构转换中的动态比较优势》，《黑龙江社会科学》2006 年第 3 期。

[14]金碚、李钢、陈志：《中国制造业国际竞争力现状分析及提升对策》，《财贸经济》2007 年第 3 期。

[15]金碚：《全球竞争新格局与中国产业发展趋势》，《中国工业经济》2012 年第 5 期。

[16]李翀：《比较优势与超比较优势——论我国经济的发展战略》，《学术研究》2006 年第 3 期。

[17]李翀：《论国际贸易中的超绝对利益》，《国际贸易问题》2005 年第 3 期。

[18]李钢：《强化贸易政策和产业政策协调若干问题研究》，《国际贸易》2013 年第 3 期。

[19]林毅夫等：《中国的奇迹：发展战略与经济改革》，上海三联书店 1999 年版。

[20]刘培青：《战后日本对外贸易发展的动态比较优势分析》，《现代日本经济》2004 年第 5 期。

[21]陆文聪、李元龙：《中国出口增长的就业效应：基于 CGE 模型的分析》，《国际贸易问题》2011 年第 9 期。

[22]单豪杰：《中国资本存量 K 的再估算：1952—2006 年》，《数量经济技术经济研究》2008 年第 10 期。

[23]王佃凯：《比较优势陷阱与中国贸易战略选择》，《经济评论》2002 年第 2 期。

[24]魏浩、张二震：《对我国现行外贸政策的反思与重新定位》，《国际贸

易问题》2004 年第 11 期。

[25]魏浩、程琤：《中国出口商品结构、劳动力市场结构与高端人才战略》，《财贸经济》2010 年第 10 期。

[26]徐姗：《西方动态比较优势理论的演进——发展中国家和“比较优势陷阱”》，《国际社会科学杂志》(中文版)2009 年第 2 期。

[27]余长林：《知识产权保护与发展中国家的经济增长》，《厦门大学学报》(哲学社会科学版)2010 年第 2 期。

[28]袁欣：《中国对外贸易结构与产业结构：“镜像”与“原像”的背离》，《经济学家》2010 年第 6 期。

[29]张二震：《全球化、要素分工与中国的战略》，《经济界》2005 年第 5 期。

[30]朱启荣：《中国出口贸易活动中的能源消耗问题研究》，《统计研究》2011 年第 5 期。

第三章参考文献

[1] Anita, W., The Service Economy in OECD Countries, Statistical Analysis of Science, Technology and Industry, DSTI/DOC, 2005, 3.

[2]Anton, M. and Richard Chase, et al., “Service Competitiveness—An International Benchmarking Comparison of Service Practice and Performance in Germany, UK and USA”, *International Journal of Service Industry Management*, 1999, 10(4).

[3]Belay, S., “Revealed Comparative Advantage and Competitiveness in Services: A Study with Special Emphasis on Developing Countries”, *Journal of Economic Studies*, 2007, 34(5).

[4] Fariborz, M., Li, D., and S. Ah-Boon, “Intra-industry Trade in Financial Services”, *Journal of International Money and Finance*, 2005, 24.

[5] Francois, J. and I. Wootton, “Market Structure, Trade Liberalization, and the GATS”, *European Journal of Political Economy*, 2001, 17.

[6]Francois, J., “Producer Services, Scale and the Division of Labor”,

Oxford Economic Papers, 1990, 42.

[7] Hindley, Smith, "Comparative Advantage and Trade in Services", *The World Economy*, 1984, 7(4).

[8]Markusen, J., "Trade in Producer Services and in Other Specialized Intermediate Inputs", *American Economic Review*, 1989, 79.

[9] Rubalcaba, L. and D. Gago, "Relationships Between Services and Competitiveness: The Case of Spanish Trade", *The Service Industries Journal*, 2002, 21(1).

[10]Worz, J., "Austria's Competitiveness in Trade in Services", FIW Research Report No. 003, 2008.

[11]陈宪、殷凤:《服务贸易——国际特征与中国竞争》,《财贸经济》2008 年第 1 期。

[12]程大中:《中国服务业的增长、技术进步与国际竞争力》,经济管理出版社 2006 年版。

[13]傅京燕:《国际环境服务业:发展趋势及对策选择》,《世界经济与政治论坛》2004 年第 3 期。

[14]国家环境保护总局:《环境服务业发展报告》,2006 年 7 月。

[15]国家林业局国际经济贸易研究中心:《中国服务贸易出口结构变动的实证分析》,《国际贸易问题》2006 年第 8 期。

[16]李翀:《超比较利益学说的构建》,《学术月刊》2010 年第 3 期。

[17]李丽平、段严斐:《全球环境服务业发展趋势及驱动力》,《环境经济》2011 年第 11 期。

[18]吴贤彬、陈进、华迎:《基于 SRCA 和 Lafay 指数的"金砖五国"服务贸易结构竞争力分析》,《宏观经济研究》2012 年第 2 期。

[19]杨蔚:《技术进口的三大困境》,《中国对外贸易》2013 年第 1 期。

[20]余道先、刘海云:《中国服务贸易结构与贸易竞争力的实证分析》,《国际贸易问题》2008 年第 10 期。

[21]赵景峰、陈策:《中国服务贸易:总量和结构分析》,《世界经济》2006 年第 8 期。

[22]中华人民共和国商务部:《中国服务贸易发展报告 2007》,中国商务

出版社 2007 年版。

[23]庄惠明、黄建忠、陈洁:《基于钻石模型的中国服务贸易竞争力分析》,《财贸经济》2009 年第 3 期。

第四章参考文献

[1]Arrow, Kenneth J., "The Crganization of Economic Activity: Issues Pertinent to the Choice of Market Versus Non-market Allocation", In *The Analysis and Evaluation of Public Expenditures: The PBB System*, Joint Economic Committee, Vol. 1, Washington, DC, 1969.

[2]Dahlman, Carl J., "The Problem of Externality", *Journal of Law & Economics*, 1979, 22(1).

[3]Dunning, John H., "Reappraising the Eclectic Paradigm in an Age of Alliance Capitalism", *Journal of International Business Studies*, 1995, Vol. 26, No. 3.

[4]Dunning, John H., "Comments on Dragon Multinationals: New Players in 21 Century Globalization", *Asia Pacific J Manage*, 2006, 23.

[5]Gray, P. H., "Macroeconomic Theories of Foreign Direct Investment: An Assessment", *New Theories of the Multinational Enterprise*, A. M. Rugman, ed., St. Martins Press, New York, 1982.

[6]Hymer, S., *The International Operation of Multinational Firms: A Study of Direct Forejgn Investment*, Cambridge, MIT Press, 1976.

[7]Kogut, B. and Zander, U., "Knowledge of the Firm and the Evolutionary Theory of the Multinational Corporation", *Journal of International Business Studies*, 1993, 24(4).

[8]Kojima, Kiyoshi, *Direct Foreign Investment*, Croom Helm Ltd., 1978.

[9]Kojima, Kiyoshi, "Dynamics of Japanese Direct Investment in East Asia", *Hitotsubashi Journal of Economics*, 1995, 36.

[10]North, D., *Institutions, Institutional Change and Economic Performance*, Cambridge, Cambridge University Press, 1990.

[11]Penrose, Edith Tilton, *The Theory of the Growth of the Firm*, New York, John Wiley & Sons, 1959.

[12]Rugman, A. M. , *Inside the Multinationals*, London, Croom Helm, 1981.

[13] Vernon, Raymond, "International Investment and International Trade in the Product Cycle", *The Quarterly Journal of Economics*, 1966, Vol. 80, No. 2.

[14] Williamson, Oliver, *Markets and Hierarchies: Analysis and Antitrust Implications*, New York, Free Press, MacMillan, 1975.

[15]Williamson, Oliver, "Franchise Bidding for Natural Monopolies-in General and with Respect to CATV", *The Bell Journal of Economics*, 1976, Vol. 7, No. 1.

[16]Williamson, Oliver, *The Economics Institutions of Capitalism*, New York, Free Press, MacMillan, 1985.

[17]Williamson, Oliver, *The Mechanisms of Governance*, Oxford, Oxford University Press, 1999.

[18]蔡锐、刘泉:《中国的国际直接投资与贸易是互补的吗?——基于小岛清:"边际产业理论"的实证分析》,《世界经济研究》2004 年第 8 期。

[19]钞鹏:《对外直接投资对母国的就业效应及其传导机制》,《广西社会科学》2011 年第 3 期。

[20]陈菲琼、钟芳芳、陈珧:《中国对外直接投资与技术创新研究》,《浙江大学学报》2013 年第 4 期。

[21]陈漓高、邹玉娟:《中国企业对外直接投资的技术提升战略》,《经济问题探索》2008 年第 4 期。

[22]陈石清:《对外直接投资与出口贸易:实证比较研究》,《财经理论与实践》2006 年第 1 期。

[23]程惠芳:《对外直接投资比较优势及评价指标》,《财经科学》1998 年第 5 期。

[24]戴翔:《对外直接投资对国内就业影响的实证分析——以新加坡为例》,《世界经济研究》2006 年第 4 期。

[25]范黎波、王肃：《中国跨国公司海外并购的成长路径演进——基于北一并购科堡的案例分析》，《财贸经济》2011 年第 8 期。

[26]胡虎子：《经济增长、出口和对外直接投资关系研究》，《内蒙古农业大学学报》2011 年第 2 期。

[27]黄晓玲、刘会政：《中国对外直接投资的就业效应分析》，《管理现代化》2007 年第 1 期。

[28]霍杰：《对外直接投资对全要素生产率的影响研究——基于中国省际面板数据的分析》，《山西财经大学学报》2011 年第 1 期。

[29]经济学人编辑部报告：《勇闯新天地：纵观中国的海外并购》，http://www.eiu.com。

[30]阚大学：《对外直接投资的反向技术溢出效应——基于吸收能力的实证研究》，《商业经济与管理》2010 年第 6 期。

[31]李翀：《对外直接投资理论的构建》，《北京师范大学学报》(社会科学版)2006 年第 5 期。

[32]李翀：《发展中国家局部竞争优势型对外直接投资——论发展中国家对外直接投资的动因》，《学术研究》2007 年第 4 期。

[33]李翀：《发展中国家学习型对外直接投资理论——论发展中国家对外直接投资的原因》，《福建论坛》(人文社会科学版)2007 年第 6 期。

[34]李磊、郑昭阳：《议中国对外直接投资是否为资源寻求型》，《国际贸易问题》2012 年第 2 期。

[35]李梅：《人力资本、研发投入与对外直接投资的逆向技术溢出》，《世界经济研究》2010 年第 10 期。

[36]林季红：《国际生产折衷理论的局限及进一步发展的新视角》，《国际贸易问题》2007 年第 9 期。

[37]刘鹤：《从战胜通货紧缩到预防通货膨胀》，见王梦奎主编《亚洲金融危机后的中国》，中国发展出版社 2007 年版。

[38]刘辉群、王洋：《中国对外直接投资的国内就业效应：基于投资主体和行业分析》，《国际商务——对外经贸大学学报》2011 年第 4 期。

[39]刘林青、黄起海、闫志山：《国家空间里的能力加值比赛——基于产业国际竞争力的结构观》，《中国工业经济》2013 年第 4 期。

[40]刘明霞、王学军：《中国对外直接投资的逆向技术溢出效应研究》，《世界经济研究》2009 年第 9 期。

[41]刘明霞：《中国对外直接投资的逆向技术溢出效应——基于技术差距的影响分析》，《中南财经政法大学学报》2010 年第 3 期。

[42]刘伟全：《中国对外直接投资国内技术进步效应的实证研究——基于研发费用和专利授权数据的分析》，《当代财经》2010 年第 5 期。

[43]罗良文：《对外直接投资的就业效应：理论及中国实证研究》，《中南财经政法大学学报》2007 年第 5 期。

[44]罗丽英、黄娜：《中国对外直接投资对国内就业影响的实证分析》，《上海经济研究》2008 年第 8 期。

[45]每经网：《中国高铁：从技术引进到技术输出，实现精彩转身》，2010 年 7 月 20 日，http://www.nbd.com.cn。

[46]商务部、国家统计局、国家外汇管理局：《中国对外直接投资统计公报》，2003—2012 年，http://www.mofcom.gov.cn。

[47]孙黎、阎大颖、任兵：《像印度企业那样整合全球》，中欧商业评论，2009 年 7 月 21 日，http://sina.com.cn。

[48]唐心智：《中国对外直接投资的贸易效益分析》，《统计与决策》2009 年第 12 期。

[49]王碧珺：《被误读的官方数据——揭示真实的中国对外直接投资模式》，《国际经济评论》2013 年第 1 期。

[50]王英、刘思峰：《国际技术外溢渠道的实证研究》，《数量经济技术经济研究》2008 年第 4 期。

[51]魏巧琴、杨大楷：《对外直接投资与经济增长的关系研究》，《数量经济技术经济研究》2003 年第 1 期。

[52]伍业君、张其仔、徐娟：《产品空间与比较优势演化述评》，《经济评论》2012 年第 4 期。

[53]肖黎明：《对外直接投资与母国经济增长：以中国为例》，《财经科学》2009 年第 8 期。

[54]杨建清、周志林：《中国对外直接投资对国内产业升级影响的实证分析》，《经济地理》2013 年第 4 期。

[55]于超、葛和平：《对外直接投资的母国就业效应研究》，《统计与决策》2011 年第 20 期。

[56]俞毅、万炼：《中国进出口商品结构与对外直接投资的相关性研究——基于 VAR 模型的分析框架》，《国际贸易问题》2009 年第 6 期。

[57]张如庆：《中国境外直接投资与对外贸易关系分析》，《重庆工商大学学报》2009 年第 4 期。

[58]张应武：《对外直接投资的贸易效应研究——基于 Panel Data 的地区差异检验》，《统计与决策》2007 年第 24 期。

[59]张建刚、康宏、康艳梅：《就业创造还是就业替代——OFDI 对中国就业影响的区域差异研究》，《中国人口、资源与环境》2013 年第 1 期。

[60]郑飞虎：《小岛清思想与中国对外经济关系的新发展》，《当代亚太》2006 年第 4 期。

第五章参考文献

[1]陈斌峰：《外国直接投资对我国产业结构变动影响的分析》，吉林大学博士学位论文，2004 年。

[2]陈静：《中国引进外国直接投资的制度变迁研究》，西北大学博士学位论文，2007 年。

[3]董书礼：《以市场换技术战略成效不佳的原因辨析及我国的对策》，《科技与管理》2004 年第 4 期。

[4]方燕、高静：《外国直接投资对产业结构的影响分析——基于向量误差修正模型的实证研究》，《北京工商大学学报》2010 年第 1 期。

[5]金奕：《我国利用外国直接投资的环境保护问题研究》，复旦大学博士学位论文，2008 年。

[6]李海洋：《论我国吸引外国直接投资政策——以吉林省为例》，吉林大学博士学位论文，2010 年。

[7]李延勇：《外国直接投资与环境问题研究》，山东大学博士学位论文，2008 年。

[8]刘新英：《我国引进外国直接投资中的环境污染特征与对策》，《经济纵横》2007 年第 3 期。

[9]闵杰：《外国直接投资对我国产业结构的影响研究》，武汉大学博士学位论文，2005年。

[10]戚冠丽：《论跨国公司直接投资的技术溢出效应》，对外经济贸易大学博士学位论文，2006年。

[11]苏屹：《引进国际直接投资与优化我国产业结构》，首都经济贸易大学博士学位论文，2004年。

[12]唐骁鹏：《外国直接投资与东道国市场结构研究》，山东大学博士学位论文，2007年。

[13]汪前元、高娟：《我国"以市场换技术"引资战略的历史透视》，《湖南大学学报》2006年第5期。

[14]王凤姣：《中国外国直接投资决定因素研究》，云南财经大学博士学位论文，2010年。

[15]王海梅：《引进外资、技术进步与自主创新》，南京农业大学博士学位论文，2006年。

[16]王毅：《我国引进外国直接投资经济效应与发展对策研究》，厦门大学博士学位论文，2005年。

[17]王雪梅、雷家骕：《以市场换技术政策研究评述》，《特区经济》2007年第1期。

[18]王清平、陈继勇：《当前引进外国直接投资应注意的几个问题》，《长江论坛》2006年第2期。

[19]魏一鹏：《技术进步对我国技术进步的影响分析》，吉林大学博士学位论文，2007年。

[20]吴凡：《全球化背景下外国直接投资与中国产业结构优化研究》，西南财经大学出版社2008年版。

[21]胥亚玲：《跨国公司技术转移与我国技术进步模式选择研究》，浙江大学博士学位论文，2004年。

[22]许丹：《我国引进外商直接投资效应分析及选择战略研究——兼对重庆市引进FDI实施战略进行实证分析》，重庆大学博士学位论文，2003年。

[23]叶黎黎：《FDI对我国内资企业自主创新能力的作用分析》，天津大学博士学位论文，2007年。

[24]张建刚：《外商直接投资与中国经济增长》，经济日报出版社 2007 年版。

[25]郑新风：《我国利用外国直接投资问题研究》，厦门大学博士学位论文，2001 年。

[26]仲鑫、陈相森：《外商直接投资区域差异及影响因素的比较研究》，《统计研究》2012 年第 3 期。

第六章参考文献

[1] Anderson, T. W., "Repeated Measurements on Autoregressive Processes", *Journal of the American Statistical Association*, 1978(3).

[2]Anderson, T. W. and C. Hsiao, "Estimation of Dynamic Models with Error Components", *Journal of the American Statistical Association*, 1981(73).

[3]Arellano, M. and S. Bond., "Some Tests of Specification for Panel Data: Monte Carlo Evidence and an Application to Employment Equations", *Review of Economic Studies*, 1991(58).

[4] Arellano, M. and O. Bover, "Another Look at the Instrumental Variable Estimation of Error-components Models", *Journal of Econometrics*, 1995(6).

[5]Arvind Subramanian, "Renminbi Rules: The Conditional Imminence of the Reserve Currency Transition", Working Paper Series WP11-14, Peterson Institute for International Economics, 2011.

[6]Bacchetta, Philippe, van Wincoop, Eric, "A Theory of the Currency Denomination of International Trade", *Journal of International Economics*, 2005(2).

[7]Bacchetta, Philipp and Eric van Wincoop, "A Theory of the Currency Denomination of International Trade", *Journal of International Economics*, 2005(2).

[8]Blundell, R. and S. Bond, "Initial Conditions and Moment Restrictions in Dynamic Panel Datamodels", *Journal of Econometrics*, 1998(7).

[9] Blundell, R. S. Bond and F. Windmeijer, "Estimation in Dynamic Panel Data Models: Improving on the Performance of the Standard GMM Estimator", In *Nonstationary Panels, Cointegrating Panels and Dynamic Panels*, ed. B. H. Baltagi, New York, Elsevier, 2000.

[10]Chen, Hongyi and Wensheng Peng, "The Potential of the Renminbi as an International Currency", In Wensheng Peng and Chang Shu, eds., *Currency Internationalization, Global Experiences, and Implications for the Renminbi*, New York, Palgrave Macmillan, 2010.

[11] Chen-yuan Tung, Guo-chen Wang, and Jason Yeh, "Renminbi Internationalization: Progress, Prospect and Comparison", *China & World Economy*, 2012(5).

[12] Cheung, Y. W., G. Ma, and R. McCauley, "Why does China Attempt to Internationalise the Renminbi?", *China Rising: Global Challenges and Opportunities*, Australian National University Press and Social Sciences Research Press(China), 2011.

[13] Chinn, Menzie and Hiro Ito, "A New Measure of Financial Openness", *Journal of Comparative Policy Analysis*, 2008(3).

[14]Chinn, Menzie and Hiro Ito, The Chinn-Ito index, online, cited June 2012, Available from: http://web. pdx. edu/-ito/Chinn-Ito_website. htm.

[15]Chinn, Menzie and Jeffrey A. Frankel, "Will the Euro Eventually Surpass the Dollar as Leading International Reserve Currency?", *G7 Current Account Imbalances Sustainability and Adjustment*, Chicago, University of Chicago Press, 2007.

[16]Chinn, Menzie and Jeffrey Frankel, "Why the Euro will Rival the Dollar", *International Finance*, 2008(1).

[17]Clark, Peter, Natalia Tamirisa, Shang-Jin. Wei, Azim Sadikov, and Li Zeng, "Exchange Rate Volatility and Trade Flows-Some New Evidence", International Monetary Fund, May 2004, http://www. imf. org.

[18]Dobsonand, Wendy and Paul R. Masson, "Will the Renminbi Become a World Currency?", *China Economic Review*, 2009(1).

[19]Dominguez, Kathryn M., "Central Bank Intervention and Exchange Rate Volatility", *Journal of International Money and Finance*, 1998(17).

[20] Donnenfeld, Zilcha, "Pricing of Exports and Exchange Rate Uncertainty", *Review of International Economics*, 1991(32).

[21] Eichengreen, Barry and Donald Mathieson, "The Currency Composition of Foreign Exchange Reserves: Retrospect and Prospect", International Monetary Fund Working Paper No. wp/00/131, International Monetary Fund, Washington, DC, 2000.

[22]Einzig, P., *The Eurodollar System*, 5th edition, New York, St Martin's Press, 1970.

[23]European Central Bank, "The International Role of the Euro", Frankfurt, European Central Bank, 2005—2010.

[24]Frankel, Jeffrey, "Historical Precedents for Internationalization of the RMB", Maurice R. Greenberg, Center for Geoeconomic Studies and International Institutions and Global Governance Program, Council on Foreign Relations, November 2011.

[25]Fratianni, Michele, Andreas Hauskrecht and Aurelio Maccario, "Dominant Currencies and the Future of the Euro", *Open Economies Review*, 1998(1).

[26]Friberg, Richard, "In Which Currency Should Exporters Set Their Prices?", *Journal of International Economics*, 1998(4).

[27] Friberg, Richard and Fredrik Wilander, "The Currency Denomination of Exports—A Questionnaire Study", *Journal of International Economics*, 2008(5).

[28]Garber, P., "What Currently Drives CNH Market Equilibrium?", Paper Presented to a Council on Foreign Relations/China Development Research Foundation Symposium, The Future of the International Monetary System and the Role of the Renminbi, Beijing, 1 November 2011.

[29]Genberg, Hans, "Currency Internationalization: Analytical and Policy Issues", HongKong Institute for Monetary Research, Working Paper

No. 31，October 2009.

[30]Giovannini，Alberto，“Exchange Rates and Traded Goods Prices”，*Journal of International Economics*，1988(24).

[31] Goldberg，Linda S. and Cédric Tille，“Vehicle Currency Use in International Trade”，*Journal of International Economics*，2008(2).

[32] Grassman，Sven，“A Fundamental Symmetry in International Payment Patterns”，*Journal of International Economics*，1973(3).

[33]Hartmann，Phillip and Otmar Issing，“The International Role of the Euro”，*Journal of Policy Modeling*，2002(4).

[34]Hausmann，R. and E. Fernandez-Arias，“Foreign Direct Investment：Good Cholesterol” IADB Working Paper No. 417，2000.

[35] He，Dong and Robert McCauley，“Offshore Markets for the Domestic Currency：Monetary and Financial Stability Issues”，BIS Working Paper No. 320，2010.

[36]He，Dong，“International Use of the Renminbi：Developments and Prospect”，Presentation to the Columbia-Tsinghua Conference on Exchange Rates and the New International Monetary System，Beijing，28 June 2011.

[37]Hongyi Chen and Wensheng Peng，“The Potential of the Renminbi as an International Currency”，HongKong Institute for Monetary Research Working Paper，February 2009.

[38] Ito，Takatoshi，Satoshi Koibuchi，Kiyotaka Sato，and Junko Shimizu，“Why the Yen Failed to Become a Dominant Invoicing Currency in Asia? A Firm-Level Analysis of Japanese Exporters' Invoicing Behavior”，NBER Working Paper No. 16231，2010.

[39] Ito，Takatoshi，“The Internationalization of the RMB：Opportunities and Pitfalls”，Paper Presented to a Council on Foreign Relations/China Development Research Foundation Symposium，The Future of the International Monetary System and the Role of the Renminbi，Beijing，1 November 2011.

[40]Ito T.，Koibuchi，S.，Sato，K.，et al.，“Determinants of Currency

Invoicing in Japanese Exports: A Firm-level Analysis", Forthcoming in RIETI Discussion Paper Series, Research Institute of Economy, Trade and Industry, 2010.

[41] Johnson, Martin and Pick, Daniel, "Currency Quandary: The Choice of Invoicing Currency Under Exchange-rate Uncertainty", *Review of International Economics*, 1997(1).

[42]Kamps, Annette, "The Euro as Invoicing Currency in International Trade", European Central Bank Working Paper No. 665, European Central Bank, Frankfurt, 2006.

[43] Kenen, Peter, "The Role of the Dollar as an International Currency", Occasional Papers No. 13, Group of Thirty, New York, 1983.

[44]Kraay, Aart, "In Search of the Macroeconomic Effects of Capital Account Liberalization", unpublished, Washington, World Bank, 1998.

[45]Krugman, P. R., "The International Role of the Dollar: Theory and Prospect", In *Exchange Rate Theory and Practice*, eds. John F. O. Bilson and Richard C. Marston, Chicago, University of Chicago Press, 1984.

[46]Lane, Philip and Gian Maria Milesi-Ferretti, "The External Wealth of Nations: Measures of Foreign Assets and Liabilities for Industrial and Developing Nations", *Journal of International Economics*, 2001(2).

[47] McCauley, Robert, "Renminbi Internationalization and China's Financial Development", *BIS Quarterly Review*, December 2011.

[48]Newey, Whitney K. and Kenneth D. West, "A Simple, Positive Semi-definite, Heteroscedasticity and Autocorrelation Consistent Covariance Matrix", *Econometrica*, 1987(3).

[49] Novy, Dennis, "Hedge Your Costs: Exchange Rate Risk and Endogenous Currency Invoicing", Warwick Economic Research Papers No. 765, Universityof Warwick, 2006.

[50] Park, Y., "RMB Internationalization and Its Implications for Financial and Monetary Cooperation in East Asia", *China and World Economy* 2010, 18(2).

[51] Peter B. Kenen, "Currency Internationalization—An Overview, Manuscript", BoK-BIS Seminar on Currency Internationalization: Lessons from the Global Financial Crisis and Prospects for the Future in Asia and the Pacific, Seoul, Republic of Korea, 19-20 March 2009.

[52]Prasad, Eswar and Lei(Sandy)Ye, "The Renminbi's Role in the Global Monetary System", Federal Reserve Bank of San Francisco Conference on Asia's Role in the Post-Crisis Global Economy, 2012.

[53] Prasad, E. and Ye, L., "The Renminbi's Role in the Global Monetary System", *Global Economy and Development at Brookings*, February 2012.

[54]Samar Maziad and Joong Shik Kang, "RMB Internationalization: Onshore/Offshore Links", IMF Working Paper, WP/12/133, May 2012.

[55]Taguchi, Hirro, "On the Internationalization of the Japanese Yen", in Takatoshi Ito and Anne Krueger, eds., *Macroeconomic Linkage: Savings, Exchange Rates, and Capital*, Chicago, University of Chicago Press, 1994.

[56]Takagi, S., "Internationalization of the Yen: Unfinished Business or Mission Impossible?", In Y. W. Cheung and G. Ma(eds.), *Asia and China in the World Economy*, World Scientific Publishing, 2011.

[57] Tavlas, George S., "The New Theory of Optimum Currency Areas", *The World Economy*, 1993(16).

[58] Thorbecke, Willem and Gordon Smith, "How Would an Appreciation of the Renminbi and Other East Asian Currencies Affect China's Exports?", *Review of International Economics*, 2011(1).

[59]Truman, Edwin, "Comment on Will the Euro Surpass the Dollar as International Reserve Currency?", By Menzie Chinn and Jeffrey A. Frankel, In *G7 Current Account Imbalances: Sustainability and Adjustment*, ed. Richard H. Clarida, Chicago, University of Chicago Press, 2007.

[60]Wyplosz, Charles, "An International Role for the Euro?", In Jean Dermine and Pierre Hillion eds., *European Capital Markets with a Single Currency*, Oxford, Oxford University Press, 1999.

[61]Wu，Friedrich，Rongfang Pan，and Di Wang，“Renminbi's Potential to Become a Global Currency”，*China & World Economy*，2010(1).

[62]Yu，Miaojie，“Revaluation of the Chinese Yuan and Triad Trade：A Gravity Assessment”，*Journal of Asian Economics*”，2009(6).

[63][英]安格斯·麦迪森：《世界经济千年史》，伍晓鹰等译，北京大学出版社 2003 年版。

[64]巴曙松：《人民币国际化：进程、挑战与路径》，2012 年 3 月 27 日，http://www.cf40.org.cn。

[65]白钦先、张志文：《外汇储备规模与本币国际化：日元的经验研究》，《经济研究》2011 年第 10 期。

[66]博源基金会：《人民币国际化：缘起与发展》，社会科学文献出版社 2011 年版。

[67]蔡晓辉、李珍：《跨境贸易人民币结算影响因素的实证分析——基于 ECM 模型》，《时代金融》2011 年第 30 期。

[68]陈雨露、王芳、杨明：《作为国家竞争战略的货币国际化：美元的经验证据——兼论人民币的国际化》，《经济研究》2005 年第 2 期。

[69]陈志斌、钱利珍：《能源计价结算货币选择和货币国际化》，《统计与决策》2012 年第 5 期。

[70]高海红、余永定：《人民币国际化的含义与条件》，《国际经济评论》2010 年第 1 期。

[71]郝宇彪、田春生：《人民币国际化的关键：基于制约因素的分析》，《经济学家》2011 年第 11 期。

[72]何东、[美]罗伯特·麦考利：《本国货币的离岸市场：货币和金融稳定问题》，《比较》2010 年第 1 期。

[73]何东、马骏：《评对人民币国际化的几个误解》，《中国经济观察》(博源基金会)2011 年第 7 期。

[74]何帆：《人民币国际化的现实选择》，《国际经济评论》2009 年第 7 期。

[75]何玉梅、孙艳青：《人民币汇率变动影响劳动力就业的再检验：一个微观的视角》，《东南大学学报》(哲学社会科学版)2011 年第 6 期。

[76]贺晓博、张笑梅：《境内外人民币外汇市场价格引导关系的实证研

究》，《国际金融研究》2012 年第 6 期。

[77]黄梅波：《货币国际化及其决定因素——欧元与美元的比较》，《厦门大学学报》(哲学社会科学版)2001 年第 2 期。

[78]黄海洲：《人民币国际化：新的改革开放推进器》，《国际经济评论》2009 年第 4 期。

[79]黄继炜：《日本资本项目开放与汇率政策研究》，《现代日本经济》2010 年第 2 期。

[80]贾春新：《金融深化：理论与中国的经验》，《中国社会科学》2000 年第 3 期。

[81]李波：《升值预期与跨境贸易人民币结算》，2012 年 4 月 17 日，http://www.cf40.org.cn。

[82]李超：《中国的贸易基础支持人民币区域化吗?》，《金融研究》2010 年第 7 期。

[83]李长春：《最大债权国困境与人民币国际化关系研究》，《亚太经济》2011 年第 3 期。

[84]李翀、王立荣：《超主权国际货币构建方案的比较和设想》，《北京师范大学学报》(社会科学版)2011 年第 2 期。

[85]李翀：《论我国外汇储备的性质和损益》，《中山大学学报》(社会科学版)2012 年第 2 期。

[86]李稻葵、刘霖林：《人民币国际化：计量研究及政策分析》，《金融研究》2008 年第 11 期。

[87]李稻葵、尹兴中：《国际货币体系新架构：后金融危机时代的研究》，《金融研究》2010 年第 2 期。

[88]李绍荣、李四光：《中国和东盟人民币贸易结算的经济学分析》，《经济研究》2010 年第 2 期。

[89]林崑：《人民币国际化专题报告》，莫尼塔投资发展有限公司，2012 年。

[90]刘仁伍、刘华：《人民币国际化风险评估与控制》，社会科学文献出版社 2009 年版。

[91]马骏、徐剑刚：《人民币走出国门之路》，中国经济出版社 2012 年版。

[92]潘英丽、吴君：《体现国家核心利益的人民币国际化推进路径》，《国

际经济评论》2012 年第 3 期。

[93]齐秀丽：《冷战与美国的国际收支调节政策(1945—1969)》，东北师范大学博士学位论文，2008 年。

[94]人民币国际化研究课题组：《人民币国际化的时机、途径及其策略》，《中国金融》2006 年第 5 期。

[95]尚丽娜：《人民币国际化——从国际铸币税角度分析》，《广东金融学院学报》2007 年第 2 期。

[96]宋晓玲：《人民币国际化：基于历史惯性视角的实证分析》，《上海金融》2010 年创刊 30 周年征文。

[97]汤凌霄、黄泽先、皮飞兵：《新兴大国债权型货币错配测度研究》，《经济学动态》2012 年第 9 期。

[98]王信：《人民币国际化过程中的问题和收益研究》，《国际贸易》2011 年第 8 期。

[99]王志军：《资本管制到金融全球化时代的美国对外投资》，《南开学报》(哲学社会科学版)2012 年第 2 期。

[100]魏国学、陶然、陆曦：《资源诅咒与中国元素——源自 135 个发展中国家的证据》，《世界经济》2010 年第 12 期。

[101]吴富林：《中国利率市场化达到什么程度》，《经济学家》2012 年第 4 期。

[102]夏斌、陈道富：《中国金融战略：2020》，人民出版社 2011 年版。

[103]肖彦、刘威：《跨境贸易人民币结算对我国进口企业财务影响的实证研究》，《财务与金融》2011 年第 6 期。

[104]徐奇渊：《日元国际化的经验及其对人民币的启示》，《金融评论》2010 年第 2 期。

[105]许祥云、吴烨：《货币国际化降低了出口汇率风险吗？——以金融危机中的日本为例》，《金融研究》2011 年第 2 期。

[106]许祥云：《日元国际化及其对人民币的启示》，复旦大学博士学位论文，2011 年。

[107]杨现领：《美元锚的退出与人民币国际化》，华中科技大学博士学位论文，2011 年。

[108]殷剑峰：《中国金融发展水平的国际比较与上海金融中心建设》，《金融评论》2011 年第 1 期。

[109]殷剑锋：《人民币国际化："贸易结算＋离岸市场"，还是"资本输出＋跨国企业"？——以日元国际化的教训为例》，《国际经济评论》2011 年第 4 期。

[110]余永定：《再论人民币国际化》，《国际经济评论》2011 年第 5 期。

[111]余永定：《人民币国际化还是资本项目自由化》，中国社会科学院世界经济与政治研究所国际金融研究中心，工作论文系列，No. 2012. 002，2012 年 1 月 5 日。

[112]余永定：《从当前的人民币汇率波动看人民币国际化》，中国社会科学院世界经济与政治研究所国际金融研究中心，工作论文系列，No. 2012. 006，2012 年 2 月 6 日。

[113]袁志刚：《人民币升值对我国各行业利润率变动的影响》，《金融研究》2011 年第 4 期。

[114]张斌：《中国对外金融的政策排序——基于国家对外资产负债表的分析》，《国际经济评论》2011 年第 2 期。

[115]张斌：《香港离岸人民币市场发展的困惑》，2011 年 11 月 17 日，http://www. cf40. org。

[116]张斌、徐奇渊：《汇率与资本项目管制下的人民币国际化》，中国社会科学院世界经济与政治研究所国际金融研究中心，工作论文系列，No. 2012. 002，2012 年 3 月 5 日。

[117]张多航、赵行安：《人民币跨境结算中的进口商套利方式研究》，*China's Foreign Trade* 2011 年第 10 期。

[118]张军：《渐进式经济学：中国的经济改革(1978—1992)》，上海三联书店 2006 年版。

[119]张明：《理清人民币国际化的成本》，《21 世纪经济报道》2009 年 11 月 17 日。

[120]张明：《人民币国际化：基于在岸与离岸的两种视角》，中国社会科学院国际金融研究中心，Working Paper，No. 2011. W09，2011 年 6 月 29 日。

[121]张明：《人民币国际化的最新进展与争论》，中国社会科学院世界经

济与政治研究所国际金融研究中心，工作论文系列，No. 2011. W19，2011 年 10 月 17 日。

[122]张明：《人民币汇率已经达到均衡水平了吗?》，2012 年 5 月 4 日，http://www. cf40. org. cn。

[123]张明：《中国的资本账户开放仍应审慎渐进》，《国际金融》2012 年第 7 期。

[124]张远军：《中俄间人民币跨境流通的理论与实证研究》，《金融研究》2011 年第 6 期。

[125]赵海宽：《人民币可能发展成为世界货币之一》，《经济研究》2003 年第 3 期。

[126]中国金融 40 人论坛研究部：《一分为二看资本账户及利率汇率改革次序》，2012 年 4 月 7 日，http://www. cf40. org. cn。

[127]中国人民银行调查统计司课题组：《协调推进利率汇率改革和资本账户开放》，《中国金融》2012 年第 9 期。

[128]钟伟：《略论人民币的国际化进程》，《世界经济》2002 年第 3 期。

[129]周小川：《人民币资本项目可兑换的前景和路径》，《金融研究》2012 年第 1 期。

第七章参考文献

[1] Berger, A. N. and D. B. Humphrey, "Efficiency of Financial Institutions: International Survey and Directions for Future Research", *European Journal of Operational Research*, 1997(2).

[2] Blanchard, Olivier J., "Rebalancing Growth in China: A Three-Handed Approach", *China and World Economy*, 2006(14).

[3] Eichengreen, Barry, "Capital Account Liberalization: What Do Cross-Country Studies Tell Us?", *The World Bank Economic Review*, 2001 (15).

[4]Eichengreen, Barry, J. Tobin, and C. Wypbsz, "Two Cases for Sand in the Wheels of International Finance", *Economic Journal*, 1995, 105.

[5]He, Dong and Joe McCauley, "Portfolio and Risk Management for

Central Banks and Sovereign Wealth Funds", BIS Papers No. 58, November 2010.

[6] Kaminsky, Graciela L. and Sergio L. Schmukler, "Short-run Pain, Long-run Gain: The Effects of Financial Liberalization", NBER Working Paper No. 9787, 2003.

[7] Kaminsky, Graciela L., Saul Licondo, and Carmen M. Reinhart, "Leading Indicators of Currency Crises", IMF Working Paper, July 1998.

[8] Modigliani, Frannco and Shilarry Cao, "The Chinese Saving Puzzle and the Life-Cycle Hypothesis", *Journal of Economic Literature*, 2004(8).

[9] Nurkse, R., "Problems of Capital Formation in Underdeveloped Countries", Oxford, Oxford University Press, 1953.

[10] Patrick, Hugh, "Japan's Economy: The Idiosyncratic Recovery Continues", Working Paper, 2007.

[11] Shinji Takagi, "Applying the Lessons of Asia: The IMF's Crisis Management Strategy in 2008", ADBI Working Paper No. 206, 2008.

[12] Spahn, P. B., "The Tobin Tax and Exchange Rate Stability", IMF, *Financial and Development*, June 1996.

[13] Summer, M., "Banking Regulation and Systemic Risk", *Open Economies Review*, 2003(2).

[14] World Bank, *World Development Report*, 1985.

[15][埃及]阿明：《不平等的发展——论外国资本主义的社会形态》，商务印书馆 1990 年版。

[16]苟琴、黄益平等：《中国短期资本流动管制是否有效》，《世界经济》2012 年第 2 期。

[17]黄益平、王勋：《中国资本项目管制有效性分析》，《金融发展评论》2010 年第 6 期。

[18][英]米德：《国际收支》，李翀译，首都经济贸易出版社 2001 年版。

[19][美]托宾：《十年来的新经济学》，商务印书馆 1980 年版。

[20]魏尚进：《中国金融改革"五部曲"》，《资本市场》2013 年第 1 期。

[21]姚树洁等：《中国银行业效率的实证分析》，《经济研究》2004 年第

8 期。

[22]易纲、郭凯：《中国银行业改革思路》，《经济学季刊》2002 年第 2 期。

[23]张斌等：《人民币在岸与离岸市场协调发展研究》，中国社会科学院，2012 年。

[24]张明、何帆：《人民币国际化进程中在岸离岸套利现象研究》，《国际金融研究》2012 年第 10 期。

[25]张明：《当前热钱流入中国的规模与渠道》，《国际金融》2008 年第 11 期。

索　引

H

J

K

L

M

N

P

Q

R

S

T

W

X

Y

图书在版编目(CIP)数据

加快推进中国对外经济发展方式转变研究／李翀等著.—北京：北京师范大学出版社，2016.4
（国家哲学社会科学成果文库）
ISBN 978-7-303-20184-6

Ⅰ. ①加… Ⅱ. ①李… Ⅲ. ①对外经济合作－研究－中国 Ⅳ. ① F125.4

中国版本图书馆 CIP 数据核字（2016）第 047301 号

营　销　中　心　电　话　010-58805072 58807651
北师大出版社学术著作与大众读物分社　http://xueda.bnup.com

JIAKUAI TUIJIN ZHONGGUO DUIWAI JINGJI FAZHAN FANGSHI ZHUANBIAN YANJIU

出版发行：北京师范大学出版社 www.bnup.com
北京市海淀区新街口外大街 19 号
邮政编码：100875

印　　刷：北京盛通印刷股份有限公司
经　　销：全国新华书店
开　　本：787 mm × 1092 mm　1/16
插　　页：3
印　　张：43.75
字　　数：700 千字
版　　次：2016 年 4 月第 1 版
印　　次：2016 年 4 月第 1 次印刷
定　　价：198.00 元

策划编辑：马洪立　　责任编辑：戴　铁
美术编辑：王齐云　　装帧设计：肖　辉　王齐云
责任校对：陈　民　　责任印制：马　洁